[ルポルタージュ]

カントリー・オブ・マイ・スカル

南アフリカ真実和解委員会〈虹の国〉の苦悩

COUNTRY OF MY SKULL Antjie Krog

アンキー・クロッホ
山下渉登・訳 峯陽一・解説

First published by Jonathan Cape, one of the Publishers in the Random House Group Ltd.

Japanese translation rights arranged with Jonathan Cape, one of the Publishers

in the Random House Group Ltd., London through Tuttle-Mori Agency, Inc., Tokyo

目次

凡例

・本書は Antjie Krog, *Country of My Skull*, London, VINTAGE U.K. Random House, 1999. の日本語訳である。

・各章には著者による小見出しがそれほど多くはないが付いている。日本語訳では、読みやすさを考慮して訳者が適宜小見出しを付け加えた。

・括弧については、（ ）［ ］は原書のまま、〔 〕は訳者が付けた注、および読みやすく理解しやすくするために訳者が補った語句など、〈 〉は主に原書中で大文字で書かれた慣例語句など、である。また、重要な人物や頻出する事項についての注は、注番号を付けて巻末にまとめた。

・原書中のイタリックは、英語以外（アフリカーンス語やコーサ語、ズールー語など）の単語と、強調のためのものとがある。前者については他の本文と同様の扱いとし、後者には傍点を付けたが、一部の発言や引用全体の強調については、読みやすさを考慮してゴシック体とした。

・原書中に引用されているテキストで、日本語訳があり、それを参照・引用させてもらったものについては、訳者名を付記した。

発行者による序文

一九九〇年代初頭のアフリカ民族会議〔ＡＮＣ〕の合法化とネルソン・マンデラ〔注1〕の監獄からの釈放の後、南アフリカ人は、国を初めての民主的選挙に向けて導くため、暫定憲法制定の交渉を始めた。亡命していたＡＮＣのメンバーに対しては、帰国してケンプトンパークの世界貿易センターにおける交渉に参加できるように、刑事責任が免除された。迫害者と犠牲者が面と向かって共通の未来について協議するその交渉は、紆余曲折した犠牲を伴う道のりとなった。南アフリカの未来を懸命に模索する一方で、この国の過去と向き合うことは避けて通れないことに彼らは気づいていた。暫定憲法の最終条項で、この過去の問題が直接的に扱われている。恩赦の実施が明言されているこの条項によって、選挙への道が開かれた。そこにはこう記されている。

　この憲法の採択は、人権の重大な侵害や、暴力的な衝突の際の人道主義の原理の逸脱、さらには憎しみや恐怖、犯罪行為、復讐など、悪しき遺産を生み出した過去の不和や紛争を、南アフリカの人民が乗り越えるために、ゆるぎのない基盤を提供している。

　これら過去の違法行為については、いまや、復讐ではなく理解の必要性、報復ではなく補償の必要性、不当な犠牲ではなくウブントゥ〔ubuntu＝ヒューマニズムのアフリカ的原理〕の必要性に基づいて、処理することができる。

　このような和解と国の再建を推し進めるために、政治的な目的に関連し、かつ過去の紛争の期間中になされたさまざまな行為や不作為、さらには違法行為に関して、恩赦が与えられる。この目的のために、この憲法下での議会では、一九九〇年一〇月八日から九三年一二月六日までのいずれかの日を明確な恩赦適用期限として定め、法律の可決後はそれを通じて随時このような恩赦が与えられる機構や基準、さらには何らかの裁判所を含む手続きを備える法律を採択する。

選挙の翌年、国民議会の司法大臣委員会は、真実和解委員会〔Truth and Reconciliation Commission 略してＴＲＣ〕を設立する法案を提出した。一七人の委員で構成されるこの委員会には、調査の実施と公聴会の開催を通して、一九六〇年三月一日から恩赦適用期限までの期間になされた重大な人権侵害について、その原因、本質、範囲についての可能な限り完全な見取り図を描きだす任務が課された。同時に委員会は、政治的目的を伴う自らが犯した人権侵害行為について、関連するすべての事実を開示した人には恩赦を与えなくてはならない。加えて、犠牲者の人間的および市民的尊厳を回復し、必要な補償の手段を勧告すること、さらに事実認定と自らの活動についての報告書を作成し、将来の人権侵害を防ぐための手段を勧告することも委員会には求められた。

真実和解委員会はその設立の時点から、三つの小委員会で構成されていた。一つは公聴会と調査によって被害者の証言を検証する役割をもつ「人権侵害委員会」。次に恩赦申請を審理する「恩赦委員会」。真実和解委員会の委員二名と独立の裁判官三名の五名から成るこの委員会は、完全に外部から独立し、その決定は真実和解委員会自身によっても破棄することはできないものとされた。申請に対して恩赦を与えるか否かを決定する際の基準としては、とりわけノルガード原則〔ナミビア独立戦争の際、国連から勧告を受けて当時の南アフリカ政府が受け入れた政治犯の範囲を定める基準〕を適用することが恩赦委員会には求められた。もう一つは「補償・復帰委員会」で、人権侵害の犠牲者および生存者の生活を再建し、社会復帰を促すための補償政策を策定する任務を課された。

また、真実和解委員会内には調査班と研究班が設けられ、証人の強制的喚問権も与えられた。委員会はその任務を一八カ月で終えることが予定されていた。広く周知された委員会の目的は、奪われた市民権と人権を犠牲者に取り返すこと、社会の道徳的秩序を再建すること、真実を探求・記録・公表すること、人権と法の支配を尊重する文化を創りだすこと、そして過去の恥ずべき出来事が再び起きるのを防ぐことであった。

最初の公聴会は、一九九六年四月に開催された。それに続く二年余りのあいだ、ほとんど毎日のように南アフリカ人は、心に傷手を負わせるような過去の暴露にさらされた。都市や数多くの小さな町で、公会堂やコミュニティセンター、教会を改装した即席の法廷で、アパルトヘイトとそれに抗う闘争のドラマが上演された。委員会は犠牲者から二万件の申し立てを受理し、そのうちの二千件は公聴会における申し立てだった。また委員会は、八千件近くにのぼる迫害者からの恩赦申請を受理した。

本書でも述べられているように、真実委員会が和解と補償の作因者として成功したか否かについての審判は、いまだ下されていない。そして南アフリカ人は、真実と和解のあいだの関係が、想像していたよりもずっと複雑であることに日々気づきつつある。

真実委員会は、移行期にある南アフリカ社会全体の、明確に焦点化された縮図としての役割を果たしている。その困難に満ち、不安定な歴史をたどりなおすことによって、民主化と再建の進展の道筋を示すことが可能となった。委員会のなした仕事を精査すれば、この国がアパルトヘイトから民主主義へ移行するために費やされた人的コストを理解することができる。

しかし委員会は、私たちの時代の奇跡を解読する方法を提示するにとどまらない。それは南アフリカの過去を強烈に照らしだすスポットライトにもなった。なぜなら委員会は、そこで証言をした人たちの個人的な記憶を通じて過去が語られることを可能にし、「義にかなった闘争〔a just war〕」や「人道に対する罪」といった修辞的な語句に真の内実を与えたからだ。これらの物語を語る人たちは、それを聞いている人たち、そしてアンキー・クロッホのようにそれを報道する人たちとともに、現に生きている南アフリカ人である。彼／彼女らは、自国の残酷な歴史がいまだ投げかける暗い影の中で、個人として、また集団として自分たちのアイデンティティを見つけようと奮闘している。かくてこのスポットライトは、痛ましく、ときには解放をともなう形で過去を暴きだすだけではない。それは同時に、現在の苦境や将来の可能性をも照らしだしているのだ。

これまで長く沈黙し、聞いてもらえず、しばしば無視されてきたこの国の多くの声が、南アフリカ真実委員会のマイクを通じて、自分たち自身の言語で語られた。普通の人たちの声が公の言説に加わり、歴史の流れを形づくることとなった。彼／彼女らはここで、耳をすます全ての人たちに向けて語っている。

委員会ができるまで

一章　わが同胞は決して嘆き悲しまなかった

迫害者たちの憂鬱

車の座席に深く身を沈めて、人生の荒波を乗り越えてきた三人の白人の大男が、国会の練鉄製ゲートの脇をけたたましい音を立てて走り去る。太い、ハムのような腕を窓から突き出して、警笛を響かせ、旧オレンジ自由州とトランスヴァール州の旗をなびかせながら、毛むくじゃらの握りこぶしを突き上げて。私は丸石を敷きつめた通りを走って渡る。メモ用紙とテープレコーダーをひっつかんで、旧議会の議場だったところへと。そこでは、司法大臣委員会が、真実和解委員会を創設する法案に何を盛り込むかについての公開の意見陳述会を開催していた。

暗色の羽目板が張られた会議場の中はどの顔も表情が険しく、旧式のマイクロフォンが天井からぶら下がり、傍聴席は固い木製で、座席は緑の皮張り。「ベリントン・マンペ……、ルックスマート・ングドレ……、スリマン・サロジェー……、ソロモン・モディパネ……、ジェイムズ・レンクー……。」名前がゆっくり長々と、静まり返った会議場の中を読み上げられていく。警察に留置されている間に亡くなった一二〇人の名前。「イマム・アブドゥラ・ハローン……、アルフェウス・マリバ……、アフメド・ティモル……、スティーヴ・バントゥ・ビーコ……、ニール・アゲット……、ニコデムス・コアテ……。」ブラックサッシュ〔アパルトヘイトに対して抗議と監視活動をしていた女性組織〕の議長メアリ・バートン〔注2〕は、長い間サッシュの会合で決められていたのと同じ意見を結論として述べた。つまり、名前を次々にすべて読み上げるように、と。読み上げられた名前は、まるで鐘の音のように沈黙へと溶け入っていく。ジャーナリストたちはノートを取るのをやめ、委員会のメンバーたちはペンを置いた。この死者のおびただしさに打ちひしがれてのことだが、しかし、それはほんの序幕にすぎなかった。

二重のドアがバタンと開いた。黒で身を包んだイスターガーデの行進する靴音――絨毯の上でさえ、彼らのブーツは騒々しい音を立てた。鉄の守備隊と呼ばれるアフリカーナー抵抗運動〔AWB。アフリカーナーの国家建設を推し進めようとした極右の準軍事的な組織〕のエリート下士官たち。バラクラバ帽〔防寒用の大きな帽子〕を縁なし帽のようにかぶり、その耳覆いで顔を包み込む準備もできている。肩にはかぎ十字を三つ付けて。続いて、カーキ色の普段着を着たユージン・テレブランシュ〔注3〕が、まるで自分の農場を散歩でもするかのように歩を進めた。突然、他の騒音が会議場に満ちた。アフリカ民族会議〔African National Congress略してANC。一九一二年に解放運動として設立された政党。一九六〇年代にアパルトヘイト政策によって非合法とされた〕の下院議員と秘書、使い走りの者たち、それに聖職者が一人か二人、すでに満員の傍聴席にがやがやと入ってきた。

「われわれはすべての委員会の会合を延期するよう要求してきた。」一人の黒人上院議員が小声で言った。「われわれは自分の目でこの男をよく見なければならない。彼の正体がどんなものかを。」

何か予感があたりに満ちる。テレブランシュの副官は何か言いたいのだろうか？　彼は跳び上がり、敬礼した。「いいえ、私はリーダーがおっしゃることを言うまでです！」

司法大臣委員会の議長ジョニー・デランゲ〔注4〕は、テレブランシュに彼の席を指し示した。「ミスター・テレブランシュ、真実和解委員会《トゥルース・コミッション》の立法《レジスレイション》に何かご理解がいただけますか？」

そのもの言いは、頭韻の響きがだれにも聞き取れるほど穏やかだった。テレブランシュはすわったままだった。かろうじて聞こえるほどの声で、彼は尋ねた。「私がすわっているこの席は、三〇年前、心臓をナイフでひと突きにされた、フェルヴールト博士〔注5〕の席と同じ席でしょうか？」

私たちはもう一方に目をやった。「まさか」と議長は言った。テレブランシュは、よみがえった流血と裏切りの記憶がその場の沈黙を満たすまで、自分の帽子をじっと見つめた。

彼は立ち上がり、帽子を置いて席から離れた。マイクからも守備隊からも離れて。彼は絨毯の上にひとり立った。灰色の顎ひげはきちんと剃りあげられているにもかかわらず、私の心に浮かんだ最初の言葉は「みすぼらしい」だった。その男は一人のみすぼらしいアフリカーナー〔主にオランダ人入植者の末裔で、南アフリカ生まれの白人たち。彼らはみずからを農夫《ブール》と呼んだが、これを英語風に発音するとボーア（人）となる〕である。カーキ色のシャツは、陽にさらされて白っ茶け、擦り切れている。みすぼらしくはあったが、彼は音を響かせることには精通していた。彼は音で――自由に操れるあらゆる声の震えや唸り、部屋の角で反響する音で――私たちをびしょ濡れにする。

"Laat. Die soldate... Huis toe gaan!" 彼は叫んだ、兵士たちを家に帰らせてくれ、と。それから普通の声で言った。"Agbare Meneer die Voorsitter, Agbare Lede van die Parlement... Laat AL... die soldate... HUIS toe gaan...（ささやきながら）Laat. MY... soldate... huis toe gaan...（しだいに声を大きくして）soldat die weeklag van wagtende vroue en die wringende hande van kinders kan einde kry... my klere is nat van hulle trane..."〔尊敬すべき議長殿、尊敬すべき女性下院議員殿。……すべての……兵士を……家に帰らせてくれ……。私の……兵士たちを……家に帰らせてくれ……。兵士たちは、見守る妻の嘆き悲しみや子どもたちから手がもぎ取られるのを終わらせることができる。……私の服は彼らの涙で濡れている……。〕

通訳！　下院議員たち、なかでも亡命の身だった者たちは、机に備え付けてある通訳用機器をまさぐった。一言も聞き漏らしたくなかった。

「恩赦は賜物だ！　だがそれは、刑務所の独房の寒さもわびしさも〔die koud-heid en die kil-heid〕これまで一度も味わったことのない政治犯――彼の人生は、自由の広大な波打つ草原地帯をいつも縫うように進んできたものだが――そんな彼、議長殿、そんな彼にとって恩赦は、……喜びの集中砲火なのだ。」

現在一九九三年一二月六日までと定められている恩赦適用期限を、テレブランシュは、もっと後ろまで繰り下げるよう要求した。そうすれば、一九九四年四月の、最初の民主的な選挙を妨害しようと暴力をふるったAWBのメンバーに、恩赦の資格が与えられるだろうから。その場合にはAWBのメンバーも政府に協力するだろう、と。

テレブランシュが話し終わると、委員会メンバーのヤン・ファン・エックが、彼のアフリカーンス語〔オランダ語が変化したもので、アフリカーナーたちの母語でもある〕をほめちぎった。アフリカ民族会議の下院議員で、アフリカーンス語に通じているカール・ニーハウスは、それほどほめなかった。テレブランシュは「協力」という言葉で、何を言うつもりなのだろうか？

「ミスター・ニーハウスは、自身、小学校二年生のアフリカーンス語に通じていらっしゃるだけのようだ。」そう言って、テレブランシュはあざ笑った。

だれかが、非難のシーっという音を発した。テレブランシュは、芝居気たっぷりに二本の指をかざした。「二種類のどじな農場主がいるものだ！　一方はメルセデス・ベンツに乗り、他方は私同様、日産のバッキー〔ピックアップトラック〕に乗っている。日産に乗っているやつは、遅れてやってきた。一二時五分過ぎに、彼のどじは爆発した。しかるに、メルセデスのやつは、時間通りにやってきて、爆弾を炸裂させた。十二時に五分前だった。つまりだ、日産ではなくメルセデスに乗っていたから、彼には、……恩赦が与えられるってわけだ！」

もう一人のアフリカーナーの下院議員で、民主党員〔リベラルで、主に白人で英語を話す人々で結成された政党〕でもあるデネ・スマッツ〔注6〕が発言を求めた。「違いますね、ミスター・テレブランシュ。あなたが乗っておられる日産車は遅れたわけではない。それは、ケンプトンパークの世界貿易センターの窓ガラスを貫通して、耳をつんざく轟音とともに爆発した〔当時、世界貿易センターでは暫定憲法制定に向けての協議が開催されていた〕。私はそこにいました。しかも、あなたの行動は『大泥棒』――あなたはF・W・デクラーク元大統領〔注7〕をそう呼ぶよう言い張っていますが――に向けられたのではなく、民主主義制度を創設するための協議に向けられたものだった。あなたの部下たちが刑務所にいるのは、彼らが日産のバッキーに乗っていたからではなく、民主主義の受け入れを拒んだからです。」

激怒したテレブランシュは、大きく息をついだ。「あれ〔デクラーク元大統領のこと〕は女だ――私の母も女だ。」彼は声を張り上げた。「あれは、私の言うことなど理解できない女だ！」

彼は意見陳述を終えた。「もし、恩赦の適用期限の延長が平和をもたらすなら、あなたたちは期限を延長すべきだ。……もし、正義が支配するなら、……私は静かに話し合うつもりだ。……というのも、私は……、自分の事情を述べに、西部トランスヴァールからあなたたちのところにやってきた、単なる一農場主にすぎないのだから。」

依頼人とその代理人との対照も際立っていた。前警察庁長官のヨハン・ファンデルメルヴェ将軍〔注8〕は、最前列に意気消沈してすわっている。それが計算づくの戦略なのか、単に初めて制服を着ていない彼を目にしているせいなのか、私にはわからない。顔色は黄色っぽく、目をしきりにしばたき、しばしば口を老人のようにもぐもぐさせ、さらに指に巻いた包帯に何度もさわるたびに彼の手は震える。だが、彼の申し立ては、健康そうな赤ら顔の、自信に満ちた、ナタール州からやってきた英語を話す弁護士によって、華々しく始められた。彼が将軍の申し立てをするのは、過去に起きたことについて将軍と同意見だからではないことを、その金の指輪をはめた代理人は司法大臣委員会に明言した。そうではなく、将軍にも一理ある、と思うからだ。そして、問題の核心は政治にある。犯罪者に恩赦が与えられるためにはその行為に政治的な動機がなければならないということだけからしても、真実和解委員会の審問に必要不可欠なのは政治家であることを十分に立証している。アパルトヘイト政策を提案したのは警察官ではなく政治家である、と彼は言った。

芝居じみた天分を持っているのか、その代理人は、ファンデルメルヴェに向かって身ぶり手ぶりで演じた。「私たちが飛行機でケープタウンに飛んでいた昨日の午後、将軍は窓から外をじっと見つめておられた。陽が沈んでいき、彼は私に声を詰まらせて言われた――将軍が私のさしでがましさを許してくれますように。『政治家は警察を悪用した。かつて私は誇りを持った警察官だった。しかし、ここでは、今日の私は、恥をかかせられ、軽蔑されている。誇りを持って人生のすべてを捧げた私の経歴が、こうした身の毛のよだつような恥辱と不名誉の中で終わろうとしている。』」

「最終的な和解は、アフリカーナーとアフリカ人との間でなされるべきだということは、われわれ全員、承知している。」自由戦線〔アフリカーナーのホームランド創設のために運動する右翼的な政党〕の指導者コンスタン・フィリューン将軍〔注9〕は、全委員に向かって言った。「真実和解委員会が、実際よりもひどくアフリカーナーを貶めなければ、和解はありうるだろう……。」

「われわれは南アフリカで草原戦争《ブッシュ・ウォー》〔注10〕を闘うことはで

きない、とANCのある最古参のメンバーが言いました。地図を見てください——万事が発展している——多くの道路、農場、町がある、戦争なんて不可能だ——大衆《マッス》がわれわれにとって草原《ブッシュ》でなければならない——黒人社会がわれわれの草原《ブッシュ》だ、と。」

　私たち全員が失敗した、とフィリューンは続けた。「われわれ皆が欲しいものを手にするために暴力を振るった。独裁者の恐怖《テロル》政治が革命の恐怖《テロル》時代をもたらした。」

　全般的な見地からの陳述であり、頭韻の使い過ぎでもある。新聞紙上で、アフリカーナーの知識人たちは、アパルトヘイトのおかげで新政府は、アフリカでもっとも洗練された社会基盤を受け継いだ、と指摘している。また、アパルトヘイトのおかげで、政治犯は全員、ロベン島〔ケープタウン沖の監獄島〕に投獄中に高水準の教育を身に付けた。その結果、ANCの古参の指導部はアフリカ大陸のどの政党よりも良質なものとなった。さらに、アパルトヘイト下で死んだ者の方が、ルワンダの内戦〔一九九四年に起きたジェノサイド。死者一〇〇万人と推測されている〕で殺された者より少なかった。そうであるなら、アパルトヘイトはどれほど有害だっただろうか、と。

　迫害者たちはうんざりしている。被迫害者たちは口角泡を飛ばして怒鳴り散らしている。

　これは、いわば序曲のためのテーマだが、そのとき私たちはそれを傾聴することができなかった。

　一九九五年三月初めから、司法大臣委員会は、ジョニー・デランゲ議長の手腕の下で、連日、意見陳述について議論し、法案を起草するために会合を持った。実際に法案をしたためる職員たちは、少し離れてすわった。彼らは、次の日に法案の条文を選べるよう準備しておくために、夜更けまで働いた。「もし仮に、私が自分でこの法案を起草しなければならないとしたら」彼らの一人が訴えた。「簡潔で単純な法律になっただろうし、とっくの昔にやり終えているだろう。でも、この法案審議自体が一つのプロセスでなくてはならないので、極端にユニークだけど、非常に複雑な法案が出来上がりつつある。」

農場の夜

　まるで子宮の中に戻っていくように、私はベッドにもぐり込む——とても軽いケワタガモの羽毛、湯たんぽ。窓を通して、私は、月の光に洗い浄められて眠る庭を見る。一羽のチドリが、はるか遠くで鳴き叫ぶ。若気の自堕落さにかまけて、私は眠りほうける——この臭木《においぎ》のベッドでぬくぬくと、砂岩で造られたこの家で安らかに、自由州のこの場所で。すべてがとても平穏に。

　運命がうなりをあげて庭を駆け抜ける。

　突然の音。耳障りな声。「ヘンドリク、どうぞ！……ヘンドリク、どうぞ！」

真夜中ごろにちがいない。

農場のもう一つの場所に住んでいる兄のアンドリースが、弟のヘンドリクに無線で呼びかけている。雑音がする。「急げ！　牛泥棒だ。家の明かりはつけるな。ライフルを持って来い。」

小屋の網戸をバタンと閉めるや、ヘンドリクは飛び出し、闇の中へ車を走らせる。

無線が再びがなる。「何人だ?」

アンドリースの声。「二人に犬一匹。やつらは雌牛五頭を盗んで、ちょうど汲み上げ風車を過ぎたところだ。弾はあるか?」

私はガウンをはおる。無線機のそばの居間に、両親はもうすわっている。羊皮の上履きをはき、毛布をはおって、不安げに、まるで釘付けにされたみたいに。私は両親のすぐそばにすわる。だれもしゃべらない。母が私に毛布を持ってきてくれる。夜は突然、脅威で満たされる。

アンドリース。「今やつらはどこにいる?」

不意に、アンドリースの娘の声。「ママが、腐った溝のところだって言っている。」

「どうなってるの?」私は尋ねる。

母が説明する。アンドリースの妻のベティが、今、家の屋根に登って、そこから夜間監視鏡で農場の広い範囲を見張っているはずだ。無線機のところにいる九歳のスミエンに、ベティが大声で情報を伝えると、スミエンはバッキーの中で待機している自分の父親に情報を伝えなければならない。

午前一時少し前。私たちは待つ。

スミエンの声。「パパ……?　パパ、どうぞ……、ママが言うには、彼らは道に向かって曲がったって。でも、パパたちは見えないって……。どこにいるの?」

沈黙。両親は背を丸めてすわっている――灰色の月光の中で、二人の顔は細切れにされたように見える。

スミエンの声。「パパ、どこなの?　聞こえる?」声に不安が混じる。

沈黙だけが無線を急降下していく……。私たちは暗闇の中で待つ。

一五分後、無線機が息を吹き返す。アンドリースの声。息をひそめた声。「一人を発見、もう一人は逃げた。ママに、屋根から下りて、ドアに鍵をかけるよう伝えてくれ。」

私たちは待つ。そのすぐ後で、私たちは銃声を耳にしたと思う。犬がほえる。私たちは待つ。だれが撃ったんだろう?　だれが撃たれたんだろう?　で、どっちが悪いんだろう?　いったいどんな残忍な光景が草原地帯で繰り広げられたんだろう?

家族の写真が私の視線をとらえる。私は、ボサボサ髪で笑っている兄弟の顔を見つめる。子どもたちのバイブルだった本にはさんである栞のページまで母がペラペラとページをめくっていくと、ヘンドリクがどんなふうに母の腕につかみかかったか、私は憶えている。「お願い、お願い、草原地帯で自分の子どもの喉をかっ切ろうとしているあの男のところは読まないで。」

私の兄弟は、私が想像さえできないどんなことを、今夜、経験しているのだろう?

私たちは果てもなく待つ。やっとのことで、無線がその声を見つける。「救急車を呼んで、ダムまで来るよう伝えてくれ。」

その声は兄弟のどちらかだ。でも、だれがしゃべっているのかわからないほど、声は引きつっている。私たち三人は、そこにすわったまま——月は溢れるほどの光をすでに失っていた。私たちはすわっている——それぞれ過剰な思いを抱いて。母が疲れ果てた様子で立ち上がる。キッチンで母は紅茶をいれる。父と私は黙ってすわっている。私は冷えきったベッドへ紅茶を持っていく。私の目は暗闇の中で干涸《ひから》びる。

どんな委員会が必要なのか

「真実和解委員会のアイデアは、ANC〔アフリカ民族会議〕の決定にまでさかのぼる。」司法大臣ダラー・オマール〔注11〕は、あるインタビューで答えている。「ANCの国民幹部会が、国で起こったこと、とりわけ、クアトロのようなANCの訓練キャンプで起こったことについて話し合った際に、われわれがこの国を健全な道徳基盤の上に据えることが保証できるようなやり方で、すべての犯罪行為を取り扱うための何らかの仕組みが作られなければならないという強い意見があった。そのために南アフリカが必要としているのは、人々が見守る中で真実を打ち明ける仕組みだ、ということに考えが進んでいった。とはいっても、われわれの社会を人間らしくするためには、道義的責任感の考え方を受け入れさせなければならなかった。それが、恩赦のプロセスを犠牲者たちの証言のプロセスに組み合わせることを、私が提案した理由です。」

犯罪者ではなく犠牲者がまず最初であり、焦点であり、法案の核心であるべきだ、とANCは主張する。犠牲者は、複数の目的でプロセスに参加できるようにするべきだ。できるだけ多くの人が一本の腕、一本の脚、ひとつの命に補償を求められるように、損害は分類されるべきではないか？　補償はただちに受け取れるほうがいいのだろうか、それとも、政府は一貫性のある査定評価を待つべきなのだろうか？

あらゆる議論が新しい問題領域を切り開いた。恩赦は、犠牲者の持つ民事訴訟権を奪いとってしまう。補償が恩赦を合憲的なものにするだろうか？　国についてはどうだろう？　国が恩赦を求めるべきだろうか？　なぜなら、補償を受け取る犠牲者は、にもかかわらず国を訴えようとするかもしれないのだから。

民主党もまた、恩赦適用期間の変更を望んだ。他の政党のように恩赦適用の締切ではなく、期間の開始時期について検討するよう司法大臣委員会に求めた。仕事量が多すぎて処理不可能だろう、とデネ・スマッツは言う。およそ四〇年間にわたる調査を求められる世界で最初の真実委員会になる。しかもその調査は、チリで行なわれたような失踪者探索だけではなく〔一九七三年九月の軍事クーデターで政権を取ったピノチェト大統領独裁体制下で弾圧・拘束され、行方不明となった人々の調査のこと〕、殺人、誘拐、拷問やひどい虐待のような、その他の野蛮な犯罪行為の取り調べも含まれているのだ。恩赦適用の開始時期を一九七六年六月一六日にすれば、委員会の調査範囲は一六年も短くなるだけでなく、その変更は象徴的な響きを持つはずである。なぜなら、その日付けは、あの名高い一連の抵抗と圧制の先駆けとなったのだから〔その日、ジョハネスバーグ近郊の黒人居住区ソウェトで、黒人の中学・高校の授業にアフリカーンス語を強制的に導入するのに反対する生徒たちの反アパルトヘイト闘争が起こり、またたく間に全国に広がった〕。

さて、実現可能なシナリオが一つ一つ書き進められ、法律制定が近づいて緊迫感が増すにつれて、各政党はお互いの泣きどころを突き始めた。国民党員〔前政権党で、アパルトヘイト政策の実行に責任がある、主にアフリカーナーたちの政党〕のシーラ・カメラーは、活動的な委員会議長に、困惑の腕組みをさせ、マイクロフォンのそばで呟かせた。「おお、神様、あの女性のせいで私は気が狂いそうです！」しかしちょうどその時、その女性は自分の髪をちょうど額のところでふんわりとふくらませて櫛で結わえ、素敵な金の鎖で小さなハンドバッグをぶらぶらさせながら部屋を出ていった――つま先立ちで一歩一歩と。彼女は席にもどってくると――唇は真紅に塗られ、数メートルの範囲に芳香をたなびかせて――手を上げ、自分がトイレに行く前に中断していたまさにその箇所から議論を続けるよう要求した。

議長のジョニー・デランゲと国民党のジャッコ・マレー〔注12〕の間は、全面戦争以外の何ものでもなかった。労働者階級のアフリカーナー出身で、筋金入りの議長と、蝶ネクタイをしめ、上品な眼鏡をかけた、痩せこけて見えるマレーとでは、お互い我慢ができかねた。マレーが口を開くや、議長の顔色はいっそう沈鬱になった。

ある朝、一枚のメモ書きが報道機関に送られた。「急いでお帰りにならないように――あなた方に一騒動とANCの秘密不正取引の事実を提供することを約束する。」

だれかが「撃て！」と叫んだことがはっきりするや、今まで一度も委員会で見かけたことのないANCの面々で、部屋が突然いっぱいになった。予期していなかった国民党員も姿を見せ、闘いに加わった。この二つの政党は、委員会室に「かき集めた仲間」を待機させて、闘いの準備に入った。

そして、闘いは始まった。デランゲ氏は、恩赦適用期間の変更についての二つの提案を協議の最優先事項にするかどうか、委員会メンバーが投票で決めるべきだ、と言った。マレー氏は、話の途中に割って入った。彼は、カリン委員会〔人権派弁護士ブライアン・カリンを長とした政府内の委員会。一九九四年四月の選挙後から真実和解委員会が創設されるまで、政治犯に損害賠償金を与えるために設置された〕によってANCのメンバーたちに与えられた損害賠償金がまず最初に議論されるべきだ、とする自分の提案を説明するために、多少時間がほしかった。だが、デランゲがはねつけた。マレーは再度さえぎった。国民党員のダニー・シュッテも、マレーの提案説明に時間を割くよう求めた。

デランゲは再度拒んだ。今や顔面を紅潮させて。私が議長です、そしてこれが私の下す裁定です、とデランゲは言った。マレー氏は納得がいかないなら、最高機関に行き、訴えることもできます、と。議長として彼は、マレー氏が司法大臣委員会をメディアの見世物にするのを許すつもりはなかった。「あなたは他の人を道化にすることはできるが、私を、議長をそうはできない。」

「どうか、議長」と、インカータ自由党〔一九七〇年代初めにガッチャ・ブテレジによって設立されたズールー人の民族運動から発展した政党。支持者は主に黒人でナタール州を基盤とする〕のクース・ファンデルメルヴェ〔注13〕が訴えた。「あなたとマレー氏との間の障害で、他の人が長年築いてきた良好な関係を壊さないでください。何か他の方法でこれを解決できませんか?」

マレーは椅子の上で身をもがき、手を挙げた。もう一方の手で、彼は分厚い書類を振り回した。それには、彼が言うには、一〇〇人のANCメンバーに、カリン委員会によってクリスマス直前に秘かに損害賠償金が与えられたことが記されていた。

デランゲは一向に動じなかった。「われわれには、議論すべき法案の草稿がまだ八つも残っている。われわれは先週、一時間以上もかけてこの協議事項について論じ、それを受諾した。私はもう審議はしないつもりです。私はそれを投票で決めたい。よく聞いてください、私はそれを投票で決めるつもりです。」

その時点でANCは、他の政党を七~一五票上回っていた。

マレーが怒り狂っている一方で、クース・ファンデルメルヴェはぶつくさ不平を言った。「これが民主主義の鉄槌ってやつだ……。」

だが、この法案処理のゴタゴタは、一日か二日の密室会議を必要とした。

旧宗主国の女王様

「まばたきと目くばせ——それですべて終わった。」私は、その日の午後の時事番組で報道した。「公式発表から数週間——今朝、国会の廊下は上流階級イギリス人口調で興奮の極に達した——女王は来て、見て、去った。」

いつも通り、南アフリカ人女性は、振る舞うべき時を心得ている。強い南東風がおだやかになり、清掃人が新聞紙の最後の一枚を片付け、児童が通りに沿って整列し、さらに赤い絨毯が国会の階段を血で染めるように敷き詰められる。議場の中の雰囲気は……、人はそれをどう表現するだろう?……

女王様のために着飾った雰囲気が圧倒している。伝統的な服装を、デザイナーとの付き合いを、さらにはうまい汁が吸える職業一覧を見せびらかす絶好の機会。

ぷかぷかした天使の羽のような袖の、てかてかのアフリカンプリントのドレスか、肩になびかせるインド風のローブか、かつては国会内でも目にした、鮮やかな色の大柄模様の胸当て布地で仕立てられた、伝統的な玉飾りを数珠つなぎにした、エプロン風のドレスのいずれか。フリーステート州からやって来た観光客の一人は、紫と金の低木模様に身を隠しているように見える。ステレンボッシュから来たもう一人は、わがヨハンナ・ファンアルケルのように、小さな壺型の衣装を身にまとっている。二人のヘア・クリシュナ神〔インド系女性のこと〕は、素肌の胸に、染めた木綿地の袋状のものを身にまとって、ロビーで、女王エリザベスⅡ世、と何度も大声で繰り返す。

もちろん、男性軍とて伝統的な男の服装をしている。つまり、高価なウールのスーツ、派手なネクタイ、金縁の眼鏡、それになくてはならない太い首。

それから彼らは入場する。

正面の歩道では、カラード〔アパルトヘイト時代に黒人でも白人でもない「その他」と分類された人々〕の守衛官が、国会用の黄金の伝統的な武器を白い手袋に握りしめている。その後ろから黒人の黒杖官が続く――そうそう、これまではずっと、国会には白人の黒杖官がいたのに……。でも、入れ替えられるご時勢よね……。

報道機関は、ここしばらく記者席の席取りでしのぎを削った。私は首を長くして、目をぱちくりさせて眺め入った。

それって本当？　彼女が、高級なデパートで購入した、留め金付きのハンドバッグとシックな靴を身に付けた、どこかのおばあちゃんみたいだってこと。何か他の状況だったら、彼女の左肩のブローチは、ただの偽物に見えたかも。だって、そういうことってあるわよ、偽物が本物より本物っぽく見えることって。彼女はハンドバッグの留め金を開けて、眼鏡を取り出し、演説者用の席でスピーチをした。

彼女がスピーチする。

それって信じられる？　まるでどこか小さな町の女性たちの、井戸端会議で見かけるおしゃべりの一つのように聞こえたってこと。普通のノート用紙に、一ページにつき一パラグラフがタイプされていて。手袋をしていたので、ページをめくりやすいように、ページの端に折り目を入れようと、まるで人間以外の動物みたいに悪戦苦闘していたってこと。

まあ、失敗しないように、話の内容はいつも通りかもしれないけど、そのスピーチは、数世紀の間、地球の半分を怖がらせて来たアクセントで伝えられた。国会は、最後の「勇猛果敢な闘士」という語句を聞き取っただろうか？

それから彼女は、スピーチをしたためた紙を折り畳んでハンドバッグに入れ、退場した。

バッグを揺らしながら、私たちは、国会のゲート脇を通り過ぎるタクシーを拾い待ちする。「私たち」とは、報道部の部長と私。

「行って！」と部長が叫んだ。「海岸通り、ブリタニア号まで！」私たちはバッグの中身を出して、ジッパーを下ろすと、ブラウスを脱ぎ捨てた――運転手はうろたえているように見えた。

「急いで！」私は怒鳴った。「七分以内で女王様を出迎えるんだから。」

「で、いったい何の女王？」運転手は疑り深げに言った。

「ダイアナ妃の義理のお母さんよ。さあ、ぶっ飛ばして。」

彼はからだを右にひねった。「おれたちは女王様のことを話してるけど、その人って」――彼は頭をさわった――「おれたちのダイヤモンドを王冠に付けてる？　服の縫い目に重しの鉛を入れたのを着てる人？」

「そう、そう、そう。」私は息を殺して叫んだ。

だが、新知識に目ざとい、わが部長から逃げおおせるものはない。「なんでそんな重しを？」

「風でドレスの裾が膝の上まで捲れ上がらないようにするためだよ。」運転手は利口気に答えた。

彼はまるで取り付かれでもしたようにハンドルをひっつかんだ。彼は使命を帯びている。腕前を持っている。彼は時間通りに送り届けたいと思っている。曲線をまっすぐに角を突っ切って走る。男は悪魔のように車を走らせる。

彼は手きびしく問い質した。「なんで、遅れてんの？」

「なぜって。」部長は片手で携帯電話をダイヤルし、もう片方でイヤリングを押さえ付けながら、大声で言った。「国会での女王のスピーチを報道しなければならなかったの。二〇〇の報道番組に一一の言語で。そして今、女王様は船上のカクテル・パーティにジャーナリストを招待したってわけ……。」

「で、彼女は国会で何て言った？」

「何も……。」

私たちは彼の前まで脚を突き出して、新しいチャコール色のパンストをはいた。

「で、あんたたちは何て報道した？」

後部座席に散らかったがらくたの山から、私たちは、指の爪で削り取らなければならない時代ものの口紅、カスがいっぱい付着したマスカラの刷毛《はけ》、空の香水瓶、腕輪を探し出した。そして、それら全部を、きしむタイヤとうなるエンジン音に合わせて身に付けた。

「私たちは問いかけてみたの、どうしたらあんなにも平凡な人が、あんなにも贅沢にくるまれたままでいられるのだろうかって。こうも言ったの、彼女みたいに暮らすには、人々を数世紀にわたって収奪したり、その後は地球の半分が干上がるほどしゃぶる必要がありますよって。」

運転手は桟橋に突入し、スリップして、「議論に熱中している謹厳実直な男性政治アナリスト」の一団のすぐ後ろで派手な止まり方をして、彼らの旧式なスクールネクタイをもみくちゃにしてしまった。

私たちは車から転がり出た。どうにか間に合った。

ブリタニア号のデッキでは、私たちの名前は、よく知られている想像上のドラムの響きとともに大きな声で呼ばれたり、ありふれた名前が、「ルリーナ・スミスー」という具合に、アフリカーンス語のステレオタイプ式のアクセントで呼ばれた。しかも、その人物は近寄ってきて、白い手袋をしたまま人々の手を取った。（「どんな感じだった？」友だちが後で尋ねた。私は思い出せない。なぜって、私の目は、女王の明るい黄色のドレスの縫い目に釘付けになっていたから。）

一人の男が私たちに近寄ってきた。彼は王室のスポークスマン。女王様はいろいろな方々とお会いなさるつもりです、と彼は言った。話し掛けられたときだけ話してください。でも、女王様にはどんな質問もしないでください。この王室親善外交についても報道しないように。

ジントニックは猛烈にきいた。デッキの手すりのそばで、私はがぶ飲みした。肩に金の房をたくさん付けた船員が、ブリタニア号で航海するという問題のせいで、女王が二度南アフリカに到着したことを教えてくれた。最初は非公式に飛行機で。それから公式訪問のためにヘリコプターでブリタニア号に移動し、二度目の訪問では、二一発の熱烈な礼砲の歓迎を受けながら入港した、と。その間ずっと、彼の口ひげは微動だもしなかった。一度も。

自由戦線のコンスタン・フィリユーン将軍は、ブルームフォンテインの女性記念碑〔アングロ・ボーア戦争記念館のそばに、戦争中にイギリス軍の強制収容所で亡くなった女性や子どもを追悼するために建てられた〕を訪れ、英国人の名において、アフリカーナーたちにしたことを謝罪するよう、女王に求めた。しかし、彼女のスケジュールはすでにいっぱいだった。

委員会創設に関する法案

司法大臣委員会は、公開の意見陳述がなされる前に、真実和解委員会の法案審議に六時間半を費やした。さまざまな提案に二〇時間以上耳を貸し、一〇〇時間五三分かけて議論し、資料を収集し、法案の各種条項を起草した。たびたび職員は、その日行なわれた協議の記録を作成するために夜を徹して働いたので、赤い目としわくちゃの服で会合に出席した。委員会は、真実和解委員会の法案に計一一七時間三〇分を費やした。

ついに真実和解委員会創設に関する法案が、国民議会〔一九九四年の選挙で比例代表制で選ばれた四〇〇人の下院議員で構成されている〕に提出された。時を経るうちに、それはさまざまな解釈を生み出した。それはいままで国会を通過した中で、もっとも慎重を要する、技術的にもっとも複雑で、もっとも議論の余地のある、もっとも重要な法案と見なされ、「すべての法律の母」とも呼ばれている。そのとき一般傍聴席は、学童と——思惑が独り歩きして——委員会メンバーに推挙される可能性のある人たちで満員になった。

法案が司法大臣委員会で議論されていたときと同様に、法案審議がにわかに感動的な見世物となる。真実和解委員会を政治的点数かせぎに利用してはならない、というネルソン・マンデラ大統領の冷静な訴え以降も、不正に関するテーマは、意見陳述者たちを雄弁の高みへと駆りたてた。

だれもが語るべき事柄を持っている——家に火炎ビンを投げ込まれた下院議員たちから、指をコーヒー・ミルに突っ込まれた友人の子どもたちや、右翼が刑務所の中で意気消沈している間にすでに通りを闊歩している罪人たちに至るまで。話のほとんどがアフリカーンス語でなされる。彼らはアフリカーンス語を話す連中に、アフリカーンス語で話を打ち明けたいと思っている。

アフリカーンス語新聞の一つ『ビールト』出身のあるジャーナリストが、私に念を押すように言った。「法案作成の完了は、司法大臣委員会の中心メンバーがアフリカーンス語で行なったのを思い出さないか?」私は顔をしかめた。「そのメンバーは、議長としてジョニー・デランゲ、ANCからウィリー・ホフメイヤー、民主党のデネ・スマッツ、インカータ自由党のクース・ファンデルメルヴェ、国民党を代表してダニー・シュッテ、それに自由戦線を代表してコルネ・ムルダーだよね。僕はいいと思う」と彼は言った。「過去に責任がある彼らが、それを修正するために働くってことは。」

午後遅く、ジョニー・デランゲは議論を打ち切った。法案のこの部分をとてもユニークなものにしているのは、それが実際、国のすべての立場の寄せ集めだからです、とデランゲは言う。「私は、デネ・スマッツ条項を、ダニー・シュッテ条項を、人権派弁護士条項を、犠牲者条項を、治安条項を指摘できるし、これらの条項に関して、われわれ全員が堂々と功績を認められるべきです。」委員会の議論を、安っぽい評判を得るためにのみ利用したジャッコ・マレーを除く全員、とデランゲは言った。

そのあとすぐ、採決となった。法律制定のために、議員全員が目の前の差し入れ口に自分のカードを差し込み、ボタンを押したはずである。

だれもがそうした。

「何か具合が悪い」と議長が言った。カードがすべて抜き取られて、また差し込まれねばならない。

「私はトラブルを期待しないが、トラブルの方が私を求めている」とだれかが大声で言った。

カードを認識するはずの電気回路が機能していないようだった。議長は議員たちに、もうしばらく待つよう求めた。

結局、議長は、法案に賛成の議員に、数がカウントできる旧式の方法の挙手を求めた。賛成——アフリカ民族会議、国民党、パンアフリカニスト会議〔Pan-Africanist Congress 略してPAC。一九五九年にアフリカ民族会議から離脱した黒人政党〕。反対——自由戦線。インカータ自由党は棄権した。

その後、法案は、上院議会〔州議会議員によって間接的に選ばれた九〇人の上院議員で構成されている〕でしばらくの間、もみくちゃにされた。自分たちが国民議会の単なるゴム製スタンプではないことを証明するために、上院議員たちは、いくつかの変更を強く求めた。彼らは、真実和解委員会に二人の非南アフリカ人のメンバー入りを求め、包括的な恩赦について議論がなされるべきだ、と主張した。

ずっと顎を噛み締めたまま、法律書記官はぶつくさ呟く。「それは法律の蜘蛛の巣なんだ——蜘蛛の巣地獄。もし、あんたらが何か一つ変えでもしたら、あんたらはすべての条項を変えなきゃなんないんだぞ。」

上院で法案を通過させるのは、ダラー・オマールの任務だった。カラードの国民党員が、自分がどのように拷問され、公安警察によって逆さに吊り下げられたかを語ったとき、ANCの議員たちは、彼を大声で制した。彼は声を張り上げて、どのように繰り返しセメントの床にぶつけられたかを話した。耳障りな笑い声が響く中、あるANC議員が大声で言った。「あんたの脳みそが損なわれたのは、そのときからだよ。」

オマールは立ち上がって言った。「われわれは犯罪者を区別することはできる。しかし、犠牲者にはいかなる区別もないことを、この法律がわれわれ全員に教えてくれるのを望んでいる。」

ついに上院を通過した法案は、以前はフェルヴールト・ビル〔アパルトヘイト体制にイデオロギー的なバックボーンを施した元首相の名前を冠している〕として知られていた建物の中の司法省へと送られた。そこは、職員のほとんどが白人で、アフリカーンス語が話される。しかも、オレンジ色の爪をした、金髪の男性職員——人はそれ以上の秘書は見つけられない、司法副大臣が信頼を寄せているのだから——が法案を最終処理する。さて、肩をうなだれて、エレベーターの中で辛辣な冗談を飛ばす、中年のアフリカーナーたち。「また後で。」「そうか、神様が——憲法様が——お呼びですか。」法案を司法大臣へ、大統領へ、そして印刷屋へ持っていくのは彼らだ。

真実和解委員会の法案は、一九九五年七月一九日、ネルソン・マンデラ大統領によって署名され、法律となった。

撃つ者も打ちのめされる

彼らが朝食にやって来る——私の二人の兄弟が。笑い、しゃべり、食べて、昨夜を、ただの普通の一夜だったかのように片付けてしまう。私は気づいている、彼らの政治的見解が今なお穏健な国民党のものだということを。

「だれが撃ったの?」私は尋ねる。でも、アンドリースがこの地区で銃の名手の一人だということを私は知っている。二人は説明する。満月の前後一週間、二人は欠かさず農場をパトロールする。一九九四年の選挙以降、二人は、クローンスタッドの警察署に留置されているよりももっと多くの泥棒を捕まえた。いつもアンドリースがバッキーを運転し、ヘンドリクがライトを手にして荷台に立つ。泥棒を見つけるや、ライトで照らす。

「続いて、大声で言う。『止まれ！　撃つぞ！』あるいは、ソト語で何か言う」とアンドリース。「でも、その時点で、むかつくような恐怖感でいっぱいになる。泥棒が武装してて、突然ぶっぱなすのが一番恐い。つぎに、やつらが逃げることに決めて、一人が農場の家屋に向かって走り、もう一人が略奪するときも恐い。ほとんどの場合、同情を見せたら、やつらはやめない。」

居間は静かだ。「だが、やつらが逃げ出すやいなや……、そのとき、おれは、言うに言われぬ、冷酷な憤怒に打ちのめされる……。そいつは不法浸入しているし、法を犯している――逃げ出したので、おれは撃たざるをえない――そいつがおれに、他の人間に銃を向けさせ、引き金を引かせる……。だからおれは、そのためにそいつを憎む。

初めは、そいつのそばの地面をめがけて撃とうとする。もしも、そいつが、見つけることができなくなるトウモロコシ畑のすぐ近くにいたなら、おれは、そいつの脚を狙う。……その間ずっと、おれはすくみ上がっていた、そいつを殺すかもしれないし、そうなれば、それとともに生きていかなければならないし、おれの血まみれの人生が終わるまで、それに付きまとわれることに……。」

ヘンドリクが付け足す。「でも、一番悪いのは、アンドリースがわざと見逃してやろうとしているのに、やつらがそれに思い及ばないってことさ。やつらの何人かは言ったものだ、アンドリースは自分たちを撃てない、なぜなら、彼らのおまじない医術はとっても強力なんだってさ！」

「警察は何て言ってるの？」

「警察が来たら、万事がやつらに好都合さ――署に行って、翌日には保釈される。……大抵が執行猶予付き。みんないっしょに法廷を去るわけさ。あるいは、その帰りに、道であいつらを追い越すかもね。おれは治安判事に言ってやった、彼らが盗むのは物質的な物の価値ではなく、おれの生活の意義であり、おれの農場であり、おれの将来設計であり、おれの心の平安なんだって……。」

黒人男性によって書かれた最初のアフリカーンス語の小説の一つの中に、二人の黒人放浪者がユダヤ人の店主を殺す話がある。だれかがその人殺しを密告したとき、主人公は密告者を非難する。私は作者にインタビューするために車を飛ばした。

「あなたの主人公は、どうして人殺しではなく密告者を非難するのですか？」

「なぜって、黒人たちは、いつも協力し合わなければなりませんから。」

「でも、クリス・ハニ〔注14〕の遺体から白人の男が逃げ去るのを目撃した女性は、『彼は白人だった、だから私は黙っておこう』とは言わなかった。彼女は言った。『その行為は悪い、だから私は話そう』と。」

彼は私を見つめた。「だれも白人たちを滅ぼすことはできない――彼らは何とかして生き残る。しかし、われわれに関しては、たとえ何があろうともいっしょに立ち上がらないと絶滅させられるだろう。」

ヘンドリクは、右手の指の関節にそっと触れる。そこが腫れている。「あなたが彼らを撃つの？」私は尋ねる、無表情に。

ヘンドリクがうなずく。「ある時点でわかったんだ、おれたちは何度も何度も同じ泥棒を捕まえているって。だから考えた、どうにかしなくちゃならない、と。やつらは盗もうと思えば、ここ以外のどこの農場でも盗みを働くに決まっている。」

兄弟は私に言う。選挙以来、農場の家畜泥棒は五倍に増えている、と。

その朝遅くに、黒人の警官が羊を買いに来た。彼が支払いをしているとき、父は「あんたは羊を買っているけど、黒人居住区の他の連中は盗みに来るのが好きみたいだ。どうしてあんたは金を払うんだい？」と尋ねた。

「この羊は葬式用だからです。盗んだ羊だったら、先祖はとても悲しむでしょう。」

私はアンドリースに「それを解決するには、どれくらいの時間がかかりそう？」と尋ねた。

兄は頭を振った。「わからない。ただ、おれ自身、おれが今まで気づかなかったものが、おれの中にあるってことを意識するようになった……。」

「たとえばどんな？」

「たとえば、家族もおれも、日々、どんなふうに残酷になっていっているか感じるみたいな……。素手でだれかを殺せるって気づくみたいな……。おれは今、闘い方、殺し方、憎み方を学んでいる。そして、もうどこにも戻るべきところがない。数年前は、受話器を取り、国の最高権力者に話すことができた。今じゃ、おれの生れた町も、おれが発音することさえできない名前のやつらに、うろつき回られている。」

「そうね。だけど何百万人もの黒人にとっては、これまでずっとそんな感じだったんじゃないの。」

「まあね、その通りさ。……おれは思ったよ、到来しつつあるのは、みんなのための新しい摂理だ、と……。今おれが目にしているのは、以前、黒人居住区に閉じ込められていた普通の人々を残忍にしてしまう何かがなくなっているんじゃなくて、それが他の場所にまで溢れ出していることだよ。」

彼は言葉を切り、それから、吐き捨てるように言った。「白人と黒人の道徳性についてマンデラが話していたとき、白人はどうして自分たちが死んだときだけ気にするのか、とぬかしやがった。彼は付け加えるべきだった。黒人は、たとえ白人が死んでも気にもしない……。いや、もっと悪いことに、たとえ黒人が死んでも気にもかけない、と。」

私の週末休みが終わる前に、真実和解委員会は、イースタンケープ州で公聴会をスタートさせた。モンドリ・シャバララが、ジョハネスバーグへ向かう途中の農場で、私を車に拾った。モンドリは、南アフリカ放送協会の私の同僚。

「ねえ、モンドリ。モシェシェ大首長〔注15〕の名前は、『だれかの顎ひげを剃るのと同じくらいすばやく、音も立てずに盗むことができる者』という意味らしいけど、どうして盗みの腕前が名誉賞になるのかしら？　それに、ディンガネ〔注16〕はなぜ、セコニェラ〔注17〕に盗まれた家畜を、レティフ〔注18〕に取り戻すよう頼んだのかしら？　なぜマンデラは、自伝の中にわざわざ、自分と従兄弟が伯父さんから盗んだ家畜について書いたりしたんだろう？　それって、私たちが盗みについて話すときと同じなの？」

モンドリはしばらく黙っていた。それから、彼は言った。

「わからないな。でも、僕が知っているのは、白人からの盗みは実際には盗みではない、という観念を抱いて僕は育ったってことだ。はるか昔から、アフリカ人には、力を競い合う手段として家畜を手に入れることはあっても、盗みという概念はなかった。ところが、君たち白んぼ《ホワイティーズ》がやって来て、窃盗罪でわれわれを訴えた――だけどその一方で、ちょうど同じときに、君たちはわれわれから何もかも一切合切を盗んでいたんだ！」

どうして両親と私は、日曜日の間中、閉め切ったドアの後ろにすわっていたのか、憶えている。犬がほえるたびに、どうしてだか、私たちは話すのをやめた。「彼らは日曜日にやって来たがる……。その日はみんな教会に行っている、と彼らは思っているのよ」と母が言った。後に、私がジョハネスバーグに出立するとき、手を振るために後ろを振り返えると、私が青春時代を過ごした、砂岩で造られた家の前に彼らが立っていた。そして私たちの車が走り出ると、、父は門に鍵を下ろし、犬を解き放った。

二章　われわれほど分け隔てられた者はいない

メディアに問われるもの

真実和解委員会を担当するつもりでいるジャーナリストとそれらジャーナリストの直《じか》の上司のために、研究会が組織された。私たちは、とりわけてドイツ、オランダ、チリのジャーナリストに取り囲まれた。そのより顕著な一夕の例では、黒人ジャーナリストの参加はたったの二人――一人はラジオ放送局から、一人は『ソウェタン』紙〔黒人居住区ソウェトの黒人新聞〕から。真実和解委員会に関係する何事においても黒人ジャーナリストが姿を見せないということを、私たちはどう理解すべきだろうか？

型通りの「私は何々です」式の自己紹介の最中に、一人のドイツ人ジャーナリストが言った。「南アフリカがその過去を直視するには、今もってあまりにも精神的苦痛が大きすぎると思う。人々は過去に耐えて生き延びてきたのかどうか、経済は健全かどうか、過去の清算をやり抜くつもりなのかどうか、人々は今なお思案中だ。」だが、いっしょにやっていくうちに海外のジャーナリストが、恩赦請求者やその中に大物政治家がいるかどうかだけに関心があることがすぐさま明らかになった。

いろいろな話題が議論された。委員会はなぜ報道されるべきなのか？　一時的な感情の高ぶりによる燃え尽きはどうすれば防げるのか？　視聴者や読者はどうすれば参加できるのか？　真実和解委員会の記事は特集ページに限られるべきなのか？　人々はそのページだけ読み飛ばさないだろうか？　過去の出来事がトップニュースになるようにするには、それをどう扱えばよいのか？　新聞は委員会をフルタイムで取材する方法を持たない――人々が勤務中のオフィスからも見守ることができるように、テレビは毎日、公聴会を放送できるだろうか？

すべての言語集団や貧しい地域社会へのアクセスを持っているラジオの役割は何か？　言語についてはどうか？　一一の公用語はどれも委員会を報道するのに必要な語彙を備えているだろうか？　ズールー語を話す同僚が腹を立てた。「ありますよ、もちろん！　なければ、作ります。」言葉を作る？　彼はリストを用意した。

ambush（奇襲）：lalela unyendale（害を与える行為をするために身を伏せて待つこと）
hit squad（暗殺集団）：abasocongi（寝首を掻く者たち）
massacre（大虐殺）：isibhicongo（粉々に踏みつぶすこと）

politics（政治）：ezombusazwe（土地の支配をめぐる事柄）
right-winger（右翼）：untamo-lukhuni（強情っぱり）
serial killer（連続殺人鬼）：umbulali onequngu（殺人中毒者）
third force（サード・フォース〔注19〕）：ingal'enoboya（毛むくじゃらの腕）

「毛むくじゃらの腕？」私は尋ねる。

「サード・フォースが暗躍するときは」と彼は説明する。「人々が言うには、袖口が時折たくしあげられた。しかも、その露出した腕はいつも毛むくじゃら——ということは、白人の一員であることを意味している。」

議論も集いも滞りなく、適切で統制がとれていた。

午後遅くまで私たちは議論を続けた。自分が行なう取材に自分の過去をいかにかかわらせないかについて。『ソウェタン』紙の記者が立ち上がった。「私が属する新聞の立場は、実際、いつも真実和解委員会路線の記事を掲載してきたし、委員会を取材するために今さら特別な努力などするつもりはありません。」

『ビールト』紙のヴィレム・プレトリウスが立ち上がって言った。「入隊中、私は『ラジオ・フリーダム』のケーブルを切り、放送させない任務についた。そのことが私にどんな影響を与えているか？ 真実和解委員会について私に記事取材ができるのか……あるいはできないのか？」

急に静まりかえった。ジャーナリスト特有の紋切型の議論を一日続けた後で、私たちは重要な問題にぶつかった。

「私は旧南アフリカ放送協会の政治担当記者で、報道からツツ大主教〔注20〕のような重要人物の意見を取り去り、悪意に満ちたムードミュージックをたびたび挿入したものです」と、今はアメリカで仕事をしている脱南アフリカ人が言った。「私は結局、私の左翼的政治観が理由で解雇された。……そのことが私にどんな影響を与えているか？」

英語を話すある著名な編集者がため息をついて立ち上がった。「そうですかねえ。こんな議論はまったくの無駄ですよ。われわれは何年も何年もアフリカーナーがうまくやっていけるように働いてきた。それが今や、黒人の上司にうまく取り入ろうとしている……。経験が私に教えるところ、この種の話は何の役にも立たないということです。まったくもって何にも。」

だれかが私の背後でもがいた。ベテランのジャーナリスト、ヘニー・セルフォンテインがマイクを握ったまま、どうやら軽い心臓発作を起こしたらしく、顎ひげや両手が激しく震えている。彼はどもり、喘いだ。「こ、ここでは、だれ、だれもが、他人の過去を議論している。しかし、あなた……、あなた方の……、関わりが！」彼は叫ぶ。「ああ、あなた方イギリス人は……、彼らの血塗られた食卓は？」ヘニーは、英字新聞が責任を負うべき記事修正などの一覧を持参していた。そこには、日付け、出来事、特定の編集責任者によってどのように情報が変えられたか、民族主義者の支配者たちの政治に好都合なように、新聞の見出しがいかに処理されたかが記されている。彼はその日時を知っているし、まだ金額が記入されていない小切手を手にしてP・W・ボタ〔注21〕に会いに行き、「あなたが望んでおられることを私たちにおっしゃってください、ただし、私たちの利益は守ってください」と言った、白人で英語を話す編集責任者や実業家たちの氏名を彼は所持している。

一部のジャーナリストが椅子から跳び上がり、その時点では自分たちはまだ生まれてさえいなかった、と抗議した。他の者たちは大声でヘニーを励ました。一人の黒人ジャーナリストが腹を立てて出ていった。なぜなら、その様は、何から何までアングロ・ボーア戦争〔一八八〇～八一、一八九九～一九〇二年に起きた南アフリカのイギリス系住民とアフリカーナーとの領土支配をめぐる覇権争い〕の再現だった。研究会は混沌のうちに終わった。飲食のための休憩時間がいくらかうわべの体裁を取り戻しただけだった。

研究会からの帰路、私の心は逆巻いた。私は街灯の下に立ち止まって、労働者の一団が老人ホームの外で抗議しているのを目にした。彼らのストライキは今朝のトップ記事だった。一人がプラカードを掲げていた。「ユダヤ人は出て行け。」

真実和解委員会は、国の中では委員会以外だれも重きを置いていないモラルに執着していることに気づくだろうか？ それに、真実の観念。たとえそれが唯一の真実ではないとしても……。ナディン・ゴーディマ〔一九九一年にノーベル文学賞を受賞した南アフリカのユダヤ系女性作家〕はかつて、ある黒人作家に尋ねたことがある。「あなたはなぜいつも、プールのそばでくつろぐ白人女性を描くのですか？ 私たちがすべて、そうとは限りませんよ！」彼は答えた。「なぜなら、われわれには、あなた方はそんなふうに見えるんだ。」ゴーディマはその事実を認めざるをえないと言う。

ある朝、私がまだ黒人教師のための訓練学校の講師をしていたとき、アフリカ民族会議の若い支持者がやって来た。彼は私のクラスに入るのを拒んだ。彼はアフリカーンス語を一つの植民地言語と見なした。「それなら、英語は何なの？」と私は尋ねた。「英語はアフリカの真ん中で生まれた」と彼は確信を込めて言った。「それはウムコント・ウェ・シズウェ〔アフリカ民族会議の軍事部門『民族の槍』〕によって、この地にもたらされた。」それが彼の真実だった。そして私は、彼の教師として、その真実は彼の人生や物の見方、その行動を方向付けてきたものとして扱わなければならなかった。

真実和解委員会は「真実（truth）」という言葉に対して敏感になれるだろうか？

仮に委員会の真実に対する関心が、恩赦と補償にのみ結びついているとするなら、委員会は、真実ではなく正義・正当性を選んだことになる。仮に委員会が真実を、人々の知覚や物語、神話、さらには経験などから最大限集められ、編集されたものと見なすならば、委員会は記憶を修復し、新しい人間性を育てることを選んだことになるだろう。そしてそれが、もっとも深い意味での正義・正当性なのかもしれない。

委員の選定も公開で

法律によると、大統領は内閣と協議して、真実和解委員会に尽力する思慮に富む一七人の男女を任命しなければならない。その委員たちは地域社会で評価が高く、かつあまり政治的な経歴がないことが必須とされた。

種々の選抜方法があり、どの方法をとるかで、顔ぶれはかなり変わりそうだ。第一案は、大統領が自身で名簿を作り、つぎに内閣といっしょにそれを協議する。第二案は、大統領と内閣が共同で名簿を作る――これだと政治的な駆け引きという明らかな危険が伴う。第三案は、候補者は非政府組織や教会、団体の推薦を受け、さらに、公開の審査会で面談する。その後、大統領と内閣が最終候補者名簿から選ぶ。第三案は政党の関与が最少で、かつ委員会の任務を損なうよう依頼された者をそこに送り込む機会がほとんどないという利点がある。公開の審査会は、法案の草稿作りが政争に取って替わったために枯死寸前だった委員会への関心に、再び火をつけもするだろう。

第三案が採用された。

大統領が公開審査会の委員を任命した。メンバーは、フィンク・ハイソン教授、ジョディ・コラペン、ヤエンドラ・ナイドゥ、バレカ・コシツィレ、ハリエット・ングバネ教授、ロシル・デフィレ上院議員、ピーター・ストーリー主教。

公開審査会は一九九五年一一月一三日の朝、ケープタウンのグッドホープ・センターで始まった。名簿には四六人の候補者がいた。最初に登場したのがH・W・ファンデルメルヴェ教授〔注22〕、グレンダ・ヴィルトシュット〔注23〕、ドミニー・ムレイ・クッツェー、それにデズモンド・ツツ大主教だった。

質問はあらかじめ用意された形式に従って行なわれた。どのような人々が真実和解委員会のために尽力したらいいのか？　候補者は、和解と真実のプロセスに対してどのような貢献をもたらすことができるのか？「自分の信念のために代償を払った人を私は見つけるつもりです」と、審査会の委員で、メソジスト教会の主教であるピーター・ストーリーは言う。

だが、デズモンド・ツツ大主教がすぐさま審査会を掌中に収めてしまった。

「いったい、あなたを何と呼ぶべきでしょうか？」とングバネ教授が尋ねた。「人々はあなたに威圧されていると思わないでしょうか？……さて、私は『殿下』、それとも『神父』、それとも『主教』と呼ぶべきかどうか、わかりません……。」

「あなたが私を『女王陛下』と呼びさえしなければ、何と呼んでもさしつかえありませんよ。」そう言ってツツは笑う。「それより、私が人々を威圧するとは思いませんし、私が望むのは、私が楽しんでいると人々が思ってくれることです。」

ツツは、真実和解委員会でどのようなメンバーを目にしたいと思っているのだろうか？

「かつて犠牲者だった人々。私がこれまでに出会った中でもっとも寛大な人々は、苦しんだことのある人々です。それはあたかも苦しみが彼らを引き裂いて、共感の中へ投げ込んだようなものです。私は傷を負いながらも他の人を治癒する人々について語っています。委員は信仰生活によって支えられるべきです。」

ツツは、かつてティニー・フローネヴァルト将軍が言った意見――「私は神に告白する、ツツにではなく」――に答えるよう求められた。

「皆さん、もしあなたが妻とけんかをした場合、神の許しだけを求めてもむだです。あなたは妻にごめんなさいと言わなければならないでしょう。私たちの過去は神との関係だけでなく、人と人との関係も汚してしまったのです。したがって人々は、自分たちが傷つけた共同体の代表者たちの許しも乞わなければならないでしょう。」

候補者の多くは政治的圧力に直面するだろうし、犠牲者と犯罪者との間に張られたロープの上を歩くことになるのをはっきりと自覚している。H・W・ファンデルメルヴェは言う。罰することは、道徳とわが国の法律体系に本来備わっている部分であり、しかも人々はおそらく、委員会の透明で開かれたプロセスをそれ自体で懲罰的な方法の一種だと見なすはずだ。たとえば元国防大臣マグヌス・マランが、クワズールー／ナタール州での大虐殺に関する法廷で告訴された後、恥ずかしい思いをしていると口にすれば、それはすでに懲罰の一形態だろう。

すべての女性が、委員会に女性が加わることをどう思うか尋ねられた。しかし男性はだれも、委員会に女性が加わることをどう思うか尋ねられなかった。ましてや委員会に男性がいることをどう思うか、だれ一人尋ねられなかった。

グレンダ・ヴィルトシュットは、人々が委員会に出頭したとき、居心地よく感じるようにすべきだと言う。仮に女性一人が男性だけの前に、あるいは一人の黒人が白人だけの前に出頭しなければならないとすると、人々はくつろいだ気分にはなれないだろう。委員会が人々の話をどのように聞こうとするかで、大多数が委員会を受け入れるかどうかが決まるだろう。

メアリ・バートン〔注2〕は言う。過去の国家体制の受益者は、彼らが徹底した改心を経験する場合にのみ、償いに寄与する覚悟ができるだろうし、それは人々が過去の情報を手にする場合にのみ起こりうる。

シェンギウェ・ムキーゼ〔注24〕は、アフリカ人の文化には和解に関する独自のしきたりがあり、告白や許しというキリスト教徒特有の用語だけに頼る必要がないことを、審査委員に気づかせた。他の候補者は「イララ（ilala＝ヤシ酒用に汁を搾る草の葉）」について語った。以前、二人の男が争ったとき、二人は罪を白状している一方で、この葉を搾りながら向かい合ってすわっていた。「葉が搾られていくにつれて、怒りも鎮まります。」

「あなたは、真実和解委員会に右翼のアフリカーナーを連れて来られますか?」と、クリス・デヤーヘル検事〔注25〕は尋ねられた。

「私をアフリカーナーの代表として委員会メンバーに任命しないでいただきたい」とデヤーヘルは言う。「それに、もし委員会が魔女狩りを行なうことにでもなれば、私は前もって警告しておきたい。私はへまな取締官なのです。」

アレックス・ボレイン〔注26〕は、効果的な運営の重要性を強調した。もしも三つの小委員会や職員、広報活動、財政上の管理が能率的に機能しないなら、委員会はその仕事に取りかかるべきではない。なぜなら委員会は国際的な障害物になるだけでなく、犠牲者たちが再度見捨てられることになるだろうから。委員会は未知の領域で自分の針路を切り開かなければならない。また彼も、委員会に神学者が多くなりすぎることに対して警告を発した——「ついには教会委員会に成り果てるかもしれない。」

集団的罪という概念を慎重に議論しよう、とヤープ・デュラン教授は言う。神の恩寵がなかったら自分も罰せられる側だった、と人々は認識すべきである。ある人の熱心な真実探究が他の人にとっては魔女狩りともなる。

これから先の膨大な仕事を考慮すれば、アダム・スモールの、相矛盾する、とりとめのない話が審査委員に評価されなかったのもうなずける。「私は二つの心を持ち、この現実世界には属しておりません。この真実和解委員会なるものは無益です。それは泥棒の一団に耳を貸すために、苦労して手に入れたお金を浪費している。文学だけが和解の奇跡を行なうことができるのです。」

このような調子が四五分間も続いた後、フィンク・ハイソンが尋ねた。「まったくもって、あなたはとても批判的でいらっしゃる。で、あなたは、委員会の一員として尽力したいのですか?」

「もしも委員会に、自主的で、批判的で、不屈で、時折はいたずらっぽい意見を入れる余地があるのであれば、そのときは喜んで加わります——ただし、常に批判的にですが。」

候補者の多くは、最初は真実和解委員会には反対だったが、フラクプラース〔警察の暗殺集団の基地として使われたプレトリア近郊の農場〕の司令官ユージン・デコック〔注27〕の長びいた裁判の例が、彼らの気持ちを変えたと言う。委員会は低コストで、より多くの人々により多くの回答を与えることができ、おまけに過去に起きたことのより詳細な全体像へと至ることもできることを彼らは理解した。

移動車から記事を送る

四六人の候補者の最後がフランク・チカネ牧師だった。

「真実和解委員会はこの国に新しい道徳をもたらすべきです。……懲罰的正義を求める人々は、新しい道徳がもたらすことができるだろうより偉大な正義を無視している——植民地主義や圧制や貪欲さから解放された共有される道徳を……。」

私たち二人のベルトに付けたポケットベルがいっせいに激しく振動し始めた。ボタンを押す。「部長に電話を」の表示。マネリシが電話をかけに出ていく。もどってくると、彼は私にメモを手渡した。「すぐプレトリアに向けて立て、と部長。さもないと、マンデラの晩餐会に遅れるぞ。」

しかし、私たちは、このリトマス試験のなりゆきを見守り続けた。審査会の面談は、三週間以上かかることがしだいにはっきりしてきた。委員になりたい人は質問された——もし、あなたが新政府の高職にある者に関係している情報を見つけた場合、どうなさいますか？　多くの候補者は、中央政府の安定は国民すべての生存にとって重要であると答えた。南アフリカの民主主義は若くて脆い。そうした微妙な情報は慎重に扱うだろう、と。

さて、私たち二人は行かなければならない。私たちは取材用機器のスイッチを切り、人目につかないように机の向こう側にある器具をこっちに引っぱった。二本のマイクロフォンが二人組のバレエのステップを踏むように左側に滑り、机から私たちの膝へ落ちてくるのを、チネカの視線が追っているのが見えた。私たちは荷造りを——長いケーブルを巻き上げる。ポケベルがせきたてる。「今すぐ、プレトリアへ。」

マネリシが指を立てる。その時が来た。リトマス試験。そして、チカネが答える。「すべての情報は同じやり方で処理される必要がある、と私は固く信じています。それが高木に関係していようと、普通の低木であろうと。われわれは重要な政治家に関する情報を、一般の人々に関するそれと区別して処理すべきでしょうか。そんなことをすれば即座に、以前の不正と同じように有害な、新たな不正を生み出すことになります。」

私たちは会場を後にした。ホテルの外は、ジョハネスバーグの金曜日の午後五時で、雨模様。

車の中で取材した記事を発信する。窓が熱気でくもってくる。車を走らせる。仕事をする。携帯電話が鳴る。『ラジオ・ツワナ』から。マネリシはアクセルとブレーキに足を乗せて、予想される真実和解委員会のメンバーについて「Q＆A」で答える。私がハンドルを握る。こうして私たちは、共同作業で車をかわす経験をする。番組の終わりに、もっぱらマネリシのイントネーションで候補者名簿を絞り込む。「その候補者は言った。委員会は……(彼の声が突然活き活きする)あったーらしい！(ハンドルを切りながら)道徳をもたらすべきだ、と。」私たちは手にしているメモと靴下で窓をふく。

私は、ダーバンからの『ラジオ・ロータス』(ナタール州のインド系住民向けの放送)を相手に「Q＆A」で答え、続いて南アフリカFMの午後の生放送。私たちは窓を開ける——びしょぬれになる。車を走らせる。私たちは働く。

携帯が鳴る。「今、ラジオであんたたちのを聞いてるけど……、いったい、どこ走ってんの？　私たち全員、大統領官邸のゲートの外で待ってんのよ。」

ボスだ。私は電話をマネリシに渡す。私はギアを入れ、彼が説明する。「わかりません……、雨で、何も見えない。でも、プレトリアのすぐ近くに違いない。」

私たちは計算する。六時一〇分前。彼はシャツにアイロンをかけなければならないが、できないだろう。

『ラジオ・コーサ』が電話をしてくる。『ラジオ・レセディ』が電話を待っている。事故現場のそばを通り過ぎる――サイレンと濡れた道路上に点滅する赤いライト。車が前をゆっくり徐行している間に、私はギアシフトの向こう側に移り、マネリシは下側をすり抜けて、私がハンドル席にすわり、足をガソリンタンクの上に乗せる。汗と雨が私たちを包む……。今、フォールトレッカー〔注28〕記念碑を過ぎ、……ユニサ〔南アフリカ大学〕付近……。

六時に携帯が鳴る。

「今、教会通りです。」

「オーケイ、私たちはここの階段の上。パークスが待ってるの。中へ入るわ、……着飾らなくていいから、すぐ来て、一〇時過ぎまでみんないるから。」

やっとのことでマンデラ大統領官邸――「白人たちが覚えられない名前の付いた家」〔マンデラのミドルネームはRolihlahla（ロリシャシャ）で白人には発音がむずかしい〕――のゲート前にたどり着く。守衛が私たちを止める。窓を開けて、私たちが何者かを四つの異なった言語で説明する。彼らは私たちを通す。私たちはスピードをあげて堀に囲まれた建物まで走り、最後の駐車場所にきちんと車を止める。私たちは跳び下り、トランクを開けて衣類をひっつかむ。私は車のバック・ドアを開けて、どしゃぶりの中でベルトをゆるめる。マネリシのTシャツが頭から半分脱げかけたときだった。

「待て……待て！　だめだ、ここで脱ぐのはだめ――家中から駐車場が見渡せる。」守衛だった。「もう少し庭園の奥まで行って。」彼が要望した。

私たちは衣類を手に、湿った、どろんこの、暗い庭園へとよろよろ進んだ。その間中、ポケベルは怒り狂っていた。地面は湿り、どこもかしこも水たまりとぬかるみだらけ。私はジーンズを脱ぎながら、衣類をピシャピシャたたいた。ジーンズを湿った地面の上に置き、その上に衣類を置いた。マネリシも同じようにした。私がストッキングと靴をはき、木の葉から落ちてくるしずくで腕の裏側をせわしく洗っているちょうどそのとき、私たちは声を耳にした。懐中電灯が、赤いパンツ姿のマネリシを照らし出した。ほんの少し前かがみになり、シャツのしずくを振り払っているマネリシを。まったくの沈黙が続いた。凍りついた瞬間がマネリシによって騒々しく破られた。彼はまるで自分が大統領でもあるかのように、困惑ぎみに両手を挙げた。「ヘイ、お前たち、許してやれよ。人がここで着替えをしている。われわれのプライバシーを尊重しろよ。」

上記の守衛たちは素直に懐中電灯のスイッチを切り、回れ右をして足並みをそろえて立ち去った。六時九分過ぎ。私たちは階段を駆け上がり、ちょうど大統領を迎える列の中にすべり込んだ。私たちのボスは目を輝かす。「なんてすばらしい、お二人がここにいらっしゃるなんて。」眼鏡のレンズをふくようにと彼女はティッシュを私に手渡し、マネリシが靴の泥をぬぐうために今すぐ部屋を出てさしつかえないかどうか、ドア係に尋ねた。

一七人のメンバー構成

一一月中に二五人の名簿が大統領に提出された。内々では、一、二の例外を除いて、人権派の経歴をもつ粒選りの人々は、すでにアフリカ民族会議の政府やその各種委員会のメンバーに抜擢されてしまっている、と噂されていた。

それらの名前の多くは南アフリカ人の大多数には知られていない。そのうちの何人かは、プロセスが終了するまで知られないままだろう。

ところで、最終名簿が整う前に、審査会と大統領はいくつかのことをスッキリさせておかなければならない。重大な人権侵害の犠牲者が真実和解委員会のメンバーを務めてもいいだろうか？　マイケル・ラプスリー神父〔注29〕のような人についてはどうなのか？　爆弾で両手を失った人は、はたしてどの程度公平でいられるだろう？　黒人の犠牲者は白人の犠牲者の身になって考えられるだろうか？　さらに、名簿に残った人々は、ある道徳のタイプの代表者なのだろうか、それとも性別や政治、人種、地方、言語などなどを代表すべきだろうか？　別の言い方をすれば、どちらのアフリカーナーが委員を務めるのだろう？　アパルトヘイトに反対したために過去において代償を払った人々か、あるいは今も国民党や右翼の支援を得ることができる人々か？　さらには、元右翼のアフリカーナーは、自分も共有していた意見の持主に対してどのような道徳的判定が下せるだろうか？

どちらの黒人が委員を務めるのだろう？　アパルトヘイトの反人間的な制度に反対したために闘争に巻き込まれた人々と、白人と同じ物質的な快適さを望んだために巻き込まれた人々とを、どのように区別するのだろうか？　どれだけの黒人が、新政府に対して批判的で公的な立場をとる勇気があるだろうか？　ヒンズー教〔一八六〇年以降、イギリス人によって連れてこられたナタール州のインド系住民〕と同じく、イスラム教も代表されるべきなのか、さらにケープ州のイスラム教徒〔オランダ東インド会社の支配地域だったマレイ半島やインドネシアから連れてこられた人々〕についてはどうなのか？

審査委員会が最終候補者名簿を作成したとき、彼らがいったい何を考えていたかを正確に推測するのはむずかしい。しかし、二人の追加が、風がどのように吹いているかを暗示している。コーザ・ムゴジョ牧師〔注30〕は、クワズール／ナタール州によりふさわしい代表を与えるために加えられた。デンジル・ポトヒーター検事〔注31〕は、名簿にカラードがいないという明らかな不満が理由で加えられた。では、グレンダ・ヴィルトシュートについてはどうなのか？　彼女はカラードでなくて何なのよ？……まあ、いいでしょう、だってみんな知っている、「人々（people）」とは「男性（men）」を意味していることぐらい。

残りの候補者についてはおよそ予測がついた。アフリカーナーはヴァイナント・マラン〔注32〕とクリス・デヤーヘル検事。イギリス系委員はアレックス・ボレイン、メアリ・バートン、ウェンディ・オール〔注33〕、それにリチャード・リスター〔注34〕。インド系はフェイゼル・ランデラ博士〔注35〕とヤスミン・スーカ〔注36〕。黒人の委員は二つのグループに分類できる。それはゆくゆくはングニ連合、あるいは黒人幹部会と呼ばれるだろう二人――ドゥミサ・ンツェベザ〔注37〕とボンガニ・フィンツァ〔注38〕――と、マプレ・ラマシャラ〔注39〕、シェンギウェ・ムキーゼ、それにシシ・カンペペ〔注40〕の女性たち。

これがそのときのツツのチームである。しかも彼らは、始めるにあたって何一つ持っていない。椅子も電話も予算もない。あるのは法律だけ。

真実和解委員会がその軌道に乗る際のスピードは、うらやましげな目で見られた。ある政府報道官はこっそりと打ち明けた。「真実和解委員会はわれわれみんなの理想だ。数カ月で四つの事務所を設け、内部のコミュニケーションは驚くほど順調に進み、委員会が行なう広報活動は模範例をしのぎ、麻痺状態に陥ってもいない――官僚的形式主義にも毒されず、政府やどの政党の横槍もなく。彼らが財政が逼迫した船を操縦していることは、だれもが知っている。気分転換のアルコール代もない。彼らは契約に基づいて仕事をしている。彼らは自分たちの活動と全職員を評価している。委員会は事がいかになされうるかの見本だ。」

ツツ大主教の強い要望によって一九九六年一月末、委員たちは、ツツの精神的な助言者であるフランシス・カル神父の指導によるリトリート〔キリスト教の黙想〕のために集合した。

「前途に横たわっているのはとても困難な任務です。彼らは南アフリカ全体のために何事かをなすよう命じられていますし、それにもちろん、委員会は、このような膨大な仕事を扱うには力量不足だとも感じています」と、カルは言う。彼は説明する、どうして委員たちはリトリートの間、食事時間中でさえ口をきくのが許されていないかを。「軍人の判断では、リトリート〔退却〕とは、再結集と補充のために引き下がる時間のことです。ですが、宗教的、精神的な判断からすると、それは孤独と沈黙の場所へ入っていく時間なのです。そこでは平穏でいられるし、内面の旅をほしいままにすることもできます。また、そこでは、自分自身の力の源や目前の仕事に神経を集中させ、熱中することもできます。」

主教区の快適な郊外を通り抜けて、私は大主教の住いの方角へと道をたどった。真実和解委員会の最初の「撮影会」のために。ラジオジャーナリストは写真をたくさん撮ったりはしないが、それにしても大主教の公舎を見て回るチャンスは、見逃すにはもったいなさすぎる。守衛が行く手をふさぎ、犬がいるうえに身分証の提示を求められる。なぜなら、最初の死の脅迫がすでに数人の委員たちに対してなされていた。

ところで、肩の高さのアジサイで彩られた庭の散歩道を大きな建物まで登って行くにつれて、人は、持てる者の世界を占拠する持たざる者の感情の移り変わり——変化のさま——を味わうだろう。それは、木々や草花で満ちた、うっそうと生い茂った土地の所有の感覚である。しかし、人はすぐさまわかるだろう、生い茂っているものはすべて、ずいぶん前に植えられたものだ、と。みごとな庭ではない、芝生も広くはない——ここをちょっと剪定し、そこをちょっと刈り込めば、それで万事完了といったところだ。道は母屋、事務所、その他の建物に面した中庭に達する。子どもが三人、半分しか水の入っていない噴水のまわりでパシャパシャ水をかけあっている。明らかに数家族が広大な地所の離れに住んでいる。

私たちジャーナリストは居間に案内される。彫刻の施された椅子付きの、巨大な手の込んだテーブル。壁には、ボイツメロの女性たちによって大主教に愛をこめて織られた、多少歪みのあるタペストリーが掛かっている。書斎には、床から天井までとどく、どっしりとした竹製の書棚があり、その一部は皮装本の列また列であふれている。他の棚には新しい雑誌、教会のパンフレット、それに地方の出版社で発行されただけだろうと思われる、アフリカに無関係の神学の著作が山と置かれている。健康そうにふっくらとした歴代の主教の、金縁の額に収まった一連の肖像画が、手作りのプレゼントや下手な写真、最初の黒人大主教が人々に捧げた、かつては無視され、今や永遠に感謝される生涯を証す品々のすぐそばに掛かっている。手作りの十字架が壁に立て掛けられている——犠牲者よりも恩赦を乞う者のように見えるイエス。

待っている間、仲間の一人がこんな話をしてくれた。「ツツがナマクワランドに説教に来るときは」と彼は言う。「とても暑い日、いつも暑い日曜だった。だから、礼拝が終わると、ツツは私の祖母の家に来て、木の下で横になった。祖母は、そんなに葉の茂った、陰のできる木を所有していた。それから次の週の間、みんなはその心の清らかな人のことしか話さなかった。……神に選ばれた人、……木の下に横になる——まるで名も知れぬ普通の人のように。」

ドアが開き、一七人の委員が入ってきた。急に報道関係者はざわめきたち、シャッターを切り、フラッシュを焚いた。カカメラマンはたがいに肘で押しのけ合い、テレビクルーはカメラの視界に入らないよう人々に頼んだ。だれかが、ガタガタ音を立てて私の録音機材につまづいて転んだ。委員たちがいまだ着席に手間取っているのに、あるジャーナリストは大声で言った。「最初の公聴会はいつですか?」

だが、何かが起きている。完全に精神を集中させて彼らは席につき、ツツは頭をさげて祈り始めた。「……私たちは耳を傾ける強さを持ちましょう、見捨てられた人のひそひそ声に、恐れている人の言い訳に、希望をなくした人の苦悩に。」集まった当初、委員たちは恥ずかしそうか自己満足げに見えたが、今や思いがけなく、彼らの態度のうちに、宗教や集団の代表者として扱う必要などまったくないという強い意志が感じ取れた。

「今回はほんのお披露目です」とツツは言う。「というのも、新聞社が委員めいめいの肖像写真を求められましたから。それがすめばお帰りになってかまいません。」

恩赦の是非／事前の取引

最初の公聴会が開かれるちょうど二週間前、憲法にのっとった形で真実和解委員会の立法に反対する挑戦が開始された。もっと以前から、元警察庁長官ヨハン・ファンデルメルヴェ〔注8〕は恩赦を与えないのは違憲である、と主張していた。暫定憲法は明言している、恩赦は認められる、と。彼のすぐ後に続いたのが、スティーヴ・ビーコ〔注41〕とグリフィス・ムゼンゲ〔注42〕とその妻ヴィクトリア・ムゼンゲの家族だった。恩赦は一般市民に認められた民事訴訟権を奪う、と彼らは言う。活動が開始されて最初の数カ月間、真実和解委員会はたえず法廷でその法案が含み持っている諸相を明らかにしようと努めた。

ある記者会見で副委員長アレックス・ボレインは言った。委員会は毎日、反対に直面した――主に右翼の。調査班の責任者ドゥミサ・ンツェベザは、スティーヴ・ビーコの死〔警察に拘留中、二六日後に頭部に大きな傷害を負って死亡した〕はほぼ二〇年前に起きたことで、委員会が家族を引き止めて訴訟を起こさせなかったのではない。そのうえビーコの家族は、六万五〇〇〇ランド〔およそ一万一〇〇〇ドル〕を受け取るという示談に合意していた、と話した。ツツによれば、委員会についてなされる話のすべてが重要である。家族は正義のために戦う権利を有している、しかし、委員会はそれよりもはるかに重大な任務を負っている、とツツは主張する。それは、「知られていない犠牲者たち――彼らはこれまで一度たりとも当局やメディアからいかなる注意も払われなかった――に耳を傾け、彼らの体験を明らかにするために公開の場を用意することです。」

急に人々は、恩赦の考えに矛盾を感じ取ったようだ。なので、ツツは説明しなければならない。「われわれが恩赦を決定したのではない。政党が恩赦を決定した。恩赦条項を入れることで、南アフリカの選挙は可能となった。恩赦条項は、協議でへとへとになった夜の後、朝の早い時刻に書き入れられた。最後の項目、最後の一文、最後の条項が加えられた。恩赦は和解のプロセスを通じて認められる、という箇所が。しかも、それが書き入れられてはじめて、ボーア人は交渉結果に署名し、南アフリカの選挙への扉を開いたのです。」ツツはこの話を、彼が話せる言語すべてを使って繰り返し語った。

ジョニー・デランゲ〔司法大臣委員会の議長〕によると、真実和解委員会に関する法案は憲法の専門家によって注意深くチェックされたし、憲法の枠内に収まっていると彼も信じている。

その間、ムゼンゲの家族は、公安警察お抱えの暗殺者だったディルク・クッツェー〔注43〕に対して、一〇〇万ランド〔およそ一六万七〇〇〇ドル〕の賠償を求める訴訟を起こすつもりだ、と公表した。クッツェーは言う。「私は、国に帰ってきてすでに六年になります。不思議なことに、その間、彼らは私を責めませんでしたが、今になって私が恩赦を求めるのは問題だ、と主張しています。しかも一九九二年に旧政府に対する民事訴訟で、私が彼らのために証言する覚悟を決めた後に、です。」

「あなたは一〇〇万ランドもの大金をお持ちですか？」私は尋ねた。

「いいえ、一〇〇万セント〔一〇〇セント＝一ランド〕だって持っていません。私は一文無しです。……何もかも失ってしまいました。私は借家に住んでいます。家具も両親からゆずってもらいました。車も義母のものです。」

だれのために、何のために

真実のための委員会？　そのアイデアが下院で明確にされるずっと前に、アレックス・ボレイン博士によって組織された二つの会議で、その問題は議論された。その最初の会議は、ストランドのロード・チャールズ・サマセット・ホテルで、早くも一九九四年に開かれた。私は大いなる懐疑心を抱いて会場の後方に席を見つけた。私がそのとき持ちあわせていた公正さにぴったりのイメージは、海外で癌療養中のドイツの老人たちのそれだった。ご自慢の帽子と〔人を威嚇するのに使われる〕人差し指を奪われた、長期監禁中の、拘束されたP・W・ボタのありさまは、だれもがそれを正義の最終的な証拠とみなすであろう驚きを別にして、いったい何の役に立つというのか？

いまから思うと本当に恥ずかしい。当然にも人道に対する罪は罰せられるべきである。

自国の真実委員会に尽力した、チリの哲学者で政治活動家でもあるホセ・ザラクェッタは、ちょうど七分三〇秒で、私を真実委員会の考え方に改心させた。ニュルンベルクと東京の戦争裁判は、犯罪人たちが政治的権力も武力も失っていたので、あのようなやり方で進めることができた。彼らの敗北が全面的だったので、征服者は自分たちの正義・公平さの判断に全力を尽くすだけでよかった。しかし、チリでは、南アフリカも同じだが、倒された政権は新政府の一部でもあり、今もって調査・審問をあらゆる悪用へとねじ曲げたり、新たな内戦を引き起こしたりする力を十分に持っている。

ザラクェッタは言う——彼が口にしたどの言葉も格言とし

て役立つ——、イデオロギーにおける潔癖主義者は、中途半端な妥協によって進むよりも、政治的により妥協のない結果が到来する望みがある場合は、圧制下でより長く苦しむ方がまだましだと主張する、と。

人は政治家に道徳性を期待することはできない、ただ、彼らに説明責任という倫理をまっとうさせることはできる。

意義ある変化を望むなら、政治は過去の悪弊の繰り返しを防がなければならないし、可能ならば起きてしまったことに対しては償いをしなければならない。

ときには、真実と正義を天秤にかける必要があるだろう。われわれは真実を取るべきだ、と彼は言う。真実は死者を甦らせることはないが、死者を沈黙から解き放つ。

共同体は過去の一部を一掃すべきではない。なぜなら、嘘と矛盾によって満たされるだろう空白を残すことによって、起きたことの収支報告を混乱させることになるから。

犯罪者は、みずからが行なった過ちを認める必要がある。なぜ？　それが、社会が共有できる出発点を作り出す。過去ときっぱり手を切るためには、道徳の道しるべが過去と未来の間に立てられる必要がある。

「もがき苦しむことが、私と私の友人に教えてくれたもっとも重要な教訓は、だれ一人として生まれつき目立った勇気など持ち合わせていない、ということです。ですが、勇気とは、不安とともに生きることを学ぶ別の名でもあるのです。さて、一八年の歳月とチリの真実委員会の努力の結果、勇気は再び新しい定義を導き出しました。安易な正義を受け入れない気力。現実の制約の中で生きつつも、人々がもっとも大切にしている価値を増進させることを日々さがし求めること。容赦なく。責任をもって。」

アイデンティティとは記憶だ、とザラクェッタは言う。半ばしか記憶していないものごとで作られるアイデンティティや間違った記憶は、たやすく逸脱する。

革命はいつもエリートたちだけの解放でした、とブルガリアのディミトリナ・ペトロヴァは言う。「知識人として私たちは、ブルガリア公安警察のファイルに言及しようとはしませんでした。それらはドイツ流のこむずかしい弁証法を駆使して書かれてさえいませんでした。ファイルはただ、それを書いた人間の、薄っぺらで、ずさんで、弱々しい精神をさらけだしているだけでした。それらにはブルガリアの重要な物語はこれっぽっちも含まれていませんでした。」

だれもがポーランド人哲学者アダム・ミシェニクが出席していることに興奮しているようだった。彼はユルゲン・ハーバーマス〔ドイツの社会学者〕を引用する。集団的罪は存在しない。罪のある者はだれでも、一人一人それぞれが答えなければならない。そうだとしてもやはり、人道に対する罪を引き起こす可能性のある、精神的かつ文化的な背景に起因する集団的責任のようなものは存在する。人は、伝統は両義的であることを認識すべきである、人は伝統に対して批判的であり続けるべきであり、継続すべきものについては明確にしておくべきだ。ドイツでの犯罪行為〔ナチスによるユダヤ人大虐殺のこと〕は、ドイツの伝統と文化的背景に対する、ある固有の疑念を生みだす効果をもつべきだ。ドイツのように南アフリカも、自国のメンタリティをいつも疑ってかかる必要があるだろう。対して、より堅固な民主主義的な文化をもつ社会はそれほど多く疑う必要はない。

「ここ、南アフリカの場合は、人々の頭に突き付けられた銃との和解です。人は平和の論理を選ぶときはいつでも、話し合いを選ぶ。だが話し合いのテーブルでは、そこから立ち上がるやいなや、かつての敵——だが、今では自分のパートナー——を擁護しなければならない。その相手は、あなた方の政治的、道徳的な負担となる。」ミシェニクは警告する。「人がスケープゴートを求め、そして誰かを見つけ出し、彼を悪魔に仕立てあげると……、人は自身を天使にしてしまう……。」

「……それから目覚める……、方向を見失って」通訳者はたどたどしく言葉にする。

ミシェニクは強く首を縦に振る。

カデル・アズマル〔注44〕は、アレクサンドル・ソルジェニツィン〔旧ソ連の反体制作家〕を引用する。「過去の人権侵害に対処しないことで、犯罪者たちの高齢をただかばっているだけではない。それによって、次の世代の足元から正義の基盤を剥ぎ取っているのだ。」

初めての公聴会

三章　より細分化され、広がっていく悲嘆の度合

緊張していることは、委員たち全員の顔つきと動作を見れば明らかだった。ツツ大主教はたえず右手をさすり、肩をいからせ、顔は、二本の大きな南アフリカ国旗と真実和解委員会の横断幕の下で疲れ、やつれて見えた。イーストロンドンのシティホールは、壁ぎわまでぎっしり満員だった。さらに二階の傍聴席も階段まで埋めつくされた。

昨夜、大主教は、はらはらしていると言った。「われわれは当初から、委員会がとんでもない手違いをしでかすだろうと思っていました。でもこの最初の犠牲者公聴会次第で、委員会が成功するかだめになるかが決まるのです。」

「それで、あなたがもっとも恐れる懸念とは何ですか?」

彼は神経質そうに笑った。「ばかげた事柄です、マイクロフォンが故障するような安全管理の問題、……それとも犠牲者がやって来ないといったような不手際か暴力沙汰の発生。」

ボンガニ・フィンツァ委員は、広く知られているコーサ人の聖歌"Lizalise idinga lakho"(「罪の許しはその人すべてを作る」)で始めた。歌がうたわれている間に犠牲者たちは列をなしてホールに入り、正面の席にすわった。

ツツ大主教が祈った。だが、これといった特徴もなく、まるで新聞の一節でも読み上げるみたいに彼は声を発した。

「われわれはアパルトヘイトによる苦痛と分離を、アパルトヘイトの名においてわれわれの共同体を破壊したすべての暴力行為といっしょに、われわれの背後に置いて行きたいと切に願っている。それゆえに神よ、あなたにお願いしたい、こうむった心身の傷を癒そうと努める人間として、あなたの知恵と導きで、どうかこの真実和解委員会を祝福してくださいますように。」

今日中にも世間の注目を浴びることになるだろう死亡者や失踪者の名前が読み上げられている間、皆は頭を下げて起立していた。赤い十字架の装飾付きの大きなロウソクに火が灯された。続いて、委員全員が犠牲者を出迎えに彼らのところまで行った。その間、聴衆は起立したままだった。

だが、メディアルームの中のジャーナリストは、会場のこうした神聖化にはほとんど気づかなかった。テレビモニターの調整や音の感度調節、さらにはノート型パソコンの設置と同時にてんてこ舞いの叫び声があがりだした。ラジオチームには独自の小部屋があった。私たちはまったく新たに任命されたチームで、一一の公用語すべてで事の成り行きを報道しなければならない。今日の公聴会については、委員会設立の法案の意義、恩赦の由来、委員会の役割、そして司法大臣の

インタビューからなる一時間番組の後に生放送される。どこかでこっそり外国人ジャーナリストたちが、イースタンケープ州の歴史概説や"Qaqawuli"や"Mxenge"の発音について教わっている。彼らは取りつかれたようにノートに書き留める。地元の人々が遠くから彼らを見つめている。

その滑らかな、むき出しの頭蓋で言葉のうねりを掴む

最愛の人よ、死ぬでない。死んだら承知しないぞ！　私、生き残っている者、私は言葉であなたを包む、未来があなたを相続するために。私はあなたを死の忘却から奪い取る。私はあなたの物語を語り、あなたの最期を成就する――かつて暗がりで私のそばで囁いたあなた。

「私が戸を開けると、……そこに、私の親友と仲間がいました。……彼女は戸口の上がり段に立って、金切り声をあげた。『坊やが、かわいいノムザモが、まだうちの中なの！』……私は彼女を見つめた。……もっとも美しい友人、……彼女の髪は燃え上がり、胸はまるで炉のように熱い……。彼女は翌日死にました。私は燃え上がる家から彼女の赤ん坊を連れ出し、……芝生の上に置きました。……でも、結局は、私の手に赤ん坊の皮膚が跡形として残ったのを見ただけ。赤ん坊は今日ここに、私といっしょに来ています。」

「私は、わが子を見ようとしました。その子が後ろで、警察の護送車をまさに開けようとしたとき、叫び声を聞きました。言ってました、『だめだ、そいつには何も見せるな――黒んぼ娘をそこから遠ざけろ！』って。でも、私はなんとかやりました。私は緑色のカーテンを引きました。……私は見ました、……私の……、子ども……、タイヤの間で寝ている、……そして子どもは口から泡を吹き、そして……、もう死んでいて……。それから、彼らは子どもを引っ張り出して、地面に投げた。……なので私は、子どもを見ました。……子どもは死にかかっていて、……なのに彼らは、私が子どもを抱きかかえるのを許そうとせず……。」

「これが私の中で、……舌と取っ組み合ってる。それは……共有できない。それは壊す、……言葉を。彼が吹っ飛ばされる前に、あいつらは彼の両手を切断して、そうやって指紋を取れなくして……。いったいこれをどう言ったらいいの？――このひどい……。彼の両手を返してほしい。」

「日曜日でした。それに寒かった。彼はキッチンにやって来て言いました。『豆のスープを作ってよ。』
『日曜よ、私は何か特別な料理が作りたいわ。』
でも彼は、豆のスープをほしがった。
教会に行くのに着替えをしている間、私たちは騒々しい音を耳にしました。青年たちが道を下りて来ました。私たちは寝室に立っていました。ものも言いませんでした。身動きもしませんでした。彼らは家を取り囲んで叫びました。『スパイに死を、スパイに死を！』彼らは石を窓から投げ込みました。外の連中が去ってから、彼が私に言いました。『泣くな、ノンツツゼロ。人間は一度しか死なない、何度も死ぬことはない。今、おれは気づいたよ、これらのことがどこに行きつくのかを。さあ、スープを作ろう。』私たちはキッチンに行き、豆を鍋に入れました。

その後で、顔見知りがドアをノックしました。『コムラド〔アフリカ民族会議の軍事派の支持者たち〕があんたの店に火をつけたぞ、ミックおじさん！』

『昼めしには帰ってくるよ。』彼は私に言いました。

彼らは後になって私に言いました。彼は自分の店の戸口まで歩いていき、後ろは振り返らなかった。……群集の中のだれかが彼を後ろから撃った、と……。彼らは後になって私に言いました。スティーヴ・ビーコ〔注41〕を敵に売ったのは私の夫だ、とクレイグ・コッツェが言っていた、と。」

「二人の警察官がそれぞれ椅子にすわって私を窓まで引きずっていき、それから私に、今なら飛び下りられるぜ、と言いました。……私は拒みました、……彼らは私の両肩を掴んで持ち上げると、私を窓から外に突き出した。……そして私の両足首を掴んだまま、……それぞれの警察官が片方の足首を持って。私に見えたのは一番下のコンクリートの床だけでした――われわれはそこより三階上にいたし、突然、一人が片足を離そうとし――その彼が離した足を掴もうとするや、一人の方は離して、もう一人のやつにもそうさせようとして――そうやって彼らは弄んだ。……ほら、あれですよ、チクショー、これで一巻の終わりだって。」

「彼らが私を掴んだ……、彼らは言った、『どうかそこには入らないように……。』ちょうど私が彼らのそばを通り抜けて入ったら……、私はベーキを見つけた……、彼はばらばら……、ばらばらに吊り下げられて……。彼はお陀仏……、こなごなになり、脳があたり一面に飛び散り……、それがベーキの最期でした。」

「カレドン広場で私は大きな音を耳にしました。警官がはしゃいでいました。彼らは言いました。『ルックスマートを逮捕したぞ！』って。ルックスマートが二人の警官によって階段を引きずり上げられるのを見たとき、私は留置所に入っていました。彼らは段を上がるたびに、彼を段にぶつけました。私は、彼のあごひげが抜き取られているのに気づきました、……一本ずつ、……顔の片側が。彼は口からひどく出血していました。二日後、彼らは再び彼を逮捕しました――後ろ手に手錠をされて。それがルックスマート・ングドレを目にした最後でした。」

「それと、救急車の運転手のすぐそばにすわっていた男――その男が私の息子の腸を両手で持ってその場に立ち、それから実際に腸を持ったまま救急車の中にそれを運び込んだ。」

「遺体安置所で――クイーンズタウンの大虐殺の後――私は息子の身元確認をしなければならなかった。われわれは安置所の前で待った。……どろっとした血の黒い流れがドアの下から流れ出て……、排水溝の外側をふさいでいた。……中は悪臭が耐えられないほどひどく、……屍は互いに積み重ねられて……、息子のからだから流れ出た血はすでに緑色だった。」

「赤いスカーフをしたこの白人、彼が、サニーボーイが身を隠していた浴室の外側に銃を撃ち込んだ。……私は台所に立っていました。……私は彼が息子を引きずっていくのを見ました。サニーボーイはすでに死んでいました。彼は犬を扱うように息子の脚を掴んでいました。私は彼が穴を掘り、サニーボーイの脳みそをその穴に掻き入れ、ブーツで穴をふさぐのを見ました。太陽が輝いていて……、でも、息子がそこに横たわっているのを見るや、暗くなりました。それは永遠に続く苦しみです。それは、私の心の中で決してやむことはないでしょう。それはいつも甦ってくる。私をばらばらに蝕む。サニーボーイ、安らかであれ、わが息子よ。私はお前を、死から言葉に置き換えたところだ。」

「私は彼らに頼んだ。『彼の顎のしるしを見せてくれ、そうすれば、息子かどうかわかるから』と。彼らは顎のしるしを見せた。私は言った、『私の息子じゃない。』」

「あの晩、フジレが家に帰ってこなかったので、私は彼をさがしに出かけました。今でもそのことで気が狂いそうです。私の息子は撃たれたのに、だれ一人私に言わなかった。私は至る所をさがしたのに、だれも息子が死体安置所にいるとは言わなかった。……彼らは後になって、息子が着ていたものを私に返してよこした。息子のTシャツは、まるでねずみに食いちぎられたみたいだった。」

「彼女には赤ちゃんがいたので、警察が言いました。死体だって赤ちゃんを母乳で育てられるさ、って。」

「バーナードはぞっとするような男――煮ても食えないポリ公だ。彼はいつも赤のヴァリアントに乗り、赤い服を着ていた。彼はウェスタンケープ州のランボー〔シルベスタ・スタローンが演じるハリウッド映画の主人公〕と自分のことを呼んでいた。彼の車が黄色の装甲車を先導して、かすかに輝く地平線に姿を見せたときはいつでも、われわれにはわかった、今日だれかが死ぬ、と。われわれの息子を撃ち殺した、この赤いスカーフをした男をわれわれは忘れない。」

「これが最後に目にしたことだ。バーナードは自分の車のそばに立っていた。彼はまるでコーサ人のようにコーサ語をしゃべった。彼は銃を私に向けた。頬に何かが当ったと思った。目がむずむずした。目を掻きむしり、大声で助けを求めた。それ以降、目が見えなくなった。……それに職を失ってしまい、……ひとりぼっちで家もない。でも、今日は……、今日はまるで目がほぼ見えるようだ……。」

「私は銃声を聞いて……、走った……、すべって落ちて……、正面の戸口のところに這いずり出た……。階段の上に息子がすわっていて……、父親の顔を両手で抱いて……。息子は血みどろで……。何度も何度も泣き叫んだ。『父さん、何か言ってよ……』と。現在、彼は二一歳です。私は今でも、夜、息子の叫び声で目を覚まします。『血を拭いてよ……、父さんの顔の血を拭いてよ。』」

「あの朝、私はそれまでにしたことがないことをしました。夫はなおも机で、商売の帳簿付けに追われていました。私は彼のところまで行って椅子の後ろに立ち、両手を彼の腕の下に入れてくすぐった……、彼は驚いた様子でしたが、予想外にうれしがりました。

『どうした?』と彼が尋ねました。

『お茶でもどうかしら』と私は言いました。

ティーバッグにお湯をそそいでいるとき、ものすごい物音が聞こえました。六人の男がいきなり書斎に飛び込んできて、彼の頭を一撃しました。五歳になる娘もその場にいました。……あの年のクリスマスに、彼の机の上に一通の手紙を見つけました。『サンタクロースさま、どうかわたしに、やさしいめをした、やわらかいテディベアを、もってきてください。……パパはしにました。もし、パパがここにいれば、あなたをこまらせはしなかったのに。』私は娘を寄宿学校に入れました。私たちがそこへ車で出かける朝、タイヤの空気が抜けていました。『ほらね』と娘が言いました。『パパは私があそこに行くのを望んでないのよ。……パパは私がママといっしょにいるのを望んでいるんだわ。……私はパパが死ぬのを見たんだし、ママが死ぬときもその場にいなきゃいけないのよ……。』娘は今ティーンエイジャーですが、すでに二度も自殺しようとしました。」

始まりは見ることだった。数年間見ること、灰で頭をいっぱいにすること。風一つない。支え一つない。そして今や、見ることに語ることが加わり、目が口の中に飛び込む。この国の言葉自体の誕生に居合わせる。

なのに、それは私たちを一掃する。火のように。洪水のように。それを私たちは涙とは呼ばない。大量の水が頬を覆ってタイプを打つことができない。考えることも。

「われわれはだれも、耳にしたことによって謙虚になるべきですが、でもわれわれは手早く切り上げなければならなかったし、実際、この恐ろしい過去に背を向けて言わなければならなかった、『人生は生きるためにある』と。」

——デズモンド・ツツ大主教（イーストロンドンにおける証言の初日の後で）

口が目を癒す——ルーカス・ババ・シクウェペレの証言

ゴボド＝マディキゼラ　ババが私たちに話すつもりでいるのは、ケープ半島のランボーとして知られることになった男のやったことです。その警察官はバーナードという名前で知られています。おはよう、この建物がどのような配置になっているか、いまからあなたに説明しようと思います。あなたが右を向くと、そっちがまるまる傍聴席になっていて、この建物の中にはおよそ二〇〇から二五〇人がいます。あなたは今、壇上にすわっています。それに、私たちの小さなテーブルは馬蹄形に並べられていて、馬蹄の真ん中の右がツツ大主教、その隣がボレイン博士で、私はこの馬蹄形の右のはしっこにいます。私はあなたの真向かいにすわっていて、私たちは互いに顔を向け合っています。私たちは今、お互いに話し始めようと思っているところです、ババ。

どうか私たちに話してください、ババ。この事件があったあの日に起こったことを、どうか私たちに説明してください。

シクウェペレ　……一台のバン〔囚人護送車〕が近づいてきた。それは白のバンで、バーナードが運転している。ちょうど通りかかったとき、彼はわれわれみんなに、五分以内に解散するように言った。ところで、みんなは尋ねた。「なんで彼はわれわれに解散するよう要求したりするんだ、これがまさに小さな会合ってわけかい？」われわれはちょうど二〇から二五人いた。

私は、この白人男からの返答がどんなものか探り出したかった。バンが停車していたのが見えたので、私はそっちへ行った。私は車の窓のそばに二分間ただ立っていた。……それからこの白人男はドアを開けて、銃を引っぱり出した。そこで私は、話がどう進展するか見極めたかったので、車の反対側に回った。私はのぞき見しようと、まっすぐに彼をのぞき込み、しっかりと彼を見た。私がなおも彼を見つめている間、そこにいる人々が彼に「なんであんたはわれわれに解散しろなんて言うんですか？」と尋ねた。

この白人男はアフリカーンス語でこう言った——「お前らだって結局は、求めているものを手に入れようとしている。だから、俺だってお前らを撃ってやる。」私は、この白人男が私に言ったことでショックを受けた。彼はアフリカーンス語で言った、「お前らを蹴散らしてやる。」今度は私は、彼がなぜ私にこんなふうに言うのか、探り出したかった。……私はそのバンを取り囲んでいる人々を見た――そのとき、私はあれこれ考えていた。まったく唐突にだが、バンを取り囲んでいるこれらの人々はいったいどこから来たんだろうって。
　耳障りな騒音を聞いた後で、石が下水溝にぶつかるような音がした。でも、私は走ろうとしなかった、歩くことにした。なぜなら、もし走れば、撃たれるだろうと思ったから。だから決めた――ともかく走りだしても大丈夫なところまではただ歩こうと……。今や大丈夫と思ったところまで来たとき、何かが私の頬に当ったのを感じた。もうそれ以上進めなかったので、私はちょうどその場所でじっとしていたが、結果からすると、今までは家の角で隠れていたのに、これで身をさらすことになってしまった。目がむずがゆくなったので掻いた。でも、あのとき、私の目に何が起きたのか、はっきりとはわからなかった。だれかが私の右肩をふんづけるのを感じた。そして言った、「この犬はもう死んでるようだ。」私は両目を触ってみた。私は、ここにいる人たちが私を監獄に連れて行くことになるのをただ待っていた。
コボド＝マディキゼラ　ババ、今こうして話をしているあなたの中には、銃弾がかなり入っているの？
シクウェペレ　はい、いくらかあります。いくつか、首のここにあります。ところで、私の顔に、実際あなたは銃弾の痕が見えているだろうけど、私の顔はすっかりざらざらしてて、粗塩《あらじお》みたいだ。私は普段はひどい頭痛持ちです。
コボド＝マディキゼラ　ありがとう、ババ。
シクウェペレ　どういたしまして。本来、私は太っている。でも、からだをすっかりだめにしてからは、やせている、今あなたがご覧のように。
コボド＝マディキゼラ　あなたはどう感じているのですか、ババ？　自分のことを私たちに話すために、ここに来たことについて。
シクウェペレ　私は何か――私の視力を取り戻してくれたものを感じています。私の視力の回復とは、ここにやってきてあの話をすることです。ところで、私をいつも病気にしてきた原因は、私が自分のことを話せないからだと思います。でも、今、私は――ここへきてあなたに話をしたので、視力が回復したように感じています。

いかにして証言をニュースで伝えるか

　直観的に人々は理解していた、ある者たちが故意に、自分たちを真実和解委員会のプロセスから切り離しているのを。もっとも、委員会に関することをいっさい目にしなければ、それも多少は可能かもしれない。しかし、ほとんどの人がニュース速報から逃れられない――音楽専門局ですらランチタイム向けのニュース番組を持っているのだから。なので、委員会とそこでの証言が通常のニュース速報でも可能なかぎり報道されるのは、私たちにとってはすごいことだった。ニュースを聞くだけの人でも、委員会の本質について十分な理解が与えられてしかるべきだし、そこでの証言の多くを耳にすべきだった。それは裏を返せば、過去の出来事を速報の見出しとなるほど心引かれる重大ニュースに仕立てなくてはならないし、ジョハネスバーグの速報担当記者が無視できないような記事にしなければならないことを意味している。そうするには、重大ニュースに使われるテクニックを総動員しなければならないし、必要に応じてそれを発展・改良しなければならない。

ニュース速報はふつう、三つの音声の基本要素から成り立っている。ニュースアナウンサーによって読み上げられる通常の報道、他の人々の声が抜粋された二〇秒間の録音部分、ジャーナリスト本人の声によって送り出される四〇秒間の報道。これらの要素は目的に応じてどのように作り直せるだろうか？　私は専門家の助けが必要だ、と願い出た。すると、アンジーを送ってよこした。

私はイーストロンドンのシティホールのメディアルームで、アンジーのそばにすわっている。公聴会の初日だった。アンジーはネットワークに接続するために、自分のノート型パソコンにコードとパスワードを打ち込んだ。私たちは待った。小さな光が点滅し、カリカリッというかん高い音がモデムから発した――壊れるようなガラスの音。「つながった――ネットにつながったわ！」私は一生、この光景を憶えているだろう。ラジオチームのメンバーは、それぞれイヤーホーンをつけ、割り当てられた公用語の通訳を録音し、そしてアンジーはクッションの上にすわって高いテーブルに手がとどくようにして、その日の最初のニュース記事に挑みかかった。猛烈に――なぜならアンジーは自分の一〇本の指すべてを使ってタイプを打ったのだから。しかも、彼女の小指は、キーボード上で他のキーまであやまってたたいたけれども、最初の日の最初の犠牲者ノーシェ・モハペの証言は、ジョハネスバーグへ届き――一一時のニュース速報に間に合った。

こうして、今後二年間におよぶ私たちの仕事ぶりが形作られる。私たちは午後の番組向けに原稿と録音または生のインタビューからなる短いニュースをこなし、夜になると、翌朝用により長いものに取り組んだ。その間、ニュース速報はたえず流れ続けた。証言で語られた話――それも出だし、中間部、結末の全部そろった話が初めてニュースで語られる。ピンディレ・ムフェティがジーンズの丈を短くしようとしていたことを妻にどのように語り、その後すぐに跡形もなく消えてしまったかを、四〇秒の録音の声で伝える。後になって彼女が、夫がいつも携帯していた眼鏡とパイプを彼の机の上でどのような状態で見つけたかということも。さらに彼女が、委員会に何か埋葬する物をどのように求めたかも――たとえ骨の一片だけ、灰の一握りだけでもいいから、と。

私たちはすばやく学びもした。「月経」や「ペニス」のような言葉は、ニュース番組では御法度――ちょうど「彼らは私の赤ちゃんを丸焼きにした」という文章が問題外であるように。作家のライアン・マランが、毎朝、「朝食と血」を混ぜ合わせたくないと不平を述べていた、という話が伝わってきた。これこそが、私たちが必要とする励ましだ。私たちは紙などに出だしの数行を書く――「アフリカ民族会議の活動家シチェロ・ムシャウリの失われた手は、本日のイーストロンドンでの真実和解委員会の公聴会での証言を独占した。ムシャウリの手は、拘留者仲間によって最後に目撃された。」――続いて録音したコメントが入る――「私はポートエリザベスの警察署で、瓶詰めになった黒人活動家の切断された手を見ました。警察は私に、それはヒヒの手だ、と言った。また私に言った。『こっちを見ろ、これは共産主義者の瓶詰めにされた手だ。』でも、私は知っています、シチェロ・ムシャウリ、あのクラドックの四人〔注45〕の一人は、手を失ったままで埋められたのを。」――これは見事な録音からの抜粋だった。続いて、ニュースアナウンサーが話を締めくくった。「シチェロ・ムシャウリの娘さんであるババルワは、真実和解委員会で話しました。例の警察官、クルーテが、毎日母の家にやってきて、犬のように嘆き悲しんでいる母のそばにどんな格好で立っていたかを。仲間たちを笑わせながら、彼はいつも手を宙でだらしなくぶらぶらさせていた、と。」

私たち自身の言葉もいかにすばやく変わったことか――「すばらしい証言(fantastic testimony)」「人目を引く話題(sexy subject)」「激しい嘆き(nice audible crying)」。また、「TRC」〔Truth and Reconciliation Commission＝真実和解委員会〕よりも「Truth Commission」の使用を要求した。TRCだと、無意味な省略形の背後に委員会の最重要部分が隠されてしまうから。

私たちは一連の流れになるように場面を選び取る。いくつかの途切れた部分を取り去り、それを二〇秒の録音抜粋に編集する。私たちはそれをジョハネスバーグに送る。トランジスタ・ラジオのスイッチを入れる。ニュースが流れてくる。「私は警察署でお茶を入れていました。騒がしい音を聞いて、見上げると……。そこを彼が落ちて……。だれかが上の階から窓のそばを落ちた。……駆け下りると……。それはうちの子……、私の孫だったので、彼を抱き上げた。」

私たちは大成功を祝して、こぶしを突き上げた。やったぞ！

普通の一掃除婦の声が、午後一時のニュースのトップで報道された。

毎週毎週、声また声、証言そして証言。それは死や死者の名前というよりも、それらのまわりに編み上げられた果てしのない悲しみの網だ。それが次から次へと続いていく。地平線がどんどん背後に後退していく広漠とした、不毛で、絶望的な風景のように。

いうなれば、日々の記者会見でツツ大主教の足元で途方に暮れ、泣きそうになって、私たちは一日一日を終えた。四週間目の終わりまで、それは記者会見といえる代物ではなかった。ツツは希望と人間性で私たちを抱擁した。私たちは批判的な質問をますますしなくなった。困ったことに、私たちは外国人ジャーナリストによってなされる辛辣で高慢な質問に耳を傾けた。彼らはジェット機でこの国にやってきて公聴会に一日顔を出し、公聴会が司法的な手順と客観性に欠けるとして委員会の前に立ちはだかった。

そんな最中《さなか》にいる「国際的ジャーナリスト」の第一の目印は、ほのかな香りだ。男性であれ女性であれ、海外のジャーナリストは明らかに、量販店チェーンの安物の陳列棚では見つけられない香水を買う余裕がある。第二の目印は機材。ロケット発射台に載った巡航ミサイルのようなマイクロフォンが、インタビューを受ける人の目の前に出現する。一方、そんなマイクのそばに、粗末でちっぽけな南アフリカ放送協会のマイク用にスペースを見つけなければならない。彼らはプッシュボタン一つで完璧に録音抜粋も記事もこなせる録音機器や、上着の内ポケットに入るコンピュータ、口紅よりも大きくない携帯電話を装備している。しかも彼らは、実際にイーストロンドンで何か重要なことが起こっているのを知っているし、その雰囲気を嗅ぎ付けてもいる。しかし、彼らが扱う枠組に向いているものは何もなかった。「あなた方は何かを伝えることができているのですか?」ベルギーのジャーナリストは、自分の声に懐疑心が混入しないよう努めた。「南アフリカのジャーナリストは、ホールの中で、私のまわりで、急に泣きだしてばかりなんですけど。」

「世紀の物語」を、犠牲者たちは私たちに話す。英雄と悪漢、有名人と無名の人、権力者と無力な者、学識者と無学な者を伴って。ノート型パソコン、テープレコーダー、バッグ、ノート、それにケーブルとテープのリールをぶら下げて、私たちは真夜中をとっくに過ぎてから、ホテルのロビーに足を引きずりながら帰り着く。

南アフリカの中の南アフリカ

なぜイースタンケープ州なのか? 青ざめた沈黙を抱えるこの戦勝記念の地で、なぜスタートするのか?

アフリカ大陸のこの部分は、黒人と白人との、アフリカの陸上からの挑戦とヨーロッパの海上からの挑戦の中間にできた最初の辺境地帯だった、とノエル・モステルトはその著『境界地帯』で述べている。イースタンケープは、白人と黒人との間に主人と奴隷を越えた関係を切り開いた。その光景は、植民地主義や拡張政策、人種、さらには自由をめぐる道徳的な争いに、ドラマチックな背景画をあらかじめ用意していた。

モステルトによると、イースタンケープの先住民は、数世紀にわたって外部世界との接触の矢面に立ってきたという歴史によって、自らを選ばれた民と見なした。そもそも農業と牧畜の平和な社会だったにもかかわらず、その地域は、圧制に激しく抵抗するところとして知られるようになった。コーサ人はもともと三つの主要なグループで構成されていた。ウィニー・マディキゼラ＝マンデラ〔注46〕が属しているポンド人。彼女の前夫〔ネルソン・マンデラ〕が王子だったテンブ家。そして、スティーヴ・ビーコを生み出したコーサ人。イースタンケープの抵抗運動は、宣教師によるすぐれた教育によって補完された。迫害された者たちが英語で洗練された政治的な議論ができるのを可能にしたし、それによって黒人の政治的思考に国際的な新しい立場を切り開くのを可能にした。イースタンケープはまた、「パンアフリカニスト会議」や「黒人意識運動」〔一九七〇年代に主に進展した、白人的な価値から解放された、黒人による黒人のためのイデオロギー〕の開始にも立ち会った。一九六〇年代以降、イースタンケープは、獄中か国外追放中の指導部の粒選りな人々と共に人権侵害の未曾有の増大に耐えた。その多くはよく知られていて、スティーヴ・ビーコの留置と死、クラドックの四人とペブコの三人〔注47〕の暗殺、ビショーでの大虐殺、そしてマザーウェルの爆弾事件が含まれる。

　南アフリカにおいて、裁判なしで勾留された者たちのうちの三分の一は、イースタンケープ出身だった。なぜか？　なぜなら、その地域が「草原戦争《ブッシュ・ウォー》」〔注10〕の間に手に負えなくなった兵士たちの吹きだまりでもあったからだ――クフォット〔ナミビアの南西アフリカ人民組織のゲリラに対抗する悪名高い野蛮な警察組織の活動分子〕や悪名高い第一〇一大隊、および第三二大隊の黒人と白人の古参兵たちの。これらの者たちは、メディアの注目からも国会や人権団体からも隔離されておく必要があった。ところが、イーストロンドンでの公聴会の最初の週に、彼らの名前が、拷問や殺害に関連していつも口にされた。挙がった名前は、ギデオン・ニューヴルト、アルバート・ントゥンガタ、エリック・ウィンター、クリス・ラブシャネ、スパイケル・ファンヴァイク、ヘルト・ストレイダム。

　イースタンケープを抑え込んだ者が国を制するということが、警護・公安関係者の間では明確に想定されていた。この地域は今もってその影響をこうむっている。コーサ人が南アフリカの政治を支配しているにもかかわらず、イースタンケープ州は九つの州のうちで二番目に貧しく、失業率は六五パーセントに達している。

　抵抗の精神に忠実なためか、真実和解委員会を阻止する最初の試みもイースタンケープ州から広まった。ビーコの家族は、真実和解委員会設立の法律制定が違憲であることを立証するためにいくつか訴訟を起こしたが、一方で、ポートエリザベスから侵入した犯罪者たちは、犠牲者の求めに応じて委員会が自分たちを召喚するのを阻止することに成功した。

　国のこの地方こそが、われわれを混乱させ、われわれをむき出しの唇に変えるに違いない。著しい対照性を見せるこの地域――緑の牧草地と岩だらけの平原、瀑布と干上がった小峡谷、シダとアロエ――こそが無言の暗闇から過去の声を閃かせるに違いない。こうしてやっとこさ肩からタバコの灰を払い落としながら、この四月の確かさに、南アフリカ人同士の証言の信憑性に、私たちは涙を流すことができる。
死か抱擁か——それが私たちを生かし続ける。金属を腐食するように。

ゾムザノ・マリティによるノムブレロ・デラトの死についての証言

それは一〇月のある日の終わり近く——一九八五年一〇月一〇日のことだった。仕事に行く途中、若者二人が彼女に近づいてきた。さらに五人になった。彼女を見るや、彼らは跡を追った。彼女は別の建物に隠れたが、すぐに彼らはその建物から彼女を連れ出した。
彼らは彼女を連行し、彼女にガソリンを浴びせかけた。うち一人が彼女の足を掴み、彼女の足に火をつけた。彼らは彼女をたたきのめした。この事態を止められる者はだれもいなかったし、警察は彼女を捜していたが、見失ってしまい、見つけ出せなかった。彼女は、警察を彼らのところへ連れて行こうとした、……彼女を傷つけようとした者たちのところへ。でも、彼女は声を出せなかったので、警察は彼女の言おうとすることが理解できなかった。警察は、彼女をブルームフォンテインに連れて行った。
彼女はブルームフォンテインに三日間留まり、彼女を傷つけた者について供述を始めた。それが終わってすぐに彼女は死んだ。彼らはコレスベルフに彼女を埋葬するのを許さなかった。なぜなら、彼女は密告者だ、と彼らは言った。もし彼女がそこに埋葬されたら、教会に火をつけるぞ、と彼らは言った。なので、彼女はピロノメ病院に埋葬されることになった。今少しこの事件に着目してみよう。

ポトヒーター委員　彼女は密告者だ、情報提供者だ、という言い分には、いくらか真実味があるのですか？
マリティ夫人　それが、彼女を連行した彼らの理由です。でも、彼らが彼女に火をつけたのは、私のおじが警察官だからです。
ンツェベザ委員　あなたは言いましたね、それが起きたときはちょうど、不買運動《ボイコット》が行なわれていた、と。あなたのお母さんの主な違反行為は、肉屋から肉を買ったことですね——もし私が間違っていれば訂正してください……。で、彼女は、その汚名をそそごうとした？
マリティ夫人　はい、そうです。
ンツェベザ委員　先に証言をした人たちにあなたが答えたところによると、彼女は一〇〇ランド支払っていた。
マリティ夫人　そうです。
ンツェベザ委員　その一〇〇ランドを、彼女はどこへ届けたのですか？
マリティ夫人　彼女はそれをコムラドに届け、彼らはそれを公表しました。不買運動《ボイコット》中に肉を買ったことを許してほしいために、彼女は一〇〇ランド支払った、と。彼らは許すと言いました。それから彼女は、この証書を黒人居住区に持って行きました。
ンツェベザ委員　彼女は黒人居住区にもどったとき、自分は許されたという感じがしたのでしょうか?
マリティ夫人　したと思います。
ンツェベザ委員　ということは、つまり……、自分は許されたと知って、安全だとまだ思っていたうちに彼女は殺された、と?
マリティ夫人　そうです、その通りです。
ンツェベザ委員　警察はいつやって来たのですか?
マリティ夫人　警察が到着したときには、彼女はもう火をつけられていました。彼女は妊娠していたのに火をつけられたんです。
ンツェベザ委員　それはつまりどういうことですか?
マリティ夫人　警察は来るとすぐに取りかかりました——彼女がどこにいるか見つけ出そうとしているとき、彼女の叫び声が聞こえました。警察は本通りで彼女を見つけたが、彼女はすでに燃えていました。
ンツェベザ委員　彼女は火をつけられてから、走りましたか?
マリティ夫人　いいえ、走るなんてとても。ゆっくり歩くだけです、服が燃えていましたから。彼女は警察のいる方へ行きました……。
ンツェベザ委員　彼女は裸のままでもふらふら歩いていたんですか?
マリティ夫人　そうです。
ンツェベザ委員　人々は彼女を助けるのが怖かったのですか?
マリティ夫人　だれもコムラドから彼女の救出を許されていなかったので、彼女は警察の護送車まで一人で行きました。
ンツェベザ委員　人々を追い払ったのは、これらのコムラドたちでしたか?
マリティ夫人　そのうちの五人です——初めはもっとたくさんいましたが、最後は五人だけでした。そのうちの一人がティフォ・シラバです……、あと、ターボ・グシャ、ピンクディヤーン・ケレム、トト・マヤバ、テンビレ・ファラティ。
ンツェベザ委員　ゾリレ・シルワヤネについて、何かご存知ですか?
マリティ夫人　ゾリレ・シルワヤネは実際にお金を受け取った人で、その状況全体の統率者です。そうです、彼がお金を受け取ったと公表した人で、実際に再び戻って行って、彼女は火をつけられなければならない、と言った本人です。
ンツェベザ委員　これは、われわれがすでに耳にしたどの事例とも違って、とても特異な例です。警察や政府機関によって人々が殺害された事例に耳を傾けてきましたが、この事例は、同じ時期に民衆が民衆自身によって殺害されているという理由で、特異です。あなたは、彼女の夫をご存知ですか?

マリティ夫人　はい、彼の名前がドティだということも。あの日、彼は逃げたので何も知りません。彼はクロスロードに逃げ、今でも、あれ以来、体調はよくありません。

ンツェベザ委員　何かが明らかになるだけでは、彼は二度と精神的に回復しないということを、あなたは言おうとしているのですか?

マリティ夫人　はい、それが私の言いたいことです。

あなた方も犠牲者と同じ症状を味わうだろう

「真実(truth)」という言葉は、私を居心地悪くさせる。

「真実」という言葉は、今でも舌をもつれさせる。

「あんたは『真実』という言葉に近づくと、いつも声が緊張する」と、技術助手はいらいらして言う。「それを二〇回繰り返せば慣れるよ。結局は、真実があんたの仕事だもん!」

私はその言葉に口ごもる。私はその言葉の使用に慣れていない。それをタイプするときでさえ間違えて、最後には〝turth〟か〝trth〟になってしまう。私は詩の中で、その言葉と添い寝をしたことは一度もない。私は「嘘」という言葉のほうを好む。嘘が頭をもたげると、私は血の臭いを嗅ぐ。なぜって、そこは……、真実にもっとも近い場所。

対して、「和解」という言葉は私の日々の糧だ。妥協する、順応する、供与する、融通する。理解する、許容する、共感する、辛抱する……。これらなしでは、どんな結びつきも成果も進歩もありえない。本当にそう。私たちは少しずつ和解の中へと姿を消していく。

しかし――真実も和解も、消しゴムを手元に置いて白紙のページに向かうとき、私の鉛筆の味方ではない。ほかのすべてのものが消え失せる。とても静かになる。何かが開き、何かがこのひっそりとした空間を落ちていく。音調、イメージ、輪郭が、ぴったりと寄り集う。私は私自身になる。真実も和解も私の無秩序《アナーキー》には加われない。それらは裏切りや憤怒で窒息する。それらは落ちて行く、道徳的であることを拒絶する私から。私はでたらめな詩行を書く。束縛を解かれた束の間の喜びの瞬間に、私であるすべてのものやあらんかぎりのおののきが、さもなければ役に立たない、傷つきやすい性質や過敏な感覚が、寄り集う。明快さが増した面と淀んだままの……、そして、いくぶん息を殺して呟く、そうなんだ、そのために私は生まれてきたんだ、と。

私は真実和解委員会について報道するようにはできていない。委員会を担当する五人のラジオチームを率いるように初めて言われたとき、私はジョハネスバーグからの帰路の飛行機の中で、どうしてよいかわからずに泣き出した。だれかが通路に置いた私のバッグにつまずいて転んだ。言い訳をブツブツ言い、ティッシュをもみくちゃにしながら、私はディルク・クッツェー〔注43〕の顔を見上げた。逃げ道はどこにもなかった。

三日後、神経衰弱だと診断された。二週間後、人権侵害に関する最初の公聴会がイーストロンドンで始まった。

過ぎ去った月日が、私の予感が正しかったことを立証した。真実和解委員会に関する報道は、実際に、私たちのほとんどを肉体的に消耗させ、精神をすり減らすにまかせた。言葉のせいで。

毎週毎週、個性のない建物から建物へと、埃まみれの荒れ果てた町から他の町へと、われわれの過去という動脈は、それ自身の固有のリズムや口調、イメージで血を流す。だれもそこから抜け出せない。ずっと。

一般の人々の声を伝えることがニュースを独占する。そうなれば、だれもそのプロセスからは逃れられない。

私たちは一晩に一～二時間眠る。チョコレートとポテトチップスばかり食べる。煙草を吸わなくなって五年たったのに、私はまた吸い始めた。

公聴会の二週間目、私は、時事問題番組で「Q&A」形式で報道した。私は口ごもる。こわばる。言葉を見失う。私は受話器を置いてから考える、辞職を。今すぐ。お前は明らかに役に立たない。次の朝、真実和解委員会はジャーナリストと話をするために、委員会のカウンセラーの一人を派遣した。「あなた方も犠牲者と同じ症状を味わうだろう。あなた方は気がつくと自分自身が無力の状態になっているだろう――助けもなく、忠告もなく。」

私はたったの一〇日間で言われた通りの状態になったので、びっくりした。

「規則正しく運動をしてください。家に帰って最愛の家族といっしょの写真を撮って、それをホテルに持って行きなさい。お気に入りの音楽を携帯するように。そして、お互いに話し合ってください、……それぞれお互いのセラピストになってください。」

私たちは衝撃を弱めるテクニックを開発した。私たちは悲しみが蓄積するので、公聴会が開かれているホールにはもはや入らなかった。私たちは備え付けのモニターを見守った。だれかが泣き始めるや、私たちも書き／なぐり書き／いたずら書きを始めた。

ホテルの部屋が別のそれへと漂流する。朝食用カウンターは別のそれと同じ惨めなフルーツを提供する。悲しみに満ちた部屋が別のそれへと流れ込む。レンタカーが別のそれと同じような悪臭を放つ。……ところが、言葉は、細部は、個々の口調は……、それは留まる。

ノモンデの泣き声は、新たな空間で永遠に鳴り響く

「ぼくはノモンデ・ツァラタの話を書き留めておいて、そこから漫画を描くつもりだ」と、グレアムズタウン出身のコーサ人のインテリである、私の友人のコンドロ教授は言う。「ぼくはそれを『空間の論争』と名付けるつもりだ。」夜はふけている。私たちはイースタンケープ州の真夜中の、うだるような暑さの中にすわって飲んだ。窓の外には、暗い海が白くたなびく靄のそばに広がっている。

「ぼくの漫画の最初のページには『過去』という題がつき、それは二つの絵柄になるだろう。一つの枠に、ぼくは『男の語り部（歴史家）』を書き、伝統的なコトラ、クロロ、モツェ〔kgotla, kroro, motseはいずれも集会場や集落を表わす先住民の言葉〕——呼び方は何であれ——の中にすわっている男の一団を描くだろう。そこは男たちと少年たちが出会う魅惑的な場所だ。そこでの話は、お前たちはどこから来たか、お前たちはだれか、一族の男の先祖の構成、お前たちの役割のモデルはだれか、についてが語られる。みんなに自分たちの世界を説明する物語は、そのほかにも、男の語り部が経済問題や政治問題、歴史について決定を下すのを助ける。

二つ目の枠は、『女の語り部（子どもの社会生活誘導者）』という見出しになるだろう。その絵柄には、食べ物が用意されている場所が描かれるだろう。男女の子どもたちがすわり、架空の物語に聞き入っている。絶えまなく流れ動く不思議な回廊と、日常生活に突然割り込んでくる風変わりな瞬間。『起きてるの？　聞いてるの？』と、おばあちゃんが尋ねる。子どもたちは多次元のパフォーマンスに反応し、影響されるに違いない。境界が定められている男たちの物語と違って、これらの物語は境界の下を自由に行き来する。男が女になり、その逆もあり、動物が人間になり、女が動物と恋に落ち、人々は互いに食い合い、夢と幻影が最後まで演じられる。」

「私にはそれがわからないのよ。だって、フォート・ツァラタの妻〔ノモンデ・ツァラタ〕は、実際のところ、朝粥用のポットと火によって、あなたが漫画の中に配置したいと思った典型的な語り部ばあさんではなくなってるもの。」

「おっしゃる通り」とコンドロ教授は言い、こぶしで机をたたいた。「これらの絵柄の上に、ぼくは移住、都市化、強制移住と書かれたスタンプを押す。そしてそこから、イーストロンドンのイギリス植民地のシティホールという男の場所にすわって、この国の表向きの歴史の一部として物語を話す一人の女性としてノモンデ・ツァラタの実際の話が始まる。まったくもって大したものだ！」

「あなたの前置きは、文化的な側面を論じているだけだわ」と私は言う。「たぶんあなたは、かつては彼女を迫害した警察に付き添われてシティホールにやってくるノモンデを描くはずよね？　今や彼女の居場所は守られ、彼女のために表向きは境界が定められている——こうして彼女は安全ってわけ。つぎにあなたは、さっそく描き始める、警察がどのようにして自分の家に火をつけ、自分の夫を逮捕したかを彼女が証言するところを……。」私がノートをあちこちめくって調べていると、彼はもうテープレコーダーにカセットを入れて回した。

ノモンデ　夫は部屋にいて、すでに服を着て、とても暖かい格好をしていました。私が思い出せる三人の巡査——

ヴェンター氏、カイオ氏は黒人で、制服を着ていたのがストラウス氏です。彼は手に小さな警棒を持っていました。彼らは夫に対してあまり我慢などしませんでしたし、彼を小突いて、……彼をとても急がせました。私はただただ懇願しました。『どうか、彼を小突かないで、手錠をかけないで、なぜって、彼は抱えて……、胸に……、問題を……。』(ためらう……、むせび泣き……、聞こえるほどの身震い)
ジョン・スミス　またにしませんか、ツァラタ夫人。大丈夫ですか?……何か手助けできることは……。
ノモンデ　彼らは夫といっしょに家を出てから、彼に後ろ手に手錠をかけました。夫といっしょに出て行って(咳払いをする)。というのも、私にもすることがあって――Tシャツを着ようとしてたので――彼がどこへ連れて行かれたのかわかりませんでした、彼らが夫を連れて行ったところを私は知りませんでした……。

「彼女がここではっきりと泣いたのは、どうしてだと思う?」私は尋ねた。

「おそらく傷つきやすい自分の夫を思い出したんだろう。というのも、二人が格別に仲が良かったことは証言から拾い集められる――たとえば、彼は彼女を信頼していて、彼らは何でも話し合う。それに、あの夜、彼が時間通りに帰って来なかったので、何か悪いことがあったとすぐさま彼女は気づいた。彼女が最後に泣き叫んだとき、彼女の友人のマシュー・ゴニウェの妻が泣いたわけも、それですよ。」

「とはいっても、ノモンデが現に参加しているこの新たな空間――そこは、現実的なだけでなく、とても抽象的でもあるわけだし。」

教授は笑った。「おっしゃる通り。私たちは二つの異なった、社会的な空間について話している。一つは暴力が正当化された場所で、過去に属している。もう一つは現在に属していて、人権侵害は不道徳かつ悪として非難される空間。黒人居住区のコミュニティセンターではなく、街の中心にあるシティホールを選ぶことによって、真実和解委員会は、過去の社会体制とは手を切ったということをシンボリックに表明したいと思った。このシティホールはもはや白人や犯罪者の公認の領土ではない。そこは今や私たち全員のものだと。」

ノモンデ　五月は、夫のフォートは出歩くことなく、肩の凍傷でセラピストに看てもらうためにジョハネスバーグにいました。五月二七日の早い時間に、私はノックの音と明かり、家の中を照らす懐中電灯で目がさめました。私はドアを開けに行きました。ドアを開けると、私はヴェンター氏とハウス氏を目にしました――ほかに多くの巡査、馬もいました。SADF(南アフリカ国防軍)もあふれるほど。彼らは私の家に入り込んでから、捜索したいと言いました。彼らは私の寝室に入ってきて、捜索しました。……彼らは書類を、ＵＤＦ〔統一民主戦線。一九八三年に設立された反アパルトヘイト組織の統一戦線〕の文書を捜し、あらゆるものを持っていきました。捜索中に、ヴェンター氏が私に尋ねました。「ご主人はどこですか?」と。私は彼に言いました。「夫はここにはいません、ハウテンにいます。」彼はアフリカーンス語でこう頼みました。「隠れてもいい、とご主人に伝えてください。それにあなたも彼が隠れるのを手助けしてかまいません。でも、われわれが彼を見つけたなら、……糞まみれにするつもりです。」

私は心配になり、びくびくしました。でも同時に、勇気もありました。私は平静を保って彼を見つめました。「あなたは私のベッドにすわっておられます――立ってください。」

彼は立ち上がって言いました。「結局、このベッドが何だっていうんだ?」その後、彼らは私の家を去って行きました。

マシュー・ゴニウェは警察が去ってから来ました。彼らは幹部メンバー全員を家宅捜索した、とマシューは言いました。彼らはメンバーからすべての記録類を持ち去った、と。

「この証言の後で」とコンドロは興奮して言う。「八〇年代初めに、囚人たちからいかにして情報を引き出すかを、ラテンアメリカ諸国の公安機関に教えるのに使っていたＣＩＡ〔アメリカ中央情報局〕のハンドブックから、ぼくはあるページを抜き出した。そのページのねらいは、拷問の心理学的な根拠を説明するつもりらしい。まず最初は、超越している外部の力を取り入れることだそうだ。それら外部の力の一つが時間であり、人間は、まさか襲われるだろうとは予測していないとき、精神的・肉体的な抵抗力がもっとも低下していると き――理想をいうと、早朝に急襲されるべきだ、と書いてある。その時間帯に困難に直面すると、ほとんどの人間は、強い衝撃や不安、さらに心理的ストレスを経験し、状況に合わせようとして非常な困難を感じるらしい。」

「私が興味をそそられるのは、ベッドに関するヴェンターとの言葉のやりとり。彼は彼女のプライバシーを侵害し、彼女のベッドにすわる――それは、とても親しい客か子どもだけが普通するようなことよね。彼はそこにすわっていながら、彼女の夫に危機が迫っていると脅している。続いて彼女は自分の空間を返すよう要求する。あなたはそうしていいし、そんなことを言ってもかまいません、と彼女は言う、……でも、人は普通、私のベッドにはすわらないでしょうね。彼はその要求をあざ笑ったにもかかわらず、たしかにベッドから立ち上がった――不承不承ながら、ノモンデたちの空間を尊重した!」

ノモンデ　四月に、夫のフォートはセラピストの治療を受けにジョハネスバーグに行く前に、ＵＤＦの会合から帰ってきました。夜でした。私はもうベッドに入っていましたが、彼が私を起こして言いました。「ノモンデ、私はお前にこれを言っておかなければならない。」私は彼に「話して」と言いました。それから彼は言いました。「われわれはポートエリザベスで数時間、マシューといっしょに待たされた。われわれは車にスパローを残して行った、なぜなら、車を調べられたくなかったから……。警備隊がそこで待機していた。……彼らはわれわれを待ち伏せしていた。尋ねたのは彼らのうちの一人だった。『副官、今それをやるべきですか?』副官が答えた。『まだその時ではない。』彼らはいろいろ尋ねた。同時にマシューも、そのような質問をされていた。」

スミス　あなたの夫はそれらのやり取りがどんな意味なのか理解している、とあなたに言いましたか?

ノモンデ　はい、彼は説明できましたし、言いました、「彼らがわれわれに対して何かとても大きなことを計画していると思う」と。彼らはそれを軽々しく話したけれど、憂鬱そうで落ち着きがなかった……。夫は彼らが大それたことを計画しているポートエリザベスでのその出来事について考え続けていました。それに夫は、耳にしたことについてショックを受けたと言いました。

「なぜフォートは、『彼らは何かとても「大きな」ことを計画している』なんて言ったのかな。彼はそれをまるでミサイルの発射か、何か死に代わるもののように鳴り響かせている。」

「おそらく通訳が的はずれなんだろう。ところで、ノモンデは今、同じ警察によって安全を与えられた場所で証言しているということにご注目を。」

「でも、同じ警察官とはかぎらないわ。私が安全・保安省のシドニー・ムファマディに面談したところ、各州は、真実和解委員会の周辺の警備を担当するために新しいグループを――新体制に前向きで、過去の悪弊にまったくかかわっていない者たちを――召集するよう命じられた、と言っていたわよ。」

「その通り、ホールの中はね。ぼくは真実和解委員会のポスター全部とその大きな横断幕を描くつもりだ――これらすべてがノモンデに、この場所は委員会によって占められていて、だからこそ安全で公式な場だと知らせている。政治活動家にとっての安全、女性や妻にとっての安全、彼女の話を真実として認める公式性、彼女の女性としての役割にもかかわらず、歴史家、歴史の管理人になるための空間を提供する公式性の場だ。」

「私たちは耳にしていることを理解し始めようとさえしていない。あなたは、六月二七日の夜、家で夫の帰りを待っていたとノモンデが言った箇所を憶えてる? フォートとマシュー、スパロー、それにシチェロが、ポートエリザベスに指示を与えに行ったときのことを。警察が家を見張っているという異常な事態がどうして正常になり、反対にそこに警察がいなければ、どうして異常になるのか?」

ノモンデ　一一時、私は心配でした……。夫は約束していた時刻にまだ帰っていなかったので、私は眠れませんでした。彼はいつも尾行され、OK（政府公認のスーパーマーケット）に買い物に行ったときでさえ嫌がらせされ、彼が行くところならどこでも警察に悩まされたのを知っています。その週末、私たちの家に泊まった牧師さんがいて、私は彼を起こして、心配ですと言いました……。私は牧師さんの部屋に行って、言いました。『夫がまだ帰って来てないので心配です』と。彼は私を安心させて言いました。たぶん、とても遅くなったので、明日の朝帰ってきますよ、と。でも私は、違う、状況はそうではない、と感じていました。彼はどこかで寝過ごしそうになると、いつも知らせてきます。……彼が私に知らせることなく何かをするなんて、まったくありえません。だから私は待ち続けました。私はすっかり目がさえて、眠れませんでした。いつもは私が外を見ると、装甲車が、護送車が、他の通りにさえ装甲車数台が止まっていました。でも、その夜は（囁く）静かで――いつものように動き回っている車は一台もありませんでした。……そして、これは何かがおかしいという暗示でもありました。……私は虫の知らせを感じ、さらにそのとき嫌な予感が一気に高まりました。私は依然として眠れませんでした。翌日、私は目覚め、時間に追われて働いていました。というのも、おそらく牧師さんが元気づけにかけてくれた言葉が本当になるかもしれない、と期待していましたから。

「それにしても、ノモンデが夫の死について真相を得た方法は、すべてのノンフィクションに優っている……。」

ノモンデ　私たち（ノモンデとニャメカ・ゴニウェ）は不幸にも二人の夫に起きたことを、金曜日には知らないで眠りました。いつもは『ヘラルド』紙が私の家に送られてきます、私はそれを配っていますから。『ヘラルド』が送られてきたので私は見出しを見、子どもの一人が言いました。『母さん、新聞のここを見て……、父さんの車が燃やされた』と。その瞬間、私は身震いがしました。夫に起きてしまったかもしれないことを怖れたから――なぜって、もし彼の車がこのように焼き払われたとするなら、彼の身に何が起きたかあれこれ考えましたから。私はいつものように新聞を配り始めましたが、その間、とても取り乱していました。二、三時間後、友だちが何人かやってきて、私を連れて行って言いました、あんたは他の人といっしょにいなければいけない、と。さらに言いました、あんたはニャミのところに行かなければいけない、と。ニャミはいつも私のためにそこにいたし、そのとき私はまだ二〇歳だったので、その問題に対処できなかった。……そうして私はニャミの家へ連れて行かれ（通訳者が通訳し終わるまで大声で泣き叫ぶ）、私がそこに着くや、ニャミがひどく泣いて……、それが私にも影響して……。

スミス　しばらく、一時休廷するよう委員会に要求してもよろしいでしょうか？……この証人はすぐに続けられる状態とは思えません……。

ツツ　では一〇分間の休廷とします。

「私にとって、このときの泣き声が真実和解委員会の始まり――テーマ曲、決定的な瞬間、プロセスがどんなものかという究極の響き。彼女は色鮮やかなオレンジ・レッドの服を着ていて、しかも仰向けに身を投げ出して、あの声……、あの声の調子……、それはずっとずっと永遠に私に取り付くはずよ。」

「重要なのは、自分がゴニウェの家に着くや、どんなふうにニャメカ・ゴニウェが泣いたかを思い出して、彼女が泣き出したということだ。大学の教授たちは言う、苦痛が言葉を破壊し、さらにそのことが前言語状態へと直に先祖返りを引き起こす、と。そして泣くのを目撃することは、言語の破壊を目撃すること……、この国の過去を思い出すことは、言語以前の時代へと投げ返されることだと認識することだ。さらに、その記憶を手にし、それを言葉でしっかり定着させ、それをはっきりしたイメージで捉えることは、言葉そのものの誕生に立ち会うことでもある。しかし、より実際的な問題として、ついには言葉で捉えられたこの特定の記憶は、もはや人に取り付くことも、人を弄び、当惑させることもない。なぜなら、人はそれの制御方法を手にしているから――望むところならどこなりと、人はそれを移動させてかまわない。してみると、おそらく、これが委員会がしていることのすべてかもしれない――ノモンデ・ツァラタのあの泣き声に言葉を見つけることが。」

「公聴会が再開されたとき、ツツは『Senzeni na, senzeni na…（私たちが何をしたっていうの？　私たちが何をしたっていうの？　私たちのたった一つの過ちは肌の色）』の歌をうたって始めた。ＡＮＣ（アフリカ民族会議）のリーダーたちが、救いようのない犠牲者だという観念を永続させるという理由でこの歌を拒否した会合に、私はかつて出席したことがある。でもこの歌が今朝うたわれたとき、私は損失と絶望の感覚に襲われて泣いてしまい、ほとんど息もできないくらいだった……。」

「彼女が話を続ける際に、うんざりして、あきらめた彼女の声がどのように響くか、聞いてごらんよ。」コンドロは、私のテープレコーダーのボタンを押した。

ノモンデ　私が家にいたとき、私が通っている教会から牧師さんが尋ねてきました。彼はそのとき、フォートとマシューの遺体が発見されたことを説明しにきたのです。私たちは平静でした。そのとき、私は次男といっしょにいました。その子は父親にとてもなついていました――そのニュースを聞いてから、その子は病気になりました。そのとき、私は妊娠していました。……私は、体内にいたその子を置いて行きました。……私は知りません、あの日何があったのか。

「最初、私は彼女が流産したことを言っていると思った――ところが、彼女は明らかに隠喩的な意味でそれを言おうとしている。なぜなら、彼女は後で述べている、子どもはすべて自然な方法で生まれたけれど、この最後の子、息子は帝王切開で生まれた、と。」

「さらに、彼女が医者のところへ行ったことを述べたとき、そこで彼女を待っていた公安警察の前で、彼女は再び、何事をも恐れない表情をしている。」

ノモンデ　医者は私に言いました。「奥さん、顔を洗って、涙をぬぐって、平然としていなくちゃあ」――私はそれに従いました。なので、公安警察が私と会ったとき、彼らはとても強い人間に出会いました。私は医者に会い、それから家に帰りました。私たちはゾリウェ氏に、家族の一員として遺体を確認しに行ってくれるよう頼みました。彼は言いました。「はい、われわれは遺体を調べたが、髪の毛がすっかり抜かれているのに気づきました。それに、彼（フォート）の舌はとても長かったし、指も千切れていました。体中に傷がいっぱいありました。」彼はフォートのズボンを目にしたとき、はっきりと理解しました。本当に犬が容赦なく遺体を食い荒らしていたことを。犬がすでに自分の分け前を持ち去ってしまっていたなんて、彼にはとても信じられなかった……。さて、葬儀を執り行ないました。……この委員会の委員長さんが、その葬儀のことはよくご存知のはずです……。

コンドロはうなずいた。「一九八五年七月二〇日のクラドックの四人〔フォートたち四人のこと〕の葬儀は、この国の政治風景を永久に変えてしまった。それはまるで荒れ狂った火のようだった。ANCとSACP〔南アフリカ共産党〕の旗が挑戦的に掲げられ、人々を満載したバスが次々に到着して――国家非常事態が宣言された。しかし、ある意味からすると、それがアパルトヘイト終焉の本当の始まりだった。」

「その二日後にツァラタ夫人――なぜ今になって彼女のことをこう呼ぶんだろう？　これまでずっとノモンデと呼んで話していたのに。彼女の証言の悲惨さが、私から彼女を引き離してしまったのか。それとも、単に私が敗北させられたように感じるからなのか？　いずれにしろ、彼女の子どもが生まれてから、公安警察が姿を見せた。」

ノモンデ　公安警察のリーダーはミスター・ラブシャネで

した。彼は言いました。「おやおや……、父親なしで赤ん坊を生んで……、われわれを赤ん坊の父親にはしたくないでしょうに？　われわれは家宅捜索に来ました。」私は平静を保ち、彼らに承諾を与えませんでした。でも、数分後に彼らは戻ってきました。彼らは言いました、「われわれはあなたをこの家から立ち退かせたい。というのも、あなたは賃貸料を支払うお金を持っていないし、そもそもお金がないというのは言わずと知れたことですし……、フォートの預金口座にさえ一セントも残ってませんよ。」私は引っ越すかどうか、ほのめかしもしませんでした。彼らは立ち退くよう繰り返しました。私は彼らに言いました。「いやです、この家から出るつもりはありません。私を家から連れ出したいなら、銃を持ってきて私を撃つほかはありません。」彼らは立ち上がり、出て行きました。

私たちはニューブライトンの法廷で死因の査問を申し立てました。結論は、フォートたちが殺されたということになりました。裁判所は同意するが、だれが彼らを殺したかについては十分な証拠がない、ということでした。私たちは一九九四年まで世の中で起きていることを知ることもなく、家にいました。その後、『ニューネイション』紙に報告が掲載されたので、査問が再開されました。

スミス　あなたの夫と他の三人――を社会から抹殺するようにという指令が与えられた、という覚書のことを言われているんですか？

ノモンデ　そうです。「緊急の事として、彼らは社会から永久に抹殺されるべきである……」という指令です。

スミス　公安部局に死の責任はあるが、それだと、責任を軍か警察のいずれに帰するべきか分からないというのが、査問の結論でしたね？

「私たちはどうしてこんなふうに、人間性を失っていくんだろう？　アパルトヘイトという言葉が、急に婉曲語法のように鳴り響く！」私は自分の声に抗う。

「白人たちには」とコンドロが言った。しかめっ面をしてドリンクの残りを飲み干しながら。「ウブントゥ〔個人と集団との結びつきを強調する、ヒューマニズムのアフリカ的原理〕がない。……彼らは、自分たちのすべての権利で息が詰まり、人間的な憐れみの感情がない。APLA〔アザニア人民解放軍。パンアフリカニスト会議の軍事部門の前身〕を襲撃したときに左腕を失った、あの哀れな男ヴェッバーを見てごらんよ。毎日なぜ彼はひとりでやってくるのか？　どの黒人犠牲者も家族や近隣の人たちに付き添われてやってくる。対してヴェッバーは？　彼は本当に世界でひとりぼっちなのか、それとも白人はお互いに関心がないからなのか？」

何が明らかにされようとしているのか？

言い返す言葉もないまま途方に暮れる。その一方で、バーナード、ニューヴルト、ファンザイル、ファンヴァイクといった名字のアフリカーナーが、犠牲者の唇を剥ぎ取る。犠牲者が求め続けている問いはこうだ――いったいどんな人々が、いったいどんな人間が、自分の机の上のフルーツ瓶に他人の手を入れておくのか？　いったいどんな憎しみが人間を動物にするのか？

真実和解委員会の前に出頭しているのは、普通の人々である。あなたが通りやバス、列車で日々出会う人々――そのからだや衣服に貧しさや重労働の証しをくっつけている人々。彼らの表情に、公安警察の無情さや裁判制度の不公平さによって植えつけられた驚きやとまどいを読むことができる。「われわれは生ゴミのように扱われた。犬よりさらにひどく。蟻でさえわれわれよりていねいに扱われた。」

そして、だれもが知りたいと思う、だれが？　なぜ？　と。しかもそれは、事実を知りたいとか、生きている間にどうしても決着をつけたいという思いよりも、ため息をつく中から生じる。犠牲者は、すべての問いの中でもっとも厳しい問いを投げかける。自分の最愛の人が人々の中に人間性の一かけらも呼び起こさないということがどうしてありうるのか。

母親は、わが子が死んだことに偶然出っくわす。彼女は子どもに魚を買いにやらせる。その子は通りで「彼らがお前の弟をちょうど撃ったところだ」と耳にする。

南アフリカ社会の異常さが、メアリ・バートン委員に一撃を喰らわせた。「正常な社会では、子どもがいるべき時刻に家にいなければ、友だちの家にまだいるかもしれないと考える。しかし、アパルトヘイト下では、警察署に行って捜し、つぎに刑務所、それから病院、そして最後には死体保管所ということになる。」

しだいに明らかになってきたのは、アパルトヘイト制度は繊細に織られた網のように機能したということだ。それは、ブルーダーボント〔アフリカーナーの支配を社会の全領域に促進するための「兄弟同盟」という名の秘密結社〕が指導者たちを任命することから始まり、今度は、それら指導者たちが各大臣や裁判官、軍司令官たちを任命した。公安部隊や法廷、行政が絡まり合った。国会を通じて法律の制定は、アパルトヘイトの野蛮な実施が人目につかないようにすることに取りかかった。

政治家がだれひとり公聴会に出席していないのは注目に値する。それは、政治家が真実和解委員会の独立性を尊重しているからなのか、それともアパルトヘイトの終了や新体制のために一般の人々がどれほどの代償を払ったかを彼らは単に知りたくないからなのか？　それら証言者の多くは失業中だし、スクワッターキャンプ〔都市の不法占拠者居住地区〕に住んでいる。

今や人々が自分たちの話を語ることができる以上、パンドラの箱のふたは開けられ、これら個人の真実の声が初めてすべての南アフリカ人の耳に邪魔されることなく届いた。会場で聴いている黒人はめったに取り乱したりはしない。彼らは数年前から真実を知っていた。白人たちはしばしばうろたえた。彼らには、ツツが「堕落の深さ」と呼んだところの不法行為の大きさが理解できなかった。

真実はどこにあるのだろうか？　真実は和解や正義・公平をいったいどのように扱わなければならないのだろうか？

「ぼくにとって正義・公平というのは、万事が同じテーブルの上にきちんと並べられていることの中にある」と、私の同僚のモンドリは言う。「人々の不安や日々の行動、さらには夢まで支配している真実というものは、いずれ明らかになるだろう。これからは、君の目の前で微笑んでいる一人の黒人を目にするだけでなく、そのぼくが胸の内に何を秘めているかも知ることになるだろう。ぼくはずっとそれに気づいていた――今に君にもわかるよ。」

「じゃあ、和解は？」

「和解は黒人の威厳が取り戻され、白人が思いやり深くなったときだけ可能だろう。和解や恩赦が重要だとは思わない。人々が自分の話をしゃべれるようになったこと――それが重要なことだ。」

「私にとっても新しい始まりだわ」と私は言う。「肌の色や文化、言語についてではなく、人々について。個人的な苦しみがすべての既成の通念を取り除いた。今や私たちがつながっているのは、集団とか肌の色ではまったくなく、人間性でつながっている……。」私はじっとしている。酔ったか、当惑して。

「道徳性を破壊した三世紀の終焉を祝して、乾杯しよう」とモンドリは言い、グラスを掲げた。「今、ようやく人々はお互いの壁を打ち破ろうとしているし、君とぼくはそれを経験している。」

「そしておそらく、人々は自分たちの成果をこういうふうに判定するんじゃないかな――みんなに共通の人間性に基づいた道徳をなんとか作り上げたかどうかで。」

モンドリは笑って言った。「ぼくらはみんな、ツツみたいにしゃべり始めている。」

黒人狩りをする黒人ギャング団

何度も何度もその名前が証言者の口にのぼった。ヴァール川の両岸のパライスの黒人居住区であるツマホレのAチーム。「私が耳にしたのは、Aチームと呼ばれるものがあるということだけです。彼らはUDFに反対していた。彼らは車でよく黒人居住区を走り抜けていったものです――彼らはこのAチームを警察と協力して始めました。夜、彼らの家に警察の護送車を乗り付けて、どんちゃん騒ぎをしているのをわれわれは目にしました。Aチームは胸に名札をつけ、ハンマーや短刀、銃を携帯して、自分たちの共同体に死をもたらしました。」

目撃者によると、その活動はいつもは土曜日の午後に開始された。酒を飲み、麻薬を吸ってから、彼らはよく自分たちの獲物をねらったものだった。拷問や殺害は決して彼らの語彙には含まれなかった。それどころか、彼らは獲物を、自分たちで「開けた場所《オープン・フィールド》」と呼んでいるところへ連れていった――そこでは、すべてが訓練の名で行なわれた。

ツマホレの一般住民であるデイビッド・ンシャポは、ある晩、Aチームが彼を車に乗せて行ったことを話した。Aチームは彼をパライスからサソルブルフへ連行した。「そこで彼らは私の上にタイヤを乗せ、私にガソリンをかけて言いました。裸になれ、と。私が着ているものを脱ぐと、彼らは言いました。『お前は今に他の警察官が感じた苦痛を感じるようになるだろうよ。』彼らは私の友人の首を鋤のような長刀で薄切りにしました。」

クワズールー／ナタール州についての話の中で、他のギャング一味の名前――アマブート――がしばしば口にされた。彼らも同じく、自己選別のために特別な装いをこらした――バラクラバ帽〔防寒用の大きな帽子〕に派手な上っ張り。彼らの武器は投げ棒に槍、それに斧で、インカータ自由党とSADFに協力した。彼らのしきたりは伝統に染まっていた。獲物を付けねらう前に酒を飲み、自分たちが無敵になるよう戦《いくさ》の妙薬に酒をふりかけた。彼らもまた「殺害」という言葉を口にしなかったが、「障害物を取り去る」とか「場所を清める」といった婉曲表現を用いた。

彼らの襲撃を生き延びた人が思い出して語った。「それからアマブートの一人が言いました。『さーて、だれが斧を持ってるか……。』続いて私は、彼らがドアをたたき壊して中に入ってきたのを耳にしました……。私はそのとき隠れていたので、いつクンボラニが死んだのか知りません。私はベッドの下には隠れませんでした。なぜなら、もし私をベッドの下で見つけたなら、彼らは私をより残酷に殺したがるだろうし、私を立ったままで殺すにちがいないと思ったから。なので私はドアの背後に立って隠れ、それから彼らは入ってきて、クンボラニを斧で一撃し……、彼らはクンボラニの顔面を斧でたたき割り、さらに胸を……、彼らは斧でクンボラニの胸を打ち割った。」

アマブートはしばしば、自分たちの殺人を清める薬を調合するために死体の一部を持ち去った。Aチームとアマブート両者の行動戦術は、ディルク・クッツェーが述べたフラクプラース〔警察の暗殺集団の基地として使われたプレトリア近郊の農場〕のしきたりのいくつかをまねている。彼らは集団ごとにつながっていた。彼らは酒を飲み、犠牲者を選び、武装し、さらに「大物」を殺害するために集まった。

公聴会が始まって二週間目に委員会に送られてきた、アフリカーンス語で書かれた匿名の手紙をツツは朗読した。「それから私は、かつて起きたことで泣きました。といっても、私には何一つ変えることなどできませんが。それから私は自分自身を見つめ直しました、だれも知らなかったということがどうして起こりうるのか、それについてほとんどの人が何も知らなかったということがどうしてありうるのか、しばしば私もただ傍観していただけということがどうしてありうるのかを理解するために。それから私は、どうすればこの内なる罪や恥ずかしさを抱えたままで生きていけるかをあれこれ考えました……。私は何を言うべきかわかりません、すべきこともわかりません。この件に関して、私を許してくれるようあなたにお願いします――すべての苦しみや心痛に対しては同情に堪えません。これを言うのは容易ではありません。でも、私は本当に心底からそう申し上げます……。」

新たに刈り取られた言葉の霊気の中で、証言がお互いのすぐそばで芽を出し、成長する。ノモンデ・ツァラタ、プリシラ・ザンツィ、イザベル・ホフメイル、ノンツゼロ・ムペーショ、ンカバカジ・ゴドロジ、エレーヌ・スカリー、フェジウェ・ムフェティ、ノーシェ・モハペ、アート・スピーゲルマン、ゴヴァン・ムベキ、ピリス・マセコ、アリエル・ドルフマン、ルーカス・シクウェペレ、アブドゥルハイ・ヤサットト、ヨハン・スミト、ムキゼとクズワヨ、マルタ・クルベルグ・ウエストン、シリル・ムションゴ、ベキ・ムランゲニの母、コレット・フランツ、イェフダ・アミハイ。

幾人かのジャーナリストが部署替えを求めた。犯罪者のほうに焦点を当て始めた者もいた。政党に腹を立てて突進していく者もいれば、政党から離れた友人を目にする者もいた。ある者はブランデーをストレートでがぶ飲みし、ある者はきちんと巻かれたマリファナたばこで自分を落ち着かせた。四カ月後、ひんぱんに移動した者のほとんどが病気になった。肺と気管をやられて。委員長は気管支炎、副委員長は肺炎にかかった。原因は飛行機だ、それが病原菌の培養器になっている、とある人は言う。そうではない、異なる気候と標高に常に順応しなければならないからだ、と言う人もいる。どうやら私たちは一つの集団を形成している。私は小型プロペラ機に乗り込み、通訳者の一人の隣にすわった。後ろには、大主教が聖公会派のボディガードといっしょにすわっている。ガタガタ揺られて上昇する間、私はツツがどんなふうに頭を下げて祈るのか見物していると、なぜか、気分がよくなってくるのに気づいた。

私はある夜、自宅に歩いて帰った。家族はテレビでクリケットの試合を興奮して見ていた。彼らは幸福で、固い絆で結ばれた集団にように見えた。私はしばらく、暗いキッチンに立っていた。すべてが無関係で親しみのないものになっていた。私は電灯のスイッチがどこなのか知らないのに気づいた。

私は真実和解委員会についてだけならしゃべることができる。でも、それについて私はまったくしゃべらない。

クイーンズタウンでの公聴会の日まで、とても寒かった。上着を羽織り、スカーフを巻いて、私たちは「ネックレス・リンチ」〔注48〕の体験談に一つひとつ耳を傾ける。残酷な話が、それを語る顔また顔が、単調なリズムで絶え間なく続いて行く。

ある男が、彼の経営するレストラン『スパー』での爆発事件について証言した。彼は言う。「その日たった一人しか死ななかったのは、店の特上のテーブルのおかげですよ。」私は笑い始める。

「友だちが来て、おれに言いました。『ルーカス、おれはお前のところに来たかったのよ……。』

「……でも、おれは自分の両脚を見つけられなかった」と、私は自分に話しかけ、笑いころげる。

地方のジャーナリストが私の前にお茶を置いて、ためらいがちに尋ねる。「長く委員会を担当されてたんですよね？」

私は二週間の休暇を取った。

死なないために話をする

その男は独りすわっている。安っぽい上着を着ている。格式張った、古いスタイルのアフリカーンス語で彼は言う。ANCが仕掛けた爆弾が、どのように自分の家族と友人を吹き飛ばしたかを語ることはできない、と。

「問いかけでしか話すことができません。あなた方はご存知ですか、あなた方委員諸氏は、華氏六千度から八千度の温度の感じを？　ご存知ですか、歯から詰め物が吹っ飛ぶほどの強烈な一撃を喰らった感じを？　ご存知ですか、生存者を探して、しかも死と損傷だけを見つけ出す感じを……。ご存知ですか、三歳の子どもを探して、二度と、委員長殿、その子を二度と見つけられず、しかも、一生死ぬまでその子の居場所をあれこれ考え続ける感じを？」

一九八〇年代の終わり頃、ファンエックとデネイシェンの家族は、休日になると、南アフリカの北の国境のメッシナ近郊の狩猟農場へ出かけた。そんな午後、彼ら二家族は猟の獲物を探しにバッキー〔ピックアップトラック〕で出かけた。右後輪――ファンエックの三歳の息子がすわっていたまさにその場所――が、地雷を踏んだ。

「すぐさま炎に包まれた。われに返るや、一八カ月のわが子がまだ生きているのが見えた。……横たわったままで、私を見つめていました。デネイシェンはハンドルの上に身を横たえて……、髪は焼け、額からは血が吹き出して。」

ファンエックは彼ら全員を車の窓から引きずり出して、生存者を探しに行った。

「車の右後方に、妻とマルティ・デネイシェンを見つけました。どちらもひどい怪我で、即死でした。なおも探しました。幼いコブス・デネイシェンに行き当たったが、虫の息でした。その子の父親のところまで戻って、言いました。『あんたの子はまだ生きているが、ひどい怪我と火傷を負っている』と。彼は子どもを楽にしてやるためにその場所を尋ねました。……起きたことはこんなところです。それから、デネイシェンの娘のリゼルダが、草原からわれわれの方に向かって歩いてくるのに気がつきました。……彼女は顔に切り傷を負い、びっこを引いていました。それから私は三歳のわが子をさらに探したが、見つけられませんでした。……今日まで見つけられなかった。……私と私の息子とで家族二人を埋葬し、翌日、友人二人を埋葬しました。以来ずっと、私は落ぶれている。……ただすわっている。私は何日もじっとしている。……私は仕事を失った。貧しい白人《ファ・ホワイト》に成り下がった。」

脇の小ホールは電子情報通信に対応できる。翻訳は私たちのテープレコーダーにも送られてくる。私たちはモニター画像でファンエックを見る。私はニュース原稿を書く。音声ビデオからの抜粋箇所も決める。私は電話で原稿を口述する。私は読む。「……決して、委員長殿、二度と見つけられず……。」私の声が途切れる。……喉がひりひり痛む。胸がふさがって、口がきけない。

私は同僚に受話器を渡して、ケーブルや電子機器の中からやみくもに逃げ出して……、ネルスプロイトの街が見渡せるベランダに出る。私はハアハア息をする。私の両眼は、潜水していた二人が突然海面に浮かび出るように、水平線をめがけて飛び出す。……静かに赤味を帯びたライトブルーの境界の中に輝く山並み。私は溺れる。眼が木々を引っつかもうとし、深い峡谷が……見える、匂いを嗅ぐ。……楽園の風景と楽園からの言葉。「ミスペル、マロエラ、タレンタール〔アフリカーンス語で順に世話焼き、マルラの木、ホロホロチョウ〕」と私は囁く。大気はジャスミンとニオイニンドウの香りでとろんとしている。階段にすわり込むと、何もかもが私から飛び出す。

結局、生身の人間はそんなに多くは耐えられない……。毎週私たちは、さまざまな調子の悲しみの上に、だんだん薄っぺらく伸ばされる……。人が泣き叫んでいるのを、どれほど多くの人が見ているのだろう？　ばらばらにもぎ取られた、どれほどの悲しみに、人は順応できるのだろう？……さらに、人は言葉の特有のイントネーションからどうやって免れるのだろう？　それは後々までずっと残る。

かさかさに荒れた唇に血をにじませて、私は慣れないベッドで目をさます。……すると耳の奥で、ニュース用に抜粋した録音部分が泣き叫んでいる。

電話に呼び出される。「この話は実に力強い、と彼らは言っている……。他の録音抜粋部分を発信してかまわない？　歯の詰め物についての部分か、彼らの方に向かってきた娘さんについての部分を発信しましょうか？」

私は顔をぬぐう。「なぜ彼がただじっとしていたかについての部分を発信してくれる。それと、あの日の新聞が書いていた、彼の息子の髪の毛と目の一部がバッキーのそばの木のところで発見されたというのも忘れないで付け加えて。」

私の髪が抜け落ちる。歯も抜け落ちる。発疹が出る。恩赦申請の締切日の後、私はまるでよそ者みたいに自宅に入った。石女《うまずめ》みたいに。数日間、私はただすわっていた。じっと見つめながら。一番下の子が部屋に入ってきて、驚く。「ごめんなさい、あなたが家にいるのに、ぼくなれてなくて。」

詩はここから先には出るべきではない。もしこれを詩に書けば、私の手はもげ落ちますように。

そのように私はただぼーっとすわっていた。自然に、不自然に、言葉もなく。人々が自分の言葉に支払った代償を知って、茫然としながら。もし私がそのことを書けば、私的に流用し、裏切ることになる。でも書かなければ私がだめになる。突然、祖母のモットーが心に浮かんでくる——絶望したら、ケーキを焼きなさい。ケーキを焼くことが回復のプロセスになるの。

私は、砂糖漬けのパイナップル、スイカ、ショウガ、青イチジク、ナツメヤシ、それにクルミを切ってボウルに入れた。赤と緑の大きなサクランボ、スグリの実、種なしブドウも。それをひんやりした暗い食器棚の中に寝かせておく——ブランデーに浸されてぴかぴか光る宝石でいっぱいのボウル。私はベルベットのような卵一二個とバター、砂糖を加える。私はフルーツケーキを焼き、まばゆいほどに真っ青なケープ州の夏の熱気の中で、小さな、香りのいい、薄切りケーキを食べる。

それから私は、嘘と復讐のとっても気持ちいい詩行を練り上げる。

四章　裏切り話はいつでも作り変えられるに違いない

バジル・スネイヤーの証言

ボレイン副委員長　バジル・スネイヤーさん。殺される前、アントンはどこにいましたか?

スネイヤー　私どもの隣の家です。

ボレイン副委員長　それで、あなたはあの時——一九八九年一一月のあの夜と早朝——彼がそこにいたことを本当はご存知なかったのでは?

スネイヤー　はい、まったく知りませんでした。

ボレイン副委員長　そうですか、どうも。ところで、あなたは銃が発砲されたのを聞いた、と言われた。あなたが最初にそれを聞いたのは何時頃でしたか?

スネイヤー　およそ午前〇時三〇分から〇時四五分の間だったに違いありません。私が演奏するバンドのリハーサルが終わったので、憶えています。リハーサルはほぼ〇時まででした。私は家に帰り、妻はキッチンでクッキーを焼いていました。なぜなら、その日は長女の誕生日、一一歳の誕生日でしたから。ともかく、私は肝をつぶし、もちろんだれかがすぐさまそれに反撃し、それに音が近かったので、即座に私と妻はキッチンの床に倒れ込み、私は電話まで進んでいって——近所の人に電話をしました。彼の返事では、発砲があったかもしれないと——彼の裏庭か、すぐ外側の通りにいる者たちの間で。私が子どもたちの寝室にいて、銃声が聞えた場所に一番近い部屋にいた息子たちを部屋から連れ出して、娘たちがいた裏の部屋に連れていった間に、妻はアスロン警察署に電話をしました。警察の返答は、恐れることはない、起こっていることはすべて承知している、とのことでした。

　ですが、その警察の返事が確かに、あの時点から先のことをどう解釈するかということで、いっそう私を怖じ気づかせました。私はあの時点で、二つのうちのどちらかだろうと推測しました。悪事を働いたかもしれない者——あるいは法律の違反者が追いつめられているのかもしれないし、あるいは、自由の闘士が警察に包囲されているのかもしれない。私はその後、家族が家政婦といっしょにひそんでいる裏の部屋にもどりました。

　ところで、もちろん、彼らは——家族は、そこで震えていました。……子どもたちはあのとき一三歳と一一歳、それに四歳で、……それも、ひっきりなしに泣き、つぎの発砲で自分たちの寝室のドアが打ち抜かれるのではないかと思っていたようです。発砲はまさに延々と続いていました。それから私はあちこち腹這いで進んで、家の裏へ移動しました。そこでは音のほとんどが届いてくるので、私は裏の窓をゆっくり、ゆっくり、しかもほんの少しだけ何とかかんとか開けて、隙間から覗くと、裏庭を歩き回っている足が見え、さらにまわりを見渡すと、いつもの習慣で鍵をかけたはずなのに、裏門が広く開いているのがはっきり見えました。

私はそのとき、人が裏通りや門の内と外、窓の向こうの裏庭を歩き回っていて、しかもみんな武装しているのに気づきました。何人かが私の家の向かい側、裏の通りの向かい側の地所に陣取り、同様に武装して発砲していました。私はそれから窓を閉め、家の表側に向かって進んだが、その時点で私は——私の考えは、家族の安全のために家を明け渡すことでした。そのときまでに、ひょっとしたら午前三時頃になっていたでしょう。でも、銃撃戦は止んでいませんでした。私は家の裏側にもどり、あの同じ窓を開けて、そして、一台の装甲車がデントン通り、裏のその通りを下ってくるのを見たのが三時頃か、その直前だったかもしれないと思います。

その通りは行き止まりで、Uターンする場所がなかったのでしょう、車は後ろ向きで戻ってきて、通りを抜けて行きました。どこかでUターンしたのでしょうが、数分後に車は戻ってきて、今度は後ろ向きで窓の前を通り過ぎました。私はその一部始終を見ていました。

それから、およそさっき言った時刻ごろ、車が再び通り過ぎていったとき、私はその車がエンジンをふかしたのを聞きました。それはスピードをあげ、ノールディエン氏の家の壁にぶつかった——私の隣家の壁に激突した。壁の前側におよそ三回ぶつかってから、装甲車は真向かいに、アパートのすぐ近くに非常に接近して駐車しました。そのアパートにアントンはたしか住んでいました。銃声に加えて、私が耳にした同様の音が大きくなったのはそのときでした。もちろん、後になってわかっただけですが、壁に巨大な穴があいていました。外壁と内壁の両方に、壁をまっすぐ貫通して。

装甲車でのこの実力行使のすぐ後、私は部屋にもどって、起きていることを妻に伝えました。それから、玄関のドアベルが鳴るのが聞こえたので、だれが来たのか見に行きました。一人の男が、巡査部長か分署長のブラゼレと名乗りました。その人が私に言いました。ドアを開けなさい、隣にテロリストがいるので警察は中に入る必要がある。私は抗議し、家族はすでに夜通し怯えているし、重火器を発射する場所に有利だとして警察が私の家に入って使うのは賢明なことだとは思わない、と言いました。警察は全員重武装をしていました。あなたの許可など必要としていない、とブラゼレは言いました。私はそのとき、まったくなすすべがないと思い、がっかりしました。

私がドアを開けると、彼はヅカヅカと入り込み、制服を着た四、五人の警官がすぐに発射できる銃を携えて彼に続きました。彼らはさまざまな位置に陣取りました。アパートに向き合ったキッチンの窓に二人。さらにキッチンの隣のバスルームに二人、そこも同じくアパートに向き合っています。私は身の安全のために、家族がいる部屋に入り、ドアを閉めてそこから出ないよう命じられました。私はそれに従わずに、部屋に入るとドアを開けたままにしておきました。それから私は見ました、キッチンの窓のところにいた二人の警官がキッチンの窓をぶち割ったのを……。それはまるで家が爆発しているように響きました。

私は——自分ではどうすることもできなくなった状況に、ますます譲歩させられるのを感じ始めました。

私は外で叫ぶ声を聞きました。「Kom uit, jou vark（出て来い、ブタ野郎）。今日がお前の最期だ——今日、お前はあの世行きだ。」私は——私は知らなかった——本当に知らなかった、なぜこんなことになっているのか。「Kom uit, jou vark」と声がするたびに、警察は一人を相手に戦っているだけなんだ、ということは何となくわかった。発砲は——止まなかった——なかなか終わらなかった。

それから私は裏の部屋のすぐ隣の部屋に入って行き、そこで私は——そこであの朝の多くの時間をすごした。そして、七時四五分ごろ、だいたい——そうです、八時に一五分前ごろ、一人の警官が屋根の上で、横になるか、しゃがんで、手か腕を動かして、落ちたものを掴もうとしているのか、何かを投げようとしているのに気づきました。

非常に——つまりなんて言うか、そのあとすぐに、大きな音が、非常に、とてつもなくどでかい音の爆発がありました。それからすべてがまさに静かになり、その後しばらくして、だれかが言ったのを耳にしました。「もう出てきてもいいぞ、全部片付いた。」

だれも入るのは許されなかった——そのアパートに入るのは、警察がやることをやり終わるまで——中で彼らが何をやっていようと、何がやられていようと——あるいは、いったいだれが救急車に運び込まれようと。ところで、そのとき人々は——そのとき、その場所を取り囲んでいた人々は、とうとうノールディエン氏の許可をもらって中に入って、いったい何があったのか結末を目にしました——部屋へ撃ち込まれたのか、あるいは、いったいどんな爆発が起きたのか。

床の上に服の千切れがあった、壁に吹き寄せられて。その壁と天井には血が飛び散っていて——べっとりと。何かの破片が——髪の毛のようなものや肉としか言いようのないものも一面に吹き散らされていて、さらに——何もかもが壁にこすりつけられていました。

そしてそれが——それがすべてです——ひとつの家族としてのわれわれの生涯で、けっして忘れられることのないだろうエピソードの。

でも私は、真実を語らなくてはならないという理由だけで、今日ここで証言することに同意したわけではない、と述べることで終わりたいと思います。

私が証言することにしたのは、アントンやアシュリー・クリール、ロビー・ウォーターウィッチ、コリン・ウィリアムズのような若い中核を担う人員、さらに多くのその他の者たちは、みんな共産主義者か、あるいは共産主義者にだまされた若者だ、という印象が作りだされているからです。そんな神話は、これっきりできっぱりと覆されるべきです。一人の勇敢な兵士が国のために尽くして死んだ、と私は思います。それに、私がこう証言するのが、別れを告げる機会を与えられなかった家族に対する義務である、とも思います。

ヤシル・ヘンリーの証言

長い間、私は国の中ではよそ者でした。私のフルネームはマーク・ヘンリー。一九九一年、私はそれをヤシル・ヘンリーに変えました。なぜなら、マークはもはや我慢できない名前でした——それは宗教的な理由よりもずっと重大でした。マークという名前は私を除け者扱いにし、恥をかかせ、その上とても危険な目に会わせた。私は今二六歳です。……私は、私に一生癒えない傷痕を残し、さらに精神的な傷を与えた国家の手から、私の経験したことを取り戻したいと思っています。

ある種の一貫性を保つために私はこれを話すし、話すことで、一九八九年一一月一六日以来ずっと私が共にしているこの悪夢から目がさめるかもしれない、と考えている。

私は一五歳で政治活動家になった。一九八六年、私とアシュリー・フォーブス、ピーター・ジェイコブズは、国家の残虐行為から人々を守るために、より強くなって戻ってくるという強い信念を抱いて、亡命した。……彼らは戻ってきて組織を作る、私は専門知識を身につける、というのが計画だった。われわれはスワジランドに行き、マプート〔モザンビークの首都〕で正式にＡＮＣ〔アフリカ民族会議〕に参加した。ルサカ〔ザンビアの首都〕でわれわれは選抜され、それを受け入れて、ルアンダ〔アンゴラの首都〕に派遣された。われわれは分けられ——私は「東部」へ軍事訓練のために行った。二カ月後、私はＡＮＣの保安組織の任務につけられた。私は軍事工学部門を専攻するよう抜擢された。一七歳のとき、一〇カ月間、ソ連に派遣された。そこで私は、専門知識と軍事的な戦闘任務を専門に学んだ。その間、私は一〇人の戦闘員で構成される軍事人民委員に任命された。私にとって、これはとても大きな名誉と責任だったし……、少年期からいっきに、不断の警戒や熟考、規律が要求される世界へと押しやられた。私はルアンダに戻り、そこに短期訓練のためにやってくる南アフリカの地下組織の中核部隊を責任をもって訓練するために、ソ連人といっしょにやるように命じられた。ソ連人が去ったので、私に彼の仕事の全責任が割り当てられた。一九八八年の暮れ、私はルサカに呼び出されて、当時、「軍事政治評議会」のリーダーだったロニー・カスリルス〔注49〕の指揮下にある技術作業グループの一員になるよう告げられた。この任務は、私が当初亡命した目的、すなわち専門的な訓練を受けて国に帰るという私の目的を満たしていない、と思った。

一九八九年、アントン・フランシュ――彼のことはモハメドという呼び名しか知りませんでしたが――といっしょに、私は南アフリカに密入国した。……しかし、予想に反して、ケープタウンでわれわれがやることになっていることが、はっきりと指令されていなかった。それどころか反対に、われわれは任務や行動について尋問されることになっていると言われた。われわれは訓練の詳細を述べなければならなかった――その釈明の処理手続はとても煩雑だったし、仲間の家事雑用をやるよう命じられたので、いら立ってしまった。われわれは特定区域だけに閉じ込められ、公然と疑いの目で見られた。二人の個人的な関係もこじれてきて、対立してしまった。一カ月後、私は立ち去ることにした――もはやいる義務はないと思った。私の人生が危機に直面していると思った。私は去り、姉に連絡した。彼女は、私がどこかの学生になりすますのに手を貸してくれた。(しばしの沈黙――話を続ける前に聞こえるほどのため息をつく。)

ある日、まったく偶然に、とある店でモハメドに出会った。われわれは気さくにしゃべった。私の個人的な事柄を彼に伝え、さらに、話し合うためにANCのメンバーに会ってもよいと思っている、と私は言った。彼の考えは、私はあのようなやり方で離れたのだから、私には中立の立場で彼らに会う権利はなく、自分といっしょにもどるべきだ、というものだった。お前の居場所を私に明かすな、と私は心から願った……。なのに彼は私をいっしょに連れて行った。そのときそこで私が自分の居場所を言わない限り、彼は私を放そうとしなかった。この後すぐ、私は引っ越さなければならないと思った。私と他の同志との間の不信感が拭い切れなかったので、私はとても落ちこんだ。しかも、私は所持金を使い果たしたので、代わりの住まいを見つけるまでの三日間、家族の家に移ることにした。ところが、両親の家に行って二日目、三時三〇分頃、玄関の入口が騒がしくなり、数人の公安警察が父を捕まえて、頭に銃を突き付けて人質にしているのが物音からわかった……。

家の外で公安警察は笑い、握手し、喜びながら言った。「羊は囲いの中にいる。」秘かに、これが私の最期かもしれない、と思った。私は車で連行され、彼らは私の所持している武器とモハメドについて尋問を始めた。彼らは私をグラシーパークへ、続いてクレンボルフへ連行した。彼らは私を取り調べた。武器とモハメドとモハメドがアントン・フランシュかどうかについて。彼らは私に、私の写った写真を見せた。モハメドの写真を見せた。われわれの密入国についての情報がコンピュータでプリントアウトされたものを見せた。ある時点で、だれかがちょうど入ってきて言った。「どうしてこんなクソ野郎のことでまだつべこべやってんだよ?」そして彼は、私の胸ぐらを二度なぐった。……武器は持ってない、モハメドも知らない、と私は言い続けた。それから彼らは、父も逮捕された、と私に知らせた。私とモハメドとは意見の相違があり、連絡も途絶えた、と私は彼らに言った。リーベンベルフが私に言った、協力しない限り、母とたった四つの甥を殺す、と。そのとき、それがコケおどしだとは思わなかった。……私は一九だった。一九ならだれでも、こんな選択をさせられるはずだ、とは思わない。……私には選択の余地などなかった。彼らが父を釈放し、母をそおっとしておいてくれるなら、彼らにしゃべることにした。私はぐずぐず時間稼ぎをし、モハメドの居場所を地図に指し示した。彼らは特大の地図を私に見せた。私は少し時間を置いてから、彼らに指し示した。……(泣き叫ぶ)私は教えた……、彼らに……、モハメドの居場所を。彼らは私を連れて……、大部隊といっしょに……、その家まで警察の派遣隊と……。これがその家だという確証があったので、より多くの警察がやって来た。……私はそのとき、両脚の間に頭を埋め、後ろ手に手錠をはめられて、車の床に押し付けられた。……(嗚咽する)思った……そうだ——そうなんだ——彼らはモハメドを逮捕するかもしれない、と。……(嗚咽する)、なのに彼らは、何の予告もなく建物の中に入った。……銃声が聞こえた。警察がひるんだのがわかった。彼らは駆け上がって降りてきて、だれかが大声で言った、こっちの一人が撃たれた、と。彼らはモハメドに出てくるよう、大声で呼びかけ始めた。続いて起こったのは、すさまじい銃撃戦だった。手榴弾の音が聞こえた。……これはモハメドの逮捕なんかじゃないと気づいたのは、そのときだったと思う。……私はとても大きな爆発音を聞いた。それはロケットが打ち上げられたような音がしたし、それに続いて……、(小声で)静かになった。……それから、終わったと彼らが叫んだ。私の頭の中ではいつも聞こえていた、そして今でも——今でも私は、同じ問いかけを繰り返している、私を警察に売ったのはだれだ? 私を警察に売ったのはだれだ?……(泣き叫ぶ)アントンは死んだ!……彼がこの問いを口にする……。しかも私は、夜ごと同じ問いで目がさめる!(泣き叫ぶ)いやだ……、やめてくれ……。その後、私はクレンボルフに連れ戻されて、尋問が続いた……、尋問が延々と……、間に沈黙の時間をはさんで。彼らは私に、亡命している人々の無数の写真を見せた。私は一冊のアルバムを見せられた。他のすべてのアルバムを、彼らは一ページずつめくった。そして、その一冊を彼らは私にめくらせ、四ページか五ページ目を開けるように言った。……私は見た、今日この日まで悪夢に悩まされてきたものを。その写いるこの場所に連れてくるために巨額の代償が支払われた、ということです。とりわけ、あなたのような若者によって……。この瞬間が、あなたからその重荷のいくらかでも取り除いたことを願っています……。

真は、私がじきじきにルアンダで訓練しただれかの、切断された頭部のものだった。唇と腎臓が首のそばに並べられていた。目は見開かれ、唇には血糊が付いていた。アルバムの残りのページには、通りを横切ってばらまかれた彼の体の各部の写真が入っていた……。

本当にとがめられるべきなのはだれなのか？　アントン・フランシュの死に対して私一人に責任があるわけではない、と信じている。さらに、公安警察が担った役割もあばかれなければならない。（叫ぶ）どうか！　認められますように！　私であるだれか、何かのために！　私の経歴の偽りが正されるために。私を密告した人間がだれなのか、私は知りたい。それを知ってはじめて、私は和解させることができる、私自身と私の経験したことを、さらにはアントンの死を（声がすっかりつぶれてしまう）。私の苦しみに、ANCが果たした役割を認めてもらいたい！　ANCに私の軍事的な地位を復活させてもらいたい。それに、TRC〔真実和解委員会〕が、私が長い間いっしょに暮らしている悪夢から目覚める可能性を私に与えてくれるなら、国で始まっている治癒のプロセスに私もまた参加できるだろうに。

ツツ大主教　ヤシル――私に言えることはあまりありません。……この種の経験をしたことのない人は、ときにうわべだけのことをぺらぺらしゃべりかねません。しかし、私たちが理解したことは途方もない損害であり、私たちを今

五章　加害者たちの話の響き

六カ月間、真実和解委員会は犠牲者の声に耳を傾けた。重点的に扱われて明らかになった被害者たちの話が国の内部に食い込んだ。それは階級や言語、宗派を貫通した――もっとも寒冷な極地の石さえ貫くほどに。それは今も続いている。どこか、とある埃まみれの村で、毎週毎週、物語が紡がれ続けている。

彼女はベレー帽かスカーフをかぶり、よそ行きの服装をしてマイクの前にすわっている。だれもが彼女に見覚えがある。真実は女性と化した。彼女の声はかさついた手の陰で歪《ひず》んではいたが、真実の出所として男性を掘り崩した。しかし、だれも彼女のことを知らない。

私たちがけっして知ることのなかった、真実と真実の幻。

でも、何かがおかしい。私たちは聞き耳を立てる。もう一方を待ち受ける。対立者を。犯罪者を。ますます私たちは加害者の話を求める。それも立派なものを。説得力のあるものを。高潔さを示すものを。しかも、深刻な個人的事情や悲しみ、さらには当惑を引き連れてくるものを。

釣り合う敵対者のいない話などありえない。聞く耳も感じる心も、一方通行の流れの上に自分の頭を乗せておくことなど到底できない。そのうち、犠牲者の公聴会はより大雑把に報じられるようになり、より熱意もなく読まれ、より延び延びの日程になるだろう。真実が背を向けたとするなら、いったいだれが真実を求めるだろう？　自分たちと同じように無力な委員たちの前で、いったいだれが告白したいと思うだろうか？

時折、犯罪者の覆い隠された声が、差止め裁判か記者会見のときに耳に入る。八月の政党の意見陳述の際にも、政治家のだれ一人、この状況に言及しなかった。ざっくばらんな個人的感想の一瞬さえなかった。F・W・デクラーク元大統領が、「私はここに今日、あなた方の前に立っています……」と述べたときも――彼は立ってさえいなかった、彼はすわっていた。

あなた方の話にはもううんざりだ！

六カ月くらいたってから加害者の話がついに、その沈黙の背景から急に浮かび上がってきた――当てもなく、意図も覚悟もないままで。ほら、言わないこっちゃない。しかも白人が。しかも男性が。

人権公聴会の出発点は、イーストロンドンでのノモンデ・

ツァラタの唇から弾け出た、説明不可能な嘆き悲しみだった。一方、犯罪者の話の出発点は、制御不能なブライアン・ミッチェルのあごの筋肉だった。ミッチェルは、一一人が死んだ「飼料トラスト」大虐殺事件に関与していたので恩赦を要求した。ミッチェルの恩赦公聴会中にアンドルー・ウィルソン判事が、「大いに苦しんだと言っていただけますか?」と尋ねると、ミッチェルが呼びよせることのできた唯一の返答が、あごの筋肉を狂ったようにぶるぶる震わせることだった。

二つの重要な声が同じ週に聞かれるだろう。軍の司令官たちと警察の長官たちのものが。

私は軍指令部に電話をかけた。「ヘオルフ・メイリング将軍にインタヴューさせていただけませんか?」

「どんなことで?」

「月曜日の彼の意見陳述について。」

「司令官はだれともお話にはならない。自分の意見陳述に備えて待機されている。言うべきことは他にないはずだ。」

「ですが、メイリング司令官はなぜ旧SADF〔南アフリカ国防軍〕の意見陳述には出頭されなかったのか、知りたいと思いまして。」

たとえお前がそうは思わなくても自分たちが依然として支配者《ボス》だという口調で、とっとと消え失せろ、と言われた。

月曜日の朝。軍の一分隊が「箝口《かんこう》と拒否作戦」遂行のために、行進してケープタウンの公聴会の会場に入った。一方、人々は実際、彼らの風体を忘れてしまっていた——短く剃った口ひげ、きょろきょろと動き回る目、質問に対する横柄な堂々巡り。デオン・モルティメア将軍が口を開くや、私の背筋はゾクッとした。私は最悪の例を忘れていた——冷酷非情なアフリカーナーのアクセントと何事にもたじろがない口調を。彼は「禁止(ban)」「禁止する(banning)」という言葉を楽しげに発音し、「テロリスト」という言葉の使用には軽蔑を隠さず、統計数字に冷血無情にも自己満足する。その異常なまでの秩序ぶり、その過剰さ。「モザンビーク、一九八三年五月二三日。五月二〇日、プレトリア〔南アフリカの首都〕の空軍本部の外で起きた車爆弾の爆発事件の報復に、マプート〔モザンビークの首都〕郊外マトラのANC〔アフリカ民族会議〕の施設を攻撃するために、インパラ戦闘機一二機とミラージュ戦闘機二機を使って、『スケルヴェ作戦』が展開された。ANCの二つの建物と本部が攻撃された。」記者会見もインタビューもなかった。

他の何にもまして真実和解委員会の調子を変えたのは、このふるまいだった。アレックス・ボレインは軍や警察の長官たちの目の前で、彼らの意見陳述を酷評するかのように、机の上にやっと頭と首だけが見えるほどの前かがみの姿勢を取った。コーザ・ムゴジョ委員は怒りで口ごもった。「あなた方はどうでもいいようなことにも、こうした統計をひねり出す。人々が、人間がそこには存在していない。過去六カ月間、われわれが耳を傾けてきた家族たちが。」委員会そのものが言っているようだった。「われわれがあなた方にうんざりする前に、それらの数字の背後に人間の顔を思い浮かべなさい。」

同じ日、ジョハネスバーグでは――元警察庁長官ヨハン・ファンデルメルヴェ〔注8〕が会場にやってきた。彼はあまり話すことがなかったようだが、いずれにしても自分自身を下っ端と同一視した。旧体制がやったことに対して、なんの権限も持たなかった人物として。彼もまた、政治家と軍人の違いを詳しく説明した――一方が決定し、他方がそれを遂行する。よりよく遂行すれば、よりよい兵士になれる、と。

どうすれば道徳の下地は織り上げられるのか

カデル・アズマル〔注44〕、ルイーズ・アズマル、ロナルド・スレッシュ・ロバーツ共著の『真実を貫く和解』の出版に際して、予期しなかった別の含みが加害者の話に伴なうことになる。

その本はとても正確に述べている。もし真実和解委員会が、アパルトヘイトに反対して闘った人々とそれを防衛した人々の区別をしないなら、真実和解委員会は、新しい道徳的な秩序を創り出すという委員会の暗黙の使命を果すことはできないだろう、と。これは言いふるされた議論だが、著者たちは一つの新しい次元を付け加えている。彼らは詳しく説明している。委員たちによってなされた主張に反して、反アパルトヘイト・親アパルトヘイト双方の犯罪者と犠牲者との間にいかなる区別も設けていない法律には従うべき義務はない。両派の腐ったリンゴが問題なのではない、とカデル・アズマルは言う。一方の朽ちた木や雑草〔旧国民党政権の指導者やその盲従者のこと〕が、そしてもう一方のリンゴの木〔ANCの指導部のこと〕が問題なのだ。その本は問いかける、真実和解委員会に正邪の識別ができないのであれば、委員会はどうやって道徳の下地を織り上げるのか。

本が出版された夜、副大統領ターボ・ムベキ〔注50〕の考えを聞く機会も与えられた――彼がめったに話すことのない和解についての問題を。

「アパルトヘイトは各人に、彼または彼女の個人的な道徳を捨てさせた」と彼は言う。「この国を癒すのは、真実の大量投薬だけである。……しかも、アパルトヘイトは大量虐殺《ジェノサイド》の一形態であり、人道に対する罪だというのが真実です……。それにしても、アズマル……、何て言うか、君は君と良好な関係にない大臣たちをこの場に招待しなかった――シドニーやエソップのような人たちを。」

アズマルは神経質そうに笑って言った。「彼らは来るのが遅れている。」

ベツィ・フェルヴールト〔フェルヴールト元首相夫人〕を訪問し、アフリカーナーのおばあちゃんたちといっしょにお茶をたしなむ時代がもう終わったことは、その明確に語られた話からも明らかだった。順応するために懸命に努力したり、歯を食いしばって我慢する時代は終わった。和解は、白人がこう言わない限りありえないだろう。「アパルトヘイトは悪であり、われわれはそれに対して責任がある。それへの抵抗は正当化される——たとえ行き過ぎが抵抗の枠内で起こったとしても。」ムベキは言う、もしこうした承認が望めないなら、もはや和解を論じるべきではない。

この政治的な方針発表がたとえ時宜を得ていたとしても、それは黒人と白人それぞれの論調で行なわれる議論を凍結させもするだろうし、どうすれば各自が前に進めるかを指し示すこともできないだろう。

人権侵害に関する公聴会は、和解に対する別の見解を真実和解委員会に公式化するよう迫った——肌の色に関わりなく、未来の指針としてすべての南アフリカ人に役立つように。黒人の人権は白人によって蹂躙されたが、白人に扇動されて黒人によっても蹂躙された。そのため、真実和解委員会は表明しなければならなかった、南アフリカの恥ずべきアパルトヘイトの過去の歴史によって、人々が自らの人間性を喪失させられた、と。それは同胞を動物以下に扱うほど人々を非人間化したので、永久に変えなければならない、と。和解や変化に関するこうした主張し合う立場は、優位を求めて張り合う。

ANCメンバーの恩赦の問題をめぐって議論が活発化する一方で、いくつかの噂がウィルダーネス〔P・W・ボタ元大統領の居住地。この町はクロコダイルを飼育して観光のスポットにしているので、著者は以下でたびたびボタ元大統領をクロコダイルに喩えている〕の水辺を揺り動かした。クロコダイルがのたうちまわっている間、秘書のハートマン夫人は、クロコダイルの最後に残った歯に注意を向けさせて、あるジャーナリストに言った。ボタ氏〔注21〕はとても信心深い。彼は聖書に通じている。彼は語るべきときに語るだろう。彼女はさらに言う、ボタ氏は満面笑みをたたえて歩き回り、人々は同じようにヒトラーについても悪態をついたものだ、と言っている、と。

犯罪者たちの証言の場——恩赦公聴会

精神的な圧迫や問いかけや非難が数週間続いた後、真実和解委員会内の部門がついに活動を開始した。初めての恩赦公聴会が、数カ所の有名なカジノが見渡せる丘の上のバフォケン市民センターで開催された。その建物にはレボネ・モロトレギ一四世の事務所が入っている——彼はバフォケン・バクウェナ人の部族リーダーであり、地元のプラチナ鉱山から毎年七五〇〇万ランド〔およそ一三一二万五〇〇〇ドル〕の収入がある、アフリカでもっとも金持ちの部族である。だが、お金はいつも管財人によって管理された。初めは旧体制、つぎはルーカス・マンゴペ〔ボプタツワナ・ホームランドの大統領〕、そして今は新政府によって。市民センターは、部族の家系上のトーテム動物であるクロコダイルをかたどったドアノブで飾られている。バフォケン・バクウェナとは「露とクロコダイルの人々」を意味している。

早朝、人々の一団が会場に面した坂道を行進した。恩赦委員会は真実和解委員会の一七人のメンバーではなく、三人の判事で構成されている。ハッセン・モール、アンドルー・ウィルソン、それにバーナード・ンゴエペの三人の最高裁判所の判事で。真実和解委員会のシシ・カンペペとクリス・デヤーヘル両委員が彼らに随行した。それにしても、判事たちは気難しかった。彼らは報道機関とはいっさい関係を持とうとしない。声明を出すのも、インタビューを受けるのも、記者会見を開くのも拒んだ。法律家の礼儀作法に固執しているにもかかわらず、彼らが公聴会をすぐ始めるようには見えなかった。私たち報道関係者は全員、何もしないで突っ立っていた。ツツ委員長とボレイン副委員長がやってきたが、入口は閉まったままだった。時折だれかが怒ったり、ホールの方をちらっと振り返ったり、いくらか備品を引っつかんだり、またそれを中に引きもどしたりした。

「何が問題なんですか?」私は尋ねた。問題は席の配置だった。判事たちは、普段なら法廷の建築構造によって解決済みのこの種の事柄に慣れ親しんでいる。ところが今回は通常のホールを使い、しかも人権公聴会このかた、人々は席の配置順に陳述をしているようだった。そのことがある象徴的なメッセージを表出する。そのうえ、その場の聴衆全体の心理的な雰囲気に影響を与えかねない。つまり——席の位置が恩赦に影響を及ぼすことがありうる!

ならば、犯罪者はどこにすわったらいいのか? 判事と同じ高いところか? では、犠牲者は? 聴衆の中に降りるのか? 犯罪者のほとんどはまだ収監中の身であり、守衛全員で監視されている。それに、ツツとボレインはいったいどこにすわったらいいのか? 恩赦委員会は独立している。その決定は、真実和解委員会の影響をいっさい受けては困るのだ。

机がステージから姿を消した。つぎに椅子が。カメラマンと技術職員は悩み抜いた末に、機材を新たな場所に設置するために急いで移った。まったくの手持ちぶさたから脱して、私たちは、学識ある判事が、土曜日の夜の新米の女性接客係と同じ問題をどうして抱えるはめになったかについて、ニュース用に短い記事を書いた。だれがどこにすわる? この面白半分の話が放送されるや、判事たちは不機嫌そうにホールに並んで入ってきた。怒った声でモール判事は、報道機関に対して自分たちの責任を自覚し、世界に向けてまったくばかげた記事を発信しないよう頼んだ。開始が遅れたのは、だれがどこにすわるかとは関係なく、刑務所職員たちの要求のせいだ。後になって、私たちは判事の妻の一人が熱心なラジオ聴取者であることを耳にした。ニュースの後、彼女は立派な夫の携帯に電話をした。「ばかなことはしないように。」

暗殺集団の指揮官ディルク・クッツェーの証言

国民党発祥の地出身の、一人のアフリカーナーの息子。神はそのアフリカーナーに南アフリカを託した。この土地のためには死も殺人さえもいとわない。

エリート部隊、集団中の最高のもの、保安部隊の厳選された中核メンバーの一員になるのがディルク・クッツェー〔注43〕の夢だった。彼が結局はフラクプラース〔警察の暗殺集団用の基地として使われたプレトリア近郊の農場〕に割り当てられたとき、そこには一カ月二〇〇ランド〔およそ三五ドル〕で雇われたアスカリ〔保安隊によって勧誘された農民傭兵〕の宿舎以外には何もなかった。クッツェーはすぐさま住居と労働環境を改善した――そこをmanneがリラックスできる場所、「野郎たち」のための農場に変えた。フラクプラースに課せられた公的任務は、単にゲリラを追跡し、逮捕することだけだったのに、クッツェーがそこにいた一八カ月の間にたった一人を逮捕しただけだった。なのに、そのうえ税金が数百万ランド出費されているにもかかわらず、この部署は金の無駄使いで一度も非難も訴えもされなかった。

理由は明らかである。非公式の任務、つまり政治活動家を始末するために出動させることができる暗殺集団を訓練する仕事が、完璧に遂行されたということだ。指令は口頭で、一対一で与えられた。日誌も書かれた報告書もない。「われわれ同士で」とクッツェーは言う。「独自のボディ・ランゲージを発達させた。片目のウィンクや頭のうなずきが、だれかの死を意味することがありえた。」

ディルク・クッツェーは話を広げ細部をでっちあげる、としばしば非難された。だが、彼の証言をはねつけるのを困難にしているのも、そもそもそれらの細部なのだ。……なぜなら、それらは詳細で信頼できる情報であふれていた。教師ジョー・ピレイの拷問についての証言で、クッツェーは、プレトリアのフォルトクラッペルコップ近くの地下燃料倉庫でナチスのような光景を繰り広げさせた。拷問も探り出した情報も重要ではなく、死よりも優先される実験――それこそが価値あるものだった。

「彼らはついにそのとき、茶色の制服を着た軍医に、俗に点滴と呼ぶ自白薬を施してもらうことに決めた。……彼らはピレイを担架に乗せ、軍医が彼の腕に点滴を打った。ピレイは自分の思考をコントロールできなくなった。それが彼を一種のリラックス状態にさせた。」

クッツェーは建物の配置や高級将校、会議に出席して彼らといっしょにいたジョナス・サヴィンビ〔注51〕について詳しく説明した。われわれは飲酒を許されなかった、と彼は言う。これら大物たちが出席していたので。

「点滴は効果があります。でかすぎない人間には四滴……、さらにもっとたらすと、クロロホルムを投与したような状態になる。……もっと投与すると、死んだような深い眠りをもたらしたものです。われわれは全員飲んでいました。われわれはコンディレにもアルコールを加えた飲み物を与えました。二〇分後、彼はすわるのが容易でなくなり……、すぐに後ろ向きにひっくり返った。そのとき、ニック・ファンレンスブルフ少佐が言いました。『さて諸君、仕事を続けよう』と。ジープに乗っていた若い平巡査のうちの二人が、いくらか生い茂った潅木地帯の木とタイヤを引きずってきて、火をつけた……。長身のブロンドの髪の男が、サイレンサー付きのマカロフ式ピストルを手にして、コンディレの頭のてっぺんにくっつけて撃った。彼の体はぴくっとけいれんして……。」

クッツェーは些末な統計的数字にも精通していた。

「野外で死体を焼くには七時間を要する。その間、われわれは火のそばで飲んだり、ばか騒ぎをやりました。私がこんなことを言うのは、被害者の家族を傷つけるためではなく、あれらの日々にわれわれが事をなすのにどれほどの冷酷さをもってしたかを示すためです。肉付きのよい部分はさらに時間がかかります。……そのため、われわれはたびたびコンディレの臀部や太股をひっくり返さなければならなかった。……朝までに、われわれは骨や歯が一つも残っていないか確認するために、灰をくまなくかき回した。それからわれわれ全員は立ち去った。」

何か言い残したことがあるのか？ 恩赦申請の一部として、この男は、暗殺集団について未発表の手書き原稿を提出した——著作権を保有したまま。

イムラム・ムーサ（チャリティ・コンディレの代理で、シズウェの母） あなたはコンディレ夫人にお目にかかりたい、と言われた。でも彼女は、あなたにはそんな資格はない、と思っています。それに、もしあなたが本当に深く後悔していれば、恩赦を求めずに、実際あなたがやったことについて裁きを受けようとするはずです……。

クッツェー コンディレ夫人が私に会いたくないというのであれば、夫人の気持ちを尊重します。ですが、私は特例扱いされるべきではないと思います。私にも同様に国の法律上の権利が与えられています。

この大詰めの直接対決の後、長い気詰まりな沈黙がホールを領した。恩赦委員会を、訴訟代理人たちを、聴衆を、コンディレの家族を……。ただ一つ、ディルク・クッツェーの喉仏がごくりと動いた。

一人のジャーナリストが、ダーバン・クリスチャンセンターのメディアルームに入ってきた。「だれか、ひどいアフリカーンス語のアクセントで英語を話す若者が、ぼくのそばに黒い大きなバッグを置いて、それを見ていてくれるよう頼んだんだけど。警察に知らせるべきかな？」

「あたり前よ。」私たちは彼をせき立てた。クッツェーの恩赦公聴会が始まって以来、警備は会場のまわりをがっしりと固めた。あるときは殺害の脅迫を受けたが、後になって屋根の上に本当に射撃手がいたことが判明した。クッツェー自身は、彼をホールに先導し、彼のすわる椅子、使うトイレをチェックするボディガードの密集軍に守られていた。

先ほどのジャーナリストは警察を呼んで、壁にもたせかけられた一泊旅行用の黒いバッグを彼らに見せた。すぐさま警察は行動に出た。バッグの周辺に非常線が張られた。メディアルームも立ち退かされた。爆弾処理班が無線で召集されている間、垂れ下がった日よけの下で、私たち全員、立ってたばこを吸った。爆弾処理班が捜索犬を連れて到着した。ところで、犬が臭いをかぎわけるには、さらに三つのバッグが必要だった。私たちの中の三人がバッグを提供し、それが黒いバッグのそばに置かれた。犬が臭いを嗅ぎ始めた。「ジーザス、あの犬がダイナマイトを嗅ぎあてて、マリファナは嗅ぎあてないといいんだけど」と同僚の一人が心配そうに言った。黒いバッグのそばにすわった。その中には何かが入っている。それで私たちは、建物の反対側に移動させられた。

ホールの中はデイヴィッド・チカランゲの証言する番だった。チカランゲはクッツェーの庭師として仕事を始め、最後にはフラクプラースの暗殺集団の一員になった。

どのようにしてバッグを開け、爆弾の信管を取り外すかにだれもがまだ忙殺されているとき、ホールの一角のドアが開き、若くてかわいい通訳の一人が外に出た。だれかが止める前に、彼女は黒いバッグを掴んで肩にかついで歩き出した——爆弾処理班のびっくりした顔に気づきもしないで。彼女はツォンガ語の通訳者で、へたな通訳のせいでここ三日間うすのろのように思われていたチカランゲの通訳をするために、今朝ジョハネスバーグから特別に飛行機でやってきたことがわかった。飛行機の到着が遅れたので、彼女は通訳室に直行した。その通りがかりに、彼女はメディアルームに自分のバッグを置いてもらうようだれかに頼んだ。それなら、なぜ捜索犬は彼女のバッグのそばにすわったのか？　実際その中に怪しいものがあった。弾丸が。射撃練習場に最後に行った後、取り出すのを忘れていた弾薬筒の一包みが。

グリフィス・ムゼンゲ〔注42〕がどのように刺され、肋骨の後ろにどのようにナイフがねじ込まれて抜き取れなくなったか、どのように喉をかっ切り、腸を引っぱり出したかをディルク・クッツェーが話している間、彼のボディガードたちは彼の後ろにすわり、その半身はカーテンで隠れていた。そのうちの一人が彼の一番下の息子クレイン・ディルクだった。彼のブロンドのガールフレンドは、その日、彼といっしょだった。彼女はかわいらしい、黒の葉っぱ模様の、細い肩ひものワンピースを着ていた。ディルク・クッツェーが細部を語っているとき、聴衆から恐怖のあえぎ声があがるまで、彼女は忙しく爪にマニキュアを塗っていた。彼女の左手はクレイン・ディルクの太股の上に広げられていた——彼女が爪に暗色の光沢の塗りを上手に施している間、彼はマニキュアの容器を持っていた。

「彼らが全体のやるべき事を秘密裏に作り上げた」

真実和解委員会はジョハネスバーグでディルク・クッツェー、アーモンド・ノフォメラ〔注52〕、デイヴィッド・チカランゲの恩赦公聴会の再開をもって一九九七年の仕事を始めた。しかし、公聴会はすぐさま熱意の感じられないペースに落ちついてしまった。

公聴会は一〇時に始まるはずだった。一〇時一五分になっても真実和解委員会の横断幕は、会議室の木製のパネルにまだ取り付け中だった。一〇時半に最初の証言が始まった。一一時はお茶の時間。委員会は一時休廷した。私たちは待った。なおも待った。一二時。一二時半にクリス・デヤーヘル委員が廊下に姿を見せた。彼らは公聴会を短縮する方法を案出していた。

「あなた方はなぜきのう、それを考えなかったんですか?」腹を立てたジャーナリストが尋ねた。

「今朝、かろうじて三〇分間都合がついた中で、何千もの恩赦申請を処理しながらどうやって予測せよと言うんです?」お互いにいがみ合った。

「ばかばかしい!」と、三人目が逆上して叫んだ。「今朝、あなた方は一〇時前に始めようともしないで、お茶だ、昼食だ、排泄や生理だと休憩し、さらに、なんともはや!——四時より遅くまで働いたことなど一度もない。あなた方はまるで法廷にでもいるように議事進行を扱っている。しかし、法廷と違って定められた期間があるというのに、あなた方はそんなペースではちっともやろうとしていない!」

ジャーナリストは全員いらいらしていた。恩赦申請の締切日が近づいているのに、たった一つの議論の方向性すら持っていなかったし、何も言われていないし、面白おかしい話の一つくらい十分作れるほど長く調べられた犯罪者も一人としていなかった。しかもより困ったことに——これは包括的恩赦に向けての計画的な遅延行為のように思えた。

デイヴィッド・チカランゲとアーモンド・ノフォメラは、レソトでダイヤモンドをいくつか買いたいと思った。彼らはクッツェーにお金をくれるよう頼んだ(と、クッツェーは言う)。そこでクッツェーが義理の母親から五〇〇〇ランド借りて、彼らにそれを貸した。

「彼らは一日後に、五粒のちっぽけな、マッチ棒サイズの小さなダイヤモンドを持って帰ってきたが、傷ものだし、ひび割れてるし、しかも少しだけ大きいのは——私の小指の爪みたいなのは——黄色で、それが『カナリヤ・イエロー』だってことは後で知りました。素人の私にも彼らがだまされているのがわかった——自分の妻の結婚指輪をちょっと思い出してもらえばいい。それで私は、その男のダイヤを返して金を取り戻しに彼らをやりました。」

クッツェーはジョー・ママセラ〔注53〕に、彼らに同行するよう命じた。レソトのダイヤの売人は、自分が愚かなオポチュニストだと見なした連中が、実は南アフリカ随一の冷酷な殺し屋の三人であることなどまったく知る由もなかった。

彼はレソトから外におびき出されて、リンドリー近くのユーカリ樹のプランテーションで殺され、さらに彼の車はダイヤの代わりに持っていかれた。三人がクッツェーの家にやってきたとき、クッツェーは本拠地近くのプランテーションでの死体が、災いをもたらしかねないと悟った。ダーバンで弁護士グリフィス・ムゼンゲ殺害を指揮していたクッツェーは、その夜のうちにリンドリーに取って返した。彼らは死体を死体安置所の死体袋に入れ、後で焼いた。車は解体され、クッツェーが義理の母親から手にした五〇〇ランドぎりぎりで売られた。

ならば、政治的な動機はどこにある？

「もしジョー・ママセラのような機密に通じた情報源が摘発されたならば、ひどいことになっていただろう。第二に、もし私か、ジョーか、アーモンドかがダイヤの盗みで告訴されたならば、保安部隊を困らせることになるだろうし、フラクプラースは正体を暴かれるだろう。」

フラクプラースはリンドリーに悪意を抱いていた。

ある陽気な飲酒の集い。歌いながら車の窓から腕を出して青のフォード・エスコートに乗った五人の黒人は、リンドリーに向かう国道の方へと向きを変えた。そんなこととは露知らず、彼らは、ある任務から帰還中の、死のように冷酷なフラクプラースの派遣部隊のちょうど目の前でハンドルを切った。「彼らは危険だった！　彼らは車線を無視した」とクッツェーは言う。彼は五人を道から脇にそらさせようとした。だが、彼らは拒否し、気づくと、クッツェーの車の背後の車からの集中砲火を浴びていた。正確に言うと、ジョー・ママセラがトカレフ銃を撃ち尽し、彼らのうちの四人が負傷し、一人が重傷を負った。皆はそれで撃つのを止めた。

「ジョーとアーモンドは車から下りて、彼らを車の中に引っぱり入れた。ジョーはもちろんいつもの流儀で、彼らに空手げりを見舞い、げんこつをふるった。そのとき、一人の牧師、アフリカーンス語を話す牧師が妻と一緒に止めに入り、一体どうなっているのかと尋ねたので、私は、ただこの一般人を追い払おうと気を配って、こう答えました。心配することなんか何もありませんよ、万事順調です――私は警察の者です、と。」

当時、ママセラはボツワナのＡＮＣに潜入していたことがあったが、保安部隊と彼とのつながりがばれてはまずかった。とりわけ彼がロシア製の武器を携行している限りは。なので、クッツェーたちはママセラが撃って空にした弾薬筒をすべて拾いあげて、クッツェーはノフォメラに対して、自分の仕事用の銃で何発か撃っておくように命じた。彼らはそこに負傷者を残して去り、リンドリーで出来事を報告した。

そうであっても、ノフォメラはママセラの気違いじみた射撃の発作の責任を負おうとしなかった。しかし、フラクプラースには実際に克服できない問題などなかった。

「保安司令部ではヤン・デュプリーズ准将、しかもこれは本当のことですが、ヨハン・クッツェー将軍が承諾していました。さらに犯罪捜査局の高官でもあるウェルコムのファンデルメルヴェ警察庁長官やブルームフォンテインの司法長官局——ティム・マクナリー検事まで。彼らが全体のやるべき事を秘密裏に作り上げていました。」

クッツェーはゆったりとすわっていた。ディルク・クッツェーの生涯と言い伝えには、もう一つ別のエピソードがある。

政治的動機など後から何とでも言える

公聴会の後で、ママセラはソト語を話す私の同僚に電話をして、クッツェーはでたらめをたくさん話したものだ、と言った。ダイヤを欲しがったのはクッツェー自身であり、彼が義理の母親から金を借りていたからだ。自分がだまされたのを知って、彼は金を取り戻すためにママセラを行かせた。ママセラの話によると、彼とノフォメラ、チカランゲは、レソトとの国境に数時間すわっていた。彼らに何ができただろう？　彼らは進退きわまっていた。ダイヤの売人は金を決して返さないだろうし、かといって彼らも手ぶらでクッツェーの元へ帰るわけにはいかなかった。そういうわけで、最初に車でやってきた好都合な人間を道路脇に寄せて車を取りあげ、それを金の代わりにクッツェーに与えることに決めた。それで彼らは偶然やってきた次のような男を殺した。「彼の車の中に、われわれは酪農場の搾乳記録簿を見つけた。彼はレソトで最大級の酪農場の一つに勤務していた。われわれは彼の車をクッツェーのところへ持って行った。」

私の同僚はこの話をラジオで報じた。放送の終わりに、何人かがレソトから電話をしてきた。「ありがとう、ラジオ・レセディ。ありがとう、ママセラ——私たちは数年間、父に何があったか、あれこれ考えあぐねてきましたから。」

いつに変わらぬ平日だった。ジャピー・マポニヤは、二人のフラクプラースの傭兵《アスカリ》が窓ガラス越しに彼を監視しているのも気にとめないで、クルーゲルスドルプの建物協会で仕事に取りかかった。それが彼の過失だろうか？　彼の兄オディリレ・マポニヤは、ANCのゲリラで、黒人警察官の死に責任があった。ジャピーが退社時刻に帰宅の途についたとき、彼に対する詐欺行為を調査中だという二人の男が、彼の前に立ちふさがった。彼はたぶん、二人の男といっしょに警察署へ行ったはずである。だが、拉致されて、ジャピーはフラクプラースへ連行され、そこでユージン・デコック〔注27〕に暴行された。

「デコックは怒り、怒鳴り、彼を虐待した」と、傭兵《アスカリ》の一人は証言した。男に口を割らせる方法があった。「デコックは催涙スプレーを求めた。……彼が車の後部にそれを取りに行ったと思います。それからわれわれはデコック、私、ヨハネス・ムベロとともにマスクで目を覆いました……。アイスクリームを売り歩くのと同じコンビ〔マイクロバス〕が一台あり、それにはいっさい窓がなかったので、われわれはAチーム〔警察と手を組んで黒人狩りをする黒人ギャング団のひとつ〕と呼んでいた。われわれは次に、彼をそのコンビに乗せた。デコックはそのとき催涙スプレーを取り出して、ジャピーの鼻にそれを吹き付けてから自分の鼻を閉じて、ゴホゴホと咳き込みながらデコックはマイクロバスの中に残った。しばらくしてから彼はコンビのドアを開け放ち、ジャピーを引きずり出して地面に投げた。ジャピーはこの段階でも口を割らなかった。デコックが私に、この男は将来、お前を憶えているだろうかと聞いたので、私は憶えているだろうと答えた。すると、デコックは私に言った。『心配するな、友よ、彼は再びお前を見ることはないだろう。』」

ジャピーの死から三年後、彼がその身代わりで拷問死させられた、とてもよく似ている彼の兄オディリレ・マポニヤは、プレトリアのステルラント映画レジャーセンターに爆弾を仕掛けたが、起爆装置に不備が生じ、自爆した。

家族は、ジャピーの遺体がある場所に連れて行ってくれるように真実和解委員会に要求した。そうすれば、兄弟二人は安らかに眠ることができる、と。

急にノフォメラが能弁になり、詳しく細部を語りだしたのは、彼の人生の残りを刑務所で送るはめになった殺人について証言しているときだった。

事のきっかけはノフォメラの場合、非常にありふれたもの、つまりお金だった。「私はフラクプラースで、もはやそれ以上旅費を請求できなかった。でも、私には多くの家族がいて、新しい家、新しい家具、それに私の車がガレージにあった」とノフォメラは言う。しかも車は、フラクプラースではmanne〔野郎たち〕にとって決定的な役割を演じた。彼らはただ「車」とは決して言わない――それはいつもこう言われた。「ライト・ブルーと白のオペル・ローレル」とか「白いボンネットのグレイのコルティナ」とか。

「そのときジョニー・モハネが、ローレンスの家から金を盗もうともちかけた――彼は家の中のバッグに大枚を使わずに所持している、と。」

その日の午後遅く、彼らが家の裏から忍び込んだとき、ベランダにすわっているヘンドリク・ローレンスを見つけた。彼らを見て、ローレンスが言った。「お前ら黒んぼ《カフィール》がおれの農場で何をしようってんだい?」

「それが私をいらつかせた! 彼が私をカフィール〔黒人の蔑称。元々は「異教徒」という意味のアラビア語〕と呼びつけたことが――とりわけ、自分がフラクプラースで働いていることを思うときはいつでも……。というのも、私は黒人を虐げている白人のために非常にまめに働いたし、今日ここで白人が私を黒んぼ《カフィール》と呼びつけにしているから。この言葉には無条件で腹が立つ。」

そしてノフォメラは、それが自分の政治的動機だと言う。

だが、事の本質・核心は常にはずされる

エースはフラクプラースの組織についてとても多くの的を得た質問をした、とディルク・クッツェーが証言している間、エース・モエマの兄は身動き一つしないですわっていた。エース・モエマはANCの回し者にちがいない、とフラクプラースの工作員たちは思った。なぜなら、彼は他の傭兵《アスカリ》と馬が合わなかったから。「彼はもの思う人間だった」とクッツェーは言う。「いつも打ち解けず、酒も飲まない。たばこも吸わない。」エースはあれこれ詮索され、スクーン准将はクース・フェルミューレン署長――クッツェーによるとひどく黒人を憎んでいた人物――に「君が適切と思うようにエースを扱え、と命じた。

クッツェーの証言の後、エース・モエマの兄は委員会に語りかけた。そして、ちょうどこの瞬間も家で待っている自分の母親の心に取り付いている心象《イメージ》を喚起した。彼を待ちわび、安らぎを待ちわびている。「私の母は……、今日ここにはいません、父も遅れています。今朝、私たちが出発するとき、母は言いました。息子が死んだ、あまりにもぞっとするような死について、そのなりゆきを聞く苦痛には耐えられない、と……。『だから』と母は言いました。『行って、聞いて、どんななりゆきだったかよく考えなさい……。』母は今、家で待っていて、何が起きているか知りませんし、母は私たちが帰り、何かを伝えるだろうと思っている。……家に帰って母に何て言えばよいのか、あまり自信がない。……何であれ私の言うことに母が慰めを見出せるようなことを言うのは……。」

「もしも聡明であること、もの静かであることが人が死ぬ基準であるなら、それは実際のところ、当時フラクプラースを支配していた一種の無秩序状態を暴露することになるだろう。一九九一年、ハームズ委員会〔注54〕の当時、私は証言するために呼び出され、そのことを詳しく述べたし、またしてもそのことを話している。明らかになったことは……、場違いな言動、感受性の明確な欠如だった、……人が経験している苦痛に対する。……そして、最初から明らかなように、ハームズ委員会は茶番劇でした。……でも、真実和解委員会を茶番だとみなしたくないし、むしろ人々はここで進行している出来事により多くを期待するだろう。

母は、わが子がどこにいるのか知りたがっています。彼が死ななければならなかったのはなぜかを？　私はここでむずかしいことを言おうとしている……（泣く……、水を飲む――か細い左手で額をおおうようにして長い間すわっている）……判事殿……、私は……、こうむった苦痛のために国を離れました。私は亡命生活を送り、非常に厳しい状況下で暮らしてきました。ですが、ここにすわって、起こったことについて家族がどんなふうに感じるかを述べようとするのは、私にとってもっともつらい瞬間の一つです。……いずれにしろ、……母が家で安心して眠ることができるようになるために、二つの問い、ともかく二つの問いをすることで、証言を締めくくらせてもらいます。

だれか母のところへ行って、言ってくれますか、『私は殺害に関与しました、どうかお許し下さい』と。

だれか母を連れていって、言ってくれますか、『ここがあなたの息子さんのいるところです……』と。」

クワズールー／ナタール州の司法長官ティム・マクナリー〔旧政権下、ディルク・クッツェーたちの活動に承諾を与えていた元検事〕は、ディルク・クッツェーを逮捕してグリフィス・ムゼンゲ殺害容疑で裁判にかけるつもりだ、と公表した。

そうそう、狩猟にはもってこいのシーズンよね……。

高く伸びた草原を、彼らは注意深く歩き……、風向きを調べ、足跡を追い……、ライフル銃で体を支えて元気づける。

それに彼らは、肝臓の一片か干し肉一切れのためにやってきたのではない。彼らには壁を飾る狩猟記念に「五大獣」の一つを欲していた。

サンザシの木の下で、状況は不穏になってきた。なぶり殺しにあった犀、牙を一本失った象、傷ついたバッファローたち、そして一頭の虎。正直なところ——この虎は種類からしても、習性、生息地からしてもはずれているし——喉袋のあたりに忍び笑いを浮かべている。

それにしても、なぜ動物がハンターになったりするのか？

なぜなら、正義は一変する、とハンターは言う。自分の望遠鏡を通してねらいをつけながら。

キャンプファイアーの火に照らされて、うわさが醗酵する。ライオンが暗がりで喉を鳴らすと、だれもが興奮する。現れるか現われないか？ だれが最初に心臓にぶち込むのか？ だれが自宅の食堂カウンターの上に記念品を飾るのか？ どんな悪名高い名前が、われわれの個人的な狩猟統計に加えられるのか？ かつての大物狩りではハンターたちも傷を負っていることを、人々はほぼ聞きとっている。

ところで最近では、真実和解委員会の委員自身が、狩猟に対する欲望を高じさせているようだ。彼らはこっちでは脅し、あっちでは呼び出すが、所詮アマチュアだ。……火のそばの肉の引っかけかぎには、まだ何もぶら下がっていない……。小ざっぱりしたボーイスカウト集団の中で、恩赦委員会の判事たちが小さな獲物を狩り出している——あまりにも細部まで記録しすぎて、スカンクがアンテロープになりすましている場合が多々ある。

だれがだれを出し抜くつもりなのか？

この狩猟シーズン中は、みすぼらしい、年老いた動物のための救出活動はないのだろうか？ ありませんね、と剥製技術者は、狩猟農場のもう一方の側の新しいキャンプ場を見回して言う。……そこでは、クロコダイル〔P・W・ボタ元大統領のこと〕は「五大獣」とは見なされていない。さらにより重大なことに、恩赦委員会の判事たちにはハンターと獲物の見分けがつかない。

クッツェーを担当している弁護士チームの背後は、記録ファイルの壁である。ファイルの背には「リンドリー事件」「ロタール・ニートリング」「ハームズ委員会の写し」等々とラベルが貼られている。クッツェーの若い法廷代理人のブロンドのポニーテイルは、自分が証言を誘導しているときは、その背中でじっと動かない。彼はクッツェーに、鋭くて批判的な質問をする——対して彼の依頼人は、練習した流暢さで答える。これは恩赦委員会に、もっとも問題のある領域はすでに踏破したと思わせるつもりなのだ。当の法廷代理人が話している間、彼のそばにいる弁護士は、ファイルや記録、公文書の非常に能率的な製造ライン——それらはほんのちょっとした身振りでアシスタントからそっと手渡される——を指揮する。

ディルク・クッツェーは一大産業の経営者だ。

ノフォメラはそうではない。彼は、二冊のファイルを携えた一人だけからなるチームによって弁護された。恩赦公聴会の三日目になっても、報道機関はまだノフォメラの恩赦申請の写しを手にしていなかった。弁護士は一人ですわり、めったに質問しなかった。その結果、ノフォメラはとめどのない反対尋問にさらされた。彼がクッツェーも関係している何かについて話すときは、いつもあいまいだった。彼が終身刑に服している殺人について話すときは、言葉で正確に、さらには日付けと「午後遅く」とか「正午までに」といったような詳細まで述べた。

ひとつ忘れられない場面がある。私たちが放送車両にノート型パソコンやノート類、機器類、ケーブルを忙しく詰め込んでいるとき、一台の最新型のメルセデスが、これ見よがしにそばを滑って行った。色付きの窓が音もなく開いて、ディルク・クッツェーの弁護士チームが私たちに王者のごとく手を振った。彼らの後ろをアーモンド・ノフォメラの弁護士の、使い古したディーゼルエンジンのメルセデスが急ぎ足で追った。

恩赦申請者の弁護士チームは、それ自体が実地の学習の場だった。どの恩赦公聴会であれロビーに入ると、即座に彼らが目につく。脇に離れてたばこをせわしなく吸い、一年ほど流行遅れのヘアスタイルでグレイのスーツを着た連中が、ぴかぴかのスーツのまわりに押し寄せる。そのぴかぴかが当の弁護士である。彼が批判・攻撃を周到に準備する。「これらの人々のアパルトヘイト政策やその経歴」を彼が支持しているからでは決してなく、その人たちだって公平に扱われるべきだという理由で。しかも、お金になればなるほど、おそらく扱いもいっそう丁重に？　当初、国防省と警察庁は恩赦申請者にかかる費用を負担したくなかったが、申請者のほとんどが、彼らの勤務期間にかかわるどんな法的な出費も国が負担すると明記した契約書を所持していた。ヨハン・ファンデルメルヴェ元警察庁長官が恩赦申請に同意すると、警察の恩赦申請に関しては水門が開き、支払いが始まった。続いて、丁重なもてなしが「大物たち《クロコダイル》」や彼らの歯をみがく者たちのために用意された。ある弁護士は、一日につき二〇〇〇ランドと申請者一人につき二〇パーセントの割増料を手にしたし、その法廷代理人には一日につき三五〇〇ランドが支払われた。週末にかかる相談料は一時間につき三〇〇ランドの報酬で。営業時間外の報酬はなかったが。

その法廷代理人はぴかぴかチームの中では花形で、彼が入ってくるやチーム全員の注意がそちらに移る――これがチーム全員の理想の闘士であり、救世主でもある。しかも、そんな法廷代理人は確固とした原則に従って、ぴかぴかのスーツを着た弁護士によって選び抜かれている。抜擢される法廷代理人はかなり若くなければならない、若いことでアパルトヘイト時代の彼の役割は決して問題になることはないから。また、青白くて神経質そうに見えなければならない、そうであれば、ぞっとするような細部が彼にもショックを与えたと人は見なすだろうから。さらに、英語が流暢にしゃべれるアフリカーナーでなければならない――時勢にたけていて、どんな世界にも精通している男でなければ。対してぴかぴかスーツの弁護士の方はふつう肥満体で、しゃべらずにはいられないたちであり、法廷代理人を競走馬のように調教するつもりでいる。法廷代理人が準備を整えている間、彼は脇腹をたたいてなだめられ、たてがみをなでさすられ、鼻面と掌をつねられたり握りしめられたりするだろう。

公聴会が始まると、法廷代理人は全神経を集中して依頼人の方に身をのりだす。弁護士の方はベンチにゆったりとすわり、舞台監督のようにすべての動きを観察する。気づかれないように彼は、法廷代理人に向かって取るに足りないメモ書きをさしだす。法廷代理人は、議論がスムースに進んでいる自分の筋道を一瞬たりとも失うことはない。

弁護士チームは恩赦公聴会で多くの敵対心を誘発した。これは金もうけ仕事なんだ、とだれもが気づいている。ANCと闘うためのIFP〔インカタ自由党〕メンバーの軍事訓練に関するカプリヴィ公聴会の期間中、二九人を下らない数の法廷代理人が二週間毎日そこにすわっていた。そのほとんどが一言も発しなかった。それに、繰り返し報酬を手にしているのは同じ法廷代理人たちだ、と英語を話すある法廷代理人は言う。そのとき人々に嘘をつくよう促した者たちが、今度は真実を語るよう促している。

国家の資金が唯一同じ役割を演じないのが、右翼と左翼からの恩赦申請に対してである。クリーブ・ダービー＝ルイスとヤヌス・ワルスの代理人を務める弁護士チームを、ハリー・プリンスルーとルイザ・ファンデルヴァルトが担当した。彼らは一つの携帯電話を共同で使っていた。私はクリス・ハニ殺害〔注14〕に関する恩赦公聴会が延期されたことについて反応を聞こうと、彼らに電話をした。ルイザが出て、会話はこんなふうに進んだ。「ええ、実をいうと、われわれはとても（電話の背後で憤りや暴れ回る音が炸裂し、めちゃめちゃの破壊状態）取り乱している、……かろうじて耐えて……（彼女は電話を一度下に置いてからがみがみ口調で話す、その調子は控え目なうなり声にまで弱まる）……ごめんなさい、わが家のロットワイヤーとブルドックが急にそれぞれひどく暴れ出しちゃって………。法は明記している、勾留中の人は享受できる、と……、NEE! STOP DIT! EK PRAAT NIE WEER NIE［だめ！ やめなさい！ 二度と言わせないで！］……優先権を。でも、いるのよ……、EK SIEN JOU［私が見てるわ］……この問題の背後にハニの家族が（手にした携帯電話からの女性の声が、乱されながらキッチンの中で消え入る）……。」携帯電話が切れたので、ハニの家族の弁護士と連絡をとることにした。恩赦申請者よりも聴衆や判事たちにより多く視線を向ける、堂々としたジョージ・ビゾスと比べると、プリンスルーやファンデルヴァルトは明らかに力量不足だった。一流のアフリカーナーの法廷代理人は、ワルスとダービー＝ルイスの申し立てを自分から引き受けようとは決して申し出なかった。どうしてアフリカーナーの法廷代理人は、この二人の右翼よりもフロックや元大統領P・W・ボタを弁護したがるのだろうか？ たぶん二人の右翼はいずれも、それを担当して何か利があるアフリカーナーではないから。

こんなことはエイミー・ビール［アメリカ人留学生］や聖ジェイムズ教会の礼拝者の殺害に対する恩赦申請者［いずれも黒人］には起きなかった。保守党同様にPAC［パンアフリカニスト会議］も、国民党やアフリカ民族会議のようには国家の資金の利用の恩恵を受けられなかった。エイミー・ビール殺害で刑を宣告された若者たちの家族は、一銭の余裕もなかった。にもかかわらず、彼らの恩赦申請は二人の弁護士、ナナ・ゴソとノーマン・アレンゼが引き受けた。二人は「黒人意識運動」やPACの政治方針と若者たちの行為とを非常に説得力のある仕方で関連づけたので、真実和解委員会の主任弁護士であるロビン・ブリンクは、公聴会の最後に二人に祝福の言葉を述べた。

ディルク・クッツェーは暗闇を抜け出て『フライ・ヴィークブラット［自由週報］』に仕事を見つけた。それは、アパルトヘイト政府の急進派に厳しい目と好意の編集方針をもつアフリカーンス語新聞だった。彼は平均的なアフリカーナーではないし、ひどく欺かれた人間の一人でもない。英雄でもない。彼は何が正しいかは必ずしも知らず、むしろ何が間違っているかなら知っているという、当時の私たちのその他大勢と同じような、ただそれだけの人間だった。それに彼は、数年にわたって無視され侮辱されたために、その反動としてパラノイアと精神病質とのはざまに逸れたが、彼が人々の心に重くのしかかることは一度もなかった。どんな理由にしろ、ただの一アフリカーナーにすぎなかったクッツェーは、ある特定の道を進むことに決めた。さらに、そのための代償を支払うことも。

六章　濡れ袋とその他の幻想

ウィリアム・ハリントン巡査の証言

「私はあなた方の前に立っています――ありのままに、謙虚に。私はアパルトヘイトのことで謝るのをやめ、真実を述べることに決めました。このことで私は仲間を裏切り、私自身も裏切ることでしょう。ですが、私は真実を語らなければなりません。私はすでに神と和解したので、今度はクワズールー／ナタール州の人々と和解する機会がやってきました。私自身とも和解する機会が。私の後頭部に取りついているのが、ここにいらっしゃる聴衆です。たぶん、私が暴行を加え、原野に死んだものとして置き去りにした人々が、あなた方の中にいらっしゃるはずです。」

二〇〇人が死亡し、数百軒が焼き払われ、数千の難民が家もないまま見捨てられた、九〇年代初めのピーターマリッツバーグ周辺での「安息日戦争」について、ウィリアム・ハリントン巡査〔注55〕は証言した。二年八カ月の警察隊での短期兵役期間中に、彼は一〇〇〇人以上に暴行を働いたと認めた。これは毎日一人以上という計算になる。

ハリントンは一八歳で、しかも警察訓練所を卒業してからせいぜい一週間で、秘密裏にＡＮＣ〔アフリカ民族会議〕の闘士を狩り出すために送り込まれた。

「リチャードが私に言いました、そばにいるように、と。私はとてもこわかった。われわれはＡＮＣ／ＵＤＦ〔統一民主戦線〕の勢力地区に足を踏み入れた。リックがダリーズを指さしました――彼は先週、ＡＮＣに発砲されていました。われわれが暗い低地に下りると、二〇〇メートル先で合図の笛が鳴り、それが低地にこだました。『やつらはおれたちがここにいるのを知ってやがる』とリックが囁きました。私は走ろうとしたが無理でした。腰のまわりにショットガンとベルトを付けていたし、ポケットから照明弾と銃弾が落ちないように気をつけていたので。」

闇の中で彼らは、発見されないようにひざまづき、舌打ち音で互いに合図し合っている男の一団に出会った。ハリントンの隊は静寂の中に身をかがめて、同じように舌打ちの音をさせながら、より密集して忍び足で進んだ。五メートル先で、だれかが突然叫んだ、「警察だ！」すると、全員があらゆる方向めがけて撃ち始めた。

「それは私の記憶に刻み込まれている映画のようでした。照明弾が焚かれ、人々は撃たれたように慌てふためいた……、逃げまどう動物の群れみたいに。」

この洗礼の後、ハリントンはすばやく習得した。夜、バラクラバ帽〔防寒用の帽子〕で変装して、彼の隊はANCの勢力地区に破壊をまき散らした。彼らは家々を回り、武器を捜索し、インカータ自由党の党員証を見せるよう要求した。もしそれがなければ、家は焼き払われた。「私は車からANCの建物や集団ならおかまいなしに発砲し、IFP〔インカータ自由党〕の上司たちに武器を分配し、党のメンバーと弾薬を運びました。それは死と流血の日々でした。

　それは私の戦争、ANCに対する私の個人的な戦争でした。上官たちが私に言いました、『お前はまるで小さな神のように行動する』と。そして彼らは正しかった。私はまさにやりたいようにやりました。二〇歳のとき、私は巡査として自分自身の選択をしました。私はIFPと手を組みましたが、その日にいたるまでANCがもうテロリストの一団ではないということを私に教える説教や文書、あるいはパンフレットに一度もお目にかかったことなどありませんでした。」

　ハリントンのあこがれの的は、見境のない殺害で悪名高いデオン・テレブランシュ隊長だった。「彼は本当に私の父親のようでした。彼は私の働きに関心を持っていました。いつも私がどうやったかを知りたがっていました。自分には個人的にANCと闘わなければならない理由がある、それはANCが共産主義者だからだ、と彼は私に言いました。決してゴタゴタに巻き込まれないよう私が取り計らってやる、と彼は言いました。」

　しかし、ANCに同情するある新米巡査がテレブランシュを殺害した。

　『安息日戦争』の数日前に、われわれはデオン隊長を埋葬しました。私は何度も泣きました。忘れるために酒を飲みました。悲嘆に暮れました。葬儀で彼の棺を担ぎました——どうすれば彼を愛さずにいられたでしょうか？　ですが、彼がやったことを考えると、私は彼を愛すべきではなかったと思い、それでも心の中で追想すると、その男は私の父だ……、私の愛した男だ、と思ってしまう。」

　それにしても彼の母親は？

「その当時、母は癌で死にかけていました。」

　彼の頰の上の左目の縁から流れるほっそりとした顔のラインをカメラがとらえた。彼はぎこちなく右手をあげて、顔から何気なくカメラの視線を払おうとした。

「私は刑務所で大人になりました。ちょうど二一歳で刑を宣告されました。でも、今現在、私は過去を怖れています。今日ここで、もはや過去を怖れる必要がなくなっても、私は死ぬまで後ろ指をさされ続けるでしょう。私はたった今、警察のモットーである、一人は全員のために、全員は一人のために、にそむきました。私は共に働いたすべての人間を告訴したので、裏切り者として非難されるでしょう——対してあなた方ときたら、あのように闘うときはいつでも、持っているものといったら信頼だけでした。あなた方は生涯にわたって互いに信頼しあっている。対して私ときたら、彼らを裏切った——彼ら全員を。……なのに私は、あなた方に寛容と和解を乞うている。」
ハリントンはその場を離れるや、押さえ切れなくなって泣き出した。すぐに精神医学的な処置を受けるために彼は特別室に連れて行かれた。
ウィリアム・ハリントンには恩赦は与えられなかった。

ヘンドリク・ヨハネス・ペトルス・ボタ巡査の恩赦申請書

「リュックサックにトイレットペーパーが入っているという口実で、ローリーはコンビ〔マイクロバス〕から武器と黒い袋が入った自分のリュックを取り出した。われわれ五人は茂った薮をぬけて、ツゲラ川の岸の空き地まで歩いた。ローリーはリュックを置き、ローリー、〔ムブソ・〕シャラババ、それにチャールズ〔・ンダバ〕が川岸で小便をしている間に、サムと私がそのリュックから二挺の消音銃を取り出した。

その間ローリーは、チャールズとシャラババを川の方を向いてすわらせ、お前たちを北部ナタール州の隠れ家に連行しているところだ、と二人に言った。サムと私は背後から近づき、彼らの後頭部を撃った。彼らが倒れてから、われわれはそれぞれもう一度からだに撃ち込んだ。私がチャールズを撃ち、サムがシャラババを撃った。サムと私が彼らの衣服を剥ぎ、その間ローリーはコンクリートの杭や麻布、ワイヤーを取りに車にもどった。

ローリーはワイヤーを適当な長さに切り、コンクリートの杭をチャールズとシャラババの胸と両脚の上に置いてから、サムは二人を別々に麻布でくるんだ。それから、麻布と杭がずり落ちないようにワイヤーでからだをぐるぐる巻きにした。つぎにローリーと私とで、川岸から川の中へチャールズの死体を投げ込んだ。つぎに私は、サムがシャラババの死体を投げ込むのを手伝った。われわれは黒い袋に衣類を入れた。木々から枝がもぎ取られ、血痕が拭き取られた。一帯が汚れていないか、死体は沈んだか確かめるのにおよそ一時間かかった。」

ダレン・テイラーが行なったラジオ・インタビューからの抜粋

（ローレンス・デュプレシスのインタビュー）

もっとも重要なことは、われわれが育った背景を吟味・考察することです。つまり、そこはわれわれが人格を形成したところだ。私はだれも責めてはいません。でも、人々には物事がちゃんと見えていなかった。……私は思うのですが、それは意図的ではなく、家族の会話から引き継がれる……。自分の良心に従っていればよかったのに、と思います。なぜなら私は本当に持ち合わせていました……、われわれは悪いことをしているという認識を。私自身、そのことを理解することができた……、良心を持ち合わせているなら、だれもが良心の呵責にさいなまれたであろうことを。私は本当に勇気が持ちたかった……、私の信念に従って生きるために。なぜなら七〇年代の間に、私は事態を不快に感じ始めた。私はたびたび同僚に言ったものです。「どうもね、われわれが悪いよ！　あの人たちを虐げているよ。」でも、それが精一杯です。私は言わなければなりません、私には養うべき家族がいた、と……。

（デュプレシスは、元ＳＡＤＦ〔南アフリカ国防軍〕の大佐である。彼の名前は、クラドックの四人〔注45〕を社会から永久追放することを求めた「死の合図」の中に見ることができる。）

（ヘリー・フーホのインタビュー）

マントヒヒを使って、赤ん坊を連れた雌ヒヒを使って、母性愛の強さをテストする実験が行なわれた。……マントヒヒを監禁状態にして、床を熱していく。どれほど母性愛が強いかをテストするために、母ヒヒが赤ん坊を手放すまでどれくらいかかるかをチェックする。……さらに、熱さから逃れるために赤ん坊の上に乗るまでを。ついにマントヒヒは、それ以上我慢できなくなって赤ん坊を手放し、熱さから逃れようと赤ん坊の上に乗った。そしてこれこそが、保安部隊の兵士たちの内部で起きていることだと思います。……赤ん坊、つまり工作員は、時の権力者によって保護されるだろうと正直なところ思っている。でも、時の権力者たち、つまり体制の設計者や立案者たちは、熱さを感じ始めていて、ゆくゆくは……、彼らも赤ん坊を手放す。……だから、工作員はそのことを心しておかなければならない、そんなことがあなたにも起ころうとしているのを。だから、自分を守ることができる唯一の方法は、今進んで名乗り出て、すっかり白状することです。

（フーホは、ナミビアと南アフリカでの陸軍諜報機関の元工作員。）

恥辱が記憶を絞め殺す

以前とは違っていた。犠牲者は自分たちの話を真実和解委員会に語った。別の会場で異なった時間にもう一つの委員会の前で、犯罪者たちが自らの行為を明らかにした。ところが、警察分署長ジェフリー・ベンジエン〔注56〕の恩赦公聴会は、真実と和解の核心部分——犠牲者が犯罪者に直面する——をわしづかみにして、それを白日の下に引き裂いた。

拷問する者とされる者の両刃の関係が、ケープタウンの真実和解委員会の息が詰まりそうな小さなホールで、あの週ほど生き生きと描き出されたことはこれまで一度もなかった。初めのうちは、拷問された者から発せられるボディ・ランゲージは明瞭だった。「他のだれも関係ありません、恩赦委員会も弁護士たちも聴衆も——今日、大事なのは、あなたと私だけです。しかも、私たちは互いに向き合ってすわっています、ちょうど一〇年前のように。あのときと違うのは、私があなたの思いのままにならないこと——あなたは私の思いのままです。ですから、以来ずっと私に取り付いている疑問をあなたに問いかけるつもりです。」

だが、それは言うほど容易ではない。

悪名高い拷問者と彼のえじきとなった者との間の複雑な関係の最初のきざしは、トニー・イェンゲニの話し声だった。下院議員としてイェンゲニの声は、その自信ありげな口調で知られていた――ときに尊大さを帯びるほど。彼がベンジエンと対面するや、それが消し飛んだ。私はすわってノートを取っていた場所から、本当にそれはイェンゲニがしゃべっているのかどうか確かめるために立ち上がらなければならなかった。不思議なことに彼は違って見えた――なぜか声が息苦しくむせていた。ベンジエンに仕返しをする瞬間をつかむ代わりに、イェンゲニはその男を理解したいと思った。

「……いったいどんな人間が……、あんな……、人々に濡れた袋をかぶせるという、そんな方法を用いる……、人間に対して……、繰り返し……、しかも、彼らがうめいたり、泣いたり、あえいだりするのを聞きながら……、しかも、それぞれを死の間際まで連れていって……、あなたはいったいどんな人間でしょう、あれはどんな人間でしょう、あんなことがやれるのは……、いったいどんな人間ならあんなことができるのですか、ベンジエンさん？　……私は今、濡れ袋の後ろにいた男について話している。」

イェンゲニの強い求めに応じて、ベンジエンは濡れ袋の方法を実演した。「私はこの目でそれが見たい」――法廷の正式な手続きを遵守しなくてもよいことにして、恩赦委員会の三人の判事は、その見世物を見逃すことがないよう申し出にすぐに飛びついた。カメラマンが走ってやってきた、自らの幸運を信じることもなく。そして、その丸い体つきの白人が、顔を床に突っ伏した黒人犠牲者の背後にしゃがみ、犠牲者の頭に青い袋をかぶせている光景は、真実和解委員会の活動期間を通じて、もっとも心にのしかかり、心をかき乱すイメージのひとつであり続けるだろう。

しかし、その間、イェンゲニは多大の犠牲を払わなければならなかった。

ベンジエンは机の後ろでそっと相手の方を向いて、国中にすっかり知れ渡っているイェンゲニの政治的経歴を正確な一撃で粉々に打ち砕いた。

「ご記憶にありますか、イェンゲニさん。三〇分もしないうちにあなたがジェニファー・シュレイナーを裏切ったことを？　ハイウェイでわれわれに、ボンガニ・ヨナスを指さしたのを憶えておられますか？」

すると、イェンゲニはその場にへたり込んだ――あたかもこの男にそれをすべて話してくれるよう乞うように、まるで裏切るか怖じ気づくことが、この男を前にして自分にできる唯一道理にかなうことでもあるかのように。

まったく別種の和解の精神

「特別な関係」が、ベンジエンが言うには、彼とアシュリー・フォーブスとの間に存在した。フォーブスは上唇を噛んで、明らかに自分を地獄の数カ月に追いやり、自殺にまで追い詰めた行為をベンジエンに認めさせようとした。
ベンジエン　私があなたを特別よく憶えているのは、数週間あなたを監禁した後、私たち二人は実際のところ、とても親密になったと思うからです。……私は間違っているかもしれませんが、ある点で比較的よい仲だったと言わせてもらいたい。……私はあなたを、あの最初の日に虐待した。……その一方で私はあなたを旅に連れ出した。……もっとも、私はこれを軽薄にしゃべっているつもりはない。……あなたはもっぱらケンタッキー・フライドチキンばかり食べていたと言ったし、……それから私たちは西部トランスヴァールに行き、そこであなたは武器の隠し場所を教えてくれた……。あなたが生まれて初めて雪を見たときのことを憶えていますか……、N1のそばの雪の中で起きたこと……、それとコレスベルフへの旅、あなたがわたしとどうやってバーベキューをやったか?
フォーブス　あなたが私を逮捕したいわば記念として、毎月一六日に私を拷問したというのは本当ですか?
ベンジエン　和解の精神からいうと、あなたは間違っておられる……。
フォーブス　別の折に、私はカーペットにくるまれた……。服を脱がされ、濡れ袋の方法が私に用いられた……。あなたは私の鼻の穴に両親指を突っ込んで、鼻から血が出るまでそこを引き裂いて、鼻をつぶすつもりだと言ったのを憶えていますか?
ベンジエン　あなたが鼻血を出したのは知っています。でもそれは、私があなたに与えた平手打ちのせいだと思っていました。

ベンジエンは日曜日にはいつも果物を差し入れ、とても大きなリスクを犯して西部劇もの――フォーブスのもっともお気に入りの読み物――を独房にこっそり持ち込んだことをフォーブスに思い出させた。雪と果物のイメージが、保護者と弱き者の関係に溶け込んだ――その融合の中で二人は、幻想と悪夢を現実化することができた。フォーブスがアナルセックスを口にしたとき、ベンジエンは賛成しかねる様子で唇をすぼめた。「私はそれを認めないし、あなたがそれを口にしたことにとても失望しています。」

その間ずっとアシュリー・フォーブスの妻は、夫の拷問者の後ろの列にすわっていた。その朝彼女が自分に優しくあいさつをしてくれたことに言及したとき、ベンジエンは感激で打ち震えた。

拷問者の成功は、人間の精神についての彼の内密な知見によっている。ベンジエンは玄人《くろうと》だった。彼は最初の数瞬で犠牲者のほとんどを巧みに操って、二人の以前の関係における役回りへと誘導した――そこでは彼が権力を持ち、犠牲者たちは脆弱である。彼は恩赦公聴会の間、それをうまくやりとげるために種々のテクニックを用いた。彼は三日間、同じグレイのスーツにネクタイ姿で、独りですわっていた。記者会見の後、犠牲者たちは言った、こんなに孤独な彼を見る運命になるなんて、なんと不思議なことか、と。彼はたえず水を口にした。彼はとても憎まれていたので、以前、自分の子どもたちが警察によってどのように護衛されなければならなかったか話した。その子どもたちが、建物への火炎ビン攻撃に備えて風呂場に濡れ毛布が用意されていたのをいかにして知ったかを。ベンジエンは自分の犠牲者たちの暗号名を犠牲者たちがまさに言った通りに憶えていたが、それらは特有のわざとらしいものだった。ベンジエンが全国民から恐れられていたことをこれらのことすべてが裏付けた。彼は三〇分足らずで欲しい情報を入手することができた。

「ショッピングセンターに仕掛けられる爆弾に関して、ケープタウンはジョハネスバーグやプレトリア、ダーバンと同じくらい起こりうる可能性がありました。ですが私は、はばかりながら委員長殿、上首尾に任務を遂行しました。」

真実があばく別種の真実

ガリー・クルーザーは現在は警察部長で、VIP警備部署で指揮を執っている。手際よく専門的に彼はベンジエンに質問した。「あなたが私を逮捕した後、何がありましたか?」

「私はあなたを逮捕してはいませんが」とベンジエンは答えた。「たぶん、あなたは私を混同していらっしゃる。」

クルーザーがきっぱりと言った。「私はあなたを知っています。あなたを!」

しかし、ベンジエンは憶えていなかった。

クルーザー　あなたとホーセンが移動中ずっとコンビの中で私に暴行を働いたのは本当ではないと……、あなたが私の頭の上にすわったのは……、映画館の外で私を逮捕した後に?

ベンジエン　その逮捕を思い出せない、……しかし、われわれがコンビの中であなたに暴行を働いたと言われるのであれば、われわれがやったと十中八九認めましょう。……どんなことをしたかは知りません、でも……。

クルーザー　クレムボルフに到着するや、あなたが私を吊るし上げたのを憶えていますか?

ベンジエン　あなたを吊るし上げた!「吊るし上げる」とあなたが言われるのは、窓の鉄格子にあなたを手錠でつないだことですか?

クルーザー　そうです……、それで私の足は地面から離れ、それから腹をなぐられ……。

そのうちクルーザーは取り乱した。ベンジエンの飛び出ている目は、今では自分の上司であるその男が泣いているのを気づかっているように見える。事の全体を考慮すると、ベンジエンの表情はこう言っているようだった——あなたに起きたことはそれほどひどくはないようだ、と。

しかし、クルーザーにしてみれば心身両面で理解できなかった。彼の人生をほぼ破壊してしまったこの経験が、ベンジエンの記憶には取るに足らないほどの痕跡さえ残していなかったことに。

クルーザー　(強ばった声で)　かつて私から情報を引き出したことは？

ベンジエン　(きっぱりと)　ありません！

クルーザー　私が原因でだれかが逮捕されたことは？

ベンジエン　ありません！

そのあとクルーザーはきちんとすわり直した——公聴会が始まる前にすわっていたように。

ベンジエンの後ろには彼の拷問の犠牲者たちがすわっていた——友情と裏切りで一列に繋がれて。イェンゲニはヨナスを敵に売り、ヨナスはアルバムの中の人物を指さし、ピーター・ヤコブはフォーブスを売り、フォーブスは隠し場所を教え、ヤシル・ヘンリーはアントン・フランシュを裏切った。休憩時間中、彼らは痛ましい真実の勝利と恥辱を胸に、いっしょに廊下に立っていた。皆がその場から離れていくとき、ベンジエンは両手できつくアシュリー・フォーブスの手をつかんだ。フォーブスは薄い口ひげの下で恥ずかしげに笑みを浮かべた。

だれが、何のために、どんな真実を証言するのか

警察分署長ジェフ・ベンジエンの最初の拷問の犠牲者ピーター・ヤコブは、恩赦委員会にすべてを包み隠さず述べていないとして、ベンジエンを非難した。ヤコブ——現国家犯罪情報局長——は言う。ベンジエンは、反対尋問の中で彼のかつての犠牲者から出た情報に従って、その他の拷問方法についての事実をただ認めたにすぎない、と。アンキー・サミュエル〔本書の著者の結婚後の名前〕は以下のように報じた。

ベンジエンは洗いざらい述べなかった、とピーター・ヤコブは言う。反対尋問の間、ベンジエンは、鼻、耳、性器、直腸に電気装置をつけてヤコブにショックを与えたことを認めた。さらにベンジエンは、ヤコブに、彼が午後まで尋問されていたという印象を植え付けるために、巡査たちが自分たちの時計の針を進めるという、いわゆる「時間のごまかし」について説明した。巡査たちが拷問は次の日も続くだろうとヤコブに告げると、彼はすすんでアシュリー・フォーブスが身を隠している場所を教えた、とベンジエンは語った。ヤコブは、フォーブスが午後までには出かけるだろうことを知っていた。ベンジエンはさらに、ヤコブに次のように言ったことも認めた。「私が望むだけ何度でもお前を死の寸前まで連れてってやろう。」(アンキー・サミュエル、SABC〔南アフリカ放送協会〕ラジオ・ニュース、ケープタウン、音声記事からの転写。)

「ぶどうのカーテンの向うに」サンディル・ディケニ執筆
(『ケープタイムズ』紙より)

さらに、トニー・イェンゲニに対する拷問は続いた。空気を与えず、肺を酸欠にするビニール袋で窒息させられたので、イェンゲニは三〇分足らずでベンジエンの手の内に落ちた。ベンジエンの記憶では、自由の闘士であり反アパルトヘイトの活動家であるイェンゲニは、一匹の弱虫であり、たやすく落ちる男だった……。

私は、もはやこのようなコラムを書くことはないだろうとかつて言った。しかし、私たちの一部がイェンゲニを主義・主張に対する反逆者、裏切り者、詐欺師と見なすことで、イェンゲニへの拷問は依然続いている。その一方で、信頼と運命が多少ばかげた形で捩じれたために、彼の拷問者が英雄に、真実の啓示者に、それについてすべてを告げ知らせた勇者になっている。

私の見解からすると、トニー・イェンゲニは依然として英雄のままである。イェンゲニは、ANCに関するある問題点が、そのメンバーを拷問した者たちによって、もっとも辱められ、面目を失うやり方で暴露されるかもしれないことに気づいていたのに、ANCの他の大勢の幹部たちと一緒にTRC〔真実和解委員会〕を支持した。私の見解では、ググレツ〔ケープタウン近郊の黒人居住区〕のイェンゲニは、不安定な現在の真只中にあって依然として私に希望を与えてくれる人々の一人である。

しかも、ベンジエンだけでなく私たちの多くも彼に謝らなければならない。

そして今、イェンゲニを見るたびに、ほかならぬ血を私は見る、ベンジエンの手やアパルトヘイト国家の上に流された彼自身の血を。私は血を見る。イェンゲニの友人や仲間の血は、アパルトヘイトの英雄たちの手で彼らの肺臓から搾り出され、吸い出された――拷問者が言うところの臨床的に正確な「詳細にわたる証言」によると、四〇分足らずで。

私は、このようなコラムはもはや二度と書くことはないだろうとかつて言った。

私は間違っていた。

嘘と記憶喪失のはざまで

恩赦委員会は初めて心理学者を召喚し、反対尋問をした。警察分署長ジェフリー・ベンジエンの性格の心理学的諸相について証言したリア・コッツェは、ベンジエンが神経衰弱に陥った一九九四年以来、彼のカウンセリングをしてきた。当初コッツェはベンジエンの妻の鬱病を治療していたが、ベンジエンが発病してからは、彼の治療も受け持つようになった。彼女はベンジエンの症状を、幻聴と診断した。

私は彼女の意見陳述の後、彼女に質問に行った。「幻聴」とは具体的には何をさしているのですか?

「彼はさまざまな声を聞いたということで、それ以上は申し上げられません。ベンジエンが私に、それだけは話さないよう頼んだのです。」

「でも、それはなぜ？」

「もう彼にとっては過ぎ去ったことにすぎません――この些細な病気は――彼のプライドがそれを口にするのを許さないのです。」

そのときベンジエンが喫煙休憩で出てきたので、私は彼に先ほどの専門用語について尋ねた。

「自分が血迷っていたということ以外、申し上げられません。」彼はふるえながらタバコを吸った。

「ところで、訴えかける声ですか、耳慣れない声、それとも聞き慣れた声？……」

彼は立ち去りながら呟いた。「放っといてくれ……、ちくしょう、ひとりっきりにしてくれ。」

ベンジエンが経験していたことのもっとも明瞭な説明が、コッツェの証言からもたらされた。彼女が言うには、ある晩、ベンジエンがベランダにすわってタバコを吸っていたら、幻覚に襲われた――突然泣き出すほど強烈で、リアルだった。彼の妻がコッツェを呼んで言った。どこか具合が悪いのと聞くと、彼は言い続けた――「言えない、恥ずかしすぎる」と。ベンジエンは耐え難いほどの自己嫌悪に苦しんでいる、とコッツェは言う。

恩赦委員会はコッツェの出頭の機会をとらえて、記憶喪失の問題を検討した。何人かの犯罪者はある事柄を憶えていないと主張するので、本当に心的外傷《トラウマ》をこうむったのかどうか、あるいは、彼らが故意に情報を隠しているのですべてを打ち明けるという恩赦の必要条件を満たせないのかどうか、委員会にははっきりとした確信はなかった。

犠牲者たちの法廷代理人によって提起された最初の問題は、心的外傷後ストレスに関する教科書的な定義だった。それによると、そうしたストレスは犠牲者だけが経験するとされている。そのうえ、犠牲者の根本的な特性は、無力感や強度の不安感、非力感である。よもやベンジエンが犠牲者に分類されるなんて？

（この定義に誤りがないなら、委員たちや弁護士、意見陳述に応じた者たち、ジャーナリストたちは全員、なぜ心理学的治療を受けているのだろうか？）

ベンジエンは非人間的な労働条件の犠牲者だ、とコッツェは言う。彼は殺人・強盗課では有能な警察官だったし、しかも公安課に転属されるほど優秀だったし、自分に対する期待に応えるためにこれらの拷問方法を考案しなければならなかった。それが彼のすべての感覚を破壊した。

どうしてベンジエンは憶えていない瞬間について語ることができ、何も起こらなかった次の瞬間を強調するのか、恩赦委員会は知りたかった。忘却と確信が同時に存在しうるのだろうか？

この問題のいっさいが、ロビン・ブリンク主任弁護士が

「不快な魔法のほうきの挿話」と評した事柄に集中した。ウェスタンケープ州の有名なMK〔ウムコント・ウェ・シズウェの略称。アフリカ民族会議の軍事部門「民族の槍」のこと〕のメンバーであるニクラ・ペドロは、MKの同志と会うことになっていたレソトへ向かう途中で逮捕された。その同志たちの名前は、彼が国境を越えてから開けることになっていた手紙の中に書かれていた。彼は逮捕されると、公安警察に手紙は呑み込んだ、と言った。だが、「私は嘘を言った」とペドロは言う。ベンジエンはそのとき彼を別室に連れて行き、新聞紙を広げて彼に排便するよう命じた。それから、この国民的に有名な拷問者は外科用の手袋をはめて、新聞紙の上にどんなものが出てこようともやるだけのことはやり終えた。だが、何も見つけられなかったので、彼はペドロの肛門に指を押し入れた。つぎに彼は魔法のほうきをつかんでペドロに言った。「おれは手紙を見つけてやる、たとえおれがきさまの腹へ駆け上がってもだ。」

ペドロはちょうどアルコール中毒患者の施設から解放されたばかりで、恩赦委員会に出頭して、涙ながらに証言した。ベンジエンは魔法のほうきを用いたことを断固否定した。その主張がなされたとき、彼はとてもショックを受けているように見えた。彼はそれを繰り返し何度も否定した。

記憶を復元すること、それを美しく飾ることは人間のありふれた特性だ、と心理学者は言う。ほとんどの人がそうしている。ところで、三種類の記憶喪失があるらしい。一つは故意になされるもの――おどされていたり、その事実とともに生きるのに耐えかねて、記憶を変えてしまう。二つ目は故意ではないもの――何かがあまりにも精神的にショックを与えたので、それが記憶に穴をあけ、ちょうどその前後に起きたことや事件を思い出すことができない。さて、記憶喪失の三つ目がさらにあり、しかもそれは人前で証言しているときに起こる。コッツェは言う、ベンジエンの精神的なストレスの程度は、証言しなければならないということと、妻子のいる人生の残りにそれがどのように影響を及ぼすかという不安によってひどくこじれ、通常よりいっそう思い出せないことは大いにありうる、と。

嘘と記憶喪失をどのように見分けるのか？

ゆっくりと、まるで自分自身に語りかけるようにコッツェは言った。「私の患者に関しては、そこには、ある意味では嘘はない――すべてが結びつき、反応し合い、真実を利用し合う……。」

七章　二人の女性――それを異なった言葉づかいで聞いてみよう

エルシー・ギシの証言

クリスマスの翌日。私たちは白いスカーフをまとったこの連中、自警団の一隊と、取り締まっている他の連中を目にしました。

帰宅すると多くの白人がいるのが見え、彼らは私の家のドアを蹴り、それを蹴破って中に入った。私はその日、もう少しで死ぬところでした。彼らは撃ちそこなった――私の額を撃ちそこなった。別の兵士が近づいてきて――車の上にすわったまま私にねらいをつけた。私がドアを開けようとすると、彼は私を撃ち始めた。ところで、その銃弾はまるで丸薬のようだったし、黒かった。それから私は隣の家に入り込んで、子どもたちがどうやって耐えているか、あれこれ思いめぐらしました。

その間、ンダマナじいさんはとても年取っていたので、逃げることができませんでした。彼は家の上に石を投げてから叫んだ。「ああ！　なんであいつらはあんなふうにジャクソンを殺そうとするんだ！」彼らは私の夫ジャクソンを殺してから、庭に彼を放り投げた。白いスカーフをしたこの連中が家の中に入ってきました。

ところで、この連中が入ってきたので、女性の一人がひざまずいて祈りました。何軒かが燃えていました。至る所に白人がいて、発砲していました。私たちはそれを耳にしました、彼らが洗面所に入ろうとしているのを――ああ大変だ！――なので私はドアを閉めた。弾が洗面所に撃ち込まれるのが聞こえたし、だれかがドアをたたいたし、子どもの一人が言いました、「ママ、出て来て、逃げるのよ、父さんが来て呼んでるわよ。」

おそらくそれが夫が口をきいた最後だと思います。白いスカーフの連中が彼を斧で一撃し、家々は燃えていて、そこらじゅう火の海でした。至る所で弾が飛び交い、そこでいったい何が起きているのか皆目わかりませんでした。午後四時ごろ、みんなもう死んだと思いました。とても暗くてけむっていました。さて、見たところ、彼らはいなくなっていました、四時ごろには。私たちは死体を踏んづけて歩いた、たくさんの死体がありました。子どもの死体のいくつかは燃えていました。彼らが私を囚人護送車に収容したとき、護送車はすでに人でいっぱいでした。私はタイガーバーグに連れて行かれました。

私の一五歳の息子ボニシレは姉妹といっしょに逃げました。子どもらは帰り着くと、父親がすでに死にかけているのを見つけました。彼らは泣きました。その日生き残った人の何人かが私の家にやってきて、それからその人たちが夫を担ぎ上げました。夫は──彼は自分の息子の頭の上に乗せられていました……。この子も同じく全身血だらけで、呼び続けた──「父さん、ぼくが見える、ぼくが見える？　父さん、ぼくが見える？」でも、私は聞きました、彼らがコンラディ病院に着いたときか、コンラディに行く途中の道で夫は死んだ、と。

……私の中のこれらの銃弾は鋼鉄の棘みたいです……。

葬儀屋が死体安置所に私たちを連れて行きました。私は夫を見ました、長女といっしょに。私たちがそこに着いたとき、彼の目は垂れ下がっていて、からだじゅうに死斑が、黒いしみが出ているのが見えました。そのうえ、彼の頭に大きな傷、斧による深い傷口が見えました。

私はいまだに病気です。……両足は腐ってるし、両手もすっかり腐ってるし、体調はおかしいし、よく眠れないし。時折、眠ろうとすると、この錠剤を飲むまで私の頭から何かが蒸発していくような気がして、そのあと少しよくなる。すべてこれも私のからだの中の銃弾のせいです。

息子のボニシレは、自分のからだに父親の血を浴びたので、それから二度と正気に戻ることなく、精神に異常をきたしたままです。

ゴボド＝マディキゼラ　あなたの息子さんは、六学年の試験をA、B、C評価で合格しています。……詳細はわかりませんが、この修了証から判断して、彼は成績優秀だったと思われます。ちょうど父親の恐ろしい姿を見る前は、優秀な息子さんだったようですね。どうもありがとう、ママ、私が今、あなたをお連れしましょう。

キングウィリアムズタウンのゴルフクラブ襲撃に関するベス・サベージの証言

クリスマスパーティの席でした。……突然、何か爆竹のような音に気づきました。ローダ・マクドナルドが両腕をうしろに投げ出して死に、さらにイアンがまったく同じことになったのを私は見ました。私は何が起きているのか見るために入口の方を振り向くと、頭にバラクラバ帽〔防寒用の帽子〕をかぶった男がそこにいました──深くかぶってではなく──自動小銃AK47〔開発者ミハイル・カラシニコフの名をとって単にカラシニコフとも呼ばれる〕を手にして、そして私は即座に「なんてこった、テロリストの攻撃だ！」と考えました。その後、私は気を失い、ブルームフォンテインに向かうヘリコプターに乗っていたときまで、他のことは何も憶えていません。ヘリコプターの中でだれかが私に、「あなたはテロリストの攻撃に遭われ、われわれが集中治療室まで護送中です」と言うのに気づくまで。

私が意識を取り戻した次の瞬間は、実際に集中治療室の中で、まわりにいる家族や友人に気づきました。そして、私にとって集中治療室でもっとも恐ろしい経験は、毎夕、たそがれ時になると、この男が窓のところに現われたことでした。私は最初、護衛だろうと思いました。私の身体中いたるところに管が施されていたので、私は筆談以外では家族と意思疎通ができませんでした。だから彼が現れると、家族に書いて伝えました、「窓から男を連れ去ってくれるよう、どうか護衛の人に伝えてくれ」と。

結局、私の長女がとても賢くて、およそ二週間後に……、長女が容疑者の一人の写真を持って来ました。……しかもそれは……、窓のところのこの顔……、しかもそれがAK47を持って入口に立っていた例の男性でした。……それは実際のところ、私にとっては効果抜群の治療になった。なにしろ、突然彼の正体がわかったし、集中治療室の幻がだれなのかわかったので。

私は集中治療室で一カ月すごしました。それはとても精神的にショックで、再び歩行訓練を受けなければなりませんでした。私は家に帰りました。子どもたちは信じられない様子で、だれが私を入浴させたり、服を着替えさせたり、私に食事を食べさせたりするかで彼らはよく張り合ったものです。彼ら抜きで私にそもそもそれがやれたかどうかわかりません。私は心臓切開手術を受けました――大動脈に欠陥があり、実際に呼吸が止まりました。それに大腸の半分も切除しました。私には実際に腹部にとても醜い傷痕があり、親指は榴散弾によって損傷している。私の体には今もってその破片が入っていますが、それにしたところで、空港を通過するときに警報が鳴って人生を興奮させるのが精一杯。さらにひざにも傷がある。ところで、おおむね私に言えるのは、それらすべての精神的なショックを切り抜けて、私は正直なところ、恵まれていると感じています。それが実際、私にとっては人生を豊かにする経験であり、成長曲線でもあると思うし、たぶん心的外傷《トラウマ》をこうむっただろう他の人々とつき合う能力をそれが私に与えてくれたとも思っています。

ところで、私が入院中、ANC〔アフリカ民族会議〕のメンバーたちが、私がどんな具合か見るためにひょいっと入ってきて訪ねてくれたのには、実際とても感動しました。それはとても感動的だったし、それにもちろんブルームフォンテインも実は全世界もメッセージを発信したし、要するに私はすっかり甘えていました。

八章　罪はおのれの全責任とともに揺れ動く

三月の最初の月曜日の午後六時一五分前。恩赦委員会はすでに休廷。プレトリア市営ビルのひっそりとした一角で、ラジオチームだけがまだ働いている。私は報道用の記事を手にしていたが、心は依然活発に働いていた。物語とはいったい何か、をめぐって。一九八七年一一月の、警察官リチャード・ムタセとその妻の殺害についての二つの異なった説明が、恩赦申請者によって今日、委員会に持ち出された。ロラン・バルト〔フランスの文芸評論家〕は言っている。「物語は指し示せない、ほのめかせない……。〔その〕役目は説明することではない、それは見世物《スペクタクル》を構成する。」ムタセ殺害についての話は、真実ではなく、出来事の単なる見世物にすぎないということを、これは意味しているのだろうか？　しかも、その出来事にはひょっとすると恩赦が与えられるかも？

ムタセ夫妻殺害に関する警察分署長ジャック・ヘフターの説明

建物から少し離れたところで、われわれは車から下りました。目立たない服とバラクラバ帽を身に着けて。ママセラ〔注53〕のバラクラバ帽は頭を覆わずに、ずり落ちていました。彼はムタセの家の玄関をノックして、リチャードがいるかどうか尋ねた。われわれは家の角近くに立って、聞いていました。リチャードの妻が彼の帰りを待っている、とママセラがわれわれに告げたので、われわれは中で彼の帰りを待つことにした。ママセラがもう一度、玄関をノックした。夫人がドアを開けるや、ママセラは銃を突き付けて彼女を奥の部屋に押し込んだ。彼の役目は、彼女がわれわれを見ないように、遠ざけておくことでした。部屋の明かりは消したが、だれかがそこにいるように思えるよう、テレビはそのままつけておきました。われわれはそれから、長椅子の背後に隠れた。続いて、車が到着した、彼のマツダだった。彼は玄関まで来て、鍵がかかっているのに気づいた。鍵を開けようとガチャガチャやっていると き、われわれは彼を家の中に引っぱり込んだ。彼はすぐに災難だと気づいた。彼は激しく抵抗し――トラのように闘い、気違いみたいにわめいた。言うことをきかせるために、私は彼の首を絞め始めました――。

私はテープレコーダーのスイッチを切った――これほどうわべの興味をそそるような、こんなふうに語られた言葉を、私はこれまで耳にしたことがあるだろうか？　ずっと歯をかみしめたままヘフターはしゃべる。たとえば「Ek het hom gewurg…〔彼を窒息させた……〕」と。ところで、〃r〃の発音は舌を半分しか巻いていないし、他よりちょっと長いだけであっさりしているし、ほんのこすれる感じの〃g〃の発音は喉につっかえている。

――そして、ファンヒューレンが枕で顔を覆って、彼を窒息させた。彼はつぎに、自分の自動小銃AK47で四発撃った――枕で音を消して。ルーツもその場にいて、腕に押し当てていたAK47の台尻を私にあやまってぶつけた。「出て来い！ それからわれわれは、ママセラを呼びました。「出て来い！ もうすんだ」と。われわれが外へ出たちょうどそのとき、家の中から一発の銃声が聞こえました。ママセラがやって来たので、何を撃ったんだと聞きました。彼は言いました、顔を知られたので女を殺した、と。後になって初めて、家に子どもが一人いたことを聞きました。

ヘッドホンをつけ、両目を閉じて、アンジーは録音抜粋テープを編集している。どこかで何かが玄関の呼び鈴のように鳴ったが、ホテル滞在者になって以来、私たちはそんなことには注意を払わなくなった。突然、彼女がヘッドホンをはずして、鼻をしかめた。「何か燃えてる。目を閉じると嗅覚が敏感になるの。」

私はメディア・ルームを出て、廊下を下りた。目くばせをしながら、肖像画の中の私の先祖の一人の横を通り過ぎる。クロッホ執政官は――ずんぐりとして、首が毛深くて、壁にかかった金の房の額縁に収まって。それから、廊下の下の隅のあたりで煙がものすごい流れとなってうねっているのを見た。私は走ってもどった。「廊下の突き当たりが火事よ！」アンジーは落ち着き払って仕事を続けている。私はエレベーターへと走った、何かが燃えている、と警備員に知らせに行くために。ドアが閉まるや、火災の際にはエレベーターを使わないようにという、再三の注意を思い出した。遅すぎた。エレベーターはすでに降下中だった。冷や汗が出た。私は何かを恐れたことはなかったが、いつもばかで、とんまで、まぬけだった！「SABC〔南アフリカ放送協会〕きってのてきぱき屋のクロッホさん！」同僚の一人が、後でこんなふうにからかった。ドアがやっと地階で開くや、一面、白い煙に厚く覆われた。

「出てください、なんて愚かな人だ――建物全体が火事だっていうのに！」警備員の一人がエレベーターから私を引っぱり出しながら、声を張り上げた。

「それはそうと、同僚がまだ三階で働いてるの。」私は咳をしてから、階段に向かって走った。

「消防隊が救助する……。」だが、私たちはふたりとも階段を駆け上がった。

上階で――何を運び出し、何を置いていくのか？ 火はすぐに鎮火するのは間違いないと思ったので、ノート型パソコン、テープレコーダー、ノートブック、買ったばかりのタバコーカートンとワイン・ガム一包みは置いていった。私たちは自分のバッグと携帯電話を持ち出した。外ではサイレンが鳴り響いた。広い範囲に白、灰色、黒の煙を見たが、炎は見えなかった。

歩道で私は、ムタセ夫妻殺害を物語化した話を含むアフリカーンス語の小説をバッグから取り出した。著者ジョン・マイルズは、小説『暗殺者の記録』を、ムタセの弁護士が彼に提供した資料に基づいて書いた。

同じくジョン・マイルズの説明

(玄関先で、彼はまんまと罠にはまった。翌朝、持ち帰り用の食品の包みが、半開き状態の彼の車のドアのすぐそばに落ちていた。)

彼はうしろ手に玄関のドアを閉めた。部屋の明かりのスイッチをつけても、カチッと音がしただけだった。もっとも重要なことを彼は思い描いた――長椅子のうしろに行って、そこに隠してあるピストルを手にしなければならない、と。

だが、彼の頭が左にちらっと動いた瞬間、彼は長椅子の向うに倒れ込んだ。それが最初の軽い一撃だった。何者かが彼の両肩をはがいじめにし、何者かが両腿を抱きかかえた。彼らは激しくもみあった。彼は蹴飛ばし、標的を見つけたと思った。彼は口をふさいでいる指に噛み付いた……。目が！　彼はやばいと思った、何かが目の中に深くくい込んできたので……。命運が尽きた。相手が多すぎる。彼らが襲いかかってきた。目が！　自分の聞こえない耳と同じ側だ。ちくしょう、やつらは私を片輪にしようとしている。

聞こえた……、笑い声だろうか？　すえた汗の臭いだ、と彼は思った。それなら、なんとよく知っていることか！　すえた人間の汗の臭いが、制服にしみこんでいる。制服にしみこんだ汗。だれもそれを忘れたりなどしない。

「彼はキッチンの、新品のストーブの前に倒れていました。顔は真っ黒で、そんなに汚れた彼を今まで見たことがなかったし、それに彼の顔――顔の左側に――べとついた床の上の頭のうしろに、大きな穴があいていた。彼らは消音に枕を使った……、枕を彼の頭に押し付けて銃を発射したので、一面羽毛だらけだった。しかも、なんというめちゃくちゃ！　まるで竜巻が家を通過していったみたいだった。何もかにもが壊され、テレビやキッチンの食器棚や椅子は修復不可能、新品のストーブ以外何もかも。」

マイルズが提供している『ソウェタン』紙の説明

元ボプタツワナ・ホームランド〔黒人居留地〕の警察官と、看護婦長でもある彼の妻は、月曜日の夜、ハマンスクラールの近くのテンバ黒人居住区の自宅で、銃で撃たれて死亡した。……彼らの六歳の息子ツィディソは（……）、無傷で、家の中で夜通し一人で泣いていた。言うまでもなく、両親の死体をどうしてよいかわかろうはずはなかった。……近所の人たちは、夜、銃声を聞いたが、いかなる注意も払わなかったと言う。発砲の後、三人の男が青のコンビで現場を去っていくのが目撃された。

私は歩道から携帯電話で、時事問題番組プロデューサーに電話をした。「リチャードとアイリーン・ムタセ殺害に関する明日の通常番組に追われているところ。」

「要点を教えてくれない、その人たちって何者？」

「ムタセは白人の上役に暴行された――鼓膜が破れるほど。彼は法務・公安大臣だけでなく、その上役にも賠償を求めたので、そのあとすぐに彼と妻は殺害された。できたら、明日の番組に、作家のジョン・マイルズを加えるといいかも。彼はその事件について一冊の本を書いていて、ムタセの話の中に、アパルトヘイト時代の普通の人々の、正義に対する要求の典型を見ている。」

「こっちは、いつその番組用のテープがもらえるの？」

「ちょうど今、市営ビルの正面前の歩道にすわってるの。どこかで火事があったものだから、避難させられて。」

「一休みしてタバコにしたら。」プロデューサーが笑った。「すると、もしかして、あんたの報告の最後の部分は火事についてかしら。」

いや本当に、火事が記事解説よりも重要になってきた。一時間以内に、市営ビルのまわりが、プレトリア史上でもっとも大きな消火活動の一つが行なわれる現場へと変じた。しかも火事が、くすぶりから燃え盛る炎へと成長して、階から階へと飛び移っている最中、私たちは携帯電話でニュース番組に逐一、火事の様子を伝えた。

私は、恩赦委員会の証人喚問責任者に電話をした。「五人の警察官が出頭中のビルが、現在火事です。」

電話の向こうは無言だった。「もう一度言ってくれないかね？」

私は同じことを繰り返した。「サイレンの音が聞こえませんか？」

彼は狂ったように笑い出した。

ヘフターとファンヒューレンは、今日、それぞれ各自の話を語った。そして彼らの話も物語群の仲間入りをした。黒人居住区の噂話や文学作品、真実和解委員会での証言や新聞報道などと共に……。殺人事件は粘土だ。政治的風潮や恩赦の条件、ツィディソ・ムタセと彼の祖母、それに弁護士たちの存在――これらすべてが粘土をこね、形を作り出す手だ。このように、現実には二種類の話が存在する――表面上の話とその下に隠れた話、それらの母型、何を捨て、何を使い、それをどう用いるかを決定する推進力。そして、その力の中心に恩赦の条件がある。今日、それらが、だれが命令を下したかについて長い説明をさせた――政治的な動機の背景を作り出すために。さらに、殺害についての残忍でより詳細な説明が行なわれた——包み隠さず証言をしたという印象を作り出すために。

たしかに証言者たちは、一方では法律家チーム〔恩赦委員会の三人の判事のこと〕に好印象を与えるに十分な詳細さを提供しつつ、ムタセの家族のためにはおぞましい細部の説明を避けるという、その中間の微妙な路を進んだ。にもかかわらず、アイリーン・ムタセの母親は、ムタセが殺された後、彼の耳から何か白いものがどのように出てきたかを生き生きと描写してから、ファンヒューレンとヘフターを見据えた。

だが、目に見えない聴衆も存在する。どこかにその兆しがうかがえる想像上の聴衆——証言者たちの家族や仲間、そして新政府。しかも、いずれの聴衆も真実の観点から話を解釈する。ゆえに、話すことは決して中立ではなく、しかも、選択と配列の仕方がその解釈を決定しようとする。

消防士がトラック数台に分乗して到着した。重い防火服に身を包んで私たちのそばを一列で通り過ぎた——その多くがやっと二〇歳といったところか。外からは、高価な中継用や音響用、テレビ用機材を備えたメディア・ルームに火が回ったようには見えなかった。

アンジーと私は、傍らに呼ばれた。国家情報局員だった。彼らは、恩赦委員会の記録文書を保護する命令を帯びている。彼らは、私たち二人が真実和解委員会の職員だと教えられたので、文書がどこにあるか知っているか、と尋ねた。私たちはバツの悪い顔をして互いを見つめた。ある晩、遅くまで働いていたとき、私は紅茶かコーヒーを手に入れるために探索に出かけた。最初に開いていた部屋が恩赦委員会の判事たちの部屋で——つまり、ほかならぬ記録文書の収納ケースがあったってわけ。私はそれらをじっくりと探査した。壁によりかかって戸棚の列があった。その中にはマル秘扱いの恩赦申請書の山があったが、その一つに私は、紅茶とコーヒー、それにホワイトチョコレートをまぶした美味しいクッキーを見つけた。

「私たちはラジオ局の者で、真実和解委員会の者ではありません。」私たちは呟いた。「それはそうと、記録文書は三階です、廊下をそのまま行って三つ目の部屋の、入口から二番目、三番目、四番目の戸棚に入っています。」

ポール・ファンヒューレンの説明

とても騒々しかった、彼はものすごくぎゃあぎゃあわめいた。それから……、私とヘフター署長は……（ため息をつく）、ものも言わずにいっしょに仕事をした。めいめいわかっていました、自分がしなければならないことは……。

私はあなた方に、ただ説明できるだけです、作戦のあの段階では……、時間が重要な要素であり、人は何も考えずにただ行動する、と……。あの夜、夫人がママセラを見たかどうか、われわれは検討しなかった。それについて考慮しなかったことはわれわれの間違いだったし、本来ならそれについて考慮すべきだった。ただ、ヘフター署長と奥さんがあの当時、離婚協議中だったのを私は知っていたので、お互いプレッシャーをかけたくなかった。

リチャード・ムタセと格闘したあと、ヘフター署長が彼の頭に枕をかぶせて、私がAK47で四発撃ち、ルーツ署長とヘフター署長は玄関から出ていった。……それに、ヘフター署長が私に、ママセラを呼びにいくよう言ったかどうかは憶えていません。私は部屋に行った。……私の記憶が正しいなら、夫人の頭は毛布かシーツの下、いずれにしろ、彼女の頭は覆われていました。私はママセラに言いました、「来いよ、もうすんだ」と――そして、私は向きを変えて、走って外に出た。銃声を聞きました。家の外に出たとき、ママセラが私のそばにいました。私は言いました、「お前、何をやったんだ?」彼が言いました、夫人がおれの顔を見たので、彼女も撃った、と。当時、世間の人々がママセラに見覚えがあっても何の不思議でもない、とだけ私はつけ加えておきます。ママセラと私はかなり仲がよかったので、彼は国の費用で整形外科手術を受けるつもりだ、と私に言いました。彼はたびたび自分の容姿について私に話しました。このように私の知る限りでは、ママセラは後に顔を整形することにしていました。

私たちは以下の記事を伝えた。「昨日の午後遅く発生した市営ビルの火災は、現在もくすぶり続けています。しかし、五人の旧公安警察官の公聴会を開催していたホールは、見たところ、火災の被害はなかったようです。国家情報局の職員は、恩赦委員会が使用している部屋への立ち入り禁止を厳守するために、今も現場に留まっています。彼らはマル秘扱いや重要な文書を保護するために、昨夜、派遣されました。今の段階では、火災によって損壊した機材がSABCのものか真実和解委員会のものかは、明らかではありません。いずれにしても消防当局は、何もかもが水浸し、煤だらけになるだろう、と言っています。」

さらに以下の記事も。「真実和解委員会の記録文書を満載した食品用ワゴン車が、たった今、プレトリア市営ビルの損壊した建物のそでから外へと押し出されています。法廷記録を含んだ文書類は、濡れるか、縁が焦げるかしています。特定のケースに入った他の収集記録――クワンデベレの牧師ピット・ンツリの収集記録のようなもの――は、びしょ濡れになってしまいました。真実和解委員会の職員は、代わりの収容場所が準備されている間、茫然自失状態で立っています。技術関係の職員が言うには、今日、公聴会を再開する時間までに、中継用機材は乾かないだろうとのことです。」

私たちのコンピュータは熱でゆがみ、煤がこびりついた。テープレコーダーは大丈夫だった。ワイン・ガムの包みは焼けて開いたに違いない、机がカラフルな色のしみで覆われていた。私たちのバッグは煙の臭いがした。

「私のもそうですよ」と、翌日、ハッセン・モール判事が言った。「ほとんど記念品ですね。」

煤の臭いは、その後数カ月間、漂い残った。

ジョー・ママセラの説明

火事から数カ月後のインタビューで、ジョー・ママセラは、すらすらと淀みのない言葉で、ムタセ夫妻殺害の説明をしてくれた。


「おれは彼女（アイリーン・ムタセ――自宅の奥の部屋にいる）に、夫は強盗事件などそんなくだらないことに巻き込まれたと嘘をつくために話しかけ、そして尋ねた、彼は金を持ってこなかったか、と。すると、だいたいのところ、彼女は、はい、夫は金を持ってこなかった、と言ってとても心配したので、おれは内心、あれだよ、同情しちゃって……。彼女を助けるにはどうすればいいか、わからなかったもんで。……それからふいにヘフターが入ってきた。それに、彼らが彼女の夫と争っていたので、彼女は心配になった。おれはできるだけ彼女を落ち着かせようとしたので、その間ずっと彼女は平静だった。だが、もみ合いの間はおれ自身も心配になり、うろたえ、それに彼女も手に負えないほど興奮したので、ヘフターがやって来て言った。『なに口あけて突っ立ってんだよ、なんでお前は女をやらないんだ？』そのあと、彼はおれのリボルバーを取り、彼が彼女にベッドに入るよう命じて、彼女の頭の方に向けて四発ほど発射した。おれには死体が、血が、見えた……。」

「ところで、子どもは？」

「知らない、子どもは他の部屋にいた。寝ていた。その後で、彼はおれに銃を返して言った。『さてと、行ってやってきな……、行って、あの子を撃ってこい。』なのでおれは、銃を手にして子どもが寝ている部屋のドアを開けて、この無垢な小さなものを目にすると、その顔がおれの子どもの顔と重なって……、とてもできなかった。」

「それじゃあ、物音、銃声の間ずっと、子どもは寝ていたと？」

「その通り、物音のする間ずっと寝ていた。……おれは銃を手にしていたし、冷酷に子どもを殺すこともできただろう。それはおれの子どもを殺すことだ……。なのでおれは、夫人が倒れている寝室の方に向けて二発撃ってから、ドアを閉めた。その後でヘフターがおれに言った、『お前は撃たなかった、おれは銃声を聞かなかった。』おれは言った、『いや、撃った。』彼は言った、『銃をこっちによこせ。』そして彼は銃をつかんで弾倉を開けて調べたので、おれはでたらめに撃っておいてよかったとホッとした。さもなければ、命令にそむいたとして殺されたかもしれない。ともあれ、子どもを殺さなかったので幸運だと思う反面、おれが死ぬまであのことがおれに取り付くだろう。これまで正気を保ってきたように正気を保てるとは思わない。」

どの話のどの部分に真実は身を隠すのか

これらの話が私の中に居座る。これらはどのように符合するのか。どのように違うのか。口述された話の文体上の特徴なのか。話はたった一つのクライマックスを巡って回わっているわけではない。むしろ、取るに足りないエピソードばかりを拾い集める。たとえば、殺人が、家への到着とまさに同程度の重要さでしかなかったり、家の中で取られた作戦が、その後に起こったことと同等扱いだったり。

さらに像的なイメージの点でも、たとえばヘフターは、ちらちらするテレビのある暗い家を描き出し、ファンヒューレンは、取っ組み合いや枕で窒息させることや発砲が、殺害者たちの間で一言《ひとこと》も言葉が交わされることなく行なわれたことを述べた。また、「彼が奥さんと離婚協議中なのを知っていたので……、私は余計なプレッシャーをかけたくなかった」と、繊細な配慮まで付け加えた。作家のマイルズは、車のすぐそばに捨てられていた持ち帰り用の食品と、発砲後、家中のあちこちに埃のように降り積もった枕の羽毛を取りあげた。ママセラは寝ている子どもについて語った。話はたびたび直接話法を用いるので、一つの場面に二人以上の人物を登場させることはめったにないし、一つのエピソードからすばやく次へと切り替わってしまう。

どの話にしろ、その語り手の印象を含んでいる。ヘフターは細部から満足感を引き出している。彼はてきぱきと話し、特定の音をきしらせる。そのうえ彼は、トラのように闘い、かぎを開けるのにもたつき、ルーツがあやまって銃を自分にぶつけた、と語っている。比較すると、ポール・ファンヒューレンの口調がほぼ普段通りだ。彼の発音はぞんざいで、横柄な声の調子の背後に隠れている労働者階級出身の武骨さを示している。彼は適切な敬称を使うことに固執しているし、長い文章になったときにとちってもいる。彼もまた言う、「われわれはリチャード・ムタセと『格闘した〔fought〕』後と――まるでそこに競技に匹敵する何かがあるみたいに。それはそうと、話の中で彼は、自分を友だちのように見せている――ヘフターとママセラに。ママセラのおしゃべりは、陳腐な決まり文句に満ちた、性急な流れだ。ところで彼は、自分を傷つきやすい人間だと語る。心配になった、と……。だが、死には――心をかき乱されて――いない。

口述される物語は、話全体の抽出物を含んだ核となる語句やイメージを思い出すことで動かされる、と大学教授たちは言う。こうした核の部分から、その行動や個性、結論などすべてが明らかになる。それに、物語が伝える情報がたとえ異なっているにしても、核となる要素は変わらない。それらは重なり合っている。

そうした核になる瞬間の一つが、対面の場面である。ヘフター、ファンヒューレン、それにマイルズの三人とも、ムタセが家に入って来た瞬間に焦点を当てている。さらに、彼ら全員が、枕という核になるものにふれている――それは、そもそも長椅子のクッションなのだが。ヘフターは言う、ファンヒューレンがまず枕をムタセを窒息させるのに使い、つぎに銃の消音に使った。ファンヒューレンは言う、ヘフター署長がムタセの頭に枕をかぶせた。マイルズの本では、寝室の枕がどのように使われたか、さらに羽毛や血、破壊がどのように家中にまき散らされたかについて、家族の一人が語っている。夫人を殺そうとして、ヘフターがどうして毛布に穴をこしらえたかを、ママセラは語っている。すべての話において、力のある者がない者と、武器を持った者が防備のない者と争っている光景が作られていて、しかも、その光景は記憶の相違で満ちている。

責任という観点からすると、話が食い違っている箇所はなんら重要ではない。だれ一人アイリーン・ムタセの殺害を認めようとしない。なぜなら、一人のありふれた看護婦をなぜ殺さなければならないかという政治的な理由など存在しようがなかったから。ヘフターによると、彼らはママセラを呼び、家から外へ出て、その後に銃声を聞いた。ファンヒューレンによると、彼がママセラを呼びに奥の部屋に行った。彼が家の外へ出たとき、ママセラが彼のすぐそばにいて、彼女を撃たなければならなかった、と彼に言った。ママセラは言っている、ファンヒューレンではなくヘフターが彼といっしょにいて、しかもヘフターがアイリーン・ムタセを撃った、と。ファンヒューレンが語る友情の絆は、彼とママセラの間に今も存在しているのだろうか?

「ちょっと待ってよ」と、けなす声が私の頭の中でかん高く響く。「この〈テキスト解釈〉全体の目的は何なの? あんたは、リチャードとアイリーンの死の話を、ただ無害なものにしているだけじゃない。その惨事から核心部分をもぎ取っている。あんたならそれらの細部を気楽に受け入れられるわよ、かつて教授連がアカデミックな適応力をただ身に着けただけのように。」

それでも私は問い返す。「こうした解釈によって明らかにされた事柄は、全然アカデミックじゃない。関係者全員が責任逃れをしようとする試みのいったいどこが〈アカデミック〉なの?」

「じゃあ、枕についてそんなことをやってみたら。『ここに動機があり、階級がある』って。そんなの、ただの学者ぶったごまかしよ。」

「でも、それによって、何か重要なことが表面化しないかしら? 柔らかい枕とふわふわの毛布に覆われて虐殺されたムタセ夫妻の姿が、犯罪の残忍性についてとても多くを語っている。でも同時にそれって、甘い匂いのする枕の下で、一連のありきたりのもの――ベッドの中で殺されるという青ざめた恐怖や、ぼんやりと頭に思い浮かぶ生きることの意義のようなもの――をすべて吹き飛ばす。」

建物が私の目の前で、みごとな、すべてを焼き尽す火によって破壊されている間――私はあれこれ自問し、それぞれの真実の説明を比べてみる。

この中から今すぐにも選び取られなければならない。真実を？

きっとそうなるだろう。

真実は過半数によって承認される、と人は言う。そうでなければ、自分自身の真実の説明を、過去という無慈悲な闘技場へ携えていくことになる。ただし、そのやり方でのみ過去は考えられうるようになり、世界は住みうるようになるのだけれど。

それに、たとえ自分自身の説明を、自分自身の嘘を――というのも、われわれは物語る者としてだれもが、自分自身の説明を信じるよう同意を与えているのだから――信じるとしても、そのことでどうして、あやまった方向に導かれている、などと言われるのか？　人はどの程度まで、自分が知っていることを、知らないつもりになることができるのだろうか？

結局、嘘が問題なのではなく、事実の歪曲を受け入れさせる人間自身の心理規制が問題なのだ。

ヘフターかママセラのどちらかが、アイリーン・ムタセを殺した。真実は中間には存在しない。二人の説明の妥協案などありえない。

真実は死者のみしか知らないのだろうか？

二つの死体の間に、彼らの子どもツィディソが残った。彼はどっちの真実を相続するのだろう？　彼のためにこそ、真実は見い出されねばならない。

それに、この国で真実が信頼を得るつもりなら、たぶん過去の出来事の結果を身に帯びている人によって書かれる必要があるだろう。

真実和解委員会の真実説明をだれもが信じるべきだというのは、あまりに多くを求めすぎている。あるいは、その真実で自由になるべきだ、癒されるべきだ、和解すべきだ、というのは。おそらく、真実和解委員会の存在を正当化するには、これら殺害者たちの語る話だけで十分である。彼らの話のおかげで、人々はもはや、自分は知らなかったという言い逃れに終始することは許されない。

我々は故国に審判を下すことはできない。正義の剣は我々ひとりひとりの不名誉に、いの一番に突き刺さる。

――ジョセフ・ブロドスキイ

自分が正気でなくは**ない**ことを知っているのは兄貴と違って、私が罪を感じるからだ。
正気でなくなると罪を感じなくなる。

――フランク・ビダート

それが彼らだ！　本当に彼らだ。……見覚えがあるのでゾッとする。あの特有の卑猥な笑い声、毛むくじゃらの肩にさも親しげに見舞われるあの平手打ち、昔のままの特徴をもったアフリカーンス語を使ってバカ笑いするあの人の輪。あの**manne**〔男たち〕。より正確にいうと、アフリカーナーの**manne**。自分の息子を「パパの小羊」とか「俺の雄牛」と呼ぶ者たち。

私の青春時代の悪夢。

妻を従えたガキデカ大将――見事な胸の谷間をのぞかせた、おしゃべり好きな婦人たちと行儀のよい子どもたち。数十年間、高原地方の生活を、破壊や残忍、さらには恐怖が渦巻く地獄に変えてしまった、口ひげをはやした男たち。サード・フォース〔注19〕。**Ingal'enoboya**＝毛むくじゃらの腕。

彼らは五人で結託している――クロンエ、ファンヒューレン、ヘフター、フェンター、メンツ。ジャーナリストや弁護士、犠牲者、聴衆は、プレトリアの恩赦委員会の開催会場のロビーに入っていっても、彼らには近づかない。私たちはみんな知っている、彼らが実行者だということを。彼らにとって殺人は、「除去する（eliminate）」「取り去る（remove）」「取り除く（take out）」という、お役所風の淡い色合いなど身につけてはいなかった。彼らの任務は、スピーチをすることでも書類の入れ替えをすることでもなかった。彼らの任務は人を殺すことだった。

ああ、嫌だ。私は自分と距離を置きたい。

彼らは私と何の関係もない。

私は彼らの同類ではない。

気がつくと、私は怒りでカッとなっている。彼らのごた混ぜ証言に夢中になったことへの怒り。横目で彼らを観察したり、普段通りにやろうとしたり、笑ってみたり、タバコを吸ったり――気のめいるような不安が私の中に忍び込む。それは、むっつりとして、肉付きのよい顔、こわくて濃い髪や口ひげ、虚ろな黒い瞳のポール・ファンヒューレンから発している。彼の話すアフリカーンス語は、私の舌を干上がらせる――その口調、唇を丸めないその母音の発音、しかもしわがれ声の横柄なリズムは、どの政治活動家が見る悪夢の底をも流れているに違いない。

恩赦公聴会が開催されるや、私は彼らのすぐ近くの席にすわりに行った。痕跡を見つけるために――彼らの手や爪、目の中、唇の上に――これが殺人鬼の顔か、それとも別の顔かという痕跡を。将来の参考までに言うと、悪魔の顔だった。

一本の強迫電話

一九八九年。どこにでもあるような郊外の、田園のある昼下がり。一番年下の子が私といっしょにキッチンにすわって、体の中の血液の循環について暗唱していた。

「よくできたわ、じゃあ、もう一度、肺から始めて……。」

電話が鳴った。犬が吠えた。

「24543」

「アンキーさんですか？」

「そうです」と私。私は電話の送話口をふさぐ。「湯沸かし、湯沸かしのスイッチを切って。」

「ＡＮＣ〔アフリカ民族会議〕を支持された方ですよね？」

私は黙る。いくぶんのろまなアフリカーンス語だった。

「ヴィト・ヴォルヴェをご存知ですよね？　今夜、そっちにうかがいます。お前のような裏切り者で売女《ばいた》は、犬みたいに撃たれるべきだ。」電話がぷっつり切れた。

私はその場に立ちつくした。急に何もかもが目に入った。血潮が聞こえた。熟れ過ぎた西洋梨のように心臓がぐちゃぐちゃに脈打った。パンくず、ジプシー風クリームパンのくずが、テーブルの上に。瞬間さえが、ほとんど見えない呼吸の動きまでが、鼻孔を通して見える。家が突然、ジャスミンの香りの、耐えられない重みに襲われた。私は受話器を戻した。細心の注意を払ってコーヒーを入れた。

私は子どもたちを農場に連れ出した。私は家に帰った。すでに日は暮れていた。玄関の鍵はかけるべきか？　ブラインドは下ろさなければならないか？　明かりはつけておくのか？

少ししてから、ジョンが書斎にいるのが聞こえた。彼は、長いこと放ったらかしにしていた銃を持って出てきた。

「まさか、何をやらかすつもり？」

「さて、君がどうするかは知らないけど、ど気違いの人種差別主義者に自分の家で殺されるつもりなんかないね。」

「気でも触れたの！　あの、とんでもないフォールトレッカー〔注28〕みたいに、銃を握って、一晩中、寝椅子にすわってすごすつもり！」

ともに銃に目をやった。銃身は錆び付き、そこからクモの巣が垂れ下がっていた。私たちは笑った。「弾すら持ってないよ」と彼は言った。私たちは互いに寄り添って床にへたり込んだ。脚が急に私たちを見捨ててしまった。

彼がそれぞれに飲み物をつぐ。私はピーナッツの袋を開ける。もう暗くなっていた。私は何かに耳を澄ますように、頭をめぐらす。ジョンが玄関の扉の鍵をかけた。私たちはテレビの前に行ってすわった。彼が音を消した。「玄関の扉の音が聞こえやしない。」

「もし銃が作動して、今夜それを僕が使ったとしたら、それでいったい何が君を困らせるんだい？」

「私はすっかりあきらめてるのよ。男は撃ちたければ撃つに決まってるんだろうし、それで自業自得。でも、私は他人は撃たないわ。」

「あ〜あ、これだ。君が撃つんじゃない、撃つのは僕だ。それに、僕が撃つのは、僕か、僕の妻か、僕の子どもを狙っているやつだよ。」

私はヒステリーを起こした。「そのすばらしい原則についてだけど——あなたと私が実際に持ってる原則はたったのそれだけ。もしあなたがその人を撃てば、その人は同じように黒人を撃っていいし、だれもがだれもを撃っていいことになる。そんなところにあなたは住みたいの？　そんな国に子どもたちに住んでもらいたいの？」

「今夜は争いについての君のご託はやめてくれ。現実を見ろ。自分たちの家に閉じ込められて、ここにすわって、あと一時間もすると、ああ、なんてことだ、死ぬんだぞ！」

言葉がふたりの間に垂れ下がった。

九時。待つ。飲む、だが効果なし。もしもだれかがベランダから狙えば、からだを撃てるだろう。通りからなら、角度がなくて、致死の可能性は低くなるかもしれない。車が通り過ぎるたびに、私たちは聞き耳を立てた。犬が長々と吠えた。

一〇時。私たちはあの音だけを待っているのだと気づく。最終的な侵入。おそらくそれが人を殺す——銃弾ではなく、人間のもろいプライバシーが無惨にも破壊されてしまったということに対するショックによって、いつも。

一一時。私たちは気づく、こんなことは何でもない、この国の他の人々が耐えたことに比べたら、まったく取るに足りないことだ、と。依然として私の全存在が、あの音を求めている。起これ、そして過ぎ去れ。

一二時。聞き耳を立て続けたので、からだが痛む。私たちは寝室に行き、互いにくっ付くようにして横になる。視線が暗闇をさまよう。スズメが屋根の樋をひっかき始めるようになってから、私たちは眠りに落ちた。一日が高原地方の町に押し寄せてくる——他の日と同じように。

彼らが私の中で呼吸をし、住み始める

一カ月以上にわたって、五人の公安警察官は犠牲者たちと向かい合ってすわり、自分たちの行為について語ってきた。しかも、いつもただ監視されていたディルク・クッツェー〔注43〕と違って、この五人は監視した。ぞっとするような細部の一つ一つすべてに、彼らの手は反応し、目は見つめ、頭脳は吸収した。彼らの証言が、白人の南アフリカ人の間で交わされる議論を変えてしまった。以前なら、残虐行為があったことを否定したが、今では、残虐行為が起きているのに気づいていたということを否定している。数週間がだらだらと過ぎていくにつれて、無駄に費やされた労力も明らかになってきた。公聴会の最後の週までに、多くの法律の専門用語や法的処分の手続きが姿を消してしまった。五人の疲れ果てた男と、五人の絶望的になっていた恩赦委員会のメンバーは、ようやくそのプロセスをやりとげた。

私にとって彼らは、私自身の生活よりもより現実のものとなってきた。

私は彼ら一人一人に個別にインタビューしてよいかどうか、彼らの弁護士に尋ねた。彼らが政府に代わって犯罪をおかした狂人、殺人者なのかどうか、あるいは彼らは、アフリカーナーをむりやり自らに向き合わせるつもりなのかどうか（もちろん私はこんなことは彼らには言わないが）、知りたかった。いや、それより何より、自分がもっとも嫌悪している男たちと自分とに、いったいどんな共通点があるかを知り

たかった。

ジャック・クロンエは、油断している私をつかまえた一番手だった。彼は毎日、グレイのスーツにこざっぱりとしたネクタイを身に着けて恩赦委員会に出頭した――彼はライツ出身の私のアルバートおじさんだったかもしれないし、モレヴァフ教会の年配者用の座席にすわっていたかもしれない。それはそうと、ジャック・クロンエはヘルフォルムデ教会を辞職していた。「私がやったことはわかっている……、それに、教会に負担はかけたくない……。」

彼は六〇歳だ。証言するとき、たびたび彼はすっかりまごつく。

「医者は彼をアルツハイマー症患者として検査している」と弁護士は言う。

彼とほぼ同年輩の恩赦委員会の判事たちは、相矛盾する証言だとして彼を責めるのはむずかしいと悟った。クロンエには三人の子どもがいる。娘は警察に勤めている。息子たちの勤務先は明かすのを望まなかった。「私には彼らがジャック・クロンエの息子だと身元がばれてほしくないのだ。」

彼の口ひげはブルブル震える。「これが結局は私の人生となった……。私の持てるすべてを、最良の歳月を、私が知っている忠誠と名誉のすべてを、私は警察に捧げた。ところがどうです、政治によって私の面目は丸つぶれだ。」

「作戦行動の後、午前中に車で帰るときや、人々が仕事に向かう途中で私のそばを通り過ぎて行くたびに、思ったものです。あんたたちのために私はそれをやったんだ、あんたたちのために、と……。私が自分の仕事をこなしているから、あんたたちは安全にぐっすりと眠ることができる、と。もし保安部隊がやらなければ、この国は一週間も維持できなかっただろう……。自分のためにやったのではないし、もちろん、金のためでもない。私はそれを国のためにやった。」

「フラクプラース〔警察の暗殺部隊が基地として使っていたプレトリア近郊の農場〕は私の監督下では違っていた」と、彼は自慢する。「ユージン・デコック〔注27〕配下の者たちの風采を、あんたもテレビで見ただろう。……あんなに長い髪の男なんか、私の農場に足を踏み入れる勇気なんかないさ……。」

私はプレトリア長老会ホールの静かな一角で、彼ら一人一人を順番にインタビューした。「ねえ、あなたのからだのしぐさ全部と声の調子が、その男たちといっしょにいるとき、変わるのよ」と、英語を話す同僚が言った。「あなたが話してることは聞き取れないけど、関係があるのはたしかよ……。」私は何も答えない。私は彼らと話すとき、成長するに従って身に付けたすべての習慣的な作法を用いたが、それは私が一生戦ってきたものでもあった。だが今は、いいネタが欲しかったし、彼らを理解したかった。私は彼らとのインタビューのテープを、ファルケンベルフ病院精神医学科の精神科医ショーン・カリスキー博士のもとに持参した。

「あんたはこの壮大な建物の一員にはなれないし、あの当時、事態がどうなっていたか説明もできない。……人々はわれわれの魂をひっかき回すが、あの頃の状況を理解していない。」准尉ポール・ファンヒューレンは、私がインタビューをしている間中、なんら気にすることなく自分がすわっている椅子を旋回させた。「あんたはいい匂いがするんで、話すよ」と、彼は私に言った。後で私は、テープからその部分を削除した。

「この椅子にすわるのは簡単ではない」と彼は言う。「あんたは自分の魂を、南アフリカの国民、白人と黒人に向けている。なのに、人々は私を見つめ、私を怪物だと思う……。たしかに私はそれを感じる……、彼らの態度と私を見るそのしぐさで。……本当にそうなんだ、憎しみだけでなく、彼らの目の中のおびえも見える……。われわれは犠牲者に話さなければならない、と犠牲者の弁護士は言うが、それがむずかしい。……というのも、本当にすいませんでしたとわれわれが言うたびに、彼らは首を横に振って言う、そんなのは受け入れない、と。……たしかに私もそうだろうと思う……。どうだい、あんただってすみませんって言うだろう、でも、相手方にしてみれば、それもまた空疎な言葉だ。……私が言おうとしていること、わかるかな？　つまり、なんて言うか、私は知りもしない人間に近寄っていって、……言う、『あの、本当にごめんなさい』って。いやいや、まったく空疎な言葉じゃないか！」

カリスキーはこの状態をアノミーと呼ぶ。従うことに慣れている規範がもはや当てはまらず、しかも自分たちだけが、まったく異なる枠組の中で、自分の行為を説明するために、今、呼び出されている。このことが五人の恩赦申請者にあてはまる。彼らはもはや、権力をもったアフリカーナーの文化によって庇護されてはいない。

彼らは、新政府によって任命された恩赦委員会に、自分の考えをはっきりと説明しなければならなかった。委員の三人は黒人だった。毎日、黒人犠牲者の異なったグループが、彼らと向かい合った席に静かに列をなしてすわった。しばしば彼らは、フェビアン・リベイロとフローレンス・リベイロ夫妻〔一九八六年に彼らによって射殺された〕の息子や、よく知られたマメロディ医師夫妻のような人によって、流暢な英語で異議を申し立てられた。それ以外のときは、犠牲者の母親やおばたちが首を横に振った——無数の母語で嫌悪感を発しながら。

ファンヒューレンは、同じ警察官で同僚のリチャード・ムタセを、自動小銃AK47で撃った。ムタセの妻アイリーンも、あの夜、撃たれた。二人の小柄な息子ツィディソは、公聴会に出席した。

「つまりその、彼がそこにいて、私を見つめていて、私が彼の父親を殺した……。それに（長く、ゆっくりとため息をつく）、彼は心の中で心底、私を憎んだはずだと思う……。でも、私はあの夜、彼を見てすらいない。……今日、公聴会で彼は目に涙を浮かべていたし……、気がつくと……、それで彼がとても気の毒になって……、とてもじゃないが、あれをすんだことにするなんてできない。本当に彼を気の毒だと思う。……もし彼のために何かすることができて、彼が私を呼んで、『私のために何かせよ』と言うなら、私はするつもりだ……、そしてもし彼が、『私をケープタウンに連れてけ』と言うなら、彼を連れていくつもりだ。……それにしてもまあ、人間はとんでもないことをやりますね？」

その悲しみの声が、以来、私の頭の中で反響し続けている。人間はとんでもないことをやりますね？

こうした極端な形の暴力のまわりに作られた、これまでの法の正当性について、カリスキーは言う。立法者が法を作り、法律家がそれを執行し、立法者と法律家は他の多くの専門家全体に手助けされていた。こうして殺人を正当化する規範となる構造が作られた。

しかも、そのベースは共産主義に対する恐怖感ではない、とカリスキーは言う。「黒人は人間ではない、とわれわれは思っている。つまり、黒人は悪事の前兆であり、彼らはわれわれ全員を殺して、壊滅状態にあるアフリカの他の地域と同じようになるまでこの国を消耗させようとしている、と。」

彼はつい最近出版された本『善人が夢見たことを悪人が行なう』について話した。何人かが黒人を殺しに出かけている間に、多くの白人は黒人のいない生活を夢見るのに忙しかった、法も別々、快適な生活をするための環境も別々、教会も別々、家庭も別々、町も別々、国も別々……。

心の闇は開かない

五人の中で、署長ジャック・ヘフターがもっとも取っ付きにくい。彼はジャーナリストとは話さないと、前もって知らされていた。私が彼にインタビューを求めたとき、松葉杖を突いたまま、いらいらした様子で振り向き、離れて行った。私は後を追い、行く手をふさいだ。私は要求を繰り返した。彼は歯をくいしばって、非難するようにシッ、シッと声を発した。「しゃべらない、不快だ、何もかも腹立たしい。」

「でも、人々はあの事件について知るべきではないでしょうか？」

「どうして？」彼は怒鳴った。「すべてゲームだ。前の政治家たちはわれわれと組んでゲームをやり、この真実和解委員会のすべてのことは、新政府のゲームだ。私の恩赦が得られないのはわかっている。……私が君に言えるのは、刑務所に入るつもりはないってことだ。」

「何をなさろうと？」

彼が私をにらみつけた。「自分で考えろ。」そして、びっこを引き引き立ち去った。

ヤン・ロベルツ教授による精神医学鑑定書によれば、ヘフターは子どもの頃、難読症に苦しんだ。難読症者はしばしば、自分の欲求や願望と現実とを区別・統合することができなくて、その結果、自分自身と他人とを区別する持続的な意識を作り上げるのがむずかしいと思ってしまう。これが、へフターが子ども時代から孤独好きな人間だった理由だ、と鑑定書は述べている。さらに鑑定書は、ヘフターの〈人格分裂〉についてもふれている。彼は、互いに没交渉でいるか、さもなければ支配的な地位に自分でおさまるか、の二つの人格を発達させてしまった。そして、一九八〇年代の彼の恐怖政治を説明するのに、それが役立った。日中、ヘフターはもっぱらオフィスで働く人間、一警察官としての人格を保持した。夜、彼は絞首刑執行人に変身した。彼自身の言葉を借りると、「一人の白人アフリカーナー・テロリスト」に。

　彼は独りで仕事をした。バラクラバ帽をかぶり、手袋をはめ、彼が所有する旧型の車の一台に乗って、黒人居住区の人々を殺しに出かけたのだろう。彼は感情を表わすことなく、多くの殺人について証言した。彼の発音はめりはりがきいていて、喉音《こうおん》と閉鎖子音《へいさしいん》に特有の趣きが感じられた。証言している間、彼の緑色の目はまっすぐ正面のテーブルを見つめている。彼が精神科医に語ったところによると、両目は常に開いたまま。彼は目を閉じることができない——眠るためにも祈るためにも。

　不思議なことに、この二つの人格《ペルソナ》が、心的外傷後ストレス症候群の苦しみからヘフターを守った。彼は、一方の人格に居心地が悪くなり緊張してくると、すぐにもう一方の人格に切り替えた。

　ヘフターは、ジャクソン・マーケ、ハロルド・セフォロ、アンドルー・マクペの殺害によって記憶に留められるだろう。ヘフターは、彼らが殺される前に、彼らにANCの旗を持たせ、『ンコシシケレリアフリカ（アフリカに神の祝福あれ）』〔アフリカ民族会議の党歌で、今では南アフリカの国歌でもある〕を歌うのを許してやったということが、自分が公平な人間である証だ、と言う。ヘフターは、彼らを感電死させたことは思い出せないが、その他のことは憶えていた。

バーナード・ンゴエペ判事　一九八七年のある日、ピーナースリヴィールの近くの農場で、あなたは三人を感電死させたのを思い出せますか？

ヘフター　私は……、感電死……、言われたので思い出しました。それにしても、すっかり忘れていました。……意識的にそれらを閉め出していました。……一〇年間もそれについては思いもしませんでした……。

ンゴエペ　どうしてどうして、あなたは些細なことまで憶えておられる。

ヘフター　はい、とてもよく憶えています。……小道も思い出せる……、それは白いチョークのような道でした。……ホロホロ鳥もいました。そんなことなら思い出せる、でも、実を言うと……、よりひどい行為になると……、思い出せない……。

共通する経済的・文化的出自

共通の主旋律が、この「フラクプラースの五人衆」〔注57〕

の人生を縫うように貫いている。

彼らの多くは、比較的貧しい家庭の出身であり、警察は（公務員同様）貧しくて、野心的なアフリカーナーの少年たちにとっては、生活を保証してくれる安全網だった。他に共通する特徴としては、教会や国民党や自分たちの生活における父親の役割への忠誠・愛情である。陸軍大佐ロルフ・フェンターと署長ヴォウター・メンツの二人は、自分たちの父親を「パパ（Pa）」とは呼ばなかった。彼らは旧約聖書の言葉である「父（Vader）」を好んだ。それは、アフリカーンス語でただ一つ、神のために用意された言葉だった。その他の共通性は狩猟だった。フェンターはとても幼い頃から、獲物をそっと追う方法を教わった——彼はとても小柄だったので、迷子にならないためにロープで父親と結ばれていなければならなかった。

フェンターは、自分の活動についてこう述べた。「そのときはそれが正しいと思ったので、私は後悔しませんでした。今ではそれが悪かったとわかったので、私の行為を後悔しています。」これはありふれたことに聞こえるが、精神科医によると、フェンターはこの陳述を行なうのに命がけの跳躍をしたという。つまり、そのときは正しかったことが今では悪いと、変更できる余地を認めている。この陳述が精神的な飛躍であるのは、その人の人生を築き上げている中核となる真実が嘘であると認めることなどほとんどありえないからだ。自己イメージが崩壊する危機に瀕すると、人はどんな間違った行ないでも否定し続けてしまうものだ。

フェンターの近隣の人々は、彼に他の場所へ引っ越すよう求めた——フェンターの存在が恥辱になったのだ。カリスキー博士は、これを、真実和解委員会によってなされた一つのひどい害だと評している。「何人かの個人が過去の残虐行為のスケープゴートとして標的にされた。しかも、そのことが、他の市民にはどんな共犯関係もないということを許してしまう。」

ヴォウター・メンツは、証言するのにメモ書きを読むことはめったにない。彼は、ソフトで親しみやすい声で答える——緊張している唯一の証しは、テーブルの下で両脚を規則的に揺すっていることだ。

「私の付き合いは狭まり、家族は離れていき、人間関係で問題が生じた。……私は三年間、ある弁護士と婚約していたが……、破棄されてしまった。剣が一本、私の頭上にぶら下がっている。……私は司法長官の国家参考人ではないし、もしここで恩赦が得られなければ、起訴されるだろう……。その場合は刑務所に入らなければならないだろうし、そこで彼らはきっと私を殺すだろう……。そうなると、夜、眠れない……。私が生きているのは朝から夕暮れまで……。私は、翌週か翌月の計画なんて何も立てられない……。仕事に行くことも、職さがしもできない。それにいったい、だれが私に仕事をくれるだろう？　もしも、どこかに足を踏み入れたら、人々は話を中断して、ジロジロ見るだろう。あの頃、われわれがテロリストと戦っている間、人々は心配することなく眠った……、ところが今や、われわれが犯罪者だ。私は一度も金など盗んだことはない——私はユージン・デコックではない。」

メンツは、精神医学鑑定書によれば、戦争神経症の徴候が見られる。彼は子ども時代に、深刻な心的外傷《トラウマ》を負った。彼の父親は、朝四時に彼の部屋のドアを蹴り開けて、怒鳴ったものだった、「なんだってお前はまだ寝てやがる?」メンツは養鶏の手伝いをしなければならなかった。そのうえ彼は、トリコチロマニー〔自分の毛を抜く強迫行為〕に苦しんだ。男文化に受け入れられようと努力したおかげで、メンツは警察隊に加わり、精鋭部隊の一員になることを熱望した——フラクプラースのmanneの一人になることを。

よくもまあ、だれかを残忍に殺害して、それから帰宅して、自分の娘を抱き上げて、膝にだっこするなんてことができますね?

「そうだ、私は何度も家にさえ帰らなかった」とメンツは言う。「私は、妻と娘がすでに家を出たのがわかってから、翌朝もっぱら帰宅した。……なぜって、もしその直後に行けば……、だれだってできないでしょう、それをぬぐい去るのに六回もからだを洗いたくなるんです。……二、三日家に帰らないことも何度かあった。……だれだって帰れないし、ビールも飲めないし、妻にワインをついで、こんな殺害を見たとか、あんな武装した強盗を見たとか、妻には言えない——私にはそんなことはできない。」

私はこれにいったいどう対処すればいいのか? 彼らは私の兄弟、いとこ、学友と同じくらい身に覚えがある。私たちの間では、どんな隔たりも消去される。私が何年にもわたって自分の中に非常な努力で築いたものを除くと、隔たりなどおそらく一つもなかったのではないだろうか? 顔を見ただけで、だれがブルーダーボント〔アフリカーナーの支配を社会の全領域に行き渡らせるために活動する「兄弟同盟」という名前の秘密結社〕に受け入れられた者か、アフリカーナーのビジネスと文化の指導者の一員か、ブルーダーボントのジュニア部門の者か、労働者階級か、私は見分けることができる。メンツ家は、どちらかと言うと、音楽的な才能に恵まれた血筋である。その名前がジャックであろうとポールであろうとヨハネスであろうと——それは何事かを意味している。何らかの形で、すべてのアフリカーナーは縁続きである。たとえば、だれかが、自分の父親はここで土地を購入したとか、あるいは自分はオデンダールスルスかヴェルコムで生まれ育ったと言えば、私にはわかる。その口調から、その人が服をどこで買うか、休日はどこへ出かけるか、どんな車に乗っているか、どんな音楽を聴くか、私は言い当てることができる。私が彼らと共有しているのは文化であり、しかも、数十年にわたってその文化の一部が、自らの責任で嫌悪される事態を招いてしまった。

その意味からすると、恩赦を求めているのは、これらの男たちではなく文化なのである。

数日間、私はぼうっとしていた。私は五人のそれぞれのプロフィールをラジオで報道した。私は各人の性格の見出し語的な特徴を見つけようとした。私は、クーニー・デフィリエルスの曲を利用した。

カルファイン・デヴェット・ファンザイルは根っからの
農民《ブール》
どんな邪悪な観念にも染まっていない
恥ずかしい思いをしないですむ国の
夢を見てまどろんでいる……

カルファイン・デヴェット・ファンザイルは知っている、
国がかなりの犠牲を払って購入されたことを
彼がよりいっそうの覚悟をしたのもそのためだ
通りを銃を携帯して歩くのだって
黒魔という邪悪な抵抗に抗するためだ

フェンターが狩猟について話すときはいつも、クーニー・デフィリエルスがその背後で歌っている。

僕のパパはハンター
鋼鉄の男さ
怖がるな、息子よ
肌を汚すんじゃないぞ
お前は根っからの農民《ブール》
他に何が聞きたいんだ?

四つの罪の概念

私の中で震えているものを無視するには、私は弱すぎる。なので嫌悪しながらも私は、この五人に気を配った。ある朝、発疹で顔中が腫れ上がって目がさめた。頭がとてもかゆかったので、コーチゾンの一壜をふりかけざるをえなかった。疑問が私に取り付いた。なぜ私は、悪に人間的な顔を与えたがるのだろう?

最初のプロフィールが放送されてから半時間後、電話が鳴った。ラジオの聴取者たちは激怒した。「お前は、すべてのアフリカーナーが殺人者であるかのように言っている。」

「あいつらは精神病野郎だ。」

「私はこれらとは何の関係もない。ホフメイヤーの農場で暮らしているが、私を共犯者扱いにしたあんたを許さない。」

「ジャック・クロンエは何とまあうまいことお前さんをだまくらかしたものだ! やつに聞いてみろ、やつがプール付きの家に住んでいるのはだれのおかげか?」(もちろんこれが、もっとも私の体調を狂わせた電話だった。)

アフリカーンス語放送の聴取者だけではなかった。「白人の仕業に見せ掛けるな。アフリカーナーと国民党員の仕出かしたことだ。」

「何とか自分なりにやってきたんだ――あんたの言う『われわれ』におれを入れるな。」

私はラジオの続報番組で、第二次世界大戦後にドイツ人の神学者たちによって練り上げられた、四つの罪の概念について報道した。刑法上の罪――殺害を行なった者たちの。政治上の罪――政治家と彼らが権力の座につくよう投票した人々の。道徳上の罪――できるだけのことをやらなかったり、抵抗しなかったり、言いなりになっていた人々の。そして最後に、形而上の罪――他の人が殺されている一方で、仮に生き残ったとするなら、まさに自分自身の実存に責任がある。私はカール・ヤスパースの言葉を引用した〔ドイツの精神病理学者で実存主義の哲学者。引用は *Die Schuldfrage*（邦訳『戦争の罪を問う』平凡社ライブラリー）より〕。「ドイツでは何千もの人々が、政治体制との戦いにみずからの死を捜し求めた、ないしは少なくとも死を手に入れた、そのほとんどが名を知られることもなく。われわれ生き残った者たちは、みずから死を捜し求めたりはしなかった。ユダヤ人のわれわれの友人が連行されていったときも、われわれは街頭へと繰り出さなかった、われわれも彼ら同様に殺されてしまうほどの激しい抗議の声をあげはしなかった。われわれが死んだとてだれも助かりはしなかっただろうという、筋は通ってはいるが薄弱な根拠のもとに、われわれは生きながらえる道を選んだのだった。われわれには生きていることに責任がある。」

皮膚科医は、心的外傷《トラウマ》に関係した発疹だと診断した。私は錠剤と塗り薬を受け取って、インターネットの検索エンジンに入力した、集団的＋罪、と。

アフリカーナーであるという責任

アダレイ通りの文化歴史博物館の丸石を敷きつめた中庭に、国民党はジャーナリストを招待した。党首は好意的に、グループからグループへと挨拶をして回った。だれかが彼に警告した。「おそらく今は、このグループに顔を出す最適なタイミングではないでしょうなあ。われわれは真実和解委員会について話し合っているところです。」

「いや何、私も委員会について語り合うのは好きですよ」と党首は言った。「それに、委員会のことで私もあなた方とまったく同じようにショックを受け、ぞっとさせられていることを、まさに繰り返し申し上げておきたい。」

（以前、私もこんな会話をしたことがある。ロルフ・メイヤー〔国民党幹部〕と。彼がだれかも知らずに。私は彼に尋ねた。「ラジオをつけると、ダルシー・セプテンバーが撃たれたというニュースが流れた朝――あなたはどう思われました？」「ワインのお代わりを持ってきてさしあげましょう。」彼は愛想よく言った。）

「できましたら、そう願います」と私はやり返した。「でも、五人の警察官は言ってます、私たちのためにあれをやったって。」

彼は思わず目をそばめて、険しい表情をした。「しかし、私の名前あるいは党の名前で、あれらの実行を委託するようだれかに要求したことなど、決してありません。」

私の最後の自制心は消え失せてしまった。私は彼ににじり寄った。手で彼の顔を突いた。

「私は彼ら全員と話しました。全員、あなたの党のメンバーでした。彼ら全員が、あなたや私のために汚れた仕事をしたと言っている。だから、私たち全員、それを何とかしようとしている、そのことの責任を、そんな主張のやましさを何とかしようとしている。……なのに何よ、あなたは？　何まぬけたこと言ってるのよ！」

ボディガードと古参政治家たちの突然の出現が、私に冷静さを取り戻させた。

「あなたは、アフリカーナーに責任を負わせようとするANCの企みに完全に引っ掛かってしまわれた。それに残念ですが――野蛮人のように行動し、みずからの職務の限界をわきまえない人たちの責任など、私は取るつもりはありません。彼らは刑法上の罪人であり、罰せられるべきです。」

私は目の前の男を見つめた。歳を取っていた。かつて彼の顔はすべすべとふっくらしていたのに、皮膚には皺が寄り、笑いが頬に貼り付いていた。鼻が異なった物質でできているように思えた。ウィスキーのグラスとタバコを手にして彼がそこに立っているのを目にしたので、私は父を思い出した。それに、他の血気盛んな愛国主義者たちは彼が気に入っている。普通の人々。よき人々。本当にそうなのだ、彼らは耳にすることに自分一人で何とか対処させられてきたのだ。

フェルヴールト博士〔注5〕が国会内で刺殺された後、私の母は、アフリカーナーの精神を描写したエッセイを書いた。

私が生きている限り、あの木曜日の朝のことは決して忘れないだろう。その朝、私はひとり家から遠く草原地帯に出かけた。私が定期的に灌漑する場所に木の茂みが育っている。何もかもがひどく乾燥していた。私は金網のフェンスの上に立って、細い流れがひび割れた大地をちょろちょろと流れていくのを見ていた。私たちの農場は南への飛行ルート上にあった――なので、もはや飛行機に注意することなどめったになかった。ところが、突然私は、南東からの飛行音に気づいた。いろいろな点で、その音は今まで耳にしたどの飛行機とも異なっていた。私は上空を見上げ、そして思い出した、その日、首相の遺体を収めた棺がプレトリアへ運ばれるということをラジオで聴いたのを。ありうるだろうか？　再び私は見上げた。いや、ありえない、たったの一機だなんて。その男を墓地へと運ぶには、わが国でもっとも優美で雄大な大飛行隊である、一飛行中隊すべてが任務につくべきである。なのにそれは、うら寂しくて、悲しげな爆撃機だった。それは、今までに見たどの飛行機よりも低く飛んでいた。それに、そのモーターは、なぜか知らないけど、消音されていた。そのため飛行はとても静かで、まるで最大の慎重さで操縦されてでもいるようだった。そして私は気づいた、この有名な男の遺体が私のそばを通過している間、私は青ざめたオレンジ自由州の景色の中で、ただ自分に寄り掛かるように佇んでいるだけだということを。その瞬間、遠くから眺めて大したものだと思っていただけの男の生涯が、遠くから私の人生に触れたのだった。それにしても、そのような接触までコントロールしようとする新しい世代の傲慢さと自信のほどを、私は持ち合わせていない。そんなものは私の魂からは出て行ってしまった。私は何をすべきか自問した。私は街頭に出て、今この国で何が起きているかよく考えるよう、人々に訴えるべきだろうか？　私の知っていることだけを根拠にして、彼らに訴えるべきだろうか――強制収容所や悲しみの涙、流血のことを……。しかも、私は心から願った、悲しみと流血の時代を通じて、人々やその人々のために話し合われたことを犠牲にして、私が自分個人の名誉のためにいつか何かを書くようなことがあれば、私の手は切り落とされてしかるべきだ、と。しかも、アフリカーンス語で書くことは、一つの権利ではなく、高価な代償を支払って購入した一つの特権であることを、私は忘れずにいつも肝に命じておくつもりであることを――しかも、それには重い責任が伴っていることも。

私は母のことを思った、そしていかに彼女を愛しているかを。私はなんとアフリカーナーの最良のものや、もっとも誇りうるものといっしょに育てられたことか。さらに私は、指導者というものの責任について自問した。彼は、私たちが自分自身や自分たちの過去と向き合うことができるような余地を作りだすべきではないだろうか？　彼は不可能なことに取り組むために、アフリカーナーの飾らない正直さや大胆さを交渉の席に携えるべきではないだろうか？　そうすることで初めて、私たちは自尊心と威厳をもってこの国の建設に参画することができるのではないだろうか？　せめてこれくらい言えないものだろうか。「ともかく、私は責任をとるつもりです。過去五〇年間の国民党支配下でなされた残虐行為のすべてに対して、私は責任をとるつもりです。人々が撃たれた場所に私は花環を捧げるつもりだし、犠牲者のために募金をするつもりだし、許しを乞うつもりだし、祈るつもりです。私は責任をとるつもりです。責めを負うつもりです。」

真実は、アイデンティティに密接に関わっているのだろうか？　そうにちがいない。あなたが真実だと思っていることは、あなたが自分をどんな人間だと思っているかによっている。

私は私の目の前にいる指導者、アフリカーナーの指導者を見つめた。そして突然気がついた、自分がこの男よりも「フラクプラースの五人衆」の方により多くの共通性をもっていることに。というのも、彼らのおかげである道を歩んできたし、私たちの何人かは、彼らはある道を歩んできた。そして、非常に多くのアフリカーナーが今もその道を歩んでいる――自分自身の不安や恥ずかしさや罪を自分自身の肩に背負って。そして、中にはこう言う人もいるだろう、ほとんどの人がまさにそんな状態を生きているんだ、と。私たちはそれほどに惨めだ。私たちは深く恥じ入っているし、自責の念にとらわれている。でも、聞いてくれ、私たちはここから出発する。私たちはそれをただちに生きるつもりだ――ここで――あなたたちとともに、あなたたちのために。

私はテーブルの上にグラスを置いて、アダレイ通りへと逃げ出した。私の背後で、指導者の次のスピーチに対する儀礼的な拍手が、強い南東風に吹き流された。

私は、母が書いたエッセイについて考えた。話がなんとすらすらと、自然に、政治から言語の問題へと移っていることか。しかもそれが、中心をなす点ではないだろうか？　そこでは、アフリカーンス語はアフリカーナーがアパルトヘイトのために支払わなければならない代価だ、と包み隠さずに表明されている。それこそロベン島〔政治犯の多くが収容されていたケープタウン沖の監獄島〕で何年間も議論されていたことではなかったのか。ボーア人の言語をどのように扱うかということが。

ともあれ、私も自問した。盲目的に悪事をなすよう一民族を催眠術にかける、フェルヴールトのような指導者を持つのがよりいいのだろうか？　それとも、よい事はするが、そのことの公平さ、その立場の道徳性を、自分自身や自身が属する民族に納得させることができずに、彼らを犠牲者とほぼ同様の、憤りに満ちた、罪と絶望のはざまでよろよろと歩くに任せる、デクラーク〔注7〕のような指導者をもつ方がよりいいのだろうか？

通りをさらに下った真実和解委員会のオフィスの入口で、同僚のセロと私は、ある人に偶然出くわした。ヴィルヘルム・フェルヴールトだった。「五人組を理解するのを助けてよ」と、私は若い哲学教授に訴えた。

彼は微笑んだ。「まあともかく、ポール・ラッセル〔スコットランド生まれで現在ブリティッシュ・コロンビア大学の哲学教授〕からの引用を伝えたいと思って。『真実が戦争での主要な犠牲者だとすれば、多義性ももう一つの犠牲者である……。』つまり、戦争の遺物の一つが、単純な区別や画一化、対立の習慣であり、……しかも、それらが、自分自身についてのわれわれの思考に多大な影響を及ぼし続ける。」

「ねえ、どういうこと？」

「戦争の精神異常に関係している。これまでわれわれは選ぶことなく、白人・黒人という単純な指針によって生きてきた。でも、平和時には、簡略化されすぎた信条によって指示され続けるべきではない。われわれは、もっと多義性の入る余地を作るよう努力しないとね。」

彼が立ち去ると、セロが尋ねた。「だれ？」

「フェルヴールト博士のお孫さん。」

セロは立ち止まった。ぽかんと私を見つめた。目を丸くした。それから彼は、鋪道にぺたりと座り込んだ――ノートとカセットテープが散らばった。「あの男が？」

「そうよ」と私。

「で、彼はどこで働いてる？」

「今は真実和解委員会で働いている。」

セロは、うしろに身を投げた。両脚が賑やかなアドレイ通りにまっすぐに突き出された。彼はご機嫌で奇声を発した。鋪道をげんこつでたたいた。ヤン・スマッツ〔アングロ・ボーア戦争時のアフリカーナーの将軍で、後に南アフリカ連邦の首相を務め、第二次大戦後には国連憲章の前文を起草した〕の像の下の行商人たちの間で、それがほどよい見世物になってきた。セロは起き上がって、涙をぬぐった。「なんてこった！　お前らボーア人は！」

クリス・リベイロの証言

私はカデットへ走った。……後部左手の席にすわったやつが、私をめがけて三発撃った。……車から身を乗り出した男が、私をねらって撃った。……そいつが私に銃を向けた。私はそいつの手を見た。……白人の手だった。私は今でも、銃から飛び出したオレンジ色の火花を心に思い描くことができる。……私は走って家に帰った。……中庭の排水溝に、父が頭部に二五発も銃弾をくらって寝そべっているのを見つけた。母はそのむこうで、たった一発で大の字にされていた。母は傷ついているようには見えなかった。血も流れていなかった。私が腕に抱きかかえると、母は吐息をついた――それが最後の息だった。

政治

九章　政治に関する記録は、みずからをねじ曲げる

政党の公聴会

何か特別なことが起きているとわかるのは、真実和解委員会のオフィスが普段よりも外国なまりのアクセントで満ちているときだけ。なぜなら、真実和解委員会は間違いなく世界規模の事業である。海外のジャーナリスト集団の後から、取り澄ましたコメンテイターの群れや、柔和そうな、眼鏡をかけた研究者団体がさっそく姿を現す。

それって、彼らがアパルトヘイトの犠牲者にとりわけ関心をもっているからなの？

とんでもない、初めて政治家と政党が真実委員会で意見陳述をすることになっているから。「世界中には、これまでに一七の真実和解委員会が存在したが、政治家はどれにも出頭しなかった」と、アメリカ人の教授は、ウースターでの公聴会が開催されている建物の外で、太陽に目を細めながら言った。「いったいあなたたちは、それをどうやって実現したの？」

「さあね」と私は答えた。

こう答えたのは、一週間ジェット機に乗り、クルーガー国立公園〔モザンビークとの国境に広がる南アフリカ最大の野生動物公園で最も人気のある観光地の一つ〕を訪れた後にツツ大主教とのインタビューを割り込ませ、三日間公聴会に出席して、絶えまなく現地のジャーナリストに情報や俗受けする引用句をしつこくせがみ、それがすむと、論文か本の執筆のために引きこもる人々に、私はうんざりしているからだけではない――それだけではない。それどころか、政治の不可解な仕組みを私も理解できないからだ。

そもそもの始まりから、法律の内容を定めるための最初の意見陳述から、このプロセスはすべて公開されてきたと私は説明しようとする場合がある。この国の政治家は、今なお一般の人々に釈明する責任を感じているからと説明することもある。彼らはたぶん嘘をつき、欺くだろうが、〈人民〉に説明することがここで何かやる従来からの方法だった、と。しかし、この説明があまりにもナイーブなので、相手からの反応は沈黙のみ。こう説明することもある、数回の大衆集会よりもとても道徳的な一回の公開討論のほうから、政党はより多くの利益を引きだしうると思うくらい政治家たちはご都合主義的だ、と。あるいはこうも説明する、犠牲者たちの内容に満ちた証言が、政党に自分たちの言い分を主張する気にさせたのだろう、と。さらにこう示唆しもする、私たちが隔離されてきたことが一役買っているかもしれない、と。つまり、

人々は、この種のプロセスにこれまで一度も接する機会がなかったので、参加拒否も一つの選択肢だとは考えつかなかったのかもしれない。さらには、多くの委員たちが、各党の指導者たちと個人的に会って議論することで作られた下地がある、と。

私はこうしたすべての説明を提供した。というのも、世界の歴史で初めて、国の警察・防衛部隊の支配をどのようにして打ち破るかという大問題が解決されたと主張するのは、あまりにも僭越すぎると思えたので。恩赦申請を個人単位で個別に扱うことによってわれわれはそれを実現した、と司法大臣委員会の議長ジョニー・デランゲ〔注4〕は言っている。そうだとしても、一九九四年の普通選挙に先立って、「ウムコント・ウェ・シズウェ」〔アフリカ民族会議の軍事部門「民族の槍」〕のメンバーの入国を認める前に、刑事責任の免責に関する個人申請を最初に主張したのは国民党だった。

いずれにしろ、政党の公聴会とその他の公聴会との相違は大きかった。政治的エリートに混じって委員たちを目にするのは奇妙だった。「真実は人々を自由にする」と書かれたポスターは、突然、意義を失った。それに、委員たちのこれまでの習慣的な行為や身ぶり、声の調子までが変わった。熱狂的な聴衆によるパレードが繰り広げられる中、二大政党が到着した。ホールは、絹やアフターシェイブローション、男性ホルモンのテストステロンの臭いがした。ホセ・ザラクェッタ〔チリの哲学者で政治活動家〕のコメントを思い出した——もし二大政党が、双方にとって重要だと見なしていることについて密約を結んでいなければ、和解の可能性はない。

消え去ったのは、とても大きな犠牲を払って手に入れた言葉だ。各人が真実和解委員会で自分自身の話を言葉に詰まりながら口にするためだけでも、痛みという計り知れない代償を支払わなければならないということを、ここ数カ月にわたって私たちは理解してきた。一語一語は魂から吐き出され、その一音節一音節は悲しみの生涯とともに震えた。そうした言葉が消え去った。今度は国会でスクラムを組む者たちの時間である。弁舌の誇示がレトリックの中へと解き放たれる——それが権力のしるしである。政治家は、老いも若きも耳に心地よい空疎な言葉に長けている。

インカータ自由党の出頭拒否

真実和解委員会とインカータ自由党(IFP)のリーダーであるマンゴスツ・ブテレジ〔注58〕との待望久しい会合が、年の瀬近くになってやっと、この上なくなごやかなやり方で始まった。大げさなしぐさと耳障りな笑い声の中で、その大臣は、自分の所属する教会の長でもあるデズモンド・ツツ大主教といっしょに、型通り写真に収まった。メディアが退場を言い渡されてから、大主教は、ブテレジ大臣とIFPの国民会議メンバーのジョー・マシューとともにすわり……、祈った。

ブテレジは、委員会と会合する最後の重要な政治的リーダーだった。しかも、会合の目的は、委員会をＡＮＣ〔アフリカ民族会議〕による魔女狩りだと烙印を押した政党から、政治的な意見陳述をする保証をどのように取り付けるか、ということだった。

二時間にわたる会合の後、記者会見が行なわれた。ツツ大主教は言った、充実した、ざっくばらんな話し合いだった、と。

続いて、ツツとボレイン副委員長が聞いているにもかかわらず、ＩＦＰのリーダーは委員会をこきおろした。委員会は、中央集権化したＡＮＣがみずからを国で唯一の正統な反アパルトヘイト勢力として描き出す方策の一つとして作った歪んだ機構だ、と酷評する覚書が、メディアに手渡された。委員会は、マッカーシー委員会〔一九五〇年代に米国で「赤狩り」キャンペーンの先頭に立った諮問委員会〕や中世スペインの宗教裁判所〔いわゆる「魔女狩り」の中心機関となった〕と比較された。その声明は、恩赦、補償、真実の発見の組み合わせは、巨悪を作り出す方法だ、というＩＦＰの見解を述べている。人は金と恩赦を手に入れるためなら何だって言うだろうから。

ところで、ブテレジは、ＩＦＰがなぜＡＮＣの武装闘争の主要な攻撃目標となったかについて意見陳述を行なう、と約束した。覚書によると、ＡＮＣは、アパルトヘイト支持者がかつて殺害したよりもはるかに多くＩＦＰメンバーを殺害したという。

真実和解委員会のプロセスにおけるブテレジの役回りは、悪くて妨害者、良くて不承不承の参加者といったところだった。ＩＦＰにおける彼の役割のなんらかの意義については、政党自身の国会での発言集から拾い集めることができる。

そのタイトルは勇ましい。『ＩＦＰの伝道者』――対して、サブタイトルは長々とふらついている。『――インカータ自由党国民会議院内幹事の党内週間報告書』

巻頭に、旧約聖書『箴言』からのいくつかの助言が掲載されている。「その口を守る者は、その生命を守る。」

刊行物の丸々真ん中部分は、党首マンゴスツ・ブテレジのプロフィールに充てられている。彼は法学の名誉博士号を五つももっている――ズールーランドとケープタウンの大学から一つずつとアメリカの大学から三つ。彼は、リベリア共和国からスター・オブ・アフリカの二等勲爵士を授与された。英国バーミンガム市から名誉市民の称号を授かった。インドでは、平和の伝道者として歓迎された。彼が受けた最後の賞は一九八九年――ネルソン・マンデラが釈放される前の年である。

最後のページで、ＩＦＰの国会議員たちは、その週のうちに自分たちが考えるべきことを手に入れる。「明日が来れば、今日は永遠に去ってしまう。それに支払った代償を後悔しないようにしたいものだ。」

真実和解委員会の活動期間中ずっと、ブテレジは断言していた。もし人々が国を灰燼に帰したいと望むのであれば、私を委員会に出頭するよう召喚すればいい、と。

他のリーダーで真実和解委員会に出頭しなかったのは、ユージン・テレブランシュ〔注3〕である。一九九六年の地方選挙の際、AWB〔アフリカーナー抵抗運動〕は、世界でもっとも奇怪な民主主義の一つに呑み込まれるのはごめんだ、とはっきり表明した——最終的には失業者が働いている者を管理下に置き、今や無教育な人間が生産的な人間を支配し、不法占拠者が郊外を統治するような民主主義には。

物事がすっかり劇的に変わってしまったというこの主張にもかかわらず、フェンテルスドープのような町では、今でも町のパンフレットを『トウモロコシの実』と呼んでいる。町の入り口には、今でも二本の男根のような柱がそびえ、人を出迎えている。ちょうどその向こうに、巨大な白い卵が置いてある。町のメイン・ストリートは今でもヘンドリク・ポトヒーター通りと呼ばれている。そのうえ、店までがこうだ——切り縫い屋（裁縫店）、巣穴（休憩所）、二叉《ふたまた》にわかれた棒（熊手）。男らしくて俗悪なテーマは、ラブホテルの中へと続いていて、そこではカクテルは、「ブルー・ムービー」「長い喜び」と名付けられている。さらに、黄・緑・黒のリキュールが層をなしている「スプリングボーキー〔アンテロープの一種〕」とか「ANC的多民族混合」というカクテルさえある。

フェンテルスドープのテレブランシュの家には、日当たりのよい閉鎖されたベランダがあり、そこの檻の中には引き具一式を付けた雄牛が立っている。

思惑・駆け引き・憶測・期待

真実和解委員会に対する政党の意見陳述は、委員会に対する人々のこれまでの関心の置きどころを根本的に変えることになった。個人の話から集団の話へ、犠牲者から指導者へ、権力を持たない者から権力者へと移った。政党は自分たちの事例を述べることと、南アフリカ人同士が殺し合ったその構造について概略を述べることが求められた。彼らはやってくるだろうか?

心配ご無用。彼らの政治的思惑が求めているものが、統治することであれ、抗議することであれ、祈ることであれ、単に金目当てであれ——彼らはやってくるはずだ。ぎりぎり土壇場で民主党は悟った、真実和解委員会の名誉あるマントにくるまれて道徳的に崇高な領域を跨ぎ越すチャンスは、めったなことでは手にできないことを。

国民党のような上意下達的な組織にとっては、参加問題は複雑だったに違いない。南アフリカの過去においてみずからが果たした役割を説明するのに、各政党はたったの一〇分間しか与えられないだろう、と国民党員が最初耳にしたとき、本当のところ安堵しないでもなかった。その日程の一週間前、国民党はレオン・ヴェッセルスの指揮のもとで、多少内容に乏しい意見陳述を表明しようと身構えていた（リーダー自身は休暇中だったが)。そのときは、ANCが意見陳述を取り止めた。つぎに日程が延期された。さらに場所が変更された――ANCの無理強いで。もはや真実和解委員会の小さな、ペンキが塗り直されたオフィスではなく、広々としたグッドホープ・センターで。そこはレスリングの試合やポップコンサート、伝道集会、政治集会の本拠地だった。つぎに、より多くの時間が、それぞれの意見陳述に与えられた。すると今度は国民党が、一九六〇年以降、国をいかに支配してきたかを語るために丸々一日が与えられていることに突然気づいた。土壇場になって、レオン・ヴェッセルスは党のリーダーであるF・W・デクラーク〔注7〕によって更迭された。一体どうなるのか、だれにもわからない。

各党は何を言うつもりなのだろう? NP〔国民党〕は過去三〇年間のみずからの責任を、うまく言い逃れるつもりなのか? シュレッダーが決定的な文書を裁断するのと同じ速さで、複写機がもうコピーを濫造していたとのことだ。何人もの歩兵が、有名な政治家がサインした文書を今でも持ち歩いているらしい。その政党はみずからの過去を認めるつもりだろうか?

同様に、権力を手にして以来、誤りを認めるのが非常にむずかしいことに気づいたANCは、独りよがりなパフォーマンスをあきらめるつもりだろうか? おのれの中の腐ったリンゴをあばき出すつもりだろうか? それとも、集団的な責任を口実にして、それらをかばうつもりだろうか? 不利な状況をアリバイとみなすのか、それとも、各自にみずからの行為を白状させるつもりなのか?

さらに、IFPについてはどうなのか?

彼らは今なお忙しく意見陳述をしたためていると言う。ありがたいことに、書き上がったら彼らは来るつもりらしい。

ところで、だれもが、政党の意見陳述によって、真実和解委員会を中心にして誠実な議論が行なわれるのを期待している――個人的な責任の議論を。個人は、政治家や任命された当局の手の内にある単なる操り人形にすぎないのだろうか? それとも個人は、兵士やコムラド〔ANCの同志や軍事路線の支持者たち〕と同じように、最終的には自分自身の活動や行為の責任を負うのだろうか? 「私はただ命令を遂行しただけです」という言い分は、殺害に関与したことに対する十分な理由たりうるだろうか?

陰の実力者や幹部たちは、表沙汰にされるものを考慮しながら生きている。人形使いは黙っている。聴衆は、泣き崩れることになる支配者はだれか、知りたいと思っている。メディアは、グッドホープ・センターに使い古された機材をすえつけて、意見陳述のコピーを手に入れようと努める。

各党それぞれの陳述内容

かなりの数の歓び勇んだカラードの派遣団に付きそわれて、F・W・デクラークは、国民党政府によって着手された、一九八五年の非常事態宣言を含んだ抑圧的な手段のいくつかについて、責任を認めた。デクラークは、それらが人権侵害を助長する状況を作り出してしまったかもしれない、と認めた。

「NPの過去の歴史が原因で、悪かったこともあれば、正しかったこともある。悪かったことを認めるのが私の責任でもある。」なのに、彼の意見陳述には、注目に値するような人権侵害についての詳細は何もなかった。自分が何も知らない事例については情報を提供することはできない、と彼は言う。彼は「クラドックの四人」〔注45〕の事例を引き合いに出した。「何が起きたのか、だれがこの犯罪を犯したのかを仮にわれわれが知っていたなら……、犯罪者は逮捕され、裁きにかけられ、有罪となれば、判決が言い渡されただろう。自分の管理のもとで生じるすべてのことを知ることができる大統領などいやしない――大主教でさえも。」

型にとらわれない方針の採用を許可した、とデクラークは言う。だが「そこには、暗殺・殺人・拷問・レイプ・暴行の許可は決して含まれていない。内閣や国家安全保障委員会〔アパルトヘイト政策の国家安全保障面に関する政策・戦略立案について政府に助言する機関〕、あるいは、このような人権侵害の命令を下せる権限をもつ、いかなる委員会によるいかなる決定にも、私は一度たりとも肩入れしたことはない。私一個人としても、そのような行為を認めたことなど決してない。」

人権侵害を犯した者は、熱心さのあまりか不注意で自分たちの判断を過ったのだ、とデクラークは明言した。「国民党支配の時期に起きた、多くの受け入れがたい事柄を言い逃れするつもりはない。それらは起きたし、私はそれを被った方々への心からの同情を繰り返し何度も言わせてもらいたい。」

ANCは、とても長い、より詳細にわたる文書を提出した。それは、スパイの報告書と同じくらい詳細に富んでいた。それは国民党の違反行為について、国民党自身の意見陳述よりも多くを委員会に語っていた。

一九八〇年代を通して、南アフリカの軍隊は、三つの国家〔ジンバブエ、ボツワナ、ザンビア〕とその首都を五年間侵略した。同時期、南アフリカは二人の首相の暗殺を企て、アンゴラとモザンビークに大混乱をもたらした反体制グループを支援し、六カ国に石油の供給をストップし、七カ国の鉄道ルートを攻撃した〔次々に誕生した黒人国家に対して当時の南アフリカは唯一の白人政権国家として「反共の砦」を自認していた〕。それらの戦闘の直接的または間接的な結果として一〇万人以上が死亡し、そのほとんどが餓死だった。一〇〇万人以上が移住を余儀なくされた。この時期にその地域一帯が被った被害は、ほぼ六二五億ドルにのぼった。

ANCは、みずからの訓練キャンプで亡くなった者のリストを提供した。私は、私のチームの記者であるドゥミサネ・シャンゲが、まったく静かになったのに気づいた。ANCの意見陳述書は、投げ込まれた重石《おもし》のように彼の両手の上に置かれていた。

「ドゥミ？」私は呼びかけた。まわりは叫び声と騒音のざわめきが渦巻いていた。私は彼にさわった。眼鏡の奥の彼の目は表情を失っていた。

彼は文書をはっと開いて、最後のページまでくっていった。名前の膨大なリストだった。彼の指は降りていき、そして止まった。「これが兄です。」

私は見出しを読んだ。「アンゴラで死亡。」

「僕らはこんなこと全然知らなかった」と彼は言った。

（私たちはハゲワシのように話に飛びつき、この記事を送った。「記者がANCの死亡者リストの中に兄の名前を発見。」）

ANCの意見陳述の全体は、義にかなった闘争〔just war。この訳語については訳者あとがきを参照のこと〕の概念を軸に展開していた。闘争は正しかったし、各戦闘にはそれなりの根拠があった、と。「ネックレス・リンチ」〔注48〕は、決して公認の闘争手段ではなかった、と言う。さらに彼らは、「マグーズ・バー爆破事件」のような出来事を引き起こした指揮系統を詳しく説明するのを避けた。

ANCの出頭後、副委員長アレックス・ボレインは、真実和解委員会は他の何よりもANCの意見陳述からより多くの情報を得たことを裏付けた。

民主党は、説明責任の欠如や嘘と偽りの情報のでたらめな組合せが国会で承認され、アパルトヘイト体制を築きあげたことについて委員会に語った。まず初めに礎石があった。人口登録法〔一九五〇年に制定され、南アフリカ人のすべてが白人、カラード、黒人に分類されて人口登録簿に記載された〕が。それから以下の法律が続々と続いた。

集団地域法、原住民労働法、黒人問題管理法、労働制限法、バンツー教育法、分離施設法、雑婚禁止法、共産主義禁止法、テロリズム法、騒擾集合法、集会及びデモ法、情報保護法、出版統制法、等々。

ヘレン・スズマン〔注59〕は言う。「これらの法律は、明らかに不正確だったり、故意に間違うか事実に反する情報によって、国会で緊密に関連し合いながら成立していった。そのような一例をあげると、一九七六年、元進歩連邦党のリーダーだったファンザイルスラバート〔注60〕は、アンゴラには南アフリカの兵士は一人もいないと教えられた。ところが実際には、彼らがルアンダから一二五キロのところにいることが判明した。そのうえ、国会での審議過程は、国家安全保障委員会の存在でさらに損なわれた。彼らは通常、内閣で優位を占める意思決定に勢いをつけるために、閣議の直前に集合した。彼らのすべての活動は秘密に覆われていた。」

自由戦線〔アフリカーナーのホームランド設立運動を推進する右翼政党〕のリーダーであるコンスタン・フィリューン〔注9〕は、

終始ジレンマをまき散らした。彼は、エスニック・アフリカーナーを代表して語っている、と主張する。で、いったい「エスニック」アフリカーナーって何者？　いまだに黒んぼ《カフィール》についておしゃべりしている者たちのこと？

「もしあなたが、エスニック・アフリカーナーとは何者かと尋ねなければならないとすると、あなたはそれではありません。」かつてフィリューンは私にそう言った。「とはいえ、あなたのような逸脱者は、道から遠く逸れてはいますが、いつも最後には、再び自分自身を見い出すことになりますよ。」

フィリューンは過去を説明しようとする。「われわれが手にしたものを黒人が実際に望んでいるとわかったとき……、黒人解放闘争がすでに共産主義とつながりを持っているとわかったとき……。エスニック・アフリカーナーにとって、それは無神論と弁証法的唯物論を意味した。もはや後戻りはできなかった――われわれは追いつめられた。

われわれはアフリカでの過去の残虐行為について想起させられたし、生活の質において目に見える低下をすでに経験した。しかし……、金持ちや自由主義者が、地球上のどこか他の、より安全で、より利益のあがる本拠地へ移住していく間、アフリカーナーは自分たちの固有の地であるアフリカに留まることに腹を決めた。もちろん彼らは意固地になった。でも、自分たちの世界がひっくり返されたとき、混乱し、敏感に反応できなかったからと言って、それで彼らを非難しないでもらいたい。」

いずれにしろ彼には勝ち目はない

海外のメディアは、デクラークの謝罪に懐疑的な態度を示した。彼が実際に謝罪を短かく切り上げたと感じた外国人ジャーナリストもいるし、謝罪の内容を少しも具体的に述べなかったと思っているジャーナリストもいる。

ツツはその意見には同意しなかった。『申し訳ありません(I'm sorry)』と言うこと……、さて、どうなんでしょう、あらゆる言語の中でもっともむずかしい言葉の一つが、〝I am sorry〟だと私は思っています。それに、私たちが関わっているのは非常にデリケートな事柄なので、ちらちら揺らいでいるランプの火を吹き消さないようにしましょう。まだ大統領であったデクラーク氏と面会をするために出かける多くの代表団の中に、あなた方が私たちといっしょにいたならば……、私たちはそこで、彼に『アパルトヘイトは悪い』と言おうとしていました……、そのとき、彼が謝罪を弱めようとどのように言葉を濁したか、あなたも憶えておられるでしょう――今や私たちは、とても意義深い前進をしたのです。」

これは歳を取ることのメリットであり、すべてが明らかになるわけではない、とツツ大主教は言った。「私は悲観的になったり、懐疑的になったりしない方法を学びました。面と向かって言うのはむずかしいと多くの人が感じていることを、公開の場で言うことができるのは、すばらしいことだと思います。」

「でも、彼は言いませんでしたか?」私は大主教に尋ねた。「自分の妻に言うように――『君をぶって申し訳ない、でもねえ、君の自業自得だよ』と。」

彼は突然笑い出した。「たとえ彼が何も言わなかったとしても、人々は言ったでしょう、『なんて冷淡な!』と。仮に彼が謝罪について触れなかったとすれば、私たちは彼を非難したでしょう。彼は八方ふさがりの状態です。たとえ彼がどうしたにせよ……。いったい彼に何をしてほしかったのでしょう? ひれ伏すこと?『おねがーいです、大主教、ほんとーうに申し訳ありませんでした……』と言い続けろ、とでも? そうしたところで、人々は言うでしょう、『あれって本心から? 振りをしてるんじゃないの?』って。つまり――彼には勝ち目はない。」

三枚の絵が物語る

新生南アフリカ共和国の国旗が国会議事堂に翻っているにもかかわらず、ルイス・ボタ〔アングロ・ボーア戦争時のアフリカーナーの将軍で、後の南アフリカ連邦をヤン・スマッツとともに指導した〕は依然として政治家、軍人、農場経営者として馬上に鎮座している。ヴィクトリア女王も今なお、上院のすぐそばで自分の小さな戦利品を握りしめている。ところで、国会内の絵はやっと取り外された。もっとも大きい絵の三枚は、過去の三つの異なった時代への見る目を提供してくれる。

国会内のダイニング・ホールには、一九一〇年の南アフリカ連邦成立時の立法府の、巨大な絵が掛かっていた。絵の中の人物は、全員あごひげを生やし、全員白人で、全員陰気だ。それに――言うまでもなく――全員男性である。今もなおかすかな明かりが窓から射し込んでいる。この絵を壁から外し、床に下ろし、金色の額縁から絵を取り外し、番号の書かれた袋に巻いて収め、この種の絵が保管されるだろうどこかへと運び出すのに、美術館の全職員で丸一日を要した。

対照的に、同じくダイニング・ホールに掛かっていたヘンドリク・フェルヴールト〔注5〕内閣の絵には、明かりが見えない。窓もなく――明かりのかけらすらない。閣僚たちは、木製の羽目板が貼られた部屋で食卓を囲んですわっている。彼らの全神経は、ホームランド設立のイデオロギー〔国土の約一三パーセントに黒人のグループごとに居留区を設け、黒人はすべてその地区の住民とする。後に各ホームランドを独立国とする政策が推し進められた。そうすれば、人種差別問題が解消されると考えた〕の立案者にしっかりと注がれている――実を言うと、その男が彼らにそれを説明しているところなのだ。彼は、南アフリカの大きな地図を指差している学校の先生のように立っている。彼の手首はなるほど弱々しいが、眼差しは鋼鉄のようだ。引き出される唯一の推論は、バンツースタン〔ホームランドに同じ〕の境界を彼が指し示しているということ――それが彼の政策の要だった。着席している閣僚たちの緊張した輪の外に、三人のより若い男が見える――そのうちの二人がジョン・フォルスター〔一九六六~七八年まで首相を務めた〕とP・W・

ボタ〔注21〕である。

およそ二〇年後、P・W・ボタ内閣の絵が国会のロビーに届けられた。フルール・フェリと呼ばれる人物によって描かれた巨大な代物は、建物に入ると右手に掛かっていた。金の額縁で飾られた工芸品は、緑や紺色の新調のウールのスーツ姿の文官たちの陰影の中に、一九八四年七月二六日の内閣の白鳥の歌をすでに描いていた。

彼らは〈最後の晩餐〉の席順配列を見習っている。食卓を囲んで。何も置かれていない食卓で。ところどころに真新しい紙と一、二本のペンがあるのみ。各自のからだは、節くれだらけの竹の椅子に支えられ、その頭はうしろに捩れているように見える。それが、ばらばらな感じ、全体がゆがんでいる印象を与える。彼らはいっしょにすわっているが、相互関係は何もない。あるのは同一化と統制。髪の毛一本一本までが数え上げられている。カーテンは開いているが、窓は外の世界のかすかな光さえ遮断している。副大臣の時計だけが唯一見える。

使徒の指導者もいっしょに食卓を囲んですわっている。だが、P・W・ボタはイエスの位置にはいない——中央は四人の皇太子で占められている。ヘリト・フィリューン、ラパ・ムニック、F・W・デクラーク、それにクリス・ヒュニス。デクラークがユダだ、とフェリは予言している。彼だけがP・W・ボタをまっすぐに、だが卑屈な目で見つめている。実を言うと、P・W・ボタは、しなだれた国旗のすぐそばの食卓の上座に押しやられたのに気づいたのか、鉛筆を握りしめ、ピック・ボタ〔注61〕の方を睨みつけている。ピックとルイス・ルフランゲは背中合わせにすわっている。ヘンドリク・スクーマンはパイプを手にして、とても不機嫌そうに、内閣の正式な冗談家の役を負わされたかのように見える。予言者フェリは、彼を首なしに描いている。ファット・ホム・ダヴィー〔「タックル・ヒム・ダヴィー」のニックネームを持つ元ラグビー選手ダヴィー・デフィリエルス〕は、書名のない本に手を芸術的にだらりと垂らして、ブロンドの後光に包まれてすわっている——たとえ彼が救世主でなくても、そのときは元スプリングボックのラグビーのキャプテンは、少なくとも最愛の人ヨハネということになる。華々しいプロフィールを持つマグヌス・マラン〔国防関係の長官・大臣を歴任〕は、巨大なキャンバスの中に彼の金色の小指の指輪を加えさせるという、気ままな筆遣いを許した。バレント・デュプレシスは、小作農の顔つきの農業大臣のうしろで、着古してテカテカ光るズボンの膝を見せている。自分自身の進むべき方向から喜んで目を背けたただ一人の大臣で、食卓の上に手を見せていないのがピティ・デュプレシス——現在、詐欺で入獄中である。

これら全員の背後のかたすみで、副大臣たちは小さくなっておしゃべりをしている。

一〇章　和解——二つの悪のうちのましな方

「和解と呼ばれるもの……、それを正しく理解しようとするなら……、もしこの犯罪者、クリストファー・ピットを殺したこの男、その彼がふたたび人間らしくなる、この男が、その結果私が、その結果私たち全員が人間性を取り戻すことを意味するなら……、それなら私は同意する、その場合なら私はそれをすべて支持する。」

（「ググレツの七人」〔注62〕の一人、クリストファー・ピットの母、シンシア・ンゲウの証言より）

和解からなのか、和解へなのか

昔、二人の少年、トムとバーナードがいました。トムはバーナードの真向かいに住んでいました。ある日、トムはバーナードの自転車を盗み、そのためにバーナードは、毎日トムがそれに乗って学校へ行くのを見るはめになりました。一年後、トムはバーナードに近づき、手を伸ばして言いました。「仲直りして、過去のことは忘れよう。」

バーナードはトムの手を見つめた。「で、自転車は?」

「あれは関係ない」とトムは答えました。「自転車のことなんか話すつもりはない——僕が話したいのは仲直りのことだ。」

ムコリシ・ムパムバニ神父は、真実和解委員会とアフリカ調査局が共同で準備した、ケープタウン大学での和解をテーマにした公開討論会の昼食時に、この物語をした。

ディルク・クッツェー〔注43〕が息子を殺し、「バーベキューにした」のをどうしても許せなかった後のインタビューで、コンディレ夫人は言った。「マンデラやツツにとって、許すのはたやすいでしょう。……彼らは権利が認められた生活を送っています。私の生活には何もない、何一つない。息子が野蛮人に焼き殺されてから変わってしまった、……何もない。なので、私は許すことができない。」

ところで、〈和解〉という言葉は、アフリカーナーの政治家たちによってもっとも頻繁に使われる。国の恥ずかしい過去の責任を、自分たちだけに負わされるかもしれないという不安を隠すのに彼らはその言葉を使っていると思うかもしれないが、実は彼らは主としてそれを脅しとして使っている。「われわれが望むものを与えよ、さもなければ、黒人政府とは和解したくない」と。彼らは自分たちの要求を押し付けるために和解という言葉を用いる。

〈和解〔reconciliation〕〉という言葉の辞書による定義には、回復する、元の状態にものごとを再建する、という背後の意味がある。オックスフォード英語辞典は記す。「仲たがいの後、ふたたび仲良くなること、署名し直すこと、調和させること、共用できるようにすること、共存できること。」

アフリカーンス語辞典は記す。「友情を復活させること、拒むのではなく受け入れること。」

しかし、この国には戻るべき元がない、人々が復活させたいと望む以前の状態や関係がない。こうした苛酷な状況下では、〈和解〉という言葉は正しい用語のようにはなおさら思えず、むしろ〈調停〔conciliation〕〉と言うべきだろう。

デズモンド・ツツ大主教の和解神学は、和解という言葉の古典的な定義と一致する。大学教授たちは、一九七九年以来、和解が大主教の神学的思考の必須部分となったと言っている。だが、生きるに値する世界から遠く隔てられているようなときにこそ、西洋キリスト教で言う和解の動機が示されもするというユニークな考え方で、ツツはその概念をアフリカナイズした。教会は言う、「あなた方は許さねばなりません、なぜなら神は、あなた方が神の子を殺したのをお許しになったのだから」と。ツツは言う、「思いやりのある社会の中でだけ人間らしくありうる。もしあなたが心に憎悪と復讐を抱いて生きているなら、自分自身を非人間化させるだけでなく、自分たちの社会まで非人間化させることになるだろう」と。

「アフリカ人の世界観では、個人というのは基本的には一個の独立した、孤立した存在ではありません。個人とは、正確に言うと、他の人間たちの社会に包み込まれている人間であり、生命の束にとらえられている人間のことです。生きるとは……、加わることです。」

アフリカ系アメリカ人のクリスチャンで、テネシー大学の倫理学の教授でもあり、ツツのユニークな神学を学んだマイケル・バトルは書いている。「ツツの生き方と考え方の中心をなしているのは、人種差別を人間のアイデンティティの決定要因だとする考えを越えて進むよう、社会に訴えることである。人間は黒人だから白人だからといって殺すべきではない。むしろ、人間は異なって造られているので、新しい意味やアイデンティティがいつでも生まれうることを喜ぶべきである……。ツツの〈ウブントゥ〉〔個人と集団との間の結びつきを強調するアフリカ固有のヒューマニズムの考え方〕の神学が明らかになるにつれて、それが南アフリカ人にとって新しいアイデンティティへの接近方法となった。それはまた、ジョン・ムビティ〔ケニア出身の牧師・宗教学者〕が『私はわれわれである、しかもわれわれであるから、ゆえに私である』と簡潔にまとめた、個人と共同体との調和という古くからのアフリカの概念に訴えてもいる。」

南アフリカでもっともよく知られた和解の主唱者は、ネルソン・マンデラ大統領だが、彼の後継者ターボ・ムベキ〔注50〕が、和解と許しをどのように考えているかを考察するのは興味深い。

一九九六年の暮れ、ナタール大学は「和解卒業式」の席で、ムベキに名誉博士号を授与した。当初ムベキにとって、こんな形で栄誉を授かるのは多少不合理に思われた。それにまた、博士号授与の根拠とムベキの学歴が式で披露された後も、大学自身は、みずからが栄誉を授けた相手がすでに始めていたかもしれない和解に向けての活動については何も知らなかったらしい。元「イギリス系自由主義教育機関」がANC〔アフリカ民族会議〕の一指導者に名誉博士号を単に授与するのは、おそらく、和解のナタール大学版であろう。ムベキが、暴力と復讐に苦しめられてきた地方で、もっとも効果的な仲裁の労のいくつかを果したという重要な個人的役割については、だれも触れなかった。ANCの情報によると、ムベキは和解について話し合い、和解への道を整えるために、ナタールで何週間も過ごしたという。

式の前に、和解をテーマにしたムベキのスピーチ内容がメディアに配布された。しかし、時間がきても、彼は先のヨーロッパ訪問についてのまったく異なる講演草稿を取り出したので、和解についてのスピーチは一言もなされなかった。それでもそこには、人を啓発する三つのパラグラフが含まれていた。ツツに関して言えば、和解は変化していくプロセスの始まりであり（人間は自分自身や自分の社会を変える前に、自分の自己本位な選り好みを克服することができるに違いない）、ムベキにとって和解は、全体的な変化が起こった後にやっと続いて起こりうる一段階にすぎない。

「真の和解を造り上げるには、どんな基本的要素が必要なのだろうか？……アパルトヘイトをデモクラシーに置き換えることで――現実の和解は、徹底した変化と民主化のプロセスなしには成し遂げられない。」

さらに、スピーチの後半部にはこうある。「今夕、われわれが主張しようと努めた要点は、わが国の歴史を考慮に入れると、真の和解は、われわれがわれわれの目標である社会的な変化に成功した場合にのみ、起こりうるということです。和解と変化は、新しい社会を建設するという類のないプロセスにおける、相互に依存し合う関係として考察されるべきです。」

ムベキは、自分が変化とみなすものについて確信している。彼は、チーフ・アルバート・ルツーリ〔アフリカ民族会議の元議長。一九六〇年にノーベル平和賞を受賞。六七年に原因不明の踏切事故で死亡〕の言葉を引用する。「われわれの前には新しい国の建設が残されている。……われわれが引き継いできた豊かな文化的種族の統合……。それは必ずしもすべてが黒人であることはないが、アフリカ人であるだろう。」

単純化が過ぎるかもしれないが、ムベキとツツによって喧伝されている和解の説明の間には、噛み合わないところがあるかもしれない。黒人たちは、より優れた人間性へほぼ至りうる方法を持っているし、その人間性は彼らに、冷静な論理以上のことをさせる可能性がある、とツツは信じている。真実和解委員会の公聴会で、ある女性が息子の殺害者を許すと言ったとき、ツツは彼女に「ママ、あなたと同じ黒人であることを、私はとても誇りに思います」と言った。世界に欠けているものを黒人たちは持っている。彼の見方によると、和解の主な推進力は、すべての色の人間の間にある――それは〈虹の国〉〔ネルソン・マンデラが大統領就任演説の中で南アフリカの将来像を象徴する言葉として使用した〕という考え方の中に具体的に表現されている。

他方、ムベキは、世界に欠けているものに必ずしも関心があるわけではない。彼はダーバンでそのことに詳しく触れた。彼は黒人たちに、国とアフリカ大陸を変えるために共に働くよう望んでいる。彼は〈アフリカン・ルネサンス〉について語る。彼は、黒人たちが国と大陸を首尾よく運営できることを世界に示したいと思っている。彼にとって和解は、すべての黒人の内部で、白人と平和的に共存しながら生じるべきである。

犠牲者／犯罪者から犠牲者／受益者へ

ケープタウン大学で開催された、和解に関する公開討論会で出された意見のほとんどが、この二つの間に位置付けられる。

「人々の生活と起きてしまったこととをうまく調和させる方法や手段を個人や共同体は編み出しているので、和解は、すでに大きなスケールで生じている。」人類学科のパメラ・レイノルズ教授は、人々はすでにすばらしい方法で許し合い、和解し合っていると、ツツのビジョンを強調した。公聴会での暴露に続いて復讐攻撃が起きなかったという事実は、日々の生活において、人々はすでに和解と復讐のコストを比較検討したことを物語っている。

アブナー・モフォケンにとっては、和解は、生き延びることと密接な関係を保って、少しずつ動いているという。サザン・ライフ社で労務管理をしているので、彼の分析は現実的だった。「南アフリカの経験は、生き延びるためには共存が不可欠だ、という点で皆が一致したことをわれわれに教えてくれた。個人の生存は、他の人々の生存と切っても切れない形で結ばれている。」

ノジポ・ジャニュアリ＝バーディルの意見によると、白人たちが黒人を気の毒に思う代わりに、人種差別によって自分たちも傷つけられていると感じた時点で、ようやく和解が生じるだろう。（黒人を「気の毒に思う」ことが、最近、究極の罪を表わすものとなっている――このキャッチフレーズを使うのが、大げさに同情を示す人々の間の専売特許になっている。）

シャーリー・グンは、聴衆をいくつかの基本的な問いに連れ戻した。いったいだれが和解すべきなのか？　和解から利益を得るのはだれなのか？　それでいったい何を得るのか？　彼女は和解と援助を関連づけて、チャリティ・コンディレの言葉を繰り返した。マンデラにとって許すのはたやすい――彼の生活は変わったのだから。でも、掘っ建て小屋に住む女性にとっては、それは不可能だ。

アブナー・モフォケンがグンに反論した。「マンデラが掘っ建て小屋の女性に気づいていないなんて、絶対にありえない。しかもマンデラは、より大きな目的、より充実した全体像を心に抱いているし、それも結局は彼女の子どもか孫のためになると思ってのことだ。」

アメリカから来たある教授は、和解についての予想だにしなかったイメージを取り出してみせた。「アメリカでの真の和解とは、白人と黒人がともに家具店をいかに荒らしたかをテレビで見たときに目に見えるものとなった。……家具は一人では運べないので、単に私利私欲のために協力し合った。」

今度は背の高い、若い学生がうしろで立ち上がり、それまで注意深く避けられてきた問題にまっすぐ向かった。「今現在、委員たち自身を包んでいる人種的偏見の問題について、二、三言わせてもらいます。たとえば私をいらつかせるものが一つあるとすれば、それは黒人の新しいエリートが人種差別について愚痴をこぼすときです——その一方で実際のところ、彼らが望んでいる一切合財は、白人の権力と地位であり、自分たちがそれらの価値をまったく同じように享受することだ。」

だれもが他の人の視線をさけた。

大学ではA・C・ジョーダン教授で通っている、ウガンダのマムード・マムダニ教授が、討論に結論めいたものを求められたとき、彼はこう問いかけることで私たちを驚かせた。「もし、南アフリカで真実が正義に取って変わってしまったなら、そのとき和解は、悪の容認に変えられてしまいはしないだろうか？」

私たちははっと息を呑んだ。〈恩赦〉〈包括的な恩赦〉といった言葉が、私の心を掠め過ぎた。

「五年前、もしもだれかが、新しい民主主義や集団虐殺《ジェノサイド》なるものについて私に話してくれたとしても、南アフリカやルワンダがまさにその場所だと考えたかどうか心もとない。私が今でも自分に問いかけることは、受益者より犯罪者といっしょに暮らす方が容易ではないのか、ということです。」

受益者？ まさにぴったりの言葉でマムダニは、最近の考え方の多くを窮屈にしている黒人・白人というあいまいな区別から、議論全体を解放してくれた。

『サンデー・タイムズ』紙の社説が、マムダニが取り上げようとしていた典型例を提供している。特別税か、すべての特権を放棄することで、白人は過去の悪事を償うべきだ、とその社説は提案した。記事に対する読者の反応の以下のような手詰まり状態は、予想通りだった。すべての白人は言う、「私はやましいことなどしていないし、犯罪者でもないので、償いはしたくない。」対して、すべての黒人は言う、「そりゃ、そうだ！ そうした白人たちに自分たちのすべきことを教えてやる潮時だ。」

マムダニは言う。ルワンダには多くの犯罪者と少数の受益者がいる。南アフリカには犯罪者は少ないが、とても多くの特権の享受者がいる。和解は犠牲者・犯罪者間で行なわれるべきなのか、それとも犠牲者・受益者間で行なわれるべきなのか？　真実和解委員会の活動内容を定めた法律によって、委員会は、不正行為を殺人と拷問に、犠牲者を政治活動の闘士に限定させられた、と彼は言う。そのうえで彼は警告する、和解から得るものを当然期待していた大多数の人が閉め出されるなら、憤りが巻き起こるかもしれない。

　カデル・アズマル他著、サザン・アフリカン・レヴュー・オブ・ブックスの一冊として出版された『真実を貫いた和解』の書評で、マムダニはこの点を詳述している。「抵抗の歴史がＡＮＣの歴史と同義にされるなら、問題である。……そうなれば、アパルトヘイトは恐怖体制《テロ・マシン》に縮小され、抵抗は武装闘争のみに限られてしまう。」マムダニは、抵抗の問題がいかに入り組んで複雑であるかの例として、一九九二年の国民投票を取りあげた。そのときは白人だけに投票権があり、連立政権の考えに賛成か反対かだけだったが、多くの南アフリカ人は限られた自己利益の問題に過ぎないとみなした。実際は、それは画期的な出来事だったし、初めてアフリカ大陸の白人入植者という少数派が多数派との合意に向けて歩み出したという歴史的な瞬間だった――「この瞬間がなかったならば、和解についてのどんな話し合いも、単なる希望的観測になってしまっただろう」と彼は言う。

　アングロ・ボーア戦争〔南アフリカの覇権を巡るイギリス人とボーア人＝アフリカーナーとの戦争。一八八〇～八一、一八九九～一九〇二年〕後の和解の基本原理は、イギリス人を罰することよりも、むしろアフリカーナーに権利の再配分をすることではなかったか、とマムダニは問いかける。「イギリス人とアフリカーナーは、人道に対する罪（アパルトヘイト）で手を携えたのか、それともアパルトヘイトは、昨日の犠牲者を味方にして、今日の略奪品を大規模に再配分したり、埋め合わせをしたりするためのプログラムだったのか？」

　この類推は、難問を提起した。真実和解委員会は、一九三八年の象徴的な牛車大行進〔一八三八年の大陸内部への最初の大移住「グレート・トレック」を模したアフリカーナーの民族示唆運動〕の相当物なのだろうか――新しい南アフリカ人のアイデンティティを生み出すよりも、むしろ特異な民族主義を生み出す手段として？　グレート・トレックを記念して、ブルーダーボントによって組織された牛車大行進にアラン・ペイトン〔アフリカーナーの作家で反アパルトヘイト活動家。南アフリカ自由党の創設者〕は参加した、という話だ。というのも、彼はそれが本物の新しい南アフリカ主義のスタートになると信じたから。しかし、フォールトレッカー〔注28〕記念碑の礎石が設置されたときの演説を聞いた後、ペイトンは家に帰り、彼のボーア人風のあごひげを剃り落して言った。「あそこには俺の居場所はない。」

　マムダニの分析は、ツツとムベキによって提起された和解の、見たところ相矛盾する両者の規定に、入り込める余地を作っているのかもしれない。マムダニは言う、和解の基本原理が人種と民族性《エスニシティ》の両方に足場を置いていなければ、永続的な和解は生まれないだろう。人種とは、特権を有する者たちのアイデンティティを定めるべく意図されていたし、民族性《エスニシティ》は、被抑圧者のアイデンティティのそれだった。人種は都市のものであり、民族性《エスニシティ》は地方のものだった。してみると、たとえば、ツツが人種に関わる和解を扱い、ムベキが民族性《エスニシティ》に関わる和解を扱えば、お互いの欠点を補うことができるかもしれない。そして、いくつかの悪事がその過程で容認されるにしても、それは二つの悪よりはましなものだろう。

ビューフォートウェストでのントンビザネレ・エルシー・ジンコンドの証言

日曜の朝のほぼ八時から九時の間に、私は警察署の中で他の部署に連れて行かれました。その部署には大勢の白人の男がいました。全員私服でした。そこの男たちは私を、前へ後ろへ、こっちからあっちへと突き飛ばし、平手やげんこつを私に見舞った。私はまるで彼らが弄ぶサッカーボールのようでした。その間中、彼らは（一九八六年三月にジョージで起きた）「ネックレス」事件〔注48〕と、ジョージ青年会議について質問しました。突き飛ばしは、およそ一五分続きました……。

月曜の午後二時ごろ、私はクッツェーにモッセルベイに連れて行かれました。ファンデルメルヴェ署長とクルーガーが居合わせていて、「ネックレス」事件について私を尋問しました。

私は言いました。「犬だってあなたたちが薄のろだって見抜いています——私がそこにいなかったこともきっとわかるでしょう。」

彼らは怒り、そのうちの一人が言った。「だれが犬かは今にわかるさ。」それから彼らは入口と窓を閉め、ブラインドを下ろした。クルーガーが紙と布切れを私の口に突っ込み、ファンデルメルヴェが私の手を縛り、目隠しをしました。

クルーガーが私のジャージーとシャツを剥ぎ取り、机に私を引っぱり上げた。だれかが私のブラジャーをはずした。彼らは開けた机の引き出しの上に私を押しつけて、乳房の片方が引き出しの中に垂れるようにしようとした。つぎに引き出しをサッと閉めて、乳房を押しつぶした。これを三回、両方の乳房にやりました。これが非常に痛くて、全身から力が抜けていきました。さらに彼らは、私の頭から髪の毛を鷲掴みにして引き抜いた。

それから彼らは、私の手をほどき、その小屋に私を置き去りにした。私は目隠しと猿ぐつわを解き、乳首がちぎれ裂けているのに気づきました。見ると、そこから水みたいな、少しべとつくものがにじみ出ていました。口から布切れをほじくり出して、私は乳房を拭きました。髪の毛と衣類を手にしたままトイレに行ったとき、ビニールの包みを見つけたので、その中に髪の毛と衣類を入れました。私は今でもその包みを持っています。

……彼らが私の乳房にあんなことをしてから、私は、監禁されている間中、暴行される悪夢を見るようになりました。眠れなくなったし、たびたび朝とても早く目をさましたし、それからはもう二度と眠りに入ることもできなかった。

監禁中ずっと、私は神経を張りつめていたし、孤立感を味わいました。それにしても、私は他のメンバーといっしょにいても役には立ちませんでした。なぜなら、いっしょにいることも話し合うことも困難になってしまったので。たとえば、知り合いの女性たちといっしょに小さな部屋にいたとき、いっしょにいるのが困難だとわかりました。彼女たちといっしょにいると、拷問されていたときを思い出してしまうのです……。

一一章　恩赦——亡霊を伴った道ゆき

義にかなった闘争でも義にそむいた行為は行なわれる

真実和解委員会に議論の余地があるだろうことは、予想されることだった。しかも、もっとも声高な抵抗が、犯罪者たちから上がるかもしれないということも。それにしても予測できなかったのは、委員会がアフリカ民族会議（ANC）に及ぼすかもしれない影響力だった。ごく当初から、委員会に対するANCの対応はぎこちなく、情報にも通じていなかった。事実、新しい法律についてANCは声明を出す前に、ジョニー・デランゲ〔注4〕やウィリー・ホフメイヤー〔司法大臣委員会のANC代表メンバー〕、プリシラ・ヤナのような人たちに、なぜ幹部は助言を求めないのだろうと、人々はしばしば自問自答するばかりになるほど、情報に通じていなかった。

私は、ウムコント・ウェ・シズウェ〔ANCの軍事部門「民族の槍」〕の元司令官で、現国防大臣のジョー・モディセ〔注63〕にインタビューを申し込んだ。彼は恩赦を求めるつもりだろうか？　そのつもりです、と彼は言う。なぜなら、計画していなくても、その指揮下で多くのことが起こり得ますから、と。私はインタビューでの話をニュースで報道した。ANCのスポークスマンから怒りの電話があり、モディセは個人的に恩赦を求めるつもりはないが、ANCの集団としての恩赦申請には加わるだろうとまくしたてた。

「でも、法律は集団の恩赦など考慮に入れてませんよ」と、私はその男に言った。すると男は突然、恩赦を主題に、ユージン・テレブランシュ〔注3〕やヨハン・ファンデルメルヴェ〔注8〕、コンスタン・フィリューン〔注9〕のように居丈高に問うた。

「いいですか、ANCが主張していることにより通じているのはだれです——あなたですか、私ですか？」

この後すぐ、他のANCのスポークスマンが、恩赦は必要ないと私に言った。

「しかし、人々があなた方を訴えるでしょう」と私は言った。

「わが民衆は決してわれわれを訴えることはありますまい。われわれが彼らに自由をもたらしたのですから。」

「なるほど、でも白人は訴えるでしょう——マグーズ・バー爆弾事件でロバート・マクブライドを訴えるでしょう。」

「そのことについては、こちらから折り返しお電話します。」

しかし、その一方で、誰もが耳をそばだてる人物、バントゥーボンケ・ホロミサ〔トランスカイ・ホームランドのクーデタを指導した軍人〕の恩赦申請書で、明らかな取り違いが生じた。彼は自分に証言させるよう、委員会に懇願した。公聴会はまず第一に、自分の話を語る公開の場を他に持たない人々のためのものにもかかわらず、許可が与えられた。すると、大混乱が生じた。混乱というのは、目的を達した暴力行為への国民党やサード・フォース〔注19〕のかかわりの暴露でも、彼が引き渡す靴箱何個分かの秘密文書でもなかった。彼の主張——後にドゥミサ・ンツェベザ〔注37〕によって「古い噂のおもしろ話」と評された——は、ステラ・シグツァウ公営企業大臣は、自身がまだトランスカイの旧ホームランド政府の大臣だったころに、ホームランドでの賭博の権利を得るためにソル・ケルツナーからトランスカイの総理大臣ジョージ・マタンジマに渡されたという二〇〇万ランドの賄賂のうちから、五万ランドを受け取ったというものだった。

真実和解委員会はANCから手ほどきを受け、宣伝促進され、ついに設立されたものだった。その政党の明らかな承認を得ていた——大統領からもっとも下位の評議員に至るまで。だが、ホロミサの証言に対するANCの反応は、思いがけないものだった。彼があまりにも多くの真実を口にするつもりでいるからか？　ANCの指導力についてヨハン・ファンデルメルヴェ将軍を証人として引っぱり出そうとしているからか？　それとも、彼を見限る口実に、彼の証言をただ使おうとしているだけなのか？　彼がガタのきた大砲であるのは、だれもが知っている。ホロミサは党の規律査問委員会に出頭するよう求められた。突然、緊張状態が訪れた——道徳的に高潔な位置を保つのか、政権党として生き残るのか、道徳性か結束性かの間で。

ANCはこの機会をとらえて、有能なメンバーを党の路線に留まらせるよう働きかけた。そして、党の路線は一貫していた。規律査問委員会の議長に任命されたカデル・アズマル〔注44〕は、ANCのメンバーが真実和解委員会で意見陳述するのを事前に審査することで、ANCの主張に道徳的な動機を与えるよう要請された。アズマルは言う、自分個人の力で真実和解委員会と交渉するのは自由だが、その人には党内の仲間に対して道徳的な恩義がまだある、と。それでも印象は相変わらず真実よりも結束の方がより重要である、ということだ。

真実和解委員会は声明を発表した。声明には、ANCの態度は驚くべきものであり、政党ともあろうものが、一般党員の意見陳述を審査することで彼らの口を封じようとするのは信じられない、と述べられていた。

委員会は、自身の道徳的な活動に責任を負っているし、みずからを誕生させた政党に対してさえ反対する意志があることは明らかだった。この態度が、政治家と真実和解委員会の委員たち双方に、深刻な問題を投げかけた。真実和解委員会が「真実がわれわれを自由にする」と言うたびに、ANCは付け加える、「それはわれわれによって判定された真実か？」

同じく委員会が「あなたがそれを経験した通りにあなたの真実を語ってください」と言えば、ANCは付け加える、「それはわれわれによって承認された真実か?」

さらにその上に、最後の一石。ムプマランガ州知事でANCの法律顧問でもあるマシューズ・ポーサは言う、ANCのメンバーは恩赦を求めるべきではない、なぜなら反アパルトヘイト闘争は義にかなったものだったから。委員会のボレイン副委員長は、声明を発表した——不正な闘争の枠内でなされる正当な行為と同じほど多く、義にかなった闘争の枠内で不正な行為が犯されうる。ツツは果敢に難局に対処し、仮にもANCがみずからに対して恩赦を与えるようなことがあれば、自分は委員会の委員長として恩赦をやめるつもりだ、と公表した。真実和解委員会の前で同等の扱いを受けようとしない政党に悪用されるのはごめんだ、と。

恩赦を求めるメリットに関して、対立する意見もあった。一方は言う、すべての恩赦申請者がいくらかの賞賛を受け取ることになる——少なくとも彼らは、みずから進んで名乗り出る勇気があったのだから、と。他方は、どんな悪事でも容認するのはバカげているし、政治家にとっては命取りになる。むしろ裁判でチャンスを得る方がよい、と言う。

「恩赦を求める多くの人々が私の依頼人だとしたら、私は彼らに、恩赦の申請をしないようアドバイスしたでしょう。彼らを有罪にする十分な証拠はない、ということだけで。」

「それでは、なぜ彼らは恩赦を申請しようとするのですか?」

「ある者はツツによって丸め込まれたと思います——道徳上そうするのが正しいことだ、と。そのうえ、多くの欲深い弁護士たちが、国の金目当てにあまた群がり集まってもいますから。」

今なお政府内に留まっている政治家からの最初の申請は、ジョー・モディセとロニー・カスリルス〔注49〕に端を発している。委員会ははっきりとこれを称えることで応えた。リーダーたちには釈明する責任があることを二人の申請が明らかにしたので、これによって彼らに倣う者が自発的に名乗り出るようになるだろう、と。

だが、人々を恩赦の申請に駆り立てるもう一つの主な力は、今にも裁判沙汰になりそうだという恐れである——法務大臣か個人のいずれに告訴されるかはわからないにしても。デクラーク〔注7〕もブテレジ〔注58〕も申請しなかったという事実に、いったい何を読み取ればよいのだろうか?

恩赦をめぐる二つの期日

そのうえ、期日の問題があった。

二つの期日について議論された。恩赦の適用期間と、恩赦申請の締切日と。適用期間は、違法行為そのものに関するもので、その期日を過ぎて犯した行為は恩赦の対象外となるだろう。締切日は、恩赦の手続きに関するもので、恩赦の申請はその日以降は受理されないだろう。

司法大臣委員会が、なぜこの問題をまともに取り上げなかったのか明らかではない。真実和解委員会がその任務をまっとうするにはその協力が絶対に必要な政治家や警察部門のリーダーたちは、当初から一貫して、適用期間を延長するよう要求していた。司法大臣委員会は、それについて数週間議論した。そして、決着がつけられることになっていた日の午前中に、期日は暫定憲法が述べている通りとすると明記することで、事はすばやく決議された。暫定憲法で述べられている日付とは、一九九三年一二月六日である。

「あなた方はなぜ、それをこのようにただ放っておいたのですか?」私は当時のANCの司法大臣委員会メンバーに尋ねた。

「さて、どうなんだろう。われわれとしては、日付を延長したかった。でなければ、シェル・ハウス〔以前のANCの本部〕襲撃事件が悪夢のように消えてなくなるだろうから。でも、見たところ、マンデラ自身はそれを変えるつもりはないらしい。」

他の委員会メンバーはこう断言した。後でそれが真実和解委員会に対して交渉を有利に進める一種の切り札になるように、期限を変更可能なままにしておいた、と。

適用期間は延長されるべきだと主張している人々は、一九九三年一二月六日というのは、ケンプトンパークの世界貿易センターに集まった協議メンバーが勝手に決めた期日だと言う。過去、暴力に関与した人のほとんどが、そんな期日のことなど知ってすらいなかった。一方、ネルソン・マンデラの大統領就任は、変化は進行中であるということをだれの目にも明らかにしたので、その日を新たな適用期間とすべきだ、と彼らは主張する。仮に期日が一九九四年五月一〇日〔マンデラの大統領就任日〕に延長されるなら、一九九四年四月二六日の南アフリカ初の普通選挙の妨害爆破犯や、ハイデルベルク酒場事件や聖ジェームズ教会発砲事件に加わった襲撃者たちは、同じく恩赦の有資格者になるだろう。しかし、この期日変更は憲法の改正が必要であり、さらには議会でのあらゆる議決過程で三分の二以上の賛成が必要だった。

それに比べて、恩赦申請の締切日は扱いやすかった。それは大統領が変更してよかった。ただし、事を複雑にするのは、適用期間の延長によって恩赦申請の締切日もいくらか延びること、つまり前者の変更によって新たな恩赦申請が殺到して、その事務処理に時間が取られるので、必然的に後者も変更されることだった。

一九九六年一二月一四日と定められていた恩赦申請締切日の一〇日前——この二つの期日をめぐるあやふやさが、恩赦のプロセスを損ねている。いずれの期日も確定される必要がある。一つは国会によって、もう一つは大統領によって。真実和解委員会と政府とで恩赦申請の締切日を協議する会議が予定されていたが、その日、副大統領はインド訪問に出かけていた。大統領は会議を、締切日が表向きには期限切れとなる一日前まで延期した。しかもより困ったことに、国会はすでに一二月の休会に入っていて、さらに憲法でふれている期日の変更は、協議事項にさえなっていなかった。

真実和解委員会は、みずからの信用を保つために奮闘した。もし締切日が延長されないで、ANCの重要人物が恩赦を求めないとしたら、委員会は、結局は他の国のどの真実委員会よりも成果を上げることなく、次の年にはその第二段階をのろのろ進むことになるだろう。

恩赦に及ぼす政治の力

恩赦申請締切日の三日前。私は真実和解委員会のオフィスの廊下の一角に陣取って、一二人の申請者に恩赦の裁定が下るのをじっと見ていた。恩赦委員会は、真実和解委員会自身による圧力で、その裁定を公開した。恩赦の裁定がほしくてたまらない弁護士や法廷代理人は、その時点までにたったの二人に裁定が下っただけだと、恩赦委員会に不満を述べた。結果的にみて、申請者から依頼を受けた弁護士たち代理人は、恩赦委員会が法律をどのように解釈しているのか推測できなかったので、依頼人にどのようにアドバイスすればよいのか、申請書をどのように作ればよいのか、わからなかった。しかも、恩赦委員会は彼らを指導もしなかった。

私がノートに名前を書き留めているとき、アレックス・ボレインが廊下で怒鳴り付けているのが聞こえた。「それをすべて、私のところに持って来なさい――この人たちの気が知れないね。」

私は首を伸ばした。ボレインは二度と大声を上げなかった。私はそばまで走ってきた職員を捕まえた。「何があったの？」

「実を言うと、あなた方はまだここにいてはいけないことになっている。どうか、恩赦の裁定については報道しないでください。まだリストにいくつか名前を追加しなければなりませんから。」

私は数えてみた。一二人の恩赦申請者のうち、七人に恩赦の裁定が下されていた。七人ともすべて黒人のANCメンバーだった。申請が却下された五人のうち四人が白人だった。この数字は、恩赦を求めるよう働きかけられている人たちには到底受け入れがたいことだろう。

結局リストが公表されるや、そこには他に四人の、ことがうまく運んだ申請者の名前が含まれていた。四人とも全員白人の右翼活動家だった。

ところで、この措置はどこから出されたのだろう？

後ほど人から聞いたところによると、ボレインが最初のリストを目にしたとき、彼は激怒したという。彼は恩赦委員会の三人の判事の一人に電話をした。「あなた方は、白人にはだれも恩赦を与えなかったのですか？」

「いえ――えっーとその、われわれは……、それらの名前はどこかに？……どっかここらあたりになければ。」

「それじゃ、それらの名前を全部送ってください」とボレインは怒って言った。

当初から恩赦委員会は、法律と訴訟手続きの枠内で、綿密に、落ち着いて作業を進めることにしていたのは明らかだった。それにおおよそのところ、恩赦委員会メンバーのだれ一人として、政治の風向きや広範な政治的状況に対する現実的な感覚などまるで持ち合わせていないように見えた。彼らはただ事務的にことを処理していった。たびたび人々は、彼らの態度が問題を引き起こすだろうと感じた。というのも、彼らの態度には、真実和解委員会が速やかに恩赦を与える任務をやり遂げ、新政府に過去の失敗・混乱に伴う重荷を残さないという、ターボ・ムベキ〔注50〕の要請に対して、まったく配慮が欠けていたから。しかし一方では、そうしなくていい、法律の文面通りに従え、それをぜひ貫き通せ、と人々は思った。結局は、政治的な圧力が厳しくなれば、それがあなた方委員を守ることになるだろう。

恩赦申請に関する密約

そこは標準サイズの机を備えた、狭い事務所だ。書類の詰まった箱が、机や椅子、テーブルや床に散らかっている。これがすべての恩赦申請書類の公式の生活が始まる場所であり――マンディサ・ドゥクンバナの机の上である。しかも、よりによって恩赦申請締切日の二日前。電話が鳴る。だれかがあわてて彼女に何かを尋ねる。私は辺りをうろつく。いくつかの茶封筒には、「Die Komitee oor amnestie〔恩赦委員会御中〕」と宛名書きされている。前置詞は間違っているが、委員会 Committee の綴りは正しい。アフリカーンス語では、mもtも一つなのだ。机の上には、速達用の包装紙で梱包された大きな小包が置かれている。

「申請書はいろいろな方法で届きます。郵便、ファックス、代理人によって持って来られるもの、念のために二度送られてくるもの。持参する人もいます。彼らは普通、初めはよそよそしく神経をとがらせていますが、申し込みの山を目にするや、多少困惑したように笑い、それから表情が和らぎます。」

締切日が近づくにつれて、ペースが上がった。まずは問い合わせの数が増え、続いてファックスによる申請書式を至急送ってほしいという依頼が増えた、とドゥクンバナは言う。その問い合わせも、もはや代理人によるものではなく、将来の申請者自身によってなされることに彼女も気づいた。

「私がまずやるのは日付印を捺し、つぎに参照番号を付けて、それからコンピュータのデータベースに入力します。」自分たちの申請が期限内にはできそうにない、と電話で伝えてきた人々との特別の取り決めがなされたようだ。彼らの名前はあらかじめデータベースに登録され、彼らの申請書は届くやいなや処理されるだろう。

申請書は、調査部署によって入念な資料調査が行なわれた後、金庫なるものに仕舞い込まれる。実際、金庫はもう三つ目だ——他の二つは満杯……ぎっしり詰まっている。私は心配で身震いがする。……急に恩赦委員会が、秘密の告白がびっしり詰まった三つの秘密の金庫を取り扱うための一つ一つの法的な手続きに関して、甘過ぎ、細目ばかりに気をとられすぎているように思えた。

ほんの二、三日前、ＡＰＬＡ〔アザニア人民解放軍〕、つまりパンアフリカニスト会議の旧軍事部門のメンバーが真実和解委員会を訪ねてきた、ということを私は知った。彼らは知りたがった、恩赦とは正確にはどういったことなのか？　こうした恩赦はどのくらいの期間、法的に有効なのか、と。

彼らが未だに知らないということがどうしてありうるのか？「締切りほど注意を引くものは他にありませんからね」とツツ大主教は言う。

私はニュース報道局に注意を一つ付け足した。「マンデラは明日、真実和解委員会と二つの期日について話し合う——適用期間と締切日とは〈違う〉ということを、くれぐれも肝に命じておいてください。」私は少しお高くとまった注意書きの方は取り下げた。「辞書では、カットオフ・デイト〔適用期間〕とデッドライン〔締切日〕には、何の違いも〈ない〉という方は。

マンデラ大統領は、両方の期限日の延長に丁重に同意した。新たな恩赦適用期間の期日は一九九四年五月一〇日、新たな恩赦申請締切日は一九九七年五月一〇日。安堵のため息をついて、だれもがクリスマス休暇を過ごした。

恩赦の影響範囲

軍は真実和解委員会を無視し、公聴会への出頭を避けるために、策動を組織化しているという噂が広まっていた。委員会への彼らなりの接近方法を話し合うための元軍人たちの集まりの席で、かの悪名高いヤン・ブライテンバッハ大佐は声を荒げた。「なんだって、恩赦を求めるだと？　とんでもない！」

その一週間後の、ジェフリーズベイでのオーストラリア人小児性愛者の犯人引き渡しは、多くの軍人を驚かせ、注意を喚起した。南アフリカは、レソトやナミビア、アンゴラとどんな犯人引き渡しの協定を結んでいるのだろうか？　イギリスとフランスは？　だとしたら、ダルシー・セプテンバーの家族は、パリで容疑者を告訴して、南アフリカ政府に容疑者を引き渡すよう求めたりできるのだろうか？　恩赦がどれほどの法的含みを持つかが無視しえないものになってきた。恩赦になるとすべての罪がなくなり、だれも、政府でさえもその人に関与できないと言われている。そのことは、今いる場所から連れ去られたり、他国へ引き渡されたりすることはありえない、ということを意味しているのだろうか？　これはさらなる問いへと導く。外国はこうした恩赦の協定を遵守しなければならないのだろうか？　あるいは、それら外国も、アメリカやイスラエルがかつて世界のどこかでやったように〔アメリカはパナマでノリエガ大統領を、イスラエルはアルゼンチンで元ナチ隊員のアイヒマンを拉致して自国の法廷で有罪とした〕、南アフリカに秘かに侵入してだれかを誘拐し、さらに裁判を受けるために彼らを自国に連れ帰ることができるのだろうか？

これが私をとても悩ませたことです、とヤニー・ヘルデンハイス将軍とカット・リーベンベルフ将軍の法的代理人は言う。アフリカでは、国連にしっかりと後押しされて戦争犯罪を裁く法廷を組織する傾向が増えている。恩赦申請が受理された者を、身柄引き渡しや誘拐、訴追、逮捕から保護するように政府を義務付ける特別な法律制定を彼は望んだ。それによって、元ＳＡＤＦ〔南アフリカ国防軍〕のメンバーは安心して海外旅行ができるだろうし、隣国に狩猟に出かけられるだろう。

つい先ごろ、元スパイのクレイグ・ウィリアムソンがアンゴラで逮捕された。彼は、近隣諸国に広範囲にわたるビジネス上の影響力を持っていた。彼は、ルース・ファーストやジェニーとカトリン・スクーン姉妹の死を招いた爆破事件や、同じくＡＮＣのロンドン本部襲撃にも関わっていた。ウィリアムソンもまた、刑事訴追を免れる保証を政府に求める交渉を始めた。

その間、砂時計の砂は落ち続けた。

委員会の力が試される

それにしても、信用を確立することと背伸びをしすぎることとの間には、わずかな違いしかない。日曜新聞の見出しは伝えた。「ＴＲＣ〔真実和解委員会〕の宣戦布告――ＴＲＣ、軍の本部を急襲。」翌日、委員会は声明を発表した。攻撃ではない、と。その一日後にやっと、新聞の冒頭見出しは言う。「ＴＲＣ、国際的に調査開始。」だが、またも委員会の声明がそのあとに続いた。それは調査ではない、オランダの非政府組織に、海外での秘かな軍事行動に関係する記録文書の収集を依頼したにすぎない、と。

メディアは行動を期待し、真実和解委員会をけしかけているのだろうか？　それとも委員会は、犠牲者から犯罪者へとその活動の中心を移した後のみずからの足場を、今なお見つけようとしているのだろうか？　あるいは、あまりにも粗暴であることが判明した前体制と対決する気になったのだろうか？

今度は、出色の事態が発生した。ある金曜日の一〇時に、ＳＡＤＦは、つぎの月曜日に予定されていた真実和解委員会での意見陳述を延期するという、たった二文からなる、そっけない声明を発表した。一一時にアレックス・ボレインは、怒りと信念のこもった声で、月曜日の公聴会は予定通りやっていく、と発表した。すべてがとっくに手配済みだった――安全対策も通訳も質問者も。真実和解委員会は、軍司令官たちが来るよう、モディセ国防大臣に取り計らいを頼むつもりだ。それでも来ないなら、彼らは召喚されるだろう。召喚される？　彼らはそれを本気にするだろうか？　これまでに、いかなる重要人物が召喚されただろうか？　それにしても、ボレインの声の調子があまりにも断固としていて、同じ委員会メンバーのドゥミサ・ンツェベザの同意のうなずきがあまりにも力強かったので、しばらくの間、大いなる試練の時がやってきたように思えた。

力が試される。真実和解委員会は、当局をしてみずからを後押しさせるに十分な影響力を政府に対して持っているだろうか？　モディセ国防大臣とカスリルス副大臣に、はたして軍司令官のメイリングやクロッパー、モルティメルに対して、月曜日に公聴会に行くよう強制する力があるだろうか？　そして、さらに重要なことは、真実和解委員会には実際に力があり、現在の権力者や過去の権力者たちに対して、その力を示す意志があるのだろうか？

その同じ金曜日の午後遅く、陸軍は声明を発表した。国防軍の元メンバーを含めたために、意見陳述書の作成が時間通りに終了しなかったのだ、と。すると、すぐさま委員会は、召喚を匂わせた先の脅しとはまったく正反対の返答を発表した。SADFの遅延行為の裏に悪質な動機はないので、月曜日の公聴会は取り止めることにした、と。

真実和解委員会の主要な任務は真実を見つけ出すことだ。だが、それをやり遂げるには確かな情報が必要である。そして、そうした情報を入手することが委員会の本当の強さが試されることなのかもしれない。

一転、恩赦申請のオンパレード

恩赦申請の締切りは、一九九七年五月一〇日土曜日の午後一二時で満了となる。申請は土曜日の午前中も依然ぞくぞくと続き、真夜中に事務所が閉まった段階で、委員会が申請を受け付けてから届いた総数は、およそ七七〇〇通に達した。「なんてこった、われわれがこの任務を引き受けたときは、二〇〇通もあればどうかな、と言われたものです」と、恩赦委員会の一メンバーはぞっとした表情で私に言った。「それが今や七〇〇〇ですよ！」最終段階で届いた申請の中には、フラクプラースの指揮官だったユージン・デコック〔注27〕からのものがあった。申請のうちのおよそ二五〇〇は公聴会を開く必要があるだろう、と真実和解委員会は思った。

申請書類の山の中には、いくつかの驚くべきことがあった。ピット・クールンホフは、彼が共同・開発大臣だったとき〔一九七九～八四年〕の、三〇〇万人の強制移住に対して恩赦を求めている。その申請書でクールンホフは、移住はすべて間違ったものだったと釈明したいし、おわびしたい、と述べている。民間協力局のジョー・フェルスターやスタール・ブルヘル、スラング・ファンザイル、カーラ・ボタのような工作員からの申請もあったが、これは鳩の群れに猫を放り込むようなものだ。元軍司令官がかつて言ったことがある。「ジョー・フェルスターは軍でのユージン・デコックに相当する。彼が話すとなると、すべての人を巻き添えにするだろう。」その一方で、イースタンケープ州のある女性画家は、自分の絵にアパルトヘイトの残虐さが反映していないと感じたので恩赦を求めている。

ANCの申請書類が、昼食後すぐに、でっかい箱に入れられて届いた。それらは大きな茶封筒にきちんと整理され、ANCの上級幹部たちからの約四〇通と、元MK〔軍事部門「民族の槍」〕や自己防衛隊〔近隣の人々を守るために一九九〇年代初めにANCによって組織された武装部隊。そのうちの一部がANCや自分の所属する共同体に敵対した〕のメンバーからの約四〇〇通が含まれていた。主要人物としては、ターボ・ムベキ副大統領、マック・マハラジ運輸大臣〔注64〕、ジョー・モディセ国防大臣がいる。

午後一二時の直前、黒人の若者六人が、ケープタウンの真実和解委員会のオフィスに入ってきた。彼らは、申し込み用紙に必要事項を記入するし、宣誓もすると言い張った。彼らの申請書は簡潔に述べている、「無関心に対する恩赦」と。黒人居住区のバーで陽気な土曜日の夜を過ごしていたとき、彼らは恩赦申請の締切りや、いかに多くの人々が起きていたことに対して、ただ見て見ぬふりをしたかについて話し始めた。それによって、今現在だれもが享受している自由のために、一握りの人々が犠牲を払わされたのだ。

「それでその場で、われわれは何もしなかったという理由で恩赦を求めることに決めたんです。」彼らは近くの店に行って、パソコンを使わせていただけたら、「無関心であったことに対する恩赦」という、われわれの申し立てを打ち込める、と店の主人に頼んだ。

「それにしても、無関心が法律のどこに該当するの?」真実和解委員会の職員が尋ねた。

「不作為もまた人権侵害になりうる、と法律は述べていますよ。」彼らの一人がすばやく説明した。「しかもそれが、われわれのしでかしたことだった。われわれは解放闘争への参加を怠った。そうなんです、正しいことをしなかった数百万の無関心な人々の一つの小さな代表として、われわれはここに立っているんです。」

このような申し込みを含めて、恩赦のプロセスは、法が求めた以上のものになっていった。そのプロセスは、南アフリカ人がつぎのようなことを口にできるただ一つの公開討論場ともなっていった。われわれは人権侵害には関わらなかったかもしれないが、われわれがしたこと――あるいはしなかったこと――は間違っていたので申し訳ありませんでしたと言いたい、と。

国民党議員の幽霊話

どんな由緒ある歴史的建造物にも、そこ独自の亡霊が住みついているものだ。ケープタウンの国会議事堂にも、いくつか住みついている。ガランとした廊下や忘れられた地下貯蔵庫、地下通路、声が反響する議場からなるこの迷宮で、夜遅くまで仕事をするのはあまりかしこいことではない。

聖ジョージ大聖堂の晩鐘が鳴るとすぐに(そこには今でもデズモンド・ツツ大主教の司教座がある)、議事堂は幽霊でいっぱいになるそうだ。「今は亡き国会議員たちは」と、国会の職員たちは断言する。「人が洗面台にかがんでいると、その後ろで、彼らは過去を抱き寄せている。」

ある夜、守衛は国旗を降ろさなければならなかった。彼は二階で明かりを目にした。委員会室から笑い声が聞こえた。開いたドアのそばを通り過ぎたとき、彼はワイングラスを手にした国会議員の一団を見た。「そして偶然に」と彼は私に言った。「まったく偶然に、私は彼らの脚を覗き見し、ウールのスーツを着たその男たちの何人かに足首がないのがわかった——本当ですとも、ぴかぴかの革靴とズボンの裾の間に、なにも……ない……、まったくのからっぽ。」

政治家が権力を持っていればいるほど、幽霊もより恐ろしいように思われる。元議長のルイス・ルフランゲは、新築された建物の一翼に部屋があったが、休む暇もなかった。彼は始終行ったり来たりして——「とてつもない大男のような足音でした」と料理人は言う。彼の部屋のすぐそばのエレベーターは、ひとりでに開いたり閉じたりし続けている。そして、エレベーターに乗って軽くジャンプして、「さあ、行くぞ、ルフランゲ！」と声をかけると、やっと止まる。

国会内でもっとも有名な幽霊は、かつては大臣専用で、今では南アフリカ放送協会のテレビ・ニュースの上司が占有している、隅っこの部屋に出没する。これがルイス・ボタ首相の幽霊である。彼はある雨の夜、その部屋で自殺したという。ヤン・スマッツが死体を発見して、急いでボタの家に運び、そのあと、彼は病死した、と発表した。ボタは、深い悲しみをその姿と顔に刻みこんで、必ず雨の夜にマークス・ビルのあの部屋に出没する。

ある夜、テレビカメラマンのピーターは、時事問題番組で遅くまで働いていた。外は雨だったので、彼は上司の使っている部屋で妻が迎えに来るのを待っていた。彼は明かりをつけ、テレビのスイッチを入れた。ソファにすわってから、彼は机の後ろにだれかがいるのに気づいた。「男が頭を下げて、腕と手をまるで絶望したかのように前で組んでいる。私はまず、それがパソコンかコートか、何か他の物ではないかどうか確かめた。でもそれは、間違いなく男だった。」

またあるとき、ピーターは、テレビの出演者が置き忘れた眼鏡を取りに、国会内のスタジオに戻りかかった。ある男が入口で待っていた。「眼鏡が机の上に置いてありました」と男は言った。

「それはどうも、ありがとう」とピーターは言った。彼は眼鏡を受け取った。国会の正面玄関で、彼は守衛に尋ねた。「だれか他に建物の中にいるの？」

「今夜はあなたと出演者だけです。私はずっとあなたを待っていましたし、それに鍵もかけていますから。」

ところで、背高のっぽの大臣の幽霊について、知っているだろうか？　新築の建物の一翼からきたウェイトレスたちは、身を寄せ合って、罪深い内証話をぺちゃくちゃやる。その人はとても背が高くて、ふーん、それで？　なので彼に合う棺が見つけられなくて、えー、うそ！　だったら聞きに行ってよ、彼の秘書のところに、彼女、まだここで働いてるから……。大臣の奥さんは葬儀に出席するように秘書に航空券を送った。というのも、大臣は彼女なしでは何もできなかったし、どこにでも彼女を連れて行ったそうよ。だもんだから、秘書はジョハネスバーグに飛び、レンタカーを借りて、大臣が火葬にされるはずの町へ向かう途中で、霊柩車に追いついた。霊柩車を止めて、彼女は言った。彼とはそのような絆で結ばれていたので、どうかもう一度、彼に会わせていただけないでしょうか。ひとりで、大勢いないところで、と。運転手が棺を開けた――彼女は思った、これじゃ死者には十分の長さではなさそうだ――しかも、彼女は見てしまった、気の毒にも死んでしまった男の脚は、すねのところでのこぎりで切断され、靴をはいたまま体のそばに詰め込まれていたのを。まさか、それ本当なの。彼女に聞きに行ってください、とウェイトレスたちは私に言った。

私はその内気な未婚の秘書をやっと見つけ出して、自分の何とも鈍感な質問をうまく言い繕おうとした。「そうすると、そんなに背の高い人に見合う棺を何とか見つけたというわけですね？」

「実をいうと、十分ではありませんでした。」しばらくしてから彼女はそう言い、目の前の床をじっと見つめた。

「どうしてそれに気づかれたんですか？」

「遺体を見ましたし、首のところでねじ曲げられて横たわっていました。」

話はこれですべてってことは絶対にありえない、とウェイトレスたちは言い張る。なぜ彼はあのようにさまよい出るの？……からっぽのズボンの裾をはためかせて、夜中じゅうあてもなくさまようの？

「フェルヴールト〔注5〕の幽霊はいるの？」私は尋ねた。

さあ、仕事に戻んなきゃ、と彼女たちは私に言った。

ある朝、私は旧議場で忙しそうに絨毯を掃除している清掃員に出会った。「ここをごらんよ」と彼女が呟いた。「この染みがフェルヴールトの血が流れたところだよ。専門のクリーニング屋に来てもらって、絨毯を洗ってもらったけど、一日かそこいらで染みはまた元のまんま……。」

国会の公文書送達人《メッセンジャー》が、染みがなぜ議員席の前ではなく、すぐそばについたのか、私に説明してくれた。思うにフェルヴールトは、午後の会議の始まる直前に、背後の議員席に片腕をついて自分の席にすわったらしい。彼が刺されたとき、このメッセンジャーは「だめだ、おい、何をする気だ？」と彼が言うのを聞いた。そのあとすぐに血は彼の胸から流れ出し、腕を伝って、袖の端から絨毯の上に滴り落ちた。

国民党は数カ月間、その場所に大きな血痕を残したままにしておいた。その後、それは薄手の絨毯で隠された。数カ月後、議場内のすべての絨毯がドライクリーニングされたが――一日か二日で染みはまた浮き出した。

一二章　政党の意見表明が定まる

過去のあやまちを認めざるを得なくなったＡＮＣ

ＡＮＣ〔アフリカ民族会議〕は、副大統領ターボ・ムベキのリーダーシップの下、真実和解委員会が各政党に送った質問リストに答えるために呼び戻される最初の政党となるだろう。今回は、道徳的にすぐれている根拠を主張したり、広範な枠組について述べたりする機会はなさそうだ。委員会は質問を発し、その回答を求めている。

ムベキはこう切り出した。「上着を脱いでもかまいませんか？　少し暑いので。」それは二つのメッセージを伝える、とてもわかりやすい要求だった。今日はあなた方が上司であり、われわれは何事をするにもあなた方の許可を求めるつもりだし、第二に、ここには仕事できているのだ、と。

ところが、ある問いの目指す方向が代表団の不意をついた。彼らは明らかに、権力を持たない人々によって公開の場で釈明するよう命じられることに、もはや慣れていなかった。しかも、それらの問いは、新聞の見出しをさがしているようなジャーナリストがする、つまらない質問ではなかった。マハラジ〔注64〕やモディセ〔注63〕、カスリルス〔注49〕は、問いの間で右往左往し、説明しようともがいた。ある時点でムベキが警告を発した。「われわれは、重大な人権侵害の一部をなすと見なされうるような、解放運動における特殊かつ例外的な行為にばかり目を向けることで、解放のための闘争それ自体が、総体として一つの人権侵害行為であるという印象をもたらす危険を避けるべきである。」

真実和解委員会の弁護士ハニフ・ヴァリによって出された問いは、はっきりと焦点が定まり、しかも証拠――起きたこと、演説者か活動家、日付、さらにじかの引用――によって裏付けられていた。それらはまた、ＡＮＣの支持者であれ犠牲者であれ、南アフリカ人が永らく話題にしてきた類いの問いでもあった。黒人警察官殺害に関する問題や、ＡＮＣの自己防衛隊の暴力、ネックレス・リンチ〔注48〕、人々を殺害へと駆り立てるスローガン、さらにはＡＮＣのキャンプ内での拷問や処刑の話など。しかも、これらすべての問いはねらいも定まり、証拠立てて述べられていたので、ＡＮＣは自分たちのレトリックを放棄しなければならなかった。それが癖になっているのか、ツツ委員長は組んでいた脚を下ろして言った。「今日のあなた方の証言は、一言で言って、自己正当化をしていません――その調子でやってください。」

明らかに真実和解委員会は、政党がまともに人権侵害を正視できるようなセーフティネットを与えようと努めている。

そして、プレッシャーに耐えながら、ANCは人権侵害を直視した。彼らの多方面にわたる回答から判断して、こうした人権侵害は数年間にわたって徹底的に議論されてきたと言えるだろう。しかしこれまでは、問題は単にジレンマとして述べられただけだったが、今や副大統領と三人の閣僚、それに一人の州知事が、自分たちが間違っていたと認めている。これら高位高官からなる代表団が、政治家としての能力の限りを尽して回答しようと丸々二日間そこにすわっているのを目にするのは、とても奇妙な体験だった。その一方で、携帯電話を手にした秘書やボディガード、連絡員たちが忙しそうに走り回わり――結局はこうした人々が国を治めるのに大わらわだった。ある時点で、マンデラがモディセを電話に呼び出したので、小休止を求めなければならなかった。

自己防衛隊の問題〔近隣の人々を守るために一九九〇年代初めにANCによって組織された民間の武装部隊の一部が、ANCや自分の所属する共同体に敵対した〕に関して、反対尋問は鋭かった。一般大衆の支持者が野放し状態で、なぜ武器を与えられる場合がありえたのか？

「事態がそれなりに変化したとき、われわれが考えていたようにSDU〔自己防衛隊〕が人々に銃火器取扱許可証を発行するように機能するのではなく、手当たり次第に武器が分配されているのに気づいたとき、われわれは状況を再調査すべきだったのは明らかだと思う。」ロニー・カスリルスは認めた。「それは間違いだった。」

ANCはその他のいくつかの誤りも認めた。党の主要な尋問の場が根本的な欠陥を持っていたこと、拷問によって証拠を引き出したこと。党員たちは告発され、法的な説明もなく刑に処せられたこと。ネックレス・リンチ殺害を非難するまでずっと放置していたこと。「ボーア人をやっつけろ、農場経営者をやっちまえ」というスローガンは政治的な声明ではないので、人々に恩赦の資格を与えるべきではないことを彼らはしぶしぶ認めた。さらに、党のメンバーのだれ一人、IFP〔インカータ自由党〕との武力衝突に加わるのを正式に認められた者などいないことをANCは認めた。

意見陳述の初日、ムベキは、人権侵害の原因を説明するANCの一リーダーにすぎなかった。だが二日目、次期大統領予定者である彼は和解を申し立てた。和解がなければ政府は解決不可能な問題を相続することになるだろう。ANCは三回目の意見陳述をするつもりだし、そのとき、国の未来にとって必須である和解について述べるつもりだ、と彼は言った。

この成功裡に終わった意見陳述会にもかかわらず、心に引っ掛かる問題が残った。その意見陳述は、どの程度まで予行演習だったのだろう、真実和解委員会に対して政党としての失態を見せた後の政治的ダメージを抑えるための。意見陳述では、だれが何をし、だれがその命令を下したかについて、なぜこうもあいまいなのだろうか？　すでに社会に知れ渡っている以上の情報は何一つ与えられなかった。ANCのキャンプで息子を亡くした親たちの緊急の問いかけは、少しも取り上げられなかった。同じく、あるオブザーバーたちは、クワズールー／ナタール州での暗殺団の役割についてANCが公にしなかったことに失望した。各個人が自分の行為を明らかにすべきだ、と代表団が本当に確信しているようには見えなかった。

期待はずれ・失望、そして徒労感

つぎは国民党。ANCの時とは顔ぶれの異なった委員会メンバーで構成された委員会と、同じく新顔の反対尋問者。朝、F・W・デクラーク〔注7〕の出頭で、早くも廊下はざわめき立った。

「今日、彼は非難されるだろう」と、委員会メンバーの一人がメディアルームで言った。「考え抜かれた質問が〈腐ったリンゴ〉問題〔デクラークが以前、アパルトヘイトの責任を「腐ったリンゴ」たちのせいにしたことに由来している〕を中心に用意された。われわれは底辺から、普通の平巡査から始めるつもりです。彼らは腐ったリンゴですか、と。それからヨハン・ファンデルメルヴェ長官〔注8〕まで徐々に昇りつめる。彼もまた腐ったリンゴですか、と。」

今日は言うまでもなく戦いの日だった。

いつものように真実和解委員会の委員長は、運命を決する対戦に備えて自分の机の上を整えた。彼は、国の平和への貢献〔マンデラを釈放し、アパルトヘイト諸法を停止し、普通選挙への道を準備したことなど〕でデクラークを賞賛し、聖書から引用し、祈り、アフリカーンス語で話しかけ、笑みを浮かべた。だが、その机の向こう側で、デクラークは完全に自己コントロールしているように見えた。彼はひとりで宣誓した。彼はひとりで陳述するつもりだ。元大統領P・W・ボタ〔注21〕は、この意見陳述会でNP〔国民党〕に協力するのを拒否した。デクラークに付き添う前大統領や大臣、将軍はだれ一人いなかった。彼は、過去の上級指導層から完全に孤立していた。

さらに、それは法律家対法律家の争いとなる。過去になされた人権侵害は、ひどい裁判や、個々の警察官の職務にあまりにも熱心すぎるか怠慢だったことが原因だ、とデクラークは意見陳述で述べた。彼に対する反対尋問で、グレン・グーセン〔注65〕はデクラークの言い方をまねた。それは同じ語句の繰り返しになった。「〈クラドックの四人〉〔注45〕の場合、責任があるのは、ひどい裁判ですか、熱心さのあまりですか、それとも怠慢ですか？〈ペブコの三人〉〔注47〕の場合、責任があるのは、ひどい裁判ですか、熱心さのあまりですか、それとも怠慢ですか？」

「ばかばかしい」とデクラークは抗議した。

「どうか私の質問に答えてください」とグーセンは言った。

この尋問の進め方では、真実和解委員会には何も得るものがないことがすぐにわかった。委員会は、デクラークを、過去の出来事を説明するために出頭した政党のリーダーと見なした。ところが実際には、彼は自分の党の生き残りのために闘っていた。委員会は、国民党がゆゆしき事態にあることを考慮していなかった。デクラーク指導下の二番手で、外部との折衝でもっとも目立つ人物だったロルフ・メイヤーは、この意見陳述のたった一日前に国民党の役職を辞任した。デクラークは過去を正視するためにそこにいたのではない。党のダメージを最少限にとどめ、彼の支持者たちの感情に訴えるためにそこにいた。なので、以下のような陳述に終始した――われわれは知りませんでした、われわれもあなた方がそうであるのとちょうど同じようにショックを受けたし、そうした者たちは罰せられるべき犯罪者だと思います。デクラークは、現在表面化している多くの残虐行為を許す余地などまったくない自分の受けてきた躾や教育、自分のすべての政治経験を繰り返し語った。もちろんその一方で、彼を誤った方向に導いたヨハン・ファンデルメルヴェ長官から、下は実際に行動した歩兵に至るまで全員が、腐ったリンゴだった。そして、証拠の文書が示されたり、当然の推論がなされたりする尋問の進め方に彼が抵抗するたびに、彼に同行している代表団が感情を爆発させた。「何だと！……とんでもない！……それじゃ、魔女狩りだ！」

今回の意見陳述会の締めくくりは、前日のANCのときとひどく対照的だった。自分の椅子に深く沈み込んでいる委員長から、人を鼓舞する言葉も祈りの言葉も発せられなかった。

私は、反対尋問者のところに行った。「彼に一体全体何を言ってもらいたかったんですか？」

「彼にはこう言ってもらいたかった。『たとえ私がそれについて知らなかったとしても、われわれがこれらの殺害を一度も公然と非難しなかったので、それがわれわれの政策なんだと思い込むまでに人々を貶めてしまったのかもしれない』と。」

「あ～あ、そんなこと言わせるぐらい、なんでもないわよ！　彼がそう言わざるをえなくなるルートを一つに限定して追いつめなければ、彼みたいに難問を抱える政党のリーダーには選ぶことのできないルートを突き付けたりしなければ。」

私は、テープレコーダーやノート型パソコン、カセットテープを詰め込んだ。アダレイ通りを出たところで、だれかが私のスカートを引っぱった。「知ってるかな？　ブレヒトの『長くて広いスカートが気に入って』って詩。」

私はとても疲れ、言うに言えない失望感でいっぱいだったので、返事ができなかった。「おいでよ」と彼が言った。彼は私の肩からバッグを取り、私たちはタクシーに乗った。町の背後の高台に出てフラーベルフへ向かった。「本当言うと、君は今、目を閉じてたほうがいいんだがな。」彼は私を部屋から部屋へと案内した。「ワインでもどう？」私は外気を求めてあえいだ。足元にプールがあり、頭上のライオンズヘッドは手が届きそうなほど真近にあった。石造りの緑の庭。彼は私にワインを手渡し、私の髪を丸め上げ、冷たい水で私の足を洗い、薄切りの生肉を私に与えた。

「デクラークを理解するのを手伝ってもらえない。」

「いいよ。昨日、委員会がANCのために張り渡したセイフティネットが、今日はあの場になかった。委員会は彼を負かそうとやっきになった。でも、できなかった。」

「じゃあ、どうしてデクラークに何かを期待しているわけではないけど、委員会ならもっとうまくやれると期待しているんだろう?」

「君の間違いはそこだよ。デクラークは多くの人をただ失望させただけ。というのも、彼はロルフ・メイヤーから自分の陣地を守ることしか考えていないから。デクラークはいつもそんなふうにやってきた。すべての変化は、いくつかの小さな、現実的な理由によってもたらされた。つまり、彼はこれまで一片のヴィジョンさえ抱いたことがない。」

「でも、真実和解委員会は、道徳的な判断をする場よ。仮にもし委員会が、デクラークやアフリカーナーに見切りをつけた場合、この国のほかの人たちが私たちといっしょにやっていくだろうなどと、どうして委員会は思えるんだろう?」

遅い午後の太陽が、私たちの肌を長時間、心地よく焼いている。

軍・公安警察・右翼

「アフリカーナーは過去から自分を引き離すことなど決してできない」と、尋問に呼び出された最後の党のリーダーとしてコンスタン・フィリューン〔注9〕は言う。「だとしても、新体制の下で、われわれに立派な役割をあてがうことは許されるに違いない。アフリカーナーはどんな権限もなければ、安全でもないと感じているし、その言語は廃止されるやもしれず、教育制度もばらばらの状態だ。要するに、アフリカーナーは多数派にいっきょに押し寄せられ、帰る所もないと感じている。」

フィリューンもまた、義にかなった戦いという問題に正面から取り組んだ。「戦いが義にかなうためには、四つの必要条件を満たさなければならない。目的が十分に根拠のあるものでなければならないこと。その戦いが、社会に広く知られた、責任を負うことのできる権威によって担われるべきこと。目的と手段の関係が不均衡であってはならないこと。最後に、紛争解決のあらゆる手立てが出し尽くされ、使い果たされた後でなければ、手段としての暴力は選ばれてはならないこと。」フィリューンによれば、以前の政府もANCも、戦いを始める前に、双方にとって利用可能なあらゆる選択肢を試みなかったことになる。同じく、最終的な目的を達成するために用いられた手段がしばしばつり合いを欠いていたことにもなる。「われわれ全員が汚れた手をしている」と彼は言う。「テロリズムも革命闘争も、不純な戦いと同じように有害だった。」

アパルトヘイトをめぐる衝突は、元々から本質的に政治的だった。数年間、軍は衝突の解決策を見い出すよう政府に要請した、とフィリューンは言う。なぜなら、この種の戦いは、軍が勝利できない戦いだったから。

スパイがＡＷＢ〔アフリカーナー抵抗運動〕に潜入したが、彼らは一度も事件をうまく操るのには使われなかったことをヨハン・ファンデルメルヴェ長官が自分に明かした、とフィリューンは主張する。「これは信じがたいことだ。われわれがいかにしっかりと計画してきたか……実際、われわれは適切で綿密な計画をたてることができる……ケンプトンパークでのあのまさに決定的な瞬間に、われわれがＣＯＤＥＳＡ〔民主的な南アフリカのための代表者会議。この会議で一九九四年の南アフリカ初の普通選挙が決まった〕の協議者たちにわれわれの申し立てを始めようとしていたあのときに――一台の装甲車に乗ってユージン・テレブランシュ〔注３〕とＡＷＢがご登場というわけだ。いったいだれがその車を手配したのか？　だれがいったいその正確な時刻を決めたのか？　私にすれば、そんなことはまったくもってまゆつばだ。マバトで、われわれが〔ボプタツワナ旧ホームランドの〕ルーカス・マンゴペ大統領をＡＮＣの妨害から守ることを引き受けたときも、同じようなことが起きた。……すべてが非常に詳細に計画されていたし、私はＡＷＢが関わらないよう慎重に手筈をとった。あの夜、すべてがきちんと整い、軍を配置につけ、統制をとり、備えさせた。……なのに、そこへ彼らはバッキーに乗って、人々に発砲したり、人種差別的な言辞をわめきながら、非常線を突破してきた。彼らはただ突っ込んだだけだが、それによって計画がまるまる台なしにされ、われわれを笑いものにしてしまった。ユージン・テレブランシュは、右翼をつぶすためか、それとも新政府から国民党が譲歩をより強く求められるようにするために、公安警察によって利用されていたのだろうか？」

真実を一つひとつ理解するために

委員が机の上に写真を並べた。タンブーティ〔香りの強いアフリカ産の木〕の生えた斜面、風の強そうな青空、真新しい土。

「彼がわれわれをその場所に案内しました。……われわれは掘った、……下層の黒土が混じった赤い表土を見つけました。……見分けがついた、……それからすぐに鋤が何かに当たった……。」

「彼女は勇敢だった、まったく、勇敢」と、墓場に案内した男、犯罪者は、歯の間から優しく口笛を吹くように囁く。「彼女は絶対に話そうとしなかった。」

つぎの写真。一束の骨が地面に置かれている。注意深く削り取られて、骨はばらけている。数本のタバコの吸い殻と空壜が一本。「重労働だよ、穴掘りは」と墓場案内人は言う。半袖の男が、穴のそばの小さな布切れに骨を置いている――積み上げられた骨。脊椎骨……、ぺしゃんこにつぶされた鎖骨……。

頭蓋骨には、頭頂部の右に銃で撃たれた穴がある。

「彼女は跪いていたに違いない」と委員は言う。

肋骨。かつては心臓を支えていた胸骨。

青いビニール袋が骨盤を取り囲んでいる。「あっ、そうだ。」墓場案内人が思い出す。「彼女を裸のままにしてたんで、一〇日後に彼女はこんなパンティをこしらえましたよ。」彼は軽蔑したふうにひひっと笑った。「ほんと……、彼女は勇敢だった。」

委員の目は燃え立つ黄色の怒りで清められている。彼は以前こう言った。「夜、時折、胸を激しく打つ怒りで目を覚ます。……まるで燎原の火が私を一掃してしまうかのようだ。」

F・W・デクラークの意見陳述の最後の三〇分間、国民党の政策とクワズールー／ナタール州での大量殺戮との関係をはっきりさせようと努めたのも彼だった。しかし、彼も、真実和解委員会の弁護士や他の委員たちと同じく、デクラークをただ水のようにするりと取り逃がしただけだった。彼の頭は肩の後ろにガクリと落ち、信じられないといった様子で揺れていた。

デクラークと彼に随行した代表団が去った。会場と廊下は憤怒で満ちている。人々は憤りと苛立ちに圧倒された。意気消沈して、委員たちもその場に立ち尽くすのみ。ツツ大主教の顔の皮膚も、くすんで、だらりと垂れている。肩も敗北感に覆われていた。私は彼のそばに行って、子どもっぽいしぐさか何かをしたかった。彼の指輪にキスし、服に触れたかった。

デクラークが会場を後にするや、あたかも何かが私の指の間から永久にすり抜けていったようだった。

無言で私は大主教の前に立った。今や、言葉はどこからやってくるのだろう？　私たちへ。アフリカーナーの過去に関して何一つ語られなかったこの空間のせいで、ふらふらさまよい、傷ついている私たちのもとへ？　いったい何て言えばいいの？　こんなに多くのなぶりものにされた骸骨やその正体、恥辱や灰を、いったいどう扱えばいいのだろう？

それは戦いの日——〈北斗七星〉が昇った日〔起こり得ないことが起きた日〕。明確な分岐点となる日だった。ある瞬間、この国の人々が今まででもっとも近づき、つぎの瞬間、もっとも遠く散り散りになった。

そのせいで、だれもが新たに傷つき消耗する

国民党は、ただちに反真実和解委員会の心情を結集し始めた。委員会の中やまわりの人々は、踏みとどまることができないだろうと彼らは考えている——もとより不可能なプロセスだし、和解などは無益な夢だ。

私たちが期待し望んだものは、決して花開くことはないだろう。

ジャーナリストの中には、他の担当部門に転属を望む者もいた。

「今、離れることはできない」とある同僚は言う。「プロセスの一部始終を見届けなければならない。さもないと、私たちは永久に宙ぶらりん状態のままだ。」

私たちは委員会に、今年の残りのプランについて尋ねた。

まるまる六カ月続いた犯罪者の公聴会を終わらせるために準備された特別の機会はあるのか？　それらの作業から結論を導き、人々を過去から自由にするセレモニーはあるのか？　答えはあいまいだった。この段階で委員会は、提出すべき最終報告書や、恩赦委員会が落ち着いたペースでずっと調査しなければならない申請書がつまった二つの金庫の方に、明らかによりいっそう関心があった。

人々はなぜ、踏みとどまるのだろう？　真実和解委員会は、ナイーブな正義感や不可能な夢の最後の拠り所になったのだろうか？

しかし、委員会の中やそのまわりにいる人々は、フラクプラース〔警察の暗殺集団用の基地として使われたプレトリア近郊の農場〕の組織についての自分なりの解釈に手を焼き、消耗してしまった。報道関係の私たちも、お互いにただ話し掛けることができるだけだ。お互いに見つめたり、食事をおごりあったり、各自の生活をそれぞれ送っている——つまり、私たちは多くの目を通してこのプロセスを経験している。街で出会うすべての他人が委員のように見えるし、どのグループも調査中の調査班に見える。私たちはガードマンとは親しい仲だ。私たちはみんな辞職したいと思っている。他の生活にあこがれている。

ザニーンで、ある若いツワナ人の通訳者がインタビューを受けた。彼は片手で机の上板を掴み、もう一方の手は膝の上で休みなく動いている。「犠牲者の公聴会を通訳するのはむずかしい」と彼は言う。「なぜなら、証言する人はその間ずっと一人称で話しますから。私が〈私〉と言うときはいつも、距離感が取れません。……〈私〉という言葉が〈私〉といっしょにこの私まで串刺しにする。」

「それじゃ、どうやってそれに耐えるの？」

「耐えられません。公聴会が始まって三カ月後に、私の暴力的な発作のせいで、妻と赤ちゃんが私のもとを去っていきました。委員会がカウンセリングを受けられるようにしてくれて、私は通訳をやめるよう助言されました。でも、やめたくありません。これが私の歴史であり、私はその一部でありたいのです——終わるまで。」

終わり——結末。私たち全員、結末を待ち望んでいる。しかも、私たちは、真実和解委員会がその結末を用意してくれるものと思っている。

「それは災いを招きかねない心構えだね」と、ファルケンベルフ病院精神医学科の精神科医ショーン・カリスキー博士は言う。「どうやら人々は、委員会がプロセスの終わりを、今回のラグビー・ワールド・カップ〔一九九六年に南アフリカで開催された〕の計画日程のように手早く整え、さらに自分たちはそのプロセスに参加して、互いに抱き合い、未来永劫血を分け合った兄弟になるだろう、と思っていたようだ。ところが、それはナンセンスだった——まったくもってナンセンス。ＴＲＣ〔真実和解委員会〕は、この国の現実が人々の胸につきささっている、しかも非常に激しくつきささっている現場そのものだ。でも、それはよいことだ。しかし、大いなる解放はないだろう――すべての人が、起こってしまったことを受け入れる各自の方法を考え出さざるをえなくなる。」

真実和解委員会に対する反感が、公然と吹聴されている。委員会はさまざまな要求や法による脅迫で攻撃され、国会は真実和解委員会の審議で質問攻めにあい、委員会について報道する人たちは、憎しみの手紙の標的になった。

フリーステート州のあるコラムニストはこう書いた。「それ相応の反感で真実和解委員会を拒絶しよう――委員会は確証のない証言に基づいて、アフリカーナーをすべての悪の見せしめとして描こうとしている。確証のない証言が〈ボーア人嫌い〉の真相になった。」

「あきらめることはない」とカリスキーは言う。「人が『これらは真実ではない、偏見だ』と言わずにおれないと感じるのは、真実和解委員会との関係の最初の段階を示している。以前、人々は何も言わなかったが、今では少なくとも情報を否定している。」彼は末期症状の患者が経験する五つの段階についてふれた。事実の否認、激しい怒りと孤立感、交渉・取り決め、意気消沈、そしてそこからついには受け入れが生じる。

「私には人々がとてもいらいらしているように見える。個人的には、白人たちが、自分たちの世界観全体をひっくり返すような情報を、一夜のうちに統合できるのかどうか、私はとても心配しています。数十年はかかるでしょう」と彼は言う。「まあ、数世代にわたって人々はこの国の真実を一つ一つ理解していくでしょう。」

とりわけアフリカーナーは手ひどくさらしものにされていると感じている、とカリスキーは言う。「もしそうなった場合、おおっぴらに悪党としてあばかれた、とても自尊心の強い人は、謙虚に悔い改めた気持ちではほとんど応じないだろうし、常に怒りと暴力で応じるだろう。彼らの共同体は、自分たちが見破られ、悪としてあばかれたのでさらしものにされていると感じるし、これは非常に扱いがむずかしい。」

真実和解委員会を取り巻く語彙は目まぐるしく変わっていったが、もっとも頻繁に使われるのが「過小評価する」という言葉だ。委員会の原動力に関しては、何でも「過小評価され」ていた。唯一の悪夢は、これまでの成果をすべて台なしにするほどのひどい間違いを委員会はやらかすだろうという可能性。最近、「過大評価する」という言葉がポピュラーになった。そして、それは委員会が最後の二つの重要な段階を通過しなければならないほんの少し前だった。二つの容易ならざる問題――和解と補償。

しかも、この二つには密接な関係がある。一方は他方なしではありえない。たとえば、補償が得られないなら、その人たちは許さないだろうし、許されないなら、補償を提案しないだろう。ともかく、これが私の考えだった。

デクラークは、自党内の不安を解消するために公開討論の場を待ち受ける政治家にすぎなかった。デクラークに対する尋問で採用されたいちずな戦略が、彼に捜し求めていた舞台を提供するはめになった。「心配はいりません」とある人は言う。「真実和解委員会はデクラークに関する証拠を十分持っていますから。彼は前言を撤回するでしょう。」もし彼が前言を撤回すれば、恥をさらしたことになり、そうなれば、いったい何が起きるだろう？ 私は自問する。その場合、彼は許されるだろうか？ 人々は非常に恥ずかしい思いをすることになるので、はたして補償に協力するだろうか？ 小さな田舎町の白人と黒人は、もっとも苦しんだ人々のために、今からいっしょになって働くだろうか？

何にもまして重要なこと

私はユダヤ人の同僚をかたわらに連れ出した。「ドイツ人によってどんな補償がなされたの？」彼は、年金や無料の旅行許可証から政治指導者たちのユダヤ人記念碑への参拝にまで及ぶ、詳細なリストを用意してくれた。さらに賠償金——西ドイツからの賠償金が、イスラエルの工業化にとって最大の貢献要因となった。……私は、数カ月前、研究会の席で提案された、補償に関するあまりにも想像力を欠いた文書のことを思い出しながら、途方に暮れて聞いた。研究会のメンバーには、多額の金銭に優るものなし、としか思いつかなかった。特別な研究基金も、住宅助成金のプランも、年金の醵出も、医療補助制度もない——これらにしても、政府が分配しなければならないただの金額にすぎない。それに、仮にもし政府にそれを行なう経済的余裕がないのであれば、委員会はその任務から手を引き、こう言ってさしつかえない、「それはわれわれの責任ではない。」

補償を根拠にだれもが許されたのかどうか、ユダヤ人の同僚に聞くほど私もばかではない。その場合、補償という形の悔悟は、過去の否認とまったく同じで無益なことなのだろうか？

しかし突然、あたかも引き潮が私を連れ去っていくようにその問いは……、消えた……、すっかり。そして、私の背後に、暗闇の中の一枚のシーツのように私の頭蓋の国が沈んでいる——そして聞こえる、か細い歌声やひずめの音、憎悪の生垣、掻き立てられる熱狂と破壊、さらに水面下のやじ・怒号。私は縮こまって、ちくちくする痛みを感じる。逆らって。自分の血筋とそれゆえの運命に逆らって。私はこれからもずっとそんなことをするだろうか——日々息をするようにそれらを確認しながら。もちろん。覆水盆に帰らずだし、問題は私たちが何をするかじゃない、デクラークが何をするかでもない。三世代、四世代先まで問題は終わらない。

飢えていた。喉もからからで、人々は、コンスタン・フィリユーン率いる政党が意見陳述をするのを待ちわびた。彼らは控えめなグループを形成していた。

フィリユーンは、まるで何かを掴みたい、何かを思い出させたい、健全であるアフリカーナーの本質のいくらかなりとを確認したいとでもいうように、話した。私もそれを強く望んだ——と同時に、それが無理なこともわかった。フィリューンが、ボーア人の土地をイギリス人がどのように奪ったかについて語り出すや、英語を話すあるジャーナリストは嫌みっぽく愚痴った。「チェッ、またそれか！」

どうすることもできず、私は烈火のごとく吐き捨てた。「黙って！　デクラークがしゃべったときは何も言わなかったくせに……。フィリューンは少なくともやろうとしてるんだから。」

「冗談じゃない——この気の毒なご仁は時代錯誤だ。」私の怒りは、彼の口調の前でしぼんだ。さらに、彼の正しさに。

フィリューンは政治指導者の中でただ一人、「自分が日々出会う頑な態度」に対処するために、近いうちに特別の和解委員会が設置されることを要望した。

一九九六年八月の初めての政党の意見陳述会の後、私はツツ大主教にインタビューした。「南アフリカの過去に関する四つの説明を聞かなければならなかったわけですが、いらいらしませんでしたか？」

彼は私の鼻先に痩せ細った四本の指を広げた。「四つの説明……、四つありました……、キリストの生涯も〔新約には四つの福音書がある〕。あなたがつまみ出したかったのはどれ？」

私は質問を変えた。「ANCの意見陳述の最後の部分は、どうしてあんなに偏執狂的に聞こえたんでしょう？　まるで世界全体がターボ・ムベキに対して共謀しているみたいに。」

ツツは驚いて首を傾げた。「あなたに限ってそれを私に尋ねたりはしないはずなのに。あなたは毎日私といっしょにすわって、過去に何があったか耳を傾けている。多くの人は、迫害を受けている二世代目か三世代目です。そして、過去を知らなければ、現在の政治も決して理解できないでしょうね。」

南アフリカから移住していった友人が、私をオフィスに尋ねてきた。彼女が私に代わって電話に出た。「あなたのお子さんから。ジョー・ママセラ〔注53〕の歌を作っていて、『フラクプラース』と韻を踏むのに一単語必要なんだって。」彼女は声を低めて電話に答えた。「で、ジョー・ママセラってだれなの？」

大きなため息が私の胸を突き抜けていく。数カ月ぶりに私は休息をとった。

人々が見切りをつけてしまった許し、カタルシスへの期待、理想的な和解、夢のような力強い補償政策……。おそらく重要なのはつぎのことだけだろう——私も私の子どもも、フラクプラースとジョー・ママセラについて知っているし、そこで何があったかも知っている。

真実和解委員会が去年スタートしたとき、私は直観した。もし、自分をプロセスから切り離せば、見知らぬ国で——未知の、今後も決して理解できないだろう国で——目をさますことになるだろう、と。

反応の数々

一三章　各地で血の雨が降る

マイケル・ラプスリー神父の証言

「その瞬間を憶えています。電話に呼び出され、こう告げられました、『南アフリカ政府はお前を殺すつもりだ』と。それに、言葉では言い表せない孤立の瞬間を憶えています。……というのも、それはとても個人的で……、ＡＮＣ〔アフリカ民族会議〕のメンバーではなく、よりによってこの私を殺す、と。」

マイケル・ラプスリー神父〔注29〕。ニュージーランドで生まれ、オーストラリアで聖使修士会の聖公会の牧師として教育を受け、一九七三年に南アフリカのナタール大学に派遣された。

「南アフリカに来たとき、私は確固とした平和主義者でした。……しかしすぐに、この国では中立の立場は不可能だと気づきました。牧師の任期期間に、いろいろな経歴の学生と出会ったので、つぎのことは私には明らかでした。白人であり、状況を変えるための行動をなにもしないのであれば、事実上アパルトヘイト政権の一職員であるに等しい。

その当時、私はどの政治団体にも参加しなかったにもかかわらず、南アフリカ政府は私を国外に退去させた。隣国のレソトで、私は聖公会の牧師たちを教育しました。」

レソト出身の友人の証言。「マイケルの家は、レソトでは皆に開放されていました。とても閉鎖的な白人地域出身の私が平等な関係で黒人の南アフリカ人と出会ったのは、そこが初めてでした。……しかも、あらゆることについて話し合い、論じ合いました。……もちろん、祈りも捧げました。マイケルの家は礼拝所ですから。」

マイケル・ラプスリーがニュージーランドの親元に帰っているときに、南アフリカの特殊部隊の一団が、国境を越えてレソトに侵入した。その攻撃を生き延びたフィリス・ナイドゥーは、その著『Le Rona Re Batho〔われらも人間なり〕』にその夜のことを書いている。「一九八二年一二月九日、木曜日、午前一時、レソトはその月によって囚われの身となった。それはマルティ山脈だけが作り出せるような、美しく澄んだ月夜だった。皮肉にも、南アフリカ国防軍の殺人騒ぎに手を貸したのはその月明かりだった。彼らはヘリコプターに乗り、サーチライトに先導されて、いつもの夜の散歩者たちを追い払いながらやってきた。……その夜、四二人が死んだ……。」ＡＮＣは当時、組織のメンバーだったマイケル・ラプスリーをジンバブエに移住させた。

「それはいつに変わらぬ暖かい秋の一日でした。……四月……、あのとき私は、あらゆる不幸を一身に背負うことになった。私はカナダでの一連の講演を終えて帰ってきました。ＡＮＣと印刷された封筒が他のものといっしょになって、私の机の上に山と積まれていた。封筒で神学関係の雑誌が入っていることがわかったので、だれかと電話で話をしながら、そばの低いテーブルでマニラ紙製の封筒を開け始めた。最初の雑誌はアフリカーンス語のもので、……それをそばに置きました。アフリカーンス語は読めませんので。二冊目は英語だったので、ビニールを剥がして、雑誌を開けると……、それが爆弾を爆発させる仕掛けだった。……自分がどんなふうに空中に吹き飛ばされているか感じました。……その間ずっと、私は意識を失いませんでした……。」

レソト出身の友人。「爆発の三日後、ハラレ病院へマイケルを見舞いに行きました。……会うのが恐くもありました。……顔は焦げて黒くなり、……あごひげは顔の中にめり込み、顔は倍に腫れ上がり、……両手は切断されて両腕の付け根を宙吊りに保っておかなければならないので、何かがそこにさわると耐えられない痛みが彼を襲いました。……片目も失い、……両耳の鼓膜も破れ……。私は彼を勇気づけたい、彼を抱き締めたいと思った。……ところが、私がさわれるところなどどこにもありませんでした。」

マイケル・ラプスリー。「政治的な選択をして以来、私はたびたび死について考えました。不具になるとは一度も思いませんでした。爆発の後、たとえ死んだとしてもその方がよかっただろうと思いました。というのも、今では両手を失った人間ですが、それでもこれまで一度も……、両手のない人に出会ったことはありませんでしたから。

人は手で愛を伝える……、優しさを……。私は両手を失うという、これからもずっと続く、とても大きな悲しみに耐えました。……義手が装着されたとき、私は泣き出した。……それがあまりにも不格好だったものですから……。ほれ、この通り、それをはめています。……いや、今では義手がやれることに本当に驚いています……。」

真実和解委員会への証言の前に、「誓って……」とラスプリー神父が宣誓するために上げたのが、そのステンレス製の義手の鋏だった。彼は、他の犠牲者たちのように涙をぬぐわせなかったのも、同じくこの鋏だった。しかし、彼に、話があまりにも強く心を締めつけると、彼ら犠牲者はしばしば両手に顔をうずめて、ティッシュで涙を拭いた。でも、こんな鋏でティッシュのような脆い薄物をどうやって持つのか？　鼻をかむという簡単な動作をどうやってやればよいのか？　何度もその鋏が反射的に顔の方に動く——まるで手で顔を覆いたいかのように——そしてあらゆる動作が南アフリカの過去の残酷さをホールの中に浮かび上がらせる。……耐え難く、光を放ち、そして不毛な。

「私は自分を犠牲者としてではなく、アパルトヘイトを生き抜いた者と見なしています。……南アフリカへ戻ってできるだけ有意義に楽しく人生を送ることが私の勝利の一部です。……私は憎しみの虜にはなっていない。そうなれば、からだがダメにされただけでなく、心までダメにされていたでしょう……。皮肉にも、私は両手と片目を失っても、私をこんな目に会わせた人たちよりずっと自由です。……アパルトヘイトを支えていたすべての人に言いたい、『自由があなた方を待っている……、でも、それには全プロセスに参加しなければならない』と。

　だれかがマニラ紙製の封筒に私の名前をタイプし、だれかが爆弾を作らなければならなかった。私はしばしば問いかける、『その人たちは、あの日したことを自分の子どもたちにどう伝えたのだろう?』それにしても、あれほど精巧に作られた爆弾が私のところへ郵便で送られてきたのが、一九九〇年二月二日の後、つまりマンデラ釈放の後、しかも、NP〔国民党〕とANCとの間で重要な会議が持たれる直前でした。私は、この件に関してはF・W・デクラーク〔注7〕に一切の責任を負わせたい。デクラークはその暗殺部隊のことは聞いていたはずです。フレデリク・ファンザイルスラバート〔注60〕自身が私に、彼らについてデクラークに自分が話した、と言いましたから。しかし、デクラークはそれについては何もしないことに決めました。

　私は許せるでしょうが、その場合、悔恨の枠組の中で許しを乞うということが行なわれなければならない。……しかし、デクラーク側からは、告白のこの字さえ上がらなかった。だからこそ私は知りたいと思っている、人は今、自分が過去に人殺しをしたことに対して、どんな償いをしているのか?」

　デズモンド・ツツ大主教の発言。「マイケルが聖体を拝領するときは、いつも一種独特の沈黙に包まれる。彼が義手の鉄でカップをひっくり返しはしないかとまわりが気にしている、とだれもがまず思ってしまう——でもすぐ完全に静まり返る……。

　しかもそれは、あたかも彼から光が発しているような……。

　しかも、常に暗闇を克服するような何かに自分が触れていることに気づく。そして私は、あなた、マイケルのために神を称え、あなたに感謝を捧げます。……というのも、あなたはキリストの磔刑と復活について語ることができる。なぜなら、それはあなたのからだの中で行なわれているのだから。」

　明らかに心動かされてツツが立ち上がると、ホール全体がそれに続いた。そして、マイケル・ラプスリーがゆっくりと椅子に腰を沈める間、ツツは祈った。

最初の〈ネックレス〉が行なわれた町

　クイーンズタウン。外見は、イースタンケープ州のなだらかで、草に覆われた山々に囲まれた、ありふれた高原地帯の町。だが、クイーンズタウンは、埋もれた、もっともおぞましい歴史を抱え込んでいる。……決して語られも言及されもしなかった何かを。真実和解委員会がクイーンズタウンで聞き入った訴えのうちの一つが、町に常ならぬ恐怖の気配をもたらしたというわけではない。

クイーンズタウンは特異だ。そこは、〈首飾り《ネックレス》〉〔注48〕の世界の中心地として知られている。一九八五年八月、〈ネックレス〉の最初の犠牲者ビル・メントゥールは、ANC青年同盟が呼びかけた不買運動《ボイコット》を無視したので殺された。続く四年間に、ここでは三九人が〈ネックレス〉で殺されたと思われる。一年間で九人以上、ほぼ一カ月に一人……。一方、南アフリカのほとんどの町でこんなことは決して起きなかった。

ノジベレ・マドゥベドゥベは、自分の家族二人の殺害について証言した。証言の後、私はクイーンズタウン・シティホールの廊下脇の一室で、泣いている彼女に偶然出会った。

「真実和解委員会は私をゴミのように扱った。ボンガニ・フィンツァ委員は問い続けた。『ところで、あなたは、みんなが町会議員に反対しているのを知らなかったのですか?』って。だったら何? 彼は、私たちがネックレスされるのは当然だったと言いたいわけ?」

水色のカーディガンを着た大柄な女性は、そのとき私に話を語って聞かせた。

「妹のルンゲルワが自分の誕生日にジョハネスバーグからわざわざ帰ってきた。一八歳になるはずだったのに。

あの朝、ANC支持者たちが家を取り囲んだ。彼らは『密告者をやっつけろ』を歌っていた。……彼らが怒鳴った。『ルンゲルワが出て来ないなら、家を焼く』と。……ルンゲルワといっしょに私も外に出た。……彼らが妹をひっつかんだ、……私は叫んだ、だが、すぐに彼らは妹のまわりに詰め寄ってきた。妹が見えなかった。……彼女の叫び声しか聞こえなかった……。

私は警察に駆け込んだ。……警察は後になってから私に言った。……ルンゲルワは他のだれとも違う方法で焼かれた、と。……彼らは彼女にガソリンをかけ、首にタイヤを乗せて……。『お前をかわいらしくしてやる』と彼らは言った。『ネックレスの上にさらにネックレス……、そのうえ香水も?』と。そして、タイヤにガソリンをかけた。さらに、ガソリンを呑めと言った、炎の燃え上がる道ができるから。……それから彼らは叫んだ、『閃光、発射!』そして、マッチをすって投げた……。

警察は言った。ルンゲルワは両手・両足をワイヤで縛られたまま、火がつくまでずっと横倒しだったし、みんな燃え上がる炎から離れなければならなかった。こうも言った。突然ルンゲルワは男より強くなった……、けだものよりも強く——もっとも彼女は若かった!——彼女は身を起こして地面にすわった。……両腕・両脚がワイヤからはずれ、……力任せに胸の辺りのタイヤをはずすと、それを興奮した群集めがけて放り投げた。『絶対、二度とこんなふうにだれかを焼くんじゃない!』妹はそう叫んで、砂だらけの溝に突進し、そこでからだについた火が消えるまで転げ回った……。

翌日、妹はクイーンズタウンの病院で亡くなりました。」

対立を助長する歴史的背景

その日、クイーンズタウンはとても寒かった。真実和解委員会が休廷となったので、私は気分が滅入るような照明をつけたカフェで夕食をとった。

「クイーンズタウンは他所とは違う」とウェイトレスが裏づけしてくれる。「ここには精神病院が二つもあるしね。」翌日、私は本当にそうであることを確認した。クイーンズタウンは数年で二つの精神医学病棟を持つに至った。そこでは毎朝、〈ネックレス〉実行者とその被害者がいっしょになって日なたぼっこをしている。

地方史担当の教師は、対立で緊張が一世紀も続いたせいで、この地域特有のいくつかの欠点が生じたのではないかと考えている。クイーンズタウンは、一八四七年にコーサ人が最終的に支配下に置かれた後、イギリス人によって建設された最初の町である。さらにこの地域は、かつて英国国民と宣言された最初の黒人であるムフェング人の本拠地でもあり、しかも当初から一貫して彼らは、伝統を捨てるよう圧力をかけられてきた。彼らはまた、歴史家ノエル・モステルトによると、コイサン人〔コイサン語系のコイコイ人とサン人。西洋人のつけた蔑称名がコイコイ＝「ホッテントット」、サン＝「ブッシュマン」〕のだれ一人をも部族内に受け入れるのを拒んだ、イースタンケープ州中の唯一のグループだという。

私は、ANC青年同盟のリーダーをこの町でやっと見つけ出した。もちろん、彼は当時クイーンズタウンにいたが、人々がこの〈ネックレス〉事件を大げさに言いふらしていると思っている。

「当時、ここがどんな状況にあったか、あなたは思い起こす必要があります。二つの黒人自治区《バンツースタン》〔トランスカイとシスカイ〕がここで境界を接していました。人々はだれも信用できなかった、だれ一人も。夜、私が寝ている間も二つのグループが見張りに立たなければならなかったし、お互いを監視し合っているありさまでした。〈ネックレス〉という言葉はここクイーンズタウンが発祥地だ、とだれもが言っているのは承知しています。でも、われわれはその言葉をジョハネスバーグ出身のコーサ語を話す他の連中から聞いたのです。われわれはそれを〈うんざりタイヤ〔tyre-to-tyre〕〉と呼んでいました。……われわれには武器はなかったが、タイヤとガソリンなら容易に入手できた。それがまた、地域社会を支配する――それにわれわれの支持者を統制する方法でもありました。〈ネックレス〉が行なわれている間、だれもがお互いを注意深く見守った。……もしそこでみんなより興奮しないでやってたら、ひょっとして心に何かわだかまりでもあるのか、と……。F・W・デクラークの大統領就任で〈ネックレス〉殺害はストップした。……状況が変わっているとだれもが突然思いました。

インピンピ、つまりスパイたちのことですが、警察はだれかが密告者かもしれないというわれわれの思い込みをうまく利用しました。たとえば、警察は通りがかりにこう耳打ちする。『今夜調べろ、六時頃……、ヴヨが何をしているか、調べろ。……それからもう一つ、われわれはお前ら全員を逮捕するつもりだ。』というわけで、われわれも計略を立てながらヴヨを監視する。すると、ほかでもない、彼はしきりに時間を気にする。きっかり六時になると、出かけなければ、と彼は言う。二日後、われわれは彼を捕まえて、あの晩どこにいたか尋ねる。すると、彼があまりにびっくりしているのを見るはめになる。いずれにせよ、たとえ彼が病院に妹を見舞ったと一〇〇回言ったとしても、目のおびえと警察が彼のことを指摘したという事実が、見分けるのに十分な証拠となる。たとえそれが彼であろうとこの私であろうと……。」

ノジベレ・マドゥベドゥベの話。「それは本当ではない。彼らは妬んでいたから、私たち家族をねらったのよ。私の両親は教育を受けていた。父は、彼らが生まれるずっと前にANCに属していたけど、町会議員だったから黒人を敵に売った、と彼らは言うのよ。」

ANC青年同盟のリーダーの話。「ブルジョワ地方議員たちですよ。彼らはアパルトヘイトのおかげで豊かになった。多くの黒人は体制側を困らせたことなんかありませんよ。……困らせたのはわれわれ、青年同盟、彼らが好む呼び方だと、フーリガン＝ごろつき。そのごろつきが、自分たちの統率力や戦術、行動によって、一九八〇年代を通じてこの国を変貌させた。あの古いマドゥベドゥベの時代は……、彼が町会議員だった頃は、二つの通りの家族全部で、たったの三つのトイレを共同で使わざるをえなかった。それが今では、彼だって投票できるし、彼の横柄な娘だって同じです。それはわれわれが戦い取ったおかげなんだ。」

ノジベレ・マドゥベドゥベ。「妹のルンゲルワの死から一年もしないうちに、ある朝、ANCの支持者たちが私を捕まえて、まったく同じことをした。……私がガソリンを呑むと、夫が地面に倒れ込んで大声を張り上げた。それは、この地球上でこれまでに聞いたこともなく、二度と聞くことのない叫び声でした。……子どもたちが狂ったように夫を立たせようと引っぱっていました。……ガソリンが胃の中で燃えるのを感じ、すぐ目の前で彼らの靴が踊るのを見ました。……見覚えのある靴……、ぼろぼろの靴が……。すると突然、近所の人が群集の中に勢いよく突進していって、私の上に跪いて……、『この人に手を出すな、私は知ってる、彼女は密告者なんかじゃない……。』

……ところで、ご覧の通り、私は助かったが、死んだも同然です。どこかで何か明かりがチカチカすると、本能的に火だと思ってしまう。私の家族全員にしても……、部分的に生きているにすぎない……、私たちのほんの一部分がお互いに関係し合っているだけ。……車で出かけるときなど、私は夫や子どもたちを見るし、さわる。……彼らが見える……、なのに、彼らがまったくわからない……。彼らにさわると、まるで私の手の上に分厚い皮膚があるように感じる。……とりわけ長女がいつも私を恐がっているようです。夫は抜け殻のように見えます。一九八九年に私は改宗し、洗礼を受けました。……とっても冷たかった、その水……。正直に言えば、私が今だに人間らしく振る舞えているのも洗礼のおかげです。今朝、真実和解委員会の前にすわるや、私と妹をひっつかんだ者の二人をホールの中で見かけました。……しかも、彼らは相変わらず……、くず……、結局……、今では私もくず同然。私の人生は私の指からこぼれ落ちてゆくばかり。」

アンデルソン・ジョイ首長は、床に投げ棒を突いて、一九代前から先祖全員の名前を一つ一つ名乗った。

テンブ王がボモイを創始し、
つぎにボモイがチェドゥマを創始し、
つぎにチェドゥマがムングツを創始し、
つぎにムングツがンダンデを創始し、
つぎにウダンデがンゼゴを創始し、
つぎにンゼゴがドロモを創始し、
つぎにドロモがハラを創始し、
つぎにハラがマディバを創始し、
つぎにマディバがタトを創始し、
つぎにタトがゾンドワを創始し、
つぎにゾンドワがンダバを創始し、
つぎにンダバがングベンツァを創始し、
つぎにングベンツァがムティカラを創始し（これが家臣から王になったマタンジマの家系である）、
つぎにムティカラがガンゲリスウェを創始し、
つぎにガンゲリスウェがダリンデボを創始し、
つぎにダリンデボがジョンギリスウェを創始し、
つぎにジョンギリスウェがサバタを創始し、
つぎにサバタがブエレカヤを創始し、
そしてここ、私に至る。

コーサ語の通訳者たちがブースから出てきた。「おい！ほんと、すごいコーサ語だったなあ。ご老人がどんなふうに話したかを実際に伝えるには、ジェームズ王時代〔一六〇三～二五年、シェークスピア時代〕の英語を使わないとだめだね。」

「どうしてあなたは、証言を家系の披瀝で始めたのですか？」私はあとで首長に尋ねた。

「先祖の名前が時の流れを体系化してくれる。」通訳者が私に説明した。「先祖の名前が話に、目に見える像を与えてくれる。先祖の名前が私に、起こったことを大局的な見地で持ち出す。お前は多くの黒人を率いる首長だぞ、と先祖の名前が言う。またこうも言う、お前たちには過去を耐え抜く力がある、と。……さらに、現在も。」

マハラセラ・ポール・ムションゴのネルスプルイトでの証言

一九七六年に遡る。私はバーベルトンからコマティプールトまで列車で行った。カープミュイデンで列車を降りて、酒をほんの少しだけ飲み、列車が来たのでコマティプールト行きに乗り込んだ。友だちのほとんどがヘクタースプルイトで降りた。列車がコマティプールトに到着したとき、私は眠っていた。……少し飲んでいたのではっきりしない。それから鉄道警察がやってきて、何やら捜していたが、私に尋ねた。「どこまで?」私は「コマティプールト」と答えた。

(中略)彼は私を鉄道警察の詰所へ連れていった。……俺がお前を国境で見つけたということに同意しろ、と彼が言ったので、私は言い返した。「あなたは今、なんと? 私が知らないことをなぜ言わせようとするんです? そんなの認めるわけにはいきませんよ。」すると彼は近づいてきて、同意するように言い、それから黒人警官に入口のそばに立つよう呼びかけた。そのあと彼は出ていって、駅長を呼んだ。それから二人で入ってきて、お前はコミュニストだ、と言った。だから私も言い返した。「どうしてコミュニストであるもんですか。だって、コミュニストがなんなのか知りませんから。」そしたら彼らが言った。「お前はコミュニストだ。なんでこの文書を持ってるんだ? こりゃ、モザンビークからのものじゃないか。」私は一度モザンビークに行ったし、その文書を受け取ったことがあった。というのも、ある時期、家畜を手に入れるのに交渉しなければならない相手がいたもんだから。すると彼らは、それは嘘だと言い、私の身分証明書を取り上げて、身分証明書を持っていないお前を見つけたことに同意しろ、と言いました。私は言ってやりました。「いいえ、認めることなんかできない。私は正真正銘の南アフリカ市民だ。あんたらがそう思わなくてもだ。」

すると今度は、彼らは私の名前を変えました。もはやマハラセラ・ポール・ムションゴではなく、今やカルロシュ・キヒラだ、と。……そのときは本当にびっくりしました……(聴衆の笑い声)……。

ヤスミン・スーカ委員　静粛に……、証言者は話を続けようとしています。笑ってはいけないと言うつもりはありません……、おもしろがるのもいいでしょう。でも証言者の話に耳を傾け、彼に敬意を払うべきです。

ムションゴ　あの大事なときに、二人は私に言いました。「お前はカルロシュだ。今、お前に新しい名前をつけてやった。お前はカルロシュ。」それから彼らは私を殴らなければならなかったし、殴っている間、私もまた身を守りました。そして彼らはワイヤを手にして、私の足を縛り、さらにタオルを取って、何が起きているかまったく見えないように私に目隠しをした。私は口も目もふさがれて、そのうえ彼らは電気ショックを与えて、後ろ手に私を縛った。そして私に言った。「モザンビークから来たってことにまだ同意しないのか? 外国人だってことに?」さらに彼らは「お前は黒んぼ《カフィール》だ」と言い、それからさらにワイヤで私の性器を縛り、両手も背中で縛られて、つぎに私の性器に電気ショックを与えた……。そして、私が「モザンビークから来たんじゃない」と言うたびに、彼らは私をぶち、電気ショックを与えた……。私は面喰らって叫んだ！「モザンビーク出身じゃない！　外国人じゃない！」すると「よーく考えろ、お前は黒んぼ《カフィール》だ」と彼らは言った……。

　例の黒人警官は、二人が私にこんなことをしている間、じっと見ていた。彼は私に言った。「じきに彼らが休憩から戻ってきて、……なおもお前さんが反抗するようだと、お前さんを袋に詰めて、石も入れて、そのうえ時々猫もいっしょに入れて、川にそのまま投げ込むつもりだ。お前さんにこんなことをするだけじゃない、だれにでもやるのが、実際のところ彼らの仕事だ。だから、頼むよ、彼らがもどってきたら、外国人だと認めろ。」彼らのねらいが今や私を殺すことだとわかったので、私はぎょっとした。

　彼らは戻ってくるなり、私を蹴りだした。「まだ逆らう気か？」なので私は答えた。「モザンビーク出身です。」私は彼らの求めにすべて同意した。黒人がやってきて、私のペニスからワイヤを外し、目隠しのタオルを取り、縛りをすべて解いた。歩けなかった。からだ全体が言うことをきかなかった。再び歩けるようになるかどうか、わからなかった。……そのことがひどく私を苦しめている。……問題は、女性とのことだった。その女性は言った……、今だって家でぶつぶつ言っている、私がもはや役立たず……、インポだって。しかしながら、これは彼らが私にしたことが原因している。

（中略）治安判事裁判所では、本当のところ、公正な審理はなされなかった。彼らはわれわれ全員、二一人すべてを告訴し、内われわれ三人を選んで言った。「懲役六カ月、執行猶予三カ月。」ところで、その日の通訳は、幸運にもたまたま私の知っている人で、ジョン・スビヤ氏だった。私はジョンに言ってやった。「あの、もし。この人たちに私がバーベルトン出身だと言ってください。……なのに、彼らは、私をモザンビーク出身者といっしょのグループにしている。」すると、そのスビヤ氏が言った。「さてと、私はあなたと何の関係もありません。」これがまた、私をとても苦しめた。

　さらにそこからわれわれを連れ出して、お前たちは懲役刑だ、今すぐ刑務所行きだ、と彼らは言った。……彼らはトラックにわれわれを乗せて、バーベルトンに連行した。ところで、バーベルトンの人は私をとてもよく知ってるし、刑務所の看守さえ顔見知りなので、彼らは私に言ったものです。「ムションゴさん、いったいどこから？　なんで囚人なんかに？」だが、こっちには言えることが何もない。……ちょうど人々にもみくちゃにされてもいたし。所持品は持っては行けないので、ただでやるしかなかった。それはクリスマス用に買ってやった子どもたちの服だった。それからバーベルトンの刑務所で服役してたが、このからだじゃ容易じゃなかった……。

獄中で、ムションゴは悪いことは何もしていないと主張して、服役を拒否した。彼のケースは内務省に取り上げられ、つぎの年の四月に釈放された。

私はすべてを失った。家と四つの部屋にあったすべてを。ところで、私が委員会に出頭したのは、私が今問題――もはや妻と性交渉ができない――を抱えているからです。私のからだは本当に使いものにならなくなってしまった。今ではつぎに何をしていいのかわからない。私は、私にしてもらえることを知りたいだけなんです。なぜといって、あのアパルトヘイト時代にはテロリストとレッテルを貼られたが、私はテロリストではない。私に年金がもらえるように何かなされてしかるべきです。そうすれば、私の慰めにもなるし、まだ学校に行っている六人の子どもの助けにもなるかもしれない。

こうして、一人の男が男盛りの時期を失った。しかも彼は、その返済を願っている。

ヴァイナント・マラン委員　あなたはからだの変調について言われたが、電気ショックを与えられた後、五人のお子さんをお持ちになられた……。

ムションゴ　はい、私には子どもがいます。……しかし、私はこう言いたいんです。私はその子たちを養っています し……、その子たちに恵まれました。なのにどこかで、私はその子たちの父親ではない、と思っているんです。

一九八六年九月の息子の死についてのアンナ・シリンダの証言

私の息子がサソルの刑務所から釈放された。息子は帰宅して、待機していた。ほぼ二週間、家にいた。三週目に、私たちには何も言わなかったが、働いてないので家に居るわけにはいかなかった。ある晩……、息子は帰ってきて、自分の部屋に行き、寝ました。

息子がまだ寝ているのに、朝の六時半、多くの若者がやってきて言いました。「息子さんに用がある。集会に行くので。」息子は目をさまして「どうしたの、この騒ぎは?」と言った。若者たちが答えた。「集会だよ。」すると、息子は「何の集会か分からない」と言った。「ANC支持者の集会だよ」と彼らは言って、息子を連れ出した。

（中略）若者たちは斧を手にして、本当に息子の頭に切りつけた。息子は髪を長く伸ばしていたので、これ……この髪が実際に傷口の内側にめり込んでいた。……そして、そこから息子は他の家に駆け込むと、その家には少年が二人いて、息子に見覚えがあったので、二人が私の家に駆け込んできた。私の家に着くと、二人は私に言った。「よく聞いてよ、フランクが焼き殺された。」私は聞いた。「何か悪いことでもしたのかい?」二人が言った。「いいや、わからない……。」(泣く)。

私はそれから家を出た。ただ走った。川を渡ると、後ろから他の女たちが私を呼び止めて言った。「戻って。どこに行くつもり?」私は言った。「戻らない。息子が焼かれたらしいの。」女たちが言った。「だめ、こっちに来て。人が他の方角から走っていくのを見たわよ。……灰だらけの黒人だった。」息子だと思って、私は引き返した。言われた方角に行き、息子を見つけて言った。「何があったの?だれがやったの?」顔と鼻以外、からだ中が焼かれていた。「わからない、これをやった犯人がだれかわからない」と息子は言った。さらに……、私に言った、「焼いたやつらがわからない。」私は聞いた。「お前にこんなことした連中の一人もかい?」すると、息子は「あした言うよ。」さらに「病院に着いたら言うよ」とも言った。私は「どうか、教えておくれよ。お前が知っている犯人を言っておくれ」と聞いたけど、息子は小鳥のように口を開け、そして再び口を閉じた。目も今やその色を失い、ついに……。私は泣きじゃくった……。

これがこの目で見た恐ろしい光景です。

一九八六年六月の夫の死についてのアンナ・ムティンクルの証言

末の息子が入ってくるのが見えました。彼は一二歳でした。息子は父親に向かって、父さんを呼んでる人がいるよ、と言いました。通りで呼んでいて、居るかどうか知りたがっている、と。「うーん、出たくないな」と夫は言いました。「じゃあ、僕が出ていって、だれだか見てくるよ。」そう言って息子は出ていき、玄関でだれかに会いました。息子が応対している間に、一人が近づいてきて私に、「ご主人はいらっしゃいますか?」と言ったので、「はい、います」と私は答えました。

夫が出てきました。出てきてから何か少し言われてました。若者のグループで、年齢も目的も私にはわかりません。庭は多くの人で入り乱れ、ある者は手に鞭(通例では、政治的な暴力事件が発生したときに、なめし革かゴム製の鞭が南アフリカの警察に支給された)を持ち、ある者はもっと危険な武器を携帯していました。夫も出ていったときには刃物を手にしていました。彼らは夫を庭のあちこちにただ追い立てながら鞭で打ったので、夫は倒れ、しかも倒れていたとき、夫は抵抗するのをやめました。それから彼らが夫のボディチェックをしたとき、右耳がすでに傷ついていました。その後、息子も出てきて庭をうろつき、娘たちは逃げ出しました。

それから、男が一人来て、タイヤを持ち出して夫の首にそれを乗せなければならないと言いました。……彼らがタイヤを二本持っていくと、夫が言いました。「私を殺したいんなら殺せばいい。」それから、夫は自分でタイヤを掴んで、「いったい私に何がしたいんだ?」と彼らに言いました。それに、他の一人がガソリン五リッター入りの缶を持っていました。その男がガソリンをかけました。それから彼らはマッチを出してそれを擦ったので、私はそのマッチを男から取りあげました。……すると、彼らは再度マッチを取り出して、……それを男に渡した。私はまたマッチを取りあげました。……取ってそれを私は投げ捨てました。そのとき、だれかが後ろで電池を投げた。本当はそれを私にぶつけるつもりでした。そして、二回目には彼らはそれを私に手渡しました、まさにその同じマッチを。結局は、私の正面に立っていたその男がそのマッチを取り上げて、彼が火をつけました。そして彼らは言いました、実際に火をつけたのは当の本人に違いない、と。

……それから彼らは退散した。……なので、夫だけがそこに残った。……しかも焼かれて。すぐに私は水を持ってきて、夫の上へかけました。……起きたことが一向わかりませんでした。……私は土をいくらか手に取りましたが、そのときは夫はひどく焼けていて……。土をいくらかかき寄せて、夫の上に土をばらまきました。……末の息子が運ぶ手段を求めてどこかに行って、……しばらく行ったままでした。……息子が帰ってくるまでに、私は夫を毛布でくるみました。……診療所に彼を運び、診療所から病院に運びました。でも、彼がぐったりしているのはだれの目にも明らかで、……実際、彼はつぎの日までもちませんでした。

ヨハネス・ルースの証言

妻と私と三人の子どもで教会の日曜礼拝に出席した。私だけ早く行く必要があったので、車二台に分乗して出かけた。その夜八時一〇分頃に教会を出た。妻と三人の子どもが、私の車の前を走った。砂利道の農場の入口まで来た。敷地と道路の境目まで。妻が分岐点にさしかかったところで、そこから家の中に明かりがともっているのがもう見えた。子どもは三人とも後部座席にすわっていた。幼い長男は母親の背後にすわり、一五カ月の赤ん坊は、左側に座っている姉のひざの上に抱かれていた。娘は五歳だった。妻は息子に鍵を手渡しながら言った。「ジャコ、いいこと、これが家の鍵。代わりに玄関を開けてきて。」息子は座席に立ち上がって、鍵を受け取ろうとからだを傾けた。その瞬間、車は地雷を踏んだ。

私はみんなの後ろにいたので、すべてを目にしました。火炎が車の下からどんなふうに噴き上がったか、見ました。車がどのように空中に弾かれたか、見ました。道から右へ九〇度の方角の、道のそばの薮の中に、金属の破片や砂ぼこり、土が吹き飛んだ。私は車を止め、飛び下りて叫びました。「ああ、なんで?」近づいて妻を見ました。妻は座席にすわったまま、押しつぶされて。脚はばらばらに吹き飛ばされ、全身血だらけ傷だらけで、妻は呻いて言いました。「脚はどこ?」妻の後ろに立っていた息子は後部座席にすわったまま、首を傾けて、意識不明だった。他の二人、次男の赤ん坊と娘はおびえて、ただただ泣いていました。姉が弟を抱いて。この二人を車から出して、私の車に乗せ、一番近い家に連れて行きました。（中略）

われわれは壊れた運転席のドアをこじ開けて、妻を担ぎ出した。私は上着を脱ぎ、それを草の上に敷いて、妻を横たわらせた。続いて長男を担ぎ出そうとしたが、両足が前の座席にめり込んでいた。私は（近所の人に）、妻を病院に運んでくれるよう頼んだ。その人が車を持ってくる間、私は妻のそばにひざまづいて言いました。「なあ、お前、あきらめるな。神にお祈りを。」それから私は彼女のために祈りました。人はだれでも迷える……。プレトリウス氏が妻を病院に連れて行ってくれました。

それから車の中の息子のところに戻り、座席から出して、病院に連れて行きました。妻は、翌朝の三時頃に手術室から運ばれてきました。右脚の膝から下が切断され、左脚は足首が砕かれていたので、支えのピンが挿入された。多くの傷口と切り裂かれていた喉を手術で縫い合わせた。しかし、顔全体がやけどを負い、両腕はもぎ取られていた。

日中、父といっしょに事故現場に行ってみた。残骸の中にまだ脛骨が落ちていたので、妻の脚の一部だと思いました。見つけられなくて埋めていない四肢部分があるかもしれない、と思って行ったのです。だが、もう何もなかった。左見つけたのは、穴のあいた息子の頭蓋骨の破片だった。左上の部分の。いくぶんか……、息子の脳の一部が座席にこびりついていた。私はそれをティッシュに包んで、家にそれを埋めました。どんな思いだかわかりますか？……それがどんな影響をもたらすか？（中略）こんな日に会った後で、一体どうして再び人間らしくなれるでしょう。三日後、妻は亡くなりました。一九八六年八月二〇日。彼女は二度と口をききませんでした。

（中略）息子が激しい痙攣を起こすたびに、私はたびたび週の中日にプレトリアに行かなければなりませんでした。彼の四人の姉と私の父、そして私とで息子をベッドに押さえ付けなければなりませんでした。息子に投与されたモルヒネでは足りず、他の患者の分まで使わないと彼を落ち着かせられないことを知りました。クリスマスに息子を家に連れて帰る許可をもらいました。……でも、彼には私が父親であることがわからない。……話すことも一からやらなければならない。……しかも、彼は記憶を失っていました。ジャコは一九八七年三月五日に亡くなりました。

それは、五歳の娘には生易しい時間ではありませんでした。……あの子は一度も泣いたことがありません。いまだに泣きません。あの子のまわりで世界がばらばらになるとしても、まったく動じないだろう……。

なぜそれを尋ねない？

ネルスプルイト・ホテルのロビーに入ったときには日暮れ

ていた。私は考えをまとめることができない。夜の叫びが耳に入る。バーにたむろする上機嫌な顔と春の匂いを放つ夜気。それをどう結びつければいいのだろう？　メモ書きが部屋の鍵に添えて置かれている。

この生活にはぞっとさせられる……

ホシムクドリみたいに生きている間中さえずっているかもしれない
それともナッツ・ケーキみたいにそれを食べるかも
われわれ二人にはそれが不可能なことくらいわかっているけど
――オシップ・マンデリシュタム〔旧ソ連の反体制詩人〕

私は言葉に見入る。

心の堅い結び目が身震いする。


噴水が中庭の落葉や石に降りかかる。彼は薄暗い場所にすわっている。「さあ、どこかで食事でもしよう。」

「雨になりそうです」とボーイ長が言う。「中におすわりになられたらいかがでしょう。」

「外がいいな」と彼は答える。前菜を注文する。

「二人のアンナの証言がこうも立て続けに。しかも、息子さんが焼き殺されたアンナの場合――彼女のそばにいた娘さんが、イルカの装身具を着けていたのを見た？　イルカよ！　思ったわ。あの険しい顔つきや、〈死〉という言葉を決して使わないで息子さんの死を説明する一方で、こうした屈託のない生活の余地があるのを見て、頭がおかしくなりそうだった――彼女たちの間には、イルカが美しく歌う場所があるんだって。」

「もう一人のアンナの場合――これまで公聴会でオランダ改革派教会〔最大勢力を誇るアフリカーンス語の教会〕の本物の帽子を見たことあったかい？　あんな上品なつば広の白いやつは、ボイル地製だな。……それに、彼女はあのように一人ですわっている、まるで彼女のまわりに巨大な沈黙が落ちているように。それに見たかい、彼女が一度も泣かなかったのを……。彼女はただじっと目の前の机を見つめていた。……しかも、その話は何かの発端でも終わりでもなく、彼女の人生の継続中の恐怖の一部でもあるかのように。あんな事件が起きた後、同じ近隣同士でどうやって暮らしてきたんだろう？　ANC支持者が彼女が出歩くのをいつも見張っている――なので彼女の方も自信ありげに、厳めしく構える――近所の人たちの中で何かが掻き立てられざるをえなかったのかもしれないな。」

料理が運ばれてきた。

「それに、黒人犠牲者とヨハネス・ルースとの違い。十分な医療処置がすぐに受けられたし、記事は写真とインタビュー付きであらゆる新聞で十分に報じられた。にもかかわらず、それが悲惨さをなんら減少させはしない。たぶんあなたは、アフリカーンス語がわからないだろうけど、ヨハネス・ルースは実際のところ信心深そうだった……。」

「そのようだね、それは僕も通訳からでも感じ取れた。それにしても、息子の脳を家に埋めるという、そんな野蛮なことをなぜやったんだろう？」

「ちょうど、あなたが指で前菜を全部たいらげるのと同じような野蛮さよね。なぜ彼と父親は妻の脚を埋めようと思ったんだろう？……それが動物に齧られるのを怖れたから？」

雨が降り出した。ボーイ長が出てきて、中にテーブルはご用意できます、と言った。だが、それには及ばない。私たちは外にすわるのが好きだったし、雨も好きだ。

低緯度草原地帯の雷雨が頭上で炸裂する——稲光と雷鳴の見世物が。それがまわりの客たちを引き裂く——ジャカランダノキと藤の紫色の稲光が。

「ところでムションゴ氏のことだけど。彼は単刀直入に言ったわよね、アパルトヘイト体制が自分から男であることを奪ったし、真実和解委員会はそれに対して何ができるか知りたい、と。それに、委員会の男らしさが、そのことを完璧にわかってくれるはずだ、と。そして、自分の子ではない子どもたちのためにお金が実際に支払われるように、委員会が自分に男らしさを見せてくれることを願っている。」

ウェイターが傘を持って走ってきた。何かご注文は？　ワインをさらに頼んだ。

「ルースが証言している間、二人の黒人ジャーナリストはすわったままで談笑してた。それをどう判断すべきなのかしら？　私は初め、私が泣くのは白人が証言しているときだけか確かめようとしたけど、そうじゃなくてほっとした。でも、どんな犠牲者に対しても黒人ジャーナリストが一度も泣いたのを見たことがない。」

「なら、聞いてみたら？」

ゆっくりと歩いて帰った。彼は私を安心させるように、私の肩に手を掛けた。雨に濡れながら歩いた——重苦しい夜の中に帰っていくように。

一四章　心の深手に触れた手紙

ティムからの手紙

私にとってここ最近の一週間は、TRC〔真実和解委員会〕で遭遇する全体験の縮図のようなものでした。火曜日は友人といっしょにキャヴェンディッシュ・スクウェアに夕食に出かけました。食事の間、私たちはアフリカーナーの二人の男のすぐそばにすわっていました。ひとりは三〇代、もうひとりは五〇代で、TRCのことを話題にしていました。私たちの話の合間に、俎上にのぼったヘオルフ・メイリング〔現職の国防軍司令官〕という名前を小耳に挟み、さらに、若い方の男が自分の恩赦申請に触れているのもはっきり耳にしました。私は運命のようなものを感じました……。

金曜の夜は、あるパーティに招かれました。その夜たびたび、私は、長身で、顔立ちも体格もよい、アフリカーナーの若者と話をしました。彼は、私がかつて南アフリカ国防軍に所属していたことを聞き知り、私を他の部屋に招き入れ、シャツを脱いで、胸と背中を私に見せました。そこには、彼が何か任務を帯びた活動中にかろうじて殺害を免れた、モルタル爆弾によってできた無数の傷痕がありました。彼はひどくうろたえました。とうとう泣き出したので、私は幼児のように彼を抱きかかえるはめになってしまいました。

そして土曜日の朝、『メイル&ガーディアン』紙であなたの記事を読みました。つまりこの一週間で、軍司令官・歩兵・その犠牲者、そしてそれらを取り巻く外の世界と遭遇したことになります。

手短に申せば、私の話というのは、一九八〇年、大学入学許可後に、二年間の義務兵役に召集されたときのことです。その二年目、私が信条としていることとナミビアでのSADF〔南アフリカ国防軍〕の行動とが、もはや調停不可能に思われました。

（一〇代のとき、私はすばらしい学校に通う幸運に恵まれました。それらの学校では、「勇敢で健康で誠実であることと人生を通じて世界を愛で満たす……」という、古き『チップス先生』〔イギリスのジェームズ・ヒルトンの小説『さよなら、チップス先生』〕流の価値観を教えようとしていました。）

私はSADFを脱走して、ボツワナとの国境に向かいました。首都ハボローネに行く予定でした。……つまり、私の長期的目標は、MK〔アフリカ民族会議の軍事部門「民族の槍」

の略称」に加わり、当時私が本質的に有害な制度だと見なしていたものに抗して何かをすることでした。

なのに、経験もなく、愚かで、準備もせず、そのうえひとりだったので、ラマタバマで国境のフェンスをよじ登ろうとしたときに逮捕されてしまいました。悪夢が始まったのはそのときからです。私は公安警察のゼールスト部局に引き渡され、そこでおよそ一週間取り調べを受けました。殴られ、電気ショックを加えられ、窒息させられ、裸のまま放置され、さらに警棒で繰り返し辱めを受けました。苦痛で悲鳴をあげたこと以外、私はほとんど何も憶えていません。そのとき、私は一九歳でした。

それからワルフィッシュベイの公安部局に引き渡され、同じことが続きました……。そこはおよそ二カ月後に軍隊に引き渡されるまでの中継地で、軍隊の方が警察よりもはるかに扱いはましでした……。

さて、これからが話の核心部です。

私がまずケープタウンのTRCの事務所を訪れて、調査官の一人に私の話をしてからすぐに、委員会は私の人生に大きく影響を及ぼしました。

私のこれまでの人生の中で、両親にとっては、私がしたことや私の身に起こったことを受け入れることが一番つらいことだった、と私は思っています。そんな両親が今年になってやっと私の過去について話し始めました――それまでは一度も触れたことなどなかったのに。両親にとっての問題とは、政府が私のした行為を有罪と見なしているかどうかということのようです。つまり、法に従順なブルジョワジーとして、両親は、息子である私への忠義と、私が罪を犯したという事実との板挟みに苦しんでいたというわけです。

今では、私といっしょにTRCに行って話をしたときも、私の過去について話すのはまるで何ら差し支えないといった感じです。事態はゆっくりと変わっています。一八年間も刑に服していた囚人の身から、私はやっと自由になったようです。同時に私の家族たちも解放されたようです。兄などは急に優しく、より人間味のある態度で、以前にも増して私に話し掛けることができるようになりました。最近会ったときも、兄は私に、もっとそうできただろうに、自分がもっとしっかりやろうとすればよかった、と言いました。ユージン・デコック〔注27〕に関するドキュメンタリー番組をテレビで見た後、母が私のそばにきて私をびっくりさせました。「私たちは知らなかったの」と私に言いました。「まったく何も知らなかった」と。

たぶん、このようなことがTRCのもっとも重要な役割なのかもしれません。F・W〔・デクラーク、注7〕やマグヌス〔・マラン元国防大臣〕から告白を引き出すのが重要なのではない。そうではない。彼らは自分自身の良心を抱えて生きなければなりません――極悪犯罪者として。TRCの重要な点は、癒しを生じさせることができるということです。それに、この私に関して言えば、TRCに自分との和解を手助けしてもらった人間が少なくとも一人いる、と言えるでしょう。

それにしても、沈黙の期間は終わろうとしています。人々は、まるで長かった悪夢から目覚めようとしています。アフリカーンス語新聞の反応でさえ、人々を勇気づけています。たとえば、アフリカーンス語新聞ではTRCを支持する投書にはまだ一度もお目にかかっていませんが、話や証言に異議を唱えることはもうありません。証言を攻撃できないので、次善の対象を攻撃しています――つまり、委員会そのものをです。それでもやはり、もはや私たちは沈黙の専制政治下には住んでなどいないのです。

敬具
ティムより

ヘレナからの手紙（アフリカーンス語からの翻訳はアンジー・カペリアニスによる）

私の話は、フリーステート州東部のベツレヘム地区の農場の娘時代の一〇代後半に始まります。

一八のとき、私は二〇代のある男性に出会いました。彼は公安組織の上層部で働いていました。それは美しい関係の始まりでした。私たちは結婚について話し合いさえしました。野性的なエネルギーを発散させた、陽気で、快活な男。それに頭の回転もすばやくて。だから、たとえ彼がイギリス人であったとしても、彼はすべてのボーア人アフリカーナーの人気者になったでしょう。なので、私のガールフレンド全員が私をうらやましがりました。

そんなある日、彼は〈旅行〉に出かけるつもりだ、と言いました。もはや会えないだろう……、たぶん二度と。私はずたずたに引き裂かれた。もちろん彼も。

三年後、私は旧トランスヴァール州東部に引っ越しました。そこでの私の友だち付き合いは、基本的に保安部隊の人たちでした。私は初恋の人を忘れることができませんでした。他の人との結婚は、とても短期間で失敗に終わりました。すべての原因は私が忘れるために結婚したからです。

一年以上前に、親友を介して初恋の人に会いました。そのとき初めて、彼が海外で活動していたこと、恩赦を申請するつもりでいることを私は知りました。

あの上品で、とてもたくましかった人から何が失われたかがわかったときの自分の中の痛苦を説明できません。歳月が彼の顔に深い爪痕を刻み、人間としての尊厳や生きがいとすべき人や物をすべて奪い去っていました。彼はたった一つの願望を持っていました――真実は明らかにされなければならない、と。恩赦が問題なのではなかった。それが真実に至る唯一の方法だった。悪を一掃するために必要だった。

その年の初めに、何とも恐ろしいことに、彼は私たちのところから連れ去られてしまった。それが、彼が信じていたものに対して支払わなければならなかった代償なのでしょうか？　真実に対するもっとも高価な？

うまくいかなかった結婚の後、私は他の警察官と出会いました。初恋の人ほどではないにしても、優秀な人でした。非常に独特な感じで、いっしょにいると安心感のある人でした。他人を気づかう常識人でもあったし……、信頼できる友人もいました。

そのうち、彼が私に、自分と友人三人が昇進した、と言いました。「俺たちは特別な部隊に移ることになっている。さあ、さあ、かわい子ちゃん。俺たちは今や本物の警察官だ。」私たちは有頂天になり、結婚式まで挙げてしまいました。

彼と友人は定期的に泊まってくることがありました。長期間滞在することさえありました。突然、変な時間帯に、彼らはそわそわ落ち着かなくなることがよくありました。それから不意に、恐れていた〈旅行〉という言葉をぶつくさ呟いてから、車で出かけていきました。

最愛の人であるだけに、私は夫の安否や彼らがいるであろう場所を心配し、気が休まることもなく、不安な生活を送る以外にありませんでした。「知らないことは傷つけない」という諺で、ただ満足せざるをえませんでした。それに、最愛の人間として私たちが知っていることといったら、この目で見たことだけでした。

特別部隊に所属しておよそ三年後、私たちの地獄が始まりました。彼はとても無口になり、引きこもるようになりました。ときどき、ただ両手に顔を押し付けて、無闇に揺り動かしていたこともあります。酒を浴びるようにもなりました。夜眠らずに、窓辺をうろつき回ることもありました。彼は自分の心の乱れを隠そう、不安を解消しようとしましたが、私は見てしまいました。早朝の二時から二時半頃の間、私は彼の激しい息づかいに驚いて目がさめました。ベッドをあっちへ行ったりこっちへ行ったり。顔は真っ青。うだるような暑い夜なのに氷のように冷たく——しかも、汗ぐっしょり。目はキョトンとして、まるで死人のように精気もなく。それに悪寒。ひどい痙攣と、魂の底からの恐怖と苦痛の、身の毛もよだつような悲鳴。そして時折、じっとすわったまま、ただ目の前を見つめるだけ。

私には理解できませんでした。決してわかりませんでした。〈旅行〉期間に、彼の喉元に押し付けられたものが何なのか、決して気づきませんでした。私はただ地獄の苦しみを味わいました。祈り、訴えながら——「ああ、どうなっているんでしょう？　彼は一体どうしたんでしょう？　あまりにも変わりはてて？　そのうち気狂いに？　金輪際もう男はこりごり！」

今では、私の問いや心痛にすべて答えることができます。何もかもが始まったところも知っています。その背景も。「上層部の面々」や「仲間内」の役割、そうした部署からの血なまぐさい命令をただやり遂げなければならなかった「俺たちハゲワシ連中」。教会や地域社会のリーダーたち。

ラジオのアンキー・サミュエルの問いかけに答えたいのですが、そうです、私は、私や「古きホワイト・サウスアフリカ」を心安らかに、ぬくぬくと眠らせてくれた、わが殺人者を支持しています。その一方で、「上層部の面々」ときたら、ハゲワシ連中につぎなる「社会からの永久排除者」をさらに指名していました。

そうです、私は、自由のために闘った人々があれほど大量に使用した爆弾や地雷、AK47〔カラシニコフ自動小銃〕を許しました。そこには天使などいませんでした。真実和解委員会が最初の公聴会を開いた日になってやっと、私は闘争の正体を理解しました。もし私がすべてを否定されていたなら、私も同じことをしたでしょう。私の生活や子どもたちや両親の生活が法律で締めつけられていたなら。白人たちが最高のもので満足しなくなり、さらによりよい暮らしを求めているさまをただ見ていなければならなかったとしたなら。それに、わかっています。自由のために戦った人たちにだって、彼らが行なった行為――クワトロ・キャンプでの拷問やMKメンバーのやったことなど――に苦しみ、もがいている最愛の人たちがいるってことも……。

私は闘争に加わった人々を羨ましく思い、かつ尊敬しています――少なくとも彼らの指導者たちは、自分たちのハゲワシ連中を支持し、その犠牲を認める勇気を持っている。私たちにはどんな指導者がいましたっけ？　われわれのリーダーときたら、ほんと、神聖にして純粋無垢。そのうえ、個性も主体性もない。ハゲワシ連中が有用である限りは、賛辞もばらまかれた。今日、その同じ連中は使い捨てられ、その挙句、承認と支援をただ求めているだけなのに、とても高貴で権勢があり、当然すぎるほど当然にもキリスト教徒であり、他の人たちよりも優れていらっしゃる「上層部」のホワイト・アフリカーナーたちときては、自分たちが使っていた連中をはたして認めるでしょうか？

たとえデクラーク氏が知りませんでしたと言うとしても、私にはわかっています。それにしても、ふざけんな、くそったれ！　どうみたって殺害集団はあっただろうし、まだ存命のそこの出身者はいるだろうし、すべての作戦について「上からの命令」の正体を明かすことができる人間だっているに決まっている！

こんな異常な生活は、むごたらしい人権侵害以外のいったい何だというのでしょう？

精神の殺害は、手の汚れる、肉体的な殺害よりもいっそう反人道的な犯罪です。ともかく、殺害実行者という犠牲者はそのまま放置されています。唯一の実行責任者は身元を隠したリーダーであり、彼が神の役を演じ、肉体的に抹殺されるべき人間や、汚れた任務をやり遂げた後に精神的に殺害されるべき人間を決めたのです。

これらの哀れにも使い捨てられた人間を再び元通りに戻せる力が私にあったらいいのに、と思う。すべて人の過去から旧南アフリカを一掃できる力が私にあったら、と思う。

私の夫である使い捨てられたハゲワシが、膝の上で銃をためつすがめつしているのを偶然目にしたその夜、彼が私に言ったことを述べて終わることにします。「やつらは私に千回恩赦を与えることができる。しかし、たとえ神やその他全員が私を千回許してくれたとしても、私はこの地獄とともに生きなければならない。問題は私の頭の中、私の良心に関わっている。それから解放されるには、たった一つしか方法はない。この頭をぶっ飛ばすことだ。なぜなら、そこが私の地獄がある場所だから。」

ヘレナより

ストンピー・セイペイの母親マナンキ・セイペイの証言

マナンキ・セイペイです。〔旧〕オレンジ自由州のツマホレに住んでいます。ストンピー・セイペイの母親です。ストンピーは私の最初の子どもで、私たちはとても貧しい家族でした。ストンピーが中学校に上がるまで、育てるのに苦労しました。ストンピーは中学校で自分の運命に出会いました。一九八五年に警察は息子を逮捕しました。パライスの警察署に連行しました。息子たちが酒屋で盗みをしたという容疑でした。一九八六年まで、警察が大勢で息子を訪ねてくるのを見ました。入ってくるなり言いました。「ストンピーはどこだ?」私は答える。「ここにはいないよ。」警察が言う。「やつを連れて来い。ここにいるはずだ。いったいやつは子どもなのかい、大人なのかい? それにしても、どうしてお前はやつを政治活動に引き込むんだ?」

一九八六年七月九日の早朝。ストンピーはパンを買って店から出た。そこを彼らが待ち伏せた。特別警察隊だった。特別警察隊が、ストンピーには暖かい衣類が必要だし、彼を預かっておく、と言いました。ストンピーは多くの監獄に入れられました。サソル、リューホフ、ハイルブロンの監獄にいたし、コッピースにも行ったし、ポチェフストルームにもいました。一九八七年五月二六日、ストンピーはポチェフストルームから帰ってきて、六月二五日、初めて私と再会しました。ストンピーはツマホレを去りました。彼は警察に尾行されていたので、逃げることにしました。尾行を逃れてジョハネスバーグに行きました。ジョハネスバーグにいて、それから帰ってきました。亡くなったナケデ坊ちゃんという友だちがいました。ストンピーはその人の葬儀に来なければなりませんでした。

そして一九八八年、息子は逮捕され、コッピースに送還されました。コッピースに戻ってすぐ、ジョハネスバーグに戻りました。一九八八年の一二月一日、ストンピーは市当局の車焼き討ち事件に関連して出廷しました。あの頃、人々は市の車を〈インゲン豆〉と呼んだものでした。ストンピーはジョハネスバーグに行きました。私はストンピーを捜しました。一二月一日に会いたいと思い、彼の友だちに、「ストンピーを見た？」と聞きました。ストンピーがまったく警察を好ましく思っていなかったので、とても恐くて警察には行けませんでした。一九八九年一月一二日はストンピーの次の公判が開かれることになっていましたが、彼は姿を見せませんでした。

パライスで別の弁護士が私に言いました。「あなたがストンピーのお母さんですか？」「はい、そうです」と私は答えました。その弁護士の話を聞いているとき、ストンピーは死んだと彼は言いました。私はうろたえました。それに反して、ストンピーの友だちは死んだとは言わなかったし、彼は生きていると言いました。そうこうしているうちに、私は人に会い、言われました。「こんなところで何ふらついてるの？　あなたの息子が亡くなったのを知らないの？」私にはストンピーが死んだのかどうかわからなかった。私は人権のために闘う女だった。私にはストンピーが死んだとは到底思えなかった。

ある女性が、ストンピーの友だちのところに行って、「ストンピーはどこにいるの？」と尋ねるべきだと言いました。その友だちに会いに行きましたが、その父親に会えただけでした。その父親が言いました。「みんな嘘ばかり言っている。ストンピーはまだ生きている。」ストンピーはよくマウンテンバイクに乗っていました。友だちの父親は、「ストンピーは脚に小さな怪我をしただけだよ」と言いました。何か手掛かりがあるかと思いながら、一九八九年はジョハネスバーグに留まりました。ときどき街に出かけました、ストンピーが死んだという報せを受けた場所でしたから。私は溝に落ち、息子が死んだという暗示を受けました。しかし、組織からはだれひとり、真実を私に伝えに来た人はいませんでした。

一九八九年一月三〇日、ジョハネスバーグのメソジスト教会の二人の牧師がやってきました。ピーター・ストーリー主教とポール・フェルライン。ストンピーのことで私に会いに来た、と言いました。一九八八年一二月二九日に、ストンピーは友だちといっしょにそのメソジスト教会から連れ去られた、と二人は言いました。ストンピーたちはウィニー・マンデラ〔注46〕の家に連れていかれた、と。その後の消息がわからないので、ストンピーを依然として捜しているが、ストンピーが生きているかどうかはわからないと二人は言いました。さらに、ストンピーの友だちが二人に話したところによると、ストンピーの頭には穴があいていたと言う。何か手掛かりがあるかと期待しながら、私は家にいたが、二人はこうも言いました。「もし警察がやってきて、ストンピーのことであなたに援助を申し出たなら、警察とうまくやっていかなければならない。頼りになるのは彼らだけですから。」

二月一三日、警察が来ました。来るやいなや、私に尋ねました。「彼の名前はモケツェか?」「いや、そうじゃない」と私は答えた。警察は私に、「ジョハネスバーグに行くので、明日また来て、あなたを連れていく」と言いました。

翌一四日、警察は私を連れてブリクストンに行き、さらにディップクルーフ葬儀場に行きました。そこが私がストンピーの身元確認をしたところです。遺体は腐敗していたが、かけがえのない息子です。私は自分の権利のために奮闘しました。その遺体がストンピーであることを実際に示す、いくつかの証拠がありました。殺された後、息子はニューカナダとソウェト〔ジョハネスバーグ近郊の黒人居住区〕の間を流れる川に投げ込まれた。だれも身元確認さえできなかった。母親ということで、私がストンピーを調べることになりました。私はじっくりと遺体を調べました。最初の証拠が見て取れました。私は言いました。「私なら息子がわかります。息子の背中には毛がはえていません。」両目が抉られていましたが、私は言いました。「これはストンピーです。」コツォ・ハウス〔一九八八年に爆破された南アフリカキリスト教会評議会のジョハネスバーグ本部〕が爆破されたとき、ストンピーはその頃、政治活動に加わっていた。ストンピーの目には傷痕があった。私は鼻を調べました。ほくろがありました。胸を調べたら、傷痕が確認できました。ツマホレで他の子どもとけんかしてできたものです。それから左手を確かめた。私の手とそっくりでした。太腿も調べた。ストンピーは私に似てとても健康だった。陰部も調べた。親友がただ目で頷いた。左脚も私のによく似ていた。その脚の下の方にも同様ほくろがあった。

それから警察が私に尋ねた。「ストンピーの体重は?」「さあ、そっちが知ってんじゃないですか」と私は返事した。「背は高かった、低かった?」と聞くので「チビだった」と答えた。でも、犬のように川に投げ込まれたので、息子は手脚を引き延ばされたというわけだ。警察が息子の衣類を持ってきた。「それも調べたい」と私は言った。それらしいと思われるもの、ストンピーのものだと私にわかるものが二つあった。彼の白い帽子があった。靴を調べた。買ったばかりのスニーカーの片方だった。「はい、これはストンピーのものです。」私は言いました。「彼はサイズ4の靴をはいていました。」

私たちはS・B・ファンデルメルヴェ、リチャード・マランボといっしょにパライスに戻り、さらにツマホレに戻りました。その帰途、二人はあれがストンピーだとは思えない、と私に言いました。翌日、二人は私を呼んで言いました。クールンホフ医師とジョウベルト医師が、あれはストンピーではないことを明らかにする、と。私はジョハネスバーグに戻らなければなりませんでした。私は息子の権利のために闘うことにしていましたから、ジョハネスバーグに戻りました。

二人の医者は私に多くの質問をしました。「ストンピーはどこか患っていませんでしたか?」私は答えた。「はい、扁桃腺を患いました。癲癇持ちでしたが、五歳のとき直りました。」「目に何か支障がありましたか?」「いいえ、ただコッピース監獄から釈放されたとき、すでに目に支障をきたしていました。それは、コッピースの監獄でもらったのが原因です。」二人は「あれがストンピーだとはどうも思えない」と言いました。ストンピーはとても若かったし、身分証明書を持っていなかった。彼は一四歳でした。

二人が私に言いました。「ストンピーだというあなたを、われわれは信用すべきだと思いますか?」「はい、そうすべきです」と私は答えた。二人は戻ってきて、私に手を差し出して言いました。「彼はあなたの息子さんです。彼の指紋から割り出しました。」

ストンピーを埋葬するのを手伝いましょう、と二人が言った。私は、「まずは家族に知らせるつもりです。それに法律を無視して勝手にやるつもりはありません。ストンピーはある組織の手におちていましたから」と答えました。私たちはパライスに行きました。私は二人に言いました。あなたたちはアパルトヘイトを理由に、当時は抗議の声を何もあげなかったので、家族としてはあなたたちの申し出は断わる、と。それに、警察が嫌がらせをすると思って、あなたたちはこの私にさえ警察の前では何も言わなかった、と。ボスマン葬儀場と呼ばれる葬儀場があった。私はそこへネル巡査部長といっしょに行き、葬儀場のオーナー、ムシピディ氏に言いました。あなた方が行って、ジョハネスバーグからストンピーを運んでくるべきだ、と。彼らは、それはできない、あなたの家族が手伝うだろうから、われわれは何もお手伝いできない、と答えました。

葬儀の最終日、金曜日に、使いの者が私のところにやってきて言いました。「ストンピーは生きている。ボツワナにいる。」マンデラ夫人が自分たちに、ストンピーは生きている、ボツワナにいると言った、と。私は彼らに言ってやった。「幽霊を埋葬するんじゃなく、息子を埋葬するつもりだ。息子のほくろくらい見分けがつく。子どものときから育ててきたんだ。これでもうだれひとり、息子について二度と私にとやかく言わないだろう。」

最後のお別れに、葬儀場に行った。腐敗が進み、息子の遺体は臭った。家に遺体を運ぶことはできなかった。家族や父といっしょに行って遺体を見たが、正真正銘のストンピーだった。しかし、オーナーのムシピディ氏が私たちに言った。「これはストンピーではない。」彼が言うには、従業員の一人にストンピーの遺体をよく見て確かめるように命じた、とのことでした。そして当時、ストンピーの組織には多くの者がいた、とも言いました。彼らが、ストンピーは密告者だという噂を言いふらしていた。私はストンピーを育てるのにとても多くの歳月を費やしました。ストンピーと話をするのにも多くの時間を費やしました。その挙句に、息子は密告者だったと言われるとは。

土曜日、まさにその日の夜――海外から人がやってきて、私に尋ねました。「一九八七年にストンピーが釈放されたとき、二四一番地でわれわれがあなたに会いにきたのを憶えておられますか?」「はい、憶えている」と私は答えた。彼らが言った。「警察がわれわれのすぐ後ろにいたのを思い出してください。警察はわれわれにストンピーと話をさせたくなかった。」「はい」と私は答えた。彼らは一枚の写真を私に見せた。それは友だちのギリ・ニャテラといっしょに映ったストンピーの写真で、彼らは言いました。「葬儀場のオーナーは、遺体はストンピーじゃない、と言ってます。」私は答えてやりました。「それは初耳です。私が明日埋葬しようとしているのは、私の息子です。」私たちは教会に行きました。

本当に私を傷つけることが起きました。同じあの葬儀場のオーナーが言いました。「私はこの少年を一目見て、ストンピーではないとわかった。従業員の一人を呼ぶと、彼もまたストンピーではないと言った。」マブザ牧師が立ち上がって言いました。「私はストンピー・セイペイを埋葬するためにここにいる。それがストンピーかどうかはどうでもよく、私は一四歳の少年、ストンピーを埋葬しにここに来ている。」続いて、ある牧師が立ち上がって言いました。「私はここでいろいろ言われているほどストンピーのことは知りません。私が知っているのは、彼が優しい人間だったということです。」ポール・フェルライン牧師が言いました。「私は一人の親友を失いました、真の友人を。」

土曜の夜は一睡もできませんでした。まさにその組織に――イエス・キリストは弟子の一人に裏切られたのは知っているが。その夜、ストンピーが生きているので私は幸せだろう、という噂が流れた。人々は抗議の行進をしながら、私の家の外でトイトイ踊りを踊った。イザベラ・セイペイが、私が外に出ていくのを制止した。日曜日の朝、人々は再びやってきて大声をあげ、そして言いました。「セイペイさん、あれはストンピーじゃない。あの遺体には歯がなかったと聞いた。」私はじっと黙っていた。祖母が彼らを追い払おうとして言った。「お聞き、もしもお前さんたちが、埋葬したのはストンピーじゃないと言い張るなら、警察を呼ぶからね。」すると、彼らは静かになった。月曜日の朝、別の女性がやってきて言った。「あんたはまったく別の人間を埋葬したもんだ。」こうも言った。「火曜日にボツワナから電話があるはずだ。ストンピーが電話で、お金を送ろうと思っているって言うはずだ。」私はとても絶望的な気分になって、その女性を残して家に帰りました。

真実和解委員会の委員　セイペイさん。この話はあなたにとってはとてもつらいでしょうし、私たちもそう思います。ところで、あなたはストンピーの死亡診断書を受け取られたのですか?

セイペイ夫人　はい、受け取りました。

委員　あなたの息子さんを埋葬したと確信しておられますか？

セイペイ夫人　確信しています、ストンピーを埋葬しました。ストンピー以外の何者でもありません。

〔この証言は、一人の少年の死をめぐって、警察をも巻き込んで黒人居住区内の共同体が二分対立している様を述べている。ただし、これだけでは事件の真相がよくわからないかもしれない。少年の死に至る過程、およびこの事件にウィニー・マンデラがどのように関わっていたかついては、二〇章で再び詳しく取り上げられているので、参照してください。〕

一五章　われわれすべてに行き渡る――ツツからママセラまで

この男なしでは考えられない

わが子の家庭教師と向かい合ってすわり、算数の出来の悪さについて話しているとき、上着のポケットでポケベルが鳴った――「ツツ大主教、癌検査で入院。」

すべてが遠のいていく。たった一つの微かな炎が意識の中で鳴り響く。そんなことはあってはならない。口にする勇気さえない。

私はジョン・アレンに電話した。真実和解委員会のメディア担当責任者で、ここ数年、ツツの右腕でもある。委員会はツツの件を秘密扱いにしないことにした、とアレンは言う。どうせいろいろ噂は立つんだし、後々になればなるほど噂を一掃するのはむずかしくなるだけだから。ツツは一二時に病院で記者会見を行なう予定だ。

家庭教師は一ページずつめくりながら、わが子が算数の宿題からいかに逃れて、余白に漫画やいたずら書きばかりしているかを示した。私は息子のブラッシュ・カットの頭を押さえ付けて、髪をアイロンでまっすぐにしてやろうかと思った――のっぽで、見苦しいわが子に。昼の明かるさは早くも暮れ行く兆しを見せている。山も、早朝は雄大に青空にくるまっていたのに、今では迫りくる夜の気配に動揺と悲しみを隠し切れないで、わびしく、微かに光っていた。

私たちはどんな状況に向かってよろよろ歩いているのだろう？

真実を明らかにするというプロセスは、ツツなしでは想像もできないし、不可能だろう。たとえ他の人間が果す役割が何であるにしろ、羅針盤はツツである。彼が人々を導く方法はいくつかあったが、その中でもっとも重要なのは言葉だった。今まさに生じていることを言葉で言い表わすのがツツの役目だった。しかも、その言葉は、声明やニュース記事や意見陳述の類いではない。それは火のように燃え上がる言葉――人々が向かうべき先を見通す力や、その場の支配的な雰囲気を察知する力からもたらされる言葉であり、プロセスに従って人々を引っぱっていくのもその言葉である。

ふさわしい花を選ぶのにずいぶん時間がかかった。申し分ないと思えるカードも見つけられなかった。

それに、私は腹立たしくもあった。どうしてツツはもっと健康に留意しなかったのか？　昨年の暮、私はインタビューの中でツツに尋ねた。「私たちのほとんどがみずからの健康や精神生活、さらには家庭の日課さえ、きちんと維持していくためにあれこれ努力するのをあきらめています。あなたはそれを毎日どのようにやられているんですか？」

「聖職者になる訓練が教えてくれたのは、自分を支えてくれるものや組織構成上必要となるものを、適材適所に配置することです。たとえば、一日が具合が悪いままスタートすると、一日中その歪みは残ってしまう。ほんの少し早く起きて、神の前で静かな一時《ひととき》を持とうとしたり、聖書の一節をじっくり考えたりすることが、私を支えているのに気づきました。私は日に二、三時間は静かな時を持とうと努めているし、体を動かしているときでさえ、たとえば、三〇分の単調な仕事をやっているときでさえ、その時間を神との語らいに使っています。私は心の中に世界地図を持つように心掛け、大陸から大陸へと一巡りして——ただし、アフリカだけは他より詳細にですが——それをすべて神に捧げています。」

オランダのテレビ局のあるディレクターが、委員会内でのツツの友人はだれか、と私に尋ねたことがある。私はだれとも思いつかなかった。委員会には協力や尊敬の念はあったが、多少の苛立ちもあった。というのも、当初からツツは、委員会をキリスト教用語ですっかり包み込もうとしたし、階層制度の強い教会内から民主的な委員会へと移るのはむずかしいと自身気づいてもいたし、白人にはとても人気があったし、相手を許せる黒人の持つ許容力について、彼は何度も語っていた。委員会内で自分たち独自の方針で問題に取り組んでいる人々は、ツツのことを、ばか者、宮廷道化師、お誂え向きの看板野郎と呼んでいた。

委員会内で自分の役割を果すのがどんなにむずかしいかをツツは認めた。「今年はある意味で、より重い責任を負っていると気づきました。というのも、これまでいつも共にしてきたわけではない人々といっしょに働いているからです。人によっていろいろな物の見方をしますし、さまざまな経歴をお持ちですから。ところで教会では、まあそうですね、私は明確に定まった地位に就き、いっしょに働く人々ともその関係が決まっていました。教会ではより気楽に、より自然にわれわれはチームを組みました。でもここには、プリマドンナになることが重要だ、と考える人がいます——問題をこじらせるだけなんですが、ね。まあ一般的に言えば、委員会は多くの困難を克服してきたし、さっき言ったようなことがあるにしても、委員たちそれぞれのやる気で、試練もなんとか切り抜けてきました。」

病院では、ジャーナリストやテレビ関係者、カメラマンの大群が、ツツの病室の外で待機していた。片手にお見舞いの花束を抱えて、私は自分が客観的であるべきジャーナリズムの規則を破っているのを重々承知していた。

病院の移動用ベッドと院内の電話交換機の発する雑音の中で待つ内に、私は、南アフリカ共産党のリーダーだったクリス・ハニ〔注14〕の葬儀のときのことを、あれこれと思い出した。あのときは、なんと痛苦に満ちた、激しいスピーチの数々だったことか。しかも、怒り心頭に発して、もはや一触即発状態となった群集。しかし、ツツが立ち上がって、その無数の群集に向かって話しかけ、全員に両手を頭上にあげてゆっくりと左右に振らせてから言った。「人はみな神の子です――黒人であれ、白人であれ。」

「前もってああ言うつもりだったんですか？」以前、私はツツに尋ねたことがある。

「ご存知かもしれませんが、私は神のご加護をほんとうに心底から信じています。おこがましいかもしれませんし、どうも自分でもよくわかりませんが、神が私に語りかけてくることがしばしばあります。何か言うべきだ、と。ところで、その何かというのは、人の理解を越えているような何かだったり、さもなければ、自分で口にするまで言おうとしていることがこの私にさえ本当のところわからないことがたびたびあります。そうしたときに発言するのは、本来なら非常にまずいと思う。というのも、それは無意識に行なっているようなものですから。クリス・ハニの葬儀の折に立ち上がったとき……、私はある一体感を手にするのを、すでにその場にあるものを群衆から引き出すのを助けてもらっていたんだと思います。」

だが、私は納得しなかった。「あなたの言われたことは、あの場合には絶対にそうでは*ない*。あなたは大きなリスクを背負っておられた――あそこにはあなたを公然と拒否することもできた何千もの人々がいたし、あなたはだれもが、白人であるこの私ですらが聞きたくない類のメッセージを伝えた！　あなたが〈ホワイト〉という言葉を口にしたとき、私は震え上がりました。まったく狂っている、と思いました。……あの言葉は、人種対立のダイナマイトに火を付けかねませんでしたから。」

ツツは答えた。「とは言え、人々は強く願っていました。……それとも、たとえば、合理的な説明がほしいのであれば、信用しうるに足ることがあります。それは、あいつがわれわれのために立ち上がったということです――『あいつは最初の〈ネックレス〉〔注48〕が起きたとき、ドゥドゥザにいて、そこで自分の意見を表明したし、数々の葬儀にも出席したし、人々が傷つけられるとその場に行って、いっしょに泣いている……。とすると、ひょっとしてあいつは仲間かもしれないし、われわれを心配してくれているのかもしれない。そうであれば、あいつが口にするのなら、たぶん何か耳を傾けるべきことでも言っているのだろう？』それに、この世には多くの要素が作用しています。でも、私にとって一番重要な要素とは、ひとりではないということ――孤立してはいないということです。たったひとりで生活しておられるカリフォルニアのある尼僧が、毎朝二時に私のために祈りを捧げている、とかつて私に言いました。合理的で、唯物論的で、非宗教的な社会においては、そんなことで孤立していないなどというのはナンセンスだ、と言われるでしょう。でも私にとっては、それ一つで、ことがすべてうまくいく確信めいたものをもたらしてくれるのです。」

全報道機関からの派遣部隊が、ツツの病室になだれ込んでだ。

　私にはツツが見えなかった。私は来客用の椅子によじ登った。

　彼はそこに横たわっていた。その姿に私は思わず息を呑んだ。今、目の前にしているこのすばらしい男は、いつだって人間性というものを私に味わわせてくれる——人間性とはこうだ、と言われる意味での人間性が、はち切れんばかりに充満している状態で。さらに、真実を扱うという煩雑なプロセスを、持ち前の見識とユーモア、それと期待感でその道を照らし出しながら、人々に理解させたのもこの男だった。その男がここに、いつもよりずっと小さくなって横たわっている。しかも、紫色の外衣《ローブ》も木製の十字架も身に着けないで、普通のラフな病院用のパジャマを着ている。

　とても疲れているように見えた。そのうえ、顔色も悪い。突然、私の顔に涙があふれた。私たちが始めたことは、この男なしではやり遂げることができない。カメラのシャッター音が響いた。全員が退室させられた。私は病室に戻り、ツツの手を取った。彼は微笑んで言った。「そんなに心配はいりませんよ。……大丈夫……。それに、実を言うと、私たちは天使の声援を受けて闘っていますから。」


委員会内の人種差別問題？


　暗闇の中で携帯電話が鳴った。ニュース報道局からだった。『スター』紙が真実和解委員会内の人種的な対立関係について、第一面で大きく報道している。六時のニュースに何かネタを提供してくれない？　その声には私を非難する調子——どうしてこの問題に気づかなかったんだ？——が混じっている。明かりをつけた。五時半だった。

　こんな時間に電話をしても大丈夫な人ってだれだろう？　さらによりむずかしいこととして——その人が黒人側にも白人側にも与していなくて？

　ジョン・アレンは言う。「人種問題についてなら話しますが、ただしその背景についてだけ。それなら、ゆゆしきことなど実際ありませんから。」

　ドゥミサ・ンツェベザ〔注37〕は大きな声で笑って言った。「委員会は南アフリカ社会を代表しているし、委員会にもいろいろな対立関係はありますよ。性別や年齢、人種によるそれ、さらに委員会の職員と委員たちとの間のそれや政治的なものなど、いろいろです。ところで、ここだけの話ですが、この新聞記事のことは、女性たちがお互い同士でやりあっているだけのことですよ。」

　こうした全否定とは裏腹に、委員会内の人種的な対立の記事は数日間、マスコミのトップを飾った。それはだれもが聞きたがる話。なぜなら、それは人種融合的な他のすべての会社やグループ、団体が直面している問題を反映しているから。その最たるものが人種差別主義だった。真実和解委員会の仕事が進むにつれて、だれもが委員会にあらゆる回答を求めていることがますます明らかになった。委員会は、旧政府のスパイ行為を指摘しなければならないし、遺棄された死体を探し出して掘り出さなければならないし、今までに〈ビッグ・ビジネス〉が何を仕出かしてきたかを徹底的に洗い出さなければならない。こうして委員会は、民衆の声となった。ある人に言わせると、委員会が依然として人々が自分の意見を表明できる唯一の場所だった。ならば、委員会は、人種的な対立の問題にもリーダーシップを発揮しなければならない。

言われっぱなしだったので、委員たちは立ち向かうことにした。ツツは怒りのこもった声明を発表した。「TRC〔真実和解委員会〕の黒人メンバーの排斥についての伝聞に基づく新聞報道は、病床から声明を出すという、私がするつもりもなかったことを私にさせた。

第一に、重要な決定はすべて、委員全員で決められている。委員の大多数は黒人だ。委員会を構成している三つの小委員会それぞれのメンバーの大多数も黒人だ。三つの小委員会のそれぞれの委員長も最高責任者もすべて黒人だ。

つぎに、匿名の情報源による、委員会が白人の自由主義者の派閥によって運営されているという示唆は、私にとって侮辱的だし、非常に腹立たしい限りだ。それはまるで私が委員会を制御できていない、名ばかりの委員長だと言っているに等しいから。」

クワズールー／ナタール州のコーザ・ムゴジョ牧師〔注30〕も、人種差別などないと否定する。

ニュース記事は、真実和解委員会が前年の公聴会を終えたこと、恩赦申請が殺到したこと、恩赦の適用期間と恩赦申請の締切りが政府によって寛大にも延長されたことを声高に伝えているが、同時に新年が、委員長の癌と委員の間での人種的対立というニュースで幕を開けたことも報じている。

委員たちは、アダレイ通りのオフィスで行なわれる年頭の会議のために、飛行機に乗り込んだ。ケープタウンの街は南東風が猛烈に吹き荒れ、自宅で療養中のツツ大主教を楽しませるクリケットの試合さえ、すべて中止となった。ツツは、CTスキャンと骨のレントゲン検査、胸部X線検査を受けた。だが、手術か放射線治療かホルモン投与の治療か、あるいはそれらの組合わせになるにしろ、ツツに適した治療法については決定が下せなかった。

人種的な対立問題についての真実和解委員会の真相究明を、だれもが待ち望んだ。なぜなら、それが一般の人々が直面している人種問題の解決の糸口になるかもしれない、と期待もしていたから。年頭の会議は、厳しい試金石になるだろう。はたして委員たちは、ツツの言葉の力を借りないで会議を行なえるのだろうか?

実際のところできた。会議後の記者会見で、人種問題全体が「コミュニケーション不足」のせいにされた。たしかに今でも、ある省庁では、委員たちとのコミュニケーションを円滑にしたいと検討が続けられている。しかし、それは別問題である。たとえ見せかけにせよ、委員会が出した声明にはがっかりした――ツツであれば整えたであろう、道徳的な装いさえ欠いていた。今後、委員会は、いくつかの場面で必ず人種差別主義と対決しなければならなくなるだろう。それにしても、委員たちにすれば相当額の賃金は失いたくないし、そのためにもお互いかばい合うことにしました、という腹を割った本音の方が、いずれにせよ、南アフリカの人種差別主義とより密接な結びつきがあったのではないだろうか？――うまくいかないことの多いコミュニケーションについての当たり障りのない声明よりも。

ツツという男

ツツが仕事に復帰した。インタビューのためにオフィスの外で待っている間、主教館でツツに行なった一番最初のインタビューのことを思い出した。私の担当するニュース番組の編集責任者だったピッパ・グリーンは、以前にもツツのために一肌脱いだことがあったが、真実和解委員会にとってラジオはとても重要な働きをする、とツツを説得した。もしもあなたが、ラジオだけに接する機会のある、自分たちの固有言語しか理解できない、大勢の人々を本気で心配しているのであれば、ラジオの働きについて真剣に考えるべきだ、と。そんなわけで、マネリシと私は、ある土曜日の朝、その最初のインタビューを行なうことになった。二人が中に入ると、ツツは窓際に立っていた。膝まで垂らしたカーキ色のシャツ、靴下、それと「読書が大好き」とプリントされたTシャツというでたちで。私たちはすわるとすぐに、質問をたたみかけた。ツツは手をあげて、祈りましょう、と言った。それにしても、まったく驚いたことに、私たちに聞かせるつもりなど全然ないらしいのに、彼は祈りの言葉らしきものをぶつくさ呟いた。あれは、どんな脅しだったのだろうか？

また、ツツがリストから一人のボディガードをどうやって選ばなければならなかったか、私は思い出した。「聖公会の信徒がいい」とツツがはっきり言ったので、毎日、大主教といっしょに彼の教会で聖餐式に出席しなければならないことになんの疑念もいだかない若いボディガードが選ばれた。

ツツが主教職を引退するとき、聖公会がツツのために用意した送別礼拝式でのこと。とても荘厳な、主教たちによる長い行列が私のそばを通り過ぎるや、目玉が飛び出すほど私は驚いてしまった。というのも、香が焚かれ、聖歌が詠唱され、主教たちの頭に載った法冠の襞が揺れ動く中を、なんと驚くなかれ、ツツの後ろからしかつめらしく歩調を合わせて、かのボディガード氏が牧師のカソックを身に着けて歩いて来るではないか。しかも、袖の下からはこれ見よがしに銃がはみ出した格好で。

当のボディガード氏は、たっぷり四時間もの説教の間、ずっとすわっていた。もちろん、慎みもなくあくびをしては、涙が両膝に流れ落ちたことは言うまでもない。ツツがこんな話をしたときも、彼は相変わらず退屈そうだった。「神のユーモアのセンスは、とても信じられないほどです。あなた方は神のことを、その他にどのようにご想像なさっておられますか？　大きくあぐらをかいたような鼻をしていて、あなた方が『私はツとツを続けてツツと綴るまで、神のつまらぬ追随者でした』と落書きをしたり、『私のチュチュ〔バレリーナのはくスカートでツツと同じ綴り〕を汚さないで』と戯《ざ》れ唄を作ったりできる滑稽な名前をもつこの私みたいな者を選び取ったりもする神を。それにしても、神は才気活発で、私たちは神の時間の歩み方に先んじることはできません。過去において、私たちは〈反抗的（against）〉でした。圧制に反対し、アパルトヘイトに反対しました。私たちは本質的に〈反抗的〉でした。つまり、それほどひたむきで、一つの目的を持っていました。ところで、時流は〈反抗的〉モードから〈積極的方向性（for）〉モードに切り替わりました。ならば神は、賢くもこうおっしゃられはしないでしょうか。『バイバイ、ツツ』と。」

　この男についての話なら山ほどある。

　仲裁する人間として。ジョハネスバーグの現市長は、ある日の抗議デモが警察によってどのように解散させられたか語った。そのとき、警察はトム・マンタタ牧師――後に真実和解委員会内の小委員会のメンバーになった――を逮捕し、容赦なく殴る蹴るの暴行を加えた。「それに耐えられず、私は逃げました。生身には恐ろしすぎました。しかし、ツツはと言えば――私はそれを決して忘れないでしょう――一人の警察官の腕を掴んで、激しく怒鳴りつけました。『君たちがこのように扱っているのは人間なんだぞ』と。」

　祈る人間として。ケープフラッツの不法占拠者と「白スカーフ」〔自警団〕との間で争いがあったときのこと。ツツは両者間に割って入って、会合を持つことにした。しかし、一方が来てないので、ツツは車から下りるのを拒み、もう一方が来るまで車の中で数時間祈り続けてすごした。「そうなのよ。デモ行進に行く途中や、抗議の葬儀集会に行く途中でも、車の後部座席で彼はいつもどおりに頭を下げてすわり、途中ずっと祈りを捧げていたわ」と、ピッパ・グリーンは私に語った。「その様はまったくもって、ぶつくさ言ってる人間の塊りってとこ。でもそれが、ひとたび車から下りて、人だかりの中に出ていくと、並外れた人間、たとえようのない人間になる。だれよりも寛大で、強烈な意志を持った人間に。彼から発するエネルギーやパワー、その声、そのカリスマ性が、何千何万もの大衆を黙って彼に従わせてしまう。そして、いったん話し出すと、すべての人のために彼は話す。人々の心の奥底に秘められていて、今まで一度も触れられたことのない悲しみについて、彼はしゃべり出す。」

　ずっと以前、ＳＡＢＣ〔南アフリカ放送協会〕は、テレビでツツのエネルギッシュな言動を見せると、とても強い影響力を及ぼしかねないと気づいて、彼の言葉を陰気な音楽や悪意ある演説の一節に編集し直したのは、そうした理由からだった。

　「このたびの病気は、人は死すべきもの、スーパーマンではないこと、あなたも世界の救済者ではないこと、要するに、あなたにも超人的なパワーはないことを裏づけましたね。」

私は、ツツが不在だった六週間に起きた事柄を尋ねた。

「私は〈ペブコの三人〉〔注47〕や〈クラドックの四人〉〔注45〕、さらには特にスティーヴ・ビーコ〔注41〕の殺害について、恩赦申請があったという新情報に接して、興奮でぞくぞくしていました。以前ならこうした情報は決して得られなかったが、今では国がその情報を握るのは当然です。こうした秘密情報の発掘・暴露が、多かれ少なかれ、委員会の存在を正当化するでしょう。

委員の間に生じた仲違いには、少しも心踊らされませんでした。人々はわれわれ委員会にはっきりと言うべきです。『どうかお願いですから、先生方、汝自身を癒せ！　和解について、あなた方がいったい何を知っているというんですか？』と。だからこそ、そんな問題には悲しくなりますよ。なぜって、委員会が、南アフリカ社会に広範囲に受け入れられつつあるという確信がはっきり持てるようになりだしたと思っていますから。

とても心配もしています。でも委員間の仲違いの件で私を喜ばせたのは、それが裏目に出たことです。人々は、旧い、型通りの方法で支持を取り付けようと思っていました。しかも、今までだったらそれも可能だったかもしれませんが、今となっては、人々は口々にこう言うだけです。『いったいどうしてこうも、だれもかれもが犠牲者になりたがるんだろう？　自分たちを排除している連中とどうして対決しないんだろう？』

しかし、悲しいかな、われわれ委員会メンバーは、大統領を通じて国家によって選ばれたということです。しかも、南アフリカの社会を過不足なく代表するよう選ばれ、信じられないような特権を与えられています。まさに一種の偶像になるべく、われわれ委員は選ばれました。過去におけるさまざまな対立・抗争を克服するという願望を表わしてもいる偶像として。まあ言ってみれば、それがわれわれ委員の出自ですが、千差万別の経歴の持ち主であっても一つに寄り集まることは可能なんですよ。

もし、われわれ委員が一つにまとまれないなら、善きことのすべての名において、どうしてわれわれよりもずっとひどい精神的な傷を負ってしまった人々が、癒されたり、和解したりすることを期待できるでしょうか？　われわれ委員会メンバーは、この段階に来てもなお、自分自身を注意深く見つめ、国家がわれわれ委員に与えたこの職務、この使命を引き受ける意志があるかどうか、覚悟を決めなければなりません。」

「苦しみや苦難というものは、注目すべきことがらです。私たちの世界はとても奇妙です。苦しみは起きていることに、他のものでは与えることのできそうにない一つの特性を与えます。私の中には一個の時限爆弾がセットされているし、そのことを私も知っています……。たびたび母のことを思い出します……、つまり、その……、いつも母のことを考えています、……母のことを。決して忘れないだろう、と言いたいわけです。高校に通っていた頃、家はとても貧乏でした。母は洗濯婦でしたから、私もくっ付いて母のご贔屓の白人のマダムのところに行きました。母はそこで洗濯と掃除をして、その日の帰りに二シリングいただこうというわけです。そして、朝になって母は、その二シリングをかき集めて、それを私にくれます。私は駅に行って、ウェストバリーの高校へ通う切符を買いました。……だから、一日が終わる頃になると、いつも思いました、母は今頃、洗濯・掃除をすべてやり終えて……、なのに何も得てないかもしれない……。そうでした……、母は私がノーベル平和賞をもらった年に亡くなりました……。私は母によく似ています。寸足らずで、あぐらをかいた鼻なんか、そっくりです。」

私はデクラークのために泣きました、なぜって……

国民党は真実和解委員会に対して最終提案をした。それによると、ツツは国民党による二度目の意見陳述を却下したことに対して全面的に陳謝すること、副委員長のボレインは偏見を持っているので辞任すること、さらに調査班の最高責任者は今後、国民党のだれとも接触を持たないことなどが要求としてあげられていた。そして、もしこれらの要求が受け入れられない場合は、提訴も辞さないと。NP〈国民党〉は、委員会の設置が決められた法律を委員会自身が遵守していない証拠がある、と考えていた。すべての証拠集めが終わってから結論をくだすことになっている。それなのに、NPの言うところによると、ボレインもツツも、すでに国民党の意見陳述に対して判断を下している。

「われわれはこの国の和解に携わっている」とツツは言う。「非協力はだれの役にも立たないし、私がなぜこんなことを言うかの理由もそれです――『提訴していったい何を立証したいんですか?』たとえわれわれが裁判に勝っても、それでだれが今よりよくなるというんですか? 国民党が勝ったとして、だれがいったい得をするんですか?」

実は、国民党が得をするだろう。大統領に提出することになっている最終報告書に含まれるNPの役割について、真実和解委員会が下す要約は、不確かなこととして未決定のままになるかもしれない。たとえツツが、国民党の意見陳述が行なわれた後、やりきれなさに涙しながら、自分は知らなかったなどと、なんでデクラークが言えるんだ、と問いかけたとしても。「私は個人的にはデクラークに何度も会い、言いました。嘘をつく理由のない無邪気な人々は、白人がボイパトンの大虐殺にどのように関わったか話していますよ、と。」

「あきらめてはいけない」と私は内心ツツに訴えかけた。「もしあなたがあきらめたら、すべてがオジャンだ。」

私は尋ねた。「真実和解委員会にとって国民党はぜひとも必要だ、と主張するつもりはありますか？」

「心が痛む」とツツは言う。「犠牲者の内に秘められた忍耐力や回復力、寛大さを思うとき、国民党側からの応答だけがないことに。和解のためであればだれであれ、われわれは必要としている。これは国家的なプロジェクトであり、だれもが重要です。われわれの国の重要な有権者によって選ばれたという点からしても、国民党は重要です。」

「国民党はあなた方を必要としていますか？」私は問うた。

会話が長く途絶えた。「わかりません。われわれ委員会はやるべき仕事を与えられ、それにベストを尽して取り組んでいます。たとえば、国民党が望んでいるのが、疎んじられない、精神的な傷を被らない、破壊されていない、分断されていない国だとするなら、答えはイエスでしょう……、もし、われわれ委員会が和解にとって重要な機関だとみなされるなら……、その場合は国民党もわれわれを必要とするでしょう、もちろん。」

　ＮＰが委員会に対して最大限の抵抗をしてみせたのには別段驚かない、とツツは言う。過去が決まりの悪い形であばかれるとなると、だれであれ、そのような方法で対応するだろう。だからといって真実和解委員会は、国民党員の要求をうやうやしく受け入れてはならない。「そもそも、彼らの要求は不当なものだ。それが重要な点です。私自身、詫びることに何の問題もありません。……ごめんなさいと言うくらい、なんでもないですよ。でも、何のために詫びなければならないのでしょう、わかりませんね。それこそ、とんでもない責任転嫁というものです。

　私は和解に深くかかわっているし、この国のすべての人々にとても関心がある。……それに、道理にかなえば何でもするかもしれません。もっとも、私はすでに異様なことをやってしまいました。つまり、私が気が違っていると人々に思わせることです。こう言いました。『私たちにはあなたが欠けている。私たちはあなたに用がある。本当に会って話がしたいし、まさに格別の努力を惜しまないだけでなく、もっと、さらに努力するだろう』と。

　知っての通り、人間はひとりでは天国に行けません。たとえ天国に着いたとしても、神は私に尋ねるでしょう。『デクラークはどこにいる？　彼の道はお前のと交差していたはずだが。』同じく彼もまた――神は彼に尋ねるでしょう。『ツツはどこだ？』本当にそうです、私は彼のために泣きました。デクラークのために泣きました。なぜって、デクラークは人間になる絶好の機会を自分からはねつけたんですから。」

金色のパンプスをはいたヒラリー・クリントン

　南アフリカを訪れるどの要人のスケジュールにも、少なくとも一カ所、物心両面で貧窮している施設・団体などを訪問することが約束事のように含まれている。今週はデンマークのマルガリータ女王が、ウッドストックの下層地区にある「暴力・拷問の犠牲者のための精神治療センター」を訪問した。そこはデンマークの援助金で、ここ数年運営されてきた。それにしても、王室による訪問は、まるで富と特権の鉾先で貧しさの心臓部を一突きしているように見えるのもまた避けられない。まず最初に、真新しい赤と白のコンビ〔マイクロバス〕の一隊が横付けされる。召集された学童が手に手に小旗を振り、聖歌隊指揮者がその手を振り上げる。それと同時に、白んぼたちがたくさん車から下りてくる。いったいどなたがどなたやら? いやいや、彼らは単なる車のドア係。続いて、バンのスライド式ドアから報道関係者がどっと通りへと溢れ出る。フラッシュを焚き、手に持つマイクを揺らして、デンマークの報道陣は猛烈な勢いで襲いかかる。この訪問行事を見ようと沿道に並んだ、ウッドストックの放ったらかしにされた子どもたちや失業者の列めがけて。黒塗りのメルセデスベンツ八台からなる正規の騎馬行進が、女王と若い皇太子を送り届ける。再び、車からいっせいにドア係が飛び出す。格別に色白の、ふくよかな男性たちが、さらに白っぽいカーキ色の帽子をかぶり、地球の最北端からやってきた、上品な微笑みを浮かべた、本当に真っ白な人たちのために、元気はつらつドアを開ける……。予定通り、カエリチャ地区〔新興黒人居住区〕のマサヒレ聖歌隊が国歌を歌いだす——皆が予測した通りに。ラグビーのワールドカップ以来歌われたことのない、にわか作りのわが国歌『ショショローザ』を。

女王は白綿布の蝶をあしらったダーク・ブルーの帽子をかぶっている。彼女は何事にも微笑みで了承する。一言も発しない。ツツは話す、ジョークを飛ばす、われわれは聖なる大地に立っていると言う。マイケル・ラプスリー神父〔注29〕は神父で、きのうは樹を植えにきてくれ、今朝は芝生をならしてくれ、しっかり水分を含ませた穴に樹を植え込んでくれ、照明器具を取り付けてくれ、家にペンキを塗ってくれた人々にお礼の言葉を述べる。聖歌隊が歌う。犠牲者は苦痛でつっかえつっかえしながら、自分たちのぞっとするような体験談を語る。女王はすべてを微笑みで受け入れる。マルガリータ女王は一言も発しない。

マンデラ大統領、ロベン島〔政治犯が収容されていた監獄島〕、カエリチャ地区のほかに、真実和解委員会の公聴会は必見ものだ。なのに、公聴会がひどく辺鄙な所で開かれているので、ツツを訪ねることが次善の策となった。その場合、米副大統領アル・ゴアの訪問時のように警備員総出で、郊外にあるツツの主教館までの道々が遮断され、ミルナートン全域が交通麻痺状態になるか、あるいはヒラリー・クリントンの訪問時のように、アダレイ通りの委員会事務所のまわりに鉄条網が張り巡らされるか、のどちらかだ。

ホールは記者会見を待つ報道陣でいっぱいだった。私たちはそこに陣取っているジャーナリストを、驚きの目で見つめた。というのも、その人たちはヒラリー・クリントンの一日を生放送していて、まるでテレビドラマ『Xファイル』から抜け出てきたばかりという風に見えた。もし振り向けばどこにでも、完璧にメーキャップされた女性レポーターたちが、マイク片手に、わが国について寸評をぺらぺらしゃべりたてているに違いない。もっとも、あなたは、そこが〈カンスタンティア〉でも〈スピーウ・ワイネステイト〉でもないことに気づくはずだ。でも、ほんの少しぼんやりしただけで、だれかに海藻でもむしり取られるように簡単にひっつかまえられて、片隅に投げ捨てられるかもしれない。そこには著名人も混じっている。「見て！　あれがウォーターゲート事件をすっぱ抜いた人の息子。……それに、アニー・リーボヴィッツも——アメリカの例の写真家。」

たった今、入場が許可される。

その様は、どう控え目に言っても殺到どころではすまない。たとえば、そのアニーにしたところで、まるで弾幕砲火のように肘鉄を連射して、だれかの肋骨をだめにしてしまう——これが、いうなれば彼女のスペース確保の方法である。私は人の脚の間を前まで這っていき、腕をいっぱいに前に突き出して、ツツとヒラリー・クリントンの間にマイクを上に向けて保持する。「そのマイクをどけろ！」とだれかが大声をあげる。何よ、私だって職務を果そうとしてるだけなんだから。マイクの位置を下げた状態で、私はちょうど真向かいのヒラリー・クリントンのはいている靴や足首、さらにはてかてか光る、格好のよくない脚に目をやった。と同時に、私は非常にがっかりさせられてしまった。

私は、彼女が話していることを聞きたいとは思わなかった。たとえ彼女が超大国のファースト・レディだとしても。彼女の訪問が、単なる象徴的な意味と現実との間の閾を取っぱらうとしても。あるいは、彼女が真実和解委員会に大金を寄付するとしても。私は、知りたいとは思わない。

パンプス、たぶんそう呼ばれているものだと思う。かかとに金の小さな留め金が付いている金色のパンプス。彼女の足をむくませているその靴から、フレアのないピンク色のスカートに隠れている靴下まで。着飾りすぎだわ。もっとも、質問が浴びせられ、顔にはスポットライトが当てられるから致し方ない。彼女には人間らしさをあえて見せる勇気がなかった。脚がしびれたので、私は体重をかける脚を代えてから、ツツの妻リアに目をやった。リアは列の右端に立って、詰め掛けた報道陣に背を向けていた。リアはヒラリーを見ないで、そのそばに立っているツツをじっと見守っていたから。それで私は気づいた。ツツの病気に関する公式発表は、その全容を伝えていないのでは、と。

「私ならむしろ、恥ずかしさという言葉を使いたい」

真実和解委員会の公聴会を傍聴した海外の来訪者は、黒人の聴衆たちが怒りをあらわにしていないのに驚いた、とよく口にする。毎週毎週、公聴会は満員にもかかわらず、暴力沙汰や激しい諍《いさか》いがたったの一つも起きていない。

怒りはいったいどこへ行った？　本当に怒りはあるのか？

数十年に及ぶ圧制が、自分たちだって怒りをあらわにしてもいいという黒人たちの思慮分別をずたずたにしたのだろうか？ それとも、今や多数派となって国政を掌握したことで、すべての怒りが和らげられたのだろうか？ この点について、私は臨床心理学者ノムフンド・ワラザからいくつか回答を得ようとした。

「黒人たちの間に憤怒の計り知れない感情が見られないと思っているとしたら、重大な間違いだわ。泣き叫んでいる人と怒っている人は、一つのコインの裏表にすぎない」とワラザは言う。「ところで、真実和解委員会の全体の組織構成は、とりわけいかなる怒りをも抑制するようにできている。その謳い文句は〈和解〉だし、そのトップである委員長は許しを最重要視している宗派の主教さん。

なので、委員会の証人席では、怒ったり事態を紛糾させたりするより、泣く方が得策のようです。和解と許しが基本的な前提だということは、だれもが知っている。……コーサ語では、〈和解〉――〈真実と和解〉の形で用いられている――は"uxolelwano"と言い、〈許し〉の意味により近い。」

何度もワラザは、怒りは事の経過には欠かせないと言う。

「黒人たちの怒りは自己抑制されていると思う。それに、すべての黒人が犯罪者だとは言わないけれど、黒人居住区で犯罪が増えたと言われると、それは予想できたことだ、と言いたい。なぜなら、それはすべて、とても長い間そこに積もり積もった、多くの鬱積した怒りに実際のところ基因しているから。」

フリーステイト州で、私は問題の核心にいつも直面した。私はワラザに言った。「ある白人女性が私に言ったの。『テレビ中継の真実和解委員会は見さえしない。なぜって、そこで目にするものはすべて、憎しみの海ですから。』私は彼女に言った。公聴会のほとんどを傍聴したけど、そんなことはありません。あそこにはまったく憎しみなどありません、と。」

「その女性の反応は正直だわ」とワラザは言う。「第一に、彼女は本能的に知っているのよ。もし、アパルトヘイト政策が自分に対して行なわれたなら、自分も憎しみを覚えただろうと。第二に、白人たちは自分たちは憎まれている、したがって、自分たちが変わる必要なんかないと考えたがる、その考え全体は言ってみればこうよ。『黒人たちは私に対して非常に怒っている。彼らは私を殺すつもりなんだから、彼らと協力してやっていく方法なんてない。それに、黒人は基本的にわれわれを憎んでいるんだから、彼らをこの地方に連れてくるべきではない。』」

フリーステイト州での同じ座談会で、ある農場経営者は激しい口調で言った。「もし、あんなことが俺にされてたら、思いっきり激しく憎んでやる、あのロシア人たちみたいに。まわりの物全部、ぶっ壊してやったさ。やつらがそうしなかったということは、黒人たちは満足に憎むことさえできないってところをさらしてるだけじゃないか。」

沈黙が長く続いた。

「要するに、私たちは今、人間性の定義について論じている」とワラザは言った。「それにしても、その人の見解は、自分本位で、利己的で、資本主義的な性格の白人には、人間性の本質なんて決して理解できないという明瞭すぎるほどの証拠だわね。

そのこととはまた別だけど、黒人たちの怒りが、白人たちが言っているようなことで測定されなければならないとは思わない。黒人たちは満足に怒ることもできやしないと白人たちが言いたいのであれば、それはそれで白人の勝手。ソウェト蜂起〔一九七六年〕は、黒人だって極度の困難に追いやられれば怒りを爆発させることができるのを十分証拠立てていると思う。でも、たぶんここで論じているのは、世界における物のあり方について資本家のような考え方をする文化から生まれてきた人々のこと。そこでは人々は、自分自身や自分たちのグループ、つまり、自分と同じような人たちのために物を所有している。しかも、その人たちには、人間は実際は物を共有し合っているという別の考え方など、まったくもって理解できない。白人たちがこの国にやってきた頃——もちろん私はまだ生まれてませんが——黒人たちは物を共有したり、譲り合ったりして、まずもって幸福だったみたい。……しかし、共有の類いが悪いことにされていった。〈ウブントゥ〉という、これら全体を指し示す概念〔個人と集団とのつながりを重要視する、アフリカ的なヒューマニズムの考え方〕は、至る所で悪評を立てられ、とても悪いものにされてしまった。

私が腹立たしいと感じるのは、白人が自分たちの感情を一人ひとり個別化している点なの。仮に一人の黒人として泣き叫びたければ、公聴会でひとり泣き叫べばいい。しかし、仮に怒っているとしても、その怒りを言葉にして浴びせかけるべき当の犯罪者がそこにはいない。犯罪者は郊外に身を隠したり、裁判所の差止めや法定代理人たちの背後に隠れている。黒人たちの痛みは、多かれ少なかれ日用雑貨品のようにこの国では投げ売りされている——手にするのも容易なら、捨てるのはなおいっそう容易ってわけ。

「でも、白人たちの態度は、少なくとも罪責感の表われじゃないかしら?」

「罪責感ってそれほど役に立たないんじゃない」と、ワラザはもどかしそうに言った。「罪責感は人を動けなくする。『私は罪を負っています——で、私にどうしろと?』罪の感情は痛手を被った人々によっても乱用されやすい。『お前は有罪だ——なら私に一〇〇〇ランドよこせ。』私ならむしろ、恥ずかしさという言葉を使いたい。なぜなら、人は何かに対して恥ずかしさを覚えると、実際にそのことを変えたくなる。恥ずかしさと同居するのは心地よくないから。」

「でも」と私は言った。「白人たちが急に、だれもアパルトヘイト政策なんか支持していなかったと偽り出したのとちょうど同じように、すべての黒人が突然、自分も闘争に加わり、解放のために多大の犠牲を払いでもしたかのように私には感じられる。現に今生きている黒人だれもが、十分すぎるほど闘ったわけでも犠牲を払ったわけでもない、とだれかが表明すべきではないかしら？ 黒人だれもが代償を払っただろうか？ と。」これだけ言うと、私はからだが震えた。

「黒人全員が代償を支払った」とワラザは言う。「隣り近所や住んでいる地区で起きたことは、人に影響を与える――いつもいつも恐怖や不安の中にいたり、何もかもが人並みの生活以下だったり、自分の能力を伸ばすことなど絶対に不可能だと思い知らされる中で生きていたら。そのように、ある者はより多く、ある者はより少なく、さらにある者は異なった形で代償を払った。つまり、この国のすべての黒人は代償を支払った。とは言うものの、こうした代償が出世や権力拡大の単なる手段に利用されるのであれば、私は反対。結局は、私たち皆が立ち上がってこう言わなければならない、それは私たちがやったことではないって……。」

その場合は、他のリーダーを見つけなければならない

真実和解委員会に対する白人の反応は、いつも新聞などの投書欄や社説、時事漫画、さらには国民党や民主党、自由戦線の所信表明、あるいはジャーナリストへの抗議の手紙などで、はっきりと述べられた。私に送られてきた手紙の一つを読んでみよう。

ボーア人憎しの最先鋒の主唱者は、あの不満たらたらの、「泣きと嘘委員会」の、もじゃもじゃ頭の牧師である。また、人民じきじきの公使のいないラジオにおいては、真実和解委員会の特命全権大使は、アンキー・サミュエルである。

彼女の脚色した、午前の『モニター』と午後の『スペクトル』の報道は（タムタムのビートにもってこいか、葬送行進曲のスローテンポか、アフリカ民族会議の『ンコシシケレリアフリカ（アフリカに神の祝福あれ）』（アフリカ民族会議の党歌で、今では南アフリカの国歌でもある）の舞い上がった絶叫調で）、TRCに提出された、いまだ確証もされていない証拠や告訴について、国全体を悲しみに（あるいは憤怒の状態に）包み込もうとしている。

（個人的には、笑うべきか泣くべきか、私の関知すべきことではない。）

彼女の声は、まるで地下聖堂にでもいるように鳴り響く。

何てこった、貧しさが子どもを混乱させたとでも言うのか。もっとも、彼女はとても立派なご家庭の出身であられるのに。

精神科医ショーン・カリスキーは、真実和解委員会で新たに明らかにされたことに対する白人の反応は、二つに大別されると言う。一つは、いかなる責任であれ絶対に取ろうとせず、委員会を拒否したり、委員会を単なる金の無駄遣いとみなしたりする理由をいつも見つけてくる人々。対して、委員会に深く影響され、心を動かされたと感じながらも、事が事だけに自分では扱いかねている人々。

「委員会に関することなら何でも拒否するグループは、自分自身をまるで歩行者、単なる通行人と見なしている」とカリスキーは言う。「そのような人々は、何が起きていたのか知らないし、たとえ気づいていたとしても、事態を変える力はない。初めての普通選挙〔一九九四年〕以来ほとんど変わっていないのがこのグループだと、感情面などの調査統計グラフにも現われています。このグループには英語を母語とする白人も含まれ、過去の残虐行為はもっぱらアフリカーナーが責任を負うべきものと考えている。もっとも、このグループの最大多数は、いうまでもなくアフリカーナーたちですが。」それらアフリカーナーは、真実和解委員会を「嘘・歪曲委員会」と呼び、自分たちは不公平に扱われていると思っているので、どんなことにも反対する。「いまだ確証されていない証拠」が、彼らの合言葉だ。

一部外者として、カリスキーは、アフリカーナーのリーダーたちの任務は、真実和解委員会を論じる際やアフリカーナー自身を再評価するときに、みずからの共同体を導くことだ、とみなしている。

しかし、そのリーダーたちまでがなおも拒絶の段階にいたら、いったいどんなことになるだろう？

「その場合は大変ですよ。他のリーダーを見つけなければならない。……立ち上がって、『いいかい、あれはわれわれのあり方じゃない、これがわれわれのあり方だ』と言える人たちを見つけなければならない。というのも、個人的には、アフリカーナーは幾多の難関をくぐり抜けてきた特筆すべき人々だと思っているし、今回のような、自分たちにとって初めての事態を理解し説明できる人物を見つけるだろう、と思っているから。」

その一方で、当初から真実和解委員会を見守り、支持してきた、これまたアフリカーナーと英語を母語とする白人からなる、別のグループも存在する。その人たちは、たとえ委員会のことが言及されていてもスイッチを切ったりしないし、ラジオ二〇〇〇が流す公聴会に耳を傾け、公聴会には一人の白人として出席し、委員会には祈りの言葉を添えた手紙を送ったり、援助を申し出たりする。その中には研究グループ、女性グループ、個人などが含まれる。こうした人々はそれぞれがまったく異なったことを経験しようとしている――感情面・精神面でぐったり疲れたり、訳のわからない一瞬の高揚感や意気消沈などに見舞われたりしながら。

「ＴＲＣはその仕事を始めるにあたって、準備が足りなかったのでは、という印象を持っている」とカリスキーは言う。「明らかにされていくだろうすべての情報を、人々が関連づけ、統合できる方法を、事前に研究しておくことが……。それが今明るみに出てきていることをうまく処理できない理由です。それに、何より悪いのは、現に今、目の前にしている真実を何らかの和解を達成するために使っていないことだと思う。」

さらに「各自が自分自身のやり方で、過去と折り合いをつけなければならないでしょう」と彼は言う。「今後ともこの国で生きていき、子どもたちに未来を手渡したいのであれば、まずは自分にふさわしい折り合いのつけ方を見つけ出さなければならないでしょう。」

教会には人々に助言を与えるという責任がある

その他で沈黙を決め込んでいたのは、アフリカーンス語教会だった。一部のオランダ改革派教会は、プロセスへの参加を何度もはっきりと表明しているが、かつては「祈る国民党」とまで評された教会とその教会員が、真実と和解の追求に加わるかどうか、加わるとしたらどのようにか、を知っている者はほとんどいなかった。

真実和解委員会の小委員会のメンバーでもあるピット・メイリング教授は、ステレンボッシュ神学校の新入生歓迎式典に出席して意見を述べるよう招待を受けた。

式典は、六〇年代のアフリカーンス語作家を「愚劣な奴ら」と呼んだクート・フォルスターやコジー・ヘリッケなどの神学者の名前が織り交ぜられた、一九三七年にさかのぼる神学校の数々の逸話で始まった。式典は例年、ウェスタンケープ州の聖職者記念日に行なわれる。牧師たちが旧友と連れ立って各地からやってくる。ちなみに、昨年はホールが彼らでぎっしり埋まった。そのとき行なわれていた討論会のテーマは、たまたま「はたしてヨナは鯨に呑み込まれたか?」だった。今年は真実和解委員会にテーマを絞ったので、ホールはやっとこさ半分埋まった――強制的に出席させられる新入生たちも入れて。討論会は、フリッツ・ハウム博士の基調報告で始まった。論題は「私が真実であり、光である」だった……。そのうえ彼は、祈りの中でこう強調した――「われわれは真実を知っています。なぜなら、われわれは神を知っていますから」と。

続いてメイリングが発言する番がきた。彼は宣教師に関する学問の教授である。「私を訪ねて来たルワンダ人に、例の大量虐殺〔一九九四年〕があったとき、教会はどんな役割を果したのか、私は聞いてみました。というのも、ルワンダの住民の八五パーセントがキリスト教徒で、そこで一〇〇万人が命を奪われました。そのルワンダ人は私の質問を好ましく思わなかったようです。教会にも問題がありました。その手は血塗られてしまいました。……牧師も尼僧も、その手は血で真っ赤に染まりました。」

真実和解委員会に対する白人アフリカーンス語教会の反応は、好意的に解すれば、抑制されたものだ、とピット・メイリングは言う。メイリングは恩赦を申請している牧師たちに何回も会ったが、そのたびに彼らのからだが、委員会とはできれば関係を持ちたくないと訴えていたという。なぜか? 彼らは魔女狩りを恐れている、とメイリングは言う。委員会が復讐欲をより強めるんじゃないか、と。委員会の結論は客観的ではないと彼らは思っているし、こうも言っている、「告白と許しは宗教的な行為なのに、なんで世俗的な方法でそんなことがなされるのか？」

プロセスを逃れられる者はいないし、教会はだれにもまして率先して参加すべきだ、とメイリングは話した。教会には先駆者としての責任がある。みずからの罪を認め、告白しなければならない。罪？　その場合、いったいだれに罪が？　メイリングは罪の範疇を、刑事上の罪、政治上の罪、道徳上の罪、形而上的な罪に分類して詳しく説明した。ところで、教会にはその他に、人々を教え導く責任がある。教会は恩赦申請者を支え、教区やその町の犠牲者を支援し、真実と和解に全力で取り組むことで地域社会全体を援助しなければならない。特にアフリカーナーは和解のプロセスによって精神的な傷を負った、と彼は言う。精神科医カリスキーと同じように、メイリングもまた、精神分析医エリザベス・キュブラー＝ロスが末期的な疾病から死に至るまでの患者の精神的な変化の研究で述べている諸局面を引用した。

「最初の局面は、否認。真実が目の前に置かれると、人はそれを否認する。第二の局面は、怒り。つまり、神に対する、新政府に対する、自分をこんな目に会わせている者に対する怒り。第三の局面は、神との取引。そしてそれはすでにだれかがやっていることでもある――たとえば、恩赦を当てにしている人たちなど。第四の局面は、極度の鬱状態。しかも、それはもっとも重要な局面でもある。なぜなら事態を受け入れる扉が開く局面でもあるので。」

ククヤン・デフィリエルスという名前の高齢の名誉教授が立ち上がって発言した。「私の人生は残り少ない。それに、私はアパルトヘイトという楽園時代を生きてきた。どうか、あなた方若い人たちにお願いしたい。何かして下さい。真実和解委員会の前に、私が属している教会のこれまでのすべての歴史を披瀝して下さい。委員会の仕事が終了する前に、西暦二〇〇〇年がくる前に。」

親愛なるアンキー・ソメルス〔いたずらっ子をつかまえるアフリカーンス語の民間伝承中の両性具有の人物〕様

あなたは相も変わらずアフリカーナーを非難し、泥を塗るのをお楽しみなのでしょうか？　ご主人とは今でもごいっしょにお暮らしですか？　それとも、ご自分が一人のホッテントットであったこと、国民党に対するご自分の闘いの武器運搬兵であったことに、お気づきになられたでしょうか？　あなたのお父上は国民党に所属し、あれほど忠実な支持者であり／あったというのに。

ＫＫＫ

ニュース原稿改竄事件

真実和解委員会に提案された、補償と社会復帰政策についての仮文書が、ある研究会で議論されることになった。報道機関も傍聴が許された。

「補償・復帰委員会」は、真実和解委員会を成功もしくは失敗に導きかねない。もし仮に犯罪者が恩赦を持ち逃げし、人権侵害というひどい犠牲を負った被害者には何の弁済もないとすると、それはほとんど役に立たないことになる。その人の払った代償を社会的に認めるか、補償をする意思表示がないならば。

この法案が初めて委員会メンバーに説明されたとき、自分の行なった行為に対して犯罪者たちが悔恨の念を表わす必要がないのがわかって、メンバーの何人かは泣き出したそうだ。それにしても、なぜ以下のような事実にだれも異議を唱えなかったのか、と尋ねるのはもっともなことだ。恩赦を手にした者は即座に自由の身になれるのに、犠牲者は、委員会が調査をやり終え、報告書と補償政策を起草し、国会にその補償政策を提出して政府がそれを採用するかどうかを見届けるまで待たなければならないし、その間、犠牲者たちは生活に必要なものがないために、瀕死の状態に追い込まれていることに。

やがて、補償・復帰委員会の見通しや力量について、ある種の懐疑が強まった。実際に小委員会で人種間対立が始まったのが明らかになっても、だれも驚かなかった。小委員会が提案した補償方針を議論するこの研究会は、以上のような理由で多大な重要性を帯びていた。

補償・復帰委員会の第一の提案は、急を要する当座の救済策だった。政府によってまだ正式に承認されてはいなかったが、こうした緊急措置は、小規模ではあるがすでに行なわれていた。提案によると、犠牲者は医療サービスを受けるのに、最高一〇〇〇ランド（約一七〇ドル）まで要求することができた。第二の提案は、真実和解委員会の活動が終了するまでに、全犠牲者は政府から金銭的な補償を受け取るべきだとした。文書によると、その額は、犠牲者たちの現在の生活に質的な向上をもたらすほどのものとされている。「多すぎないか、と問われることはないでしょう」とツツは、研究会の最初の討論会に出席して言った。「これまで国が手にしたものを考えれば、大した額じゃありません。」

ここに記念碑、あそこに病院といった提案はともかく、一年間検討した結果がこれだけとは……。私たちはあきれ顔で見つめ合った。

続いて、厳密にはだれがいったい犠牲者なのかについて全議論が噴出した。第一義の犠牲者には明確な指針がある。ここに言う第一義の犠牲者とは、人権が直接侵害されるか、損害を直接被った人のこと。対して、第二義的な犠牲者の分類は不明確だった。たとえば、男性が殺された場合、だれが金銭的な補償を受け取るのか？　母親か？　妻と子どもたちか？　もし庶子がいたら？　それに、証言をした人全員が必ずしも犠牲者とは限らない。調査班は、その人を犠牲者として類別する前に、まずその人の話が正確かどうか確証を取らなければならない。これは本当にあったことですか、と。だが、その場合でも、近所の子どもの死について証言する人は犠牲者ではありえない。あるいは、次のような場面を想像してみてください、とある人は言う。Aは闘争の組織者で、デモ行進を指揮した。それで警察に追われ、学校に行けなくなる。Bは一度も闘争には参加したことはないが、ある日、わが子に魚を買いに行かせた。その子はデモに巻き込まれて殺される。この場合、Bは犠牲者だが、Aはただの未就学者か失業者でしかない。それに、犠牲者たちから金をだまし取ろうと襲いかかる悪徳弁護士についてはどう考える?

討論たけなわの中、私たちは主要な提案について記事を書き送る。このような立案中の政策を、わかりやすく、間違いのない形に要約するのはむずかしい。二人で記事を書く——録音テープを聞き、お互いのノートを突き合わせ、字句をひねり回し、どの文も適切な長さかどうかやり合う。私たちは書き、チェックし、そして送る。

昼食後、ある委員が怒り狂って私たちのところにやってきた。「委員会はどの犠牲者にもたったの一〇〇〇ランドを給付するつもりだなんて、よくもまあそんな! 誤報じゃないか!」

「そんなこと言ってません。犠牲者は医療サービスを受けるために一〇〇〇ランド要求できる、と書きました。」

「あっそう。でも、たった今、ラジオで聞いたのはそうじゃない。」

私たちは関わっていない。それにしても、まったくどうかしている。

後で、ある新顔がこう質問していたと教えられた。「この補償は大した額ではないなどと、どうしてツツは言ったりするんでしょう? 議論さえしていないのに小委員会の方針を非難するなんて。」

「でも、ツツはそんな風には決して言わなかった……。」

「ラジオがそう伝えたんです。」

六時頃、私たちは翌朝の記事を送るために、SABC〔南アフリカ放送協会〕のオフィスに戻った。報道されたニュース速報が次々に記憶されていくコンピュータシステムを調べて、私たちの書いた記事を見ると……、変わっていた。「なんてこと、これ見て。『真実和解委員会は犠牲者に一〇〇〇ランド給付することを計画している。』そして、二つ後ろの文章で言ってる、『医療サービスを受けるために』と。」

「ここ見てよ。『ツツ大主教は犠牲者のための補償は微々たる額と語る。』これで終わり。」

頭に来た。怒りで青ざめた。まるで昨日からこの仕事をやり始めたかのように、私たちの記事は軽々しく、青二才並みに扱われている。記事をプリントアウトして、ニュース速報担当部長のところへ行き、彼女の目の前に置いた。

「私たちが書いた記事を書き換えてもいい権利をだれがあなたに与えたんですか? それも間違えて。少なくとも私たちに意見を求めるくらいの礼儀もわきまえずに。」

部長は記事に目を通した。私たちのオリジナルも読んだ。

「でも、間違ってないじゃない。視点をただ変えただけで、そうしていいって任されたの。」

「私が言いたいのはそんなことじゃありません。大きな間違いについて話しているんです。『犠牲者は一〇〇〇ランド受け取るだろう……』とたしかに言ってはいるけど、それって『犠牲者は緊急に医療サービスが受けられるように一〇〇〇ランド受け取るだろう』とは、まったく違うじゃないですか！」

「でも、それはすぐあとに入れてるし、だから文脈はまったく同じよ。」

怒りで震えが走った。くそったれなアフリカーンス語をしゃべろうとして舌がもつれた。私は部長の腕を掴んで言った。

「あなたは聡明でいらっしゃる。あなたが許可したニュース速報記事は、多くの犠牲者に、あなた方はたったの一〇〇〇ランドしか受け取れませんよ、と伝えた。そりゃ、まずいでしょう。暴動だって引き起こしかねない。なのに、私たちってバカみたい、何がどうなろうとしているか知らないなんて。私たちは原稿を手品みたいにただ袖からつかみだしてるわけじゃないわよね。何かについてたまたまああではなくこう言っているってわけでもない。記事については熟考し、議論する。なのに、一体全体どうなってるのよ？」

「ほんとのところ、よくわからない。あなたが何を言ってんだか……。」

私は気が遠くなりそうだった。部長の空色の水玉模様のブラウスをじっと見つめた――茶色の袖の白いボタンを。突然、ニュース報道室に息をひそめた緊張が聞こえた。私は自分が無力で、つけ込まれそうで、何を訴えようとしているのか、説得力のある形で明確に述べられない、と思った。

「ああやだ、これについてはこれ以上、議論したくありません。」私は彼女の目の前で怒って言った。「私たちは一年以上にわたって、適切で、信頼できる完成原稿を配信してきました。よって私は、このくそったれ編集部に、多大の配慮を要求します。」机をたたく私の拳固が、言葉にリズムを添えた。

自分の机に戻り、タバコを立て続けに吸ってから、補償・復帰委員会のメンバーたちに電話をかけ、記事の件を詫びた。

翌日、机の上に、差出人不明の手紙が数通置かれていた。

「やるじゃない！　面と向かってよくぞ申してくれました。あなたがあんなに勇ましいなんて知らなかった。」

ある別の人は近づいてきて言った。「昨日、がらくた全部をこの動物小屋から投げ捨てたそうじゃないか。よくやったよ、君。彼女も本当の競争相手を持ったってことだね。」

一枚のメモ書き。「必要があれば、君のために証言します。」名前の一覧表付き。

ついにある人が私にこう言った。部長が君を、規律聴問会に呼び出すよう要求した。問責理由は反抗であり人身攻撃だ、と。思わず私は赤面してしまった。それに、きまりが悪すぎて恐縮するほかなかった。「〈攻撃《アソールト》〉にあたるアフリカーンス語って何ですか?」私は尋ねた。

「たたいたのであれば、〈アーンランディング〉。スタッフ全員の前で君がたたいたと言っている。」

開いた口がふさがらなかった。ありえない。ありえない。なんてこと!

「たたいてなんかいませんけど。」

「君がやったと言ってるし、目撃者もいると。」

「そうですか、目撃者ならこっちにもいます。」

しかし、よく考えてみると、事ここに至れば腕をつかむと腕をたたくの違いなんか、おそらくなくなってしまうだろうと思った。すると、ここには居場所がなくなる。どんな聴聞会であれ、そこで今回のことを話さなければならないとすると、私は間違いなくクビだろう。

「他の人たちは事件について説明してほしいと次々に言ってきている。だって、君が大声をあげるのさえ、これまでだれも聞いたことがないし、ましてや、怒鳴ったり、指をかざしたり、たたいたり、要求したりしたなんて想像もつかないから。」

一体全体どうなってるのよ!

家に電話した。泣いてしまった。夫の声がはるか遠くに聞こえる。「辞めて帰って来いよ——君がいないと淋しい。」

報道部長は言った。「反撃しろ」と。

でもこれって、人間がやり合うようなこと?

上司のオフィスでの長いやり取りの末に、やっと決着がついた。私は詫びた。部長は聴問会への告訴を取り下げた。私はとても決まりの悪い思いをしてしまった。

秋空の下で仰向けになる。燃え上がる木々から木の葉が熾《おき》のように舞い落ちる。あなたの声が獣の遠ぼえの匂いを放つ。

「おいでよ……。」

真紅に燃える季節が流れ込んでくる。両腕にずしりと——自分の人生だと思っていたものを捨てるにはあまりに間の悪い、遅咲きの欲望。

担当の記者に現われる変調の数々

真実和解委員会にかかわっている人は〈故障している〉か、仕事から手を引くか、精神的に非常にいらついているかだ。私たちのラジオ報道がとても独断的になっている、という不平不満も多く寄せられている。そこで、ラジオチームのためにある研修会が準備された。二日間にわたって、自分の怒りをいかにして記事に出さないようにするかについて話し合う予定だし、ある人が来て、私たちから〈事情聴取〉することになっている。研修会がどんなふうになろうとも、私たちの何人かにはそれが本当に必要だ、と私はうすうす感じている。

私たちは信用できるゲストハウスに押しかけた。そして、真実和解委員会を担当して体調不良などの影響が出てはいないか、もし何か疑わしい点でもあれば、その日の夜に確かな証拠でその点を晴らす予定だった。なのに、すぐさま私たち自身が小さな暗殺部隊と化した。さも軽蔑的にしゃべり、しこたま飲んだ。何人かは一晩中、バーカウンターの後ろに陣取ったままだった。他の人たちは暖炉の前で話したが、委員会の話だった。この人もあの人もいったいどうなってしまったのか、委員や判事たちの癖を演じたり、犠牲者たちをまねたりして面白がったあげく、床の上で笑い転げた。まるでだれもが数カ月間、たったひとりで監禁されていたかのようにしゃべり散らした。最後にはだれも他人には耳を貸さず、ただただしゃべり続けた。

　翌朝、精神分析医がやってきた。私たちはやや緊張気味にテーブルを囲んだ。精神分析医がまず尋ねた。最近、何か身体的な変調はありませんか？

　私たちは訴えた――首の痛み、背中の痛み、潰瘍、発疹、食欲減退、倦怠感、不眠症。

　なるほど。で、どうお考えですか？　各々ひとりずつ答えてください、と彼は言う。

　モンドリから答えた。「私は影響を被っていません。あのような事件の中で育ちましたから。姉の家は火をつけられたし、殺されたベキ・ムランゲニは親友でした。よって、私にはなんら新味はない。いつも証言を聞いて笑ってますよ。聞いてはいますが、痛みは感じません。」

　黒人ジャーナリスト全員が同じような返答を繰り返した。実際、彼らの体調はよかった。まわりがすべて人権が侵害された状態で育ったので、委員会担当が彼らに影響を及ぼすことはなかった。

　アンジーと私は、しくしく泣き出した。あまりにも激しかったので、この議論が終わるまで答えることができなかった。カラードの同僚は、椅子から跳び上がって出ていった。だれかが後を追いかけたが、かなりたってから彼だけで目を赤く腫らして帰ってきた。白人男性の同僚は、じっとすわったままで言った。「万全ではありません。でも、何に出会うかわかっていましたから、今ではそれを受け入れています。」

　精神分析医は、手にしている書類をまぜくり返した。「あなた方が影響を被っているとほのめかしているのではありません。私はただ質問しているだけです。ここにいらっしゃる黒人ジャーナリストは、自分たちには痛みに対処できる特別な受容力が身についている、と私に教えてくださっているのでしょうか？　だれもが常々言っています、数世紀間圧制下にあった後、黒人たちはなんと上手にこの国で事態に対処していることか、と。あなた方もうまく対処しているのですか？　神は苦痛に対処できる驚くべき特別な能力を黒人に与えた、などとあなた方はおっしゃるつもりなのですか？　あなた方の振る舞いで何が変わったのか、それが委員会とはなんの関係もないかもしれませんが、この一年で何が変わったのか、私はそれが知りたいのです。」

　こうした言い方で、精神分析医は謎だったことを解き明かした――真実和解委員会に対する黒人ジャーナリストの感情を。

モンドリがため息をついて言った。「以前には決してなかったことなんですが、先日、私はわが子をベルトで叩きました。」

続いてマカヤ。「とても不思議なことがありました。時事番組中に、私はジョー・ママセラ〔注53〕に電話をして質問しました。『あなたのことを人々が許してくれるなんて、いったいどうしてそんなことを期待しておられるのですか？』と。すると、彼が言いました。『あなたにはこの質問をする権利はありません。していいのは、ハシェさんだけです。』ところで、ハシェは私といっしょにスタジオ内にいました。私はハシェの方に向き直って言いました。『ハシェさん、彼に質問なさいますか？』すると、彼女は泣き出してしまいました、……本当に心底から泣きました。そのうち、不思議なことが私にも起きました。私もまた泣き出してしまいました。泣くなんて子どものとき以来です。私はプロデューサーをスタジオに引っぱってきて番組を引き継いでもらい、洗面所に駆け込んで大泣きに泣きました。それから顔を洗って、思いました。このことをもし父が知ったら、とてもがっかりするだろう、と。」

ターボ。「私も同じく、泣くな、それに耐え抜け、そうすればより優れた人間になれる、という考えの下で育ちました。父の葬儀のときでさえ泣きませんでした。ところが、先日の親友の葬儀の際には、取り乱して泣いてしまいました。後で妻に言いました。『俺も少しは優しくなったのかな』って。」

セロ。「私は信仰深いので、おかげで内面の平穏を保っています。体調も良好です。心を乱されたときには行くべき場所がありますから。ただ、極悪人を目にしたときだけは、憎悪の火花が飛び散りました――ぱっと、激しく。それには私自身、驚きました。でもやがて気も静まり、いつもの平穏さに戻りました。」

パトリック。「かつて私は、仲間を率いる若者でした。もうすっかりそんなことはなくなりましたが。そういうものに属していないのに、今でもひとりでいるのに耐えられない。ところで、私をとても苛つかせたことと言えば――先日、妻が目の前にポリッジ〔オートミールを水か牛乳で煮たおかゆ〕の入ったボウルを置いたので、一匙すくって口に入れると、熱すぎたので、かっとしました。気がつくと、床か妻にボウルを投げるつもりなのか、それを手にして突っ立っていました。ですが、暴力的になりたいとは思いません。」

「皆さんは公聴会の話題を自宅でなさるんですか？」

全員首を振った。だれも話題にしていない。

精神分析医は、先端が水面上に突き出している氷山の絵をボードに描いた。彼が言うに、この先端部が人々が世間に姿を見せているその人の一部だそうだ――友情、誠実さ、思いやり、愛情、正直さ等々。水面下の見えない部分が、憎しみや不誠実、怒り等々。しかし、氷山の内部では普通、この二つの間でたえず行き来がある。ある人がすぐに怒って顔に出し、すぐまたわれに返るように。「とても不快なことを経験すると、氷はこの二つの部分の行き来を塞いでしまうので、もはや怒ることも憎むことも恨むこともできなくなる。どんな不快な経験であれ、氷をより厚くする。一方、からだって愚かじゃない。先刻ご承知。したがって、閉じ込められたいろいろな感情が、さまざまな肉体的徴候となって現われる。」

「ということは、ツツ大主教の癌も、抑圧された怒りの肉体的な徴候だ、と?」

「おお! 鋭いご指摘です」と精神分析医は言って、肩をすくめて見せた。「それについては述べるつもりはなかったのですが、ほとんどの委員がいろいろと肉体的な病気に苦しめられていると思います。」

このような氷の層に穴をあけなければならないが、泣くのもその方法の一つだ、と彼は説明した。また、公聴会が終わった後はいつでも、自分の中から情報を吐き出して、他の層が形成されないようにしなければならないとも言った。その方法とは、五分間ひとりになって自分に尋ねる。「どんなふうに感じたかな?」と。これは、感情ではなく理性によって記事を書かなければならないジャーナリストには特に重要だ。お互いに話し合わなければならない。

続いて精神分析医は、ボードに平行線を引いた。「これが真実和解委員会の軌道で、こっちが皆さんの個人的な人間関係の軌道とします。本能的に皆さんは、委員会の軌道が皆さんの個人的な軌道に悪影響を及ぼさないでほしい、と思っておられるでしょう。皆さんが現に経験しておられることから、友人や家族、恋人を守り、今までどおりでいたい、と。影響されたこと全部をだれかに伝えるのは不可能なこともわかっている。ほとんどの人が家族からまったく身を引いてしまう。でも、正気を保つために、皆さんは委員会の軌道上に皆さんの個人的な生活の代役を作り出してしまう。委員会の中に皆さんの個人的な人間関係を再度作り出してしまう——父親や母親、兄妹、恋人、わが子をそこに見い出してしまう。そのこと自体、いったいどっちが望ましいのか。皆さんご承知の通り、一方の委員会の軌道は八カ月後には終わりを迎えるわけですから。」

「暴力はこうした関係全体のどこに割り込むんですか?」私は唇に血の味を感じながら尋ねた。

「白人ジャーナリストは多くの自責の念を持ち歩いている、と思います。どうしてアフリカーナーのジャーナリストが、他のどの人種グループよりも数多く真実和解委員会を担当しているのか、自分に問うてみたことがありますか? そうした自責の念に報いるために、白人ジャーナリストは委員会により深く関わろうとします。しかし、それには通行料がかかる。

犠牲者に共感すればするほど、自分も犠牲者になっていきます。つまり、犠牲者と同じ種類の徴候——無力感、失語、不安、絶望——が現われます。ところが、何人かは犠牲者になるのに耐えきれず、代わりに犯罪者になることがあります。苦痛を他人に与えることで苦痛から抜け出し、自分が暴力的になって他人を自分の犠牲者にしてしまう。まさにこのことをよくよくわきまえることです。」

「おい、アンキー。これって研修会で実際あったことと少し違う感じだな」とパトリックが言う。

「まあ、そうね。それは、人々の反応や精神分析医たちのアドバイスなど、私が数カ月かけて集めた情報すべてから構成した、今までのものとは違う話。記事にもしてないし、覚書ってわけでもないんだけど。自分で語ってるわけ。だれそれがこう言った、またあるとき、だれそれがああ言った、とそのたびに言わなければならないとすると、うんざりじゃない。水面下の部分に語ってもらおうと、水面上の突き出た部分を切ったり貼ったりしてるわけ。私としては、水面下の部分を本当は語りたいし。その人たちが迷惑がったり、事実の多少の歪みを了解してくれそうにないと思ったときは、名前を変えてるけど」

「それにしても、真実に大忙しじゃないのかい！」

「大わらわよ……、私自身の真実に。もちろんそれって、過去二年間に私たちが経験したり、耳にしたりした何百もの話を寄せ集めて編集したの。私の視点から見たもので、取材当時の私の精神状態や、私が記事を伝えているラジオの聴衆の反応にも方向づけられてはいるだろうけど……。それに、どの話にも噂や風聞ありだし、同時に起きたことではないものがいっしょにされてたり、推測もあったり、さらには事態の深刻さを正しく理解してもらうための誇張があったり、無実を確証づけようと控え目を装ったりと、いろいろ。でも、こうしたもの全部が寄り集まって、国全体の真実を作り上げるわけよね。もちろん嘘も同じように作り上げる。もっと前にさかのぼる話もね。」

ジョー・ママセラへのインタビュー

加害者の話にも耳を傾けてきた。この二年間、南アフリカ人は、恩赦を得ようと努力している人々の意見もずっと耳にしてきた。ある者は真剣に、ある者は偽善的に、ある者は悲痛に、ある者は都合よく訴えているように見える。単に嘘をついている者も大勢いる。

依然として耳に届いて来ていないのは、もっともよく知られている黒人の人権侵害者の声である。その男とは、恩赦公聴会でだれの名前よりも頻繁に口にされる、ジョー・ママセラだった。このフラクプラース〔警察の暗殺集団が基地として使っていたプレトリア近郊の農場〕の元傭兵《アスカリ》の一員に対する南アフリカ人の唯一のイメージは、ジャーナリストのジャックス・パウが撮影した、一連のビデオ画像に基づいている。分厚い唇をした肉付きのよい黒い顔に度の強い眼鏡をかけて、冷酷な殺人についてまるでスローモーションのようにゆっくりと話している。

そういうわけだから、SABCのビルの前で、ラジオ・レセディの時事問題番組のキャスターであるソフィ・モコエナといっしょに、ジョー・ママセラを待っているのは、まさに不安だった。ソフィは毎週金曜日の夕方にソト語で真実和解委員会の番組をやっていて、数カ月かけてママセラに接触する機会を画策してきた。ママセラはソフィを無条件に信用した。ただし、私たち二人はビルの正面玄関の外で待たなければならない。それだと実際に二人だけか、ソフィといるのが本当に女性一人だけかどうかを確認できるから、とママセラは言った。私たちは気詰まりな思いで突っ立っていた。私の携帯電話が鳴った。もちろん、電話で話しているのが私たちであることが確かめられ、カールトンホテルに行ってロビーで待つよう指示された。車に乗り、市の中心部で駐車場を見つけるのに四苦八苦したあげく、やっと高級ホテルに歩いて行った。ソフィは回転ドアが見える場所にすわった。私はテープレコーダーが間違いなく作動するかどうか確かめた。電池が切れていないか、カセットテープがおかしくないか試す最後の機会だった。通りがかりの人に〈フラクプラース〉〈ディルク・クッツェー〉〔注43〕〈グリフィス・ムゼンゲ〉〔注42〕といった言葉が聞かれないように、ロビーでその男にどうインタビューしたらいいか、あれこれ考えた。

「彼よ」とソフィが言った。

入口の外を数人の男が歩き回っていた。「どれ？」

「こっちに背を向けて立ち、通りを見ている男。」

ソフィが立ち上がった。気をつけて、と言おうとしたが、彼女はすでに上品なしぐさで入口へと向かって行った。男が振り向いたので、ソフィが間違えたと思った。男は眼鏡もかけず、肉付きのいい顔か大きな頭でもない。私にはまったくの別人に見えた。だが、男の顔に笑みがこぼれるや、ソフィが手をさし出した。男はもう一度肩ごしに通りに目をやってから、中に入ってきた。そして、私に近づいて両腕をいっぱいに広げて言った。「あなたについては、噂はかねがねうかがっていますよ！」

どうしよう、何て返事すれば……。それはどうも、こちらも同じです、と？　お会いできてとても光栄です、と？

「私にはあなたがまったく識別できませんでした。ところで眼鏡は？」

彼は笑った。「外ではかけません。どこか静かな場所を見つけて下さい。ここではインタビューは受けかねます。」

三階に行けばホールに沿ってソファが並んでいます、と案内係が教えてくれた。その間、ママセラは小さな携帯電話にかかりっきりだったので、彼をじっくり観察することができた。深緑色の絹のスーツ、洗いたてのアイロンのかかったシャツ、地味なネクタイ、金のアクセサリーを身に着け、つま先部分だけがエナメル革の靴をはいていた。私が質問するたびに、ママセラはお世辞たらたら質問の的確さを誉めてから、淀みなく流れ続ける言葉で答えた。文と文の区切りのほうが、語句の区切りよりも短かった。

——いつ生まれたのか?

「よい質問です。一九五三年六月二日、ソウェト〔ジョハネスバーグ近郊の黒人居住区〕で生まれました。六人兄妹の末っ子です。」

——母親はどんな人でしたか?

「よく聞いてくれました。熱心なクリスチャンで、とても愛情深く、他の母親がやるように私たちを育てていましたが、不運にも国の政治状況のせいで、まだとても若い年齢なのに私たちを置いて行かなければならなくなり、国内のどこか郊外に移り住みました。そして、家に帰って家族に与えられるほどのお金をためると、たぶん六カ月に一度くらい、私たちは母に会うことがありました。」

——世話をしてくれたのはだれですか?

「どの黒人家族もそうであるように、私たちにも大きな家族のまとまりがあり、祖母といっしょに皆で住んでいました。四つか五つの家族がいっしょになって。」

——子どもたちは総勢で何人いましたか?

「興味深い質問です。四つ部屋がある家に——それを皆でいっしょに使わなければなりませんでしたし——およそ一六人住んでいました。それはもう無秩序そのもので、プライバシーなどなく、まったく何もありませんでした。そして、さらに悪いことに、家そのものが収入を増やすために一種のもぐりの酒場に変えられてしまいました。」

一九九二年に罪を悔い改め、今はキリスト国際協会の一員だ、とママセラは言った。ハットフィールドの教会に出席していて、レマの教会ではリーダーとしての職務をこなし、多くの人を改宗させた。

「私がひとりになれるのは、神との静かな一時《ひととき》を過ごそうと決心したときだけです。私自身の知性では解決できない精神的な負担や問題があると感じた場合には、神に祈ります。『状況を完全に掌握して下さい』と。」

心配なことに、ママセラの声はひどくなれなれしかった。彼が私たちに向かって話している最中に、数メートル先でウェイターがその場ではたと立ち止まった。そしてゆっくり振り向くと、無表情な顔でママセラをじっと見つめた。

九学年で学校をやめるまで、ママセラは自分を守る闘いに明け暮れた。「私は自分の頑強なからだに頼らざるをえませんでした。トラディ黒人居住区に住み、ウェスタン・セントラル・ジャバヴのモリス・イサクソン学校に着くまでにいくつもの黒人居住区を通り抜けなければならなかったし、それぞれどの居住区にもチンピラギャングがいました。トラディにはマスコッチ、モレツァネにはマハゼルが、それにもしモラポに行けば違うタイプのギャングがいました。毎日、そいつらにいじめられたので、空手を習い、強くなったので自分や仲間、友だち、家族を守りました。……私はたくましくなりました。私は生き残りましたが、兄や姉たちは全員、喘息や結核のようなアパルトヘイト政策と関連深い病気で死にました。すぐ上の兄スタンレーはポリオで死にました……。」

学校で、ママセラは学生運動に没頭した。一九七六年の〔ソウェトの〕学生暴動の後、ママセラは自分の学校の南アフリカ学生機構（ＳＡＳＯ）の書記長になった。

「非常に若くして学生活動家になりました。そこには才気あふれる若者、ターフループ大学出身のドナルド・マシゴがいました。彼は私に、スティーヴ・ビーコの晩年の頃のＳＡＳＯの機関紙をくれましたし、そこにビーコはフランク・トークのゲリラネームで書いていました。私はそれを愛読したものです。今でも引用句の一つを記憶しています。ビーコは、ヘーゲル哲学流の弁証法的唯物論について解説してからこう述べています。『問題が白人にある以上、われわれは国家に拮抗する、強力な黒人の力を必要としている。』ママセラも同意しました。」

学校をやめてすぐに、ママセラはノンビ・ドゥベと結婚した。「ともに非常に若かった。私が働き出してすぐに彼女が妊娠したので、義務としても体面からしても結婚しなければと思いました。息子シズウェを授かりましたが、仕事に追われて数カ月家を空けていました。……ドゥベはとても若かったので出歩き回り、浮気をしてしまいました。それから戻ってきて噂を耳にしたとき、二人にとっていいのは私が離婚に応じることだ、と思いました。」

ジャックス・パウの暗殺部隊に関する本『売春婦の心境』には、ママセラの経歴がつぎのように書かれている。「一九七九年、刑務所で押し込み強盗と窃盗の審理を待っているときに、警察への情報提供者となる。公安警察が彼に会いに行き、テロリズムと闘うように彼を説得した直後に釈放された。その後、ボツワナにあったＡＮＣ〔アフリカ民族会議〕のキャンプにスパイとして潜り込み、そこで諜報活動の訓練を受けた。一九八一年の冬、警察のスパイであることがばれて、彼は連れ去られ、ボツワナのＡＮＣの基地に連行された。警察への密告者は、伝えられるところによると、拷問され、殺されたが、ママセラは逃げ出してフラクプラースに加わった。」

だが、ママセラによると、事情は異なっている。彼は一つの裏切り行為と、あらゆる局面での孤軍奮闘の物語を語った。

現在テレビ局の報道記者であるスヌキ・ジカララに勧誘されて、一九七七年にボツワナでＡＮＣに加わった、とママセラは主張する。そこで諜報活動の訓練を受けて、自分が受け持つ党細胞のリーダーになった。ところが一九八一年以降、事態が彼を窮地に追いやった。ある夜、彼は公安警察に逮捕された――一六台の車に分乗してきた部隊によって。壁が血で真っ赤に染まるまで暴行された、とママセラは言う。拷問され、電気ショックを与えられ、尋問された。「私がつきつけられた情報は、私の直の指揮官だったシポ・マコポからのみ出ていたはずのものです。四八時間後、私は屈服しました……。

　私は、警察がすでに知っていることをただ裏づけたにすぎません。ちょうどマンデラ大統領がそうであったように。マンデラは法廷で〈リヴォニア裁判〉〔南アフリカ史上最初の大量の政治指導者に対する裁判で、判決が下された一九六四年当時、ANCなど複数の解放勢力の指令部がジョハネスバーグ郊外のリヴォニアにあったので、この名で呼ばれた〕について認めたが、指導者だったから差し支えないというわけです。ところが、強制されて同じようなことをママセラがやると、裏切りだと言われる。これって二重基準《ダブル・スタンダード》ですよ！」

　ママセラは、傭兵《アスカリ》のメンバーになるようクルーガー少佐に勧誘された。「彼らはだれかれ構わず勧誘するわけではありません。特別の知識と知性を備えていなければなりません。」加わる以外なかった、アパルトヘイト国家の野蛮な権力に反抗してきた、たった一九歳の少年としては、とママセラは言う。ところで、暗算してみると、ママセラは一九八〇年代初めには三〇歳弱のはずだ。

　「刑務所行きを選ぶこともできたはず」と私は言った。「ロベン島を……。」

　ママセラは鼻で笑った。「ロベン島に収容されていた者全部が気高かったわけじゃない。彼らには選択の機会が与えられることなく、単にそこに送られただけです。もっと言えば、ロベン島に行ったANC党員の全部が全部、本物の闘士というわけでもない。……われわれは彼らの何人かを勧誘してロベン島に潜入させました。したがって、彼らが主張しているように、すべてがすべてイエス・キリストでもモーゼでもありません。」

　ANCの砦をぶち壊すサムソン〔旧約聖書『士師記』中の怪力〕のような力があればどんなにいいかと、ときどき思う、とママセラは言った。その一方で、今彼が唯一望むのは、わが子と家族が自分の真実を知ってくれることだった。

「今日、黒人の大多数――かつて私と敵対関係にあった人たちでさえ――が、正気を取り戻したり、理解ある質問をしたりするようになったので、ありがたいと思っています。ただし、それに対する回答は手にしていませんが……。」

　このインタビューの後で、私は『ソウェタン』紙の記者に聞いてみた。「ママセラはここで何を言おうとしてるの？」

「まあ、君たち白人は、黒人の政治的対立の背後にどんな問題があるか、理解し始めてさえいない。マディバ・マジック〔ネルソン・マンデラが人種の異なる南アフリカ国民を一つにまとめたり、世界の支持を取り付けたときにしばしばそう言われた。マディバとは彼の属するテンブ人の俗称で、マジックというのは彼が示す思いやりやユーモア、政治的な如才なさ、二七年間にも及ぶ獄中生活のつらさを微塵も見せない態度などに象徴されている」に乗って踊ったり、ANCの政治家たちを分析したりはするが、君たちがその手掛かりさえ掴んでいない、あらゆるものの背後に潜んでいるものこそが問題だ。一例をあげれば……。」彼は懇切丁寧に解説した。「ANCの国内での闘争を支える主な収入源は、銃と弾薬の密輸や麻薬売買だということくらい、黒人ならだれもが知っている。これらのネットワークはもう消滅したと思います？　それにサード・フォース〔注19〕までもが、銃や麻薬に大忙しだった。これらのネットワークはもう消滅したと思います？　そもそも、彼らは提携しようとは思わなかったんでしょうか？　マンデラの娘が友だちの盗難車に乗っていて逮捕されたというのと符合していると思いませんか？　入獄経験がなかったり、長期間亡命してたりする政治家であれば、注意深く見守らなければなりません。真実和解委員会がANCの意見陳述に満足していると聞くと、われわれはただ笑うだけだし、これで大きなスキャンダルを公にできると常々考えている白人ジャーナリストに対しては、首を振るだけです……。」

子どもですか？　はい、います、とママセラは言う。再婚して二人の息子と一人の娘がいる。このように、〈フラクプラースの五人衆〉〔注57〕――クロンエやヘフターその他――の結婚生活がことごとくだめになったのに比べて、ジョー・ママセラとディルク・クッツェーは、今もって親密な家族関係を維持している。おそらく二人は、みずからの過去を完全にコントロールしていると思われる。ママセラの妻は、ハウテン保健省の上位機関の活動に携わっていて、目下、社会福祉の博士号に取り組んでいる。妻は私を理解している、とママセラは言う。「自分の行なった行為については真実を明らかにしている、と私は一九九三年に子どもたちに伝えました。でも、むずかしい……。たとえば、先週の土曜日のように私の顔がテレビに映し出されると、実際のところ、子どもたちは心配になってくるみたいです。そこに突然私の顔があると、子どもは私のところにやってきて言いました。『パパ、あれはパパなの……』と一番上の子でさえそうです。子どもたちだってわかりますよ、私の名前を汚そうとしているSABC内の自称法律専門家たちによる一致協力が、そこにあることを……。」

それにしても、あなたは何も悪いことはしていないんですか？　私たちはママセラに強く迫った。

「自分自身の生き残りをかけて戦わなければなりませんでした。私は政治の人質であり、戦争の犬でした。」

ジョー・ママセラは、彼のまわりにいた元傭兵《アスカリ》のメンバーたちが、いかに無惨な姿をさらしていったかを目にしたと言う。ところで、タバコを吸わない、アルコールも飲まない、それに何か熱中するものもない彼にとっては、正気を保つために何か方法を見つけなければならなかった。一連の関係書類がその解決策になる、と彼は思った。彼はぜひフラクプラースについての関係書類を収集し、自分で集めた情報で、いつかこの窮地から抜け出して自分の信用を買い戻そうとした。ママセラによると、その書類はフラクプラースと公安警察についての正真正銘の真実であり、それは現在、司法大臣の手にある。

ちょうどそのとき、信じがたいことが起こった。私のテープレコーダーのそばの小さなテーブルの上に置いてあったママセラの携帯電話が鳴りだした。その小さな画面に「ウィニー」〔元マンデラ大統領夫人の名前、注46〕という文字が浮かびあがった。彼は両手を宙に投げながら、私をちらっと見た。「どうしろってんだ。答えなければいけないってときに……。」

ママセラは受信ボタンを押した。「どうしたの、ママ……。」彼は立ち上がって、話を終わらせようとコーナーに行った。私の真向かいで、ソフィは目を丸くしていた。「たぶん、彼女じゃないはず」と私は囁いた。

だが、ソフィはしきりに首を振った。「ママセラはウィニーととても懇意にしている。いつかその名前については明らかにする、とは言ってるけど……。」

ソフィは、自分がキャスターをしている時事問題番組中にどうやってママセラをたびたび電話口に呼び出し、回線をそのままにしておいて、ラジオの聴衆が電話で意見を言える状態にしたかを話してくれた。そして、人々が彼を悪そのものとして訴えると、彼が反論した。「吠えろ！　わめけ！　白状しろ、と俺をののしれ、呪え。そうできりゃ、俺だって気分いいし、まるまる自分になれるってことよ。」

ママセラをインタビューしたあの夜、私の声が初めの数分でいかに変わったか、もっとも重要な問いをしているときなんか、まるでへつらっているように聞こえた。ママセラは私たちに熱烈な抱擁をして、別れの挨拶を言った。「ＳＡＢＣのラジオにすれば、まあ、最善ってとこでしょう。」

ところで、人を殺して、その翌日どうやって正常に過ごすんですか？

ユーモア、とママセラが答えたのには驚いた。ユーモアの治癒力と。「自分や傭兵《アスカリ》仲間を癒すのに、ユーモアを多用した。何しろわれわれときたら、良からぬことにもよく冗談を言い合ったものです。殺人に対しても。クッツェーやデコックのような自分たちの指揮官に、傭兵《アスカリ》のメンバーが一人ずつ始末されていたときでさえ、言い合ったものです。『次はだれだろう？』って。すると、だれかが言う。『おい、ジェフ！　お前、太ってきたなあ。あいつら、次はお前を食べるつもりらしいぜ。』」

ママセラの元仲間によると、彼はユニークな傭兵《アスカリ》メンバーで、フラクプラース中でもっともきれい好きだったという。ポール・ファンヒューレン〔注57〕は、恩赦委員会のウィルソン判事に言った。ママセラには殺しの才能がある。もし殺人をすばやく、きれいにやりたいならば、ママセラに任せればよい。彼には才能があった。

「ママセラは恐ろしく頭がきれる。私に言えるのはそれだけです。あいつは賢いどころじゃない」とファンヒューレンは言う。「いったい今あいつが何を考えているのか、われわれにはわかりかねます。あいつが恩赦を申請しないからといって、はたして愚かと言えるのかどうか。でも、われわれからすると、図に乗り過ぎているように思える。」

ママセラは笑った。「一つだけ言えます。まんまとポール・ファンヒューレンを欺くことができた、と。彼だけではない、公安警察の上層部も欺くことができました。でもそれは、特に黒人で、なおかつ傭兵《アスカリ》であれば、それをやり遂げるのは並み大抵のことではありません。私はユーモアの持つ癒しの力で、彼らをかつぐことができた。それというのも、私は自己卑下して自分のことを〈黒んぼ《カフィール》〉と呼んでたし、彼らもそれを好み、こう思いました――『こいつぁ、ひょっとすると、俺たちがこいつをわれわれの一員にすっかり変えてしまったのかもしれない。』私もよく言ったものです――『俺は農夫《ブール》だ』『何だと？　くそったれ！』『農夫《ブール》なら「やつらをやれ」と言うし、口にした以上は殺す。』というのも、私は彼らに望んでいたんです、私を信じてほしかったし、愛してほしかったし、彼らの一員にしてほしかった……。」

すべて、フラクプラースの関係書類の情報を手に入れるためです、とママセラは言う。

ここに来て、ソフィと私とで彼に立ち向かった。人々は言っていますよ、あなたはかつては金のために黒人を売り渡し、今度はまたしても金目当てに仲間を売っている、と。なぜなら、どうやら司法大臣がかなりの額の手付金を払って、あなたを国の重要参考人にしたらしいから。

ママセラは激昂した。「金目当てに黒人を殺すことに決めたわけじゃない。ANCに裏切られて、あんな野蛮な政治体制に何の見返りも期待せずに私は売り渡された。金の約束なんかこれぽっちもしてないし、自分の生活のために戦ってきた。私は、自分の意志や確信をめちゃめちゃにされた戦争の捕虜だ。たとえだれもが、ママセラは金のために殺したと言うとしても……。ならば今、私は億万長者になってるはずだ。……われわれが殺した四〇人以上から判断しての話だけど……。」

ママセラは優雅な生活をしていることをしぶしぶ認めた。子どもたちは最高の学校に通っているし、休日は家族で豪華にすごしている。でもそれは、数年かかって彼がスワジランドでビジネスを築いたからだという。ところで、そのすべてを彼は手放したが、司法大臣が彼に支払っているのはその代金だとママセラは付け足した。

なぜ恩赦を求めないのですか？

「公衆の面前で恥ずかしい思いをするために、TRCに出頭する気などまったくありません。政治家たちがママセラをさんざんこき下ろした後から、わざわざ彼らにママセラを辱める名誉など与えるつもりはありませんよ――黒人の政治家であれ、白人の政治家であれ。

それに、恩赦を求めることは、私にとっては馬鹿げたことだし、無謀なことです。それというのも、主に恩赦が与えられるのは、その人が何をしたにせよ、政治的な理由で人を殺したことに対してです。ところで、私には黒人を殺す政治的な理由なんてありませんでしたから。」

ママセラと、彼に匹敵するディルク・クッツェーには、明らかに類似性がある。とりわけその口元が、常に緊張していることを告げていた。ディルク・クッツェーの口元には、ときおり無理をした、しかつめ笑いがのぞき、加えて、乾いた歯から唾が細い糸を引いた。インタビューの間ずっと、ママセラの上唇は、無意識に小刻みに震えていた。両者ともうっとりするほど口達者で、絶え間なくしゃべった。また、両者とも名前や細部、日付、引用、さらには印象に残るような言葉を、すらすらしゃべることができた。殺害現場ではいつも傍観者だったとも主張したし、自分自身を三人称で語るのを好んだし、白人のために殺人をやったし、自分の仲間に裏切られた、とも言った。しかし、こうした類似にもかかわらず、一方は黒人で、他方は白人である。しかも、黒人の方は、どうやら被害者グリフィス・ムゼンゲの家族からは許されていたようだが、白人の方はそうではなかった。

一六章　真実は女性である

男性の例——アルウィナス・ムハラシの証言

なぜ逮捕されたかわかっているのか、と警察が聞くので、わからないと答えた。お前がポコ〔パンアフリカニスト会議の軍事組織のメンバー〕だからだよ、と彼らは言った。ポコなんて全然知らない、と私は言った。じゃ、お前にわからせてやる、と警察は言いました。つま先立ちで飛行機のように両手を広げて私を立たせて、からだ中を鞭打った。私は倒れた。警察は私を思いっきり蹴った。小便ができませんでした。……耳から膿が出ました。彼らは三日間拷問した。めまいがしました。彼らは私をポコと呼び続けました。白人といっしょに住んでもらっては困るので、お前は死んだ方がましだ、とも言いました。ケープタウンで一年六カ月の刑を言い渡されました。

私の話をすることで始めます。

一九六八年、二四日の水曜日、午前四時、膝に三歳の子どもを抱えて、薄ら寒かったのでストーブに火をつけようとしていました。そのとき、窓をノックする音がした。厚手のコートを着た警官が入ってきて、主人を呼んでくれと頼みました。……妻が上着とコートを渡してくれました。無様な格好で私は靴下をはいた。……警官の表情がとても険しいのに気づきました。……彼らは私を囚人護送車に押し込みました。護送車の中でメネナ氏はわかっていませんでした。なぜ自分がここにいるのか、メネナ氏はわかっていませんでした。……警察署には仲間が大勢いました。中庭もいっぱいだった。小さな町の出身なので、われわれはお互い顔見知りでした。静かにしろ、と警官が言いました。われわれを幾つかに分けて、ビューフォートウェストに車で運びました。白人たちはとても嬉しそうでした。何がまずかったのかあれこれ考えて、私はぶつぶつ自問自答を続けました。後からマクラニ氏も加わりました。彼とは同部屋でした。ポコだということで告訴されている、とマクラニ氏が言いました。それから警察はわれわれを取り調べたので、私は家に帰れると思いました……（泣く）。

ツツ　お辛いでしょうが、続けましょう……。

ムハラシ　妻は妊娠していたし、その日が出産日でしたですが、われわれはオウツホーンに連れ戻されて鞭で打たれた。そこには仲間二三人がいました。次にヴィクトリアウェストに連行されました。別の人たちも拘留されていました。警察の申し立ては、われわれがダムに毒を流し、ヴィクトリアウェストへの電気の供給をストップしようとした、というものでした。私たちは武装集団で、町全体を支配しようとしていた、と言うのです。それは事実ではありません。われわれはポールズモアの刑務所に入れられました。妻が手紙を送ってきました――息子が誕生した、と……。

裁判官が、名字はアルフィウスかと尋ねました。「アルウィナスです」と答えました。私が身分証と免許証を取り出すと、裁判官が「あなたはアルフィウスだ」と言いました。論争になりました。私は一年後に釈放されました。一九六九年五月、私はヴィクトリアウェストに帰りました。帰宅して、わが家がどうしようもなくなっているのがわかりました。赤ん坊は痩せ細り、妻は農場主のファンドリーテン氏のところで働いていました。妻はそれまで働いたことなどありません。妻は月に四ランド〔六五セント〕もらっていました。上の息子を見てから下の赤ん坊をじっと見つめると、赤ん坊は私を恐がって泣きながら逃げ出した。でも、私に慣れ、二人とも今は一人前になりました。

ウィリー・メネナはメソジスト教徒で、彼と二人の兄弟で私を告訴しました。以前に話したことを基にして話をでっちあげたのかもしれない。私はウィリー・メネナを五年間憎みました。彼を刺し殺したいと思ったほどです、なぜなら、彼は私に損害を与えたし、あのポコ集会事件に私を巻き込んだからです。

一九七二年、私はわが子といっしょにキングウィリアムズタウンに行きました。……そこの自動車ショールームにウィリー・メネナがいました。息子が見つけました。私は息子にナイフを貸すよう言い、鞘から抜いて、ポケットに忍ばせて彼に近づきました。「これは神のお導きだ。ウィリー・メネナがここにいようとは。」そのとき、車をお求めですか、と白人が聞いてきた。いいや、と私は答えた。ウィリー・メネナが私を見ました。疚《やま》しい人間はいつも目的の人間を突き止めるらしい。私は彼に挨拶した。「お元気ですか？」いっしょにちょっとそこまで、と彼を誘いました。彼は話しづらそうでした。私は驚きました。というのも、彼が多くの苦難を経てきたことが見て取れたし、それが顔に現われていました。私は彼に尋ねた。「ご家族はこのような境遇のあなたをご存知なのですか？」彼の二人の兄弟についても聞いてみました。

高血圧と尻の痛みに悩まされているし、息子が自分に暴力を振るう、と彼は言いました。私は、妻と私が入所中に生まれた息子を呼んで言いました。「ウィリーさん、ここにあなたの子孫がいます」――なぜなら、今ではわれわれは、同じ氏族名を共有していますから。「あそこにもあなたの子孫がいますよ。ずいぶん年がたったものです。」

彼が言いました。「相変わらずお達者のようで？」と。

彼に一ポンドあげるよう妻に言いました。それで食事ができるんだから、と。彼は一度も故郷に帰りませんでした。彼は病院へ行きました。それが彼の人生の最期でした。

私は車で走り去り、彼はその場に立っていました——私を溺死させようとしたその男は、手を振っていました。私も手を振り、振り続けました。それが彼を見た最後でした。憎しみもいつしか消えていました。

われわれは他の人たちに悪事を働くことなんかできません。われわれには養育しなければならない子どもたちがいますから。


真実にも性差があるのだろうか？

「鼠どもは夜になると、汚れた生理用ナプキンを齧りに独房に入ってくる。私の寝込みを襲って、股の間に潜り込もうとやっきになる。」

女性のための特別公聴会

「女性が話すときは、そうするにはあまりにも気が挫けてしまう人たちに代わって話しているのです。

女性は、話すとあまりにも苦痛を感じてしまう人たちを代表して話しているのです。

というのも、怒りや欲求不満に陥るたびに、男性はいつも決まって女性のからだを戦闘の地勢図——つまりは一種の戦場——に見立てて利用します」と、ジェンダー委員会の委員長であるテンジウェ・ムティンツォは、真実和解委員会によってハウテンで開催された、女性のための特別公聴会の冒頭で述べた。「国家の公安部門や警察と直面したことのあるすべての女性は、性的虐待やレイプを受けた可能性があります。」何人かの女性活動家たちは言う、実際に暴行されるのと、独房に監禁され隔離されて常に恐怖と闘っているのと、いったいどちらがよりひどいのか、ときどきわからなくなる、と。「公安部門や警察が取り調べる場合、彼らはまず、活動家としての役割をひどく貶めるところからいつも始めます。しかも、女性についての自分たちの観念に従って責めたてできます。

そのうえ、こうも言います。お前は女としてまっとうでないので拘置している、と。責任感がなく、あばずれで、太っていて醜いか、あるいは未婚で三〇代で男あさりをしている、と。

しかも、何を言おうとも、それが売春行為だと、金銭を伴わない売春行為だと見なされたなら、性的虐待の許しが下りたものと見なされた。そのとき、男性には生じないだろうことが女性には起きました。女性の性的特質《セクシャリティ》が自尊心をかなぐり捨てたり、自意識を損ねたりするのを手助けしました。」

脱臭効果のある化粧品や石鹸、清潔なタオルを求めなければならないし、そのためには、品定めをしている警察官の列の前でストリップをしなければならなかった。裸で派手に跳びはねたり、乳房を揉み上げたり、卵管が破裂するまで水を注ぎこまれなければならなかった。こうして、鼠がヴァギナに押し付けられることになった……。「両脚に血がしたたり落ちたり乾いたりする中で、まる一日、女性は立たされました。

自分たちの血を見たので、女性は力を得たのでしょうか？自分の血を飲むよう言われたので？」とムティンツォは問いかけた。拘留中の男性が女性のように振る舞うよう男色行為を強要されるときだけ、男性は、自分のからだをいつも意識して生きることがどんなものか、しかもそのからだがどのように虐待され、辱めを受けるか、理解できる。

拷問にも挫けなかった男性は警察からも尊敬された、とムティンツォは言う。「拷問する側が『こいつは男だ』と口にする場合でさえ、そこには尊敬の念がこもっている。ところが、女性が屈服しないときは、拷問者の怒りに油をそそぐことになる。拷問者たちの言い分によると、女性は、黒人メイドは、なおまたカフィールメイド〔黒人の蔑称カフィールをつけて役立たずのメイドという意味になる〕は、彼らに抵抗する力を持つ権利さえない。」

女性に向けられる禁止命令もまた、男性とは異なっていた。「女性はいつものぞき見られ、食い物にされた。公安部門や警察は、あばずれであることを立証したがった。たとえ解放闘争に加わっていても、単に男の世話をしているだけではないか、と。こう言いたいがために、『お前は革命家ではない、さかりのついた黒い雌犬だ。』」

ムティンツォは以下の言葉でスピーチを結んだ。「このスピーチ原稿を書いている間、私は思っていました。南アフリカの監獄とＡＮＣ〔アフリカ民族会議〕の国外キャンプで経験したことについて話すにしては、あまりにも心の準備ができていない、と。ここに立っている今でさえ、しかも話すのに選んだ一般的な言い回しにもかかわらず、私は何かをさらけ出しているような、気が動転しているような感じがしています。」

ノマティセ・エヴェリン・ツォビレヨの証言

私たちは掘っ建て小屋の間を走って逃げたが、ボーア人も私たちの後ろから小屋の間を追っかけてきているのがわかりました。私はひとりで引き返して、他の同志を捜しました。でも、見つけ出せなかった。目に催涙ガスの痛みを感じたので、トイレに入って身を隠しました。でも、他にだれもいないので、ここにいては身に害を受けそうだと思い、トイレを出たところで、一人のボーア人が目に入りました。彼も私を見ているのがわかりました。彼が私を撃ちました。

ンツェベザ委員　彼はどこを撃ったんでしょう？

ツォビレヨ　私の左腕を撃ちました、脚を、そのあと私は倒れました。さらに彼は撃ちました。……私の下腹部を。ボーア人たちは私を建物の中に連れて行きました。私の出血はひどく、洗面器がいっぱいになったほどです。救急車を呼んだ医者は問題を抱えてしまいました。救急車は入ってはいけない、クロスローズに来てはいけない、と。

ンツェベザ委員　あなたが撃たれた場面に戻りましょう。同時にお互いを見たのは、あなたとこの警察官でしたか？

ツォビレヨ　はい、そうです。彼は青い制服を着ていました。そして、彼が私を撃ちました。

ンツェベザ委員　ツツ大主教と委員会メンバーに脚の傷痕を見せていただけますか。あなたが傷を受けたのは、そこだけではないんですね？

ツォビレヨ　はい、そうです。

ンツェベザ委員　今でもからだに弾がいくつか残っている、と。

ツォビレヨ　はい、いくつか残っています。脚にも、からだのどこかにも、下にも――下側の方にも。弾がいくつか私のヴァギナにも残っています。

ンツェベザ委員　申すまでもなく、弾がそんな場所へ偶然に飛んでいくはずはありませんね。

ツォビレヨ　それらの弾は――私を撃った最初の弾です。彼はそこに直接撃ち込みました。

ウースターでのイヴォンヌ・クトワネの証言

私が役所に入ると、そこには大勢の警察と兵隊がいて、混乱状態でした。私は警察官がいっぱいいる部署に連れて行かれ、取調官の一人は空手の有段者だと教えられました。「いったい何事なんでしょうか？」と私は聞きました。すると、彼らの一人が言いました。「ハハッ、お前さんを逮捕したってことだよ！」私は席にすわって、恐怖に震えていました。今までにこれほど多くの白人を見たことなんかありませんでした。彼らの一人が言いました。「昨日の夜はどこにいた？」家にいた、と私は答えました。すると、お前は嘘つきだ、と怒鳴り出しました。私は、家にいた、と言い張りました。私がまだ質問に答えているそばで、他の人が、お前は強情だ、と言いました。

彼らは数時間、尋問を続けました。「だれが市営のバーに火をつけた？」彼らはあまりにも不躾だったし、質問全部に答えるのに疲れてきたので、私は黙っていました。

一人の若者――彼は学生でした――が私の頬を軽くたたいて言いました。「吐けよ、このアマ！」私はその若者をただじっと見つめました。若者は私の喉をつかんで、私の顔を強く殴りました。それから、取っ組み合いになりました。私も殴り返しました。とても腹にすえかねていました。なんせ相手は、わが子同然の年格好でしたから。他の連中が私をはやし立てました。ボクサーの名前を口にして、お前は「ジョン・タテだ」「ヘリー・クッツェーだ」と。結局、彼らも気まずい思いでいるのが見て取れました。というのも、黒人の私服警官が入ってきて、私の着ているシャツがずたずたになっているのを見たからです。それから彼ら皆が言いました。「それで抵抗してるつもりかよ、この雌豚。」

その夜遅く、私は独房に入れられました。二人の男が外で話しているのが聞こえました。一人が私の名を呼びました。彼らは私を連れ出して、輸送用装甲車に乗るよう言いました。車を走らせ、ローソンヴィルへの橋を渡りました。

車の後ろは私だけ。外は真っ暗でした。彼らは車から下りて、私を外へ連れて行きました。一人が言いました。「あんたが夢中になってきたものが見えるかい？」さらに聞いてきました。「男と最後に寝たのはいつだ？」この質問に私はうろたえ、非常に恥ずかしくなりました。だれもいない、パートナーなんていない、と私は言いました。すると、「だれといっしょに住んでる？」と聞いてきました。家族と、と答えました。他に彼らが尋ねたことは、男と性交しているとき、どんな感じがする、ということでした。これは私には理解できません。なにしろ彼らは、同じことを何度も何度も繰り返し聞いてきました。好みのペニスの大きさだとか、もっとも楽しいのはどんなことかとか。そうして、一人が手をヴァギナから中に入れました。私は恐くもあり、兵隊たちのレイプは悪名高かったので、泣きました。男は指をまっすぐ私に押し当て続けたので——挿入し続けたので——私は許しを乞い、聞きました。「私が何をしたっていうの？　私はあんたたちの母親くらいなのよ。なぜこんなことをするの？」これには本当に、芯から恥ずかしくてどうしようもありませんでした。そのとき、彼らの一人が——きっと彼の心に神が降り立ったのだと思います——もう一人が言いました。「もう、行こう。」それで彼らは私を警察署に連れ帰り、獄舎に入れました……。

　私は長期間、留置されました。

釈放されるや、わが家は焼かれました。その火事で私の子どもの一人が死にました。地域の人たちは私をあざ笑い、除け者扱いにしました。私が警察に情報を流したというのが彼らの言い分でした。

レイプをめぐる難問

みずから進んで真実和解委員会の前で証言する女性活動家がほとんどいないということに、ずっと関心があった。それにはそれなりの理由がある。「闘争に加わるようになった頃、……私は自分で選び、それがどんな結果をもたらすかまで十分考えて了解しました。ですから、今こうして委員会で証言するのは、とても正しいこととは思えない。」女性活動家の経験をたぐり寄せたり、彼女たちの過去をより詳細に理解したりする取り組みとして、委員会は特別な公開討論会を準備した。刑務所内で行なわれた公聴会の席で、グレタ・アペルグレンは証言した。彼女は、ロバート・マクブライドがマグーズ・バーに爆弾を仕掛けたとき、車の進入口を開けた本人であり、今では、ザクラ・ナカルディエンの名前で知られている。

「私を悩ませたのは鼠たちです。それは猫ほどの大きさで、いつも通路にたむろしていました。食事中も三匹で私をいつも監視していました。それらの闖入《ちんにゅう》を防ぐために服を着ても、それを全部引き裂いて入ってきて、ある夜には首に達するまで這い上がってきました。……私が叫んで飛び起きると、鼠たちは部屋の角でTシャツを齧《かじ》りながら私を見ていました。それほど私は怒り狂っていました。

七カ月に及ぶ隔離で、私は何かを教わりました。人間だれしも一人では生きていけません。私は、地中にどんどん深く沈んでいくのを感じました。まるですべての独房が、死体でいっぱいの棺のように感じました。

私は自分が損なわれたことを、自分の責任で引き受けねばなりません。私の魂のあの部分は、ウジ虫どもに食い荒らされたので、もう二度と元通りにはならないでしょう。」

「セボケンで私と六人の男性のグループは、年長の同志がいつも活動できるように、一つの組織にまとまることにしました。私たちは統制や訓練が必要と思われる女性たちを、レイプしました。それは、スノッブのような振る舞いをする女性たちで、私たちより何でもよく知っていると思っているような連中です。なので、私たちが闘っているときでも、彼女たちは私たちに絶対に加わろうとしない。」

「レイプって?」という一見単純な問いが、全体の議論を脱線させうる。南アフリカの法律では、レイプを、一人の男と一人の女の間にだけ起こり、ペニスのヴァギナへの挿入を含むものと定義している。強制によるオーラル・セックス、あるいはアナル・セックス、さらには異物の挿入行為などは、レイプとみなされていない。ところで、政治的な動機に基づくレイプがありうるかどうか、同志を活動させ続けるために非活動家の女性をレイプすることが、本当に政治的行為なのかどうか、真実和解委員会はその明確化を迫られた。ジュネーブ条約はレイプを戦争犯罪とみなし、ボスニアでのレイプに関する刑事訴追は、それが民族浄化と結びついているという理由だけで始められた。

真実和解委員会は、強姦者には恩赦を認めるべきではない、と態度表明するかもしれなかった。となると、恩赦が与えられないとわかったうえで、はたして強姦者が証言をするだろうか? また一方で、ごくわずかの女性がレイプについて証言したのみだし、たとえ証言したとしても、強姦者の名前を挙げた人はさらにわずかだった。そういうわけだから、強姦者がどうしてわざわざ恩赦など申請する必要があろう? 強姦者とその犠牲者との間には、言うに言えない奇妙な共犯関係が存在しているように思われる。レイプの噂は広く流布しているにもかかわらず、そうしたすべての呟きは、ドアの背後に封印されてしまう。明らかに脚光をあびている女性たち、なかでも閣僚、国会議員、さらにはビジネス界のキャリアウーマンたちは、以前の統治下で——体制側からだけでなく、黒人居住区や解放キャンプのみずからの同志たちからも——レイプされ、性的虐待を受けたらしく思われる。だが、それについて聞き取れる言葉を一言でも発する人はいないだろう。

そうした沈黙は、喪失の悲しみや文化的差異の中に閉じこめられてしまう、と臨床心理学者のノムフンド・ワラザは言う。「レイプされた女性たちが、今もし人々の前でそれについて話すとなると、再び何かを失ってしまうだろう――プライバシーやおそらく尊敬を。たとえば、ある女性大臣がレイプされたことがあるのを知っているとして、テレビに写った彼女を見たとき、人々の心の中を何が通り過ぎていくでしょう？　もう一つ、強姦者の何人かが今日、政界で高職に就いているということが、レイプについての箝口令《かんこうれい》の役目をしている。そのことをもし公言すれば、自分がそのために闘った新政府を傷つけるだけでなく、言った本人の未来の可能性も台無しになる。それに、自分たちの家族とこうした問題について話し合わないという文化もある。」

「彼らにレイプされたときには、すでに服は引き裂かれ、電気ショックで傷つけられていました」とタンディ・シェジは証言した。「私は内面を深く傷つけられました。だれにも話すことなどできませんでした。母がそこにいますが、母にしても始めて聞く話です。今でも私は、子宮がずきずき痛む気がします。私は性的不感症です。冷感症です。ある人に夢中になったときでも、私は恐れてしまいました。これについては、だれにも言えませんでした。私を哀れんでほしくありません。噂にしてほしくもありません。」

証言するとき、男性は〈レイプ〉という言葉を使わない。男色行為を強いられたか、硬い棒を挿入されたことについては話す。そうすることで、男性はレイプを女性だけの問題にしてしまう。男の野蛮さに対する自分の性的服従を否定することで、性的虐待を受けた男性は、自分の妻や母親、娘たちに悪を働きかける強姦者とある共犯関係を形作ることになるだろうし、実際に証言する人の中にはそんな人もいる。

性的虐待をめぐっては、あいまいな点がたくさんある、とシーラ・メインチェスは言う。なぜそうなのかを理解するのは、むずかしいことではない。「男性に対する性的虐待は、性的な消極性を誘発し、政治的な能力や潜在力を奪い取るが、他方、女性に対する拷問は、性的特質を活性化させるという仮説がある。そこには女性への大きないら立ちが感じられる。というのも、女性は権威は持っていないが、しばしば多くの力を持っているから。」

彼女は語った、ならば彼も語らなければならない

茶色の服、ベージュ色のカーディガン、その上から上品にスカーフを結んだリタ・マジブコの姿は、自身が語るレイプや拷問、あるいはそれらに対する拒絶と比べて、著しい対照を見せていた。しかも、彼女も真実和解委員会も、その証言に続いて起こった騒ぎに対する心の準備ができていなかった。

マジブコはアンゴラとモザンビークで軍事訓練を受けてから、スワジランドでANCの中核部隊が南アフリカへの出入りができるようなルートを作るよう命じられた。部隊の九人が銃撃されたので、彼女に嫌疑がかけられた。ANCからすると、彼女が自分の銀行口座に三五〇〇〇ランド〔およそ五八〇〇ドル〕所持しているという事実が、彼女がアパルトヘイト政権の下働きをしているという動かぬ証拠だった。だが、実際にはトレーニングウエアーを縫製して売って得た金だ、とマジブコは言う。スパイだとして訴えられ、タンザニアとザンビアに連行され、六カ月間穴に入れられ、ダンボールの上で寝た、と言う。

「穴から出された日、からだを洗いに行くよう言われた。そのとき私が着ていた服は、六カ月間ずっと着っぱなしのものでした。脱ごうとすると、あちこち裂けてしまいました。髪を洗っていると、抜け落ちてしまいました。からだはべとべとでした。三カ月も洗っていませんから。」

ジェーコブとムトゥングワの二人の同志が、自分たちのどちらか選ぶよう彼女に命じた。お前の申し開きをどちらかに取り上げてもらう必要があるから、と。ある同志は、彼女は有罪だと言い、他の者はそれに反対した。彼らは彼女を責め続けた。

「私は、彼らとセックスするのを拒みました。すると彼らは、二脚の椅子で私をはさんで拷問しました。私は地面に倒れた。彼らは私の顔中を蹴り、私をまるで驢馬のように扱いました。……彼らはコンドームを装着したパイプを私のヴァギナに突っ込んだり、抜いたりしました。そうしている間、どんな感じがするか聞きました。私が答えなかったので、さらに深く突っ込んで言いました——お前を満足させてやるためだ、と。……暴行されたので口や鼻から血が出たけれど、依然として私は吊り下げられ、木からぶらさげられたまま取り残された。彼らはその日、私を殺すつもりだった。もし私が汚しでもしたらということで、男性用作業胸当てズボンを重ね着させられた。彼らにしたら私の汚物など見たくなかったわけです。私を下ろすと、言いました。『この犬は死んでいる。』」

後に、マジブコは同志マシューズ・ポーサに手紙を書き送った。というのも、かつて同じ家をいっしょに使い、食事の用意までしてあげた仲だった。ポーサは彼女の申し立てをある上層部に訴えたが、暴行はなおも続いた。「サンシティ刑務所で、デズモンドと呼ばれていた男が私を九回レイプした。九回もです。デズモンドはとても若く、当時、二九歳でした。なので、私は自分を彼の母親と見なしました。同志マシェゴがスワジランドに留まっていた頃、彼に会うたびに、私が当局に訴えるまで彼は私をレイプしました。それから、これまた若いテボゴが私をレイプし、私の性器にむりやり挿入しました——前に続いて後ろまで犯しました。そして、私を例の部屋に連れて行って、私の両脚をひろげて縛りました。首も縛ってから、消毒剤を私の性器にふりかけました。」

ANCのメンバーは、スワジランドのマジブコの家と家具を二万ランド〔およそ三三〇〇ドル〕で売り払った。「現在、同志マイクが私のベッドで眠り、私の鏡台を使っています」とマジブコは言った。やっと国外から戻ったとき、彼女はジェーコブ・ズマ〔二〇〇九年南アフリカの大統領に選出された〕

に遭遇した。マジブコは自分の申し立てを「シェル・ハウス」〔当時のANCの本部〕にするために、彼からお金を借りた。しかし、以前に彼女を強姦した者の一人が、彼女をシェル・ハウスからボクスブルフに連れ出して、「売り物」の札が玄関に下がっている建物の中で一晩中、彼女を再びレイプした。「逃げるな。それに、もしだれかにしゃべったら殺す、と彼は脅しました。」

一文無しです、とマジブコは真実和解委員会に訴えた。着ている服も借り物だ、と。あげくの果てに、自分が委員会に文書で申し立てを提出した二週間後に、ムプマランガ州知事マシューズ・ポーサから電話があり、証言をしないよう警告された。というのも、その頃ポーサは、彼女の訴えからANCのメンバーを守るよう義務を仰せつかっていたらしい。

「私は晩年のクリス・ハニ〔注14〕と恋に落ち、彼の息子シンピウェを生みました。ハニは息子を彼の家族に見せましたが、妻には見せませんでした。私は、自分の夫との離婚を避けるために、息子を義理の姉にあずけました。」マジブコが提出したマル秘扱いの申し立て文書には、シンピウェの名前にアンダーラインが引かれている。特別の補償請願でもあったのでは、と思っている。

何とも奇妙な証言だった。温厚な顔をしたこの女性は、まるで水について話すようにレイプについて語り、彼女をレイプした相手の若さばかりを強調したが、本当は一売春婦にすぎないのだろうか？　ポーサは後になってから、リタ・マジブコもしくは「マムジー・クズワヨ」――ANC内での彼女の暗号名――という名前は聞き覚えがない、と言ったのは、おそらく彼女の性の遍歴ゆえなのだろうか？

マジブコは証人席を離れるや、着ているカーディガンの前を閉じて、からだを保護するように両腕を組んだ。まるで彼女は、権力を持つ州知事が彼女の証言を信用するつもりなどないと繰り返し公表し、彼女を裁判に訴えるおそれがあることを、あらかじめ知っているかのようだった。また、自分を擁護してくれる人など一人もいないということも。真実和解委員会も、マジブコを支持するような言葉は一言も発しなかった。委員のだれ一人、女性の権利を主張しているフェミニストのだれ一人、立ち上がってこう言う者はいなかった。「マシューズ・ポーサが見た通りに真実を語る権利を尊重するのとちょうど同じように、われわれは、リタ・マジブコが見た通りに真実を語る権利を尊重する。ただし、彼ポーサも、彼女と同じように委員会の前で語ることをわれわれは要求する。」

ズベイダ・ジャファーの証言

「そして気がついてみると、男が戻ってきて、私を部屋の真向かいの壁に叩き付けて、なおも私を壁にぶつけ続けたので、自分が倒れるのを感じました。……そして、床に横たわっているのに気づくと、本当にすっかり怖じ気付いてしまいました。そのとき、別の男が入ってきたので、先の男が言いました。『レイプしちゃえよ、レイプしちゃえよ。』入ってきた男は私に近づき、結局はレイプしませんでした。でも彼は……、レイプするおそれがあったので、私はあの時点で死ぬつもりになっていました。

数日寝ていませんでした。いくらか食べ物はくれましたが……。ここを出ていくが、また帰ってくる、と男が言いました。そのとき、私は気づきました……、腫れ上がっている両手の静脈に。両腕の、手と腕の静脈が。それに……、胸じゅうに痛みを感じたし、急にお腹の中味が出てきそうな……、そんな気がして……。彼らに言いました、『吐きそう……』と。すると、一人がトイレに急いで私を連れていき、もう一人が急いで電話をして言いました。『始まりました。』ところで、あの時点では、それ(毒を盛られていたこと)にはいっさい考えが及ばず、腫れ上がっている静脈をただ見ているだけでした。ミミズみたいになった静脈——腕の中からミミズが這い出してくるみたいな静脈を。どこもかしこも浮き出て、今にも破裂しそうだったし、胸じゅうが痛むし……。そのとき、デュプレシス分署長が戻ってきて言いました。『ズベイダ、いいか、お前はもう回復しないだろうし、もうじき心臓発作がきて、あの世行きだ。』

彼らは言いました。『ズベイダよ、俺たちに協力してしゃべらないんなら……、そんときゃ、お前の親父を監禁するまでよ。』でも、私をまただまそうとしているだけだと思いました。ところが、午前中に彼らは電話をかけ、私を電話口に呼びました。……すると、話相手が私の父だったので……、あのときはうろたえてしまいました。彼らが私を巻き添えにするのはしょうがないとしても、どうして家族まで? 電話を置いてしばらくしてから、私は供述調書にサインしました。……そして、そのせいで、私は屈辱感を飲まされ、自分を無価値だと思わさせられ、自分が支持し、その価値を信じていたものすべてに反したことをしてしまったので、困難・苦痛に耐える力さえなくしてしまいました……。」

この最初の逮捕と拷問の後、ズベイダ・ジャファーはANCの専従活動家になる決心をした。「屈服したことの精神的外傷《トラウマ》のせいで、アパルトヘイト体制を終わらせるためにやらなければならないことを考えない日は一日たりともないありさまでした。それだけですっかり私は燃え尽きてしまい、他のことなんか考えられませんでした。……勾留中の先の体験後、人はだれしも獣の腹の中にいるも同然だ、とみなしていたように思います。」

ズベイダは再び逮捕され、夫といっしょに拘留された。そのときフランス・モステルト警部補が、用意した薬品で妊娠しているズベイダを脅した。「もしも情報をもらさないんだったら、お腹《なか》の子を丸焼きにするぞ。」

「ところで、それは私にとってまさしく脅迫でした。最初の勾留時にも薬で苦しめられましたから。彼らがやるのはわかっていました。……それで、私はどうしてよいかわからず、独房にすわっていました。やっとの思いで、情報はいっさい与えないことに決めました。なぜなら、生まれてくる赤ん坊に、この裏切りという重荷を背負わせたまま大きくなってほしくない、と思ったからです。私は思いました……、もしこの子がこの世に出ていくとき、母親が密告したので自分は生き延びたと考えるとするなら、子どもにはあまりにも酷だ。それで私はこう考えています、このお腹の中の生まれてこない赤ん坊が、彼らの脅しにも負けないだけの強い私にしてくれたんだ、と。」

デボラ・マツォバの証言

「まわりを見回すならば、私たちが正常になろうとしているかに闘っているかに私は驚嘆してしまいます。しかし、内側で私たちがいかに台なしにされているか、だれ一人知らないなんて……。

私は最初の勾留期間を、オールド・フォートの刑務所でウィニー・マディキゼラ＝マンデラ〔注46〕やファティマ・ミーア、ジョイス・セロケと共にしました。それは力強いグループでした。女性看守たちはウィニーを名前で呼んでいたし、ウィニーは驚嘆すべき影響力を持っていました。ウィニーは、私たちの権利をどう守ればよいか、刑務所内の生活条件をいかに要求すべきかを、私たちに教えてくれました。黒人の女性囚人には下着の着用が許されていないことも初めて知りました。私たちはそれを改めさせました。夜、子どもたちが泣き叫ぶのを耳にして、子どもは釈放されるべきだと要求しました。」

人間関係は、もっとも苛酷な状況下でさえ築かれ鍛えられるし、人はお互いを気づかい、逆境を耐えて、相違や仲違いを克服する人間性を育むことができる。「常習犯たち――私の隣にいた殺人犯たちのことですが――は、便器をお互いのおしゃべり用電話として使う方法や、ペンと紙をこっそり持ち込む方法を私に教えてくれました。彼女たちの顔は一度も見たことがありません。今現在、チリーズやナンディがどこにいるか知らないのですが、彼女たちは私に優しさをもっぱら与えてくれました。

旧オレンジ自由州のフレデで再び逮捕されたときは、フェニックスに留置されました。一週間後、私が公安警察に会わせろ、と要求すると、女性看守が言いました。『よくもまあ、公安警察を呼べだって？　彼らはお前さんを殺すよ、わかってんのかい？　まあ、ここにいるよりずっといいかもね……。』ところが、その週の土曜の午後、公安警察がやってきました。二人で、酔っぱらって。一人が言いました。『よう、デボラ！　なんでも覚悟はできてるそうじゃないか。』

二人は私に大きな鉄球の付いた足枷をはめました。二人が野外でバーベキューを食べている間、私は一晩中そこに立っていました。彼らは日曜日中に、私の生い立ち・経歴を書くよう言いました。書いた紙を彼らは次々と破っていきました。両脚がむくみ、精神が錯乱してきました。火曜日に、彼らは私を鞭で打ち始め、タオルで首を絞めたので、卒倒してしまいました。意識を取り戻したとき、私は床に寝そべり、全身が濡れていました。彼らが水をぶっかけたに違いない。ここにいるロイ・オットーが、私に生理用ナプキンの包みを投げてよこしました。バスルームに行って、自分が生理になったことに気づいたが、ロイがなぜ気づいたのか、不思議でした。

独房はシラミがうじゃうじゃ。毛布はごあごあで、尿の臭いがぷんぷんする……。私は泣き叫び、大声を張り上げ続けたので、ひどい喘息の発作に見舞われた。でも、私はあらゆる点でラッキーでした。というのも、あるアフリカーナーがやってきました。タルジャールト――彼の名前は決して忘れないでしょう。お前さんは狂っているようだ、とタルジャールトが言いました。私は彼に、自分は政治犯だと告げました。タルジャールトは注意深く耳を傾け、喘息用のスプレー式の薬や錠剤をこっそり持ち込んで、それを独房内の便器の裏に隠すのを手伝ってくれました。ロイ・オットーは毎日やってきて言ったものです。『俺たちはお前さんを殺す必要もないな。お前はどうせそのうち喘息で死ぬんだから』と。

民事法を犯した囚人たちは、お互いにたやすく言葉が交わせるので、私はいつもうらやましく思っていたものです。女性看守は、私たち政治犯を怖れていました。私たちのことをテロリストだと教えられていましたから。なので、彼女たちは独房のドアを黙って開けて、食べ物を足で蹴り入れるだけでした。その食べ物ときたら、蟻が黒々とたかっていて……。ところで、真夏の狂ったようなある日、そのボタという看守が前を通りかかったので、鉄格子越しに彼女をひっつかみました。彼女と接触が持ちたかったし、女性と女性のことについて何でもいいから話がしたかったからです。でも、彼女は私を人間扱いしようとはしませんでした。ならばと、彼女の髪の毛をつかんで、鉄格子に頭をぶつけてやりました。彼女をどやしつけてもやりました。彼女一人だったので、彼女ったら泣くわ、泣くわ……。私は罰せられたいがために彼女をなぐりました。ただただだれかと話がしたくて。でも、おかしなことに、治安判事が私が何を必要としているかどうか尋ねに来て、次の日に自宅から聖書を持ってきてくれました。

どういういきさつなのか、今日まで喘息の発作もおさまったままです。理由はわかりません。いつしか家族も私を訪ねに来るのが許されました。姉と父がやってきました。その日は泣きました。ただだれかを抱き締めた、実際に人を目にしたというだけなのに……。ジョイス・セロケはパジャマとスリッパを送ってくれ、ジュディは、私の頭髪が全部抜け落ちたので、育毛用に卵の調合物を作ってくれ、エレン・クズワヨは肌に塗るオイルを送ってくれました……。

ミドルバーグの刑務所では、こんなこともありました。そこには二人の女性看守、カラ・ボタとマライナ・ハルムセがいたが、二人ともごくごく普通の人間だった。でも、二人は私の独房のドアを開けるたびに後ろに飛び退いたので、おかげで罰も受けずにあちこち歩き回れました。ある日、私が中庭で運動していると、マライナが門のところでボーイフレンドと話をしているのが見えた。しかも、彼女は泣いていた。その日の午後、マライナが私の独房の扉を開けたとき、彼女の目は赤かった。『どうして泣いてるの?』と聞くと、彼女が言った。『あんたなんかに関係ないわよ。ほっといて。』私は言い返した、あんたが答えるまでここを離れないからねって。さらに言いました。『聞いたよ、あんたのボーイフレンドが言ってるの。彼がカティマムリロ〔ザンビアとナミビアに国境が接するアンゴラの町〕に行くので、当分会えないんでしょう。彼、そこでだれと戦うんだって? わかるでしょ、あんたも私と同じ立場だってこと。彼は国境で死ぬだろうし、彼を殺すのが私の同志や同僚たちなのよ。マライナ、あんた、どうしてそんなことを許しておくのよ?』すると、彼女は泣き崩れ、心を開いて私たちは話し合いました。」

真実和解委員会が開催されているその会場は、しーんと静まり返った。この果てしのない努力に対する女性の力強い話を、だれ一人邪魔しようとする者などいなかった。それはどんな恐怖や虐待の話をもしのぐ、すばらしい瞬間だった。

シーラ・マソテの証言

私はどうやら特定のアイデンティティを持ち合わせていならしい。私はゼフ・モトペングの娘か、マイク・マソテの妻かのいずれかです。だからといって、やはり、私は私だと思います。だからこそ、私はここに来ました。私はシーラ・マソテです。私はここで、自分が奪い取られたものについて、手短かに話すことにします。

私は幸せな家庭に生まれました。父と母はともに教師でした。申し分のないところで暮らしていました。オーランドウェスト——多くのエリートを輩出したところ。マンデラ家、シスル家、マシュー家、マセケラ家……。がまんして聞いて下さい……、泣くことがたびたびあるかも……、ときには怒ることも……。本当に美しいところでした。父は教養のある人でしたから、後にドーケイ・ハウス〔一九五〇～六〇年代にジョハネスバーグにあった音楽と演劇のセンター〕のエイステドフォッド一座を輩出することになる、ジョハネスバーグ・バンツー音楽フェスティバルの初代委員長でした。こうしたことすべてが、実際にあったことなのです。母はイタリアオペラのコロラトゥーラ唱法をマスターした、すばらしい声の歌手です。私がこんな専門用語を知っているのは、そのためです。私も高等教育を受けました。……言い訳をしているのではありません、私は……。私はとても教養のある人と結婚しました。彼はヴァイオリン教授有資格証を持っているアフリカでただ一人の人、しかも唯一の黒人でした。夫は初めて黒人オーケストラを創設しました。自分が何を話そうとしているか、わかっています。でも、そのすべてがすでに崩壊してしまいました。……私には、くつろげる、親密な家庭がありました。それが壊されてしまいました。私は夢を何一つ達成することができませんでした。一九六〇年代当時、ムパレレ家、マレボ家、ムジ家とみんなが去っていったので、若い私にとって模範とすべきものを失ってしまいました。父の度重なる投獄がわが家を崩壊させ、続いて母が、後には私と夫までが投獄されました。そこでの共同生活では、隣同士でいっしょに遊び、母が働きに出ても、子どもたちは安全でした。どこかに出かけるときは、私たちの家から三軒目の家に鍵を預けていきましたが、盗みをする人などいませんでした。こうしたすべてが、アパルトヘイトと公安機関のせいで崩壊してしまった。父と母は、政治にかかわったとして教師の職を解雇されました。兄は亡命しました。淋しくなりました。父は入獄を繰り返した。下の兄はアルコールに溺れ、狂暴になってしまいました。そのため、母は泣きました。母は活気を失ってしまいました。女性は家にいるべきで政治にかかわるべきではない、というのがＰＡＣ〔パンアフリカニスト会議〕の方針でした。なので、夫たちは多くを語りませんでした。

私は頭にリボンをつけてバレーのレッスンに通ったものでした。バレー用の短いスカート、チュチュを身につけたかわいらしい子ども――私は裕福な家庭の一人娘でした。私たち家族は本を読み、政治について語り合いました。私は自慢するためにこんなことを話しているのではありません。かつてのオーランドウェストには、こんなにも文化的で、教育を受けた、知的な社会があったということを、お話ししたいからです。そのうち人々は逮捕され、そうでない人は亡命して、今お話ししたような社会はすっかり崩壊してしまいました。私たちの家庭もよそよそしくなり、貧しくなっていきました。

母と私に関して言うと――そこには母に対する私の正真正銘の戦いがありました。母と私はお互いに対して、とても身の処し方がへたくそでした。ＰＡＣ議長夫人マム・モトペングが開催したダンスパーティに、私は出席したかった。私の胸は美しかったので、私はブラジャーを着けませんでした。なので、母が怒りました。私は母に愛されていない、と感じました。私は棒で打たれ、ののしられ、無視されました。でも、今はわかっています、母がなぜあんな風になったのかを。母はいつもひとりでした。ですから、毎日自分一人で決めなければならず、しかもその決定がよいのか悪いのかわかりかねました。それがどんなことか、想像できますか？　母は自分のことをなんて弱い人間だろう、と思ったことか。それにしても、自分が守ろうとしていたまさにその家族を、母は反対に壊していたのです。

しかも、私までがそれを自分の家庭に持ち込んでしまいました。私は息子をぶちました。すんでのところで息子を殺すところでした。現在、息子はスイスに住んでいます。イェフディ・メニューイン音楽学校のすばらしいチェロ奏者です。ですが、息子は六歳の頃、私がたびたびぶつもんだから、木で首を吊ろうとして登っていくのを、八歳の姉に見つけられたことがあります。また、私は、息子に買い物に行くように言って、床に唾を吐いて言ったものです。『いいこと、これが乾かないうちに帰ってらっしゃい！』息子は走ったことでしょう、私の坊やはほんとによく走りました……。泣くのをお許し下さい、がまんして下さい……。自分でそうしておいて、私は気が気ではありませんでした。まだとても小さかったので、店のカウンターに隠れてだれからも見えないんじゃないか、だれかに誘拐されるやもしれない、死ぬかもしれない、と。なのに、帰ってくると、私は鞭を手にして――息子を打ったかもしれない、たぶん打ったでしょうし、よく鞭打ちました。近所の人が塀を乗り越えて私を止めるまで。わが息子、私にとってもっとも大事なこの子が、友だちに漏らすのを耳にしました。『ぼく、わかんないんだ、どうしてこん・な目に会うのか。』」

　解放闘争が盛り上がった一九八〇年代半ば、若者たちは通りで踊った、歌いながら。

　密告者よ、お前たちを葬ってやる、ヘイ！　ヘイ！
　魔女よ、お前たちを火あぶりにしてやる、ヘイ！　ヘイ！
　堕胎する者よ、お前たちこそ葬ってやる、ヘイ！　ヘイ！
　ボタ夫人は石女《うまずめ》だ――鼠の子どもを生んだから、ヘイ！
ヘイ！
　マンデラ夫人は子だくさん――同志の子まで生んだから、ヘイ！　ヘイ！

「私たちだって少しは飛んだ」

雨が降っている。数年雨などなかったかのように、ムダンツァネに雨が降っている。スポーツセンターの外では、どしゃぶりの雨が汚物を地中の下水溝の奥深くへと洗い流していく。トタン屋根に激しく降りつける。雨が窓をたたく。だが、公聴会が始まればすぐに、空は晴れ上がる。スポーツセンターのホールを埋め尽したムダンツァネの女性たちが、自分たちの証言をしにやってきているのだから。

　真実和解委員会は、イーストロンドンでその巡回を終えた。スタートしたのがここ――人権侵害に関する最初の公聴会が開かれたのが、イーストロンドンのシティホールだった。ところで、あれから一五カ月後の今、ここで終わりを迎えようとしている。イースタンケープ州での最後の公聴会の最終日が、イーストロンドンに隣接する黒人居住区で開催された。ムダンツァネは南アフリカ第二の黒人居住区で、女性たちの証言のためにのみ行なわれる公聴会の開催地に選ばれた。

「警察は、屋根のない入浴・洗面棟に私を他の女性たちといっしょにしておくつもりだ、と言いました。そうすれば、女性たちからいじめられて、汚物まみれで生きなければならなくなる、と。警察は私を彼女たちの中に投げ入れました。私の身なりがよかったので、彼女たちが私をじろじろ見つめました。私は毛皮のコートを着ていました。『シラミがお前の毛皮を食っちまうだろうよ。なんせ、お前はテロリストの魔女だからな』と警察が言いました。ところが、彼女たちは私を元気づけてくれました。話もしました。歌も歌いました。一週間後、警察は尋問のために再度私を連れ出しました。彼らは足をかけて私を倒し、からだの上に跳び乗り、私のベルトをつかんで持ち上げてから、私を床にたたきつけた。当時、私はそれほど醜くはありませんでした。きれいな髪でした。彼らは髪の毛をわしづかみにして、私を持ち上げました。私の頭に袋をかぶせて水をその上からかけて、呼吸できなくしました。」

ノシポ・マルゼウは言う。「警察は私を窒息させた。私のヘッドスカーフを首まで引き下ろして、左右からそれを引っぱった。私は虚脱状態に陥った。尿を垂れ流してしまった。そのとき、私は妊娠中でした。知っていることを吐け、と彼らは言いました。」

最前列の椅子にすわっている犠牲者たちは、多くの人の前で証言するということで、どことなく不安そうで居心地が悪そうだった。中には膝に赤ちゃんを抱いている人もいた。

「六カ月後、私は伝染病にかかりました。電気ショックで虐待されたせいで、排尿できませんでした。食欲もなくしました。私は食べ物を便器に投げ込みました。でも、それを流そうとしても水が出ません。何か臭いました。コックをひねると、ガスの臭いがしました。めまいがしました。喉がからからだったので、トイレの水を飲もうとしました。ベッドの赤ちゃんに近づいて、目を醒ましていないのがわかりました。私は大声で泣きじゃくった。子どもを抱いて鉄格子のところまで行き、その間をくぐらせようと子どもを鉄格子に押し付けた。私は錯乱状態でした。ただもう泣き叫ぶだけ。警察は私と子どもを殺したいんだ、と思いました。」

そのうえ、停電になった。ムダンツァネでは今週すでに何度も停電した。何も動かない——照明もマイクも通訳室の機器類も。公聴会は一時中断した。午前一一時半だというのに、ホールはいまだに薄暗かった。だれもどこへも行けない。土砂降りが続いた。だれもが待った。女性たちが『マリ・ボングウェ』を歌い出した——「だれも私たちを壊せやしない。私たちは物騒な金属製だから。」

他の片隅で、公聴会に参加した男性たちが身を寄せ合って話をし、冗談を交わしている。真実和解委員会の委員たちは、それぞれ携帯電話を手にして立つか、ぼうっとすわっているかだ。それはまるで、女性たちがここを去ってくれるのを期待しているかのようだった。だれも昼食の用意をしていなかったし、電気がいつ通じるようになるか、だれにもわからなかった。ましてや公聴会は先に進むのかどうか。人々は疲れてきていた。一人の女性が立ち上がって、犠牲者たちのすわっているテーブルからペパーミントの入ったボウルを取って、それを犠牲者たちに配った。別の女性が同じテーブルから水差しを取り、同じように水を配った。だれかがティッシュペーパーの箱をトイレに持って行った。そこはトイレットペーパーがなくなってからもうだいぶたっていた。薄暗がりの中の唯一の明かりは、先ほどまで犠牲者用につけられていた大きなローソクの燃え残りだった。だが、だれ一人スポーツセンターを去らない。二時半までに歌声は止んだ。冗談の言い合いも終わった。だれもが席についた。ムダンツァネの女性がすわった――それぞれしっかと前で腕組みをして。委員の携帯電話がけたたましい呼び出し音を発した。

四時頃、ライトグリーンのゴルフ・チコ〔フォルクスワーゲンの一車種〕が、派手に水しぶきを跳ね上げながら、うなりをあげてセンターにやってきた。車のトランクには小型の発電機が積まれていたが、見るからにポンコツだった。技術スタッフがトランクに乗り込んだ。そこにはヒューズや懐中電燈、ソケットがある。声をひそめて、技術スタッフの一人がもう一人に聞いた。「結婚した男って、いつ頃からマスターベーションをやめるのかな?」

「知らないね、いつだい?」

「離婚したとき。」そう言いながらボタンを押すと、ほら、やった! エンジンの硬い回転音が響いた。

「彼らは私たちをバスから下ろし、腹這いにさせて、上から踏んづけた。私が妊娠してたもんだから、私ばかり主に踏んづけた。彼らが言うには、女は敵を生むそうだ。」

「それらの男がズールー語で話しているのが聞こえた。『マンデラのこの飼い犬たちを殺そう』と。彼女は裏庭のフェンスを飛び越えた。ピンク色の服を着ていた。男どもが彼女を流産させた。彼女は妊娠八カ月だった。」

「食事室の床の上の燃えている丸いものが、私の娘だと気がついた……。」

「『ママ、彼らが撃ったの……。』娘の腕から二頭筋が垂れ下がっているのが見えた。」

ノンケプ・ンツァタは言う。「彼らは濡れた袋を持ってきて、それで私の顔を覆い、窒息させた。そうしている間、私の赤ん坊は床をハイハイしていた。彼らは遊び用具として赤ん坊に洗面用具入れを与えた。彼らは私を平手でぶった。私の腹の上にすわった。赤ん坊の毛布を取って私の顔に押し当てて、窒息させようとした。」

最後の女性が証言し終わったときは、暗くなっていた。委員の何人かは飛行機に間に合うよう、すでに会場を後にしていた。湿った夜の冷気がセメントの床を通して這い上がってくる。ムダンツァネの女性たちはゆっくりと立ち上がった。それぞれ自分の毛布を手にして、笑い、お互いを祝福し合っている……。雨も停電も男たちも、今日、女性たちの話を封じることはできなかった。

私は町に住む友人を訪ねた。近くに一人の黒人メイドが住んでいた。「彼女は子どもたちがいなくなって淋しくないのかしら?」農場での黒人の大家族のことを思い浮かべながら、私は尋ねた。

「メイドは自分の子どもについて、他の人のようには考えない。むしろ、子どもから解放されたいと思っている。それはともかく、アリナは今、私のことを好ましく思っている。」前に来たときに尋ねたことがある。「彼女はどうしてストーブを持ってないの？」

「メイドは白人みたいに寒くならない。」

メイドが悪臭を放つ理由を、私は農場に住んでいた頃からもう知っている。そこでは、水は大きなドラム缶に入れられ、家々まで運ばれる。だから、彼女たちは洗濯するのを好まない。

神話は、人間を二つの世界に順応させることができる想像力の一要素である。神話は、それら二つの世界の矛盾を実行可能な形で調停しもすれば、両者間に活路を開きもする。その二つの世界とは、主観的な世界と客観的な世界である。

神話は一方で、耐えられないことを受け入れさせもする。

しかも、そのような神話が都合よく身につけさせられたなら、それは一つの言葉に――そう思い込んでおきさえすれば気休めとなるような全システムにスイッチを入れる単純な言葉に――成り変わる。

たとえば、〈メイド〉という言葉のように。

「もはや委員会の前で泣くなんてできませんよ」と、ノーザンプロヴィンス州出身の農場主は言ったものだ。「もし黒人女性が泣いているのを目にしたら、若い頃から使っているアフリカーンス語の二つの言い回しを思い出す。『メイドみたいに泣く』と『メイドと同じほどびくびくする』を。これで何を言わんとするかって？　もっとも卑しむべき振舞いや臆病、自制心の喪失などを、われわれは黒人女性の行為になぞらえていたんです。今、委員会はその固定観念をただ強めているだけですよ。」

アフリカーンス語の大きな辞典を開けば、"Kafferbees" "Kafferwaatlemoen" "Kafferkombers" のような、〔黒人をさす蔑称カフィールを冠した〕単語を見つけるだろう。しかも、そのたびにそれらは侮蔑的に使われている。Kafferbees――肉質の劣った畜牛。Kafferwaatlemoen――まずいメロン。Kafferkombers――質のよくない安毛布。同じ語形をしている "Kaffersleg" "Kafferlui" のような単語も同様である。「まったくの役立たず」が "Kaffersleg" で、「どうしようもなくけだるい」が "Kafferlui" である。

"Kaffermeid"〔ぐずのメイド〕も同類である。

神話の作用は、矛盾を克服しうる論理的なモデルを提供することである。物事はいつもこうであったこと、これからも変わることがないことを神話は証しだてる。

一七章　そのとき大いなる心が張り裂ける

一九九六年四月二三日、ケープタウンの黒人居住区ググレッで開催された真実和解委員会の公聴会二日目の三人の母親の証言

シンシア・ングウェです。ＮＹ五四番地八番に住んでいます。出身はアリスですが、トランスカイのコンボ地区で結婚しました。四人の子どもがいますが、ボーア人に撃たれたのは四番目の子です。孫は六人います。今は、ここググレッで夫といっしょに暮らしています。

一九八六年三月三日――もし間違っていなければ月曜日でした――アフリカ民族会議の支持者たちが息子のクリストファー・ピットのことで尋ねました。彼らが言うには、マライスで少年数名が撃たれた、と。なので私は警察署へ行き、撃たれた人について尋ねました。「息子の消息が知りたいだけです。息子がそのうちの一人かどうか知りたいんです。」

それで警察が答えました。「知らないな。帳簿を調べてはみるけど、撃たれた子どものリストなんかないよ。ソルト川の死体保管所に行ってみて下さい。」

早速ソルト川の死体保管所に行きました。そこで、係員が言いました。「身元確認ができますか?」私は「できます」と答えた。「それなら、どうぞ」と係員が言いました。

入口のそばに置いてある手押し車を見ました。その中に息子が積まれていました。それで、私は息子だと確認しました。「間違いないですね?」と係員が聞くので、「はい」と答えました。息子には一カ所傷が、頭を撃たれた傷があり、両耳から血が流れていました。私はみんなに言いました。「実は息子の死体を確認した。あの子も〈ググレッの七人〉〔注62〕のうちの一人だ」――私たち七人、私自身と私の隣におられるこの女性たち。

その他の人にも話しました。わが子たちにも言いました。「起こったことすべてをテレビで見るのよ。何があったのか私たちだって本当は知らないし、たぶんテレビで報道するだろうから。」六時か七時のニュースを見ている途中で、息子の姿を目にしました。息子を引きずっていくあいつらを実際見ました。息子の腰にロープを結わえて、囚人護送車で引きずっていくところを。「テレビのスイッチを切って。見たかったものは見たわよ。切って」と私は言いました。

あの間ずっと、以上のすべてが起きたので、私はとても消耗しました。私にわかっていたのは、どんな白人も目の前にしたくない、なぜなら、あのとき憎しみでいっぱいだったから。息子の殺され方のせいで。

息子のからだには銃痕がたくさんあった。検死の後、銃痕が二五カ所あったと医者が教えてくれました。

三月一五日の葬儀を憶えています。大勢の人でした。ボーア人たちは、こんな葬儀が行なわれるのを望んでいなかったことを憶えています。何人かはどうにかこうにかやってこようとしたができなくて、引き返すよう言われたことさえ憶えています。その葬儀すべてを執り行なったスタジアムは、ボーア人たちによって取り囲まれました。スタジアムはNY四九番地にありました。

すべてがうまく運びました。だれもそれらボーア人には注意も払いませんでした。私たちは彼らを無視することにしたし、葬儀にだけ集中しました。……思うに、……たった一人でいるときもなお、心の中でずっと考えるんです、……こうした殺害から生き延びた者がいただろうか、と。それに、ボーア人たちはなぜだれかれかまわず殺したんだろう？ 警告するだけとか、命だけでも助けるために脚を狙い撃つことさえできなかったのだろうか、と。

これらボーア人は、まったく何も感じなかったのだろうか？ 彼らはどうしてだれでも、まったくだれかれの見境もなく殺したんだろう？ 目撃者さえ残さなかったので、今となっては、本当のこと、本当にあったことをだれも知らない。

（シンシア・ングウェ）

ユーニス・テンビソ・ミヤです。五人の子どもがいます。五番目がジャブラニで、一九八六年三月三日に死んだ一人です。私はブルームフォンテインの出身です。

当日の一九八六年三月三日、私は街の事務所で働いていました。午前四時半に家を出なければなりませんでした（黒人は指定された居住区以外の定住が禁じられていたために、遠くからの通勤を余儀なくされていた）――四時四五分の列車に間に合うために、六時の仕事開始に間に合うために。

息子はいつもは自分の寝てる小屋から奥のキッチンを通り抜けていくのに、あの朝は、私が家を出る直前にノックしたので、開けてやりました。四時一五分か二〇分だったでしょうか。息子は入ってきてパンを食べ、冷たい水を飲んで言いました。「ママ、二ランドくれないかな。」

私は答えました。「五ランドしかなくて、二ランドあげると足りなくなるの。週ぎめ切符を買いたいから。」でも、息子に仕事が見つかればと思っていたので、二ランドあげました。

ありがとう、と言ってから息子はさらに言いました。「マミー、駅までいっしょに行くよ。」

私は言いました。「いいわよ、そんなことしなくて。いつも朝のこの時間に仕事に行ってるけど、これまでいっしょに行ったことなんかないくせに。いいわよ、いっしょに行かなくても。」

しかし、息子は行くと言い張って……。

ところで、そのときまでに何だか変に思えてきて、「いいったら、こんなことで私をびっくりさせないでよ」と私は言いました。「いいから、お帰りよ。いっしょに来てくれなくていいんだから」と。

でも、息子は言うことをきかなくて、NY五九番地までいっしょに行きました。息子はまだそのまま行きたがっていましたが、「もう、帰りなさい」と私は言いきかせました。それが息子を見た本当に最後でした。

四時四五分の列車に乗り、仕事を始めました。私には二つ働き口がありました。事務所で二時間働いてから、掃除婦の仕事によく行きました。少しでも多く小使い銭を稼ぐために。なんせ、それらの事務所から得ていた収入では少なすぎましたから。

いつも通り働き、さらに続けて働いていると、一〇時半頃、私の上司のファン・ホルフェットさんが近づいてきて――事件のことを聞いた実際のラジオ局は思い出せないが――「ユーニス」と呼びました。

私は彼女を見て言いました。「何でしょう?」

彼女が言いました。「ググレツでロシア人が殺されたって、たった今ニュースで聞いたばかり。ロシア出身だって。」さらに続けて彼女は言いました。「あんたの息子、政治に首突っ込んでやしない?」

「いいえ、どの子も関わってません」と私は答えました。

それで、ひとまず安心して、私は仕事を続けました。午後二時頃、帰宅の時間でした。いつも通りに買い物をして、列車に乗って帰宅しました。ニュースを見ようとテレビをつけました。つけたのは娘のトンビソドワです……。

ニュース開始の音楽のすぐ後で、七人の少年がロシア出身のゲリラによって殺された、と知らされました。そして、少年の一人が胸に銃を置いた格好でテレビに映し出された。顔は仰向けでした。続いてもう一人別の顔が、二番目の顔が見えたが、それが息子のジャブラニだとわかっただけでした。

私と娘で言い争いました。娘が「ジャブラニだ」と言うので、私は言い返した。「違う、ジャブラニのはずはない、今朝見たんだから、ありえない。だって、今朝、ジャブラニが何を着てたか、まだ憶えているもの。ネイビーパンツに緑色のジャケット、それに、暖かい毛糸の帽子。」私は祈り、言いました。「ああ、神様。……お願いです――あのニュースがほんのちょっとでも巻き戻せるといいのですが。……いったい何でジャブラニが?……他の子ではなく、何でまたジャブラニが映されて?」

ジャブラニを死に至らしめたのは、彼のすぐそばで爆発した、たった一発の手榴弾だったと教えられました。卒倒したのはそのときです……。その後、何があったか、私にはわかりません……。

今でも私を嘆き悲しませるのは、これら警察官です。彼らは人間を動物のように扱いましたし、今もって私を嘆き悲しませるのはそれです。ですが、たとえ犬であっても、人はあんなふうに犬を殺しません。犬の飼い主はこの犬をかわいがっているだろう、とだれだって思います。たとえ蟻、小さな蟻であっても、蟻に対してさえ人間は感情を抱くものだ、とだれもが思う。ところが、私たちの子どもは、蟻並みにも扱われてさえいませんでした。子どもたちが犬のように扱われたと言おうものなら、それでは事がどのように起きたかを伝えていないし、実際のところ、警察を誉め称えることになってしまう。子どもたちは蟻のように扱われました。

（ユーニス・ミヤ）

さて、死体保管所でこの人たちが、彼らの一人が、ごいっしょしましょう、と言った。そこに着いて彼らがドアを開けると、あの冷たいすきま風を感じて、私は意識を失ってしまいました。それで彼らが、私が知らないある場所へ連れていき、何か錠剤を私に与えてから言いました。「死体保管所に戻る気がまだありますか？」

「はい、戻りたい」と私は答えました。それで死体保管所に戻って、私はザボンケを見ました。

息子を、ザボンケのからだを目にした途端、私は息子のからだを正視できませんでした。見たいとも思いませんでした。片目は飛び出し、からだじゅうまさに血みどろでした。からだは腫れ上がり、顔全体が腫れ上がっていました。脚で唯一身元確認ができました。なぜなら、脚はそこらじゅう足蹴にされただけですんでましたから。片目は飛び出ていました。顔全体が腫れていました。

今でも唯一思い出せるのはザボンケの足で、足でやっとザボンケだと身元が確認できたし、それが息子だとわかった理由です。「もう十分確認されましたか？」と彼らが聞いたので、私は「はい」と答えました。

それに午前中、午前中に私たちは言われました。「この子らは今すぐにも埋葬したほうがいい。なぜなら、なんと言っても、こいつら七匹《ジーズ・セブン・ドッグズ》は死んでからしばらくたっていますから」と。

息子の葬儀が終わってから、私はとても惨めでした。私には行くところがありませんでした。掘っ建て小屋に住んでいて、暮らしは非常につらいものでした。お偉方が石炭を掘りに行けと命じました。ある木曜日、私は岩の下敷きになりました。大きな岩が腰のところに落ちてきました。それをどかしたおかげで、いくらか呼吸ができるようになりました。落盤があったのが午前一一時で、岩から外へ私を救出してくれたのが午後五時頃でした。

気がついたとき、まるでベッドからちょうど起き上がったような感じでした。それに、聞こえたのは泣き続けている声でした。まるで自分がどんどん墜ちて——墜ちて——墜ちていくようでした。見ると、私は濡れていて——濡れて——濡れて——そこら一面濡れていました。私は水を求めました。「残念、水はない」と言われました。私は言いました——いっしょにいた女性の一人と話をしていたので——言いました。「どうか、どうかお願いですから、私が飲めるように皿の上におしっこをして下さい」と。その人がそうしてくれたところで、私は意識を取り戻して目が覚めました。

目覚めると、私を軽トラックに乗せて、病院に連れていきました。医者が私に、今すぐ出ていけと言いました。私は前にいたあの岩の下に戻らなければならない、私はだれでもないし、どうでもいい人間だし、ANC〔アフリカ民族会議〕って何、ANCっていったい何……。
（コニル）

緊張緩和

一八章　羊飼いと私自身の原風景

町や人々の中を走る分断線

　ノーザンプロヴィンス州での公聴会が、ルイストリハルトとメッシナ、それにザニーンの展示場に建てられたプレハブのホールで開催された。これら開催地のいくつかの会場では、報道関係者は建物の外側に面したベランダに陣取り、視聴覚用や通訳用機材からのケーブルがびっしりと束になって、窓越しに引き込まれていた。そこでの証言は、魔女の火炙《ひあぶ》りやゾンビたち、さらには黒人自治区《バンツースタン》での蛮行をほのめかした。

　ルイストリハルトでは、州の交通担当警察の車が一団となって、真実和解委員会の委員をホテルから会場まで二キロを送迎した。一団は町の人通りのない道路を進んだ。国道との大きな交差点でさえ、ただの四方面行きの一つのバス停にすぎない。展示場には警察官と兵士一二二名の大部隊が派遣された。「われわれは参加者が多いと見ている」と部隊長は言う。ほぼその日一日、警察の車一〇～二〇台が木陰に駐車していた。さらにヘリコプター一機が、「事態のなりゆき」を見聞にやってきた。

　クリケットの試合が会場のそばの競技場で、遅くとも午前中いっぱいには始まることになっている。それに、ソウトパンスベルフのこちらサイドで事が改まれば改まるで一向に変わろうとしない事があるのも明らかである。委員会が人権侵害の証言に耳を傾ける一方で、陽気な白人の家族たちは弁当を手に、日除け帽をかぶり、小さな町の親密さを携えて、野外でピクニックを楽しみながらその日をすごす。競技場とホールにはさまれて、メディア・ルーム内のわれわれは、熱狂的なクリケットの観衆があげる声援や拍手が時折まじる中で、悲痛な嘆きや息を詰まらせる言葉を聞きながらすわっている。この分裂が、展示場をパトロールしている警察官にまで行き渡る。白人警察官はクリケットの試合を見ながらぶらつき、一方で黒人の同僚警察官は、証言に耳を澄ましながらホールの入口にきまじめに立っている。

　これまでに委員会で証言した最高齢者は、おそらく一八九五年生まれのウィリアム・マティザだろう。背筋の伸びた、ヤギひげをはやしたマティザは、介添人なしで壇上を歩いた。彼が言うには、自分がここに来たのは、政治的な理由でたびたび警察に逮捕されたからではない。留置された最後がすでに八〇歳を越えていたからでもない。財産すべてが没収されてしまったからだった。彼は家や家具や家畜、言うなれば自分でどうにかできるこうした損害に関心があるのではなく、彼が言う財産とは自分の木々のことだった。マティザは自分の木々が元通りになるのを願った。……彼はそれを賠償してほしかった。委員たちは、自分たちには実際のところその権限がないこと、大統領に意見を具申することだけができること、それには時間がかかることを、多少心苦しい思いで説明した。「構わんよ」とマティザは言った。「待つのは慣れっこだ」と。

オウツホーンは他のありふれた田舎町とまあ同じで、そこでも高い失業率のせいで、カラード・黒人間や白人・カラード・黒人間で、緊張状態が表面下でくすぶっている、と言ってよい。他の多くの町と同じく、ここもひどく分断されている。あるいは、オウツホーンは特別な町だ、と言ってもよい。あらゆる分断・分裂にもかかわらず、町には財政的苦境から立ち上がったり、何もないところから何かを作り出したり、山道を建設したり、フェスティバルを組織したりした実践家の面々の歴史があり、その人たちの全盛期にはアパルトヘイト体制が幅を利かせていた。「補償・復帰委員会」が町にやってきている間、町はその過去とどう向き合うべきか提案しなければならないとき、委員会の諸手続が急に活発になったのはそのためだ。

黒人とカラードのグループは、お互い正面を向き合って気軽に話し合った。「カラードの女性はおしゃべりばかりで、地域社会のためにはいっさい何もしない。」「たしかに。でも、日曜ごとの集会に出かけるだけで疲れるし、出たってなんにもならないから。」

「分断・分裂はオウツホーンの一部だ。……まるで駝鳥みたいに〔オウツホーンは駝鳥の羽根の世界的な産地〕……。なので、多少は前を向いて将来のことを考えよう。」

かなり歳をめした夫人が言った。「心からの寛大さを持たない人が昨今生まれた。あ〜あ、私ならだれだって許すわ。」

「われわれは古い槍から庭いじりの道具だって作りますよ」とドミニー・ヘラルト・デクラークは言う。「私はわざわざ他の牧師全員に会いに行ったし、われわれに加わってくれるよう頼んでみたが、闘いのあの全期間中に、そのうちのたった一人だけが集会に来ただけだ。しかも、われわれが正義について話し合っているのを耳にして、彼は言った。『すみませんが、生憎私は正義を論じるために来たわけではなく、ゴスペルを歌いに来たのです。』」

オウツホーンの公聴会において、それぞれの発言の裏には、そこに参加していない一つのグループに対する明らかな参加要望が含まれていた。白人グループに対して。この町でそのグループだけが唯一——どこの町でも同じだが——委員会が自分たちを見逃してくれるよう願っている。一つのグループがそれほどまでに無関心であるとき、町は全体としていったいどうなるのだろう？　通りで薬草を売っている男が陽気に笑って言う。「最初はハルテビースリフィールと呼ばれ、次にフェルスコンドルプ、次にポルカドルプ、次にニックスプールドルプ、そしてカンナラントと呼ばれた町が、変わることに対して長くいがみ合ったりなんかしませんよ。」

暖炉で火が燃え盛っている。夫は湯気の立ちこめる浴槽に浸っている。私は両手に石鹸をつけて、夫の手足を順に洗っていく。ゆっくり、優しく、撫でるように。

「僕は君を決して許さない――君がすべてだめにしたんだ。」夫の声が、私が差し出したバスタオルを打ち抜く。

いったい私に何が言える？　定義づけでも引用してみようか。「物語として理解することが、まずもって解釈の基本よね。人間は、ものごとをいろいろな物語の形に当てはめることによって、それを理解するんだし。出来事が、物語として満足のいく形に表現されうるパターンにふるい分けられて初めて、それらが起きた理由もいくらか理解できるんじゃないかしら。国民にしたって、自分たちの未来を方向づけようとする言葉によって自分たちの過去を物語るわけだし。」

「たわごとを言うのはやめろ」と夫が言った。私はやめる。夫にどう話せばよいのか、私にはわからない。あれほどうまくいっていたことが、なぜこんなに気まずくなったのか、言葉では言い表わせられない。定義なんてざる抜けだ。「許すという行為には、非難しないことが含まれる。……許すことの重要さは、すべての個人的な関係においても不可欠な要素なのに、現代の道徳上の理論には大して反映されていない。」

「僕はすべてを知る必要がある。詳細まで知る必要が。知ったことが僕を傷つけたり、恥ずかしい思いをさせなくなるまで、それを何度も心の中で反芻する必要がある。それに、知ったことをきちんと整理するために、それにふさわしい言葉を持つ必要もある。僕は真実が欲しい。いつ、どこで、だれが、どのように。」

〈真実〉という言葉は、さまざまな理論で説明される。対応説、一貫性理論、デフレ理論、プラグマティック理論、重複理論、意味的理論、二重真理や論理的真理、主観的真理の主観性理論など。プラグマティック理論の提唱者は、真実には知的価値はない、と言う。つまり、信念あるいは陳述が正しいか間違っているかを字義的に気にかける必要はなく、むしろ信念や陳述が幸福や健康をもたらしうるかどうかに関心を寄せるべきだ、と言う。そこでは、正しさと有用さとの間に関連がある。ある人たちは、真実と有用性とのこの混同・重ね合わせは有害だ、と言う。というのも、信念が内包している倫理は、その結論が物質的な幸福・福利に害が及ぶことが立証されたとしても、誠実に真実を追い求めるよう要求するから。

「まさにそんなイデオロギー的なたわごとが、このようなひどい行為を引き起こすんだよ。それに、君が僕に赦しを求めるのなら、そのことで君を非難すべきではないだろうし、君を許すべきだろうし、僕らは過去をそのままにしておくべきだろう……。まあいいさ、二人でこんなゲームをやってもかまわない。じゃ公聴会を開こう。君は告白していいし、僕がその男を召喚して、君が真実を述べているかどうかその男に言ってもらってかまわない。もっとも僕は、リンポ・ハニのように最前列にすわって、自分の子どもたちに耳打ちしたい。『くそくらえ!』って。」

「それがそもそも私が言いたかったことなの。それだと真実について話してもむだだわ。なぜなら、起きたこと全部を逆方向に誘導しよう、あなたを傷つけないようにしよう、あなた私が話そうにも、あなたの体面を守ろう、あなたが私を許すように説得しようといった願望によって、話す内容が先送りされたり、影響を被ったり、妥協させられたり、歪められたりするかもしれない。」

「そんなバカな。基本となる真実は常にあるさ。君が僕を欺いて浮気をしたってこと。なぜ? どこで? どのように? いつからいつまで? これらすべてを、僕がすでに知っていることと突き合わすことができる。要は、僕が知れば知るほど、君は告白するだろうってこと。僕が知らないどんな真実だって、君は決して話しやしないさ。もっと核心的なことを言えば、僕がすべてを知ったとして、はたして君といっしょにやっていけるだろうか?」

刑務所・ロベン島・看守・囚人そしてキャンプ

「首都プレトリアのもっとも安全管理がなされた刑務所は、絞首刑の本場であり、死刑用に設計されたところだ。きれいな小庭園がいくつもあり、草の上で小ジカやウサギが遊び、池にアヒルのいる刑務所が、人間を処刑執行室に向かって歩ませるところだった。そこの唯一の目的は、死刑を宣告された囚人を収監し、囚人服を着せ、食事を与え、彼らが殺されるまで全員を拘置しておくことだった。

囚人たちが自殺しないように手の込んだ工夫が適切に施された。一日二四時間、照明はつけっぱなしで、囚人はベルトを着用せず、しかも刑の執行前に靴底に打たれている釘で自分の両手首をえぐったフリッキー・ミュラーの自殺以降は、死刑囚全員が布グッズを履くようになった。

再審請求や特赦の見込みのない者は、宗教やありもしない作り話に傾注していった。なかでももっとも根強い作り話は、死刑囚の監房ではだれ一人絞首刑にされた者はなく、全員が床板の下から南アフリカ造幣局の巨大な洞窟へと放り込まれ、そこで死ぬまで貨幣を鋳造するというものだった。しかも、そこから出て行くことは決して許されなかった。なぜなら、そうなれば貨幣鋳造の秘密をだれかれ構わずしゃべるかもしれないから。こうした作り話は、職務上貨幣を鋳造した人や絞首刑に処せられた遺体を目にした者がこれまで一人もいないという事実に支えられていた。

刑執行予定の前夜には、囚人へのもてなしとして、執行が言い渡された各囚人に、骨なしチキンがまるまる添えられた、すばらしい食事が提供されたものだった。その伝統は、囚人たちが最後の晩餐のご相伴《しょうばん》にあずかったイギリスから受け継いだもので、さらに刑務所の売店から何かを購入するために四ランドが与えられた。絞首刑の前夜は一晩中、刑務所内で歌が歌われ、囚人は歌を歌って他の囚人を死へと送り出したものだった。

翌朝の午前六時頃、刑が執行される囚人は刑務所の教戒師の訪問を受け、半時間ほどいっしょに祈った。刑は七時に執行された。真実和解委員会が調査した期間に限っても、二五〇〇人、年間で一〇〇人が国中で絞首刑に処せられた。絞首刑に処せられた者の九五パーセントが黒人で、その刑を言い渡した判事は全員が白人だった。一九八九年までにプレトリアの刑務所の死刑囚の監房には、政治犯が八〇人収監されていた。その年は〈クリスマス・ラッシュ〉として知られることになるが、一二月の第三週だけで二一人――火曜日七人、水曜日七人、木曜日七人――が刑に処せられた。

心臓外科医のクリス・バーナード教授〔世界初の心臓移植手術に成功した医師〕は、絞首刑について次のように述べている。『ロープを首にぐるりと回して、耳のすぐそばで結び、両手首を背中でしっかり絞めて固定しておき、ちょうど二メートル弱の距離で囚人を落とす。計算違いでやり損なうことがなければ、いくつかのことが瞬時におきる。脊髄が頭蓋骨に貫入する部分で砕け、電気化学反応による放電が四肢に達して、四肢が滑稽なダンスを踊るように痙攣する。両目と舌は、ロープの圧迫によって眼窩《がんか》と口から飛び出し、腸と膀胱はおそらくすぐさま中身を排出して両脚を汚し、床へとしたたり落ちる――おむつかゴムのパンツを所定の部位に用心深くぴったりと着用させた、手際のよい絞首刑執行者が担当でもしていない限りは。』」（ポーラ・マクブライド）

「後になって、若い男を使うのは止めました。あまりに仕事に慣れてくると、……要するに中毒になってしまう。いつも居合わせたくなる。囚人が絞首刑にされる日はいつでも、その場に立ち会いたくなる。ついには些細なことにも怒りっぽくなり、アルコールを飲み過ぎるようになる。これは、だれにも話せるような職種じゃない。人を絞首刑にしたなんて、家族にだって言えないし、心にしまっておきました。」（囚人看守J・S・スティンベルフ）

「看守たちは私を溝に入れた。私に土をかぶせるように、顔だけ出して生きられるようにして私を埋めるように、看守は囚人たちに命じた。その後、クレイハンスが私の口の中に小便をした。ロベン島〔ケープタウン沖の監獄島〕には四人のクレイハンスがいた。そいつらが言った。『なあ、ポコ野郎〔ポコとは多くはパンアフリカニスト会議と連合する黒人民族主義者の活動家のこと。南アフリカで最初にはっきりと暴力路線を戦術に取り入れた〕。俺たちゃ、お前を殺しゃしないよ。手押し車がやってくれるだろうよ。』国を治めたいと思っているのに、鋤の管理もできやしない。」（ジョンソン・ムランボ）

「最初にくらった一撃は、尻の真ん中にまともに入った。それは、私の尻を真っ二つに切り裂いた。痛みを感じたが、じっと声も上げずに耐えた。これがロベン島だ、それにこの島を生きて出ていった者などいない、というのが看守の態度だった。不運にも、われわれは島で最初のクーリー〔肉体労働に従事した下層民を指す中国語〕になる三人だったし、看守たちも言ったものです。『あのクーリーどもはどこだ?』そう言ってから、われわれを引っぱっていって、苦難を舐めさせてくれたものです。……彼らはわれわれをこう呼びました――クーリー、黒んぼ《カフィール》、ボースマン〔ブッシュマン〕、テロリスト、その他お好みしだい……。さらに看守が怒鳴っているのが聞こえました。『ひりやがれ！　糞をひりやがれ！』……不意にだれかが、私の尻の穴に指をまともにねじ込んだのがわかった。しかも、これは、今までに経験したもっとも屈辱的なことの一つでした。そのうえ看守が言っているのが聞こえました。『おお、こいつはまだ処女だぜ……。』」（インドレス・ナイドゥー）

「ANC〔アフリカ民族会議〕の連中は、われわれを貨物用コンテナに閉じ込めた。密封状態で。寒いときは寒いまま、暑いときは暑いまま。食べるものも水もなし。『クアトロ』〔ANCのキャンプの一つ〕は数字の四を意味する。まったくひどい所だ。連中がもしパンをくれたとしたら、それをケーキだと思わなきゃならない所だ。組織全体でコップ一杯の水を分けなければならないほどの……。」（ディリザ・ムテンブ）

「ロベン島では、看守がわれわれ政治犯を一列に並べた。続いて刑事犯を呼んで、『自由に選べ』と言って勧めた。例の男色行為がわれわれに降り掛かった。」（ジョンソン・ムランボ）

「家族を代表してここに来ました。同僚や同志による裏切り行為に対する思いを述べるために、ここに来ました。私たちの抱いている失望感や、才気あふれる若者だった、愛しい弟をだましとられたと感じていることなどを表明するために、ここに来ました。わが国で現に進行中の偽善的行為について語るために、ここにやって来ました。

わが国を台無しにしている事があります。誠実さの欠如という問題です。たとえば、その人たちが自分たちの仲間や部族、人種に属さない場合、それら他集団の人々の貢献を認めようとしないという問題です。

われわれは依然として分裂状態の犠牲者です。

われわれはほんの少ししか目的を達成していません。

私はこれまでに意見を述べ、あちこちに出向き、寄稿し、国の内外で多くの人に会ってきました。命や生活を危険にさらしてきたのに、弟に何があったか知らないので、私はここに座る立場の人間です。それに薄っぺらな名声や完全な情報開示といったレトリックを耳にするたびに、心が傷みます。

しかし、裏を返せば、そんなレトリックは自己弁護できない者を悪しざまに言う中傷です。彼らは強姦者、殺人者、反逆者と呼ばれる。

私は、ANCのクアトロ・キャンプでの、それらの偽りのない裁判記録を要求します。だれかがやって来て、弟が本当にやったことを教えてほしいと思っています。獣のように撃たれなければならないことを、弟は本当にやったのか。弟の親友が見てもわからないほど、容赦なく外見を損なわれてから殺されなければならないことを、本当にやったのか。私の僚友がやって来て、正直に、少なくとも家族だけにでもほんの少しの嘘でもいいから話してほしいと思っています――罪のない嘘を。『活動中に過って彼を撃ってしまった』と言って下さい。そうすれば、私たちは満足するのです。

なぜ私から弟の遺骨をだまし取るのか？

なぜ私たちの貢献は何ら考慮するに値しないと考えるのか？

どうして私たちが、あなたたちの祖国帰還や正当な裁判を求め、あなたたちの身柄がジュネーブ条約に基づいて扱われることを支持して奔走し、すすんで自分たちの生命を危険にさらしたと思うのか。一方で、あなたたちは自分たち自身では、ジュネーブ条約に基づく扱いをしていない。

ただ真実を言ってください、来て、教えて下さい。私たちは試されています。私たちは許すことができるし、和解することができる。反対に、報復のためにサード・フォース〔注19〕を形成することだってできる。でも、私たちが望んでいるのはそんなことではない。

私はそっと、黙って弟を捜しました。国で何が起きているかわかっていました。私はロベン島に収容されていたので、何が起きていたか目撃しました。そこでは、単なる噂や疑いから、人々はただめちゃめちゃにされました。どんな理由ででもでっち上げられ、翌日には殺されました。そのため私は寡黙になりました。何か手掛かりを見つけようと一〇年以上を費やしました。……弟は私に似ている。私たちは瓜ふたつだ。なのに、急にだれもが弟のセレマネのことを忘れてしまう。不意に、クアトロで弟が直面した裁判がどんなものだったかを示す資料を持っている人がいなくなってしまう。弟には弁護人が付いたのだろうか？

説明責任はいったいどこにあるのだろう？

ある面で、アパルトヘイト体制では説明責任が明確でした。というのも、彼らが私を見限ったとき、彼らは私を家族の元に投げ返して言いました。『お前たちのくずだよ』と。それなのに、私の家族は来て、弟の骨を処分することも、『これらの遺骨とはもう関係ない』と言うことさえできない。私の裁判記録を国家に対して要求することも、それを見つけることも私にはできる。しかし、私がどんなに働きかけても、彼らが弟の裁判をどのように取り仕切ったかについての一片の記録さえ私には提供されるはずはない。

問いは答えられなければならない。なぜなら、問いかけがなくなれば、より弱い者たちは元の状態になるだろうし、再び同じことが繰り返されるだろう。

それに、私の家族も言っています。『おい、ブット・ジョー、お前はまたも代償を払おうとしているし、今度の政府までかき乱そうとしている。彼らはお前まで犠牲者にするつもりだ。』そして、かつて私がアパルトヘイト体制に直面したときに下したのと同じ決定を再びしなければならないと悟りました。つまり、真実のために死ななければならないのなら、そうしましょう、と。」(ジョー・セレマネ)

ブラム・フィッシャーのこと

ブラム・フィッシャー〔注66〕はコミュニストでアフリカーナーだった。それは刑務所でだれより余分に屈辱を与えられるに十分な理由だった。加えて、有名で信頼されているアフリカーナー一族のこの息子は、リヴォニア裁判〔南アフリカ史上最初の大量の政治指導者に対する裁判で、判決が下された一九六四年当時、ANCなど複数の解放勢力の指令部がジョハネスバーグ郊外のリヴォニアにあったので、この名で呼ばれた〕でネルソン・マンデラを含むANCのメンバーを適切に弁護して成果を勝ち取った。死刑が課せられなかったのはブラム・フィッシャーのおかげだと、当時、人々は評した。看守たちはこうした事実を忘れなかった。

「父に屈辱を与え、心身を害するように定められた策動があったようです。デュプリーツと呼ばれた監房責任者は、父に屈辱を与えるのをことのほか楽しんだようです。その男が父の髪を刈り上げ、大きすぎる囚人服を着させ、父を跪かせてぼろ切れで便所掃除をさせました。……延々と。」

ブラム・フィッシャーの、穏やかな声の二人の娘さんが、真実和解委員会で証言した。

リヴォニア裁判が終わった翌日、フィッシャーと妻モリーは、二一回目の誕生日を迎えた娘に会いに、車でケープタウンに出かけた。クローンスタットから遠からぬクールスプルイトで、牛が一頭道に迷い込み、ちょうど同時にバイクが一台、向こう側から近づいてきた。フィッシャーはハンドルを切ったが、車をコントロールできなかった。「旧オレンジ自由州の真ん中ではまったくありえない偶然によって——普段はまったく水がないのに——しかも真冬だったのに、川には大きな、深い淀みがあり、車はそこに沈んでしまいました。」モリーが溺死した。

政府はフィッシャーの命がほしくて、事故後ただちに彼を逮捕した。ところが、フィッシャーにはすでに、ロンドンの枢密院の訴訟に関連して渡航ビザが与えられていた。保釈されたらフィッシャーはイギリスに留まるだろう、とだれもが思った。しかし、彼は帰国した。「父にとって、一人のアフリカーナーとして自分は生まれた国を決して離れない、と表明するのが重要でした」と娘のルースは言う。「この土地は、ここで生まれたあらゆる人のものであるように、私たちのものだ、と父はかねがね言っていました。」

コミュニズム鎮圧法で起訴されたフィッシャーと他一二名の裁判は、一九六四年の一二月中ずっと続けられ、一九六五年一月一五日に一〇日間の一時休廷に入った。フィッシャーが有罪判決を受けるのははっきりしてきた。彼は一月末までに姿をくらまし、地下に潜った。彼は娘ルースと担当弁護士に、それぞれ手紙を書き残した。その中でフィッシャーは明言している。

「今回の行動を軽率に取ったわけではない。おそらく理解してくれると思うが、私は起訴された仲間とともに留まりたくもあるし、一方、必要不可欠と信じる政治的任務を遂行したいという願望の板挟みに多いに悩んだ。現在の政府に本当に反対するすべての人々の責務は、この国に留まって、この国の力をすべて使ってアパルトヘイトというこの極悪非道な政策に反対することだと信じるがゆえに、私は決断した。自分が可能な限りやるべきことはこれだ、と。」

ミスター・ブラックとして数カ月間地下に潜伏した後、一九六五年一一月一一日にブラムは逮捕された。ブラム逮捕に関する噂の一つによると、永年ブラムを担当してきた公安警察官が、ある日、通りを歩いていて、見覚えのある足取りに気づいたという。警察官の心臓は早鐘を打った。ブラム以外だれも通りを歩いていなかった。彼は変装した男に近づき、言った。「こんにちは。アブラハム・フィッシャー。」

フィッシャーは破壊活動法とコミュニズム鎮圧法で起訴された。被告席からの四時間半に及ぶ抗弁において、彼はポール・クルーガー〔アングロ・ボーア戦争以前のアフリカーナーの独立国、トランスヴァール共和国の大統領〕の言葉で自分の申し立てを結んだ。「確信を持って、世界中にわれわれの裁判を提示します。われわれが裁判に勝つにしろ、死刑にされるにしろ、朝靄から姿を現わす太陽のように、自由はアフリカに登ってくるだろう。」一五の罪で有罪と評決され、フィッシャーには終身刑が言い渡された。評決が読み上げられたとき、本人よりも彼の弁護士の方が悲しんでいるように見えた。フィッシャーは傍聴席にいる三人の子ども――ルース、イルセ、ポール――に微笑みかけて、挨拶代わりに拳を突き上げた。そして彼は、刑務所に連行された。一九六六年のことだった。

一九七一年、フィッシャーのただ一人の息子ポールは、嚢胞《のうほう》性繊維症で死んだ。「弟は二三歳で……、ケープタウン大学の経済学部を優等で卒業したばかりでした。発病してから六週間もたたないで亡くなりました。」

フィッシャーの兄が彼にそのことを知らせた。仲間の囚人であるヒュー・レウィンが、その著『囚人』にそのときの様子を書いている。

彼らは、どうしても刑務所内での自由面会を許そうとしなかった。自由面会時のように小屋の一つで、兄弟同士の面会を許そうとはしなかった。自由面会では、国家の安全を脅かす恐れがあるかもしれなかった。看守がブラムといっしょに仕切りの一方に二人立ち、彼の兄といっしょに仕切りの向こう側に少なくとも二人立った。

ポールが今朝死んだ。

兄弟はお互いにからだを触れ合わすこともできなかった。

ブラムが小部屋から出てきたのは、ちょうどわれわれ囚人が夜に備えて獄舎に入れられているときだったので、だれとも言葉を交わせなかった。彼もいつものように閉じ込められた——ひとりで、次の一四時間を独房でただひとり。一四時間、いつも通りの刑務所の夜をひとりっきりで、息子の死の知らせを胸に抱いて。彼らは葬儀への出席も許さなかった。

一九七四年七月、フィッシャーは前立腺の手術を受けた。外科医は癌の疑いを持ち、もっと検査がなされるよう要求した。

四半世紀後、ブラム・フィッシャーの娘たちは、真実和解委員会が収集した資料の中に、父の最後の日々の記録を見つけて読んだ。これらの事実は、当時、仲間で囚人だったデニス・ゴールドバーグによって書き留められ、本の背に隠して刑務所から秘かに持ち出された。

「一九七四年九月——腰の鋭い痛みで、ブラムは医者に見てもらう。検査はされなかったが、鎮痛剤が与えられ、理学療法が施された。二週間後、セラピストはブラムを再び医者に照会し、医者はX線治療と整形外科的な処置を提案した。

だが、何もなされなかった。痛みがあまりにも耐え難いので、歩くのに松葉杖が必要だった。いまだにX線治療に行かせてもらっていない。

一〇月——フロネヴァルト医師がブラムをX線治療を受けに行かせる。

一〇月末——ブラムは整形外科医に診てもらい、脚の付け根がとても脆くなっていて、転ぶと危険だと警告される。

一一月六日——松葉杖をついて雨の中をやっとこさ歩いていて、転ぶ。

一一月七日——医者の診察を頼むが、医者は来ない。

一一月八日——医者の診察を頼むが、病院の用務員は医者と連絡を取るのは無理だと言い、そうしようとしない。

一一月九日——激しい痛みに襲われる。病院の用務員が鎮痛剤をくれる。

一一月一二日——ブランド医師は骨折していないと言う。ブラムは非常に痛がる。

一一月一五日——転倒から九日目。ブランド医師に再度見てもらう。やっとX線写真が撮られ、X線技師が脚の付け根の骨折を確認する。

一一月一六日——専門医の診断で骨折が確認され、入院のアドバイスをしてもらう。

一一月一九日——転倒から一三日目、骨折と診断されて四日目にしてようやく、HFフェルヴールト病院への入院が許可される。

一二月四日――ブラムが刑務所に戻る。仲間の囚人たちはブラムが車椅子にひとりですわり、自分を見失って話すこともできないのを見てとる。その後の四八時間――私が頼み込んで、ブラムの独房で彼を看病する。熱があり、しゃべることも簡単なこともできない。トイレに腰掛けさせるのに彼を抱え上げなければならない。この間ずっと彼はとても痛がるが、医者に見てもらえない。一二月六日――ブラムの再入院は許可されたが、そこで脳の二次障害と診断される。」

ここに至ってようやく、刑務所当局は、ブラムが病気であることを家族に知らせた。娘のルースはケープタウンに飛び、司法大臣ジミー・クルーガーに父親の現状を訴え、釈放を求めた。だが彼女は、ヘンドリク・ファンデンベルフ将軍から、ブラムが死にかかっているのが明らかだとしても、釈放すれば国にとってたいへん危険な人物だ、と通告された。

ブラム・フィッシャーはプレトリアの病院に四カ月入院した。その後、当局はいまだに釈放を拒んでいたが、ブルームフォンテインの兄ポールの家に彼を移送することに同意した。ブラム・フィッシャーは一九七五年五月八日、午前七時に死亡した。刑務所当局は知らせを受けて三〇分以内にやってきた。当局が要求したのは、家族は葬儀のために一週間遺体を保管してよいが、その条件として葬儀は一週間以内にブルームフォンテインで行なうこと、火葬に付した場合、遺灰は当局に返還されるべきこと、だった。二〇年後、新しい民主主義的な国会での質問に対する答弁で、ブラムの遺灰は死後一年たった頃、刑務所職員によって、てんで勝手にばらまかれたという。

ブラム・フィッシャーの二人の娘の真実和解委員会での証言が終わった後、人々がルースとイルセを、まるでか弱い、特別の人間のように抱き締めているのを目にした。私はインタビューを申し込んだ。アフリカーナーの血が流れるこの二人が、ブラム・フィッシャーの名前が話題にのぼるたびに、いつも胸の内のどこかがピシッと打たれるような痛みを、再び私に呼び覚ました。フィッシャーは私たちのだれよりもはるかに勇敢だったし、犠牲をより多く払ったし、はるかに多くのことを為したし、その生き方は非常に多くの人々の生き方に影響を与えてきたと思うし、死後でさえそうだった。なのに今でも、フィッシャーについてはほんの少ししか知られていない。彼の娘二人は英語を話した。

彼は一人のアフリカーナーとして生きることと、自分の政治活動とをどのように関係づけていたのでしょう?

「父に関するもっとも初期の思い出は、祖母といっしょに獄中のクリスティアン・デヴェット将軍にいかにして食事の差し入れをしていたか、祖父がこの二人の反逆者をいかにして擁護していたか、というものでした。それに父は、変革に向けた自分の政治参加を、自分の出発点であるアフリカーナー民族主義からの至極当然な前進と見なしていました。それは一族の歴史でもありました。ボーア戦争、イギリスに対する反乱、そして反乱者たちを支援して移動式野戦病院を走らせた祖父——それはそっくりそのまま反帝国主義闘争でした。しかも父は、自分の政治参加を反帝国主義闘争の継続、ともかく闘争をアフリカーナーを越えてあらゆる人民にまで拡大することと見なしていました。事実、一九四六年に父が初めて逮捕されたとき、祖母に礼儀正しく電話をすると、祖母が言いました。『気にしなくていいわよ。私たちは前からいつもそうなんだから。』つまりそれはある種の闘争の歴史であり、それが父の出自なのです。かつて私は祖母に、あなたの息子はあなたとても違っているけど、それについてどう感じているか尋ねると、祖母はすぐに答えました。『家族が他の何よりも大切だわ』と。」

生前の親たちの思い出をなまなましく記憶しておこうとするか、反対に親たちの政治活動の結果生じた損害に対して怒りを露わにする活動家の多くの子どもたちと違って、フィッシャー姉妹は、常に表立ったところには出ないできた。だが、昨年、二人は共産党結成七五周年記念祝賀会に招待され、ブラム・フィッシャーの追悼講演会が、彼の母校ブルームフォンテインの大学で開催された。

「それはグレイ大学で開催され、とてもすばらしいものでした。とても特徴のあるグレイ大学のブレザーコートをまとった少年たちに、席まで案内されました——日に焼けた、賢そうな少年たちでしたわ！ ルースと私は壇上に案内されて、ルースは〈P・U・フィッシャー〉とラベルの貼られた椅子に着席しました。それは私たちの祖父です。というのも、顕彰者名簿には父の名前が載っていて、祖父アブラハム——私たちの偉大な祖父——の名前も同じく載っていました。とても寒い夜でしたが、関係者全員がやってきました。学長が一九二三年入学組とクラス全員に起きたことについて、すばらしいスピーチをしました。次にテラー・レコタがすばらしい講演をし、ルースもスピーチを述べたので、父はとても楽しんだことでしょう。というのも、共産党とグレイ大学とアフリカーナーが、結局はこのような祝賀会に共に参画したのですから。」

ところで、そんなに多くの死をいかに耐えてこられたのですか？ この質問が私の口から出たとたん、そんなことを詮索したのを後悔した。驚いたことに、二人とも笑っていた。

「テープレコーダーのスイッチを切って。」私はそうした。

「だれだって飲むわよ！ たまには、ね。」そう言って、二人はまた笑った。

「つらくはないわ」とイルセが言った。

「ところで、今日までずっと——アルベルティナ・シスル〔注67〕が私たちに言うの。『あなたたちは私の娘よ』と。もちろん、彼女はそのつもりで言っています。私たちの人生は、両親が闘争に加わったことで信じられないほどより豊かなものになりました。」

国中の至る所に埋められた骨

真実和解委員会はその活動の第二期になってから、予期してもいなかった、新しい、ぞっとするような方向に足を踏み入れていった。しかも今では、そのイメージ――新しい盛り土のそばに一つ一つ並べられた、色褪せた骨の山――は、心の中に取り付いたままである。行方不明の活動家たちは、尋問され、拷問され、殺害されて、国中の至る所の農場に埋められたという証拠を、ついに委員会は十分掴んだと、調査班の責任者ドゥミサ・ンツェベザは述べた。

当初から人々がそれについて知っていた唯一の農場が、フラクプラース〔警察の暗殺集団が基地として使っていたプレトリア近郊の農場〕だった。ところがしだいに、同様の農場が、旧ナタール州や旧トランスヴァール州、旧オレンジ自由州、さらにイースタンケープ州にも存在していたことが明らかになった。ンツェベザは三種類の農場が確認できるという。「一つは、傭兵《アスカリ》が基地として使うだけの農場。二つ目は、人々が尋問され、拷問され、殺害された農場。三つ目は、借りられてもいないで、ただ死体の投棄場所としてのみ使われた農場。

明らかになったことは、近隣諸国での戦闘地域に、そうした農場の使用のルーツを示す、はっきりとしたパターンがあるということです。よく知られた旧ローデシア〔元イギリス植民地で現在はザンビアとジンバブエの二国に分かれて独立〕の活動家たちは、セロウス・スカウトが活動していた地域で消息を絶った。最初の定期的な失踪例が南アフリカで発生したのは、ジンバブエの独立直後でした。それに、警察だけでなく、南アフリカ国防軍もこれらの農場に関係していたという証拠を委員会は掴みました。人々は国境周辺に集められ、それから殺害されて埋められた。なぜなら、だれ一人として人質に取られるわけにはいかなかったし、どの遺体一つも示威的な葬儀に利用されるわけにはいかなかった。」

しかし、ディルク・クッツェー〔注43〕は、死体をいかに焼き、あるいは爆発物で粉々に吹き飛ばしたか、すでに説明していた。公安機関はなぜ遠く離れた農場の墓穴に死体を埋めたりしたのだろうか？

「公安機関は、真実和解委員会が活躍する日が来るなんて思ってもみなかっただろうし」とンツェベザは言う。「たぶん、死体の焼却は彼らにとっても不快だった。しかし私は、本当の理由は何かもっと現実的だった気がしている。死体を焼くには八時間もかかるし、ときにはおそらくそんな時間などなかっただろう。」

ンツェベザ委員は、これらの殺害には何か方針があったに違いないと思っている。国中に分布していた農場が、運用に関して多少なりとも明確で承諾済みの方針なしで、厳密に同じやり方で管理・使用されたとはとても思えない、と。

ンツェベザによれば、これら新事実はとても大きな問題を投げかけている。真実和解委員会にしてみると、遺体を発掘する責任があるなどとは想像もしていなかった。「鉱山の坑道に投げ込まれたいくつかの遺体を探し出さなければならないかもしれないぐらいまでは予測していたが、私としては、委員会が遺骨を掘り出すなどとは考えたこともなかった。第一、その予算がない。だから、取り組むべきその恐ろしい遺体発掘事業をどんな財務上の項目にするかで、財務管理者とやり合っているところです。」

ユージン・テレブランシュ〔注3〕が「この国は血まみれになる」と言ったとき、自分がいかに正しいかに本人は気づいていなかった。

ピーテルスブルフで

町の中心部の公園の真ん中にある池のそばで、人々は世界でたった一つのボーア音楽楽団のブロンズ像を見つけるだろう。楽団は陽気な演奏家仲間というより、できのよくない大学生たちの討論会のように見え、アフリカーナーの規律にぴったり当てはめられて立っている。そこは彫刻公園であり、市民の公園である。では、そこを散策してみよう。

神は支配する。しかも不死である。ゆえに、神はブロンズで作られる。神は地球を支配し、土地を支配する。神は人の歩む道を同心円状に整え、アフリカーンス語の名前を記した原産の樹々を植える。

神は動物にとっても神である。向こうの公園入口のブロンズのキリンの群れから、ブロンズのペリカンや青サギに至るまで。一羽のミサゴが、はめ込みプレートに刻まれた形而上学的な思い――「それから彼は魚を捕った」――のそばで、鉤爪を広げている。神は俗物《スノッブ》ではない。さかりがついたように後ろ足のひずめを反り返らせて歩いている、のろまなブロンズの驢馬《ろば》にも、神は日光を降り注ぐ。そのプレートに曰く、「驢馬を記念して――一八七一年から九二年まで、この地方に金を運んだ。」

神はまた地上の空間の神でもある。一九七六年にアンゴラ国境で命を失った、クリスティアン・ベイヤース大佐率いる騎兵三五八連隊を記念して建立された花崗岩の石柱の上を、変装した連隊は生き生きと天翔《あまがけ》る。

平時の休息。祖国のために。

見よ！　公園は神の予言者で満ちている。予言者たちは一群のブロンズ像として姿を現わす。あまり有名でない指導者は半身像で、民族にごく親しい人々は全身像で、さらに選ばれし少数者は、芝生に覆われたスロープと石段、さらに動物の台座の上にそびえ立っている。

「国会の開祖」トム・ノーデの全身像を過ぎ、ウィレム・ボクとD・A・P・ノーデのブロンズの顔を通り過ぎて、遠くの一隅へ。生垣に背中を押し付けて、恐ろしい形相をした、公園内で唯一の女性リーン・フリムの像がある。この半身像は、ある組織か地方の著名な夫婦が寄贈したのではなく、彼女の二人の娘が寄贈した。その碑銘――「ピーテルスブルフの最初で唯一の女性市長」――は最悪の予想を裏付ける。神は女性をも支配している。

おびえて、いななく馬の上で、腕に銃を抱え、ふさふさしたあごひげをなびかせて、ピーテルスブルフの名前の由来となった人物、ピット・ジョウベルト将軍が鎮座している。彼はマジュバの闘いの英雄《ヒーロー》。たてがみを振り乱し、血管を浮かべて首をふくらませ、前足を荒々しく蹴り上げ、鼻孔をぶるぶると広げて、色めき立つ馬のそばに、まるでタクシーを呼び止めるみたいに腕を上げた女性が立っている。はめ込みプレートによると、この女性は将軍の妻ヘンドリナ・ジョウベルトで、「イギリス兵に最初に痛手を負わせ、彼らに将軍の名を知らしめた」マジュバの戦いの朝の様である。だが、勝利の栄光が彼女に与えられることはありえない。なぜなら、ヘンドリナはすでに他界していた。髪を後ろで平たく束ね、長いわし鼻に痩せこけた手足、肩に予言者風の袖なしマントをはおり、喉元に高いレースの襟飾りを着けたヘンドリナは、地上のものごとには少しも関心がなかった。彼女はたった一つの理由で夫の出征に同行した。つまり、夫より天にまします彼女の方がものごとを見通せたから。

この像の除幕式は、われら自身の「スター・ウォーズの英雄《ヒーロー》」マグヌス・マラン将軍の手で行なわれた。

ここからはどの道も巻いて下りる。

どの道も、池のそばのブロンズの楽団へと通じている。ピラミッド型に並んだ五人の演奏家は、それぞれ楽器を手にして静かに待機している。五人は〈北の要塞〉と呼ばれる町の四つ角で演奏している。ミスもなく、ボーア音楽を演奏しているのだろうが、彼らにしたってヨーロッパの伝統を守ろうと戦っているインテリである。

たとえば、低い塀の上にすわったバンジョー奏者は、だぶだぶのシャツを着て、巻毛を長く伸ばし、ウィーンのワルツ王ヨハン・シュトラウスばりの口ひげをまねていて、光沢のあるブロンズの手作りの靴のつま先で拍子を取っている。その真向かいに立っている少年は、ギターを太股のところで交差させ、イギリス王ヘンリー八世〔在位一五〇九～四七年〕時代からの羊の脚の形をした袖のシャツを着ている。

ヨーロッパとアフリカ。あっちとこっち。楽団は文明の勝利を象徴している。

ところで、この像はただのコンサーティーナ〔手風琴の一種。アコーディオンに似ているが六角形で鍵盤がなく、すべて押しボタン式の小型楽器〕の奏者のようだが、何を考えているのか判然としない。というのも、彼はみずからの内なる民族精神の高揚をポルカ〔ジプシー起源の舞踊音楽の一つ〕やヴァストゥラップ〔軽快で愛らしいカントリー・ダンス〕に注いでいる。彼はコンサーティーナを頭の高さに持ちあげ、耳を楽器の方に傾けて、それを上手に調律する。そうに違いない——それはネッカチーフを首に巻いた、若き日のピック・ボタ〔注61〕だ。

ピックより高くそびえているのが、ベース奏者（プレートにはチェロとある）だ。厳めしそうに地面を見つめて、からだを重々しく大きな楽器——それがカノン砲か馬であったとしてもかまわない——に寄り添わして、クース・デラレイ将軍〔注68〕が立っている。

もっとも重要な楽器であるバイオリンが、楽団のピラミッドを完全なものにする。しかし、バイオリン奏者の体つきは中性的で、尻は踏ん張った格好だし、弓を持つ手は上がっている。あごでバイオリンを支え持ったH・F・フェルヴールト元首相〔注5〕。だが、ブロンズのバイオリンの共鳴箱からは、どんな音も高く響いてこない。フェルヴールトの持つ弓はずっと前から心ない者によって壊されたままである。彼は無表情に、から手で笑っている。

目を覆いたまえ！

こんなに多くの無意識のシンボル化がブロンズ像に見て取れるなんてありえない！　なのに、それが現にある。楽団のすぐ後ろ、どぎつい赤のブロンズ像の中に、巨大なクロコダイル〔P・W・ボタ元大統領の暗喩〕が三本足で立っている。みずからの尻尾に荒々しく噛み付こうと頭をねじ曲げて。

つい最近、クウェラ〔一九五〇年代に発展した呼び子笛による南アフリカ黒人のダンス音楽〕の第一人者レミー・スペシャル・マバソは、ピーテルスブルフの公園にブロンズ像を建ててもらう栄誉を授かった。その有名な呼ぶ子笛奏者が、町からこのような栄誉を授かった最初の黒人である。彼の像はボーア音楽楽団のそばに立っていて、まるで次の演奏に加わるように楽団メンバーが彼を誘っているかのようだ。

「私といっしょに公園を分かち合うことを、このボーア楽団が気にしないと確信しています。私の無謀な夢以上のことがかなえられました——われわれはみな兄弟であり姉妹だし、ついにわれわれは全員でいっしょに立ち上がったんですよ！」（『ディー・ブルヘル』紙、一九九七年より）

レディブランドのような田舎町では

「これが最後になります。レディブランドでの公聴会の最後というだけでなく、犠牲者の公聴会の最後であり、以後、この国でこのような公聴会が開催されることはありません。南アフリカ史上で類のない実験が終わりを迎えています。しかも、現在の新政府が、この国の過去の政治の何千という犠牲者たちの損失や痛み、苦難を認めることに取りかかった、最大級の遠大な行動の一つが、閉幕を迎えています。」以上は、リチャード・リスター委員がレディブランドでの閉会の辞で述べたものである。

フリーステイト州東部のこの町が、見渡すかぎりの草原と岩、風で吹き払われた青空の中に位置しているなんて、夢見だにできない。

それにしてもいったいどうして、金色《こんじき》の砂岩の輝きを伴うこの町で、残虐行為のようなことが起こりえたのだろう？　夕暮れの太陽が、切り立つ岩壁を背景に琥珀色のコートのように照り輝いている中で？　霜枯れしてブロンドやブラウン、赤褐色になった草原の上で？

「ここ最近の一五カ月間にわたって、われわれはあなたたちのような犠牲者によって、とても暗い気分にさせられていました。人間が持つ元々の気質の中でももっとも冷酷で孤独な境地に。船のコックとして働いていた男性の証言を憶えています。その人は海から帰ってきて、妻と二人の子どもが殺害されているのを、めった打ちにされて殺され、遺体が便所の穴の中に投げ込まれているのを発見しました。」

人権侵害に関する最後の公聴会が、レディブランドの中心にある、砂岩で造られたタウンホールで開催された。農場経営者たちの農協の真向かい。彼らが自分のバッキー〔ピックアップトラック〕を駐車し、農具や種、肥料を積む間に、会場はソト人でぎっしり満員になる。「これは、この地方で耳にできるとても純粋なソト語です」と通訳者のレボハン・マティベラは言う。「つまり、それは、単に私が俗語《スラング》を使ってはいけないだけでなく、私もできるだけ最良のソト語を話さなければならないということです。」

真実和解委員会がこんな小さな町に来たことで、いったい何が起きたのだろうか？　言うまでもなく、委員会が歓迎されるかどうか、事前に調べておくよう照会がなされた。どの人種・民族も歓迎するかどうかを。ところで通例は、その町のだれかが食事――犠牲者用のお茶とサンドイッチ、それに昼食――の用意をするのを請け負わされた。「私が白人のお偉方に食事の用意をするのは、これが初めてです」と、スーツに身を包んだ黒人が言った。彼は大きな磁器の皿に飲食物を載せ、それを自分のコンビ〔マイクロバス〕の後ろに詰め込んで運んだ。他の町では、大きな花柄のエプロンを着けた、バラ色の顔の女性が言った。「この町の政治は右翼的。でも、お金はお金。生きていかなければならないし。」

レディブランドでは、委員会の職員たちは、英語を話すオーナーが経営する食事付きのホテルに泊まった。私がホテル『最新の幸福』の空室状態を尋ねたところ、オーナーは言った。「農場に行って寝た方がましですよ、あなた。この町は、ツツの胡麻すり野郎たちに寄生されています。またもや至る所で〈反ボーアの黒人巡業〉ですよ。」

事実か想像かはわからないが、小さな町の敵対的な雰囲気が理由で、「真実和解委員会友愛会御一行」は、いつも決まって同じレストランかバーに入ることになる。喧嘩か追い立てを喰らうことになっても、少なくとも目撃者や支援がありうる。しかも、そうした必要が一度ならずあった。バーでは、優しげな手が肩に置かれたり、親しげな顔が肩にもたれかかってきたりして、言う。「お宅、ここではこれまで見かけてないけど、この町でどんな仕事をやってんだい？」返事の中に「真実和解委員会」が含まれると、これまでもしばしば火薬に火がついた。ある者は侮辱され、ある者は顔に飲み物を浴びせられた。友愛会御一行中の黒人メンバーは、店での接客を拒否されるか、通りへと追い立てられた。よって、小さな町ではいつも、まず最初に白人の〈スパイ〉を送り込んで、でぶの男が何人くらいカウンターにすわっているか、何人くらいがブランデーやコーラを飲みながらラグビー談義に興じているか、チェックした。

レディブランドでの初日の夜、私たち全員いっしょに超満員のイタリアンレストランに入った。そして、ボタヴィルから来たマクトゥ夫人の証言について話し合った。フリーステイト州の北部にあるボタヴィルの町は、かつては南アフリカでもっとも豊かな所と見なされていた。より正確にいうと、そこは他のどこよりも単位面積当たりの地価が高かった。町のこうした名声を手にした裕福なイギリス人トウモロコシ栽培農場主たちは、自分たちの農場労働者用の特別住宅を建て、彼らに電気を供給した最初の人間でもあった。「まあ、待ちなよ」と、他の地方の農場主たちは言ったものだ。「そんなボタヴィル型の人間たちは、そのうちどうなるか知るだろうよ。あいつらは、決して満たされない熱望をこしらえてるのさ。」そういうことだったので、旧オレンジ自由州で最初の学校暴動がボタヴィルで発生しても、だれも驚かなかった。「連中は水道や電気といっしょに育った子どもたちだ」――その主張はこう結論づけられる。「そして今や、連中はハイスクールの生徒となり、そんな自分たちの生活にどんな行き場もないってことに気づく。」その暴動に加わった子どもの一人がエリオット・マクトゥだった。エリオットの母親は、はるばるボタヴィルからやってきて証言した。ピンク色の、かぎ針編みの縁なし帽や彼女の顔、さらには永年にわたる肉体労働によって土光りする両手が、私に思い出させた。南アフリカ初の普通選挙の際、多くの女性に指紋がどうしてないのかに気づいたときのことを。つまり、彼女たちの手は、すべすべに擦り切れるまで酷使されたわけだ。野太い低い声で、マクトゥ夫人は語った。末っ子に何があったのかわからない、と。

「私は言った。『あんたたちはだれ?』すると、彼らが言った。『警察だ。開けろ。』なので、ドアを開けた。警察は入ってきて言った。『マルモはどこだ?』それはエリオットのこと。私は警察に言った。『いるけど、寝てる。』『どこで?』私はエリオットが寝てる部屋を教えた。その寝室に入るや、警察は明かりをつけた。……警察は大勢だった。制服を着ていた。警棒を持ち、黒い色の鞭を持ち、銃火器を持っていた。警察は毛布を剥ぎ取って投げ捨て、言った。『立て。服を着ろ。』エリオットはただ……、笑った。立ちあがって服を着た。私は警察に言った。『どうか靴をはかせてもらえませんか。』そして、エリオットは靴をはいた。警察はエリオットが上着を手に取るのさえ許さなかった。警察はエリオットを連れて立ち去った。

裁判の当日、弁護士は遅れてやってきた。エリオットは他の勾留者たちといっしょだった。弁護士が勾留者に代わって話した。無罪が宣告された。エリオットは釈放されたが、私が知っているエリオットではなかった。精神的に混乱していた。正気ではなかった。独りで笑ってばかりいた。気に入ればどこにでもすわった。それが私の悩みの種だ。多くの医者のところに彼を連れていった。ヒルブロウ病院にも連れていきさえした。エリオットは手紙を持ち帰った。エリオットはただの人間にすぎない。私には残してやれるものがない。」

ある委員は、その手紙にはエリオットは精神分裂病だ、と述べてあると言う。それが問題を複雑にしている。委員会は、公聴会でなされたそれぞれすべての申し立てを立証しなければならない。暴行が実際行なわれたかどうか、どこで、どのように行なわれたかを裏付けなければならない。それでやっと、委員会は、人やグループを犠牲者として類別してよいことになる。犠牲者に類別された人は、補償を要求することができる。エリオットの場合、精神分裂病の発症は抑制されていたのに、逮捕のショックが発症の引き金になったことが争われるかもしれない。あるいは、いずれにしろエリオットは精神分裂病なので、補償を受ける権利はないということで争われるかもしれない。言い換えれば、精神分裂病者の人権を侵害しても、実際には人権侵害ではないということだ。また一方で、こう主張するかもしれない。エリオットは精神分裂病者としてすでに障害補助を受けており、それで十分だ、とも……。

「自分の記憶から、ピンクの帽子をかぶったマクトゥかあさんの顔を消えるにまかせる人はいないね。」

まるで吸水ポンプにスイッチが入ったかのように、レストランの客すべてが立ち上がって、去っていった。私たちだけが残った。霜が降りそうな、身を切るような夜気が、部屋に流れ込んできた。「ラグビーは、っと——Mネットで六時一五分からか」とウェイターが言った。

翌朝、私は町へ行く途中で、田舎の方へ回り道をした。見渡す限り、赤い草が広がっていた。歩みを止めた。かつて私は書いた。「他の人が神をあがめるように、私はメガルカヤ草をあがめる」と。

寝そべりたい。抱きしめたい。輝く絹のような、伸び上がる茎を詩《うた》いたい。赤褐色の種を敷いた草原を、馬で走りたい。足元の真っ白な霜柱を踏みしめながら。草に、赤く萌える草に、裸馬が横腹を押し付ける。

これが私の原風景。骨の髄まで染み込んだ平原。見渡す限りの草原地帯。ハニーブロンド色の砂岩。私の好きなもの。私を作り上げているもの。

なので私は、草原やそのきらめき、雲や温かみのある石の、説明しがたい不思議な出現に浸っていた。

バッタや砂が音をたてる草原の中に半分身を浸して立っていると、マルティス山脈から吹き付ける最初の風に運ばれて、タウンホールから声が聞こえてくる——声が、土地のすべての声が。

土地は、そこに住む人々の声に属している。私の陰気な声もそれらの声の中に含まれる。

フリーステート州の風景は、最終的には、サフランと琥珀、天使の髪と棘、露と干し草と傷などの物語の結末に横たわっている。

羊飼いの話

レコツェ　あの日から家族はおかしくなっちまった。

　俺の前に証言した女は
　　かかあの生き霊にすぎない。

　かかあは歩けねえ。

　治療にかよっている。

　俺もボシャベロ病院で治療を受けている。

　今朝、俺は最後の錠剤を飲んだ。

　ありゃ、夜だった……。

　そして、俺の人生もあの日からおかしくなっちまった。

イラン・ラックス　まず初めに、あなたのお子さんについて知りたいのですが。

レコツェ　子は一〇人、二人が死んだ……。さてと——

　あの襲撃があった日
　俺は三人の子どもと家にいたし
　　孫たちも——

　五人いて、学校に通ってる——

　孫の何人かは俺の息子のだ
　精神が錯乱している息子の。

　末っ子には双子がいる。

　その子たちの親父も精神がいかれてる。

ラックス　マイクから少し離れて話すようにして下さい。……感度は抜群なので、あなたの声をとても精確に拾ってくれるはずです。そのお子さんたちのうち、あなたとご夫人とまだいっしょに暮らしておられるのは？

レコツェ　俺は息子のトーマス・レコツェの家にやっかいになっている。今ではトーマスが一家の大黒柱で、さっき言った、精神を病んでいる息子の面倒も見てくれている。

ラックス　起きたことについて話してもらえますか？一九九三年の五月のことでしたね？

レコツェ　おそらくそうだろう——あんたは俺の問題をご存知なんだね、
　俺は羊飼いだった。

　字は書けないし
　あの頃のことは忘れちまっている、でも、今でも……。

　悩みの種について前にしゃべったことを繰り返しましょうか？

では、よく注意して聴いて下さい、
今からその話をしますから。

あの日の
夜だった、
一人の男がやってきてノックした。
返事をすると、ドアがちょうど開いたので
俺は言った、「だれがそんなに乱暴にたたいてんだ?」
男は答えて、言った。「警察だ。」

だから言ってやった、

「いったいどこの警察がそんな風に俺んちのドアをたたいてんだ?」

男は大勢の警察官を押し分けて前に来た。
ドアはもうはずれて落ちていた。
警察官の三人が黒人で、あとは白人で
しかも連中は、俺たちを黒んぼ《カフィール》と呼んだ。
連中の多くは白人。
でっかい犬を連れてた——
二匹も。
家のドアを全部開けろ、と連中が言った。
連中は戸棚から服を引っぱり出した。

俺は言った、「ジャッカルが羊の群れに入っても
こんなふうにはやらない——
どうか、きちんと取り出して、それをきちんとしまってくれ。」

連中は返事をしなかった。

俺たちを外に押し出した。

俺は肩から落っこちた。クソッ!


俺は尋ねた、「何が欲しいんだ?」

でも、いっこうに返事をしなかった。

連中は俺たちを家の外へ押し出した。

あの日は恐ろしく寒かった。

子どもたちも起こされた。

俺は連中に言ったさ、「金をくれるのかい?

この子らを医者に連れていく金を。」

連中は答えなかった。

俺は連中に言った、

「どうかやめてくれ、警察官ならこんなふるまいはしないはずだ。」

こうも言った、「警察官が農場に行くとなれば
まず初めに農場主の家の前で足を止める。

それでもし、農場主が入るのを許可しなかったなら、

警察官は立ち去る。
ところで、あなた方はどこから許可を得たんですか？
俺の家に入り込み
ドアを壊すのを――
これがあなた方のやり方なんですか？」

よくよく見ると
ドアは蹴られただけじゃなくて、
銃の台尻で打ち破られてもいた。

今日までだって、ドアは壊れたままだ。

今年、子どもたちが同情してくれて、
新しいドアと新しい枠を買ってくれたので
だれかに来てもらって、ドアを取り付けないといけない。

日の出とともに、少しくつろげるようになった。

連中は鍵のかかった戸棚までこじあけようとした。

で、俺は連中に言った、

「よくもまあ、そんな戸をこじあけようとするもんだ？」

俺は子どもたちに言った、
「お茶を用意してくれ、
この人たちにはコーヒーを、

みんな空腹だ。」

連中に聞いてみた、

「ビールを差し上げましょうか？

飲み物を差し上げましょうか？

ソーセージを差し上げましょうか？

腹は減ってませんか？」

俺は言った、「この人たちはお腹がすいてる。

食べ物をあげなくちゃならない。」

俺は連中に言った、

「あんたたちは警察官じゃない。

ただのボーア人だ。」

連中の一人が俺を外に押し出した――

それで、俺は肩から落ちて、怪我《けが》をした。

おれはあんな言い方をしてはいけなかったんだ、それは認める、
でも、俺はあの日、気分を害したし、当惑したので
間違った言い方をしてしまった。
俺は言った、「あんたたち警察官が、泥棒だってことは知ってる。
俺たちを巻き込むために、全員を外に連れ出したいんだ。
そうだろ。

ダイヤモンドとマリファナタバコを置いていくつもりだし
それを落としていって、俺たちを巻き込むつもりなんだ。」
「いまいましい警察官どもめ」と俺は言った。
それがあの日、俺が言ったこと、
俺は気分を害してたから。

（聴衆が笑う）

ラックス　お静かに……。

レコツェ　結局、俺は連中に言うはめになった。「おい、
家族全員、外に立ってるじゃないか。
寒いよ。
今すぐにでも、俺たち全員を殺してほしいと思っている。
俺たち全部を殺してくれたら、どんなにうれしいことか。」
連中は……、えーっと、
はしごがあればよかったのに、残念だ。
そうすれば、あなた方を家に連れてって調べるのに……。
俺は警察官に尋ねた、「何が欲しいんだ？」

連中は返事をしなかった。

俺は連中に言った。

「ダイヤなんか持ってない。

マリファナタバコも持ってない。

いったい何が欲しいんだ？」

返事はなかった。


俺は連中に言ってやった、「ドアを壊したまま行きたいのかい？

いつ来て、ドアを取り付けるつもりなんだい？」

連中が言った、「ＡＰＬＡ〔アザニア人民解放軍。パンアフリカニスト会議の元軍事部門〕が取り付けるだろう。」

俺は聞いた、「ＡＰＬＡって何だ？」

返事はなかった。

ＡＰＬＡが何なのか、俺は知りもしないが、
ＡＰＬＡが今日にもやってきてドアを取り付けてくれると思っている。


ところで、ちょうど日の出の頃だった。

息子のトーマスが言った、「なら、ガレージに行って捜せよ。」

連中が言った、「ガレージはどこだ？」

息子が言った、「待て、鍵を持ってくる。」

それから息子が言った、「気をつけてくれよ――

車を傷つけるなよ。」

連中は犬を連れてガレージに入った——

獰猛な顔つきの犬だった。

ガレージを捜した後、息子は言った、

「まだ終わっちゃいない。

他に捜してもかまわない場所がある。

四部屋付きの俺んちだ。

行って捜せよ。

スーパーマーケットもやってる。

そこも行って捜せよ
だからって、あんたらが欲しいものなんか手に入りそう
にないけどな。」

それで、連中はトーマスを連れて立ち去った。

ところで、日の出のとき、連中はまだ家にいた。

連中はトーマスをまるまる一カ月、拘束した……。

連中の中に黒んぼ《カフィール》が三人いた
ちょうど俺みたいな
あとは白人だった。

連中はたくさんの護送車でやってきた。

護送車は道いっぱいに一列に並んでいた……。

ラックス　息子さんのトーマスは、APLAかPAC（パンアフリカニスト会議）に関係があったのですか？

レコツェ　はい、ありました。

ラックス　彼は何の罪で告発されたのですか？

レコツェ　トーマスたちが裁判に出たかどうか、知りません。何しろ——

無学な人間というのは打ち負かされるだけですから。

あなた方は何も理解できません。

俺たちをのろまな驢馬と呼んだ白人とまったく同じですから。

俺はたくさんのことは知らない。

ラックス　もし彼が出廷したなら、あなたに話したんじゃないですか？

レコツェ　それについて答えましょうか？

（しばらくためらう）

俺はこの子たちにいろいろ教えた、

でも、この子たちに教育を受けさせたものだから、
白人はよく言ったものだ、俺たちの髪の毛は短い
だから、俺たちの頭《おつむ》も精神《こころ》もそれと同じように足り
ない、と。
今では、この子たちは俺たちに何も話しゃしない。
自分たちなりにただやっていくだけ、
あなたたちだって、目の前で起こってることをただ見て
るだけ――
子どもたちもあなた方にどんな情報も提供しない。

（聴衆が笑う）

ラックス　あなたは肩を痛めた、と言われました。その他
にどんな損傷を被りましたか？

レコツェ　他のどこも傷ついてません――
ジャッカルたちがわが家に入り込んで、俺たちに噛み付
いた
あの日から、
俺は、庭いじりをするための鋤を持ち運ぶことさえでき
ない。
他には病気はない、
ふつうの老化現象があるだけだ。

ラックス　あなたの陳述書には、肋骨を痛めたと書かれて
いますが？　私は、あなたが思い出すのを手助けしている
だけです。

レコツェ　あなたはご存知ない？
肩が肋骨と
関連しあっていることを、
委員どの。

ラックス　あなたか息子さんは、これまでに警察を訴えま
したか？

レコツェ　この件で警察に進んで訴えたことなど一度もあ
りません、というのも
だれが警察官を警察官に訴えたりなどするでしょうか？
連中は俺たちを攻撃するつもりだった。
そういうわけだから、俺は連中に言いました、
「俺たち全員を殺せ
後で面倒が起きないように。
その方がずっといい――
俺たち全員が死ぬよりも。」

政府にとって俺たちを埋葬することなんか、たやすかったろうさ——

連中はたった一つの穴に埋めるつもりだったんだから。

その方がずっとよかったかもしれない。

あの日の警察官の一人でもこの近くにいたら、よかったのになあ、

そしたら、連中の一人がこのステージに上がってきて、

すぐさま俺を殺すだろうに……。

昼食時に、私はテープレコーダーを持って真向かいの農協まで歩いていき、四輪駆動車から降りてくる農場経営者に近づいた。「真実和解委員会がレディブランドに来ていることについて、どう感じておられますか?」

彼はその場に立ち止まり、うんざりした表情で口を歪めて、私をじろじろ見回した。「SABC〔南アフリカ放送協会〕も委員会も、くたばりやがれ!」彼があまりの憎悪を爆発させたので、通行人がこっちを向いたほどだった。

「くたばっちまえ! 行っちまえ!」勢いよく農協に入っていく間、彼は喚きちらした。

気がつくと、私は道路上に立っていて、気恥ずかしさでいっぱいだった。ああ、変わったものが——ない!——ひとつも?

「繰り返し何度も」とリチャード・リスター委員は言った。「私たちは、もっともショッキングな経験に苦しんできた人々の証言に耳を傾けてきました——確信を持ち、力強く立ち上がって、自分たちの過去のそのような話を語るのを。また、その人たちが委員会に対して、自分たちを認めるだけでなく、同様に苦しんできた何千という他の人々も認めるよう要求したことも、私たちは耳にしてきました。また、その人たちが他の人々の面倒を見たり、世話をしたり、助けたりするのも目にしてきました。そうした事例に私たちは心を動かされました。」

公聴会は国歌を斉唱して終わることになっている。私は立ち上がった。だが不意に、その歌詞がソト語版であり、自分が白人であることに気づいた。それに、この国についてもう一度よく知らなければならないこと、私の話す言葉には声にとげとげしさがあること、でもそれは私にはどうしようもないこと、数年たってもまだ、自分がものにしたものや自分が何なのかに不安を感じているだろう、とも思った。隣の女性が、私が国歌『ンコシシケレリアフリカ(アフリカに神の祝福あれ)』〔アフリカ民族会議の党歌で、今では南アフリカの国歌でもある〕の歌詞のフリーステート州版を歌い出すと、驚いたようだった。でも、彼女は微笑み、私の方に顔を近づけて、声の高さをアルトに変えた。歌の先導役が一節ごと先にメロ

ディを口ずさんだ。ソプラノが会場を覆い、バスが援護した。なのに、私は思いあぐねた。神よ、聴いていますか？　私たちの心が何を切望しているか、ご存知ですか？　私たちはみんな、ただ人間でありたいということ——より色の濃い者、より薄い者はいますが、みんな空気と太陽を必要としている。それから私は歌に挑んだ——私の母語ではない言語で、私の知らない言葉で。歌い出せば心地よく、悲しみと苦難の主調音に混じって、この地の風景になじんでいる者ならだれもが憩うことができる、穏やかな静けさが流れていた。

ときに私たちは、明るさに満ちあふれた中に生きることがある。

羊飼いの話を理解するために

羊飼いの話は、彼が語った通りに正確に揚げておいたが、公安警察の手にかかった一夜の経験を物語っている。証言の最初の行には「あの日から家族はおかしくなっちまった」とある。妻や自身の健康がすぐれないことから始めているが、それが事件を思い出す理由ではない。彼があの夜のことを憶えているのは、後に続く話が明らかにしているように、まさにあの日、彼のすべての人生観や、世界に関する自分の認識、世界の中での自分自身の居場所が破壊されたからである。そうした認識がなければ、彼の人生は不可能であり、ある意味では、彼はすでに死んでいることになる。彼は繰り返し言う。「そして、俺の人生もあの日からおかしくなっちまった」と。

真実和解委員会のイラン・ラックスは、最初から再三にわたって話の腰を折った。証言を引き出す者には二つの役目がある。委員会に役立つにたる事実をもたらす方向へと証言を誘導することと、できるだけ自発的に証言を展開してもらうことで、みずからを癒し、自尊心を取り戻してもらうこと。それゆえ、証言を引き出す者はいつも、非常に個人的な話——普通は家族についての話——をするよう証言者をうながした。

だが、このテクニックが羊飼いをいらつかせた。子どもが何人いるか尋ねられると、彼は答えた。「子は一〇人、……さてと——／あの襲撃があった日……。」それでもなお、話の中に子どもに関することを織り込むことで、彼はラックスの注文に応じようとしている。それは「二人」という言葉で現わされている。子どもの二人が死に、二人が精神的にだめになり、孫に双子がいる、と。

そのときの緊張感とラックスの干渉によって、羊飼いはマイクにとても近づいてしゃべったので、もっと静かに話すよう言われた。ラックスは羊飼いに、改めて事件について話すよう求める前に、話し手の張りつめたリズムをほぐし、落ち着きをいったん取り戻すために、途中に休止をはさんで、いくぶん長めの三つの文を用いている。しかしそれから、ラックスは羊飼いにどこから話を始めるべきか指示した。その日付から、と。

これが再度、話し手をまごつかせた。まさか、あなたの人生がだめにされた正確な日付が重要ではないなんて？　しかし、それはいつでも起こり得たのであり、重要なのはそれが起きたということだ。でも、羊飼いには必ずしも確信があるわけではない。「おそらくそうだろう……」と口ごもる。そして、羊飼いである彼は確かに文字は書けないし、日付を憶えておくこともできない。だが彼は、困難に耐えぬいてきた人なので、当然ながらラックスに対して断固とした態度を取った。「さてと、よく注意して聴いて下さい、／今からその話をしますから」と。

羊飼いは一種の矛盾・撞着で話を始めている。「あの日の／夜だった」と。もっともそれが、話の間ずっと維持された両義性、両極間の緊張感、むずかしいバランス感覚を生み出した。事実としてだけでなく、使われたさまざまなシンボル――昼と夜、白人と黒人、生と死、教育を受けた者と無学な者――においても。

レコツェは、家族の個人的でプライベイトな空間が、警察によっていかに無惨に侵害されたかを語った。警察は「そんなに乱暴に」ドアをたたき、文字通りにドアを壊して枠からはずし、犬を連れて家の中に乱入し、居住者を辱め、戸棚をこじ開けて所有物を床に投げ出した。レコツェは家長として、このような攻撃に対して立派な態度を取ろうとしたが、どんな立派な行為も無駄だった。彼は、だれがそんなに乱暴にたたいてんだと聞いたが、ドアは壊された。戸棚の中の物をきちんと元通りにするよう警察に要求したが、寒い夜の中に追い出されてしまった。ジャッカルでさえ羊の群れに入っても、このようにはふるまわない、とレコツェは言う。

イメージの力を正当に評価するためには、ジャッカルがどんな捕食動物なのかを念頭におかなければならない。ジャッカルはもの静かで、上品で、食通の狩猟家である。ジャッカルは計画的に少数の羊を追い詰め、その中から一頭を選び出して、頸動脈に歯を食い込ませる。羊が出血多量で死ぬと、ジャッカルはまず脾臓と肝臓を、続いて後ろ脚を食べる。もしも子羊がいたなら、一、二頭殺して、四室に分かれている胃の第四胃だけをむさぼり食う。しかもジャッカルは、これらすべてをほとんど音も立てずに実行する。つまり、羊を疲れさせるために追い立てる必要さえない。犬は違う。羊の群れに入った犬は、片っ端から噛み付き、犬の吠え声と羊の鳴き声のすさまじい騒ぎを引き起こす。しかも、羊を殺しても犬は食べない。

警察はジャッカルよりもずっとひどい、とレコツェは言う。つまり、ジャッカルが羊飼いの最大の敵、昼夜羊の群れを脅かす者である以上、公安警察は彼にしてみれば予期できる最悪事を越えていることを意味する。羊飼いとして彼は、ずる賢いジャッカルに対してしばしば優劣を競わなければならなかったが、公安警察という敵に対しては、途方に暮れてしまった。話の最後で、レコツェは「ジャッカルたちがわが家に入り込んで」と比喩的表現に立ち帰っているが、他のイメージを見つけることができなかったようだ。

羊飼いの家への警察の侵入に伴って、もう一つ別の主題が提出される――「連中は返事をしなかった。」レコツェは何回も尋ねた。「何が欲しいんだ?」と。警察が返事を拒んだので、レコツェはさらなる質問で警察官たちを困らせる。この寒さで子どもたちが病気になったら、医者に連れていく金を俺にくれるかい? だれが俺の家を襲ってよい許可を与えたんだい? これがあなた方のやり方なんですか? よくもまあ戸棚をこじあけたりできるね? ビール、飲み物、ソーセージはいりませんか? 腹は減ってませんか? マリファナタバコやダイヤモンドを隠し置くことで、俺たちを巻き込もうと思っているのかい? ドアをいつ取付けに来るつもりなんだ? APLAってだれのことだ?

このように問うことは、すべての哲学の基礎である。私は自分のまわりの世界をどのように理解しているのだろう? この世では何が正しく、義にかなっているのか? どれ一つとして質問に答えてもらえなかったということが、その日なぜ彼がそれほど深く影響を被ったかを物語っている。つまり、自分のまわりの世界を理解する能力が奪い去られた。彼は神話的な暗黒――説明がなく、答えも与えられない所――に追い込まれた。彼の息子が事の真相を隠していたので、ずっと後まで情報は与えられないままだった。というのも、息子たちは教育を受けているが、自分はそうではないから、と彼は言う。

他者の行為を理解しようとする絶望的な試みにおいて、レコツェは想像力豊かに、自分自身をいくつも他の立場に移行させている。農場主に――こんな行為を許す農場主がいるだろうか? 警察に――こうした仕事を続けていれば、彼らも腹が減るに違いない。なので彼は、警察官たちに飲食物の提供を申し出た。その少し後で、警察は自分の家にダイヤとマリファナタバコを隠し置いて行くつもりなんだ、と想像する。彼の話すべてをより痛切なものにしているのは、彼が自分自身を他の人間の立場で想像しているにもかかわらず、だれ一人彼に同調することができそうにないからだ。

彼の感情移入、自分自身を他の立場の人間と見なすその能力は、彼が話している当の夜をはみ出している。それは、真実和解委員会から派遣される人を含みさえしている。彼は想像している。おそらく委員会のメンバーは、自分の家にまきちらされた破壊を十分に理解しようと努力しているに違いない、と。「はしごがあればよかったのに、残念だ。/そうすれば、あなた方を家に連れていって調べるのに……。」

この二つの文が、話に、詩的で想像力豊かなクライマックスを作り出している。レコツェは、委員会に自分の家に来るようには要求できないと自覚している。とはいえ、自分で用意できるはしごがありさえすれば、おそらくメンバーたちはその一番上に上がって、最近修理したばかりのドアが付いた自分の小屋が覗けたかもしれない。それが、理解してほしいと切望していることであり、自分の前にすわっている人たちに見えないものへの見通しを与えたいと思っていることである。はしごは真実和解委員会に洞察力を与えるかもしれず、彼の話をあるレベルから別のレベルへ、非現実的な次元から現実的な次元へ、無理解から完全な理解へと高めてくれるかもしれない。

ヤコブの夢以来〔旧約『創世記』第二八章で、ヤコブは天に達するはしごの夢を見て、エホバの誓いを耳にする〕、はしごは、この世と天国、夜と昼、死と不死の間の意思疎通のシンボルだった。しかし、ここでのはしごのイメージは、レコツェが示す従属的な立場を強める役割を果たしている。レコツェは、話の終わり部分で自身を黒んぼ《カフィール》、さらにはのろまな驢馬と呼んでいる。しかも、レコツェは、自分をこうした無価値な役回りに貶めた人々——白人、警察、農場主、息子たち——を訴える。自尊心がなければ、彼は生きていけないし、生活を発展させることもできない。「ジャッカルたちがわが家に入り込んで、俺たちに噛み付いた／あの日から、／俺は、庭いじりをするための鋤を持ち運ぶことさえできない。」レコツェの首尾一貫性に対する全感覚の崩壊は、警察にむだ骨を折らせ、あげくは警察をあざけりさえした自分の息子のふるまいによって浮き彫りにされている。

レコツェと真実和解委員会とのやり取りは、意思疎通が十分にできないという彼の欲求不満を、さらにつのらせた。最後にラックスは、レコツェに質問を二つした。レコツェは、委員会の無理解に対する自分の落胆ぶりが浮かびあがるような質問を逆に投げ返す形で、それに答えた。

あなたの陳述書には、肋骨を痛めたと書かれています、とラックスは言う。要は、それはあなたの肩のことを言ってるのでしょうか？

これまでにたくさんの羊を捌《さば》いてきたレコツェは、問いかけでそれに応じている。「あなたはご存知ない？／肩が肋骨と／関連しあっていることを、／委員どの。」

続いてラックスは、この件をこれまでに警察に訴えたかどうか尋ねた。

再びレコツェは問いかけで応じている。「だれが警察官を警察官に訴えたりなどするでしょうか？」

そのうえでレコツェの要求が現われる。「そういうわけだから、俺は連中に言いました、／『俺たち全員を殺せ／後で面倒が起きないように。』」一つの穴に俺たち全員を埋めることなんか、たやすかっただろう、とレコツェは言う。そして、自分の人生を永遠に変えてしまったあの日／夜を呼び戻すことで、自分の話を締めくくった。同じ要求を繰り返すことで。「あの日の警察官の一人でもこの近くにいたなら、よかったのになあ／そしたら、連中の一人がこのステージに上がってきて／すぐさま俺を殺すだろうに……。」

彼はまさに二度殺されなければならない

レコツェの最後の要求の強烈な悲劇性は、ズールー語詩人マジシ・クネーネがアメリカ人研究者コリーン・スコットとの未刊行のインタビューの中で行なった、アフリカの物語に関するいくつかの見解を考慮に入れると、はっきりしてくる。「最初の白人がやってきたとき、……長老たちはその男たちの所に行って、言いました。『お前たちの世界についてわれわれに語れ』と。世界は一つではない、多くの世界がある。……アフリカ人の体系には、多様性がある。理想的なのは多様性であって、対称性ではない。」

この多様性の観念は、レコツェが乱入者たちの世界や彼らの考えを理解したり、それに近づいたり、教えられたりするために緊急に必要とする際にも影響を及ぼしている。レコツェは当然、警察を無視しなかったし、抵抗もしなかった。彼は本能的に、自分の世界の豊富さに彼らが近づくのを許し、その見返りに彼らの世界に近づくのが許されると思っていた。

レコツェは、多様性へ近づくのを手助けしてくれる典型例《アーキタイプ》をしきりに用いる。羊飼いとして、彼は羊の群れと自分の家族のリーダーであり、保護者である。彼はみんなを、食べ物がある、安全な所へと先導する。ゆえに彼は、集団をより豊かにするかもしれない世界の開拓者でもある。

ドアは空間をふさぐが、そこに通じてもいる。この二つの意味がレコツェの話には含まれている。警察官たちの意図は、レコツェのプライベイトな空間に侵入するだけではなく、そこが二度と再びプライベイトな空間にはならないようなやり方で入口を壊すことでもあった。警察はレコツェの世界に入り込んだにもかかわらず、自分たちの世界や、さらには意図にさえ――それらはレコツェ自身の世界を自分で再定義するのに役立つ――レコツェが近づくのを拒んだ。警察は、自分たちが捜しているものを教えさえしない。(警察、つまりジャッカルたちが犬を連れて家に乱入してきたことに注目しておこう。ジャッカルは昼と夜、生と死の間をたえず移動する生き物である。対して犬は、境界線の侵入を許さない忠実な守護者として、一カ所に縛り付けられている。)

羊飼いが家族のために造った安全な住まいから、自分の一族にとって墓穴にもっとも適した場所になりそうな、寒くて、荒涼とした所へとレコツェたちは追い出された。

クネーネは述べている。「一度で殺すことはできない、二度殺さなければならないという。言い換えると、殺した後で、その殺したはずの人間が自分自身でもあるということを認めなければならない。その人間は、息子か父親か兄弟でもあることを。」

レコツェは、台無しにされた自分の家の外に立たされたまま、途方に暮れてしまい、まわりの世界を判断するか、それを楽しむことも、他の世界を見つけるか、それを共有することも二度とできない。父親としての、兄弟としての、息子としての彼の価値は否定されてしまい、黒んぼ《カフィール》や驢馬として扱われたので、レコツェはもはや無きに等しい。そこで彼は、あの夜があの夜らしくなり始める行為を要求する。彼の肉体的な死が、精神的な死に付け加えられなければならない。彼は二度殺されなければならない。彼は言う、もしだれかがすぐさま自分を殺してくれるなら、幸せだろう、と。

「通訳室にいるのはとても興味深い。みんな自分が演技者になっていくのに気づいているし、後でこう言われるのもわかっている。『レボハン、あんた本当にタバコ吸ってたの——何が起こってたの?』しかも、自分が演じていたことに気づきさえしない。わかっているのは、犠牲者が話している間、ただ彼をじっと見つめていて、無意識のうちに、彼が手を急に動かすと自分の手を動かし、彼がうなずくと自分もうなずくことになる、ということ……。でも、犠牲者たちが泣き叫び、切れ切れに話すようになると、通訳するのはとてもむつかしくなる。何かを言ってから静かになり、それからまた話し出す。……断片を寄せ集めなければならない。」(羊飼いの話の通訳者レボハン・マティベラ)

文化の水飲み場

その島は、私たちがフェリーから下りるとき、夕日の最後の光芒を放っている。黒人のスクールボーイが私たちのバッグを浜辺に沿って運んでいくのに伴って、私たちもまた植民地の物語の中へ下りて行く。元奴隷が食べ物を漁っているのに、海はみずからの時をすごしている。私たちの靴が浜辺の砂の通りに沈み込む。屋根はミルク色のうねを作り、バラ色の壁は剥げ落ちてヨーロッパ人の肌のように汚れている。島の住民は、以前の搾取者の過剰の名残りの中で暮らしている。

ゴレ島での詩のフェスティバル——セネガルの海岸から目と鼻の先に浮かぶ奴隷売買で有名な島。

日を抱き締めて、私たちは入江の銀白色の靄の中へと泳ぎ出す。広場では、木々が血を偽造する。私たちは他国の詩人に出会う。光のゆらめく中で、民族音楽のグループが練習をしている。セネガル本土カサマンス産の搾りたての蜂蜜や、トゥアレグ族が作った布や装身具が並んでいる。私たちはオランダから来た二人の詩人といっしょに腰を下ろす。傷跡の残る、怒りっぽい人と、白のアンダーコートを着て、サングラスを無数に持っている、汗だくの人。私たちはかごから取り出して食べる。酒石酸入りのハイビスカスジュースを飲む。浜に引き上げられた釣り舟のそばの砂の上で、少年たちがうたた寝をしている。人はどこにいてもぼろ布を敷いてうたた寝をする。「だれが騒いでるんだ?」

「ホテルにいるあの飲んだくれ詩人どもさ。」だれかがぶつくさ言う。

フェスティバル当日。サングラスをたくさん持っているオランダ人詩人は、編まれた日除け幕の下で、汗をかきかきすわっている。ホテルの経営者はボーイを呼びながら、詩人のまわりをちょこまか走っている。詩人は自分のスーツを待っているのだ。彼はスーツを着ないことには演じない。彼の白の麻のスーツは、首都ダカールでドライクリーニングするために、船で本土へと送られた。経営者は電話接続の修復に努めている。太陽はマグネシウム・シルバーに輝いている。サングラスをいっぱい持っている詩人は、スーツがもし届かなかったら、自分の椅子から二度と立ち上がらないつもりだ、と言う。

その間、数グループが演じた。マリからやってきた踊る鳥。その爪先は、砂浜にナイフのように突き刺さる。大型アンテロープ類オーリックスの仮面を付けた駱駝もいる。駱駝は背中に、ロープで編んだマットと砂山の雰囲気をぶら下げている。操り人形が上演される。ある登場人物のてかてか光る着物から一インチ大の血のように赤いペニスが何度も露出されると、派手派手しく飾り立てた子どもたちがどっと笑って砂浜に倒れこむ。巨大なコンドームがペニスにかぶせられる。午後遅い太陽は、樹皮とナスの、スペアミントと魚のフライの匂いがする。例の詩人は自分の椅子にすわったままだ。

ついに少年が茶色の紙袋にスーツを入れ、償い用の捧げもののように両腕に抱えて、うれしそうに海岸に駆け降りてくる。すぐさま詩人は華麗に登場する。片方ずつ異なった色のサングラスを掛け、靴をぴかぴか光らせて。「アート・テイタム〔アメリカのジャズ・ピアニスト〕は神である」と彼は言い、ステージへと歩く。そこはその日の朝早くから、ミュージシャンたちがドラムをたき火で暖めてきたところだ。

詩の朗読が始まった。西アフリカからきた詩人が最初だ。彼らはフランス語を使った。冒頭の数行が読まれた後、サングラスをいっぱい持った例の詩人が不平不満を言い出した。「バカな！　くだらない！　血と土地についての陳腐な決まり文句ばかりだ。」彼はいらいらを高じさせ、たき火のところまで歩く。そこでは、仮面を着けたダンサーたちが、広場の壁に身をよじった影をいくつも映し出している。

次の日は研究会が持たれた。二人のセネガル人詩人と一人のベルベル人詩人も出席している。ベルベル人詩人は明るい紫がかった青い服を身に着け、肌は茶色、髪はブロンドで、彼の詩（前夜朗読は聞いた）には鳴き声や砂嵐と馬のいななきがちりばめられていた。このフェスティバルを準備したブライテン・ブライテンバッハ〔南アフリカのアフリカーナー作家で反体制の政治活動家でもある〕は、随所でフランス語と英語で通訳した。

私は、ヨーロッパ人がアフリカ大陸について、「異なっている」ではなく、ただ「より劣っている」と、なんとも気楽に書きなぐることになじめない。私はブライテンに通訳してくれるよう頼んだ。「私たちの文化では、月並みな事を新しいスタイルで表現すれば、優れた詩人ということになる。何世紀もの間、私たちは『我、君を愛す。されど君は、我に冷たし』と、ずっと歌い続けてきた。そのことを〈より斬新な〉スタイルで表現すれば、より優れた詩人ということになる。セネガルの文化においては、何が人をより優れた詩人にするのですか？」オランダ人詩人は静かにタバコを吸っている。セネガル人詩人が発言し、ブライテンが通訳した。「セネガルの文化では、ただ詩人になるだけではない。まず最初に志願しなければならない。そして、先輩詩人たちと一堂に会して、家柄が調べられ、能力がテストされる。そこでもし選ばれれば、最高位の詩人の下で徒弟として始めることになる。そして詩人は共同体の歌を彼に教える。そこでは、種族の歌は自分たち種族の叙情的な魂であり、歴史でもある。ゆえに、それを新しいスタイルで表現してはならないし、それを変更してもいけない。というのも、そんなことをすれば、過去に起きたことを偽造することになる。歴史を変えることになる。もし、十分に能力があれば、後になって自分自身のことを付け加えてもよいし、ことによると、あちこちを少しばかり変えるかもしれない。……しかも、最高位の詩人はどの部分が変えられ、どの時代の詩人によって追加がなされたか、正確に言うことができる。正確に歌を保持すればするほど、よりよい行ないとなり、よりよい詩人ということになる。」

関心が遊牧民の詩人に移った。「私たちの文化では、詩人の仕事は水飲み場――いくつもの水たまりの場所が織り込まれた韻文の詩脚――を記憶しておくことです。グループ全員が生き残れるかどうかは、砂漠で水たまりを見つけられるかどうかにかかっている。他のグループにはそれ以上に賢明な者はいないといった方法で、韻文の詩歌を記憶しておかなければならない。グループのだれも決して詩人を非難しないし、気違いだとも思わない。でも、水たまりの場所をだれか他の者に漏らしたりした日には、その日のうちに詩人を砂の山に置いて立ち去るだろう。」

一九章　あやまちの悲劇

雪も悪臭を放つ

「ANC〔アフリカ民族会議〕と真実和解委員会の間には取引があるし、われわれだってそのことは承知している。われわれが今理解しようと努めているのは、その取引がどの範囲にまで及ぶかだ。」私と向かい合っている男は、ひどく苛立っている。気まずい思いにさせられたので、私は窓の外を見た。そこには、かつて一度だけ映画の中で見た通りに雪が降っていた。私の祖先ヨハネス・クリストフェル・クロッホが一七七六年に後にした国〔オランダ〕の一市民であるこの男は、南アフリカの真実和解委員会について、ざっくばらんな質問を私にする約束をしていた。

取引？

時間かせぎに、自分の野暮天ぶりに改めて注意を向けてみる。もちろん、取引はあるに違いない！　これまでそんなことを考えてもみなかったなんて、私のなんと愚かなほど単純なことか。私の気持ちは新しい立場を見出そうとしてふらつく。だが、ひとりの男のことが念頭を離れない。

「取引は特定のグループか個人との間で結ばれていたかもしれませんが、真実和解委員会全体との取引ですか？　それは絶対にありえない。ツツ大主教のような人が、何か不法な政治的取引と引き換えに、非道な、起こりうる虐待に毅然と立ち向かう生涯をみずから進んで台なしにしたり、正義のために捧げられた人生を放棄したりなど決してしないでしょう。そんなことって、戦略的にも心理的にもありえない。ツツは――それに他の委員たちの何人かにも当てはまることですが――実際にはドラマチックに職を辞する方を選ぶだろうし、辞職の理由を説明する機会を利用するだろう種類の人間です。その男は今死にかけているし〔ツツは癌の治療を受けていた〕、……彼は自分の完全無欠な潔白さ以外に失うものは何もない。」

男はうなずいた。「ところで、委員会で何が起きているか、ツツは知っているのかい？……」男が眼鏡に手をやったので、私は初めて眼鏡に影が映っていないこと、そのレンズが光をすべて吸収してしまうことに気がついた。「……ANCの情報機関から真実和解委員会に調査員が三名送り込まれたと噂されているのを、彼は知ってるのかい？　新政権は旧体制からそっくりそのまま化学兵器計画と、そのうえおそらく核計画まで引き継いだと皆が言っているのを、ツツは知ってるのかい？　それに、その情報は委員会の調査班が入手していて、その問題が最終報告書の一部になるようツツは要求するだろうかと言われているのを、彼は知ってるのかい？」

私はどう答えてよいかわからなかった。男は、小さな、把手のないカップにすばらしい香りのコーヒーを入れて、私に手渡した。私はそれを口にしてから言った。

「私は深く調査するタイプのジャーナリストではありません。私は広い意味での特ダネや、それがひどいものでなければ多少バカげている記事の報道を求めている。ニュースの見出しは私をすくませる。それで、そのことを私にどう報道しろと？　私の役目はどうあるべきだと？」

男は躊躇しなかった。「取引をしなかった連中の立場や、君と同じ価値観を持つジャーナリストの立場を強調するようなやり方で報道すべきだ。いつもいつも全体としての真実和解委員会を考察するのではなく、委員会の中の何が、われわれ全員にとって委員会を価値あるものにしているかについて、重点的に取り扱えばよい。」

急に私は家に帰りたくなった。彼の言う「われわれ全員」に対して、私には返す言葉がなかった。一瞬、男の言葉が異国にいることを忘れさせたので、私は故郷南アフリカの見覚えのある風景を脳裡に思い浮かべた――しかも窓越しに。男は私に、まるで別の人生を歩んできた人間のような心で真実和解委員会を扱うよう望んでいる。

パリのドゴール空港で、私は偶然、数年見かけなかったANCの支持者に出会った。私たちは南アフリカ航空の搭乗手続きを取りながら、スーツケースの底にコミュニストのパンフレット類やポルノ本数冊をひそませていても、税関を通過するのにもはや心配することもなくなった、などと冗談を言い合った。彼はフォワグラとトリュフについて私に講釈し、夫へのみやげのシャンパン選びを手伝ってくれた。ブックスタンドにウィニー・マンデラ〔注46〕を表紙にした雑誌があり、見出しが仰々しく踊っていた――「亡命者、子どもの活動家殺しについて白状。」

この古くからの私の同志は、カティザ・チェベクールがストンピー・セイペイの殺害にウィニーを巻き込んだとする、BBC〔英国放送協会〕製作のドキュメンタリーを見ていた。出発ラウンジで席を探しながら、彼はその番組について私に語った。ところで、彼もまたもっと多くを知っていると言う。ネルソン・マンデラがストンピー問題でウィニーと話し合おうとし、事態の処理の仕方について彼女によく言って聞かせようとしたことを、彼は知っている。だが、ウィニーは話し合いに応じようとしなかったし、あまりに腹を立ててマンデラを傷つけた、と彼は思っている。「あの女は気がふれている」と彼は言う。「ところで、マンデラ自身が事件の揉み消しに責任があった、と公聴会で明らかになると思いますか？」

私から血の気が失せた。「彼に事件揉み消しの責任があったとしても、そんなこと耳にしたくないわ。」考えるよりも先に言葉が出てしまった。友人は困惑したふうだった。

「つまりその、昔、皆でよくそれについて話し合ったの、世間で言うところの試金石について。手の汚れる任務に組織のお偉方が関係しているという情報をどう処理するかっていう、これがそうした例よ。それらお偉方が真実和解委員会の委員予定者たちに面談して、委員予定者たちにそうした新情報を異なった形で扱ってもらいたいとお偉方のだれかが言うたびに、私は義憤で煮えくり返った。でも、私はここにいる！ これが目下、私の選んだ立場よ！ そして、私もあなたにこう言うつもり。もしもマンデラが何か悪事を働いていたとしても、私はそれについて聞きたいとは思わない。何かが、何かがこうしたことのすべてから生き残らなければならない。」

彼は笑った。「君は白んぼ《ホワイティーズ》だから、とてもじゃないが君にただ話すというわけにはいかない。ほんの少し話してから、しばらくは教育しなければならないし、それからまたほんの少し話す……。君は真実和解委員会ではないし、委員会の決定は君の決定でもない。ところで、僕に何か他のことを教えてくれよ。たとえば、MK〔ANCの前軍事部門「民族の槍」の略称〕の最後の指揮官としてジョー・モディセ〔注63〕のような者にも、恩赦公聴会が開かれるんだろうか？」

「もちろんよ！ 彼にだって適用されるし、すべての野蛮な犯罪行為が公にされなければならない。恩赦を申請しているANCのメンバーすべてに先立って、とても興味深い機会になるかも。委員会は白人を標的にしているという反感を払拭するには、それが大いに役立つかもしれない。」

「僕は分裂している」と彼は言う。「ANCは委員会には決して出頭すべきではない、と僕の一部は思っている。僕らは義にかなった闘争をやっていた……。なのに僕のもう一部は、MKに加わってから殺された兄のことを考えている。われわれが知っている話によると、兄はモザンビークをベースにしていたグループの一員で、そのグループでは、MKのある指揮官のひどい組織運営の失態やうぬぼれ、どうしようもない虐待に、もはや耐え切れないと皆で決意したという。でも、彼らがどうしようとしてたかは神のみぞ知るだ。計画がどんなものだったにしろ、その指揮官は計画をかぎつけ、モザンビークの軍隊に彼らの始末を頼んだという。ある明け方、彼らは包囲され、一掃された。」

「その元指揮官の公聴会に出て、あなたの話をするつもりなの？」

「おじがわれわれ一族の長で、彼はしこたま金を受け取った。われわれは話すつもりはない。それで何がもたらされるっていうんだ？」

私たちはともに、混乱した南アフリカの道義を抱えたまま、そこにすわっていた。飛行機の出発が案内されたので、彼はため息をついて立ち上がった。「われわれの国で立派な人生を送るのは、よりたやすくもなってやしないな。」

委員会内の政治的・人種的対立をめぐって

一〇月末に私がヨーロッパから帰国した翌日、真実和解委員会の調査班の班長であるグレン・グーセン〔注65〕が辞任した。ある日曜新聞は、人種差別主義への告訴の後に彼の辞任が続いた、と報じた。翌日、真実和解委員会は、ンツェベザ委員〔注37〕とグーセンとの間で調査班の再編成についての意見が合わなかっただけで、辞任はいかなる人種差別的な対立とも関係がない、という声明を発表した。次の日曜日、同じ新聞が、今ようやく辞任の本当の理由が判明した、と報じた。そこでは、ンツェベザ所有の車がハイデルベルク酒場襲撃事件に使われたという証言の調査中に横やりが入った、とグーセンは主張している、とされている。

もはや取り返しがつかなくなった。その日曜日の午後。明朝の時事問題番組の準備に追われていたラジオ局の同僚が、電話をよこした。このンツェベザの件をどう扱うつもり？　私はジョン・アレン〔真実和解委員会のメディア担当〕に電話した。彼は、私がその煙を追ってこうして電話をしている日曜新聞の集中攻撃の火の粉を消すのにうんざりしているようで、委員会は先週発表した声明を変えないよ、と言った。できたらグーセンに電話したいんだけど、と私が頼むと、グーセンは電話番号が漏れるのを望まないだろう、自分がグーセンに電話をして、君に電話するよう頼んでみる、とアレンは答えた。だが、グーセンからの電話はなかった。すると、ボレイン副委員長に電話してみたら、とアレンがアドバイスしてくれた。

どうしてボレインに？　私は自問自答した。ボレインは先週の風聞を確かめたい気でいるのだろうか？　国会担当記者になって一つ学んだことがある。廊下で囁かれていることは信用するな。だが、囁かれている噂の量によって、いつ議事堂内に緊張が走るかを間違いなく判断することができる。私は方々に、グーセンは真実和解委員会に調査報告書を提出したかどうか尋ねた。連絡係の職員一人はノーと言い、もう一人はイエスと言った。……だが、確信はなかった。おそらく、事の純白さをかき消してみせた例の男が私に言わんとしたのは、このことなのだろう。抜け目なく注視している者たちの立場を強調せよ、と。

私はこんな記事を書き送った。「いずれの委員にも過去があり、その多くが政治的なものである。クリス・デヤーヘル委員〔注25〕が過去に関係した事件が恩赦委員会の審査にかけられたのは、これまでに二回ある。いずれの場合も審理が始まる前に、デヤーヘル委員は、自分は担当を降りると声明で公表した。」

私はそこで、委員は支持者を代表すべきではなく、原理原則を——何よりも人権の原理を代表すべきだと感じた人たちがいる理由を正確に述べているわけではない。ただそうなれば、圧力や恐喝の恐れはなくなるだろう、と述べている。「でも、委員会が自分たちを代表していると思えない限り、人々は委員会を決して受け入れないだろう」と、私は事情を知る人たちから言われた。
私の記事はこう続く。「今年の年明け早々、メディアは、調査班の班長の地位にいる白人人種主義者がハイデルベルク酒場襲撃事件の調査に関わっている、とする記事を報じた。アレックス・ボレイン副委員長は、その事件はンツェベザ委員の補佐役であるグレン・グーセンによって調査されている、という声明を発表した。そして、委員長も自分も不法行為はなかったと確信している、とも述べた。

あの段階で、委員会は明らかにジレンマに陥っていた。ンツェベザ委員は真実和解委員会のプロセスには必要不可欠である。彼を委員に任命した時点では、パンアフリカニスト会議と「黒人意識運動」〔一九七〇年代に主に進展した、白人的な価値から解放された、黒人による黒人のためのイデオロギー〕の支持者を代表していると言われた。おそらく、そのような理由から、報告書が出来上がるまでンツェベザを調査班の責任者から、すぐに、ほんのしばらくの間でもはずせなかったのだろう。また、ンツェベザ自身、なぜしばらく地位を辞す決心をしなかったのか、これまた不明である。

ンツェベザは、この一八カ月の間、華々しく脚光を浴びてきた。それは、活動的で印象深い委員長と多忙な副委員長をそばにして、容易にやれることではない。〔それをやれた委員はほとんどいない。自分たちのことをわかってくれる人がだれもいないので、入室許可をもらうために未だに入口に立たされている人に尋ねてみるといい。〕

ンツェベザが辞任しないことが、委員会にとってまさに危険な状態を生んだ。なぜなら、ある人は自分の上司を調べなければならないのだから。その人と上司の意見が噛み合っていないのは周知の事実である。その白人男性は重要ではないが、黒人上司は不可欠である。その白人男性は、F・W・デクラーク前大統領や他の軍司令官たちへの反対尋問でへまをやらかしたことで非難されたが、上司の方は、デズモンド・ツツ委員長を別にすれば、いくつかの重要な黒人居住区で真実和解委員会に対して最大の信用を勝ち得ている人物である。

今のところ、メディアが伝える記事からして、報告書は確かに出来上がり、ツツに渡されたらしい。報道陣を前にした声明もないし、公式発表もないし、事態の透明性もない。そこへ突然、グーセンが辞任した。グーセン辞任は、ほかならぬその報告書と何か関係があるに違いないと考える以外、第三者にとって他にどんな結論が下しえようか？〔国民統一和解促進法〕一九条に基づき、ンツェベザが今週の公聴会に関係者として出席するだろうと公示されたのを、われわれは金曜日に耳にした。ある弁護士がンツェベザの代理人を務める、とも聞いている。しかも、ンツェベザが有罪か無罪かを決めなければならないのは、まさに彼の下で働いている人たちなのである。

こんな調査をこれまで耳にしたことがあるだろうか？　まるで一昔前のような臭いがしないだろうか？　隠蔽工作を目

にしている最中なのだろうか？　それにもちろん、いったい何が他に覆い隠されようとしているのだろうか？」

この記事が放送されている間、私はハイデルベルク酒場を襲撃した三人のAPLA員〔アザニア民族解放軍。パンアフリカニスト会議の元軍事部門〕の恩赦公聴会に向かっていた。カーラジオで私は、アレックス・ボレインが私の常軌を逸した主張に反論するので、それを放送するよう局に電話で要求したのを知った。怒りで口ごもりながら、彼は私の記事をこき下ろした。「彼女が私に直接質問しなかったことに正直とても驚いている。そうしておけば、私は、SABC〔南アフリカ放送協会〕に同等の時間、反論させるよう電話で要求する必要もなかったのだ。記事はバカげている。下品な（scurrilous）記事だと思う。杜撰《ずさん》で、風聞に基づいた代物だ。」

公聴会の会場で、私はラジオチームと落ち合った。海外から帰国後、彼らに初めて会ったが、あまりに体力を消耗させているのに驚いた。真実和解委員会に関する私たちの取組みに対して、全国的に評価の高いジャーナリズムの賞をチームとして得たばかりだというのに、彼らの目は絶望的な表情をしているし、その話し方はいらいらした口調で、すぐに悪態が口をついた。公聴会の後、裏寂れた小さな町で、ある夜、チームの二人の間で殴り合いが始まったのを耳にした。翌朝二人は、傷つき腫れた顔で朝食を食べに下りてきた。

APLA員の恩赦公聴会が始まってすぐ、真実和解委員会の職員数人が、コピーした書類をいっぱい抱えて現われた。後に委員会のメンバーとなったンツェベザを事件の関与者とした元々の報告書、調査した職員の報告書、グレン・グーセンの報告書、真実和解委員会の種々の声明など一式すべて。これでやっとすべてが公開された。

その日仕事をしている間中、次々にジャーナリストが私のところにやってきて、私の肩を元気づけるようにぽんと叩いた。直観的に私は、この親しげな行為が「下品な（scurrilous）」という言葉に関係している、と思った。だが、その言葉がいったい何を意味しているのか、私にはさっぱりわからなかった。その夜、一一時過ぎに帰宅してから、アフリカーンス語＝英語辞典でその単語を調べた。「scurrilous」の意味は、**laag, gemeen, vuil, plat, grof** などで、粗野にして下品、あるいはみだらで低俗で、口汚く、粗雑な道化芝居といったところだ。なので、私は怒り狂った。あまりの腹立ちで動けなかった。アレックス・ボレインのくそったれ！　私は彼の味方ではないのか？　落ち着きが戻ってきた。おそらく、委員会の仕事を引き受けてから、ボレインの個人生活は他の委員のだれよりも、娘さんへの悪意ある犯罪的攻撃や一番年下の息子さんの病気を含めて、心に傷が残るほどの家庭の悲劇につきまとわれてきた。そのとき、私はこう思った――いやいや、委員会を担当している男性ジャーナリストのだれに対しても、彼はあえてこんな反応はしなかっただろう。ともあれ、私は委員会の支持者以外の何者でもないと思われている。

翌日、ツツはボレインよりいっそう私の記事に腹を立て、SABCの理事会に対して正式な不服申し立てをすると取りざたされている、と聞いた。職場で、私の机の上に一通の手紙を見つけた。謝罪がいただけないなら、少なくとも懇切丁寧な説明を、とボレインは要求していた。

暴力で子どもを失った親の絶望感

一九九三年の大晦日の前々日の午前〇時直前、六人のAPLA員が、ケープタウン郊外のオブザーヴァトリーの一軒の酒場に侵入して、客を乱射した。数人が負傷し、四人が死亡した。死者は、隣のレストラン経営者ジョゼ・セルケイラと三人の女学生、バーナデット・ラングフォード、ロランデ・パーム、それにリンディ＝アン・フーリー。先の二人の学生はカラードで、三人目は白人だった。当時は政治交渉の大詰め段階で、南アフリカ初の普通選挙のちょうど四カ月前だった。

ハイデルベルク酒場虐殺事件の白人とカラードの犠牲者には、何人か車椅子に乗った人もいて、怒りと扱いの軽卒さに穏やかでない様子だった。犠牲者たちは、自分たちの襲撃者の真後ろに列をなしてすわっている——平然と腰を下ろしている自分たちの襲撃者の真後ろに。そのほかは熱烈なパンアフリカニスト会議の若い支持者たちでホールは埋め尽されている。一触即発の雰囲気だった。脇の方に、心配顔のドゥミサ・ンツェベザが弁護士といっしょにすわっている。

悲嘆・悲しみを専門分野にしている精神分析医に、私はインタビューした。他の多くのことについても質問するはずの恩赦公聴会が、にわかに、あるたった一つの問題をめぐって燃え上がった。暴力による子どもの死をめぐって。


家族に対する虐殺死の影響については、ほとんど注意が払われていません。南アフリカ人は家族の一員を失ったことに関して親や兄弟姉妹の声に耳を傾けますが、口にされないことや時に思いも寄らないことなどには配慮が向けられることはめったにありません。


ロランド・パーム（ロランデ・パームの父親）発砲だと気づいた時点で、私はすぐさまテーブルに身を伏せ、娘を引き寄せて言った。「伏せろ」と。その間に私はベンチに倒れ込み、床に転がり込んだ。娘は頭をテーブルにつけてはいたが、背中が丸見えだった。われわれに銃弾の雨が浴びせられ、テーブルの上の壜やその他が床に飛び散った。だれが撃たれたか確認するために私がテーブルの下から見ようとしたら、娘がゆっくり床にずり落ちてくるのがわかった。同時に、私の右側にいたもう二人の少女がベンチから吹き飛んでいるのがわかった。

次の瞬間、こんな松明《たいまつ》のようなものが通路の壁板にぶつかってわれわれの所に転がってきたのが見えた。私は大声を張り上げた。「爆弾だ。ふせろ!」……。

すぐさま私は、娘が顔をうつ伏せたまま、肩から血をしたたらせているのに気づいた。私は娘を床に押さえ付けて、爆弾が爆発するのを待ちながら一〇まで数えた。何も起きなかった。娘を抱き起こすと、私の腕にただぐったりと倒れ込んできた。

娘を抱き上げて脈を取ったが、手が娘の首筋に食い込んだだけだった。私は娘を仰向けに寝かせ、両目を閉じようとしたが、閉じなかった。そのとき、娘が死んだという思いがまざまざと胸を打った。

自然な死の後だと、家族は喪のプロセスを始めることができる。暴力、政治的な暴力によってもたらされた死の後は、裁判や警察制度が、通例、悲しみの諸儀式を台なしにする。暴力による子どもの死の場合には、通例、喪が終わるという感じがしない。

ロランド・パーム　私はすぐさま、妻に知らせるために家路についた。ショックと涙で私は盲状態だった。薬局の外の、オブザーヴァトリーとロウアーメインロードとの交差点で、私は警察の護送車のそばを通り過ぎた……。

二、三日後、調査官のデス・シーガルが供述を取るために私の家にやってきた。供述を取ってもらっている最中に、外に走り出たとき酒場の隣に駐車していた黄色の警察の護送車を見た、と私はシーガルに話した。警察がそんなに早く現場に来たのを知って安心した、と私は言った。シーガルは私に、警察の護送車がそんなところに停車するなんてありえないので、あなたは酔っていたに違いない、と言った。そのことを報告書に書き留めるよう私が主張したので、シーガルは書き留めた。裁判では、調査官たちは私の供述を採用しなかった。シーガルは私の妻に、容疑者たちは徒歩だったはずだ、あなたの夫はあの夜酔っていたし、警察が現場にいたなんてとてもありえない、と言った。

娘の死が皮肉なのは、娘は白人――APLAにすれば彼らの殺人部隊の正当な標的――ではなかったという点だ。娘の無意味な殺害を見て私が感じ、またここ数年感じてきた怒りを、私は表明することができない。あなた方はまるで、ロランデがくだらない、無価値な女であるかのように彼女の命を簡単に奪った。アザニア〔アラビア語の「東アフリカ」がギリシャ語化したもので、パンアフリカニスト会議が黒人意識高揚のために用いた〕を解放するためにやった、とあなた方は言う。私はあなた方に言う、あなた方は身勝手に、犯罪目的のためにそれをやったのだ、と。

私は二人の子どもを体制のために失った。息子はアパルトヘイト体制の裁判で、娘は今の体制が守っているようにみえる殺し屋たちの手にかかって。

殺害された子どもの親は、子どもの心の中にあった最後の思いや恐怖、絶望感がどんなものであったかを自問する。もし生きていたら、息子または娘はどんな人間になっていただろう、と。子どもの殺害は、将来における両親の支えを打ち壊すという意味でも、自然の道理にもとっている。

ジネット・フーリー（リンディ＝アン・フーリーの母親）　娘の黒人の友だちは彼女をリンディ＝アン・フーリーと呼んでいたし、その友だちは娘にとっては白人の友だち同様に大切でした。リンディウェは、あなた方の友だちだったかもしれない。あなた方は娘を殺害することで、自分たち自身に計り知れない損害をもたらした。……娘は優しい子でした。私の人種的偏見がどのように見えない形で心の奥底に──私の最深部の神経繊維に──深く潜んでいるか、娘は私に教えてくれました。……医者として私は、フルーテ・スキュール病院の病棟にまっすぐ引き返して、撃たれたあなた方の同僚を治療しなければなりませんでした。……しかも、あなた方がわが子を殺したという恨みをいっさい見せないで、治療しなければならなかった。……このような試練を与えた神に感謝します。……現在高位にいる人が、このまったく卑劣な事件を計画した人だったということについての真実が聞ける望みを持って私はここにやってきました。しかし、その真実が公言されたとは少しも思っていませんし、……それに、真実が公言されるまで、あなた方がただ単に言葉だけのつじつま合わせの中に姿をくらましていられるのが、私には不快です……。

殺害者が死の責任を負わされるのは当然だとしても、犠牲者の家族までしばしば自責の念に苦しめられる。突然の死はまた、犠牲者と家族との間のいろいろな問題を未解決のままで残すことになる。兄妹たちは生き残ったという自責の念を、感じる。自分たちは自己不信に陥る。両親はどんな犠牲を払おうとも子どもたちを害から守り通すのが親ではないのか、と。

ロランド・パーム　息子を失っている痛みが、娘の死によって百万倍に増大した。二人に対して責任と疚《やま》しさを感じた。ここ四年間、そうした気持ちで生きてきました。

私の人格は変わってしまった。いろいろ治療やカウンセリングを受けたにもかかわらず、殺人者を処罰から免れさせておく制度に対して、私は怒りや憤怒、自責の念、復讐の感情や救いようのない絶望感を捨て去ることができなかった。

ヨハン・フーリー（リンディ＝アン・フーリーの父親）「ああ、パパ、心配しないで──もちろんだとも。」

これが、一九九三年一二月三〇日午後六時三〇分頃、私とリンディ＝アンとの間で交わした最後の言葉です。

リンディの父親として、彼女の生存には責任があるし、力の及ぶ限り彼女を育て、世話をする責任を引き受けてきた。……子どもが成人を迎え、親と同等以上になると、闘争がすべからくそれだけの価値があるように思え、人生の不可解なことの多くがうまくいっているように思える、……私たちの子どもに関しては……。でも、私と妻のジネットは奪われてしまった。私自身の肉と血が奪われた。人間が経験するもっとも自然な幸福の形が奪われた。最愛のわが娘が……。「やあ、パパ、兄ちゃんとママは元気?」という電話の声をもはや聞くことはない。全力で後を駆けてくるお気に入りの犬を連れて、私たちのそばをあっという間に通り過ぎる際の、娘の伸び放題の髪の毛を目にすることはもはやない。いいですか、あなたたち。われわれは普通の人間だし、ごくありふれた気取らない態度で、普通の仕事をしている。……なのに、どうして娘はあんなに若く、しかもあんなにむごたらしいやり方で死ななければならなかったのですか?

子どもを失ったストレスが原因で、悲嘆に暮れる両親の間で離婚する割合がとても高くなることを、研究は裏付けている。また、研究は、男女で悲しみ方も違うし、その違いや不一致が相手に対する怒りをしばしば生み出すことも示している。

ヨハン・フーリー　妻はあなたたちに自分の悲しみを語った。殺人者に直接語りかけるのをよしとした。私の悲しみは異なっている。私は、殺人者の恩赦を決定する人として、委員長殿、あなたにお話ししたい。

ロランド・パーム　結婚生活が取り返しがつかないほどの被害を被った、と言えば十分でしょう。妻は極度の心労と神経不安に苦しんでいる。われわれ二人は常時薬物治療を受けている。

ベンジャミン・ブラウデ　私はまるで「怪物」にでもなってしまったみたいに、家族と疎遠になり、家族のリーダーとしてみんなを導いていくことができないと感じている。私の生活は、まるで揺れ動くシーソーのようだ。私から人間性が奪い取られてしまったようだ。妻ともうベッドを共にすることもないし、二人の性生活はなくなっている。

たとえば誕生日や休日のような、かつては家族の触れ合いをもたらしてくれたイベントが、今では喪失を思い出させるものとなる。両親が受ける悲しみの内面化という影響は、さまざまな深刻な病気を引き起こすことがある。殺人の犠牲者の両親の中には、すぐに子どもの後を追って命を絶つ人がいる。

ジネット・フーリー　今週ずっとここに来て、とりわけ私が今日ここにいる理由、今日が私にとって非常に重要なのは、あの日、あなた方がわが娘を殺害したあの日、あなた方は私の心まで引き裂いたということをあなた方に伝えるためです。リンディウェは――わが娘なのでひいき目に見ているかもしれませんが――この国が生み出すことができただろう最も価値ある人間の一人でした。私は犠牲者と呼ばれることに憤慨している。そのことでは私にはまだしも選択の余地がある。私は生存者です。リンディは犠牲者であり、選択の余地はもうないのです。ハイデルベルクの事件後に生じたストレスや心の傷《トラウマ》が直接の原因で、私は命にかかわるような外科手術を受けたばかりです。ひどいストレスがもとで、結腸癌になったというわけです。最初は心が引き裂かれ、今や内臓の半分が引き裂かれた。あなた方は健康で何よりです。……感情面でも心理面でも、あなた方が健康であれば、と私は願いました。……あなた方はどのように感じたかをここで私たちに語ることができなかったし、そのことが私に、この人たちはもしかすると感じないように訓練されていたのだ、と教えてくれました。そんな訓練が殺人組織の中では重要なんだろう、と思います。……あなた方への恩赦に異議はありません。……私を正視してくださってありがとう、……私の話を聞いてくださって。

最も耐え難い喪失は、外出する、車を運転する、子どもが友だちを訪ねるといった、人々に普通の生活を送らせてくれていた安心・安全の感覚が、根こそぎ破壊されることです。子どもの不自然な死は、おびえ、孤立感、さらには無力感といった、存在の根底からの絶望感をもたらす。

ベンジャミン・ブラウデ　発砲事件の一カ月後、生活は粉々に砕けてしまった。私はすっかり日々の活動から引きこもってしまった。……アルコールに溺れ出し、不眠症にかかって身の回りで起きていることに神経を集中できなくなった。……事件後、私はミルナートンのレストラン「クラブ・シャック」の仕事に応募した。初めて勤務に就いたとき、レストランへの料理の配送が裏口を通って行なわれていた。私はその配送の仕方を知らなかったので、黒人の給仕が裏口の中へと歩いていくのを目撃したとき、てっきり攻撃されると思った。冷や汗がどっと出て、パニックに襲われ、その結果、私は取り乱してしまって、レストランで仕事を続けることができなくなってしまった。人の命がいかにあっけなく奪われるかがわかり、それが現実の悪夢となってのしかかってきた。……私がもう一度普通の人間に戻れるだろうとは到底思えない。

暴力によって命を奪われた子どもに対する悲しみは、他のいかなる悲しみとも異なっている、と精神分析医は言う。

真実と嘘は決して同じテーブルにはのぼらない

ところが、犠牲者に関心を寄せる余裕などだれにもなかった。ドゥミサ・ンツェベザ委員がハイデルベルク酒場の襲撃にかかわった可能性や、そのことが真実和解委員会に及ぼす影響について、憶測が乱れ飛んだ。ンツェベザは恩赦を申請すべきか？　辞任すべきか？　委員会はみずからのメンバーの一人の、期限を過ぎた恩赦申請の申込を受理するだろうか？

ハイデルベルク酒場襲撃事件で恩赦を申請している三人の男すべてが、武器の輸送に白い車を使ったことも、ンツェベザと親しかったこともない、と主張した。

続いて、ケニルウォース出身の庭師ベネット・シバヤが足を引きずって席に着き、胸の前で両手を握りしめた。シバヤは先週一週間、証人保護プログラムのもとでかくまわれていた。三人の男の弁論が行なわれているときも、自分が証言している間でさえ、シバヤは一度として視線を上げなかった。顔を肩に埋める格好ですわり、再三ゆっくり話すよう忠告を受けた。視線を上げるよう促されると、口を真一文字に結び、目を無闇にぎょろつかせて部屋中を見つめた。

ググレツ〔ケープタウン近郊の黒人居住区〕でガールフレンドの家を探しているとき、五人の男が一台の車から青い上っ張りにくるんだ小火器を取り出して、白のアウディのトランクに詰め込んでいるのを見た、とシバヤは言う。男たちがひどくこそこそやっていたので、だれかを殺そうと企てているんだ、と彼は確信した。車のブレーキランプが点ったので、プレートナンバーを記憶した。男たちが車で走り去った後、彼は通りで紙切れを見つけた。それを拾って見てみると、「ハートレイヴェイル・スタジアム」と「ハイデルベルク」という文字を含んだ指示が書かれていた。彼はことを警察に知らせることにした。ところが、ググレツの警察署では、地図は引きちぎられ、家に帰ってさっさと寝ろとシバヤは言われた。いずれにしろ警察は、ハイデルベルクはケープタウンにはない、それは内陸部の町だ、と言ったようだ。

昼食時に、私たちはシバヤの証言について話し合った。彼が車のプレートナンバー――XA12848――について説明したやり方が興味を引いた。彼はそれをこのように表現した。「XA十二《じゅうに》、八・四・八」と。どういうわけか、その言い方は信用してよい響きだった。他に納得できるところは警察署の場面で、大晦日の前夜、黒人居住区に配置されている白人警察官の、……いったいだれが銃が運ばれていたなどという話を聞きたがるだろうか？　そんな話は、だれもが休暇気分いっぱいのところに、ただでさえ入りこみたくないエリアでの、新年に及ぶ追跡調査をただ意味している。しかも、二、三百キロ離れたところにハイデルベルクと呼ばれている町は実際存在しているのである。

次に反対尋問が始まった。ンツェベザの弁護人クリスティン・クンタは、多くの人が呆れ返るようなやり方でシバヤに迫っていった。彼女は上品な身なりをし、準備万端整えて、一直線に突き進んだ。一目撃者にすぎないシバヤが、殺し屋であり、正真正銘の殺人犯である三人の恩赦申請者のだれ一人受けなかったような、痛烈な反撃にさらされた。クンタは、辛辣な質問や嫌味な意見でシバヤを厳しく追求した。彼女はシバヤに、洗練された英語で問いかけ、彼の返答ぶりをあざけり、彼のコーサ語をイヤホンで聞き、通訳者たちの誤りを正し、矛盾点を指摘した。犠牲者を信頼し、貧しい者の中でも最も貧しい者を信じ、無知無学な人に愛情のこもった敬意で接するという、真実和解委員会の倫理観の中で今や二年間も教えられてきたわれわれのような人間は、物も言えないほど驚いてしまった。貧しい人々は嘘をつく理由がほとんどないのに対して、身なりのよい金持ち連中は、人が思いつけるあらゆる理由をしばしば隠し持っているということを、私たちは委員会を通じて受け入れるようになった。反対尋問のすざまじい一勝負の後、委員会の職員の一人がメディアルームの椅子に倒れ込んできて言った。「うんざりだ、まったくもって吐き気がする……。」とはいえ、次のことが人々の胸にぐさりと刺さった。これがもし、ンツェベザの嫌疑を晴らす唯一の方法だとするなら、彼が置かれている状況がいかに絶望的であるかの証拠である。クンタは、「ひどいペテン」と彼女が形容する申し立てに対して、即座に判決を下すよう要求した。というのも、ことはンツェベザ一人の信望の問題ではなく、真実和解委員会全体の威信の問題でもあった。

反対尋問でクンタは、シバヤが事件の四日後に警察にした供述と真実和解委員会にした陳述との食い違いを重点的に追求した。たとえば、白のアウディはNY115番地に面したNY113番地の北側に駐車していたのか、それともNY129番地側に駐車していたのか？　この事細かな質問にほぼ一時間かかり、クンタを除くだれもが、すっかり面喰らってしまった。結局シバヤは、車はNY113番地側に駐車していたと思っていたが、次の日に警察にそこへ連れて行かれたとき、駐車してあったのは本当はNY129番地側だったと気づいたことを、しぶしぶ認めた。シバヤが陳述で触れたガールフレンドは、どうして彼のことを知らないと言ったのか？　彼女は今、困惑している、とシバヤは答えた。というのも、もぐりの酒場で彼女を拾ったから。シバヤはどうして車のプレートナンバーは憶えているのに、自分の身分証明書ナンバーは憶えていないのか？　現にシバヤはコーサ語しかしゃべれないと言っているのに、警察でのシバヤの供述書はなぜ英語で書かれているのか？　小学校を二年でやめた無学な人間が、暗闇で、紙切れに書かれた「ハートレイヴェイル・スタジアム」や「ハイデルベルク」という文字を、どうして読むことができたのか？　だが、シバヤは自分の主張に固執した。そして時折、ぼそりと言った。「真実と嘘は決して同じテーブルにはのぼらない。」

さらに、シバヤの銀行預金口座の残高は？　彼の元上司がドイツに帰ったとき、彼に家を残して行ったので今ではそれを賃貸ししている、とシバヤは答えた。クンタは笑い、首を横に振った。

熱い議論がメディアルームや廊下、真実和解委員会の事務所で噴き上がった。ンツェベザはかかわっている、と白人は考え、彼ははめられた、と黒人は思っている。委員会がすべての問題点を単なる人種についての選択へとすり替えさせたことに私は憤った。調査班の情報源に、私たちの誰も自由にアクセスすることができない。なので私たちは、グーセンの愚にもつかない報告書やシバヤの一風変わった証言から、今、現に起きていることを推測するよう求められている。それに、公聴会では、問題を議論する余地はなかった――ことはすでに人種問題になっていた。二年間にわたって築き上げてきた、ほんのわずかばかりの心の癒しや信頼感、一体感が、たった一日で帳消しにされてしまった。その間、私に謝罪を要求してきた手紙は、そのまま私の机の上に置かれていた。

だが最悪の事態は、次の日も続けられた公聴会で起きた。あの夜、白のアウディの運転席に見たという男を確認できるかどうか、シバヤは求められた。シバヤは、恩赦委員会のメンバーの一人であるンツィキ・サンディを指差した。皆が笑った。「彼はその人に似ている」とシバヤは言って微笑み、うなずいた。続いて彼は立ち上がり、しわくちゃで色褪せたシャツにかかとの擦り切れた靴を履いて、部屋を歩き回った。ンツェベザから少し離れたところで立ち止まり、指を振って言った――「彼です。」

そのときのドゥミサ・ンツェベザの顔の表情は、言葉では言い表せない。それは、悔しさ、驚き、そして無関心を装おうとする不自然な努力が渾然一体となったものだった。興奮したざわめきが部屋中に谺《こだま》した。これが最高のドラマだと、どのジャーナリストだって心得ている。

「彼が私を指差したとき、」後にンツェベザが私に言った。「私が弁護を担当している裁判で負けたときや、私の依頼人が何もしていないのに、いずれにせよ有罪を宣告されると知ったときに私がいつも感じるのと同じような、嫌な気分になった。シバヤが演技を装っていたことも、自分が潔白であることも確信していた。でも、私は負けそうだった。なぜなら、世界中が、彼が私を指差したというドラマを重点的に扱うだろうし、私が関与していたと思いたいのだろうから。」

この件がいかに重大かを示している証拠に、海外に出かけていたツツとボレイン両者が、帰国を求められた。

恩赦公聴会は、犠牲者の一人クエンティン・コーネリアスの証言をもって金曜日の午後遅く終了した。私たちは彼の話を聞いた。……が、耳には入らなかった。

クエンティン・コーネリアス　リンディ＝アンとはヴェンダで知り合い、新年を彼女の家族といっしょに祝うために、彼女の父親がスティルバーイから私を連れ出した……。

私は飛び込んで、近くにあったテーブルの下に身を隠した。……銃弾が脇腹を貫通して私の背骨に命中し、脊柱を九つに砕いてしまった。友人のリンディはそれほど幸運ではなかった。背中から胸を貫通した四発の銃弾で、彼女は命を落とした。私の真向かいにすわっていたバーナデット・ラングフォードも殺された。

今回の恩赦申請に関して、私は複雑な思いです。一九九三年一二月三〇日以降、私の生活は二度と同じものではありません、……見てすぐおわかりのように、車椅子の生活ですから……。しかし、とてもおわかりにはならないでしょう。痛みにどうこれ以上対処していいのかわからなくなるほど、毎日毎日が神経の痛みで金縛りになってしまわなければ。腎臓や腸の各部を失い、いつも水疱や他の感染症に苦しめられてみなければ。そのために、年に二回も入院するはめになってみなければ。健康で力強いその脚が奪われてしまわなければ。……犯罪者一人ひとりに、私をまっすぐ見させたうえで、ライフル銃を背骨に突っ込まれて、冷酷に引き金を引かれて、背骨が粉々になってもかまわないと思っているかどうか、彼らに選ばせて欲しい。あのとき私がそうであったように、感情的にも肉体的にも傷つき、動けなくなった自分たちが置き去りにされてもよいかどうか……。犯罪者は獄に留まり、自分たちが犯した罪の刑期を務めた方がいいのではないだろうか。それともむしろ、車椅子の私と入れ替わりたいのだろうか。私が選ぶものは決まっている……。

私は恩赦申請者たちを見つめた。後悔の兆しはないか、接触できそうかどうか、まじめに耳を傾けているかどうか、犠牲者たちの苦痛を理解したかどうか、事態が違っていたらよかったのにと思っているかどうか……。彼らはよくて平静、最悪の場合はうぬぼれてふんぞり返っているように見える。私は自分をののしった——いったいどう理解すればいいって言うのよ? 私には黒人の身体記号《ボディ・コード》が読めない。単にそれだけのこと。たとえば、私がボレインか白人の委員たちのだれかにインタビューする場合、彼らが真実を語ることができないときや、何ごとかを中立で悪意のないやり方で表現しようと四苦八苦しているときが、私にはわかる。目の色が変わったり、侮蔑の色が走ったり、頬が弛んだり、声の起伏がなくなったり、頭が動いたりすることで、私にはそれとわかる。しかし、黒人の委員たちにインタビューするときは、途方に暮れる。彼らは私にどんなことでも言えるし、私はそれを鵜呑みにするだろう。でも、そうとばかりも言えない。私は自分に反論する。ツツが「あの、えーと、その……」で始めるときはいつでも、何ごとかを私に伝えたがっていることを知っている。しかし、すべてこの「えーと、その」は、放送ではカットされなければならない。なので、編集作業の後、カットしたテープの切れ端が床に高く積もっているのを見て、私は気づく。今回のはツツにとってやりにくいインタビューだっただろう、と。

黒人の犠牲者たちが、白人のディルク・クッツェー〔注43〕の声の調子やイントネーションをどうして誤解するのか、私にもわかる。「彼は笑う」とチャリティ・コンディレは言う。「私の息子を彼がどうやって丸焼きにしたかを話すときに。」でも、それは私にはしかめ面に見える。クッツェーの唇は乾き、頭はやっと感知できる程度に揺れているように見える。彼は、薬物治療を受けているか、心的外傷後ストレス障害にかかっているかのどちらかだ。なのに、コンディレ家の人には、横柄な笑い顔の男に見える。

この国で起こることはいつも肌の色によってばらばらに分かれるのだろうか？　私はいつまでも正常な善悪の判断ができない、自分の過去の囚われ人《びと》のままなのだろうか？　この種の生まれつきの、疚《やま》しい卑屈さをいつまでも抱えたままの。

委員会内で画策された陰謀

この国で最良のジャーナリストの一人であるピッパ・グリーンが、私のオフィスで待っていた。彼女は今朝、いくつか電話取材をした。ベネット・シバヤは、ケニルウォースに家を所有していない。銀行口座に数千ランド持っているだけでなく、つい最近、クレアモントで二階建てのアパートを物色し、そのときに二〇万ランド以上の投資額を示す銀行の記録を見せもした。彼はギャンブル狂で、白人にコンビ〔マイクロバス〕でしばしば賭博場まで連れて行ってもらっている。

「でも、いったいどうして委員会の調査班は、三カ月でそうしたことを見つけ出せなかったの？」

「おそらく、したくなかった？」

「なぜもっと正体を見破ろうと働きかけなかったの？」

「おそらく、すでに人々はンツェベザの関与については結論を下していたから」と彼女は言う。

「でも、グーセンの最終報告書には二つのことが書かれている。そこではシバヤを妥当な目撃証人だと見なしている。にもかかわらず、独自調査を推奨している。」

「そうであるなら、なぜツツとボレインは、その提案には従わないことに決めたんだろう？　あるいは、少なくとも報道機関がいくらかでも調べられるように、なぜ最終報告書を公表することに決めなかったんだろう？」

私は肩をすくめた。


月曜日に、委員会の全メンバー参加の緊急会議の直後に、めったにない報道機関向けの事実関係の説明がなされた。いつものジャーナリスト連中はもちろんのこと、委員長・副委員長の真向かいにドゥミサ・ンツェベザが着席する間に、部屋は急に真実和解委員会の職員でいっぱいになった。

聞くところによると、その日の早朝の緊急会議の間、シバヤ事件について自由に、率直に話し合うために、ンツェベザは退室したらしい。そして、委員たちはたしかに自由に、率直に話した、とアレックス・ボレインは言った。委員会は、全幅の信頼が置けるある人物にシバヤの証言についての独自調査を依頼することと、APLAの一員が関係するあらゆる事件の調査役から降りるようンツェベザに要請することに決めた。

委員長が全責任を取った。「この場合、実際、私は自分の第六感レベルの直観に従うべきでした。しかもそれは、私たちが当初からずっとやってきたこと、隠しごとなしでやってきたことなのです。私はすべきだったのに、しなかった。ことが明らかになるやいなや、仲間の委員に知らせるべきだったし、報道機関に伝えるべきでした。ご承知の通り、ドゥミサに対するこうした申し立てはありましたが、私が感じていたように、独自調査にすぐに取りかかるべきでした。弁解させてもらうなら、独自調査で浮かび上がるような事実は、一九九四年以降に警察は入手していたと指摘できます――でも、警察は事件について何もしなかった。ドゥミサは委員に任命された時点で、過去を洗いざらい調査され、犯罪に関わるようなものは何もなかった。それに何より、恩赦申請者たちがどうしてドゥミサをかばうために嘘をつき、恩赦を失うかもしれないことを選ぶでしょうか?」

さて、もう一つ別の発表に移ろう。まさにこの瞬間、ベネット・シバヤはツツ大主教のオフィスにすわっていた。

しーんと静まり返った。ほとんどのジャーナリストはノートを取るのを止めたが、顔は上げなかった。

そう、シバヤは嘘をつくよう教導された、と告白した。一九九四年一月、バントリー湾でのイセエビの密漁で逮捕された後、シバヤは拷問され、ンツェベザを事件に巻き込むよう命じられた。だが、今では彼は良心の呵責にさいなまれている。シバヤは週末をあらゆる所でツツ大主教を捜すのに使ったらしい。ついに彼は、委員会の事務所とコンタクトを持ちさえした。ついに彼は、以前の住まいだった主教館を訪れた。シバヤは、偽ってンツェベザを指差した後、罪の重荷に耐え切れなくなった、とツツに語った。シバヤが言うには、証言するときは真実を言おうと前もって決めていたのに、いざ公聴会に来てみると、主に白人ばかりが目に入り、いくら一生懸命さがしても、大主教の紫色の式服が見えなかった。彼にとって真実和解委員会とは、ツツ大主教のことだ。彼は目の前の白人の顔また顔の中に、大主教の姿をまったく見い出すことができなかったので、ツツに話すまで最初に決めていた話はだれにもしない方が身のためだ、と思った。だが次の日も、依然としてシバヤはツツを見かけなかった。そのために彼は、わざと違う人、ンツィキ・サンディを指差して、自分が嘘をついているのが明らかになるよう願った。ところが彼は、再度、見て確かめるよううながされた。

今ではシバヤは公の席でンツェベザに謝罪したいと望んでいるし、自分の謝罪が広く公表されるのを望んでいる。

だれも一言も発しなかった。私はノートにぐしゃぐしゃ渦巻き模様を描いた。

シバヤが入ってきた。縞柄のシャツに花柄のネクタイ、それにネイビーブルーのダブルのジャケットを着ていた。彼はンツェベザをぎこちなく抱擁した。敵は二人を分裂させようとしたが、今や二人は同志です、とシバヤは言った。

私は委員長にインタビューした。「とても悲しい」とツツはため息をついた。「とても悲しい。事実が何であれ、人々は策略や秘密に気づいたし、汚《けが》されたと感じている。メディアがこれを扱ったやり方には、私もぎょっとした。あなた方はシバヤを一度として調べなかった。……一方、今回の緊急会議と特別決定をもって一区切りつくところまでわれわれを追いつめてくれたことは、かえっていい結果を生みました。」

歩いて帰ってくる間、私がこれまでインタビューした中で、ツツがいつもの祈りで話を始めなかったのは今回が初めてだ、と気づいた。私は無視され、自分の問いの中に置き去りにされた気がした。

机に向かって、私はボレインとツツ宛に手紙を書いた。「私は、あなた方のお怒りや私に対するコメント、要求について、久しく考えてきました。私の動機や記事発表までの手順、私の直観、拠り所、さらには私の文体をもう一度自分に問いかけながら。週が進むにつれて、私は心を痛めました。……そして、起きたことに対して私個人の責任がどれほどかを掴もうと努めてきました。」真実和解委員会がすべての情報を公開するシステムを本当に持っているかどうかについて、私が懸念している点を列挙した。私は結論を下した。「ところで、私はたぶん、今回の件に関しては間違った方向へ行ったかもしれません。それについては留保なしで申し上げます――本当に申し訳ありませんでした。私はあなた方いずれかの誠実さに疑いを投げかけるつもりで言ったのでは決してありません。この件で何かお役に立てればと思っています。あなた方お二人がいなくて淋しい思いをしていますので。」

何かが変わってしまい、私は喪失感でいっぱいだった。

シバヤ事件を調査するために、ネルソン・マンデラ大統領によって任命されたリチャード・ゴールドストーン判事は、ドゥミサ・ンツェベザに対するすべての告訴は事実に反したものであることを探り出した。「調査班のメンバーに、彼らの直々の上司を調べさせるという決定のマイナスの影響は、明らかです。この決定は、最終的にはTRC〔真実和解委員会〕の内部に、大きな不安や混乱、さらには論争を生じさせて終わりました。」

私は突如体調を崩し、真実和解委員会にも倦み疲れた。委員たちは自己満足を強めたり、独りよがりになったり、道徳的には尊大で、うぬぼれたっぷりになった。廊下で交わされる噂話も花盛り。この人は自惚れ屋さん。あの人は怠け者。なんとかさんはだれそれさんとお寝んね中。自惚れ屋連中は自分がメディアの関心の的でなければ、ご立腹。怠け者たちは政府内に偉そうな勤め口を物色中。自分のそれまでの仕事を辞めると約束したのに辞めなかった者は、海外ばかりに出かけている。午後にはいつも、一台ずつ、大きくてどっしりしたドイツ車が車庫から滑り出て行く。

対して、女性陣は！　彼女たちは委員会の中で強まっていく固定観念——犠牲者としての女性、闘士で指導者としての男性——をなんとか一度でもいいから覆したことなどまだない。熟慮され、しっかり計画されたやり方で彼女たちは一度も先頭に立ったことがない。公聴会で彼女たちは、たやすく感傷的か独善的になる。彼女たちは、自分たちの間で張り合うか、補助的で地位の低い女性の役回りに夢中になっているかのどちらかだ。

男性が大政治《ビッグ・ポリティックス》に大わらわの一方で、犠牲者の声はコンピュータのファイルのどこかに安全にしまい込まれた。犯罪者は法の適用を免れた。補償と和解が「女性陣に割り振られた支給品」だった。

犠牲者の最後の公聴会が五カ月以上前に終わったので、活動の焦点が失われてしまった。人々の記憶の背後に存在する、水がぽたぽた漏れる蛇口のような、それでいて委員会がまさにやろうとしているすべてのことを人々に思い出させもする犠牲者たちの声は、もはや聞こえてこない。テレビで人々は、委員たちが告訴するために通りを列をなして過ぎて行ったり、記者会見を開いたり、高官たちと会合しているのを目にはするが、もはや委員たちが普通の人々に耳を傾けているのを見ることはない。私にとって、小さな赤いライトの付いた真実和解委員会のマイクロフォンが、委員会の全プロセスの究極のシンボルだった。それを通して、今まで排斥されていた声が公衆の耳に話しかけ、言葉にできなかったことが語られ、さらに通訳された。そして、個々人の内奥の深みから発せられた個人的な話が、再び新たに人々を集団へと束ねる。集団に何が起こったのか？　すべてが政治化したのだろうか？

ジョセ・ザラクエッタ〔チリの哲学者で政治活動家〕の言葉を思い出す——真実和解委員会の活動期間が短ければ短いほど、それが成功するチャンスは大きくなる。

以下に続く会話と最後の二章の中の会話は、イアン・ブルマ著『罪の報い』〔日本語訳邦題『戦争の記憶』〕、ハーバート・モリス編『罪と羞恥』、ヨハン・デヘナー著『想像力、フィクション、神話』、それにカール・ユング著『破局の後で』に基づいている。

死はアフリカから来た名人《マスター》——彼の眼は青い

僕らはお前を晩に飲む朝に飲む僕らは飲むそしてまた飲む

死はドイツから来た名人《マイスター》彼の眼は青い

僕らはお前を晩に飲む朝に飲む僕らは飲むそしてまた飲む

／死はドイツから来た名人《マイスター》彼の眼は青い／彼は鉛の弾丸《たま》を君に命中させる彼は君に正確に命中させる／一人の男が家に住む君の金色の髪マルガレーテ／彼は自分の犬を僕らにけしかける彼は僕らに宙の墓をおくる／彼は蛇どもをもてあそぶそして夢みる死はドイツから来た名人／君の金色の髪マルガレーテ／君の灰色の髪ズラミート〔パウル・ツェラン「死のフーガ」より。飯吉光夫訳〕

あなたが「灰《アシュ》」と言うその言い方。「飲む《トリンケン》」と言うその言い方。なんとたったの一言が、私の心を引き裂いて水にしてしまう。あなたは二〇世紀のドイツ語詩集を閉じ、私はあなたへの愛を確信する。

「教養あるドイツ人ならだれでも『死はドイツから来た名人』の詩行は知っている。」あなたは説明する。「第二次世界大戦後、ドイツではこう言われた。アウシュヴィッツ以後詩を書くことは野蛮である、と〔テオドール・W・アドルノ「文化批判と社会」（一九四九年）の一節〕。にもかかわらず、パウル・ツェラン〔旧ルーマニア領生まれのユダヤ系ドイツ人で、戦後はパリに住み、ドイツ語で詩作した〕は、この筆舌に尽しがたいほど美しい『死のフーガ』を書いた。この詩を受け入れることは両義的だった。その詩はあまりに叙情的すぎないか？　ほんの少しだけ美しすぎないか？　恐怖があまりに受け容れ可能なものになっていないか？　ついにはツェラン自身がこの両義性に気づいて、詩集の編者にアンソロジーからその詩を削除するよう頼んだ。」

「おそらく南アフリカの作家は、しばらくの間、口をつぐんでおくほうがいいと私が言う理由は、まさにそれ。苦しみと破壊の生涯が支払わされている話を、作家が自分用に使う権利はない。言葉はたぶん、作家たちの方によりたやすく思い浮かぶ。だからこそ、真実和解委員会の前で話された、すべての口ごもりがちに言われた言葉に対して、文字通り血の代償を支払った人々に、この領域をより多く所有してもらえるようにしたいわね。」

「その種の過度の表敬的態度、畏敬の念がドイツでは生じた。一九五〇、六〇年代、作家たちはナチ党のことをその名で呼びさえしなかった――『バッファローを食べる人たち』と呼んだ。つまり、革のコートを着た男たち、と。」

「こうしたことがあって、ドイツはこれまでに何人かの最良の作家を生んだ。この国では、私たちはある意味で失敗した。というのも、この国で語られた事柄は、どんな作家の自由奔放な想像物をも凌駕している。この国のもつ哀調や苦悩、おぞましさ、人々の声などの広がりが表現されたものが、私たちの文学のどこにも見あたらない。私たちは私たちの恵まれた位置を譲り渡し、それにふさわしい人々にその場所を所有してもらうべきではないかしら？」

「君は、自分の過去を扱うためのスタイルを見つけられないから、そんなことを言ってるのかい？」

「違うわよ。アリエル・ドルフマンが南アフリカを訪れたとき、私はこれについて彼に話している。チリの真実委員会は非公開で行なわれたので、証言は公開の場では語られなかった。でも、彼はそうした短編を書いている。私は知りたかったので尋ねた。知っているふりをするのは冒瀆行為ではありませんか、と。私の経験から言って、元々の話が持っている言葉使いやリズム、比喩的表現を想像することなんて、できっこない。私はしばしば記憶によって記事を書くことはあるが、元々の話の録音テープと比べてみると、そっちの方がいつも、絶対にいつも、私自身が書いたものよりずっとすばらしい。ドルフマンが答えた、多くの話はすでに迫害された人々の間ではとっくに知られていた、と。『それはそうかもしれないけど』と私は言った。『公衆の前で話すという盛り上がった雰囲気が、いつも、その話と話し手双方に最高の表情をもたらす。真実和解委員会の壇上で語られた話は、いつも、その後でテレビかテープレコーダーに向かって語られた話よりずっと力強い。』そしたらドルフマンが、自分の作品は一種の混合物だ、と言った。いくらかは聞いたものであり、いくらかは自分でこしらえたものだ、と。そこで私は尋ねた。『しかしそれでも、それは冒瀆行為ではありませんか？　だれか他の人の話——その人にその人の人生を代償として支払わせた話——を使うというのは。』ドルフマンは私を見つめてから言った。『あなたはとんでもない真実を望んでおられるのでは？　他にどうやって真実が出てくるというんです？　他にどうやれば話が語られるというんです？』

「どうすればいいかを、あなたに言いましょう。……アウシュヴィッツを正視することに対するドイツ文学の気乗りのなさ、学校の教科書や博物館、記念館を除いてアウシュヴィッツを扱うことの拒否反応は、あなたが語った冒瀆行為に対する気づかいそのものです。名付けられないものに肉体を与えるいかなる試みであれ、その名付けられないものの聖なる特性を凡庸なものにしてしまう。裁判で犠牲者の話を聞いて議論をするのは致し方ないが、芸術家はみずからの汚れた手でそれらの話に触れないようにすべきです。ドイツの芸術家は、アウシュヴィッツを扱う表現形式を見い出すことができなかった。彼らは自分たち自身の歴史を所有するのを拒否した。そのために、不可避の事態が起きてしまった。ハリウッドがアウシュヴィッツをドイツ人から奪った〔ハリウッド製連続テレビドラマ『ホロコースト』が一九七九年に西ドイツでも放映されると、これをめぐって国内で論争が起こった〕。メロドラマというのは、統計的数量、修辞的な隠喩、抽象概念を求めたがるが、まさにそれこそがアウシュヴィッツだった。」

あなたは自分のオフィスに鍵を掛ける。外に出ると、夕暮れ前の空の奥底に、大学のキャンパスがひっそりと横たわっている。私たちの会話は、まるで折れた歯を手探りで捜していることに気づいている南アフリカの大きな舌の一部になってきた。

私は言った。「アパルトヘイトは、アフリカーナーの文化の、何かぞっとするような欠点が生み出したものなの？　その手掛かりをアフリカーナーの歌や文学、ビールとバーベキューの中に見つけ出せるとでも？　人に屈辱を与えるために使われたすべての言葉や殺害を命じたすべての命令が、私が使う言語に含まれているという事実に、どうやって耐えればいいの？　公聴会で犠牲者の多くが、アフリカーンス語の血なまぐさい特徴を示す証拠として、自分たちの話のそうした箇所をアフリカーンス語で忠実に再現したのよ。」

「ユングが劣等感について述べている。知ってるかな？」

「私が知ってることといったら、『イギリス人より上手に』母が英語をしゃべれるようにと、祖父が母をローズ大学に進学させたいと思ったこと。でも結局、母は拒否した。母は祖父に、自分はイギリス人より上手に英語をしゃべる必要がない、と言った。それにしても、なぜ劣等感について聞くの？　アフリカーナーが劣等感を抱いていると思ってるの？」

「ユングによれば、劣等感は人格のヒステリックな分裂状態を引き起こす。しかも、その分裂状態は基本的に、ユングが言うように、自分の陰の部分は無視したがるし、自分ではなく他人の中に潜む、陰気で、劣っていて、非難されるべきものならどんなものでも捜し出そうとしている。超人《スーパーマン》が自身のハイレベル状態の完璧さにおいて生存できるように、自分を取り囲む愚かなお節介焼きや劣等人間は絶滅させられてしかるべきだ、とヒステリー性の人間がいつも不平を言うのは、それが理由だ。もしもそんな人間たちのリーダーが絶大な権力を握ったりすると、すべての人が危険にさらされる。」

「たとえば過去を犠牲者の立場か犯罪者の立場だけから見るとすると、行き着く先は憎しみ、という気がする……。」

「嘆いてるのかい？」

彼の目は陰鬱そうだった。午後の澄み切った明るさが、いつしか切れ切れの灰色となり、薄暗くなった。

「どうしてそんな？　私が何か失ったとでも？　この間ずっと私はよい方向に向かっていると感じるのはどうしてかしら？　アパルトヘイトを失って嘆いている人はだれもいない。もしかすると、私は幽霊のような祖国を失い嘆くべきなのかしら？　結局のところ私はこう思っている、私には死者を嘆き悲しむ権利はない——むしろ私は、迫害者に対して責任を負うべきだ。」

私たちは暗くなった平原に車で出かけた。

大企業の特別公聴会

南アフリカの真実和解委員会は、一つのユニークな出し物を備えている。アパルトヘイト体制下のメディア、医療・保健部門、司法、それに大企業の役割に関する特別公聴会を。それらの公聴会は概して、個々の容疑者を暴き出すことには成功しなかった。彼らはすでに辞職しているか閑職に転じているかのいずれかで、最近その職に就いた黒人の職員が尻拭いをさせられるためにやってきた。そして、公聴会で意見陳述をするというだけで、それら組織ではいつも混乱が生じた。いくつかの報道機関では、ジャーナリストたちが上司に対して異なった見解を公にしたし、いくつかの企業では、議論が果てしなく続き、怒号が飛び交った。

企業の公聴会では、ほんの少しシュールリアリズム調が添えられた。ジョハネスバーグの中心街にあるカールトン・ホテルの豪華なロビーでは――そんなに前でもないが、そこで私はジョー・ママセラをすわって待っていたことがある――真実和解委員会の委員たちも幾分わびしく見え、ツツの紫色の式服にいったては、まるで時代遅れの派手な染《し》み模様のようだった。ツツが祈りで公聴会を始めると、実業家のほとんどが目を丸くして、当惑した表情であたりを見回した。

そのうえ、桁違いに裕福な人たち、ニッキー・オッペンハイマー〔ダイヤモンドなど鉱山業を中心とする南アフリカ最大のコングロマリット「アングロ・アメリカン社」の経営者〕やヨハン・ルパートのような産業界の大立物、ジュリアン・オギルヴィー=トンプソンやボビー・ゴッドセルのような巨大組織の首領たちが、これまで多くの人々がそうしたのとちょうど同じように、真実和解委員会と向き合ってすわった。普通の人たちと同じく自由に質問され、責任を問われたことで、だれ一人――大金持ちでさえも――法を超越してはいないという印象を引き起こした。

公聴会の雰囲気は、サンピー・テレブランシュ教授によって醸し出された。手足をせわしなく振り動かす動き、雪のように白い髪、それにフリーステイト州なまりの、驚くべき、不快極まりない英語のアクセントによって。

「じーんしゅてき資本主義のひゃーくねんのれーきしが、い、い、い、い、ふーとーうにも白人たちをゆーたかにした。」一九世紀末までは、黒人農民が白人農場主よりもトウモロコシを多く栽培していたので、黒人農民は白人の農場または鉱山で働きたいとは思わなかった、とテレブランシュ教授は言う。しかし、黒人農民は、一八九四年の「グレン・グレイ法」〔土地に対する個人所有の観念がなかった黒人たちに、近代的な土地所有制度を導入して地所を細分化して個人別に登記させた〕と一九一三年の「原住民土地法」〔この法律で国土のたった七・五パーセントが黒人に割り当てられ、黒人にはそれ以外の土地の取得は政府の許可がない限り禁止された〕によって、自分たちが鍬で耕した土地から結局は追い払われた。こうして黒人農民は、企業向けの安い労働力市場へと追い立てられた。

教授は、黒人がいかに搾取されたかについて詳細に説明した。黒人労働者の賃金は、一九一〇年から一九七〇年までの間、まったく上昇していないこと。その証拠に、一九七二年は一九一一年よりも賃金がより低かった。しかも、この期間に金の価格は四五パーセントまで上昇し、白人労働者の賃金は二倍になった。

一九七〇年、人種的資本主義《レイシャル・キャピタリズム》のシステムは、縁故主義から贔屓《ひいき》主義、守りの姿勢へと再度変化した、とテレブランシュ教授は言う。P・W・ボタ大統領の下で、治安管理主義《セキュロクラティック》〔security と democratic を組み合わせた造語〕国家と企業との間に異常な協力体制が進展した。企業はアパルトヘイトを打ち壊さなかった、と教授は言う。企業は実際には、ボタ政権を強化し、新アパルトヘイト体制の構築を助けた。

犯罪者と対比される形で受益者という考え方が、初めてここに、包み隠さず明らかにされた。企業はアパルトヘイトから利益を得たのだろうか？

確かに企業は利益を得た、と黒人経営者フォーラムのロット・ンドロヴは言った。

もちろん、そんなことはない、と有名な白人企業の経営者たちは言った。それどころか、アパルトヘイトによってわれわれは自分たちの潜在能力を引き出せなかった。

ロット・ンドロヴが反論した。低賃金、粗末な住宅、劣悪な労働環境が白人企業の利幅を拡大させた、とンドロヴは言う。一九七三年にダーバンの労働者が自分たちの経営陣に抗議デモ行進を行なうまで、黒人は管理部門には昇進できなかった。そのとき企業側は気づき、さっそく黒人を特定の監督・管理職に任命するようになった。「しかし、彼らは概して、ただ緩衝剤的な役目として、上司が言っていることを出て行って労働者に伝え、理解させ、労働者をなだめるための使い走り、仲介役としてだけ利用された。その一方で、進歩もあったという印象も引き出すために。」

にもかかわらず、企業側は、アパルトヘイトで利益を得たわけではない、と主張した。ヨハン・ルパートは言う。レンブラント社は、アフリカーナーが財政上の影響力を持つはるか前から、アフリカーナーによって創始され、アフリカーナーによって支えられていた。レンブラント社は株主を大事にしてきたし、従業員も大切に扱っている。従業員の離職率は二パーセント未満だ。会社は、政府が数学教師に支払うよりも多く、床の掃除人に月額三六〇〇ランド支払っている！　レンブラント社は税務署員ともうまくやっている、とルパートは笑った。なんたってここ二年にわたって、その税額は一〇〇億ランドですから。アパルトヘイトに反対するのが十分ではなかったかもしれないが、レンブラント社が依然として国内に存在しているという事実が何ごとかを物語っている、とルパートは主張する。

利益についての議論をはっきりさせる役目は、アフリカーナー商工会議所に委ねられた。国内企業を海外の企業と比較した場合、国内の企業は恵まれていないと思われる。アパルトヘイトのせいで、南アフリカ人の大多数が実質的な購買力にも経済力にもなりえなかったので、アパルトヘイト体制は企業の発展や利益の妨げになった、と企業側は感じている。ルパートのような首領たちは、より厳しい競争に直面しているにもかかわらず、自分たちの海外支社がいかに好成績をあげているかを示す統計的な数字を用意していた。しかし、国内の白人企業と海外の企業とを比較すべきではない、とセオ・ファンヴァイクは言う。われわれ白人企業と黒人企業とを比較すべきであり、その場合に白人企業がいかに多くの利益を得ていたかが正確にわかるだろう、と。

ジュリアン・オギルヴィー＝トンプソンがアングロ・アメリカン社の意見陳述を、ビクトリア朝時代のアクセントで読みはじめると、メディア・ルームの中のだれかが大声で叫んだ。「あのアクセントのためだけでも、お前たちは恩赦を申請すべきだ。」オギルヴィー＝トンプソンは、アングロ・アメリカン社が国民党と決して関係を持たなかったことを指摘するのに苦労した。ヨハン・フォルスターが首相に就任していた一三年間〔一九六六～七八年〕に、一度だけ首相と話をした。それは、フォルスターが、コッフィーフォンテイン鉱山からアフリカーナーの牛車の番人団〔一九三九年に結成された対ドイツ戦争に反対するアフリカーナーの組織〕のあるメンバーの遺体を発掘する許可を頼んだときだった。国の最大規模の複合企業体《コングロマリット》が、その国の支配者たちと関係を持たないのは非常にまれなことだ、とオギルヴィー＝トンプソンは言った。

アフリカーナー実業家たちは、詩人N・P・ファンヴァイクロウの言葉を引用する。「おお、広大で痛ましい大地」とサンピー・テレブランシュ教授は言った。

「私は忠義ある抵抗《ロイヤル・レジスタンス》を信じる」とヨハン・ルパートは言った。ファンヴァイクロウの『忠義の詩集』を引用して。

「チャールズ・ディケンズを読もう」とオギルヴィー＝トンプソンは言った。

「われわれを迫害した雇用主全員がここにいる」と一人の労働者が大きな声で朗唱した。「彼らの髪が俺の肩に押し付けられている気がする。」

「スティーヴ・ビーコ〔注41〕については許してほしい」とルパートは言った。

「テレブランシュ教授は地球平面協会《フラット・アース・ソサエティ》〔キリスト教原理主義団体の一つ〕の一員です」とナイジェル・ブルースは言った。

「われわれイギリス系住民にとって、アパルトヘイトが一度たりとも役立ったことなどありません。」

三日間の公聴会で、陳述の内容がいかに大きく変わったかが際立った。初日、バーロウ・ランドと鉱山会議所は、自分たちはアパルトヘイトで決して利益は得ていないと主張して、人々の反感を買った。自分たちが一貫してアパルトヘイトに対して大胆に闘いを挑んでいたということを立証する決議文や声明、さらには新聞記事を、彼らは早口で読み上げた。

「そいつぁすばらしい」と南アフリカ労働組合会議の書記長サム・シロワは言った。「この国のだれもかれもが革命的だったなんて！」

ところで、初日からアングロ・アメリカン社やその他の大企業の代表者たちは、後ろの列から注意深く耳をそばだてていた。さらに潔白を強く言い立てるのは、八時のニュースであまり見えがよくないことをすぐに悟った。そして、三日目までに全員が、利益があったことを認め、なんとも申し訳ないと詫び、事態をより一層正常化するつもりでいる、と語った。

ほとんどの会社が、白人と黒人、さらにできれば女性を含めた代表団を組もうとした。土地銀行がもっとも露骨だった。そこは二種類の陳述を行なった。左翼的な方は黒人男性が読み上げ、右翼的な方はアフリカーナーが読み上げた。その二人の間に、彼らの上司であるヘレナ・ドルニー——SACP〔南アフリカ共産党〕の英雄ジョー・スロヴォ〔注69〕の未亡人——がすわっていた。

目の前に靄が垂れ込めている。私の髪が眠りと水に逃げ込もうとしているのを感じる。

これが最後の日となるだろう。

その夜遅く、私は目が覚めた。あなたの顔は、まるでベッドの縁に射し込む月の光の破片の中に落ちて行くように、私からずり落ちたところにある。私の胸の上に置かれたあなたの重い腕は、黒い鋤の先のようだ。

二人は黙って車で空港に向かう。日射しの中で、あなたの足があなたの足をなめているのを想像する。あなたが私の手荷物を手押し車に積み上げる。

「君がこんなことをやる必要ないよ」とあなたは言う。あなたの声がまるで他人の声のように響く。

向きを変え、私は一人でドアに向かって歩く。ドアが開くや、私は振り返る。あなたは両腕を胸壁のように組んで立っている。岩のように。怒った切り株のように。空港ビル内で、私の胸は心痛の発作で波打つ。

二〇章　母が国民と向き合う

ウィニー公聴会

公式名称――マンデラ・フットボールクラブ連合〔注70〕の活動家に関する人権侵害公聴会――はどうでもよく、それは「ウィニー〔注46〕公聴会」と呼ばれた。南アフリカのメディア・イベントとしては、一九九〇年のネルソン・マンデラの刑務所からの釈放に匹敵する。国際ニュース報道局は言う――もしサダム・フセインが数日内に空爆されなければ、このウィニー公聴会が今週の世界のトップニュースになるだろう。それは一九九七年一一月の最終週のことである。

ぎょっとするような数字。一六カ国からジャーナリスト二〇〇人以上が、世界中から外国のテレビ取材班が二〇と通信社一〇〇以上が、真実和解委員会によって派遣が認められていた。視聴覚用の機材・装置はさておいて、これらジャーナリストは、電話回線、コンピュータのモデム、アフリカ諸言語の通訳、それに情報を必要としている。だれが証言してるの？　弁護士はだれ？　これはいったいどんな事件に関係しているの？　この姓はどう発音するの？

真実和解委員会のメディア担当部局の責任者は、ジョハネスバーグの委員会事務所が選んだ会場予定地を下見したとき、どうやら激怒したらしい。というのも、そこは薄い壁、狭い部屋、低い天井、それに安っぽい仕上げの、ありふれた低料金のレクリエーションセンターだった。公聴会が必要としているのは、単に報道関係者を収容すればよいというものではない。三四人が証言する予定だった。ある者はウィニー側、ある者は反ウィニー側として。その全員が、個人的に自分の弁護士と相談する場所を必要とした。彼らは、泣き叫んだりするプライバシーを必要とした。心の傷を扱うカウンセラーと相談したり、自分を監視している被告人がいない所で、被告人に怒りをぶちまける場所も必要だった。マディキゼラ＝マンデラは、自分のボディガードや一族、さらには自分の弁護士チームを収容する十分な広さの専用協議室を必要とした。公聴会開催前から、彼女が証人たちを脅迫しているという噂がある以上、会場で彼女が証人のだれとも接触できないようにするのが不可欠だった。証言予定者には入獄中の者もいたので、彼らには特別な警護対策が取られた部屋が必要だった。委員たち自身も、語らい、憩い、方針を協議する場所を必要とした。特にそのうちの一人は、祈るための場所を必要とした（ツツはティーブレイクの間はたえず祈っていたし、最近の癌治療後は通常より長めの休憩を取った）。弁護士たちにも共謀の噂が立たないように、各自の独立性を確保するための場所が必要だった。

しかも、これらすべてが満たされなければならない。ジョハネスバーグ郊外のメイフェアに建つ、下層中産階級向けの、あまりぱっとしないレクリエーションセンターが、これらすべてに対処する巡り合わせとなった。

ウィニー——イメージの万華鏡

その女性、長い間孤立していた地方出身の一人の黒人女性が、なぜかくも空前絶後のメディア・フィーバーを引き起こしたのか？　ウィニー・マディキゼラ＝マンデラが典型的な黒人美人だから？　それとも彼女が、黒い悪魔の固定観念にぴったりだから？

ウィニーとネルソン・マンデラの離婚が大々的に公表された二、三日後、怒れる若者の一団がダーバンの大通りをデモ行進した。彼らは教育改革の不備に抗議していたにもかかわらず、そのプラカードの一つにはこう書かれていた。「ネルソン・マンデラは聖人になんかなるな！　ネルソン・マンデラは革命家たれ！」同じ日、「女性の日《ウィメンズ・デイ》」にウィニー・マンデラを歓待した女性グループは、ピーターマリッツバーグに集まった。彼女たちは歌った。「ウィニーとネルソン——世界が二人を引き裂いた。でも私たちにとっては、二人は同じコインの裏表。二人が私たちを満足させる。片割がいないなんて耐えられない！」

ウィニー・マディキゼラ＝マンデラについて人々が感じ取ったものを集めた大きな絵画陳列室《ギャラリー》がある。

肖像画その一：国会では、彼女は一平議員。めったに発言しない。だが、一歩外に出ると、議事堂の練鉄製のゲートの前では、行商人が彼女の顔のイメージをかたどったキーホルダーを売っている。しかし、どうも釣り合わない——互いを餌にし合っているその女性とその伝説とは。

肖像画その二：政治家として彼女は、大衆の気分を掴む特別のすぐれた力を持っており、実にさまざまな方法でいろいろな支持者のために行動している。自国では、制度がどういうわけか自分たちにうまく機能していないと感じているグループに彼女は訴える。アメリカのテレビでは、黒人の離散民《ディアスポラ》のために行動している。彼女はそこでは母親像であり、母国との連帯の堂々たるシンボルであり、アフリカ人のあるべき姿という、長い間失われていた神話を演じている——ビーズとターバンを身に着けて（それら名誉の象徴——王冠であり、花冠であり、法王冠である——をいつも頭に携えて）。メディアに長く携わっている人たちは言う。彼女はまったく途方もないやり方で種々の境界線を越えて行くカメレオンみたいだ、と。しかも、彼女の名声は大衆の承認次第である。世論は、名誉の訴えかけが検証される裁きの場を不断に形作る。

肖像画その三：ウィニーの力の多くは言葉を必要としない。彼女は「われらに力を！」と叫ぶ必要はない。彼女は拳を挙げさえすればよい。彼女は聖画的なイメージの中に生きている――埃っぽくて荒れ果てた、トタン屋根の黒人居住区ブランドフォートを一時《いっとき》忘れさせてくれる、彼女の官能的で解放的な美しさの、心にしばしば思い浮かぶ一連の像の中に。彼女が立っているとき、いつも一人で勝ち誇ったように立っている。彼女がすわっているとき、たとえ一人であっても、その表情は陰謀と恐怖に満ちている。

肖像画その四：彼女はもっともゆゆしきあやまちを犯した――彼女は人々を貶めた。裏切りよりもまだしも殺人の方が許せる。彼女は疲れを知らない戦士だった。幾多の苦難と追放の期間も、彼女は一貫して世に知られたマンデラの名前を守り続けてきた。そして、そのことが彼女に政治的な取引の上で大きな信用を与えた。だが、それは高くつくことになる。仮にこれほど人気があり、これほど崇拝されれば、カエサルの妻のようになることが求められる。

肖像画その五：ウィニーは扇情的な記事で満ちた、くだらないタブロイド版新聞でもある。彼女は男に欲情し、男たちは彼女に欲情する。彼女が買い物に行き、ダイヤを買えば、時にこぼれ落ちるほどのダイヤで身を飾ることになるし、必要としない者は排除する。つまり彼女は、浮かない顔の民主主義支持者の間を、品《しな》を作って歩き回る、危険で物騒な軍事指揮官というわけだ。彼女は一地方的な快楽の一部になるのを拒んだ。ご主人たちに仕えるのを拒否した。民主主義によって世界を危険のない状態にするのを拒否した。

肖像画その六：ウィニーはプレそしてポスト・フェミニストである。彼女を通して人々は、本能的にトロイのヘレンやトロクワ人のマンタティシを理解する。……自分の幼い息子セコニェラの摂政としてトロクワ人を支配したマンタティシは、敵対者の間では、額の真ん中に目が一つあるグロテスクな巨女であり、戦《いくさ》を前にして自軍の兵士に自分の乳を飲ませ、それから兵士たちの前に蜂の大群を放つという噂が広まっていた。この恐ろしいイメージに比べて、彼女の臣下の間では、モサディニャーナ、つまりかわいらしい女性として親しまれていた。……ところで、マクベス夫人の性格が、ことによるとウィニーの個性の多種多様な要素を適格に言い当てているかもしれない。大それた野心、冷酷極まる陰謀にも耐えられる能力、忠誠心の悪用、その手から一生消えない血の臭い、そしてしつこく付きまとう幽霊。

肖像画その七：ウィニーのジレンマは、本質的にはアフリカ民族会議〔ANC〕のジレンマでもある。ANCのように、彼女も非常に大きな政治的信用を積み上げた。ANCのように、彼女もまた自分を別扱いにするよう人々に要求している。しかし、世界はこの時点で、一人の反抗的で、自責の念のない黒人女性に見とれているつもりはない。世界は、私たちが一人の魔女を火あぶりにするのを見物にきたのだ。

ウィニー・マディキゼラ＝マンデラの名前は、人権侵害に関するいくつかの公聴会ですでにあがっていた。マンデラ一族と関係を持っている間に、自分の子どもが失踪したことについて、親たちは真実和解委員会の前で証言した。その結果、彼女は非公開のヒアリングに呼び出された。そこで彼女は、ANCの正副議長選挙前に、疑惑を晴らすために公聴会開催を要求した。

メイフェアで開かれた公聴会は、いつものそれとは異なっている。ウィニーは委員会に恩赦を望んでいないので、真実を語る必要がなかった。

彼女は来るだろうか？　自分の弁護士を送ってよこすだけではないだろうか？

カメラが列をなした。呼び声。押し合い。捜索犬でホールを調べる間、全員外に出るよう命じられる。

「もし彼女が抜け目がなければ、来て、ただすわって聞くだけさ」と、だれかが言う。「終わるまでに、われわれ全員が彼女を気の毒がり、彼女にすれば万々歳さ。」

「そりゃないよ。本当に抜け目がないなら、発言を求めて全部話すだろう。秘密から何まで一切合財。そうなれば、彼女は間違いなくわれわれの次期大統領、いや、副大統領かな。」

彼女の到着に報道陣が殺到した。先陣争いに慣れていないわが南アフリカ人は、ちらっと見ることさえかなわなかった。「気にしないで」と、私の愚痴を耳にしたアメリカ人ジャーナリストが言った。「彼女はあなたたちのために来たんじゃなくて、アフリカ系アメリカ人の視聴者のために来たんだから。彼女はもうすでに一〇時間以上もインタビューに応じてくれたわ。彼女の支持者は外にいるの。」彼女が何度もラジオインタビューの依頼をどのように無視したか、私は思い出した。彼女が自分の支持者だと主張する人々――文盲で、テレビもない貧しい人々――に、彼女は語りかけたいとは思わないのだろうか？

メディアルームのモニター画面で、私たちは中央玄関を見た。彼女は長身だ。そびえ立っている。上品なライトブルーのスーツに真珠のネックレスを三連垂らし、自分の美しい娘と身なりのよいボディガードの一団を従えたこの女性が、多くの好ましくない話に巻き込まれているということが、不可解に思える。

金色のイアリングをしたボディガードの一人が大きな紫色

の冷蔵庫を運び、母と娘たちの間にそれを置いてから、やっとこさ公聴会は始まった。低い天井から吊り下げられているテレビカメラのまぶしいライトのせいで、暑い。気温が上がるにつれて、弁護士の主張も熱気を帯びてきたが、マディキゼラ＝マンデラは氷を入れたミネラルウォーターを飲みながら、落ち着き払っている。

彼女が単にいるというだけで脅しになっていることが、開始早々はっきりした。委員たちもめったに彼女を正視するのが困難だと気づいた。テレビカメラは、彼女の申し分のない美しい顔や、きらきら光る装飾がちりばめられたサングラス、優美な腕輪やイヤリングなどから、苦難や苦悩、貧窮が刻み込まれた犠牲者たちの表情へと移る。これは黒人貧困層と黒人エリート層との争いなのだろうか？

会場の外では、ANC女性同盟出身の支持者グループが、大声で支持を訴えている。彼女たちはみな年老い、皺が寄り、貧しそうだ。「ウィニーだけで殺したんじゃない！」と彼女たちは叫ぶ。「ウィニーはわれわれから殺す権限を与えられた。」私はテープレコーダーのスイッチを切った。その声を聞きたくなかった。その様を放送したくなかった。女性たちがお互いに殺人の権限を与え合う国で私は生きたくなかった。どうやら今回の公聴会は、私たちの及びのつかないところで私たちを試そうとしているらしい。

次の日、会場の建物のすぐ横で、大きなエンジン四台が稼動した。アルミホイールのように光る巨大なパイプから、涼しい空気の流れがホールの中へと送られてきた。

地域社会の独裁者

プンリレ・ドラミニは、マディキゼラ＝マンデラの愛人の一人との間に妊娠三カ月の子を宿していた。「ウィニーはそのことを快く思わなかった。ウィニーが私の家に来て母に話し、彼女が私を連れて帰ってくると言いました。母は言いました。『どうか娘を連れて帰ってきて下さい。……娘を殺さないで……。』彼女、ウィニーがまず最初に私をなぐりました。次に、彼女はフットボールクラブの連中に言いました。『お前たちがこの娘をどう扱うか、見せておくれ。』彼らはそれから全員で私に暴行を加えました。私は告訴したかったが、フットボールチームが家に火をつける、と兄が言いました。人々は自分の意見を口にするのを恐れていました。人々はウィニーを敬愛していたし、地域社会の母親のような存在として信頼もしていました。でも、やはり私は考えを変えました。……私は、人々が彼女のことを国民の母と呼ぶのを聞きたくなかった。」

シボニソ・シャバララの母が同意した。麦わら帽をかぶって椅子にすわったまま、彼女も恐怖感について話した。

「マディキゼラ＝マンデラが今までにあなたを脅迫しましたか？」

「はい、私は彼女が他の人を恐がらせているのを見たし、今でも私は彼女が恐い。」

「私の手から今はアフリカの子どもたちの血はしたたり落ちてはいない」と、かつての友人であるコリスワ・ファラティは、部屋中に視線を投げかけながら言った。「私は一度たりとも彼女の体面を傷つけたことなんかない。私は、彼女の身代わりで刑務所に入ることまでしたのに、彼女は恩知らずだった。彼女は人から人間性を奪ってしまう。人をどうでもよいものに貶める。彼女は自分を半神だと思っている。……自分を超人だ、と……。」

さらにファラティは「マンデラ夫人がそんな度の強い酒を飲むことは私の知る限りではありませんでした。彼女は、飲むと攻撃的になります」と話した。なぜマディキゼラ＝マンデラの行動が一九八〇年代の後半にそれほどまでに変わったのか、これがそれに対する唯一の、あえてなされた説明である。しかも、それが、マディキゼラ＝マンデラにコカインを調達していた疑いのある女性の口から出た。

「すみませんが、奥さん」とデズモンド・ツツ大主教が言った。「質問だけにお答え下さい。公聴会から脱線して空騒ぎしないように。」

「これでも感情を押し殺してますよ。いつだって私は、シャンパンのボトルみたいなものだから。」ファラティは苛立って言った。「今からこっちもやらかさないと……。」ウィニーは首を横に振り、笑い、それから手を円を描くように動かして、ファラティが狂っていることをそれとなく示した。「彼女は私が気が違っているとほのめかすのに大わらわだ。私が狂っていると言いたいわけだ。……笑いたければ笑っていいけど、あんたは夜眠れないよ。」

ウィニーの愛人のもう一人が、ファラティの証言に反論した。ファラティは端《はな》から拒否するように言った。「あーあ、あんたもコーサ人、コーサ人の典型だよ。だからこそあんたは何もかも否定する。すべてのコーサ人はこのように嘘をつくし、あんたは正真正銘のコーサ人だ。それに、ウィニーも同じくコーサ人だ。」

それにしても、彼女はなぜストンピー殺害の裁判ではウィニーをかばって、事実に反する証言をしたのだろう？「それが私たちの文化だった、自分たちのリーダーを守るのが。私はびくびくしてたし、人がどのようにむごたらしく鞭打たれたか見てきた。彼女が命令を発したら、返答する必要もない。」ファラティは詩的に彩られた文句で締めくくった。「あんたらは理由を問う立場じゃない。言われたことをやって死ねばいい。」

「あなたはウィニー・マンデラを憎んでいらっしゃる？」と弁護士が尋ねた。

「いいえ」とファラティは答えた。

「彼女を敬愛している、と言うおつもりですか？」

すると、矛盾に満ちた当惑顔になった。「わからない」と彼女は囁くように言った。

ストンピー・セイペイ虐殺事件

「ストンピー・セイペイの誘拐と殺害は、われわれが感じる通常の恐ろしさをはるかに凌ぐ影響力を持っている。というのも、ある見地からすると、誘拐も殺害も通常の刑事犯ではあるが、今回の例は冷酷極まりない権力の乱用という面もある。しかもそれが、アパルトヘイトそのものの乱用にとてもよく似ている。」これは、メソジスト教会のピーター・ストーリー主教の言葉だ。

公聴会が進むにつれて、ストンピーの死が、一九八九年にマンデラ一族の中で、事がうまく運ばなくなったことのシンボルになってきた。ストンピーは一四歳の少年活動家で、他の三人の一〇代後半の若者といっしょに、ジョハネスバーグ近郊の黒人居住区ソウェトのメソジスト教会の牧師館から、マンデラ・フットボールクラブ連合のメンバーによって誘拐された。誘拐の理由とされたのは、真偽の定かでないポール・フェルライン牧師（現在は主教）の性的虐待から四人を守ることと、ストンピーは密告者だと思われていたこと。

ストーリー主教が事件の本質を言い当てている。「ストンピーの死に関する真相は、政治上の利害に適うよう都合よく変えられてしまった。この息苦しい沈黙と虚言の濃霧を一掃することが、この国の未来にとって非常に重要です。今週初めて、南アフリカの恥辱という表皮の下に調査のメスが入れられる。主要な癌はこれからもずっとアパルトヘイトであるだろうし、今までも常にアパルトヘイトだった。ところが、二次的な感染症がアパルトヘイトの反対者の多くに悪影響を及ぼして、彼らの善悪の判断を狂わせてしまった。しかも、そうした生活の悲劇の一つが、われわれがもっとも憎むものになる可能性がある。つまり、権力の残酷極まりない乱用であったり、われわれの行為をわれわれが戦ったはずの権力の乱用のようなものにしてしまう態度であったり。

通常の恐ろしさをはるかに逸脱してはいるが、ストンピー・セイペイの死は単なる政治的な悲劇ではなく、道徳的な悲劇でもある。この事件は人々に大きな影響を与えた。……われわれはこの国で自由になる必要があるだけでなく、人間になる必要がある。」

茶色の更紗《さらさ》木綿の服を着て、ストンピー・セイペイの母親は膝に四歳の娘を抱いて、聴衆の中にすわっている。通訳のイヤホンを耳に差し込んで、セイペイ夫人は何一つ聞き漏らさない。目も注意万端見逃さない。

犯罪病理学者パトリシア・クレップ博士が遺体の特徴を述べた。「ストンピー・セイペイの遺体は、発見されるまでの五日間、暑い所に放置されていたので、蛆虫がわいていた。死骸は小柄な少年のもので、四フィート半の身長だった。脳は液化し、皮膚は骨からずるりと剥がれていた。血は喉の右側の、二つの貫通している傷から流れ出た。それぞれの傷は約一・六センチの長さの細長い葉形で、短刀型の刃でつけられたものです。肺は無空気状態だった。胃の中に血が溜まっていた。体中傷だらけだった。」

遺体は一九八九年一月六日に発見された。一日後、同じく誘拐され、マディキゼラ＝マンデラの家に閉じ込められていたケニー・カセが逃げ出して、ストンピーがどういうわけで残忍な暴行に選び出されたか、人々に話した。一月一六日、残る二人のタビソ・モノとペロ・メクグウェが、ンタト・モトラナ博士の手元に解放された。「勝利」なるものは、獄中のネルソン・マンデラや国外追放中のANCのリーダーであるオリバー・タムボ〔注71〕からの強まる圧力によってやっともたらされた。

この二人の年長のANCリーダーは、〈マンデラ緊急委員会〉が提出した、のっぴきならない報告書が自分たちに届いてから、仲介役を果した。この委員会はストンピーの死の数カ月前、激怒した若者たちによってマンデラの家がすっかり焼かれた後に組織された。地域の住民は、それまでにフットボールクラブの恐怖政治にうんざりしていたので、火の手が広がるのをただ傍観していただけらしい。クラブと地域住民との全面衝突を回避するために、とても尊敬されているフランク・チカネ牧師を委員長にして、教会と地域のリーダーたちで構成された緊急委員会が組織された。一九八九年一月、四人の若者の誘拐事件がこの委員会の調査権限に含まれることになった。

マディキゼラ＝マンデラのフットボールクラブのコーチであるジェリー・リチャードソンは言う。「私がまずストンピーにしたのは、両側から彼を取り押さえることでした。……彼を上に放り上げて、そのまま地面に落とした。それからママがすわって、われわれがすることを見ていた。彼はひどく拷問されたので、ある時点で、結局は死ぬだろうなと思った。われわれはボールみたいに彼を蹴った。」

誘拐された一人タビソ・モノは言う。「ジェリー・リチャードソンが言った。『ママ用に椅子を持って来い。』彼女が僕らに、どうして白人牧師に身を任せているんだ、と問い質した。……彼女が拳骨で僕らをなぐったので、それに続いて全員が加わった。」

カティザ・チェベクールは言う。「マンデラ夫人がストンピーを犀皮の鞭で打った。彼女は『なぜこいつは白人男と寝るんだ』と言った。」

マディキゼラ＝マンデラの運転手ジョン・モーガンは言う。「暴行の次の日、変わり果てた姿のストンピーを見つけました。彼の顔はサッカーボールみたいに丸く腫れ上がっていた。私はなんとか彼にコーヒーを飲ませ、パンを与えて助けようとしたが、もう彼は自分で飲み食いできる状態ではありませんでした。」モーガンはその後で、首から大量の血を流したストンピーを見つけた。

緊急委員会がマディキゼラ＝マンデラを訪ね、少年たちの解放を要求したのがまさにその日だった。

「あなた方は少年たちに会わせるよう要求しましたか？」

「いいえ。」

「なぜしなかったのですか？」

「それは私たちに与えられた任務ではなかったので。」

中立的で、注意深く選ばれた言葉が、フランク・チカネ牧師の口から出た。私は、真実和解委員会の一委員候補としての彼の公開での面談と、そのときのリトマス試験に彼がどのように答えたかを思い出さずにはおれなかった。その試験とは――もしもあなたが、上層部が違反行為に関与しているという情報を偶然入手した場合、どうされますか？　そのとき、チカネはいかに感銘深く答えたことか。「すべての情報は同じやり方で処理される必要があります。……そうしなければ、以前の不正行為と同じような新しい不正を引き起こします。」

事態をうまく処理するのにマンデラ緊急委員会がなぜ失敗したかは、ストーリー主教によって説明された。「そこには現に継続している事柄が二つあったと思います。一つは、ストンピー事件の真相を探り出し、まだ可能であれば彼を救出する試み。一方、あの段階では、取るべき政治的な行動手順もあった。つまり、緊急委員会には事件による影響を最少限度にくいとめる必要があった。」

リチャードソンによると、ストンピーに対する暴行は、彼を釈放するには、あまりにも度を越して加えられていた。あの夜、緊急委員会が去った後、ストンピーを殺すよう決定が下された。翌朝早く、裏庭に居住している少年全員が家に入るよう呼ばれ、気落ちしたマディキゼラ＝マンデラのためにフリーダム・ソングを歌った。彼らがそうしている間に、リチャードソンは、衰弱し感覚を失ってしまっているストンピーを車まで引きずっていった。ストンピーはいくらか開けた草原に連れて行かれ、仰向けに寝かされて、剪定バサミで山羊のように喉をかっ切られて殺された。「パンをスライスするような、切る動作ではなく、突き刺すような動きで。」

「私は心から彼女を愛していました」とリチャードソンは言う。「彼女のためなら何だってやったでしょう。他の者がいっしょにエレベーターに乗り込んできたときはいつも、なんでこいつらはよりによって同じエレベーターに乗り込んでくるんだ、と思った。だれをもママに触らせたくなかったし、彼らがママに触るかもしれないと心配だったから。俺だけがママに触れる――他のだれもだめ。彼女を愛していました。」

リチャードソンは公聴会に、柔らかい皮製のサッカーボール（「これが私を守った。……そこに魔法の催淫剤が入っている」）と、サインペンで次のように書かれた枕カバーを持ってきた。「ただ今、ジェリー対ウィニーの試合中。」

誘拐から一〇日後、残り二人の少年も解放された。「それは人質状態だった」とストーリーは言った。「彼女はマンデラ家の交渉の責任者だったし、次になすべきことを決めるのも彼女だった。いつ、どのように、どんな状況下で少年たちを釈放するかを決めるのも彼女だった。彼女は、自分の家の中で起きたことすべてを知っていた。」

緊急委員会は少年たちの体の傷を目にしたが、少年たちは木から落ちて自分で傷ついた、と言い張った。「私たちはそれを信じなかったが、仮にもし私たちがマンデラの家から少年たちを私たちの手で連れて帰ったとすると、今度は私たちが誘拐の廉で訴えられただろう」と、緊急委員会のシドニー・ムファマディは言う。

ストンピーの誘拐と死のニュースは、地域の人々には知らされなかった。『ウィークリー・メイル』紙が一月二〇日にその記事を報道したとき、初めて知られることになる。マンデラ緊急委員会は記事の封じ込めに努めた。なぜなら、獄中のマンデラとの交渉の進展に記事がじゃまになると恐れたから。

他にも理由はありませんか、とドゥミサ・ンツェベザ委員が尋ねた。「対立をなんとか解決しようと努めたこれらすべての人々は、ウィニー・マンデラが親譲りの影響力のある政治的な人物だ、という事実に気後れを感じていた。それに、国で最も尊敬されているリーダーの一人の妻でもあるのだから。このことは、ここで真相を見い出そうとしているわれわれの力にさえ影響を及ぼしている。というのも、ここで今、われわれでさえ、このことをあなた方に言うのをためらうくらいですから。」

この八年間、ストーリー主教が指摘するように、この国では、ポール・フェルラインについて触れると、必ずや男色やレイプ、あるいは性的虐待についての漠然とした感触を思い起こさずにはいられなかった。さらにストーリーは他のことも指摘した。「みんなが若者、あるいは少年のことについてずっとこのように噂をしている――うち一人は少年で、あとは成人していたが、一人を除いていずれも男色という主張を引っ込めた、と……。」

ポール・フェルラインは言う。「マンデラ夫人、実のところ、あなたについて思うとき、私の気持ちは千々に乱れてしまうのです。私はあなたとの和解を切に望んでいます。私は、あなたが私について言ったことや、私を痛めつけ、私の感情をひどく傷つけたことなどによって、とても深く影響を被りました。私は何らかの教訓を得ようと努めなければならなかったし、たとえあなたが私の許しを望んでいないにしても、あるいは私の方からあなたに許しを申し出るのが当然だと思っておられるにしても、私は許そうと努めなければなりませんでした。私はこの国のためにも、また、神によって深く愛されていると私が信じている人々のためにも、私たちが和解できる方法を見つけるよう努めるつもりです。」

家・地域社会・伝統という名の超越的法

証言から、ある奇怪な空間が、徐々に明らかになってきた。一見対立しあっているように思える意見の背後で、遠心的な力を持つにいたった一軒の家。その家は、解放運動でもっとも崇拝されている政治的家系でもあり、卑しい告発者たちの家でもある。少年たちに混乱をもたらしたその家は、彼らを保護し、かつ殺しもした。そこは、有名な、堂々たる人格者を輩出した家であり、かつ、野蛮で落ち着きがなく、病的なほど嘘をつきたがる、一種独特なギャング的人格が住む家でもある。奇妙なことに、悪党たちの多くが田舎出身で、ズールー語をしゃべる少年たちだった。ウィニー・マンデラは「ママ」と呼ばれた。彼女の副司令官だったコリスワ・ファラティは「猛者《マックストラ・ストロング》」と呼ばれた。彼女の手下どもは「動転《シェイクス》」「殺し屋《キラー》」「食客《スポンジ》」「小僧っ子《ガイボーイ》」と名付けられた。彼女の家は「国会」と呼ばれ、他のだれもあえてすわろうとしない彼女用の特別の椅子があった。人々は「魚油貯蔵室」で暴行され、誘拐された者を留置しておく裏の掘っ建て小屋は「ルサカ〔ザンビアの首都名〕」と呼ばれた。

　マンデラの家の中の重要な二つの部屋――娘のジャクジとジンジ・マンデラの寝室――が証言の中にずっと登場し続けた。ストンピー・セイペイの体がジャクジの寝室のすぐそばに置かれているのが目撃された。使われていないジャクジの寝室で、話し合いが何回か行なわれた。そして、チェベクールがついに、ウイニー・マディキゼラ＝マンデラが、ジャクジの寝室の近くでぴかぴか光るものを振り上げてストンピー・セイペイのものと思われる体に二回それを突っ込んでいるのを見た、と断言した。

　ところで、お楽しみとゲリラ戦計画への跳躍台となったように思えるのは、妹のジンジ・マンデラの寝室だった。フットボールチームはジンジの寝室に気楽に集まっただけでなく、そこでAK47〔カラシニコフ自動小銃〕の分解・手入れ法の即席講習まで受けた、とあるメンバーは真実和解委員会に話した。銃はジンジの食器戸棚にしまっておかれた。「ウィニーは勇気のある女性です。彼女はその気になれば何でもできました、その点でジンジは母親似でした」と元フットボールクラブのメンバーは言った。「ジンジは美しいだけでなく、その気になれば何でもできた。」ジンジ・マンデラの四人の子どものうち二人は、マンデラ・フットボール連合のメンバーの子どもだと思われている。

　ちんぴらの慣習と政治的エリート層の慣習の類似点は、どちらも遵法精神を軽蔑していることだ。政治的エリート層は、自分たちを社会のリーダーに、いうなれば「自分たちの法」にしている伝統に基づいて尊重されることを求める。ちんぴらも同じく、みずからがみずからの法であることを主張する。みずからは法より優っているのではなく、法の適用外にある、と。

あるお節介な人権派ヨーロッパ人

エマ・ハリエット・ニコルソン男爵夫人が、南アフリカ人に植民地主義の受け入れがたい厚かましさを見せつけた。一九九七年一〇月に放送されたBBC〔英国放送協会〕のドキュメンタリー番組で、彼女は、ストンピー・セイペイの事件について「南アフリカ人がその事件をどう処理すればよいか決められる」ように、カティザ・チェベクールの証言を南アフリカ人の目の前に突き付ける、と約束した。チェベクールを連れていくのと引き換えに、彼女は、航空券、証人の保護、チェベクール逮捕の一時差し止め、弁護士による陳述、さらにチェベクールに付き添って証言する許可を要求した。それらは認められた。現に今、彼女はチェベクールの隣に、自分たちの弁護士の後ろに、聖人のような微笑みを浮かべてすわっている。彼女はだれ一人ジャーナリストがチェベクールに近づくのを許さなかった。「だれも彼もチェベクールで金をつかもうとしている」と、彼女は噛み付くように言った。

人権活動家として、一人の南アフリカ人がザンビアの刑務所に勾留されているのを聞き知った、と彼女は証言した。彼女には、たとえチェベクールを刑務所から救い出せても、彼を受け入れてくれる国がないことがわかった。イギリスだけでなく、デンマークもスウェーデンもアメリカもカナダも、先進国のいずれの国も。しかも、その理由とは、チェベクールがANCの「一部」に不快感を与えたので、彼の安全を保証するのはとても高くつくということらしい。

自分の証言が終わってから、彼女はストンピーの母親を会場の外に呼び出して、メディアルームから丸見えの状態で、ミセス・セイペイにマディキゼラ＝マンデラを告訴するよう説得にかかった。

「われわれはこの国で、和解に向けて努力している」と、あるジャーナリストはニコルソン夫人に話した。「そして、それが真実和解委員会のような和解の仕組みをわれわれが利用している理由です。」

「裁判所が殺人を扱う必要がある。」彼女は鼻を鳴らして不満そうに言った。「それに私はミセス・セイペイの代弁者になりたい。」

チェベクールがみずからの話を語った『カティザの旅路』という本を取り巻くメディアの誇大宣伝のおかげで、彼は当初マディキゼラ＝マンデラに対立する、とても重要な証人とみなされた。特に彼が、マディキゼラ＝マンデラが殺人の実行に直接かかわったことを証言できる唯一の人物として。ところが、本に重大な問題点があることが判明した。南アフリカ人はその中に事実の誤りを即座に見つけた。チェベクールが関係していた当時、ANCの事務所はシェル・ハウスの中ではなく、ザウアー通りにあった。そのため、シェル・ハウスの一一階で行なったウィニーとの打ち合わせのすべてや、彼女がどのようにチェベクールを国外逃亡させたかなどが、突然疑わしくなった。マディキゼラ＝マンデラの家の間取り図も間違っていた。チェベクールの宣誓供述書には、通常南アフリカ人の声明では聞かれない、憤った調子があり、政治的指導者の妻たちは慎ましい生活を送るべきだ、と提案していた。

「この供述書は、チェベクールよりもいっそうニコルソン夫人の考えのように思われる。それとも、私が相手にしているのは、今ではBBCのブリッジランドでしょうか？　私はいったいだれに反対尋問しているのですか？」と、マディキゼラ＝マンデラの弁護士イシュマエル・セメニャは、いら立って叫んだ。「本の中身はどれも本当なんですか？」

「いいえ」とチェベクールは言った。「私にかかわる部分のみ本当です。シェル・ハウスのエピソードを除いて。」

「ストンピーの暴行に居合わせた者はだれも、あなたが言うようにはウィニーの関与を認めていない。彼らのほとんどが彼女に反感を抱くようになったにもかかわらず。なぜですか?」

「彼らはあの女性を恐れていますから」とチェベクールは言い切った。

「あなたはザンビアの刑務所であまりにも絶望的になっていたので、そこから抜け出すために、経験したことを大げさに言う決心をしたのではないですか?」

「チェベクールは私を自分の筆記者として使いました」と、聴覚に問題があり、読唇術に大きく依存している男爵夫人が言った。

チェベクールを取り囲んでいる腹話術師たちのおかげで、彼の証言は、私たちがこれまで耳にした他のどの証言とも同じくらいに怪しげなものに感じられた。

勇気ある行為に対する不当な報い

それは時に「ふむふむ」と鼻であしらい、時に「わたしゃ、ほんと知りませんよ」って感じだった。四日間、ウィニー・マディキゼラ=マンデラは、自分について何か都合の悪いことが言われないように懸命の努力を払って、影響力のある人物たちを注視した。そして、以前、彼女に対して勇気を持って立ち向かわなかった者は、今も依然として勇気がないことが明らかになった。

すでに外が暗くなってから、元統一民主戦線〔一九八三年に設立された反アパルトヘイト組織の共同戦線〕のリーダーだったマーフィ・モロベ〔注72〕とアザール・カチャリア〔注73〕が証言台に立った。

統一民主戦線の指導部全員が、実質上、一九八五年の半ばまでに勾留されるか、裁判中だった、とカチャリアは述べた。その一年間だけで約五〇〇〇人が勾留された。動揺し、さらに指導部を失った多くの若者たちは、自分たち自身を闘いの戦士だと見なした。ところが、彼らは通りをぶらついたり、正義に自分たち流の解釈を施したりして、すぐにギャング化していった。

「彼らは個人的な領地や小さな勢力基盤を手に入れて、処罰を極端な形で用いるようになった。そして、マンデラ夫人が自身の個人的な自警団的なギャング団を創設したのも、こうした精神風土の中でです。フットボールクラブについて耳にした時、まず最初に私が感じたのは、尊敬されているマンデラの名前をこんなふうに使うのはふさわしくない、ということでした。マンデラ夫人が若者たちに手を貸す方法はきっと他にあったのでは? しかし、そのうち、フットボールクラブによる犯罪行為について、人々を不安にする報道が表沙汰になりました。

おそらくもっとも不快な事件は、密告者だとして告発された二人の若者を、クラブが誘拐したことにかかわるものです。そのうちの一人については、ポケットナイフで胸の皮膚が『M』の字に切り取られ、太股に『ANC万歳』と彫り込まれた。それから硫酸が、開いている傷口に注がれた。」マンデラ夫人自身はその作業を監視していたそうだが、娘のジンジ・マンデラは熱で溶かしたプラスチックで実際に文字を書き込んだ、とフットボールクラブのメンバーは証言した。

ダリウォンガ・ハイスクールの生徒たちがマンデラの家に放火したのは無理もない。カチャリアが言うところによると、一九八九年の初めまでに、間違いのない客観的な事実が表沙汰になった。一人の少年——ストンピー——を含む四人の若者が、メソジスト教会の牧師館からマンデラの家に強制的に連れ去られた。四人は激しく鞭打たれ、意志に反して留置された。そのうちの一人ケニー・カセが逃げ出して、自分の苦難の体験を知らせた。ストンピーの遺体であることがはっきりと証明され、ウィニー・マディキゼラ＝マンデラの協力を取り付けようとするいかなる試みも失敗した——ネルソン・マンデラやオリバー・タムボでさえ、彼女を説得できなかった。ポール・フェルライン牧師は罠にはめられた。緊急委員会も役に立たなかった。こうして、地域の住民は我慢の限界に達した。

「さらに、その我慢の限界について説明させて下さい」とカチャリアは言った。「われわれは入獄中、自分たちのグループの若者がしでかす残忍さと戦っていました。なのに今、マンデラの家でそれが生じている。」

勇気があるうえにとても道徳的な処置として、統一民主戦線の指導部は、一九八九年の初めに、ウィニー・マンデラから公然と距離を置くことに決めた。その指導部の一人が組織のスポークスマンだったマーフィ・モロベである。モロベはウィニー・マンデラ通りで大きくなり、学校から家に帰る途中でよくマンデラの家に立ち寄ったものだった。ロベン島〔ケープタウン沖の監獄島〕で彼は、ネルソン・マンデラが指導者崇拝について——絶対的な指導者がいかに容易に権力を乱用するか——議論を交わしているのを耳にした。

「そうしたすべての中で、私は血の通った人間になることができた」とマーフィ・モロベは言った。「概して『ウィニーの少年たち』と見なされる黒人居住区の人たちの活動から、われわれ一部の人たちを遠ざけてしまった道徳的な嫌悪感は別にして、政治的見地からするわれわれの主要な関心事の一つは、これらの少年たちの活動が、体制打倒という、緊急で主要なわれわれの任務から人々の気持ちをどれほど遠ざけ始めていたかということでした。」

距離を置くという決定は、「一個人としての私に、私のマディキゼラ＝マンデラとの関係に、深い影響をもたらしました。……さらに、運動の中や外で、他の多くの人々との関係にも影響を与えました。

要するに私の考えを述べるとすれば、それらが根本的な問題であると思ったので、私は距離を置くことにしたわけです。……さらに、私にとっては、われわれの組織や運動が、その最前線でそうした問題に直面し始めることが重大事でした。」

ホールに沸き起こったスタンディング・オベイションが、はたしてこの二人の男性の、真に道徳的な勇気に対するものなのか、あるいは、この国で人が道徳的な勇気のために支払うことになる莫大な代償に対する返礼なのか、必ずしも確信があるわけではない。かつて、二人は統一民主戦線の著名な指導者だった。だが、新体制の下では、いまだに昔のことを記憶している政治家であるために、閑職しか与えられていない。マーフィ・モロベは財政・国庫委員会の委員長であり、アザール・カチャリアは安全・保安局の長官である。

ロロ・ソノの父親ニコデムス・ソノの証言

私がウィニー・マディキゼラ＝マンデラといっしょに、息子に最後に会いました。息子は血を流し、傷を負い、震えて泣いていました。ロロといっしょに私を残して立ち去るよう、彼女に頼みました。「どうせ運動がこの裏切り者《ドッグ》を処分するわよ。」彼女は私にそう言ってから、青と白のコンビ〔マイクロバス〕で走り去った。……以来二度と息子に会っていません。私はロロを見捨てました。

その後で最悪の事態がやってきました。……長女は仕事を捜していて、ラングラーフテ駅にいました。長女は弟にそっくりの男を見かけました。その場に突っ立ったまま、長女は金縛りにかかり、叫びました。すると、一人のご婦人がやってきて、長女に問いかけました。「どうかなさって？」長女は言いました。「あの男の人は、一九八九年にいなくなった私の弟にそっくりです。」ご婦人がその紳士に話しかけ、名前を尋ねました。男は、自分はひとかどの者で、ズールー人だと言い、身分証明書を取り出してゲイルに言いました――「私はあなたの弟のロロではない。」息子が消え失せたので、長女は泣きました。家に帰ってきても、長女は口も聞かないし、食欲もなくしてしまいました。

私たち家族はいまだに安心できません。私は悪夢や夢にうなされるし、ときおり戸をノックする音を聞くと、それがロロだと思ってしまう。寝てるときなんか、ロロが空から飛んできて、家に帰ってきて、言うのが見える――「かあちゃん、ただいま。」そこで私は両腕を広げて、息子をしっかり抱き締めようとして言います。「よう帰ってきた。」私は今日、マンデラ夫人に、世界を前にしてお願い申します――「どうか、マンデラ夫人、どうか、私の息子を私たちに返して下さい。」

ウィニー・マディキゼラ＝マンデラ夫人　話の筋が私には理解できません。どうして私が少年に暴行を加え、少年をその父親に返し、それから少年を殺すのですか？　なぜ？　それに、ソノ氏は、極悪非道な行為で私を告訴するために、どうして時流に乗った行為に訴えているのですか？

逆に証言者の正体が試される

解放闘争が行なわれている間、ＡＮＣの支持者たちがウィニー・マディキゼラ＝マンデラの恥知らずな振舞いを非難するとき、必ずといってよいほどある決まった言い回しが顔を出した。「アルベルティナ・シスルを見習えだ。彼女だってちょうど同じくらい悩まされた。同じくらい苦しんだ。でも、一度だって悪に手を染めたことなんかない。」真実和解委員会の前で行なわれるアルベルティナ・シスル〔注67〕の証言が、多くの意味で彼女の気質を試す、やっかいなテストになるというのは、まさにそうした理由からだった。彼女はとても尊敬されている古くからの闘士なので、たとえ彼女が何を言おうとも、必ず信用されるだろう——特に嘘や言い逃れ、脅し、恐怖感で息が詰まりそうな公聴会の期間中は。

シスルは、ネルソン・マンデラのもっとも古くからの友人であるワルター・シスルの妻であり、ソウェトの医師アブベーカー・アスファットの看護婦として働いた。ストンピー・セイペイの遺体が発見されてちょうど二、三日後、アスファット医師が自分の診療所で銃で撃たれた当日、彼女は勤務していた。公聴会が始まってすぐに、暴行を受けた後のストンピーの処置を、マディキゼラ＝マンデラがどのようにアスファットに頼んだかについて、証言がなされていた。彼は子どもを病院に連れていくべきだと言って、申し出を断わったという。他に、マディキゼラ＝マンデラはカティザ・チェベクールをアスファットの所に連れていき、チェベクールがポール・フェルライン牧師に男色行為を強いられたことを証明するために診察するよう求めた、という証言もあった。アスファットはこれも断わり、チェベクールに専門医を紹介したという。

シスルは、二人の見知らぬ男がアスファット医師を殺害した日について語った。

「患者の名前を呼ぶドクターの声を聞きましたし、診察室のドアがカチッと音を立てたのも聞きました。というのも、そのドアは内側からボタンを押してのみ錠がかかる防護用ドアでしたから。そこで何が起きたのか、私は知りません。カチッという閉まる音の後は静かでしたから、ドクターは患者を診察するのに忙しいのだと思いました。一〇分くらいたってから、何か銃声のような音が聞こえました。……私は大声で『アブ！』と呼びました。おそらく彼が何かやっているのだろうと思いました。でも、返事がありません。最初のによく似た二発目の銃声を耳にしました。今度はドクター・アスファットの悲鳴も聞こえました。……私にはドクターの声だとわかりました。

アブベーカー・アスファットは、私の息子みたいでした」とアルベルティナ・シスルは言った。にもかかわらず、ウィニー公聴会が始まる前の週、シスルは真実和解委員会に出席するかどうか悩んでいる、という噂が広がっていた。さらに、

ANCが彼女の所に弁護士を送ってよこしたとも。

シスルはアスファット医師の診療所で、ウィニー・マディキゼラ＝マンデラとカティザ・チェベクールを見なかった、と言った。

「あなたはアスファットが殺害された日、診療所でアスファットとマディキゼラ＝マンデラとの間で口論があったのをご存知ないのですか？」

シスルは答えた。「もしマンデラ夫人が彼に会いに行ったのであれば、彼女は受付には寄らなかったのでしょう。私はいつでもそこにいましたから……。」

それにしても、彼女は防護用ドアのカチッという閉まる音が聞こえたはずではないのか？　アスファットの殺害者が診察室に入ったときに聞こえたように。

もう一つ別の食い違いもある。マディキゼラ＝マンデラは一貫して、ストンピー・セイペイが暴行されたときは、故郷のブランドフォートにいたと主張した。一九九七年の初頭に制作された、アスファットの死についてのBBCのドキュメンタリーでは、マディキゼラ＝マンデラが嘘を言っているのを立証する診察カードに自分自身の筆跡があるのをシスルは確認した。しかし、今回のメイフェアでの公聴会では、その筆跡は自分のものではない、とシスルは言った。

ドゥミサ・ンツェベザがある説明をそれとなく示唆した。

「あなたは、自分の同志や仲間についてはできるだけ短く、しかも彼女に罪を着せたり巻き込んだりするのをできるだけなくすようにしゃべろうと、大変な努力をなさっておられるのでは？……もしかして彼女が自分の同志だからですか？　それに、マンデラ家とシスル家は男女とも非常に古くからうまく付き合ってこられたのでは？　自分の同志がアスファット医師の死に関与したことを示唆する発言をあえてすることで、南アフリカ史上に残る人物になりたくないというのが理由ではありませんか？」

より悩まされているように見えるのはどっちなのか――アルベルティナ・シスルなのか、聴衆の中にいる灰色の髪の彼女の夫なのか――判断がつきかねた。ンツェベザに答える代わりに、彼女は闘争への自分の貢献を長々としゃべった。まるで「私は十分にやらなかったでしょうか？」と言わんばかりに。

「私がマンデラ夫人をかばっているのならなおのこと、私はここで嘘を言ってはいけない。私の知っていること、見たことを正確に申し上げています。……アスファット医師はわが子同然でした。もし彼が、マンデラ家と何らかの関係があって、私に話していたならば、私は彼を止めて、彼も死ぬことはなかったでしょう……。それ以外にアルベルティナ・シスルにいったい何ができたでしょう？」

彼女はこう言い終わるまで、自分の顔を手で覆っていた。

後ほど、マディキゼラ＝マンデラがアルベルティナ・シスルを抱擁しようとするのをだれかが見かけたが、シスルはどうやら「あっち行って！」と言って、マディキゼラ＝マンデラを追っ払ったらしい。

シスルは公聴会の最終日にもう一度証人席にすわり、診察カードの筆跡は実際に彼女のものではないことが立証された。しかし、それでもやはり、マディキゼラ＝マンデラを非難する言葉は、彼女の口から一言も発せられることはなかった。シスルが今でも知っていることが何であれ、彼女もまた、ウィニー・マンデラによってたとえ殺されなかったにせよ、心底変えられてしまった、さまざまな人生が飾られた絵画陳列室《ギャラリー》の展示品になってしまった。マナンキ・セイペイ、ニコデムス・ソノ、プンリレ・ドラミニ、アスファット家の人々、ノムサ・シャバララ、ポール・フェルライン、アザール・カチャリア、それにマーフィ・モロベといっしょに。

公聴会はまだ終わってはいないが、その通行料は高くついた。


ジョン・アレン〔真実和解委員会のメディア担当〕が私を隅っこに呼び出した。「多数の恩赦が認められ、ケープタウンで公表されるはずだ。恩赦委員会がなぜウィニー公聴会の最中にそれを公表することに決めたのかは知らないが、プロセスに精通しているどのジャーナリストもジョハネスバーグのここで立ち働いている。なので、ラジオがそのリストを取り上げて放送してくれたら、役立つだろう。」

私は恩赦リストに目を通した。ＡＮＣの重要人物全員の名前があった――ターボ・ムベキ〔注50〕、元「民族の槍」指揮官ジョー・モディセ〔注63〕、マック・マハラジ〔注64〕など総勢三七名。

「これって、もはや彼ら用の公聴会はないってこと？」

「そう。」

外に出ると、車とトラックが煙を吐き出しながら通過していく。騒音から逃れるために革のジャケットを頭からかぶって、アンジーがニュース用の記事を送っている。私はノート型パソコンに記事を書いた。何か間違っている、と私は何度も何度も呟いた。どこかおかしい、と。


委員たちの権限に対抗して、犠牲者や犯罪者の代理人を務めている、主に白人の弁護士たちによる反撃陣形が構築されようとしていた。「私はロロ・ソノの家族の代理人です」と弁護士が言う。「ロウロウ・ソウノウ」と発音しながら。ツツが首を振り振り発音し直す。「ローロー・ソーノー」と。次の弁護士がドクター・アセファットについて話し、もう一人がミセス・マジキデラ＝マンデラに質問したいと言ったとき、委員長はすげなく両手を宙に投げ出しただけだった。

ところで、チリ家族の弁護士が、その名字をスパイスのように発音するやいなや、ツツは議事進行をストップした。「違うよ、君、何度言ったらわかるかな。……それは、x!…x!-iiだ！」

「どうもすいません。」その弁護士は巧みに、悪びれることなく言った。「その音を発音するのは、私には不可能です。」

「もし君が彼らから報酬を受け取るのであれば、彼らの名字に敬意を払いなさい。こう、歯の裏側に舌をつけて、スィリ！」

皆は憂鬱な気分で待った――今は何の時間？　ここは何をする所？　なのに、まあなんてことを！「私は代理人です……、スィ……スィリ家族の。」

ツツはやさしげに微笑んだ。

取引は悪が悪を塗りつぶすためになされる

これら一連の公聴会で、真実和解委員会は三つの特定の事件を重点的に取り上げた。ロロ・ソノの失踪、ストンピー・セイペイの死、そしてアブベーカー・アスファット医師の死。これらの事件は多くの共通点を持っている。一方で、三件ともウィニー・マディキゼラ＝マンデラに結びついている。……他方、三件とも同じ三人の取り調べ警察官と調査記録の紛失、不完全な調査、それに異例の調査の指揮ぶりという前歴が関係している。プロテア警察署の殺人・強盗課のメンバーとして、ヘンク・ヘスリンガ、フレッド・デムプシー、H・T・ムードレイが三つの事件を調査した。三つとも、マディキゼラ＝マンデラを殺害と結びつける特定の証拠について調査はうまく運ばなかった。

ロロ・ソノ事件　コンビを運転していたマイケル・シヤカメラは、哀願するソノの父親に話しかけているとき、ひどく暴行されたソノがマディキゼラ＝マンデラといっしょに車の中にいたことを裏付ける供述をした。だが、その供述書が紛失した。真実和解委員会はシヤカメラをやっと見つけ出し、彼も初めのうちは新たに証言する気でいたが、後になってそれを拒否した。「ママが彼に連絡をつけた」らしい。

ストンピー・セイペイ事件　警察への情報提供者が、ストンピーの暴行にウィニーがかかわったという供述をした。だが、その男の供述書は、公安警察によって持ち去られた。公安警察の言い分は、自分たちもこの事件を調べている、とのことだった。その情報提供者は後に、フラクプラースの指揮官ユージン・デコック〔注27〕の手で木っ端微塵に吹き飛ばされた。しかも、調査担当のヘスリンガは、悪名高い警察の一組織だったクフォット〔ナミビアの南西アフリカ人民組織のゲリラに対抗する悪名高い野蛮な警察組織〕の元メンバーで、デコックの仲間だったことも明らかになった。

アスファット事件　二人の殺人者は逮捕されたが、二人とも強盗罪だけの有罪判決が下された。その供述書では、二人は一二〇ランド盗んだことを認めている。しかし、アスファットの家族は何年間も、診療所からは一セントも持ち去られていないと主張している。今になって、二人の殺人者は、強盗を認めるよう拷問されたと言い出した。また二人は、自分たちがマディキゼラ＝マンデラがかかわっているようなことを何か言うたびに拷問された、とも言った。

人々の間に広まり、くすぶっている疑念は、マディキゼラ＝マンデラ自身が警察と手を組んだかどうかという点である。マンデラの家族と地方警察との間に親密な付き合いがあったことは明らかだ。おそらく彼女は、自分が警察を動かしていると思っていたようだし、一方、警察側にしても、おそらく事態はその逆だと思っていたようだ。しかし、同じように、司法制度と政治家たちとの間にも広範なコネが存在していたし、政治家はヴィクター・フェルスター刑務所にいるネルソン・マンデラとの最初の仮交渉にどのように事を準備立てすればよいかも心得ていた。当時、何人かの司法長官は彼女の起訴を拒んだ。

交渉の代価は、違法行為と権力の乱用との抱き合わせだったが、その道徳的あいまいさは、アフリカーナーの官僚的な政治が最後の凋落期にあるとき、その政治にとってはまことにお誂え向きだった。

ウィニー・マディキゼラ＝マンデラは、自分に対してなされた人権侵害のあらゆる申し立てをことごとく否定した。返答の中で、彼女は「ばかげた（ludicrous）」と「おかしな（ridiculous）」という言葉を交互に使った。彼女がそれほど頻繁にその二つを使うので、聴衆の中にすわっている犠牲者の親族たちは、彼女の返答をあらかじめ見越して、自分たち流の「おかしな」と「ばかげた」のあざ笑いをやり始めた。

「そのように、イカネング氏やメクグウェ氏、モノ氏、デムプシー氏、カセ氏、モーガン氏、リチャードソン氏、ファラティ氏は、全員で共謀して嘘をつき、あなたを事件に巻き込んだ、と？　つまり、あなたが言いたいことはそういうことですか？」

「彼らは嘘をつきました。」……「これらの若者の行動について私に責任があるだなんて、まさかあなたはそんなことをおっしゃるつもりですか。……彼らは彼らの生活を送り、私は私の生活を送りました。……私に彼らの生活の責任まで負えるはずがありません。」……「私は遊び回ってもいないし、あなたにそのように言われる筋合いもない。」……「私の車は私の携わっている事業で私の娘をあちこちに連れていくのに使われたが、それは人権侵害ではない。」……「どうしてまた、私があんなことをする、と？」……「アザール・カチャリアはインド人の秘密結社の一員です。彼らがマーフィ・モロベを『マーフィ神父《パーテル》』と呼んでいるのを、私は後に知りました。彼らは全員、インド人秘密結社の一員でした。」……「私はあなたにお答えしましたが、もしそれがお気に召さないのであれば、お気の毒です。」……「私は家族全員の大黒柱でしたし、今もそうですし、これからもずっとそのつもりです。私はずっとあの家族の大黒柱でした——私はだれにも何一つ譲り渡すことはない。」……「私は普通の人間です——彼らは私に対して受け入れがたいことをしました。多くの人が自宅で気楽にすごしている間、私たちは正義の闘いをやりました。」

木曜日。一人のカメラマンがこう書かれたTシャツを着ていた――「人生は短い。なのに、この木曜の午後ときたら、信じられないほど長く感じられる。」

次から次へと否定の陳述をしている最中に、ボディガードが白と赤い花の二つの大きな花束を運んできて、それをウィニーのテーブルのそばに置いた。

私は割れんばかりに頭痛がしていた。真実和解委員会の公聴会で、これほど気が滅入ったことはこれまでになかった。それはまるで三流映画を取材しているようだった――スキャンダル、傲慢、野望、嘘、そして抑えのきかないギャング精神の不健全極まるこの雰囲気。この公聴会は私の国についてのものだ、と私は思っている。そこに私たち全員のための場所があるのかどうかについての。そうした場所であるための条件についての。

その一方で、今のところこの公聴会は、私とは、白人とは何の関係もないという正反対の感想も持っている。黒人が善悪と判断するものを、彼らの間で決めている。彼らはその決定を、今日ここで下そうとしている。アパルトヘイトが理由なら、黒人は人を殺してもよいのか、どんな理由があるにせよ人を殺してはいけないのか、どちらかだ。この公聴会はほとんど過去に関係がない。すべては未来と関係している。

ジャーナリストたちでいっぱいのこの狭い空間では、その考えを推し進めることができない。私はケーブルの蜘蛛の巣から逃れて、新鮮な空気を求めて外に出た。歩道で一人の男が、ネルソン・マンデラ、ターボ・ムベキ、ジョー・スロヴォ〔注69〕、そしてウィニー・マンデラの顔がすべて同じく一列に並んで描かれた、白い、小さな皿を売っていた。私は強い日射しにたじろいで、引き返した。

どこへ？

私は、ネルソン・マンデラやジョー・スロヴォの顔がウィニー・マディキゼラ＝マンデラの顔と取り替えがきくような所では、生きることができない。

こう言ってほしいがために

「私たちは今、新しい道徳観や誠実さを特長とする、今までとは異なった体制を創設しようと奮闘している。正直で、説明責任のある。」

私はその場で立ち止まった。その声はツツだった。ツツが語っている。私はガードマンを押し退けて、階段を駆け上がった。委員席にすわっているツツを見た。思っていたよりも顔は青ざめ、今までの中でもっとも縮こまって見えた。それでも、ここ二週間、法律用語で身を固めた、嘘と見せかけだらけの強欲な弁護士たちを、まるで刃物のように彼はなぎ倒して進んだ。

「今回の公聴会で起きたことで、ある人たちは打ちひしがれもし、さらには元気づけられもしました。解放闘争の著名なリーダーたちの振舞いによって、蹂躙されもしました。彼らが示した道徳的に不誠実な言動は、予期されていなかったし、すべてを台なしにするものでした。ですが、それとはまったく対照的に、ひときわ際立った、すばらしい例外もありました。

私たちは、この新しい体制が道徳的にも古い体制と異なっているということを、質の面からも明示する必要がある。また、私たちは、善良さや誠実さ、思いやり、さらには権力者にこびないということが重要視されるためにも、毅然として立ち向かう必要がある。

私は、われわれの解放闘争の歴史においてマディキゼラ＝マンデラの果した役割を認めるものです。にもかかわらず、人々はよく口にしたものです、何か間違えた、……恐ろしいほど、ひどく間違えた、……何かを、それはよくはわからないけど、と。そして、みんなはただ言うばかり。『運が悪けりゃ、こっちだって不幸な目にあっていたさ。』

しかし、何か間違えた……。

多くが、多くの人があなたを敬愛している。

たくさんの、たくさんの人が、あなたはいるべきところにいるべきだった、と言っている。この国のファースト・レディとして。

私はあなたを心底から敬愛する者として、あなたに申し上げます。……あなたに立ち上がって言ってほしい、『間違えたことがある……』と。あなたを抱擁したいと思っている人が会場の外にいます。私は今でもあなたを心から歓迎します。」そう言ってツツは、まるで彼女を抱擁するかのように両腕を前で組んだ。「私はあなたを敬愛していますから。心から愛していますから。あなたを敬愛したいと思ったはずの多くの人が外にいます。もしもあなたが言う気になれたら、『何か間違えた……』と言って下さい。『すみません、間違えたことで自分にかかわりのある点は、お許し下さい……』と。……お願いです、どうか……、どうか、そう言って下さい。……あなたは偉大な方です。なのに、あなたはご存知ない、もしあなたが『すみません、……間違ったことをしました。お許し下さい』と言えば、あなたの偉大さがどれほどいや増すかを。」そう言って初めて、ツツは彼女を直視した。ツツの声は囁き声になっていた。「お願いです。」

時が凍り付く。ツツは賭けた……、すべてを。

血が血管をずるずる流れるのが聞こえる。

その音が突然、私の中で飛び跳ねる。

その音が皮膚を突き破って炸裂する。

ああ、委員会よ！　私の魂の内奥の中心。この土地からしか生まれえない心——勇者——が、その歯で重要このうえない真実の喉元にしっかりと噛み付いている。しかも、その心は黒人。私もその無分別なアフリカ黒人の心の一員。涙ぐんで喉が息む。ペンが床に落ちる。思わず手で顔を覆う。眼鏡が涙でくもる。ほんのつかの間、きらめく一瞬、この地が、この国までが真実私のものとなる。

その心は立っている。

はるかかなたから、ウィニー・マンデラの声が聞こえた。

「それが本当だとお答えします。ひどく間違えたことがあるし、それを引き起こしたいくつかの要因があるのにも気づいていました。それについては深くおわびいたします。」

名誉と恥の文化の中で

でも、彼女は本気で言ってない！　ホールの外で、怒った犠牲者たちが報道機関に対して会見を行なっていた。ジャーナリストたちも怒っていた。彼女は本気で言わなかった！　彼女はツツが彼女の口元に用意した言葉を真似たにすぎない――世界のメディア報道用にそれを口真似したにすぎない！

私は委員会を自分の胸に抱き締める。私は元気づく。私は私たち全員のためにとても誇りに思う。だって、ウィニー・マディキゼラ＝マンデラは、あの心に跪いたんだから。公の場で、彼女はこの国の土台となる心に同意せざるをえなかった。そうせざるをえなかった。彼女は、あの神に祝福された生命力に合わせて踊ったんだから。

「君は単純すぎるよ」と同僚が、自分の怒りを隠し切れないで言った。「ツツは、彼女の大衆迎合主義的な政治キャリアを助長するような、甘い言葉を装おうためのほどよい意見表明の機会を、まさに彼女に提供したにすぎない。彼女は唯一の勝者として、これを無傷で切り抜けるつもりだ。」

「それはまったくの見当違いよ。」

私たちは電気ケーブルを巻き上げ、機材を片付けた。私はなにもかにもを心に留めておきたかった。私たち全員のためのこの場所に身を投げ出したかった。

「今回の公聴会の本質は、黒人社会に存在している二つの文化のぶつかり合いだった。責任や人間的な徳、罪の文化と、一族の名誉と恥の文化との。」

同僚が驚き顔で目をぱちくりさせた。私は彼を押して椅子にすわらせた。

「名誉というのは規律になるのよ、一族の忠誠心か民族性か肌の色かに基づいているあらゆる緊密な集団――有力な集団から除外されている集団――が呼吸するその集団の空気に。ウィニーは、新しい制度がうまく機能しなかった人々の専制君主よ。彼女は、そうした人々の集合的な名誉の象徴だし、そうした人々の社会的地位《ステイタス》への熱望や権利の体現者でもある。だから彼女はそのような名誉に執着せざるをえない。もしも彼女があやまちを認めるなら、彼女はそうした人々全員の名誉を汚すことになる。」

「なら君はなぜ、ANCの閣僚たちはあやまちを認めるけど、彼女は認めないだろうと思ったわけ？」

「なぜって、民主主義の原理は徳にある。民主主義はその人の社会的地位に関係なく、全員の平等と尊厳、権利と義務を主張している。ウィニーの名誉の精神《エトス》は、基本的に民主主義と相容れない。それは名誉の伝統につま先をくっつけている。しかもそれは、相反する二つの、一連の規則を設けている——同族者向けのものと部外者向けのものとを。一方で彼女が、貧しい人々に交付が行き渡らないことに関して釈明するように政府に求めながら、他方で同じ貧しい人々の殺害に関して自分が釈明する必要を感じないのは、そうした理由からだと思う。彼女や彼女のグループは、自分たち自身の規則に従って生きているので、結果はいつまでたっても相矛盾したままま。私利私欲に包みこまれた一種の自己欺瞞よね。その間、彼女たちの頭は、ずっと名誉心に取り付かれている。そして、名誉の競技場では、力こそ正義なり、だ。」

「すると、ぶつかり合いはどこに?」

「ツツは、彼女が影響されている名誉の原理を直観的に察知して、彼女自身の縄張りで彼女に挑んだ。ツツは、道徳的な説明責任を求めるのを後回しにした。ツツは彼女の名誉心に磨きをかけさえした。ツツは彼女に語りかけた。『あなたは偉大な人間です。あなたはわれわれのファースト・レディでいるべきだった。あなたはそうした名誉に値している。もしもあなたが間違ったことを認めさえすれば、あなたはさらに一層偉大になるだろう』と。そして、おおっぴらに彼女にすがるように言った。『同輩として私はあなたを尊敬している』と。というのも、名誉の文化においては、人は自分と社会的に同等の人に対してのみ、自分の名誉に関して返答の責任があると感じている。彼女は、もはや拒否できなかった。彼女は責任を負うほかなかった。」

「だとすると、道徳的に見て、勝利はどこにあるのかな?」

「間違ったことを認めたことによって、彼女自身、自分の名誉の文化全体を一掃した。今日以降、彼女の信奉者たちは言わなければならないはずよ。『彼女は私たちのために殺害した。でも、彼女自身がそれは間違いだったと言った』と。彼女と彼女の信奉者双方にとって初めて、間違ったことを名誉となるやり方で認めるために、一つの場が作り出された。これ以上まだ何かお望み?」

「ならば、名誉の二元性のおかげで、殺人者が首長に、暴君が大臣になるわけだ。」彼はせせら笑ってから、自分のバッグをカチッと音を立てて閉めた。

「そうではなく、その殺人者や暴君も、初めて、私たちと同じ枠組の中に入れられたってわけよ! それって、ある種の始まりじゃない?」

二一章　悲しみと慈愛に満ちた最愛の国

恥の文化と罪の文化

「われわれは、マグヌス・マラン〔元国防大臣〕やP・W・ボタ〔注21〕よりも、ウィニー〔注46〕により厳しくすべきだ。なぜなら、彼女の方がより多くの人を代表していたからね。彼女はわれわれの内の一人——信念をもつ人だ、と思われている」と同僚が言う。真夜中にメルヴィルで、悪について私たちは語り合っている。彼はそのテーマで今、テレビのドキュメンタリー番組を製作している。

「君は悪の存在を信じるかい？」彼が私に尋ねた。

「あなたが『信じる（believe）』という言葉を使うだけで、悪を何か具体的ではないものと見なしているのがわかる。」

「確かに」と彼。

「悪については『確かに（of course）』などない。たとえば、ヒトラーについて考えてみると、完全な悪というものが本当にあるように思える。ヒトラーの悪は蝕知できる。私が彼に触れると、悪に触れる。しかも、ヒトラーの中では、最高の美的悪《キッチュ》と悪が完璧に共存している。でも、こう考えるのは安易すぎると私は思う。……それに、これって男の問題、悪に対するこの強迫観念は。」

彼は笑った。「こりゃ面白い。それがどうして男の問題なわけ？」

「まず最初に言っておくけど、犯罪者に関心を集中させるジャーナリストは、全員が男性。男同士の絆や男文化の臭い、さらには道を踏み間違えた勇敢さの臭いでもするのか、男らしさが男性の興味をそそるらしい。女性に関して言えばそんなことはないけど、それは子どもを産むことと関係があるかもしれない。女性は子どもを産むし、子どもはみんな女性から生まれてくる。だけど、ある子はすばらしい人間になるのに、ある子はクズになる。でも、女性は知っている、そのクズだって心の底には何か優れたものをもっている、と。」

「言わせてもらうけど、特ダネを入手するために野郎たちといっしょに酒を飲んでいる女性ジャーナリストをまさにたくさん見てきましたよ。それよりちょっと話をもどすけど、ヒトラーを悪だと決めつけるのがなぜ安易すぎるのかな？」

「だって、あなたはヒトラーも人間だということを否定している。」

「自分を人間だとみなす権利は彼にはないよ！」

「ヒトラーを自分と同じような人間だと認めることを拒むことで、ヒトラーがやったことは自分にはできない、とあなたは言っている。それであなたは安心してられる。私に言わせれば、あなたにだって彼がやったことがやれるってこと。」

「でも、ヒトラーを判断するのを差し控えると、ある種のイデオロギーや特定の人々を、悪を体現しているという理由で避けるべきとする認識もすべて失うことになる。……それらと無関係でいるべきだとする認識も。」

私は彼の前にワイングラスを置き、上着についたピン留めを取った。

「これらは悪なの？　どんな小さな物質の一片でも、どんな分子でも、いつも完全でも不完全でもないし、あなたがその正確な位置を指差して『これが完全な悪で、これが完全な善だ』なんて言える原子など一つも存在しない。善も悪も決して完全じゃない。どんな善でもそれを行なううえでは不完全だし、どんな悪もその背後に善となる可能性を秘めている。」

「あらゆる人々を操って悪行をさせるカリスマ性や知的能力、権力を持つ人間がいるのを、君は否定するつもりかい？　その場合、マンデラとフェルヴールト〔注5〕の違いがいったい何か、言えるかい？　ウィニーとP・W・ボタの違い、あるいはウィニーとツツの違いを？」

「他と違うのはツツ――彼は政治家じゃない。でも、本当の違いは、ある人々が恥の文化と罪の文化として説明していることの中にある、と思うけど。恥の本質は一つの集団にとって名誉にかかわり、罪の本質はある具体的な道徳性に対する個人の責任能力にかかわる。フェルヴールトは、自分が所属する人々の名誉を打ち立てたり守ったりするために政策を練り上げた。つまり、白人アフリカーナーは自分たちの存在を誇りにしていい、と。」

「ちょっと、待った、待った……。〈恥〉と〈罪〉の相違について説明してくれよ。」

「日本人とドイツ人との第二次世界大戦の結果を扱った方法の違いがそれでよく説明された。日本人は、神によって定められた支配者天皇の下に、恥の文化を保持していた。よく言われる覚えやすい定義は、たとえばこんな風――人々は他者の権利を侵害したときは罪を感じるが、自分たち自身が立ち行かなくなったり、自分たちの集団を失望させたときには恥を感じる、と。罪は違反・侵害と関連づけられ、恥は失敗と関連づけられる。恥は観衆を必要とするが、罪は観衆を必要としない。また、恥は罪よりいっそう人を困惑させ、孤立させる。」

「それで、名誉はどこにうまく割り込んでいるんだい？」

「恥の基盤が名誉なの。名誉は、人が自分自身について抱くイメージが、他者によって自分に示されたそれと見分けがつかなくなると、役目をはたしだす。名誉の特質《エトス》は、すべての人間の尊厳は平等であり、したがって権利も義務も平等だとする道徳と対立する。名誉が価値の基本原理である社会では、名誉の規範で課された選択肢以外のどんな選択肢も問題外であり、集団からの圧力が最大化するときが選択する瞬間でもある。」

私はふと、かつて雑誌で見たヒトラーの写真を思い出した。彼は子どもたちに囲まれていて、一人の少女が花を彼に差し出している。子どもたちのかわいらしい、無垢な顔に浮かんでいる賞讃の表情。私はなおも思い出した、父に肩車をしてもらって、ジョハネスバーグからの幹線道路の脇で、ケープタウンに向かうフェルヴールトが通り過ぎるのを見物しようと待っていたのを。フェルヴールトはクローンスタッドの郊外で数台の車を目にすると、車を止めた。そのとき、彼が私の腕に触れたのを憶えている。また、私たちがなぜアフリカーナーが経営している店だけで買い物をするのか、思い出した——たとえその方が高くついたとしても。アフリカーナーの店の経営者は、どういうつもりで貧しいアフリカーナーに奨学金を援助していたのだろう。

「名誉がフェルヴールトを駆る原動力となった。アフリカーナーの名誉を守るためには、どんなことでも許された——たとえそれがもっとも恥ずべき政策であっても。それに、リーダーの不名誉は集団の不名誉でもある。だから、フェルヴールトの心臓に突き立てられたナイフが、アフリカーナーの心臓に突き立てられたナイフだと見なされた。もし、自分が真実和解委員会の前に姿を見せれば、アフリカーナーを分裂させるとP・W・ボタが言うのもそのためで、彼は名誉と恥の中に埋め込まれている。したがって、ボタも、ボタのようなアフリカーナーも、何か悪事を働いたからといって罪は少しも感じない——悪事が見破られたということに恥じ入るだけ。」

「ふーん、なるほどね。真実和解委員会は、アフリカーナーは有罪であるということで世間の見方と意見が一致している。われわれアフリカーナーは、文明とその諸価値に背いてしまった。われわれは恥と不名誉を自分たちの頭上に振りまいてしまった。……しかも、世界は、それがファンデルメルヴェかファンデルベルフ〔どちらも元閣僚の名前〕かなんて、どうだってかまわない。となると、われわれアフリカーナーはどこにいたんだ。……ウィニーは、言われてみれば、恥の文化の中で役割を果たしている。じゃ、マンデラは？」

「どんな政治家でも罪の文化の中で役割を果たせるかどうかなんて、わかならい。政治家の夢は、従順で疑いを持たない、何百万という信奉者を持つこと。そうするには、政治家は人々を結集しなければならない。しかも、そこにマンデラとムベキ〔注50〕との違いの一つがある。マンデラは道徳性に基づいて人々を結集することの大切さを知っている——それが西洋と白人たちの間でよく機能していることも。非常に寛大にふるまい、白人たちの罪悪感に訴えかけよ、ということ。一方、ムベキは名誉——アフリカ黒人の名誉——の基本原理に基づいて黒人たちを結集する。でも、彼ら二人とも、大臣や報道担当次官を不正行為や管理ミスを理由に解任するのはむずかしいことに気づく。おそらくこれが、解放運動から統治機関へと移行していく基本的な変化かもしれない。ということは、罪の文化から恥の文化への移行でもある。」

カフェのそばを通りすぎていく人が、テレビでリポートしている姿から私の連れの正体を知って、怒鳴り散らした。「うせやがれ！　お前と委員会がだましまして、アフリカーナーをバッシングしやがって！」彼は肩をすくめた。

「あんなのにどう対処するつもり？　腹が立つ、それとも悲しい？」

「当初は、グサッときたものだよ、お前らなんかといっしょにするなって！　今じゃ、あんなバカ者の首根っこをひっつかんで、こう怒鳴りつけてやりたいよ。『祖国はその基本精神が破壊されれば、祖国でなくなる。お前にはわからないのか？　アフリカーナー民族主義の見せ掛けの伝統の偶像ではなく、われわれの祖先の最良の人々が、われわれに負わせている、もっとも高くつく要求にわれわれは実際に耐えていかなければならないってことが。』」彼は笑った。「でも、この言い草は僕の好みじゃないな。」

「で、祖先は私たちに何て言ってるの？」

彼はにやりと笑った。「ゲリラ戦術さ——少数の機動部隊、すばやい方向転換。つまり、唯一の行動原理は、個々が生き残ること。」

「ほら、それって名誉の文化……、おそらく『裏切者』とか『反逆者』という言葉が飛び出すたびに、私たちが守らされてきたものは、普遍的な道徳ではなく名誉だったということに、あなたも気づいている。」

「まあ、いいでしょう。とすると、真実和解委員会そのものは、恥という、異なった文化によって数十年間支配されてきた競技場への巨大な入口を作ろうとする罪の文化だということがはっきりしたよ。」

「その起源においてもその行動においても、少なくとも国民党と話し合うようになるまで、ＡＮＣ〔アフリカ民族会議〕は合議制や人権などの長所を備えた、個人の責任という文化に基礎を置いていた。でも、次第にそれを守り抜くのは困難だと気づいたようよ。」

「おそらく、非常に多くの希望が真実和解委員会に寄せられたのもそれが理由だろうし、非常に高い評判がそのまわりに生み出されたのもそれが理由だろう。人々は本能的に気づいた、大多数が罪や個人的責任の文化へと入り込む、これが最後の、本当に最後の機会だ、と。もし大多数の人間がそうできたなら、政治家たちはもはや二度とこの国にあんな抑圧体制はもたらさないだろう、と。」

私は話の進路を変えた。「ところで、人間は他の多くの人々のおかげで人間としてある、というウブントゥ〔個人と集団との結びつきを強調する、アフリカ独自のヒューマニズムの考え方〕についてだけど、それって名誉の文化を擁護しないかな？　他の人の名誉がめぐりめぐって自分を誇らしくする。とすると、自分が所属する集団が悪事を働いても、それに立ち向かおうとするのを、ウブントゥが思いとどまらせはしないかな？」

「まあ、ツツはウブントゥの概念を再評価するのに貢献してきたよね。おそらくそれよりももっと興味深い問いは、こうだろう——もし、『私たち』や『南アフリカ人の集団』『アフリカ人』という言葉の定義を、今や君をも含むほどに広げるとしたら、君は喜んでその名誉と恥の文化へ移っていくんじゃないの？　ンツェベザの件で君があんなに早くツツとボレインに謝ったのも、それが理由じゃないのかい？」

私は一瞬ぎくりとした。

彼は続けた。「委員会が情報をメディアから遠ざけておいて、内部で調査を行なうことに決めたとき、委員会は自らのより広い罪の文化の中に恥の文化を取り込んだ。もし、ドゥミサ・ンツェベザが名誉を汚されたなら、委員会全体が名誉を汚され、そうなれば、和解のプロセスは失敗してしまう。君はあえて批判した。そのとき君は、アレックス・ボレインにあからさまに言われた。君は委員会を壊したいのか。より大きな価値のためには、君はある種の事柄は受け入れなければならない、と。でも、後で起きたことは、君が正しかったことを立証した。にもかかわらず君は謝った。なぜなら、君は彼らの輪の中に——罪の輪の中に——入れてもらいたかったから。」

私に言えることは何もなかった。おそらく、犠牲者の公聴会が終わって以降、委員会はとても騒々しくなった——とても自惚れが強くなり、言い争いが増え、政治的かけひきが増えた、ということ以外は。

連祷

ここは長い白い影に沿っている
そこで私は思い考えた　破壊者の連祷のもとを去ろうと
これからもずっと破壊者と死の、音の連祷を耳にするだろうから

ここは長い白い影に沿っている
そこで私は栄光を手にする　かつては光り輝き白かった名誉を手にする
いつか耳にした真実とその真実を陵辱する方法とを

私は旅する　遠き日のトウモロコシ畑や秣《まぐさ》の山に沿って旅する
遠き日は死人のように跪いて一度も見上げることなくのろのろ進む
私は跪いてかき進む　あの場所へとかき進む

記憶をくもらせたくない場所に明かりをともす
そこは長くて白い死の影と陵辱された真実に沿っている
私たちは多くの人を葬った　経帷子《きょうかたびら》や葬儀なしで葬った

多くの人を葬ったので墓からそれが芽ぶく
影が芽生えさす、栄光を、ゴボウを、そして小麦や音の破壊者たちを

ここは長い白い影に沿っている

それに私の過去は最初からとても反抗的だ
その反抗は時至って硫黄と石灰のすぐそばにうまく身を置く
暗殺者と恥辱とブリキの時代に

私は何度も真実からずり落ちる
その間私のそばを戦慄が長い白い影に沿って蔓延する
私が蔓延させたのだ　その長くて白い灰の戦慄を

私を定めよ長い白い影の中をずり落ちる者として
時節はずれにでまかせでなく私は戦慄から抜け出したいと嘘ぶく
無意味な連祷と影に沿って

私を定めよ私を復讐と喪失から生まれ出た者とせよ
荒廃から長い白い傷痕から生まれ出た者とせよ　苔と灰が私を自由にするために
痛恨の念から　おお私の手私の手が喉のようなシーツをひっつかむ

真実のルビコン川の土手で立ちすくむ

「聖職者と政治家」「偽善者《クロコダイル》と委員会の間の危機」「終わり=尾っぽが真実を試す」──試す可能性は際限なくあり、私たちもその可能性をすべて使い果たす。

その巨大なクロコダイル〔元大統領P・W・ボタを指す〕は、真実和解委員会の前に姿を見せなかった唯一の有名な元政治的指導者である。自分がかつて率いた政党がF・W・デクラーク指導の下で政党の意見陳述を行なった際、P・W・ボタは、自分の後継者──自分を巧みに追い出した男への協力を拒んだ。

ツツ大主教みずからウィルダーネスにおもむき、ボタと話した。ボタは答えた、はい、法を遵守します。はい、質問に答える用意はできています。

ところで、一九九六年の暮れに長い質問リストが届いたはずです。それに対する返答は？

老人が答える、いや、弁護士が必要です。

ツツみずから、弁護士費用を払うようネルソン・マンデラの大統領府に頼み込む。行政契約規則に明記の通り、かつてある部局が関与したことで生じる訴訟で必要となるあらゆる費用は、国に支払の責任がある。よって、大統領府はP・W・ボタの弁護士に支払わなくてはならないだろう。

一人ではだめだ、弁護士チームでなければ──なぜなら、質問に答えるには膨大な量の調査が必要だから。

わかりました、じゃ、チームで。

それに対する返答は？

いや、弁護士たちは、ある書類を入手するのに苦労している。

ツツみずから法務大臣に頼み、ボタの弁護士チームがすべての書類を閲覧できるように許可をとりつける。

それに対する返答は？

いや、ボタは健康を害して苦しんでいます。彼は腰の手術を受けなければならなかった。

それに対する返答は？

六月、ボタの妻タニー・エリーゼが急死する。ツツみずから葬儀に参列する。ツツは馬鹿げている、と怒った委員たちは言う。

春、ボタの参謀だった国家安全保障委員会の活動に関する公聴会が開かれる。ボタは出頭を求められる。彼は来られない、彼は病気だ。

それに対する返答は？

辛抱、辛抱——なんといっても、その人は八二歳で健康状態もよろしくない。

ところがどうしたものか、ご老人の気まぐれは愛の思いへと方向転換したらしい。新聞各紙が、愛らしい小さな目をしたブロンド女性に愛情を込めてキスされている、歯を見せて笑っているP・Wの写真を公表した。そのお相手は若かりし頃、駐車メーター違反係の婦人警官だった。彼女の年齢はボタの半分。彼女は高級下宿一棟を所有している。ボタは自宅を二〇〇万ランド以上で売り、浜辺に家を買いたいと思っている。


日没時、その年老いたクロコダイルは、真実和解委員会に対する非難の熱弁の中で、そのあごを思いっきり広げた。

「真実和解委員会の前には出頭しないつもりだ。騒々しいことはやらんよ。」……

「脅されるままになんかさせておくものか。委員会はアフリカーナーを分裂させている。」……「恩赦を求めるつもりはない。私は一度たりとも殺人を許可したことなんかない。マルキストの革命の猛反撃に対する戦いを詫びるつもりはない。」

デズモンド・ツツは言った。「非常に悲しいと私は言わざるをえない。というのも、彼には他の誰にも施したことのないような取り扱いをわざわざ与えてきたのに……。体調がすぐれない点、年齢、それに彼が国の大統領だったことを考慮して。」

P・W・ボタは言った。「私は馬鹿ではない。ミスはたくさんやったが、希望の光が射してくるよう、神に跪いてお願いしている。アフリカーナーというのは、人の前に跪きになど行かない。神の前でそうするものだ。」

アレックス・ボレインは言った。「われわれは絶えず、ボタの健康問題について知らされている。しかし、彼が自分の半分の年齢の人と新たな関係を結び、真実和解委員会に対して悪意のある非難が始められるほどのエネルギーがあると聞いたので、われわれも自問せざるをえない——彼の不調はどれほどなのか、と。」

デズモンド・ツツは言った。「ボタの妻の葬儀の際、黒人のラジオ・リポーターが私に近づき、顔にマイクを突き付けて言った。『われわれの黒人聴取者に説明して下さい。あなたはここでいったい何をなさっているのですか。』」

ボタは二度目の呼び出しを受けたが、出頭しなかった。ツツとボレインは法廷侮辱罪を課すよう、司法省までデモ行進した。司法長官は、召喚状に法的拘束力がないことを発見する。時間がこうして無駄に使われた。


「屈するよりも気の毒がられる」方がましだ、とボタが明言した後の一九八六年一月に、アフリカーナーの実業界の大立者であるアントン・ルパート（ヨハン・ルパートの父親）が、P・W・ボタに宛てて書いた手紙のことを、企業の公聴会が開催されていたとき、私たちは耳にした。ルパートは書いた。「私はじかにあなたに訴えたい。あなたがアパルトヘイトを却下されるよう、再度主張します。それがわれわれを十字架にかけています。われわれの言語を破壊しています。かつての英雄的な民族を世界の嫌われ者に貶めています。われわれの子どもたちや孫たちの肩から、人類に対する犯罪という呪いの言葉の重荷を取り除いてください。……もしあなたが、神が与えたもうたこの任務をやり遂げることができないとしたら、われわれもいつかきっと、ニュルンベルク〔第二次世界大戦後の国際戦争犯罪法廷〕で終わるでしょう。」


しかし、巨大なクロコダイルは独裁的に支配した。

一九八〇年代のある時点で、大学教授のある一グループが、P・W・ボタに面会に行き、事態はこのままではうまくいかないだろうと進言した。教授たち全員の主張を聞いてから、ボタは立ち上がって言った。「親愛なる先生方、あなた方が巧みな議論と専門的な知識をすべて携えてここへ来られるのは一向に構いません。ですが、私P・W・ボタは、根性《ガッツ》によって国を統治しています。」

「あの『根性《ガッツ》』という言葉が私に国民党を去らせました。」教授の一人が後になって言った。


一九九七年一二月一九日金曜日が、元大統領P・W・ボタの証言の日として真実和解委員会によって準備された。ボタに向けられた質問は、委員会が書き送った質問への回答として彼が提出した、二〇〇〇ページの回答書に主に基づいている。旅行者用の荷物を運ぶ手押し車に積まれたこの紙の山は、ボタの弁護士によって、二週間前に真実和解委員会の事務所に届けられた。委員会には出頭しないというボタの拒否行動は、そのときまでには一つのシンボルとなっていた。みずからの生活においては何一つ変わることのなかったほど多くの財政的・政治的特権に安住してきた、後悔の念を示さない、昔日の白人支配者たちを彼は代表していた。

私はラジオ用の事前番組を準備し、それ用として録音資料室にボタの声の録音テープを請求した。すべての中から、資料室は彼のルビコン川演説を私に送ってきた。国民だれもが望んだのは、国をよい方向に変えるような演説だった。その演説前の数日間、P・Wがある重大な発表をするつもりらしい、という噂が流れた。一九八五年のことだった。

私は次のような録音の一部を取り出した。「議長、われわれは本日、ルビコン川を渡ろうとしているのだと思います。南アフリカに後戻りなどありえません。私にはわが国の未来に向けた政策《マニフェスト》があり、われわれは来《きた》る年月に建設的な活動に取り組まなければなりません……。」

さらに私は、まさにこの演説について真実和解委員会の前でなされたピック・ボタ〔注61〕の証言を思い出した。「私がボタ氏の演説のルビコン川の部分を書きました。彼はルビコン川の文言は残したが、その前の箇所に私が書いておいたことはすべて削除しました――ANCの合法化とネルソン・マンデラの釈放を。」

この演説は、後になって、南アフリカ史上最大の期待外れと言われ、国を政治的・財政的な危機へと追い込んだ。にもかかわらず、ボタは改善されたルビコン川を渡っていると称し、彼の仰々しい演説をよそに、極悪非道の圧制が弱まることなく続いた。それがどれほど冷酷非道なものであったかを、南アフリカ人は、一九八〇年代半ばの事件を扱った数カ月間の公聴会で学んだ。

私はこんな記事を録音する。「今日、ボタは違う種類のルビコン川の前に立っています。

ある人は思われるでしょう。彼を一人ぼっちにしておこう、と。かつて彼が牛耳っていたねぐらである国会から、ちょうど一ブロック離れた真実和解委員会の前へと引っぱってこられた、よたよた歩くご老人の見世物《スペクタクル》など、南アフリカの虹のイメージ〔マンデラが大統領就任演説の中で述べた南アフリカの未来像〕や『ショショローザ』〔一九九六年のラグビー・ワールドカップ期間中に南アフリカ人の魂と心を虜にした歌〕には、何一つ役立たないだろう、と。

しかし、犠牲者たちの証言や、犯罪者たちの恩赦公聴会に耳を傾けたことのある人たちは、一九八〇年代半ば――まさにP・W・ボタが権力の絶頂にあった時期――に、アパルトヘイト支配はそのもっとも冷酷で、もっとも野蛮かつ残忍な刃を身に付けていたことを知るでしょう。

法律がもはや、押し寄せる波のように自由を求める力を押さえ付けるのに使えなくなり、政治に夜明けがやってきたのも、一九八〇年代でした。新しい法律であれ禁止令であれ留置であれ、そのすべてが大多数の反乱を食い止める力などなさそうに思えた。

このように八〇年代は、支配の新しい中心的存在が情報を受け取り、決定を下し、命令を与える時代になりました。法律はもはや必要とされなくなりました。彼ら新中核部隊は、法の枠外で役目を果しました。納税者は暗殺部隊や自警団、正体不明の政治運動、国外への越境攻撃、化学兵器戦争、さらには国家緊急事態の時代に対して税を支払いました。

さて今、人々は〈ウィルダーネスのルビコン川〉を渡るのにこうしたシステムをあれこれ操作した男に、できれば会いたいと思っています。人々は彼に、私たちの税金で守られているその贅沢な環境から一歩外に出てきてほしい、私たちのお金で雇われている弁護士チームといっしょに来てほしい、真実和解委員会の前で説明責任を果たす素振りを見せてほしいと望んでいます。」

真実和解委員会が創設されるはるか前に、カデル・アズマル〔注44〕によって引用された、ソルジェニツィン〔旧ソ連時代の反体制作家〕の言葉が再度よみがえってきた。「過去の人権侵害に対処しないことで、犯罪者たちの高齢をただかばっているだけではない。それによって、次の世代の足元から正義の基盤を剥ぎ取っているのだ。」

P・W・ボタ元大統領の出廷

ボタは三度目の呼び出しを受けたが、またしても無視した。そこで、真実和解委員会はウェスタンケープ州の司法長官フランク・カーンと共同で刑事告発し、ボタに対して裁判所に出頭するよう召喚状が発行された。人々は彼が真実を語るのを期待しているわけではなく、新生南アフリカを、その最も傷ついたところを、少なくとも彼に感じてもらいたいと思っている——彼の肌で。黒人の治安判事ヴィクター・ルガジュが、ジョージの地方裁判所でボタの訴訟の件の裁判長を務めるだろうと聞いて、いかに喜んだことか。

積極的な差別是正措置の勝利！　以前恵まれなかった地域から人々を役職に任命するという新政府の方針のおかげで、適時適材適所が可能となった。

ボタの昔の選挙区であるジョージの空港から、私たちも巨大なクロコダイルのすみかを求めてウィルダーネスに車で向かった。裁判所へ彼が出頭する前日だった。その家を見つけるのに、パトリックと私は長くはかからなかった。多くのカメラマンが決まったように半ズボンと安っぽい上着姿で、肩からカメラをぶらさげて待機していた。玄関脇のシルバーピンクのメルセデスが婚約者の車だ、と彼らが教えてくれた。ボタと三五歳の息子のライネット・テヴァテル・ノーデとの関係が、ここ数カ月間、ニュースのトップで報じられてきた。ボタの妻タニー・エリーゼの死からおよそ六カ月、テヴァテル・ノーデ夫人が舞台に登場した。「私はクリスチャンだし、ノーデ夫人もクリスチャンだ。」ボタはアフリカーンス語の日曜新聞に語った。「それにクリスチャンとしてお互いを敬愛している。聖書にもこんなふうに書かれている、……この関係がどうなるかは、神の前に跪けばわかる、と。」

太陽が、バラと蜜の香りに包まれたウィルダーネスの心地よい壮麗さの中に沈んでいく。カメラマンたちは元国防軍司令官コンスタン・フィリユーン〔注9〕、ヤニー・ヘルデンハイス、マグヌス・マランの到着を待っていた。私たち二人もいっしょに待った。

私は車のダッシュボードの上の観光パンフレットを手に取った。それによると、この地方の最大の出し物の一つが、クロコダイル飼育場の見物だという。

「古代エジプトでは、クロコダイルは神として崇められた。クロコダイルポリスと呼ばれた町全体が、クロコダイルに敬意を表して建設された。そこの神官は腕にブレスレットをはめ、聖なる池でクロコダイルに蜜入りのケーキを餌として与えた。」パンフを見る限り、年かさのクロコダイルは柔らかい草の上に寝そべっているが、若いクロコダイルは傾斜になった土手で我慢しなければならないようだ。クロコダイルは猫同様、夜でも目が見える。鼻孔を閉じて水中に最大限二時間もぐっていられる。特別の半透明の瞼の方で、水中からでも見ることができ、耳は、水は通さないが音は通す薄い膜で保護されている。

巨大な屋敷を見ると、突然、大きな引き戸の隙間から明かりがもれ、そこに彼が……、老人ご本人がいた。私が見ているのは、彼の大きな右耳のシルエット。彼が私たちを見つめている。静かな夕暮れで、遠くからハイウェイを走る車の音がするだけ。他の人たちを呼んだが、私の手が動いたので、彼はカーテンを閉めた。それがあまりにも素早かったので、人違いだったかと思ったくらいだ。

町のANCの事務所では、党員たちが壁にポスターを貼っていた。そのうちの一つ、「ボタの調書」にはこう書いてある。「フラクプラース暗殺機関――ボタは有罪……、ヴィクトリア・ムゼンゲの暗殺――ボタは有罪……、スティーヴ・ビーコ〔注41〕の暗殺――ボタは有罪。総攻撃から最終攻撃へ。ラヴーアイカンプの強制排除から法廷への強制召喚へ」（ラヴーアイカンプはジョージの不法占拠者がいる地区）。

地元の酒場はメディア関係者で大にぎわい。当初、ジョージの代理治安判事エルナ・フロブラーは、六〇座席ある法廷内に報道陣からたったの二名だけが傍聴許可されると決定した。抗議が沸き起こった。で、六名が許可された。その場合、カメラマンが裁判の進行を中断する恐れがあった。P・Wの出頭はメディアのトップ記事になるだろうし、メディアとしても肝腎のものをぜひとも入手しなければならない。しかも、その写真記事は、元大統領がごく普通の地方裁判所の黒人裁判長の前に姿を見せる、まさにその瞬間を求めている。もし、カメラマンがその決定的な一瞬に近づけないとなれば、彼らは強引に中に入り込まざるをえないだろう。警察がフロブラー判事に電話をし、フロブラーがボタに電話をし、ボタは自分の弁護士エルンスト・ペンツホルンに電話をして合意に達した。ボタは横脇の入口から入り、カメラの砲列の前を通り過ぎるだろう。メディアは規則を守り、裁判の成り行きをいっさい録音しないことに同意した。裁判手続が終わったとき、ボタは被告席へと向きを変えるので、カメラマンにとっては五分間彼を写すことが許される。みんな喜んだ。

翌日、ボタは万事自分に都合よくやった。裁判所の右側は有刺鉄線で遮断され、ANCの支持者たちがトイトイを踊ったり歌ったりして、抗議を繰り広げた。「ボタは男じゃない。ボタは子ども《ボーイ》だ。」左側では、長靴下に開襟シャツ姿の年配の男性一二人が、以前の南アフリカ国旗を振っている。建物の真正面では、バッキー〔ピックアップトラック〕の後ろで、一人の黒人男性が録音した賑やかな曲に合わせて自分の気持ちを「人びとには神さーまーが必要だ」と大声で歌っている。頭上をヘリが停止飛行し、まわりを警察が取り囲んでいる。

私は法廷に入るのが許された六人の内の一人だった。傍聴席の最前列に、ジョージに住んでいるボタの娘エランザ・マリッツがすわっている。「僕のお気に入りの車は、フォードのエランザなのに」と、テレビ・ジャーナリストのマックス・デュプリーツが小声で言う。彼はこの一致に苛立っている。

軍司令官たちが二列目にすわっていた。「他の二人はだれだろう?」とマックスが尋ねた。

「ラパ・ムニックとグレイリン・ヴェンツェルじゃない?」

「じゃないね。」マックスは優しげに請け負った。「彼らは二人とも死んでいる。」

だが結局は、その二人の政治家だと判明する。ムニックは自動車セールスマンのように見え、ヴェンツェルは貧しい小作農風情で、ジョージの小柄な黒人市長と、自称アウテニクアランドのアフリカーンス語文化協会のグループのそばにすわっていた。

ボタがかわいらしいブロンド女性といっしょに入ってきた。……「チドリ」という言葉が心に浮かんだ——彼の腕に止まった姿で。「チドリはヒルやクロコダイルの歯の間にはさがった大量の食べ物をついばむ」と観光パンフには書かれている。

ボタは自分の縄張りを心得ている。彼は被告席ではなく、その隣の席にすわった。彼はたびたび振り返って、家族席のテヴァテル・ノーデ夫人に、いくぶん金歯をかちかち噛み合わせながらほほえんだ。彼女も一見親しげに笑い返した。

判事が入場した。全員起立した。裁判が始まった。

冒頭の二、三行が読み上げられてから、ルガジュ判事が中断を求めた。どうか英語で読んでもらいたい、私はアフリカーンス語がわかりませんので、と。何人かが息を呑んだ。彼らは法廷通訳者を求めるだろうか? そうではなく、弁護士たちはアフリカーンス語で話し、そのあと自分たちで翻訳することを選択する。

写真撮影をボタが了承するまで、判事は一カ月間、裁判を延期していた。

五分間のみ許された撮影を外で待っていた、その他大勢の報道関係者から起きた騒ぎが、さらに大きくなった。そのあとすぐにドアが開いて、人々が洪水のように押し寄せた。私は被告席にマイクを置きに他の人たちといっしょに駆け寄った。人々は法廷の椅子や机によじ登ってカメラの撮影に備え、ある者はすでに最初の質問を浴びせかけた。警察が私たちに下がるよう怒鳴った。法廷内は信じられないくらい熱かった。ボタは被告席からマイクをいっぺんに払い落とした。「こんなもの、取っぱらえ！」録音が必要だ、と私たちは叫んだ。警察が私たちの中に割って入った。そのとき、騒ぎより大きな声で、ボタの神がかった声がした。「騒ぐな！ 離れろ！ 滅茶苦茶じゃないか！」ボタが怒鳴った。「君たちが自制しなければ、話さん！」彼は部屋を飛び出した。私たちは落ち着きを取り戻し、皆が機材をきちんと整えた。彼が戻ってきた。

「人生はアイロニーに満ちている。」ボタの上唇が喜びでひん曲がる。「半世紀前、この法廷で、私はジョージ選出の国会議員に宣誓就任した。そして、今日ここに至った……。」

被告席の下に押し込められて、パトリックと私はお互いを見つめ合った。だれもが汗だくだったが、ボタはご満悦だった。彼は指でデスクを叩いた。「私は神の存在を、イエスの存在を、聖霊の存在を信じています。そして私は、それらが三位一体《ゴッド》でこの国とこの世界を支配するのを祈っています。」やれやれ、この男はいったい何が言いたいのやら？ 殺人部隊を操っていた男のくせに！「私はマンデラに面と向かって言いました。そうです、私は彼に三度会い、獄中で彼を紳士のように扱い、彼に言いました。『無秩序と共産主義と社会主義の暴力が、あなた方をだめにするだろう』と。」もはや書き留める必要もない。以前、私たちはこれを耳にしていた。

「私は『アパルトヘイト』と人々が繰り返す、空疎でわけのわからない言葉に、もはやあきあきしている。『アパルトヘイト』という言葉は、よき隣人づき合いを意味している、と私は何度も言いました……。」何人かのジャーナリストが声をあげて笑った。

ボタが尾を振って振り向いた。「だれだ、笑っているのは？」

全員が静まり返った。

「クロコダイルの歯は簡単に抜ける。だが、いったん抜け落ちても、同じ場所にすぐに他の歯が生えてくる」と観光パンフには書いてある。**「歯は四五回も生え変わる。」**

「私は軍人に敬意を表し、過去の警察に敬意を表す！ 彼らに敬礼！」

ボタの目は老眼鏡のせいで、二つの黒い死のようなシミへと拡大されている。彼は気をつけの姿勢を楽しんでいる。気取って帽子をかぶり、喉元に垂れ下がった肉をひくひく震わせている。顔は紅潮し、手は震えている——見覚えのある、相手を脅しつけるような人差し指へとその手を当てがうまで。

「アフリカーナーの中の虎は、目覚めている！」彼は叫んだ。

「アフリカには虎がいないことをご存知ですか？」マックス・デュプリーツは優しげに尋ねた。

チクリとやられて腹を立て、ボタは指を振り回しながら、マックスの方を向いた。「その通り。だが、いたとしても——貴様はその内の一頭ではない！」彼は喚いた。

「おやまあ、でも、昔のボスはなかなかうまいことをおっしゃる！」と、マックスは笑ってアフリカーンス語で答えた。

弁護士たちがボタを外へ連れ出そうとした。これが最後の質問になります、と弁護士が言った。「愉快にやれたよ。」そう言って、ボタはにやりと笑い、すべすべした白い手をこすり合わせた。

「詫びるつもりはありませんか?」私は尋ねた。

「何に対して?」彼は噛み付くように言った。

「国境外への攻撃に対して。」私は答えた。「暗殺部隊のために、それから……。」

ボタが割り込んだ。「黙れば答えてやる！　詫びない。……彼らのために私は祈る。」

彼は私の目をまっすぐ覗き込んだ。なので、しばらくの間、私は沼地の中の、老眼鏡でグロテスクに拡大して見える、彼の両目の泥色の表面を見返した。それに私は知っている、自分といっしょに真実和解委員会に行くようマンデラに提案させたり、自分が委員会に出頭するのをツツに懇願させたり、世界中のメディアに自分の後を追わせたりしたことがあるこの男は、……愚か者だということを。彼は耄碌もしていないし、老けてもいないし、一撃のあおりを喰らってもいない——彼は単に愚かだ。しかも、私たちはこの愚か者に、数十年間支配されていたのだ。

私は彼に対する自分の考えに、見通しをつけようとした。一つのつながりがあった。アフリカーナーであるつながり。まさか。それでもやはり、劇的に変わった社会体制や、過去におけるアフリカーナーの役割となんとか折り合いをつけようと悪戦苦闘している人々に関しては、共通の基盤を見出すことができる。しかし、この威張り散らす愚か者とは、どんな共通の基盤もない。

ついにボタが弁護士たちに連れて行かれたので、私も立ち上がって歩き出した。外へ、ただただ外へ。

新鮮な外気が私の顔を打つと同時に、彼は支配などしていない、という考えが頭をもたげてきた。ああ、よかった。よたよた進んだり、ちょこちょこ走ったり、時には地べたを滑ったりするクロコダイルは、その横柄な尾っぽといっしょに自分を前に押し出すだけで、それ以上は何も治めはしない。

一二月一六日の「和解の日」の二、三日前、ポケットベルにメッセージが送られてきた。「真実和解委員会のメアリ・バートン〔注2〕が、和解の記帳名簿運動を開始。」すばらしい！　そう思って、急いで彼女にインタビューに行った。私は、真実和解委員会、とりわけその中の「補償・復帰委員会」が、元迫害者たちの、自分ではどうにも抑え切れない罪の意識を動員するのに失敗した、と長らく思っていた。公聴会が始まって数週間後、国中の教会での犠牲者のための日曜募金と同じような、わかりやすい方策が何かあったなら、多くの人々を、ある種の解放儀礼に巻き込めただろう。

今になってやっと、その何かが生まれた。記帳名簿は各地方の中心都市にある委員会事務所に置かれ、一般の人々が和解への参加の個人的な意思表示として、記帳名簿に署名することができる。インターネット上には、その電子版も用意するつもりだ。私の個人的な歴史における「血の川の戦い」の宗教儀礼〔一八三八年一二月一六日、内陸部に移動していった最初のボーア人とズールー人との間の戦い。後に「誓いの日」として祝われたが、現在では新たに「和解の日」とされている〕を、新しく和解と責任の儀式に変えるつもりで、すぐに家族全員を「和解の日」に署名させるために連れて行くことにした。

ツツかボレインかンツェベザは、この和解の記帳名簿運動の開始に協力するつもりなのですか？　いいえ、彼らは三人とも多忙です、でもそのイニシャティブを陰で支えているのは間違いない。実際、委員会全体はすばらしいアイデアだと思っています。それなら、「和解の日」に人々は名簿に署名できますか？　それはできません、私たちは委員会職員に祝日に働くように求めることはできないから。

仮にあなたが国会のしくみについて報道するとすれば、即座におわかりいただけるだろう。たとえば、議会の委員会が女性だけで構成されていたら、だれも――政党自身でさえ――その委員会の仕事を深刻には受け止めやしない。ましてや、信頼できる男性ジャーナリストのだれ一人、そのことを報道しないだろう〔「補償・復帰委員会」は女性メンバー四人だけで構成されていた〕。ケープタウンで私がその和解の記帳名簿を最後に目にしたとき、七人がそれに署名していた。インターネットでは、他に四五人が署名していた。

最愛のわが祖国――私は何度も何度も立ち返る

年に一度のフリーステート州のクリスマスに、私たち家族で内陸部へ出かけたが、なんと遠くまで見渡せることかと驚いてしまった。この国はなんと広大で、なんと際立って美しいのだろう。そのうえ、それにぴったりの迫力まで備わっている。私は地平線をなめるように隅々まで見つめる。交替で車を運転し、フリーステート州に近づけば近づくほど、家族全員ますます快適になった。

私たちは私の故郷の町を、買い物客でごった返す通りを、ゆっくり蛇行しながら通りぬけた。クリスマスの人出で町はすっかり黒人だらけになっていた。途中でアフリカーナーの小自作農地が続く一帯に紛れ込んだが、家々は空き家か廃屋で、電線は垂れ下がり、雑草が生い茂っていた。地区の行政当局が非公式の入植地として土地を買い上げた、と母が私に言っていたのを思い出した。遠くから、私の青春そのものであるユーカリの木が、次にポプラと柳が、さらに日中の光できらきら輝く、蜂の巣のような、砂岩で造られた家が見えた。

「何だ！」夫が車を止めた。門の上に大きな注意書きがあった。「はっきりした約束もなく、この農場に足を踏み入れたなら、痛い目に会うと思え。」それはアフリカーンス語で書かれ、そのうえソト語でも書かれていた。

記憶がよみがえり、家族全員ハッと我に返った。確かにこの注意書きは、私たち家族にはなんの関係もない？　庭までの砂利道をとてもゆっくり登って行った。家のまわりの青々とした低木の茂みが違って見える。……下生えや低く垂れ下がった枝が、肩の高さで伐採されていた。私たちは理解した――もはやだれも家の近くには身を潜められない、と。

ところで、家族が全員外にいたので、私たちは次から次へとしっかりと抱き合い、冗談を交わし、思い出にふけった。全員がそこにいた。弟のヘンドリクがスイカを三つに切った。その後で私たちは、太陽が夕焼け雲に沈んでいく間中、果樹園の向こうのセメントで造られた大きな堰堤で泳いだ。庭から聞こえてくる音がより鮮明になった――牛の乳を搾る音、トラクターをしまう音、さらには浅瀬から蒸気のように立ちのぼる蛙と鳥の鳴き声。

その夜、兄のアンドリースが説明した。朝は八時になるまで散歩には行かないよう、午後は五時以降は行かないように。夜は三匹の犬が家のまわりを回れるようにどの門も閉める。庭に車が停まっても外に出ていかないように。ここ数カ月で殺された一九人の農場経営者のうち、二人がこの地区の人だった。

私たちは客室のダブルベッドに、ゆっくりくつろいで横になった。子どもたちは間に合わせに作ったベッド全面を使って寝ている。夜中、雷鳴で目が覚めた。よろい戸を開け、私は嵐にうっとりとして立っていた――湿った土と岩の喜ばしい匂いが鼻孔いっぱいに広がった。ここが、私に初めていろいろな言葉に対して気づかせてくれた場所であり、そのことは今だに変わっていない――ここ数年の、あれら多くの別の声々の後でも。

翌朝早く、私は母が使っている台所にコーヒーを飲みに行った。

「お前たち《ユル・》ケープ州から来た者《カペナールス》が、雨をもたらしてくれた。」父はそう言って喜んだ。

私は母が、それぞれ卵を入れるかごをぶら下げている、もっとも幼い孫二人を連れて、ニワトリ小屋からもどってくるのを目にした。母はひ弱そうに見えたが、その光景はとても平和そうだし、私たちはとても幸運だし、とても恵まれている。……しかし、このような特権が、過去にはよく私の心をかき乱したものだが、私たちのだれもが知っているある事実と引きかえに、今でもそれを保持することはできる。それはもはや知らない特権ではなく、その価値も、それが永遠に続かないということも皆が知っている特権である。

クリスマス当日、私たちは町の中心にある最古の教会の礼拝にいった。大きな教会のそばに、フォールトレッカー〔注28〕のリーダーだったサレル・シリエルスの像が、今も所定の位置にあった――シリエルスはキャノン砲の上で「血の川の戦い」の誓いをするために、手を掲げている。「神よ、私たちが黒人を打ち負かすのにお力添いをいただければ、この一二月一六日を永遠に神聖な日といたします。」

礼拝後、農場へ車で帰った。脇道に入る直前で、アンドリースが自分のバッキーのライトを点滅させて、スピードをあげて私たち家族の車を追い越した。私たちはスピードを落とした。アンドリースが先頭になって、私たちは隊列を組んで農場へと車を走らせた。アンドリースのそばにライフルの銃身が見え、義姉のベティは、自分のピストルを取り出した。家に着いても、私たち家族は車の中で待った。

「まず最初にチェックするのが、犬が自然に動き回っているかどうかなの。」ベティが言った。

だがすぐだれもが、クリスマスの食事の用意に夢中になる。ハムが切り分けられ、おいしそうな白身の薄切りにされて並べられていく。外では、子どもたちがクリケットに興じ、農場内から来た従兄弟たちが、他の子どもたちにマラバラバ〔ボードゲームの一種〕を教えている……、より幼い女の子たちは食卓を用意し、お祝い用の食卓ナプキンを折り畳んでいる。

私は、アンドリースがビールが入った冷却器を運び入れるのを手伝いに、バッキーのところに出て行った。一台の車が庭のすみに止まった。一言も発することなく子どもたちがクリケットをやめ、家の方ににじり寄った。アンドリースが冷却器を下に置いた。彼の体は緊張し、警戒に入った。彼の娘のスミエンが家に駆け込み、銃を持ってすぐに現れた。一人の黒人が車から出てきた。

「家に入ってろ。」アンドリースが車の方に視線を向けたまま、私たちに命じた。家の中は静かだった。耳をそばだてた。

続いて、アンドリースが親しげにほほ笑み、ソト語を流暢にしゃべった。その男は、私の父といっしょに育った人で、クリスマスの祝いを言いに来たのだった。

「こんな状態、どうやって切り抜けてるの？」私が尋ねた。

「つらいよ、特に父さんと母さんには。母さんが先日言っていたよ、土地はアフリカーナーには必要不可欠で、土地が自由をもたらすから、と。つまり、ひいひいおじいちゃんのデルポルトが金貨で買った土地がここ……。

「そうそう、たいそうな金貨、その重みで机が壊れたって。」

私は言い足した。

「母さんが言うには、この農場、この終生の安息地、私たちが知る限りでもっとも安全だったこの場所が、脅迫下の離れ小島になってしまったことに、どう対処していいのかわからないって。車が砂利道を登ってくるたびに、それがいったい友だちを連れてきたのか、殺し屋を運んできたのか、わからない。」

彼はため息をついた。

「しかし、ある程度までは、この事態がより現実だとは思う。この事態は、われわれの若かりしころの楽園よりも国の時勢にいっそう足並みをそろえている。われわれが保持していたものは継続できなかった、……問題は、こんな状態がずっと続くんだろうか?」

トラクターのチューブを浮き輪にして、私たちは川を流れ下った。体の各部をかたどった小さなブローチみたいに、私と夫は体をからませて、水位の下がった滑らかな川の、ゆるやかな流れに身をまかせた。蝉が鳴いている。川鳩の優しげな声、しなだれる緑の鞭のような柳、蘆の上をフィンチが宝石みたいに舞っている。蘆原の上は白い土手と空。二人は浮いたり沈んだり、くるくる回ったり。

私は取り付かれたようにこの農場について書いてきた。他の季節であれば、私の思いを癒すことはできないだろう。私は思いを語らない。ここにはそんなものはお呼びではない。私は思いで疲れているし、それに耳を傾けている——今のところ私からはもうしゃべらない。私は水の中に手を垂らす。夫が私の首にキスをする。「君はいつも戻ってくる……。」夫は囁き、しかもその声の襞には震えがない。「それに、僕はけっして君からは離れられない。」

私の体が燃え上がる。私は夫のつるつるした手首をつかむ。私の肌は夫を、私の初恋の人を決して忘れることはないだろう。私は彼に寄り添う、私が私の血と共にあるように、彼と共にある、最愛の人と。

「政治家たちと話したり、新聞を読んだりしているお前さんたちみたいな都会の連中は……、どう言ってるんだい?われわれが国を離れるべき時期について。」

私たちは、バラ肉やソーセージがジュージュー音を立てて焼ける火を囲んで立っている。脇におかゆの入った、黒い三脚のつぼが置いてある。義姉がニンニク入りのパンの包みを剥がし、バターをつけたサツマイモとジャガイモの入ったアルミホイルを開けた。

「もし離れたかったら、とっくにそうしておくべきよ。今じゃ、もう遅すぎる。」

「いや、まじめな話として。」ヘンドリクが言った。「バッキーに荷物を積んで出て行くときが来るのがいつか、わかるかい? それに、もう一つ聞くけど、いったいどこに?」

私は言わずもがなの問いを口にした。「どうして出て行きたいと思うの?」

「だって、こりゃもう自分の国じゃない。」

「なんてこと言うの! 今どこにいて、それがどんな状態か見てごらんなさいよ……。」

「この国のために死ねるかい? 明日もし戦争が起きたら、参加するかい? この国を守るために、自分の息子を送り出せるかい?」

水辺で遊んでいる子どもたちのはしゃぐ声が突然聞こえてきた。

「いや、しない……。」

「ほら、だろう。お前さんの国でもないのさ。」

「待って、最後まで言わせて……。これが自分の国だと私は本当に感じている。でも、国や政治家のために死ぬよう、だれかに求める権利は、だれにも、国にも政治家にもないと思っている。国や政治家は私にいろいろ要求できるし、私だってそのために犠牲を払うだろうけど、私の死は私のものよ。」

「そんなんじゃ、この国を本当には愛してはいないね。自分たちの国を守るのを拒否するイギリス人やアメリカ人がいると思う？　なぜかわかるかい？　自分たちの国だと思っているからだよ。僕は、妻や子どもたちやこの農場のためだけに、戦うつもりだ。」

「アメリカ人は失うものがたくさんあるので、自分たちの国のために戦う備えをしている」と、冷静な私の夫が言った。「自分のものが何もないと思えば、戦いたくはない。人は、自分にとって身近なものを守りたいだけだよ。」

アンドリースがビールの栓を抜いた。「真実和解委員会について話したいんだが。というのも、何が起きているんだか、たぶん自分でもわかっていないとずっと思っていたから。ところで、僕には委員会が、バーゲンセールみたいに思える。政治家はそれについて話し合ったし、恩赦はわれわれ白人への譲歩だとして受け入れられた。そこで、お前に質問させてくれ。最初の公聴会が開かれて以降、委員会については、ただ報道を聞くだけになってしまったのは、なぜだい？　なぜどの政治家もわれわれにこう説明してくれようとはしなかったんだい？『われわれは恩赦と呼ばれているものについて、協議しているところです。それはどうすればうまく機能するか、それでわれわれはどんな利を得るか』と。」

「私個人としては、真実和解委員会の可能性に関する、ステレンボッシュでの研究会を準備するのにかかわった。それは初の普通選挙の二、三カ月後だった。政治家と聖職者と報道記者たちが招待されたけど、彼らは来なかった。ケープ州のアフリカーンス語読者に影響力のある『ディー・ブルヘル』紙は、研究会のイベントを報道することさえ拒否した。その後、私は真実和解委員会に関する法案の起草について報道したけど、国民党の政治家はANCを一方的であると非難し、それで政治的な得点を稼ぐという、たった一つの戦術しか持ち合わせていなかった。委員会に関する法案について、有権者に実際に説明するよりも、けちなスタンドプレーの方が、国民党の政治家には向いてたってわけよ。」

私にも質問があった。「農場経営者の殺害についてだけど、それはサード・フォース〔注19〕のしわざだとするマンデラに同意する？」

「まあ、その通りだろうな。われわれ二人のように、かつて軍隊にいた者からすると、右翼の暴力行為も黒人の犯罪者たちも、前々から素人っぽいと思っていたんだ。警察は普通、彼らをけっこう素早く逮捕する。言ってしまえば、ワルスがクリス・ハニ〔注14〕を撃ってから半時間後に、自分の車にまだ銃を置いたままで逮捕されたのがいい例だ。そんなことは、軍隊で訓練を受けた兵士ではまずありえない。それに対して、農場経営者を殺している連中はプロだ。なぜなら、彼らは素早いし、的確だし、他の人がそこに住めなくなるほど同一地区で多くの人を殺すことはしない。それに、その殺害は、武装した強盗事件と関係があると思う。楽しみに農場経営者を殺しに来て、その合間に稼ぐために銀行を襲う。」

「いつ国を出るつもり?」私は尋ねた。

「無理。歳取り過ぎた、もう四〇過ぎだよ。生まれてこのかた、ずっとここで暮らしてきた。いったいどこに行くというんだい? そんなことより、僕がやるのは戦いだ。子どもたちや妻が、あるいはパパやママがやられたり撃たれたりしたあげくに、僕がただ突っ立って、泣き叫んでいる姿をテレビに写されるなんて、まっぴらだ。そんなときは戦っているだろう。言っておくけど、この国には鍛えられた兵士がいっぱいいる。かつて軍隊にいた連中がごろごろするほど。堅固で実行力のある暴力の地下組織を作るのに三カ月もいらないだろう。だから、ボーア人はあれかこれかだ、などとだれかが喚くようなことがあれば、われわれはその人間を取り除くつもりだ——きちんと。」

「とすると、そんな日がいつかやってくるの?」

「失うものが何もなくなったときに。」

「でも、国の建設にエネルギーを費やすべきじゃないの?」

「彼らは、われわれのエネルギーを必要とはしていない。彼らは、自分たち自身で国を建設したいんだ。そりゃまあ、結構なことだ。ところで、白人が『彼らに仕事を奪われて残念だ』と言うのを、まだ一度も聞いていない。白人が言ってるのはこうだ。『俺の地位を奪った黒人が、その仕事をこなせないのが残念だ。』僕は黒人に言ってほしくない、彼らがわれわれの学校を白人だけにしておきたいとか、われわれの言語を守るとか、われわれがわれわれの仕事を続けられるようにするなんて。僕はそんなことは望まない。僕が彼らにわかってほしいのは、われわれは役に立つし、有用だし、どんなことでもやれるってことだ。」

「それなら、黒人が人種差別の廉であんたを告訴しても、こうした殺害や破壊すべての責任をあんたに負わせても、それを不当だとは思わないの?」

「思わない! 彼らは正しい——僕は人種差別主義者だった。僕は自分のためになんでも欲しがった。最高のものを望んだ。それを得るために、それを維持するために、僕は恐ろしいことをやった。今度は彼らの番だ。」

「よもや、自分が彼らを扱ったよりも少しはましに扱ってほしい、と思ってやしないでしょうね?」

「まさか! 僕が最高のものを望んだ通りに、彼らにもただ望んでほしいだけだ。彼ら自身のために。そのときになって初めて彼らは気づくだろう、それを得るのに、われわれが彼らを手助けできるということを。」

最後の皮膚に至るまで

新年〔一九九八年〕の最初の日曜日、委員会が新聞の第一面を飾った――「TRC〔真実和解委員会〕、ANCメンバーの恩赦をめぐって分裂に向かう。」昨年の一一月、恩赦委員会によってANCの古参の指導者たちに認められた恩赦が、依然として対立の原因になっている。二つの派閥がある、と新聞は報じた。恩赦委員会の決定を受け入れるべきだと思っている、ドゥミサ・ンツェベザ率いるグループと、事は再検討されるべしと思っている、アレックス・ボレイン率いるグループに。この緊張関係は――と新聞は続ける――委員たちがまさに今日の日曜日に出かける、ロベン島での二日間のリトリート〔キリスト教の黙想〕中に山場を迎えるだろう、と。

私は、クリスマスの少し前の記者会見を思い出した。そこでツツは、この問題に関して、委員会には二つの意見があると述べた。委員会は、内部の小委員会の一つを、裁判所に訴えたりするだろうか？　そうではなく、たとえそれが、国民党によって委員会が裁判所に訴えられるにしても、その結果はいったいどうなるだろうか？　ウィニー公聴会以来、ANCメンバーの恩赦は、常に世間の注目するところだった。その恩赦決定は、アフリカーナーの間に激しい怒りを生みだした。コンスタン・フィリューン元将軍は、他の人の恩赦申請書で触れられているだろう違反行為に関する恩赦を申請していいのかどうか知りたかった。「軍隊の長として、毎年、多数の若者を武装させてきた。そのうちのある者が何をしでかしたか、私は知らない。一般的な要件で私は恩赦を申請してもかまわないのだろうか？」フィリューンはできないと言われた。「ANCのメンバーが、フィリューンよりもより適切な弁護士のアドバイスを受けたとしても、それはわれわれの責任ではない」と真実和解委員会は答えた。P・W・ボタが出頭を命じられた同じ週に、ANCメンバーの恩赦は公表されたが、そのとき、委員会の二人のアフリカーナー委員のうちの一人が辞職した。「私はまさに名ばかりの委員です。」クリス・デヤーヘル〔注25〕は後に語った。「なんの権力もない名ばかりの委員だ」と。

同じクリスマス前の記者会見の席で、私はツツに質問した。「ANCメンバーの恩赦に関して、一杯くわされたと思いませんか？　報道記者として私は、ANCが責任を負うつもりだったことに対して、興奮して喚いたものです。『ご覧ください、ここに上層部全員が提出した恩赦申請書がぎっしり詰まった大きな箱があります。一方、国民党は一人も申請しないようです……』と。そして今やANCのメンバーは、よくてあいまい、最悪の場合はでたらめ、そうした恩赦申請書を手にしてやってくる。それはペテンです。そう思いませんか？　もしANCのメンバーが恩赦を申請しなければ、辞職もありうると脅していたそのあなたが、彼らにだまされたと思いませんか？」

「思いません。」ツツは躊躇なく言った。「ANCは、多くの重要なことを打ち明けた、内実のある、政党の意見陳述をしました。ANCによって犠牲者にされてしまった人々――そのうちの多くが――公聴会の当初からすぐに証言しました。あなたは一つのことを記憶しなければなりません。道徳的な世界では、真実は必ずや公になる。たとえ嘘をついたANCのメンバーがいるとしても、真実が彼らを罰するでしょう。」

そして今や、先の新聞記事にあるような分裂状態。それが事実ならどうなる？　すでにボレインとンツェベザが仲違いしていたらどうなる？　他の委員たちが辞職したらどうなる？　今なら辞職するのにちょうどよい潮時だろう――経歴を補強するのに二年間費やしたし、委員報酬も蓄えられたし……、今降りれば、これから悪くなっていくことに責任を負わされることもないだろう。この考えに私はうんざりした。それって人種対立の再現？　ところで、私の考えることだって礼服を着た男を突きあげてばかり。ツツには長年の経験がある。……でも、彼にしたってそこまでの心得はあるだろうか？

癌治療後、アメリカから帰国してこの方、ツツはとても誇張した物言いをするようになった。何か困難に直面しても、彼は「神は公平だ《ゴッド・イズ・グッド》、神は寛大だ《ゴッド・イズ・グッド》」と言うばかり。だれもが彼にこう言いたい――「あなたに求めているのはそんなことではない、ときには神の援軍だけではもの足りない。」彼は委員会の中で信頼を失ったのだろうか？　とても体調が悪いのだろうか？　委員たちに失望したのだろうか？　仮に委員会がうまく機能しないとしたら、いったいこの国にどんな希望があるだろう？

火曜日、報道関係者は、記者会見のためにロベン島〔ケープタウン沖に浮かぶかつての監獄島で、多くの政治犯が収容された〕に船出した。口やかましい、浮かれた旅行者の一団にもかかわらず、島までの行程に心動かされずにはいられない。いつも通り、テーブル・マウンテンが紺碧の中に固唾を呑んでたたずみ、海は穏やかに、淡い青緑色にうねっている。そして、この「スーザン・クルーガー号」でなされた、無数の、ひどく単調な渡航に思いを馳せる。船は元司法大臣ジミー・クルーガーの妻の名前にちなんで名付けられ、大臣自身は、スティーヴ・ビーコの死に私は興味がない、と述べたために、汚名の祭壇に祀られている。船が港を滑り出る間、私はビーコについて思い、彼の話がなぜ真実和解委員会の前に持ち出されることのなかった、ただ一つの有名な話なのか、と考えた。というのも、ビーコの家族は、委員会を憲法裁判所にかけることを選んだので、家族がビーコを目にした最後の様子や、家族がビーコをどのように記憶しているのか、ビーコの子どもたちは父親なしでどう対処し、父親の巨大な影の中でいかに暮らしてきたのかについて、耳にする機会が一度もなかった。

「われわれは船にすわってはいけなかった、人々を見るのも」と元囚人は語った。「われわれは身をかがめさせられた。小さなハッチが一つあり、その中にタイヤが保管してあった。われわれは船の胴体部のそこに入れられた。なので、海が荒れると、だれもがそうなるように、われわれの多くも船酔いした。そうなると、だれも事態がわからなくなる。」

委員たちがリトリートした島の場所へ、バスが私たちを運んだ。遠くから私は、何か反目し合うものが見えないかどうか、あればそれを捕らえようと目をこらした。ところが、委員たちは日なたにすわって、飲み、語らっていた。しかも彼らは、柔らかそうな夏らしい服とサンダルばきでとてもリラックスしていたので、私にはそのうちの何人かはうまく識別できないほどだった。

われわれは以下のような結論に達するのに半時間もかからなかった、とツツは言った。委員会は、ANCメンバーの恩赦に関して、最高裁判所に命令宣告書を出すよう求めるつもりです。そして、その場合は、それに応じて行動するつもりです。まあ、そのときはそのときです。もし、今回が危機であれば――とツツは言う――その場合はもっと試練を与えてください、と。「ところで、ある人々のところでは、この委員会は失敗しなければならないという理不尽な思い込みがあるようです。私は彼らに言いたい。『あなた方が思っている以上に、ことによると、まさにわれわれが勝ちとった民主主義の継続さえもが委員会の成功いかんにかかっている』と。

たとえば、だれかが一九九六年の時点で、一九九八年にわれわれが現になっているような組織――団結しているが、考え方は人それぞれ――になるだろう、と私に言ったとするなら、私はそれを信じなかったでしょう。なぜなら、状況はしばしばとても険悪だった。……あなた方は怒鳴りつけたい気持ちを抱いて委員会の諸会合から去っていかれた。私はこう思います、結局、われわれが――すでにそうであったように性別や信条、人種、年齢の面で多種多様である――われわれが、一つの組織として意見が統一できるのであれば、そのときには、わが国にとって大いなる希望となりうる。」

「組織の意見を統一させたのは、いったい何ですか?」

「ある程度は、われわれが共にくぐり抜けてきた経験だ、と言いたい。たとえその経験がひどいものであったにしても……。ところで、この島に来たことは、特別な経験になりました。この島の歴史、このまわりを飛び交っているだろう死者の霊……。ロベン島は常に、和解の場でもありました。しかも、われわれは、神に心を通じさせておきたいと言いました。神はわれわれを驚かせたと思うからです。本当に楽しい一時《ひととき》でした――飲み、歌い、踊り、食べて。そんなことが時にはこんなにもすばらしいことだなんて、われわれ自身、驚きでした。……それにしても、われわれはやっと気づきました。われわれが手にしている自由は長く持ちこたえるだろう、と。なぜなら、それはとても高くついたのだから。」

私は携帯電話が通じるように低い石壁の上に立って、アフリカ大陸の方を振り返りながら、一つのラジオ局を使ってQ&A形式で報道した。私の胸の内をひりひりする痛みが去来した。その痛みは私のものだった。私はアフリカ大陸の一員だ。私のまなざし、私の見方は、数世紀にわたるアフリカを回想してきた他の多くの人々と共にある。われわれのもの。私のもの。そうだ、私はこのためなら死ねるだろう。そのことが、心を鎮める聖歌のように、ついつい口をついて出てしまった。さらに私は気がついた、こうした強烈な一体感の瞬間を私にもたらしたのは委員会のみだということに。

これらの人々から離れると、私はためらい、自信を失う。私は彼らをいつまでも手放したくない。

委員たちも私たちといっしょに船で戻った。彼らが風に背を向けてすわり、顔に波しぶきを受けている間、私は彼ら一人ひとりを見分けていった。私は、このように彼らを記憶しておきたかった。

「本当にたやすく結論に達したんですか?」私は彼らの一人に尋ねた。

「そうよ。」彼女は答えた。「ツツは結論を可能にしたり、これはこれという特別な問題枠を取り去ったり、私たち全員がただいつも通りに議論できるレベルに問題を持って行ったりする方法を知ってるの。」私は船首で、水兵帽を目深にかぶって冗談を飛ばしているツツを見つめた。彼のおかげだから。

真実和解委員会は、一九九七年一二月半ばで終わることになっていたが、期間が延長されたままになり、私が今ここに書いているように、一九九八年七月末までに最終報告書を提出することになっている。しかし、最新のニュースによると、それさえもはや不可能らしい。恩赦のための完全な法的手続きという、ゆっくりした、長ったらしい方法を採択決定したことによって、恩赦委員会は、手続きが最終報告書の提出までに終わらないことを認めてしまった。そのため、最終報告書は最終とはならない。補遺が六カ月後に追加される。「六カ月!」委員の一人はため息をついた。「たぶん二年かかるでしょう。当初から恩赦委員会は、真実和解委員会に十分に根をおろしていなかったのが間違いです。恩赦委員会の自律性さえ大きな間違いだ、とさえ私は言いました。さらに二年以上たっても終わらない報告書や、二〇〇〇年紀に入った頃やっと決定を見る多くの恩赦申請、ANCの指導者たちに関する物議をかもす判決……、そして、われわれは、依然として赤ん坊を抱えたままにしておかれる。」

何人かのジャーナリストは新しい担当部署に移り、他の人たちはそのまま残りたがった。私はケープタウンで、ラジオ用の国会担当の部長のポストに就いた。

荒れた空模様の下、私は本土に帰る船の中で、委員たちといっしょに波に揺られた。私はこの委員会に対する、言葉では言い表せない愛情で満たされた。その間違いの数々、その横柄さ、その人種差別主義、その信心家ぶり、その無能力、嘘・偽り、二年後に当座の補償政策を実行に移せないという失策、誇示・見せびらかし――これらすべてを含めて――たくらみや恨み、憎しみの風が吹く中で、委員会はとても勇敢だったし、あまりに純真に勇敢だった。人々を残忍に扱った過去の重荷を負って、新たに権力を奪取した政治に向かって突進していく洪水に抗して、委員会は共通のヒューマニティの思想を生かし続けた。また、委員会は、人種差別主義を乗り越える方法を念入りに作り出したり、私たちすべての声のための場を作り出した。そのすべての失敗と交換に、委員会は、この国の出身であること、この国の人間であることを私に誇らしく思わせてくれる炎のように燃えたぎる希望を携えている。

ところで、それをもっと簡単に表現してみたい。私のこの手でそれを書いてみたい。みんなのために、すべての声、すべての犠牲者のために。

あなたたちによって
もうこの国は私たちの間ではなく
私たち一人ひとりの中に横たわっている

それは穏やかに息をする
傷ついてから
その驚くべき喉で

幼少期の私の頭の中で
それは歌い、それは燃え上がり
私の舌、私の内耳、心臓の空洞は
その外形のために身震いする
優しく親しげな舌打ちや喉音の耳慣れなさを伴って

私の魂の網膜は伸び広がるようになる
日々たくさんの話によって
私は焼き焦がされたから

新しい皮膚。

私は永遠に変えられる。私は言いたい。
私を許して下さい
私を許して下さい
私を許して下さい

かつて私が不当に扱ったあなたたち、どうか
私を連れていって下さい

あなたたちといっしょに。

エピローグ

終了セレモニー直前の悲劇

デズモンド・ツツ大主教が険しい表情のネルソン・マンデラ大統領に、五巻から成る、分厚い、真実和解委員会の最終報告書を手渡した日に何があったのか、正確に憶えている人はほとんどいない。それはほんのつかの間のことだったが、何かあやふやさを感じさせる根拠をもたらしたのが二人のスピーチだった。わが大統領と彼の代弁者は、すでに書かれ、用意されたスピーチから脱線するので有名だった。しかし、両者はその日、書かれたスピーチを一語ずつ、句読点ごとに読んだ。感情はとても気まぐれなので、目につかないちょっとした言葉尻でも度を越してしまうと、スピーチ全体を台なしにしてしまうことを、二人とも本能的に心得ているかのようだった。

型通りの儀式の後、二人がダンスをしている間だけ、私たちは気兼ねなく息がつけるようになった（マンデラはまるでボクサーみたいに突っ立って、楽しげな合唱隊の歌声にパンチを見舞っているみたいだったし、ツツはまるで黒人居住区の悪ガキみたいに、首を垂れて、両腕を膝のあたりでブラブラ揺すっていた）。それは、和解のプロセスが終了したからでも、始まったときと同じように劇的に終わったからでもなく、真実和解委員会の際立った一貫性のせいだった。巨大な干し草用の熊手が繰り返し国民を空中へと投げ込んだので、もれなく同じ人たちが小麦のように地に落ちたり、籾が同様に風に吹き飛ばされたりした。そして三年後には、たぶん人々は違ったふうに行動するだろうし、ことによると籾がらは小麦になっているかもしれないと予想した。ところで、本当にほっとさせられたことに、F・W・デクラーク〔注7〕とANC〔アフリカ民族会議〕による、報告書の公表を左右しかねない土壇場での画策にもかかわらず、この国の道徳の二大巨人は、これまでと同様に計り知れないプレッシャーに直面しながらも、明らかに今もって小麦のままだった。

上記のことが行なわれているとき、あるジャーナリストは、一人のアフリカーナーの犯罪者から携帯電話で呼び出しを受けた。その男は、多くの極悪非道の殺人の廉で、恩赦委員会にすでに出頭していた。「今日までのすべてのことを私なら提供できた。」彼は荒々しく息を吐いた。「それにしても、自分に関する救いようのない半ページを報告書から削除するようF・W・デクラークが要求したことで、私は吐き気がしそうだ。現在、われわれはここ数カ月間、まったくの恥真実和解委員会を担当したジャーナリスト全員が、特別のお別れカクテル・パーティに招待された。TRCは通常、これまで一度もアルコールへの出費はしなかったので、このパーティは気を使っているどころか、異例中の異例だった。私たちはいろんな所からやってきた。真実和解委員会の委員たちと同じように、私たちも全員「真実和解委員会後の生活」と一般に呼ばれているものを確立するために奮闘していた。

プレトリアのホテルのエスカレーター上で私の携帯電話が鳴った。ジョハネスバーグのニュース番組編集室の同僚が、ANCによる臨時の、まったく思いがけない記者会見から帰ってきたばかりだった。精力的なANCの代表団は、その記者会見で、明日TRCが最終報告書を公にするのを阻止するために、差し止め命令を得ようと思っている、と公表した。その理由というのは、最終報告書に書かれているANCについての諸結論を協議するために、委員会と会合を持とうとしたが無駄に終わったからだった。ツツからコメントを取ってほしい、と同僚に頼まれたとき、ジョン・アレン〔TRCのメディア担当者〕が車のトランクから手荷物を降ろし、ツツが大慌てで別のエスカレーターに近づくのが見えた。

「コメントしてもらえますか?」アレンが首を振った。「実際の書面を見るまでは。」ロビーのいずれのコーナーでも、すでにジャーナリストたちが、大急ぎで上司と電話連絡をしていた。事がしだいに知れ渡りだした。ANCは、TRCの最終報告書で公表されることになる、党についての諸結論

さらし状態に置かれている。みんなから拒絶され、軽蔑されてやがる。なのにあのくそ野郎は、くだらない数行に文句をつけてやがる。というのも、彼は、海外でギリシャ人の愛人を連れて遊び回っているときに、ピノチェトのように扱われることを恐れている。」〔チリで軍事独裁を行なった元大統領のピノチェトは、英国滞在時に現地司法当局により身柄を拘束された。〕

F・W・デクラーク前大統領についての最終結論を、しばらくの間、削除するようにという裁判所の命令を、TRC〔真実和解委員会〕が受けたときには、最終報告書はすでに印刷に回されていたことを、私たちは後になって知った。TRC職員が印刷所に駆け込んだときには、最初の刷り上がりがプレトリアへ送られるために車に詰め込まれている最中だった。半時間後、TRC職員は印刷所の作業員のまわりに全員すわって、二二五ページの半分と二二六ページの最初の一文を黒インクで消し、そのインクで他のページが汚れないように、修正したページの両側に注意深く紙をはさんでいった。

最終報告書は、一九九八年一〇月二九日に、ネルソン・マンデラ大統領に手渡されることになっていた。その日程は多忙な大統領に合わせて、あらかじめ、かなり前から決められていたし、委員たちもセレモニーのために海外から飛んで帰ってこなければならなかった。委員会は、いまだに聴取段階の数百の事例を最後までやり抜くために、裁判係争中で恩赦委員会に留め置かれているものだけを残して、一九九八年六月末までにその作業のほとんどをやり遂げた。

のリストを送られ、さらに返答の最終期限まで決められた。だが、事はそんなにうまく運ばないのも明らかだった。結局、党の役員がTRCと連絡を取り、返答の期限延期を求めた。延期は同意をみたが、またしてもANCは、期限までに返答することができなかった。委員の一部の態度は横柄であり、問題を混乱させる、とANCはその差し止め請求で表明した。ジャーナリストたちが口々にその不愉快な委員というのはドゥミサ・ンツェベザに違いない、などとあれこれ憶測しているとき、ANCの差し止め請求については、当日の夜か翌朝早くに審理にかけられる、との情報を私たちは得た。ケープタウンの最高裁判所の、いつもは離婚の審理のために使われている法廷で。

今なすべきことは？ セレモニーが行なわれる会場は用意され、準備が整い、犠牲者や聖歌隊やゲストは近くのホテルにすでに待機していた。ジャーナリストたちは最終報告書を読み通して、午後二時頃に予定されているマンデラへの報告書の手渡しの瞬間を報道する包括的なニュース記事を送り始めるために、翌朝六時から厳重な「缶詰状態」になるはずである。何人かの委員が到着したが、最新の事態について、だれも一様に口がきけないほど驚いているようだった。

われわれ全員、ツツを待った。聞くところによると、ツツはとてもうろたえ、一時《いっとき》、自室で涙にくれたという。最初はくつろいだ雰囲気だったカクテル・ラウンジが急に陰気で重苦しくなった。「彼らは、われわれが彼らの闘争を断罪した、と言っている。」委員の一人が言った。「だれかをネックレスする〔注48〕のが、自由のための闘争の一部だ、などと彼らは主張しているんですか？ だれが、現時点で彼らの闘争を非難しているんですか？」別の委員が言った。「本当は今起きていることなんか、大したことじゃない。それよりも、ANCは解放闘争を台なしにしてしまった。ここ数日、私の中で何かが死んだ気がする。」

ツツと彼の妻リアが入ってきた。ツツはしゃべったが、気落ちしているようだった。「この委員会は、常に公正な人々以上でした」と彼は言った。私たちは聞き、待った。夜通し、電話連絡があちこちになされた。午前四時、時事問題番組が電話をしてきた――記事ネタはありそう？ 六時、私たちジャーナリスト全員は寝不足でかすんだ目に、とても疲れた状態で立っていた――未だ情報もなく、現場に缶詰になって。美しい春のプレトリアの一日が明けて、ジャガランダの花が街路に咲き誇っている。法廷は午前七時に開廷するが、場合によると、八時になると知らされた。ツツ、ヤスミン・スーカ、それにドゥミサ・ンツェベザが、弁護士との夜通しの話し合いの末、やっと到着した。われわれはANCと論戦するつもりだ、と三人は言った。もしも被迫害者が今度は迫害者になったのであれば、私は彼らと戦うつもりだ、とツツは言った。それは、ツツが決して口にしてはならない言葉だった。ところで、三人はだるそうで、疲れているようだった――委員会の内外の政争でボロボロになっていた。

私たちは手持ちぶさたで、ただ突っ立っていた。だれかがラジオを聴いていた。ある放送局が、ANCの差し止め請求について、いろいろな人の意見を聴取者に提供しようと電話受付を始めていた。電話の接続は悪かったが、ある人の後で黒人聴取者が言った――私はANCに投票しているが、彼らは間違いを犯したし、われわれがその報告書を目にできるよう要求する。同時にラジオスタジオでは、黒人の大学教官が、ANCの態度には問題はないと主張した。ANCは義にかなった闘争を闘ったので、重大な人権侵害は犯していないはずだ、と。

私たちは待った。法廷が差し止め請求を認めた場合、TRCは、私たちに最終報告書を提供できない。たとえ私たちがこれ以上待ったとしても、あると言われている三ページの要約以外に読める機会はありそうにない。私たちは意気消沈して、暑さの中にただぼうっとすわって、数局のラジオ局を使って、気乗りのしないQ&A形式のインタビューを行なった。アレックス・ボレインが到着した。彼がインタビューを受けているとき、一人のジャーナリストが携帯電話で大声をあげた。「はねつけられた！　法廷は差し止め請求を棄却した。」「勝った！」とボレインは笑った。私たちも興奮状態になったが、持ち運ぶには重すぎると言っていい、五巻本の最終報告書が目の前に置かれてみると、ジャーナリストの多くがその場で笑い出してしまった。セレモニーまであと二時間。まずは目を通し、続いて紙の山に閉口し、何か人をはっとさせるものをつかみ出さなくてはならない――大方がおちついて最終巻の諸結論から何かを読み取るまでは。

ついに缶詰状態から抜け出して、実際にセレモニーが行なわれるホールへ移動中、私たちは、差し止めを求める決定に関して、マンデラはANCから意見を求められてはいなかったらしい、と耳にした。ホールでは、委員たちがだだっ広い空間の一区画にばらばらにすわっている。彼らは見るからに分裂していて、居心地が悪そうだった。後で聞いたのだが、まさに最後となった真実和解委員会の会合は、つらくて、とげとげしいものだった――何人かは、話し合いを持ちたいというANCのただそれだけの願いなら、聞き入れなければならないと思ったし、その一方で他の人たちは、もしそれが前例となれば、委員会は他のすべての政党や個人とも話し合いを持たなければならなくなる、と思った。TRCの結束はなくなっていた――何人かの委員はすでに政府内のポストに就いていたし、他の人たちは自分のTRC経験の上に種々の経歴を積み上げていた。ツツとボレインは、アメリカの数カ所の大学で教えていた。

投票で決着をつけることにした。しばらく前に二人がTRCを辞職したので、残った委員は一五人だった。結果は、ANCとの話し合いに賛成が七人、反対が七人――ツツに最後の一票が託された。それは困難な会合だったに違いない。これまで一貫してANCを支持してきた何人かの委員が、党に反対の票を投じ、いっしょにスクラムを組んで闘ってきた、まさにその当人たちに反対した。聞いたところによると、セレモニーの当日、ツツは全体的にふさぎ込んでいて、マンデラとの会談を確保しようと努めた。「彼は会談場所に控え目に、おどおどした様子で下を向いて入っていったが、出てきたときには別人になっていて、笑い、堂々と歩いていた」と、ある人が私に教えてくれた。これらの出来事のいずれについても、私たちは何一つ知らなかった。にもかかわらず、私たちは、分裂と権力のほころびを強く感じていた。

政治家たちが到着し始めた——ダラー・オマール〔注11〕、カデル・アズマル〔注44〕、ジョー・モディセ〔注63〕、ジェイ・ナイドゥー、そしてアルフレッド・ンゾの各大臣——それといっしょに半信半疑の雰囲気までも。ターボ・ムベキ〔注50〕もここへ来るべきだったが、代わって妻が出席すると言ってきた。彼女は姿を見せなかった。マンデラと伴侶のグラサ・マシェルは、堅苦しく、いかめしい表情で壇上にすわっていた。ツツとリアは両手を組み、目の前のテーブルをじっと見つめていた。

続いて犠牲者たちが入ってきた。彼らのそれぞれの代表者がセレモニーに出席するよう招かれた。黒人と白人、富者と貧者、男性と女性——両者の間に分裂はなかった。彼らは全員やってきて、委員会メンバーとその職員と、政治家たちの間に着席した。

全員が起立した。

ツツがスピーチした。「多くの方がこの報告書で狼狽されるかもしれません。ある人たちは、先手を取って、この報告書の信用を傷つけようとしてきました。たとえその人たちが成功したとして、いったい何の役に立つでしょうか？　彼らがスタンザ・ボパペを殺したこと、コツォ・ハウス〔南アフリカ教会協議会のヨハネスブルグ本部で、一九八八年に爆破された〕を爆破したこと、タンザニアやアンゴラのキャンプで仲間を拷問したこと、人々をネックレス・リンチにかけたことに変わりはありませんし、それらは犯罪者がわれわれに語ったことなのです。それは委員会の作り話ではありません。」

マンデラがスピーチした。「それゆえに、私はこう申し上げる機会を得たわけです。私は報告書を、わが国民を和解させ、国を新たに建設する手助けに対して、TRCがわれわれに与えてくれた援助として、その不十分さといっしょに受け取ります。」マンデラはれっきとした党員だった。彼にとって自分の所属する政党と異なる立場を取ることは、非常にむずかしかったに違いない。

とても意義ある瞬間だった。政治家と彼の代弁者は抱擁し合ったが、その一方で、真実和解委員会のプロセス全体に向けられた多くの政治的憤懣は、苛立ちと怒りを身に着けたまま、二人の背後でようやく終息した。

　それほどまで真実のために傷つけられ
　それほどにも破壊され
生き残った者にはほんの少しも残っていなかった

ここから人はどこへ向かうのか?
私たちの過去の冷酷非情な全期間にわたって
人々の声が
怒りでぶちまかれた
私たちの間で血が流れ続けたこの国で
一つの声が
もう一方へ届くのに
いったいどれほどの歳月がかかるのだろう?

最終報告書の内容

TRCの最終報告書は、分厚い五巻からなっている。第一巻は、方法論、諸概念と諸原理、法律上の問題点、それに委員会の権限を論じている。この巻にはまた、TRCの財政、管理、運営面の報告も含まれている。第二巻では、南アフリカの国内外での国家の活動と解放運動の歴史についての概略が述べられている。一、二巻ともに、組織編成表と委員・職員の名簿、それにTRCの特別調査班の名簿が含まれている。第三巻は、あらゆる地域での人権侵害と地域的な政治的紛争が扱われている。第四巻は、産業界、教会、メディア、刑務所、義務兵役、若者や女性の役割に関する、特別に設けられた公聴会のことを報告している。第五巻は、TRCが人権侵害の犠牲者とみなした人々の名簿や、それらの人権侵害が生じえた状況の分析が含まれ、補償政策やTRCが下した諸結論、さらには将来の虐待を未然に防ぐ手立てが付け加えられている。また、第五巻には、ヴァイナント・マラン委員〔注32〕によって書かれた反対意見書も含まれている。

報告書はすらすらと読めるし、随所に興味をそそる証言の一節が添えられている。報告書で苦労してまとめられているものは驚嘆に価する。たとえば、かつて可決されたすべてのアパルトヘイト関連の法律は、法律名、その意図、適用地域、法案の国会通過年月日別に一覧表にされている。アパルトヘイト関連の数多くの研究委員会も一覧表にされている。議論の余地がある問題のいくつかは十分に論じられているし、それぞれの問題をめぐって最新の考え方にも十分な配慮がなされている。たとえば、報告書の諸結論が、現在受け入れられている基準と異なっているならば、TRCの解釈を正当化するために、証言から数多くの実例を取りあげている。報告書はインターネットからでも入手できたし、多くの新聞が特別折り込みページで全五巻の要約版を配布した。

しかし、「吟味する機会」が失われてしまった。ANCの差し止め請求がニュースを独占してしまい、報告書の内容にまで影を落としてしまった。ANCは提訴することに決めた段階で、最終報告書に目を通したはずがないのは明らかだ。報告書は、アパルトヘイト政権を論じるのと同じ方法で解放運動を論じてはいない。とりわけ十分に論じられた一部門では、最新の人権思想に基づいて、ANCもPAC〔パンアフリカニスト会議〕も「義にかなった闘争」を闘ったと述べてはいるが、報告書は「義にかなった闘争」と「不当な手段」とを明確に区別している。

TRCは、セレモニーの次の日にプレトリアで、委員会としては最後となる報道機関への発表を行なった。今回もまた、数人の委員が出席しただけだった。「われわれは犠牲者たちを失望させた」と彼らは言った。「犠牲者たちを失望させたことが痛恨の極みです。そうです、三年がたつというのに、犠牲者たちは未だ何一つ手にしていません。」将来の委員会には、速やかに、かつ妨害的な政府の関与やその可能性のある措置を伴うことなく、何らかの補償を履行できる権限と手段が手にできるよう保障することを彼らは勧告した。

ツツは、彼独特の寛容さを求めた。「しばしば、われわれはオランダ改革派教会（そこではアフリカーンス語が独占的に使われている）に対して、尊大な態度を取りました。というのも、公然と非難すれば、彼らだって反論したはずなのに、われわれはコソコソ陰口を言っています。それに、マンデラが政権の座につき、彼と食事を共にしていても、私の望んでいないことのいくつかについては彼に話しますが、こうひとりごちます——ああ、ツツよ！　お前だって現に心を閉ざしてすわっているではないか、と……。さらに、無礼にも何度も恩恵の福音を誉め称えたことを謝ろうと思っています。」彼は繰り返し念を押した。「自分たちを偶像視していた人々の政権を排除し、代わってその政権の座を、自分たちを偶像視するようそそのかされている人々に与えるために私は闘ったわけではありません。」


報告書についてANCが抱いている問題点への質問に答えて、アレックス・ボレインは言った。「われわれはとても早い時期に、ANCとの協議で、ANC自身も加わっていた国際的な人権文書——彼らはそれを書くのを手伝っていた——に言及した。さらに、正当な動機であっても重大な人権侵害に対しては、政党は道徳的・政治的な責任を負うべきだということで、ANCはわれわれに同意した。」

後になって、私はヤスミン・スーカ〔注36〕にインタビューした。全委員中、彼女とドゥミサ・ンツェベザ（性生活で良からぬ噂があるにもかかわらず）が、大胆な立場をもっとも強く表明するようになっていた。彼女は言った。「道義心と強い独立心で自己管理している人を委員会に配置するのが肝心です。委員会の最後の六カ月、私たち委員は、各自の内面の核心部に立ち返るよう求められていたと思います。」


報告書の書き換えを望んでいるANCに対して、いくつかの理由が指摘された。一つは、ANCは実際に報告書全体を読まずに——公表後でさえそうだ——早まって反応しすぎたという。ところで、差し止め請求や報道機関への発表でのANCの強い非難は、実はその苛立ちや怒り、憤りがもっとはるか以前にさかのぼるものだったに違いないことを現わしていた。

しばしば自明のこととされたもう一つの理由は、TRCの報告書が、インカータ自由党〔一九七〇年代初期にブテレジによって創設されたズールー民族運動から生じた政党でナタール州の主に黒人を基盤にしている〕に関してとりわけ手厳しいことだ。ANCはある種の協力関係を結ぼうと定期的にインカータ自由党と交渉しているが、インカータ自由党の、前国民党政権との血なまぐさい援助を含む同盟によって、ANCの将来の新しいパートナーが名前に泥を塗られるのはよかろうはずがない。TRCによるこのような手厳しい指摘は、その時点においてはありがたくなかったらしい。そのうえそれは、ANCがアパルトヘイトのレトリックを手放したくないことを暗示してもいる。つまり、白人であることはすべて悪く、黒人であることはすべてよしとする権威筋の意見を彼らは必要としていた。よりうがった解釈によると、ムベキが困惑したというのも、〈アフリカン・ルネサンス〉という彼の夢を実現するためには、黒人たちに、アフリカ黒人としてのプライドを行き渡らせる必要がある。また彼は、黒人として――しかもアフリカの黒人として――自分たちにプライドと自信を取り戻すための取り組みにおいて、白人から黒人を分離する必要もある。その一方でムベキは、犯罪的な暴力でずたずたにされた国で、道徳の下地を修復する必要もある。この両方を実現しようとする彼の努力は、しばしば矛盾をきたす。

これらの理由のどれも、私にはまったくピンと来ない。今回に限り、これらはANCの自然発生的な反応――怒りや本心からの見境のない泣き言――だったとも思っている。未だだれも言葉にはしていないが、報告書に関して、ANCの内部には明らかに分裂があった。ジャーナリストのマイケル・イグナティフの記事を読んでやっと、私は、TRCの最終報告書に対するANCの反応のしかるべき土台が掴めた。「迫害者は真実に対してわが身を守ろうとするが、犠牲者だってそうする。自分を人権侵害の犠牲者だと思っている人々が、自分たちも同様に残虐行為に関係していたなどと思えないのは理解できる。無罪潔白で犠牲者だという神話は、受け入れがたい事実と向き合う際には大きな障害となる。」イグナティフによると、真実和解委員会は、公的な言説や社会全体の記憶の枠組を変えうるし、実際に変える。「しかし、委員会が人々の習性や諸制度を変えることができないからといって、委員会を失敗だったとみなしてはならない。それは委員会の役目ではない。」

何が和解を引き裂くのか

私たちはこの国を理解したい。すべての南アフリカ人のためになるよう、今いろいろと詳しく知ったうえで、生活を送りたい。そのために、私たちは注意深く耳を傾け続けている。それにしても、相矛盾するさまざまな法から成る、わが国の日々の国会を理解するのはむずかしい。人々はそれらを自分の狭い生活の中にどのように取り込むのだろうか？　和解に関する最初の国会討論は、最終報告書の公表前の数カ月間、このような相矛盾した言動であふれ、多くの相矛盾する質問が飛び交った。

ANCの議長ターボ・ムベキは、この機会を選んで、有名な「二つの国民」演説を行なった。南アフリカは、彼が見るところ、二つの国民――裕福な白い国民と貧しい黒い国民――から成る国である。ムベキにとって和解は、(あらゆる皮膚の色の)犯罪者と(あらゆる皮膚の色の)犠牲者との間ではなく、受益者(白人)と被搾取者(黒人)との間に存在する。われわれは、南アフリカに同時に存在するこれら二つの国民をどのようにして一つに結合させるのか、と彼は問うた。「まず最初に必要なことは、国の建設と和解に必要な物質的な基盤を作るには時間がかかるということを、われわれは受け入れなければならないということです。」

ムベキは続いて問うた、この国の人々が和解を最優先事項として振る舞っているかどうか、と。「この問いに対する私自身の答えは、はっきり言ってノーです」と彼は言う。彼が自分の結論に与えた理由は、白人が所有している多くの株式会社が、依然として納税の決心を表明していないことにあった。つまり、それらの会社はより多くの資金を必要とし、積極的な差別是正措置に不満を言い、恩赦を申請しなかったし、概して社会の変化に抵抗するからだ。しかも、これらすべては、「(国民的な統合と和解という)ゴールへの到達からわれわれを逸らせ、多くの人々の間に怒りを生んでいる。」

表面的には、それは事実のように思える。(ムベキによると)黒人たちの間に、(コンスタン・フィリューン〔注9〕によると)白人たちの間に、漠然とした怒りが存在し、まるで人々が共倒れになりかねないように思われ出した。しかし、何らかの理由で、対立しているのは白人と黒人の二つの国民ではなく、クワズールー/ナタール州の中央部ではズールー人がお互いに殺し合っているし、ケープ州の平原部では「カラードたち」がお互いに殺し合っているし、すべての皮膚の色の犯罪者たちが、すべての皮膚の色の、明らかに無実の人たちを殺害している。TRCのプロセスへの参加にもっとも気乗りのしなかったグループが、現在、激しい内部混乱を経験しているというのは、単なる偶然の一致だろうか?

現在のところ、南アフリカ人は、以前よりもいっそうばらばらになっているように思われる。だが、和解についての専門家に言わせると、これこそが和解の徴候なのだそうだ!

とは言っても、アフリカーナーの指導者たちのTRCへの返答が、決定的な影響をもたらす。国会内の新聞記者席でツツが行なったスピーチに出席したのを私は憶えている。その中でツツは、アフリカーナーに、和解への参加を受け入れ、和解に援助の手を差しのべるよう懇願した。彼は文字通りぶるぶる震え、汗が顔をしたたり落ち、口はゆがみ、目は怒っていたが、涙でいっぱいだった。出席していたジャーナリストは主にイギリス系と黒人で、冷静に見守った。

私は絶望感で憂鬱になった。ツツのこの悲痛な思いを、私たちはどうすればよいのか? これにはアフリカーナーからの適切な返答が必要なのか?「適切な」の内容をいかに明確にするのか？　何はともあれ、アフリカーナーの教会、アフリカーナーの実業家、それにアフリカーナーのジャーナリストの一部は、許しを乞うた――つまり、主だったアフリカーナーは恩赦委員会に出頭した。ツツはさらに何を望んでいるのだろう？　耄碌したＰ・Ｗ・ボタ〔注21〕の弁解と同じようにつまらないものをか？　それ以上のものを？　アフリカーナーによる一〇〇万人のデモ行進を？　金銭以上のものを？　土地の返却を？　どんな言葉、どんな抱擁が、私たちみんなの肩の荷を降ろしてくれるのか？

最終報告書が手渡される少し前、私は、ユダヤ人大虐殺《ホロコースト》の犠牲者に対する補償について、ドイツ政府にインタビューした。ドイツ国外のユダヤ人に一兆ドル以上が与えられたが、それがドイツを富の重要な再配分者にした。その金で、イスラエルは工業立国へと変貌をとげた。西ドイツの首相ウイリー・ブラントは、ポーランドのワルシャワ・ゲットー跡地に跪いて、ナチスの行為を謝罪した。私はまた、ベルリンのユダヤ人社会の指導者にインタビューした。「彼らがやったことに対して、これで十分だとはたして言いうるでしょうか？」私には重すぎる問いだった。なのに、なぜ問うたのだろうか？

しかし、最終報告書が公表されてからの数カ月の間に、私はゆっくりと、何か別のことを理解していった。何かがなされるべきだということをアフリカーナーの指導者たちが認めなかったがために、アフリカーナーの社会が怒りと自責の念に閉じ込められたままにされただけでなく、多少回りくどい言い方になるが、あなた方がやるべきことはこれです、と明言する機会を被迫害者たちから奪うことにもなった。

白い国民であるわれわれは、自分たちがここに留まるための条件をなんとか見い出そうとしている。とにもかくにもわれわれはここで生きている。ここで生きていきたいのであれば、われわれの思い通りにここに留まることはもはやできないということを受け入れなければならない。ゆえに私は、自分の生存にとって新しい状況がいったいどんなものなのか、耳をそばだてて聞こうとする。税金のことも。ムベキは資源の移転について言及した。それがわれわれに求められていることなのか？　ムベキは言う――あなた方のお金は役に立つ、でもどうか神よ、われわれにあなた方白人の貧弱でちっぽけな魂を割り当てないでください。

われわれがどんな人間であり、どんな悪事を働いたかは言われているが、われわれがやるべきことは言われていない。どうしてこんなあいまいさが生じたのか？

「この機に及んでなお白人たちが、何をすべきかを知ろうとしているのを聞いて、わが耳を疑った」と、臨床心理学者のノムフンド・ワラザは、真実和解委員会に関する国会での審議前にインタビューに答えた。

「本当のところ、よくわかりません」と私はワラザに言った。「闘争が私に耳の傾け方を教えてくれた。一九八〇年代、私は自分の書く技能や、権力やメディアと面会できたり利用できたりする私の権利を闘争に役立てられると思っていたが、必要とされているのはそんなことではない、とすぐにわかった。当時、闘争が必要としていたのは、私のマイクロバスであり、私のファックス機だった。私は再びそのような罠に引っ掛かりたくない——黒人たちが望むものを私は知っていると思うような罠には。あなた方は、われわれにただ許しを乞うてほしいとだけ思っているのですか? ムベキが『資源の移転』と呼んでいるものを、優先したくはないんですか? しかも、資源の移転は、いったいどのように生じたらいいんですか? あなた方は、すべての土地を返してほしいんですか? 人々が望んでいるのはいったいなんなんですか?」私は訴えかけた。

「過去の出来事は、一つの最終的な、立派な意思表示で埋め合わせることなど決してできない」とワラザは言う。「ここは貧しい人々がいっぱいいる国です。すべての白人が、自分たちと関わっている人々の生活に変化をもたらすことができます。」

施しをしろと?

後になって、われわれは罠に掛かっている、と思った。自分たちが望んでいることや、自分たちがすべきことについて他者がどう気にやんでいるか考えることができる公開討論の場がなければ、両者とも怒りや自責の念に閉じ込められてしまうだろう。必要とされているものをはっきりと定めないことで、白人は不断の非難にさらされている。何か特定のものを与えれば、満たされるかもしれない。そのうえさらに、みずから進んで叩かれ役になろうとすべきではないのか? それが交渉の一部になりうるのでは? われわれがあなた方を非難するときは、ともかく大口を叩くのはやめてくれ、というのが結局のところ、われわれ自身でわれわれ自身を再建している間われわれが求める唯一の呪詛なのだから。

二つの国民は、ともに犯されている。一つは心身の傷害によって、他方は罪責感によって。なので、最初の反応は、互いに身を遠ざけることだった。人は傷害沙汰の後は、精神的にも肉体的にも、互いに身を遠ざける。真実和解委員会の前で、ある母親は言った、白人はなおさら見たくもない、と。人々は国を離れるか、自分たち自身の一族の元へ、あるいは言語や歴史の同族空間へと引きこもっている。大学教授たちは、この引きこもりがたとえ一秒、あるいは数世紀続くとしても、それは不可避で健全な心理的反応なのだ、と言う。

真実和解委員会には二人のアフリカーナー委員がいた。穏健なアフリカーナーをプロセスに協力するよう導くために任命されたヴァイナント・マランと、右翼に属していたクリス・デヤーヘル〔注25〕と。後者は、TRCへの出頭を拒否したために元大統領P・W・ボタが法廷へと連れ出された後、委員会を辞職した。ヴァイナント・マランは、委員会の活動期間中ずっと、同僚たちの敵意について激しく不平・不満を述べ、最終的には少数派の反対意見書を提出して、その中でアパルトヘイトを擁護した。

英字新聞に掲載された最近の論説で、ある黒人大学教官は問いかけた。「われわれにはマンデラの和解への訴え、ツツの和解への訴えがある。なのに、どこに、和解の白人王子は、いったいどこに?」と。本当に、その人はどこにいる? といってもちろん、それは、あるひとりの「彼」以外にはありえない。

最終報告書に関する各党の国会答弁

TRC創設に関する法律の一規定によれば、将来の政府が過去のあやまちを繰り返さないよう勧告がなされるべきだという。しかし、時がたつにつれて、旧弊廃し難しの感がはっきりしてきた。その最たる例は、旧体制下での化学・生物兵器の機密に関係している。これら機密は金庫にしまい込まれている。それにしても、その鍵はどこに? 新政府がそれらを保持している。TRCが国家による大量殺戮の騒動の惨事を暴き出している一方で、住民は死刑再開を強く求めた。ニュース速報の途中からラジオのスイッチを入れると、報じられている拷問の記事が、過去の事件に関係しているのか、現在時のニュースが報じられているのか、しばしばわからなくなることがある。アパルトヘイト体制下でのアンゴラ侵攻について、国会で一度も議論されなかったという警鐘が鳴らされ続けている。にもかかわらず、初めて民主的に選ばれた多数派による政府の、人種の違いに基づかない南アフリカ国防軍がレソトに侵攻したとき、国会は事の二週間後にやっとその行動を知らせただけだった。警察の残虐行為に関するBBC〔英国放送協会〕のドキュメンタリー番組は、国家というものを、一方でそうした行為に拒絶反応を示し、他方で極悪非道な犯罪者に自分自身で復讐したいという、相矛盾した感情をあわせもっているようにみなした。

最初の犠牲者公聴会がスタートしたとき、黒人と白人が同じ壇上を共有していることを、だれも特に変だとは思わなかった。そこでは、アパルトヘイト国家によってわが子が殺害された母親が、アパルトヘイト体制を守っていてわが子が殺された母親の隣にすわって嘆き悲しんでいた。第二次世界大戦後のヨーロッパでの犠牲者の扱いを調べてみてもこんな例は初めてなので、両種の犠牲者を同等とみなすという、南アフリカが採用した注目すべき一歩がどのようなものであるのか、私は理解した。苦痛と悲嘆を同等に扱うことで、TRCは、白人と黒人でどちらかが悲嘆をより軽く、あるいはより深刻に経験するという神話を覆した。そのような悲嘆や悲哀は、人種的な観点から言って排他的である。

国民の統合と和解に向けた現在継続中の取組みで明らかになった限界は、人種問題である。(和解に関する第二次国会でのターボ・ムベキの演説より)

副大統領ターボ・ムベキは、南アフリカ国会を、真実和解委員会の最終報告書に関する国民的な議論へと導いた。質議応答は、初めて民主的に選出された国会の、最後の会期の終わりに予定されていた。傍聴席は、学生、犠牲者、大学教官、それに各種NGOの代表者で満員となった。私は大統領官邸で、少数の、人種もばらばらな集団――真実和解委員会のメンバー二人と委員会の職員数人――を見かけた。あの活気ある華やいだ人物たちは、すでにどこかに消え失せていた。後に残されたこの人たちは、状況からも、権力からも、まわりの好意からも見放されていた。傍聴席のどこかに、別の見慣れた委員会メンバーの一人か二人の顔を見かけた。政治の陰の力が働く場でここ二年間、政治権力に挑んできた唯一の代弁者が、今では人目につかなくなっていた。かつては自慢の対象か、裁判所に訴えを起こす対象だったTRCが、もはやなくても済むようになっていた。

ムベキが最初の演説者だった。彼は、三四〇年前、「入り江に住む、異教徒の、原始人である黒人の大群の脅威から身を守り、新たにやって来た白人のヨーロッパ人入植者の安全を確保するために」、オランダ人入植者ヤン・ファンリーベックによって植えられた、巴旦杏と茨の灌木の生垣に言及した。

ムベキが委員会の最終報告書についてこのような冒頭演説を行なうやいなや、国会は死んだように静まり返った。ムベキがTRCについて語ったのは、一九九八年一〇月にその報告書が公開されるのを防ぐためにANCが委員会を提訴した理由を説明したときが最後だった。

そのとき、人々は面喰らった。ANCがTRCの何を問題にしているのか、だれにもよくわからなかった。メディア発表の後、たった一つ理解できた言い回しは、TRCの最終報告書は「解放闘争に罪を着せている」という箇所だけだった。そうなのか、それはまずいと皆が同意した。

ムベキの冒頭演説は、TRCを直接、人種の文脈の中に持ち出した。「征服されたときと同じ方法で国が維持されなければならなかったということが、征服に基づいて作られた国の今日の現実であり、そのことが真実和解委員会の仕事の中心を占めた人権侵害を必然的に引き起こしてしまった。」

ANCの議員席からの憤りや憎悪の表情に励まされて、ムベキは、アフリカを探険旅行した初期のヨーロッパ人が、出会った黒人について記したことを引用して、自分の主張を組み立てにかかった。「一言で言えば、けだもののような人々。」(オランダ人コルネリウス・ファンプルムデレンド、一六〇九年)「彼らは食べる……、犬がするように……、彼らは住む……、動物のように。」(フランス人ピラール・ドラヴァル、一六一〇年)

「彼らのような生き物が広大な土地をとても気持ちよさそうに享受しているとは、何とも残念なことである。」(イギリス人ラルフ・スタンディッシュ、一六一二年)ムベキは続いて、こうした人種間の歴史的背景を、なぜ解放闘争が義にかなった闘争であり、ゆえに、ANCによる人権侵害を非難するのが、なぜひどいお門違いかを説明するのに利用した。

それに続いて、他の政党の番となった。IFP〔インカータ自由党〕の指導者マンゴスツ・ブテレジ〔注58〕――TRCの報告書は彼について、委員会に出頭するよう召喚し続けなかったのが間違いだったと述べている――は欠席していた。ブテレジに代わってIFPのメンバーが、クワズールー／ナタール州での銃火器の密輸入に、真実和解委員会のコーザ・ムゴジョ委員〔注30〕を連座させ、それを理由に報告書そのものまで無効だと切り捨てた。PAC〔パンアフリカニスト会議〕は、ANCの歴史のみが解放闘争の歴史となった、と不満を訴えた。

真実和解委員会のプロセスの後、アフリカーナーの政治家たちの間での議論が変化した。もはや彼らは、国家予算を貧しい人々のために、農村の繁栄と教育に優先的に使うことに不満を言わなかったし、アパルトヘイトを擁護しなかった。興味深いことに、その日、白人議員の演説者が使ったキーワードは、「不安」「屈辱」「無理解」だった。

〔再生〕国民党のリーダーであるマルティヌス・ファンスカルクヴァイクは、これまでアフリカーナーの政治家がだれもやらなかったやり方で、アフリカーナーをまず定義づけた。「アフリカーナーが戦った最大の戦いは、しかしながら、だれか他者に対する物理的な戦いではなく」と彼は言った。「それは自身との精神的な戦いだった。アパルトヘイトは、アフリカーナーが自分たちに課した心の強制収容所だった。アフリカーナーの自身との最大の戦いは、一九九二年の国民投票だった。その国民投票で、白人の圧倒的多数とアフリカーナーは、新しい体制を選択し、それによって自身に課した精神的な監禁状態から自分自身を解放したことを示した。」

右翼政党のリーダーであるコンスタン・フィリューンは、仮にアフリカーナーが屈辱を受け、彼らがそうだった以上に悪く言われたりしたら、和解は期待できないだろうと繰り返し述べた。「われわれはわれわれの歴史が生み出したものであり、われわれの望みは真正であり、正当だった。われわれ自身の運命を支配したいという執着心もまた同様である。私は同情を乞うつもりはない。そしてまた、過去に対して何も責任がないとは思っていない。われわれすべての南アフリカ人は、何が間違いで、何が正しかったか、誠実にじっくり考えてみなければならない。……われわれアフリカーナーは土着である。われわれはこの地に留まるべきである。われわれは完全ではないが、誠実で正直である。」

議論はほぼ七時間に及び、夜遅くまで達した。最後の演説者の一人が、国民党のジャッコ・マレー〔注12〕だった。TRCの創設に関する法案を起草した司法大臣委員会のメンバーだったマレーは、TRCが片寄っていると絶えず攻撃した。数年にわたる彼の主張は、あまりにもよく知られていたので、夕食後に彼が演説を始めても、ほんの数人しか聞いていなかった。

ところが、演壇に立ったマレーは様子が違っていた。ムベキに話しかけるように彼は言った。「私は原稿を用意しています、副大統領殿。だが、私が今、心中何を感じているか、あなたに話したい。」マレーはいつも好んで使う格式張った言い回しをすべて捨てた――「議事進行上の問題」「議長殿《マダム・スピーカー》」「下院議員《ザ・ホナラブル・メンバー》」など。「まず初めに、私は不適格な資格の持主だ、と申し上げておきたい。なぜなら、私は中年であり、白人であり、アフリカーンス語を話し、男でもある。……あなたは私をぎくりとさせる演説をされました。……それで、私は背筋がぞくっとしました。……それに思いました、……ぞくっとした瞬間、私はこの議場にムガベ〔ジンバブエ独立後の初代首相ロバート・ガブリエル・ムガベ〕の亡霊を目にしました……。」

財務大臣トレヴァー・マニュエルが言った。「下院議員が酒気検査を受けられるよう、支度をしますか?」

マレーは言った。「心がひどくかき乱されているので、私には理解できない、副大統領がなぜ、ヤン・ファンリーベックがコイ人〔当時ケープ地方一帯に住んでいたコイサン語系の人々〕について言ったことや、白人が三〇〇年も前に黒人について語ったことを引用するのか。そんなことは現在と関係がないどころか、不安をかき立てるばかりだ。……なぜ、和解について話しているのに、あなたは黒人に向かって白人を投げつけるのか? 将来について思いを馳せると……、私の子どもたちの将来について考えてみると、仮にもこの国の次期大統領がそのような、私には理解できない見解を述べるのであれば、子どもたちの将来について思いまどってしまう。」

議場がとても騒がしくなった。マレーは揺れているように見えた。福利厚生大臣ジェラルディン・フレイザー・モレケティは、立ち上がって演説者をやめさせるよう議長に頼んだ。彼はスピーチ原稿を手にしているが、二重に見えるのでそれが読めない、とモレケティは言った。「これは冗談ではありません、議長殿。あなたはこの男性を救わなければならない!」

マレーが酒気を帯びているかどうかが問題なのではない。ムベキが人種的な観点からTRCに役を割り当てたことが、マレーの中に抑えられない感情を誘発したのは明らかだった。マレーにとって、ムベキがムガベになった。白人の南アフリカ人にとって、ムガベは白人に対する黒人の憎悪そのもの――悪いことのすべては白人に責任があり、自分はだれに対しても責任を負わなくてよい――だった。南アフリカの過去がテーマになると、決まって国会での議論はとても感情的になり、怒りや敵意や非難に満ち、和解に向けての積極的なコメントはなくなってしまう。

アフリカ民族会議の人種主義

ムベキは、TRCの報告書の諸結論について、ANCが抱いた問題点を詳しく説明した。ANCにとっては、間違ったことは何でも、人種差別主義者の統治に対する義にかなった闘争という文脈の中で起きたことであり、そのように取り扱われるべきだと思っている。ジュネーブ条約とその議定書に基づいて、ANCは、人権侵害の罪を犯したとするTRCの結論を拒絶した。ところが、TRCの権限について記された報告書の第一巻第四章を読んでみると、ANCがジュネーブ条約とその議定書を正しく理解していないのは明らかである。それともANCは、自分たちだけが関知している理由で、まったく含みを持たない、公式化した言い回しをわざとしたのだろうか。

昨今の人権研究の取り組みは、確かに、保護されるグループの範囲を拡大し、殺害の権利を持つ者を減らす方向で論じられている。このことは、すべての判断決定が、無防備な人々が常により有利になることを意味している。それを達成するために、ジュネーブ条約では、三つの区分けがなされている。戦闘員対戦闘員、戦闘員対「被保護者」(捕虜、元軍人、任務期間外の兵士、脱走兵、負傷兵など)、そして戦闘員対文民(戦闘員以外のすべての者)。

戦闘員が別の戦闘員を殺害するのは、重大な人権侵害ではない。戦闘員が文民を殺害するのは、重大な人権侵害である。ゆえに、文民の殺害を正当化するためにジュネーブ条約に訴えるのは、重大な誤りである。ムベキは次のように論じている。「問題の核心の一つは、文民の生命を結果として奪うことになる、あらゆるすべての軍事行動は人権の重大な侵害であるというおおざっぱな括りに入れることで、われわれの解放運動のさまざまな活動を重大な人権侵害として間違った結論を下したことであり、かつそれがそのまま残っていることである。」このことは、そっくりそのままジュネーブ条約が規定している(第四条約四七条、第一追加議定書四八〜五〇条)。それどころか、TRCの最終報告書は、さらに次のように定めている。「傷者、病者、難船者である軍人と文民、捕虜(文民には、埋葬された者や占領地域にいる者……武器を捨てた者や病気、負傷、監禁などにより戦闘外の状態にある者……を含む)は、人道的に取り扱うものとし、殺害、身体の切断、拷問あるいは残虐な取り扱い、侮辱的な取り扱いによる尊厳の侵害、および事前の裁判を伴わない刑の執行は禁止する。」

これらの文言は、いくらかはANC自身によって明確化されてはいるが、当然にもANCを、文民の殺害で、さらには自分たちのキャンプでの拷問や密告者の殺害、ネックレス・リンチで、有罪と判定している。「しかし、市民が日々爆撃を受け続けているコソボで、だれがいったい重大な人権侵害について話していますか?」と、何人かのANCメンバーが反論した。しかし、それはどう考えてもピントがずれている。被保護者や文民について、仮にANCがジュネーブ条約の議定書と意見が異なるのであれば、そう言うべきである。

最終報告書に対するANCの、含みを持たない、あからさまな返答や、ほとんどの政党がTRCを拒絶したという事実は、和解のプロセスにとって厳しい一撃となった。その結果、当然にも議論はなされていない――説明責任についても、将来起こりうる虐待をいかに防止するかについても、過去の出来事がどのくらい現在すでに再発しているかについても、集団の罪についても。そのうえもっと憂慮すべきなのが、補償について、有罪者のプロセス参加、受益者と被搾取者との関係について、議論が何もなされていないことである。

ムベキは、当初、白人の裕福な国民は黒人の貧しい国民に償いをするべきだ、と述べたが、TRCに関する議論の際には、その反対のことを強調して、人々はお金のために解放闘争に加わったわけではないし、補償を期待してもいない、と言った。綿密に読んでみると、ムベキはどうやら、TRCによって犠牲者と認定された人々（しかもすべての犠牲者は同等に扱われ、すべての集団から出たし、すべての集団によって侵害された）が、補償を期待したり、受け取ったりしてほしくないらしい。それよりも彼は、黒人全員が――なぜなら彼らは黒人の貧しい国民の一員だから――白人の裕福な国民から補償あるいは賠償を受け取る方がよい、と思っているようだ。したがって、相違は、困難な状況下でも道義をわきまえた選択をしたり、人権を擁護した人々に報いたり、人権を侵害されたすべての人々に同情したりするその能力の中にあるのではない。過去と現在との相違は、むしろ、ひとえに肌の色にあるようだ。

「こりゃ、茶番だ」

TRCの主要な基盤がなくなるにつれて、恩赦委員会は、絶えず風向きの変わる政治の海に浮かんでいようともがき続けた。委員会はぎこちないやり方で、みずからが下す恩赦の決定が社会におよぼす影響を操作しようとした。恩赦委員会はまっさきに、スティーヴ・ビーコ〔注41〕の殺害者たちには恩赦は与えられない、という声明を発表した。その直後に、二七名の注目すべきANCの活動家（その中にはターボ・ムベキ、ジョー・モディセ、マック・マハラジ、その他が含まれる）にも恩赦は与えられない、という声明が続いた。だが、後者の声明の中で、委員会は、違法行為が行なわれなかったので恩赦を与えることができなかったと述べている。私は恩赦委員会のメンバーに電話をした――このメディア向け声明はおかしい。あなた方は恩赦を与えなかったのではない。公式決定は、申請書によれば、ANCは何も悪いことをしていないので、委員会は恩赦を与えることができなかった、と述べています。「それで、どう違うと？」私は問い返された。「相違は、あたかも恩赦委員会は首尾一貫しているかのようにあなた方が声明を発している点です。委員会は、ANCにも前体制の犯罪者にも、どちらにも恩赦は与えていない、と。」そのとき、アメリカ人交換留学生エイミー・ビール〔ケープタウン近郊の黒人居住区クグレツで、一九九三年八月二五日、黒人の若者四人に殺害された〕を殺害した者には、恩赦が与えられた。

右のニュースから二週間後、恩赦委員会は、他の七九名のANCの活動家に恩赦を与えなかったと発表した。その中には、残りの大臣や州知事、ANCの指導部が含まれていた。その翌日、委員会はクリス・ハニ〔注14〕の殺害者――クリーヴ・デルビー＝ルイスとヤヌス・ワルス――にも恩赦を与えなかった、という声明発表があった。

私は、ANCがどのように自分たちの恩赦申請書の入った箱を申請締切り日に提出したか、憶えている。箱は肩に担がれ、カメラマンと移動テレビカメラに付き添われて、アダレイ通りに沿って運ばれた。それは、情報公開と説明責任の模範として歓迎された。ところが今や、それらの恩赦申請書類には何も書かれていなかったことに私たちは気づいた。つまり、それら申請書は完成していなかった。私たちはさらに、恩赦委員会が実際に与えた恩赦が、後に法廷で破棄されたことも知っている。

「われわれは騙されて、さらにバカを見たわけだ」と、歩兵の一人が公聴会で激しい口調で言った。「こりゃ、茶番だ。政治権力をもつ者や二国共同統治地区に出入りできる者は、自由にやっている。われわれは何の取り柄もないから、ここにすわっている。ビーコをやった奴、ハニをやった奴――そいつらは普通の殺人者じゃない、そいつらは政治的な背景の下で殺害を実行した。だが、権力者にすれば、われわれから政治的な背景を取り去って、われわれをありふれた殺人犯として突き出すのが好都合なのさ。」

「TRCのプロセスは、アフリカ人とアフリカーナーとの取引だった」と、大統領事務所のある職員は、ため息まじりで言った。「ところが、大勢の白人弁護士の自由主義者に乗っ取られて、厚かましくも教訓的で、ひとりよがりな見世物に変えられた。」

その間、一人の国選の訴追人が任命され、恩赦を申請しなかったか、恩赦申請が認められなかったかのいずれかだった者の罪状を調査するために、今度はその人が特別委員会を組織した。その人ブレラニ・ンチュカは、十分な証拠があり、かつ訴えることで国民の和解に役立つのであれば犯罪人を訴える、と約束した。

真実和解委員会とそのプロセスが教えてくれたもの

「真実和解委員会はどれくらい成果をあげたのか?」という質問がたびたびなされる。その答は複雑かつ簡単である。

もし仮に、TRCを恩赦を与える単なる手段と見なすなら、TRCはそれなりに成功を収めた。時に不正があったにしろ、多くの恩赦申請が処理された。一方で、何人かのANCの政治家だけでなく、多くの白人の軍司令官やIFPの軍事指導者たちに、恩赦を与えることなくこの国に残している。これは、国もANCも犠牲者の要求には弱いことを表わしている。非常に多くの開発課題に取り組まなければならない政府には、数知れない要求に答えたり、昔の犯罪者に対して犠牲者が始める、費用のかかる法廷闘争に資金をだしたりする財源など到底ありえない。包括的恩赦は行なわないと、マンデラもムベキも約束している。では、他にどんな方法がある？　ムベキと前司法大臣ダラー・オマールは、個々人は種々の要求から彼らを保護する恩赦が得られるのに、国家は解放運動の責任だけでなく、アパルトヘイト政策の犯罪者の責任まで取らなければならないのは、「真実和解法」のミスだ、と口をそろえて言った。政府は目下、TRCのプロセスを妨げることなく、国家が責任を免れる方法を検討中だそうである。そんなことが可能かどうか、それに組織に対する恩赦は包括的恩赦とは異なるのかどうか、南アフリカ人は判明するまで待たなければならない。

しかし、多くの人々はTRCのプロセスにはほとほとうんざりしているようなので、たとえ包括的恩赦が公表されても、人々はまったく関心を示すことはないだろう。「関心はないね」と、ある警察署長は私に打ち明けた。「われわれがこの問題を処理できるかぎりは。」

仮にもしTRCが、恩赦という政治的な究極目標に対して、犠牲者たちが何がしかのバランスをもたらすために公開の場を作り出す取り組みだと見なされていれば、TRCはすばらしい大成功を収めたし、犠牲者たちの経験も、実際初めて国民の精神の一部となり、この国の認知された歴史の一部となった。しかし、犠牲者の心の傷《トラウマ》を治療したり癒したりする点からすると、TRC自身が最初に、その点ではとりわけ大失敗だったと表明した。

仮にもしTRCが、真実を確立するための組織だと見なされていれば、事実に基づいた真実を確立したり、「何が起こったのか」を判断したりする点でも、かなり満足のいく形で成功を収めた。南アフリカ人に、道義にかなった真実を納得させたり、「だれに責任があるのか？」という問いに答えたりする点では、ほとんど成功しなかった。

仮にもし南アフリカでのTRCのプロセスの目的が、人権侵害の再発防止にあるとするなら、TRCは失敗だった。TRCは将来に向けた勧告についてどんな議論も話し合いもしていないし、この国ではあまりに犯罪が多発するので、犯罪者を罰する手段を懸命に探している有様である。

それにしても、最重要の問題は、TRCのプロセスが和解を達成したかどうかである。達成されたと思っている人はほとんどいない。各種調査によると、人々は以前にもましてばらばらであることが判明している。また、何人かの大学教授の間ではTRCを酷評することが流行ったが、紛争で最初に破壊されるのがアイデンティティであり、アイデンティティを再定義することが和解に向けて不可欠なステップであることを指摘する者はほとんどいない。黒人は〈アフリカン・ルネサンス〉という考えで自分たちを再定義しているし、アフリカーナーはアングロ・ボーア戦争で自分たちを再定義している。この極めて重要な段階を無視する集団は、時に柔軟性を欠いた攻撃的な形で、民族主義かナショナリズムをあらわにするアイデンティティを永久に求めて、おそらく身動きが取れなくなるだろう。

しかし実際のところ、南アフリカで目にすることができないのは、ユダヤ-キリスト教における神秘的プロセスのような和解である。私たちが日々目にしているのは、対立に耐えて生き延びるために取り入れた、もっとも基本的な技能の一つのような和解である。すでに科学者たちは、サル類や類人猿や人類は、いずれも和解行動に没頭していて、それから考えると、和解するということは人間の精神に根源を持つものではなく、したがって特定のイデオロギーや宗教によって充当されるものでもないらしいことを発見している。和解の本質は生き延びることであり、その鍵は交渉である。生き延びるということが人類の遺伝子構造の一部を形作り、私たちの中の何人かが相も変わらずあちこちを歩き回っているのも、交渉によって和解する能力があるからである。

特に「和解」という言葉が、今だに国中で鳴り響いている。和解するということは、その中に多種多様な生き残り戦術を携えている――選ぶこと、逃げ出すこと、記憶を亡くすこと、しきたりに従うこと、寛大に措置すること、話し合うこと、交渉すること、土壇場になっての折衝、さらには国民的な合意を作り出すことなどがその中に含まれている。その目的は、苦痛や現実を避けることではなく、自分とはだれかという終わることのない探究や、相違を有用なものに変えるために求められる交渉に取り組むことにある。和解はたった一度きりのプロセスではない。それは何度も繰り返されるだろう循環《サイクル》である。

この国で普通の生活を営む民衆は、南アフリカのつかの間の新たな現実の中で、お互いに対する新たな接し方を絶えず見つけ出している。多くの点からみて、私たちはとても上手に和解した。一九九九年六月の選挙に参加したすべての政党は、ある時点で、TRCまたはその最終報告書を拒絶している。だが、どのタイプの政治家も、これら民衆によって根本的に政治家としての資格が問われてきた。この国の和解した種々雑多な多様性は、票がほしい各政治家に――中でも特にリーダーシップを引き継いだ政治家に――この国の多くの道を踏破させ、私たちが食べているものを口にさせ、あらゆる子どもたちを抱擁させ、さらにはほぼ全員に、思いがけなく、この国のあらゆる言語をしゃべらせた。

こうしたこと自体、この国では確かに驚くべきことではないだろうか?

一九九九年六月、ケープタウンにて

アンキー・クロッホ

謝辞

この種の本はどこかでスタートしなければならない。かなり前の一九九三年、アンドレ・デュトイト教授といっしょに、『ディー・ソイト・アフリカーン』誌のオフィスで、外国の真実委員会について話し合ったとき、それはスタートした。それから、ピッパ・グリーンが、彼女の政治報道チームの一員になるよう私を誘ったとき、また、その後、彼女がぜひ私に真実和解委員会を担当するSABC〔南アフリカ放送協会〕のラジオチームを率いてもらいたいと言ったときにも、それはスタートした。私は身にあまるお二人の誠実さと友情に感謝します。同じく、SABCの私の上司であるフランツ・クルーガーとバーニー・ムトンボティに感謝します。

その報道を最後までやり通せたのは、ひとえに私のすばらしい同僚たちのおかげです。ケネス・マカティーズ、アンジー・カペリアニス、ドゥミサネ・シャンゲ、ゾラ・シッツ、タペロ・モクシャネ、アンドリース・サテケ、そして確固たる信念の持主であるダレン・テイラーに感謝します。さらに、ロス・コルヴィン（事実関係の照合に当ってくれた）、ジョン・イェルド、ロジャー・フリードマン、ステファン・ローファー（本文の所々でその言葉を使わせてもらった）、それにアドリ・コッツェに感謝します。プラバカラはオートミール製クッキーを私たち皆に食べさせてくれたし、SABCの資料室のフランソワ・デュトイトは、私の探している資料を根気よく見つけ出してくれました。

当時、『メイル&ガーディアン』紙に所属していたアントン・ハーバーに感謝します。彼は、私に英語で何か書くように依頼してきた最初の編集責任者で、私の書いたものを新聞用に編集するようショーン・デワールに頼んでくれました。

いつも協力的で、取材しやすくしてくれた真実和解委員会の職員、中でもジョン・アレンには心から感謝します。緊急に事実関係を把握するために、多くの政府連絡員を彼のもとに派遣したいとよく思ったものです。同じく、アラン・コラムとメルヴェデ・ファンデルメルヴェに感謝します。二人は私を心身の消耗から救ってくれました。

わが子アンドリース、スーザン、フィリップ、そしてヴィレムに感謝します。彼らは私を底知れぬ根気強さでウィンドウズの操作のためにすわらせ、「きのうの夜書いたあの記事はどこ？」と私が騒ぎ立てても、決してあきらめなかったし、私の所在については電話で平然と嘘を言い、無数の伝言を取次いでくれ、夕食を自分たちで作りました。特に、翻訳に多くの時間を割いてくれたアンドリースにはとても感謝しています。

「いいえ、真実和解委員会に関する本など書きたくありません」と私が答えても、決してそうですかと言おうとしなかった出版社に、何と感謝してよいものやら。「いいえ、書けないんです」さらには「書く勇気がないんです」と言っても、私を見捨てないばかりか、私がようやく「書かなければならない、さもないと、私は頭が変になりそう」と言うようになったとき、まだ待っていてくれた出版社に。ランダムハウスのスティーブン・ジョンソンは、私に聖書ほどの厚さの最初の契約書にサインさせて、先見の明がある人らしく本のことで事細かく注文を言っただけでなく、私が鬱状態や自己不信に陥っている期間もずっと、勧んで心からの提言を送ってくれました。

イヴァン・ウラディスラヴィクがいなければ、この本は今あるものの半分だったかもしれない。彼の細心の注意と献身が、詩的なスタイルの発見や、本文や種々の証言の校訂を助けてくれ、控え目な激励が彼をこの本に欠かせない人にしました。

とはいえ、この本を陰で支えてくれたのは私の夫ジョンである。私が本を書かなければならない、犠牲や結果責任があるにしても、とだけ彼に告げたとき、彼は大きく息を呑み、腕まくりをしました。そして、書いている間、愛情と善意、さらには怒りの表情で、万事を切り盛りしてくれました。彼は私の最愛の人です。


私はこの本の中で、事実関係に関して多くの虚言を交えている。多くの人々やテキストを私的に流用している――特に私の母や農場での私の家族のことを。私はだれもが了解してくれるだろうことを願っている。

ケープタウンにて、一九九八年二月

アンキー

人物および頻出事項についての注

〔注1〕Nelson Rolihlahla Mandela　一九九四〜九九年まで南アフリカ共和国大統領。アフリカ民族会議（ANC）青年同盟やANCの、さらには「一九五二年抵抗運動」の指導者の一人として活動する。一九六一年にANCの軍事部門「民族の槍」の最高指導者となる。一九六二年、アルジェリアに軍事訓練のために出かけた際、不法出国のかどで投獄される。投獄中にサボタージュと陰謀をはかったとして、ロベン島での終身刑が下された。一九九〇年に釈放され、一九九一年七月にANCの議長に選出された。

〔注2〕Mary Burton　一九六五年からブラック・サッシュの活動家で、一九八六年にその議長に選ばれた。真実和解委員会のメンバー。

〔注3〕Eugene Terre'Blanche　一九七三年に彼が結成した、極右民族主義のアフリカーナー抵抗運動（AWB）のリーダー。一九九〇年代に独自の行動主義を活発化させ、一九九三年にケンプトンパークに建つ世界貿易センター突入事件でその頂点に達した。折しもそこでは、新憲法のための国民的な協議が開かれていた。以来、彼への支持は目立って減少した。その後もAWBを率いてアフリカーナー国家樹立を目指す活動を継続する。二〇一〇年に死去。

〔注4〕Johnny de Lange　議会内に設置された司法大臣委員会の議長。一九八〇年代に全国民主主義法律家協会で活動した弁護士で、一九八八年には統一民主戦線のウェスタンケープ州の会計係を務めた。一九九〇年代初め、新生南アフリカ共和国のための憲法会議では、アフリカ民族会議の協議チームに加わり、一九九四年の選挙で下院議員に選ばれた。現在、ジェイコブ・ズマ政権下で閣僚を務めている。

〔注5〕Hendrik Frensch Verwoerd　一九五八年から六六年に議場でギリシャ人ディミトリ・ツァフェンダスに暗殺されるまで南アフリカの首相を務めた。「アパルトヘイトの設計者」として知られている。

〔注6〕Dene Smuts　雑誌『フェアレディ』の前編集者。一九八九年に民主党の下院議員となる。

〔注7〕F. W. de Klerk　白人支配時代の最後の大統領。一九七二年に下院議員となり、一九八九年にP・W・ボタから国民党の指導者の地位を引き継ぐまで、さまざまな大臣を歴任。一九八九年暮に大統領となり、アフリカ民族会議やその他の政党の禁止を解き、ネルソン・マンデラを獄中から解放することになる一九九〇年二月二日の劇的な発表で知られている。一九九七年に政界から引退。

〔注8〕Johan van der Merwe　元公安部門の長官であり、一九九〇年から引退する九五年初めまで南アフリカの警察庁長

官を務める。
〔注9〕Constand Viljoen　一九五二年に南アフリカ国防軍に入隊、一九八〇～八五年まで司令官を務めた。一九九三年に政治活動家となり、一九九四年に自由戦線のリーダーとなった。その後下院議員を務め、二〇〇一年に政界引退。
〔注10〕bush war　一九七〇年代後期から八〇年代を通じて、南アフリカはナミビア独立のために闘う「南西アフリカ人民機構」（ＳＷＡＰＯ）の武装勢力と絶えず戦争状態にあった。クフォット（Koevoet）はＳＷＡＰＯを暴力的に抑圧した一つの私服警察部隊の名前であり、南アフリカ国防軍の極秘命令で動く殺人機械という悪評をえていた。
〔注11〕Dullah Omar　一九六〇年以降、政治犯、特にロベン島に収容されている政治犯のために活動した人権派弁護士。一九八七～八九年までウェスタンケープ州の統一民主戦線の議長を務めた。一九九四～九七年まで司法大臣、ムベキ政権下では運輸大臣を務め、二〇〇四年に死去。
〔注12〕Jacko Maree　クワズールー／ナタール州選出の国民党の下院議員。一貫して真実和解委員会の多くの面に反対を表明し続けた。
〔注13〕Koos van der Merwe　国民党、保守党、さらに無所属として一九七七～九二年まで下院議員。一九九四年普通選挙後の国会では、インカータ自由党の下院議員の代表を務めた。
〔注14〕Chris Hani　一九八二～八七年まで、アフリカ民族会議内の軍事部門「民族の槍」の政治人民委員で副指揮官を務めた。一九九二年に、他のポストをすべて辞して、南アフリカ共産党の書記長に就任。一九九三年四月一〇日、保守党幹部に依頼された暗殺者によって、自宅前で射殺された。
〔注15〕Moshoeshoe　一八二三～七〇年まで、バソトの創設者であり、初代の大首長。結局は独立国家レソトとなる地域を白人の侵略から守りぬいた。
〔注16〕Dingane　シャーカ王の後継のズールー人の王で、一八二九～四〇年まで統治した。一八三八年、ボーア人（アフリカーナーに同じ）に土地を譲渡する盟約に署名後、ボーア人指導者ピット・レティフとその一行を部下の手で殺害した。
〔注17〕Sekonyela　一八五三年一〇月、モシェシェに敗れたトロクワ人の首長。
〔注18〕Piet Retief　イギリス人支配を逃れるために、一八三〇年代、南アフリカ内陸部への移住を最初に試みたボーア人のリーダー。ズールー人の王ディンガネの誘いに乗ったため、一八三八年、部下とともに殺害された。
〔注19〕third force　南アフリカ人の中にある憎しみや不信を煽ることで交渉の決裂を確かなものしようと画策する公安部門のメンバーや右翼過激派によって一九八〇年代に行なわれた隠密裏の活動。彼らは、無実の人々への暴力的な攻撃や、アフリカ民族会議の活動家の拉致や暗殺など、さまざまな暴力的な手段を用いた。
〔注20〕Desmond Tutu　一九八六～九六年までケープタウンの聖公会の大主教。南アフリカ教会協議会の書記長を務め、特に一九七八年以降、南アフリカ内外で反アパルトヘイト運動の主要人物となった。一九八四年にノーベル平和賞を受賞。真実和

解委員会の委員長を務める。
〔注21〕Pieter Willem Botha　一九四八～八九年まで国民党の下院議員。一九六六～八〇年まで国防大臣、一九七八～八四年まで首相、一九八四～八九年まで大統領を務めた。一九八九年、F・W・デクラークの画策によって政権の座から下ろされた。二〇〇六年に死去。
〔注22〕H. W. van der Merwe　一九六八年に設立された「集団間研究センター（現在は紛争解決センター）」の創設者兼所長。南アフリカでの紛争の解決に向けた探究と実践に携わるようになった最初の一人。二〇〇一年に死去。
〔注23〕Glenda Wildschut　精神医学の看護婦。南アフリカ公共医療・福祉事業局のトラウマ患者団体の国家的責任者で、「暴力・拷問の犠牲者のための精神治療センター」の議長。真実和解委員会では補償・復帰委員会のメンバーを務めた。
〔注24〕Hlengiwe Mkhize　真実和解委員会の補償・復帰委員会のメンバー。臨床精神分析医で、健康衛生省の精神衛生と薬物乱用の部局の元局長。
〔注25〕Chris de Jager　主席検事で、保守党や無所属の元下院議員。真実和解委員会のメンバー。
〔注26〕Alex Boraine　真実和解委員会の副委員長。メソジスト教会の元牧師で、一九七四年に野党の進歩自由党を代表して下院議員に選ばれ、一九八六年まで務めた。議員辞職後、ファンザイルスラバートとともに「南アフリカ民主主義選択協会」を結成した。現在、自身が設立したNGO「移行期の正義国際センター」理事を務める。
〔注27〕Eugene de Kock　目下、六人の殺害を含む八九の訴因で、二つの終身刑と二一二年の刑に服している。多くの暗殺活動が計画され実行されたプレトリア近郊のフラクプラースを基地としたC10部隊の元司令官。それ以前はナミビアで、南西アフリカ人民機構のゲリラに対抗する悪名高い警察部隊クフォットで働いていた。
〔注28〕Voortrekker　一八三〇年代に南アフリカの内陸部へ移動しようとした最初のボーア人たち。また、ボーイスカウトによく似たアフリカーナー青年運動の名前でもある。首都プレトリアの郊外に、その事績を称える巨大な記念碑がある。
〔注29〕Michael Lapsley　聖公会の聖職者で、アフリカ民族会議のメンバー。一九九〇年の小包爆弾事件で、両手と片目を失った。現在、テロ被害者の救済など、国際的な平和運動に携わる。
〔注30〕Khoza Mgojo　一九八二～八三年と八七～八八年の二期、南アフリカのメソジスト教会の首席主教を務めた教会内の政治活動家。真実和解委員会のメンバー。
〔注31〕Denzil Potgieter　南アフリカとナミビアの両国で、多くの政治被告人の訴訟裁判を担当した弁護士。一九八五年にケープ州裁判所の検事になり、一九九六年に主席参事官に任命された。「全国民主主義法律家協会」の元副議長。真実和解委員会ではメディア情報担当の委員会の委員長を務めた。
〔注32〕Wynand Malan　一九七七～八七年まで国民党の下院議員。一九八七年に「国民民主運動」のリーダーになったとき、少なくとも二回、国外に亡命中のアフリカ民族会議と会合を

持った。一九八九年に民主党の副党首を一時期務め、辞職後、ビジネス活動に従事した。真実和解委員会のメンバー。

〔注33〕Wendy Orr　一九八五年、自分の受け持っているポートエリザベスの監獄での、警察による、多数の勾留者に対する虐待や拷問の停止を最高裁判所に緊急アピールした地区担当の外科医。真実和解委員会のメンバーに任命されるまで、ケープタウン大学で学生部の副部長を務めた。

〔注34〕Richard Lyster　ダーバンで「弁護士人材センター」の理事を務めた人権派弁護士。真実和解委員会のメンバー。

〔注35〕Fazel Randera　ジョハネスバーグの開業医で、「人権侵害委員会」の副委員長を務めた。真実和解委員会のメンバー。

〔注36〕Yasmin Sooka　弁護士で「国際宗教平和会議」の議長。真実和解委員会のメンバー。

〔注37〕Dumisa Ntsebeza　人権派弁護士。一九七六年に共産主義の目的を助長した罪で起訴され、四年の実刑を下された。さらに、種々の国外追放令に処された。「黒人弁護士協会」で活躍。現在はケープタウンで弁護士活動をしている。真実和解委員会のメンバー。

〔注38〕Bongani Finca　「イースタンケープ州教会会議」の前議長。真実和解委員会のメンバー。

〔注39〕Mapule Ramashala　臨床心理学の修士学位を持つ。真実和解委員会では調査・情報管理委員会の委員長と補償・復帰委員会のメンバーを務める。その後、ダーバン・ウェストヴィル大学（現クワズールー・ナタール大学ウェストヴィル校）の副学長などを歴任。

〔注40〕Sisi Khampepe　弁護士で「黒人弁護士協会」のメンバー。真実和解委員会のメンバー。

〔注41〕Steve Bantu Biko　一九六〇年代後半から一九七〇年代の「黒人意識運動」と「南アフリカ学生機構」のリーダー。一九七七年九月一二日、プレトリアの警察に拘置中に死亡。

〔注42〕Griffiths Mxenge　人権派弁護士で、ロベン島に二年間投獄されたことのある、アフリカ民族会議の非合法活動家。一九八一年一一月一九日、フラクプラースの秘密工作員だったディルク・クッツェーによって暗殺された。妻がヴィクトリア。

〔注43〕Dirk Coetzee　人権派弁護士グリフィス・ムゼンゲの殺害にかかわる。一九八九年、アフリカ民族会議のロンドン本部と密会するために、南アフリカを出国。そこで警察の暗殺活動に加わっていたことを自白し、以後、アフリカ民族会議の運動に加わった。

〔注44〕Kader Asmal　亡命中、イギリスとアイルランドの反アパルトヘイト運動の創設者となり、長年、アイルランドのトリニティ・カレッジで法学の教授を務めた。一九六五年にアフリカ民族会議に加わる。一九九四年より下院議員を務め、水道事業大臣、教育大臣を歴任。

〔注45〕Cradock Four　統一民主戦線の地方組織者だったマシュー・ゴニウェ。クラドック住民連合の議長だったスパロー・ムコント。統一民主戦線のイースタンケープ州の執行部役員だったフォート・ツァラタ。統一民主戦線の活動家だったシチェロ・ムシャウリの四人のこと。一九八五年六月二七日、彼らはポートエリザベスからクラドックに向かっている間に失踪

し、遺体は後に、ポートエリザベスの近くに広がる砂丘で発見された。

〔注46〕Winnie Madikizela-Mandela　ネルソン・マンデラ大統領の先妻で、アフリカ民族会議女性同盟の議長や政府の役職を歴任。現在は下院議員で、ANC執行部のメンバー。オレンジ自由州のブランドフォートに追放された後、一九六二～七五年まで継続的に監禁された。アパルトヘイト国家に対する抵抗のシンボルの一人であり、後には「マンデラ・フットボールクラブ連合」に所属する彼女のボディガードたちがソウェトの彼女の近隣住民を残酷に扱ったことや、一九八九年に殺害された一四歳のストンピー・セイペイの誘拐に彼女がかかわったとされるなど、何かと物議をかもす人物となった。二〇〇三年には詐欺事件で有罪を宣告され、下院の議席を一時失った。

〔注47〕Pebco Three　「ポートエリザベス黒人市民協会」（PEBCO）の議長だったクァクァウリ・ゴドロジ。同書記長だったシフォ・ハシー。同組織部長だったチャンピオン・ガレラの三人のこと。彼らはだれかに会うためにポートエリザベス空港に行った後、一九八五年五月八日の夜、失踪した。遺体は未発見。

〔注48〕necklace / necklacing　一九八〇年代半ばに現われた、黒人が黒人に対して加える暴力の一形態。ネックレスとはガソリンをつめた自動車タイヤのことで、これを政治的対立者、とりわけアパルトヘイトの協力者や密告者と見なされる者の頭や肩にむりやりかぶせ、両腕をしばって火をつけた。

〔注49〕Ronnie Kasrils　一九六一年にアフリカ民族会議の軍事部門「民族の槍」に参加し、後に軍事諜報機関の長としての働きも含めて、さまざまな立場でアフリカ民族会議のために国外で働いた。一九七九年以来、南アフリカ共産党の中央委員会メンバー。マンデラ、ムベキ政権下で国防副大臣、水道事業大臣、情報大臣を歴任。

〔注50〕Thabo Mbeki　南アフリカ共和国の前大統領（二〇〇九年に辞任）。一九九九年六月の第二回普通選挙の後、ネルソン・マンデラの政界引退に伴って大統領に就任。一九六二年に国を離れ、サセックス大学で経済学の修士学位を修得した。最初は学生サークルで、後にANCのロンドン事務所で活動し、一九七〇年にザンビアの首都ルサカに移った。そこにはANCの本部があり、情宣部長などANCの種々のポストに就いた。八九年、ANCの国際事業部のリーダーを引き継いだ。九三年にはANCの国民議長、九七年にはマンデラの後任でANCの議長に選ばれた。

〔注51〕Jonas Savimbi　「アンゴラ完全独立国民連合」（UNITA）の創立者兼指導者。

〔注52〕Almond Nofomela　ディルク・クッツェー指揮下のフラクプラースの元公安警察官。彼はプレトリア中央刑務所の死刑囚の獄舎からの宣誓供述書で、警察暗殺団での彼の役割はグリフィス・ムゼンゲ殺害だったと認めている。このような集団の存在を公然と明らかにしたフラクプラースの最初のメンバー。

〔注53〕Joe Mamasela　フラクプラースの一員で、暗殺集団と共働して多くの殺害に加わった。

〔注54〕Harms Commission　警察の「暗殺部隊」が反アパルト

ヘイトの指導者たちを暗殺したというディルク・クッツェーやその他の証言が、全国規模で調査要求の声をあげさせた。一九八九年、最高裁判事ルイス・ハームズが調査委員会の議長に任命された。だが、暗殺部隊やサード・フォースの活動の証拠は見つけられなかった。

〔注55〕William Harrington　ピーターマリッツバーグ地区の不安定化していく地域社会に巻き込まれ、アフリカ民族会議のメンバーを殺害した平巡査で、恩赦は与えられなかった。

〔注56〕Jeffrey Benzien　殺人・強盗課から公安警察へ昇進した警察分署長で、拷問と尋問のテクニックで悪名が高い。彼は恩赦申請の期間中、自分が用いた拷問と尋問のテクニックを詳しく話し、「濡れ袋」の方法がどのように用いられたかを恩赦委員会で実演した。

〔注57〕Vlakplaas Five　ジャック・クロンエ准将、ジャック・ヘフター署長、ヴォウター・メンツ署長、ロルフ・フェンター大佐、ポール・ファンヒューレン准尉の五人。彼らはフラクプラースに所属し、四〇人以上の殺害を含む、自分たち暗殺集団の活動に対して、恩赦を申請した。

〔注58〕Mangosuthu Gatsha Buthelezi　一九九四年以降、国民統合政府内の内務大臣。一九七六〜九四年まで、クワズールー黒人居住区の首相を務めた。一九七五年に主としてズールー人を基盤とした保守的なインカータ運動(現在のインカータ自由党)を創設し、現在もそのリーダーである。

〔注59〕Helen Suzman　一九五二〜八九年までホートン選挙区選出の野党下院議員。活動期間のうち三〇年間は進歩連邦党の代表として、うち一三年間は党の唯一の下院議員だった。二〇〇九年に死去。

〔注60〕Frederik Van Zyl Slabbert　元社会学教授。一九七七〜八六年まで野党の進歩連邦党のリーダーだったが、八六年に「南アフリカ民主主義選択協会」結成のために議員を辞職した。現在はビジネスと研究活動に従事している。

〔注61〕Pik Botha　一九五三〜七〇年まではえぬきの外交官、一九七七〜九四年までは国民党の外務大臣を務め、以後、政界を引退。

〔注62〕Guguletu Seven　アフリカ民族会議の軍事部門「民族の槍」のメンバーだと疑われた七人の若者。彼らは、一九八六年にケープタウンの黒人居住区ググレッで、フラクプラースに関係しているアパルトヘイト防衛工作員たちによって殺害された。

〔注63〕Joe Modise　一九九四年から一九九九年まで国防大臣。一九六五年から九〇年代に組織が解散するまでアフリカ民族会議の軍事部門「民族の槍」の司令官を努めた。二〇〇一年に死去。

〔注64〕Mac Maharaj　一九七七〜八七年までルサカでアフリカ民族会議の幹部役員を務めた。八七年に南アフリカでの非合法活動に戻ったが、九〇年に、アフリカ民族会議の秘密作戦である「ヴラ作戦」に加わったとしてテロの容疑で逮捕されたが、九一年、告訴は取り下げられた。一九九四年から一九九九年まで運輸大臣を務めた。

〔注65〕Glen Goosen　真実和解委員会の調査班の班長。マザー

ウェルの自動車爆弾事件の調査で重要な役割を果した。その事件で公安警察は、暗殺集団に関する情報を漏らしたかもしれないと思った仲間の一人を殺害した。

〔注66〕Bram Fischer　一九六三年、リボニア裁判でネルソン・マンデラらを弁護したアフリカーナーの弁護士でコミュニスト。自身、コミュニズム鎮圧法で起訴され、一九六六年に終身刑を宣告された。一九七五年死去。

〔注67〕Albertina Sisulu　一九四八年からANCの活動家となり、一九八三年からは統一民主戦線の旧トランスヴァール州代表。一九八五年に反逆罪で起訴されたが、後に起訴は取り下げられた。著名なANCの指導者ワルター・シスルの妻であり、アブベーカー・アスファット医師の看護婦として働いたが、アスファット医師はストンピー・セイペイの遺体が見つかった直後の一九八九年に殺害された。

〔注68〕Koos De la Rey　一八九九～一九〇二年のアングロ・ボーア戦争時の将軍。ドイツ領南西アフリカへ侵略する一九一四年の軍事行動に反対した。犯罪集団の逃亡を阻止するよう命令されていた兵士たちに銃撃され、殺害されたが、彼の死によってイギリス連合王国政府に対するボーア人の反抗はエスカレートした。

〔注69〕Joe Slovo　南アフリカ共産党の一九四〇年代からの活動家で弁護士。一九六〇年にアフリカ民族会議の軍事部門「民族の槍」に参加。一九六三年に国外追放となる。海外でもアフリカ民族会議と南アフリカ共産党のためにいろいろな立場で尽くし、一九八六～九一年まで南アフリカ共産党の書記長を務めた。ために、長らく南アフリカ政府から「社会の敵のナンバーワン」とみなされた。一九九四年の普通選挙後は、下院の議長に任命されたが、翌九五年に骨髄癌で死去。

〔注70〕Mandela United Football Club　ウィニー・マディキゼラ＝マンデラは、若者――そのほとんどが政府から「失われた青春《ロースト・ユース》」とみなされたホームレスの少年たち――を自宅にかくまった。世界中から基金を募るために、その若者グループはコーチと運動着を備えたサッカークラブということにされたが、彼らはボディガードとしてマディキゼラ＝マンデラと彼女の家族に仕えただけでなく、やがてその地域に恐怖と破壊をまき散らす自警団的なギャングとなった。

〔注71〕Oliver Tambo　弁護士で、一九四四年のANC青年同盟の創設メンバー。一九五九年から副議長を務め、ANCの海外代表部を設立するために一九六〇年に南アフリカを離れた。その後、一九九〇年一二月に南アフリカに戻るまで海外代表部を指導した。一九九三年死去。

〔注72〕Murphy Morobe　一九七六年、学生の政治運動で重要な役割を果したが、共謀罪の有罪判決を受けて一九七九～八二年までロベン島に投獄された。一九八〇年代には統一民主戦線の幹部となり、たびたび勾留された。民主化以後は政府の役職を歴任し、現在はターボ・ムベキと行動をともにしている。

〔注73〕Azhar Cachalia　弁護士で、一九八三～九一年まで統一民主戦線で幹部役員を務めた。一九八〇年代、戒厳令下で勾留され、活動を制限された。民主化以後、安全・保安局の長官などを務めた。

【解説】加害集団の救済の条件——ＴＲＣの実践が問いかけるもの

峯　陽一

はじめに

南アフリカの真実和解委員会（ＴＲＣ）については、すでに日本語でも優れた研究書や訳書が出版されている。今回、そこにアンキー・クロッホの著作が加わることを心から喜びたいと思う。

本書『カントリー・オブ・マイ・スカル』は、すでに世界的に「ＴＲＣ論の古典」の地位を獲得しており、その評価は今後も揺るがないだろう。詩人でありＳＡＢＣ（南アフリカ放送協会）記者でもあったクロッホは、批判的・内省的ジャーナリストとしてＴＲＣプロセスに参加し、その誕生から幕引きまでを南アフリカ人の当事者として克明に記録していった。その精華である本書は、ＴＲＣ「に関する」書物というよりも、ＴＲＣ「から生まれた」書物として、いつまでも読み継がれていくに違いない。

南アフリカの白人たちと黒人たちはＴＲＣをどう捉えたのか。そこで明らかになったのは、どのような真実だったのか。ＴＲＣはどのような意味で、新しい「南アフリカ国民」が生まれるための通過儀礼となったのか。本書は、こうした問いに正面から答えようとする。この解説では、世界がＴＲＣに注目する理由、本書がＴＲＣ論として特に重要である理由、さらに、本書を読み進めていくにあたり踏まえておくべき文脈などについて、少しばかり私見を述べることにしよう。

1　世界が注目する南アフリカのＴＲＣ

南アフリカのＴＲＣが世界的に大きな注目を集めたのには、いくつか理由がある。第一の理由として、規模の大きさと記録の徹底を挙げることができよう。一九九四年四月、南アフリカでは一人一票の全人種参加の総選挙が実施され、ネルソン・マンデラが初の黒人大統領に就任した。ＴＲＣは九五年の国民統合和解促進法によって設置され、九六年四月から活動を本格化させたが、本書でも詳しく記録されている通り、その活動の中心となった公聴会は南アフリカ全土で実施され、マスメディアを通じて全土に実況中継された。活動予算は潤沢とまではいかなかったが、それでも資金不足で活動が立ち往生するようなことはなかった。被害者の語りは克明に記録され、九八年には五巻の報告書としてまとめられた。報告書は世界中の図書館に入っているし、ＴＲＣのインターネット・ホームページ（http://www.justice.gov.za/trc/）から自由にダウンロードできるけれど、簡単に通読できる分量ではないので、重要な証言を凝縮したこのクロッホの本は、一般の読者に大いに役に立つはずである。南アフリカのTRCは報道されたものも含めて膨大な資料が残されているから、外部の研究者やジャーナリストは素材に困ることがない。

第二に、南アフリカの過去の人権侵害の構図が「人種主義」に基づくものだったことがある。アパルトヘイト（人種隔離）は文化的にわりあい均質な国民の内部の支配・被支配関係ではなく、ヨーロッパ系人がアフリカ人を二等市民として扱うというシステムであった。したがってアパルトヘイトは、植民地支配を受けたアフリカ人にも、植民地支配を行なったヨーロッパ人にも、さらに国内に奴隷制の遺産を抱えたままのアメリカ人にも、他人事ではなかった。アパルトヘイト犯罪を清算するはずのTRCに、いくつもの大陸の人びとが注目したのは当然だろう。

第三に、本格的な免責が導入されたことがある。南アフリカのTRCは人権侵害の真実をかなり克明に記録することができた。なぜか。加害者は自らの罪を詳しく述べ立てることと引き替えに、責任を問われないことになったからである。嘘をつけば刑事訴追の対象となるから、特定の警官は、誰の命令によって、誰をどのように拉致し、どのように拷問し、どのように殺害し、どのように遺体を処分したか、正直にすべて語ることになる。そして、制度の趣旨として、被害者は真実および若干の補償金と引き替えに加害者を許すことが期待される（最終的には、七一一二件の申請に対して、免責が認められたのは八四九件だった）。

本書の「主人公」の一人は、TRC委員長を務めた聖公会のデズモンド・ツツ大主教である。ツツは黒人が寛容な民であると説き、そうであるからこそ、アパルトヘイトの下手人たちに、そして同志殺しに手を染めた活動家たちに謝罪を促す。まず加害者の謝罪がなくてはならず、それを前提として被害者の許しが成立するからである。だが、これほどまでに理不尽な人間性と身体の破壊、屈辱を受けた被害者たちが、どうして加害者を許すことに同意するのか。マンデラによる人種の和解の訴えと並んで、TRCの理念が発する高邁な倫理性は、国境を越えて人びとの心に響くものがあった。

現代の戦争や恐怖政治は、人びとに対する国家の犯罪行為である。アジアでもアフリカでもラテンアメリカでも、過去の戦争犯罪や独裁の傷跡にどう向き合うべきか、人びとはそれぞれの社会でそれぞれの手法を編み出そうと暗中模索している。その切実さがあるからこそ、人びとの目が南アフリカのTRCの実験に向かうのだろう。

だが、そこから何らかの一般的な教訓を引き出そうとするなら、私たちは、議論の前提としてTRCの「南アフリカらしさ」をくぐり抜ける必要がある。本書を手がかりにする以上、著者アンキー・クロッホの固有の立場を考えるところから議論を始めることにしたい。

2　加害集団への帰属

アンキー・クロッホは、アフリカーナー（Afrikaners）と呼ばれる南アフリカの白人集団に属している。英語を話す者は彼女の名前を「クロッグ」と発音するが、オランダの画家ゴッホ（より正確にはホッホ）と同じように「クロッホ」と呼ぶのが正しい。南アフリカの白人は一枚岩だと考えると本書の道筋がまったく理解できなくなるので、ここで、クロッホが所属するアイデンティティ集団であるアフリカーナーについて少し説明しておくことにしよう。

一六五二年、オランダ東インド会社が現在のケープタウンに植民都市を建設し、それから白人の入植地が徐々に広がっていった。このときの移民の子孫たちが、現在のアフリカーナーである（もともとオランダ語で「アフリカ人」の意）。広くはオランダ系白人と言ってもよいのだろうが、ドイツ系やフランス系（プロテスタントの「ユグノー」）の移民も多かった。白いアフリカーナーたちは、やがて、オランダ語と奴隷たちの言葉の混交によって成立したアフリカーンス語（Afrikaans）を話すようになった。

ところが、一九世紀初頭、ケープ地方はイギリス植民地となり、新たな白人入植者としてイギリス人がやってきた。イギリス帝国の奴隷解放に反発したアフリカーナーたちは、一八三〇年代、南アフリカの内陸部へと牛車で大移動を開始したが、一九世紀後半になると、アフリカーナーが支配する領土で金の大鉱脈が発見されたため、イギリス帝国の介入が強まる。かくして、二〇世紀初頭にアングロ・ボーア戦争が勃発した。アフリカーナーのゲリラ戦術に対してイギリス軍は焦土戦術で応え、双方に数万人の死者が出た。アフリカーナーの犠牲者の多くは、強制収容所に入れられた女性と子どもだった。

戦争はイギリスが勝利したが、アフリカーナーの間には、イギリス帝国に対する強烈な敵愾心が残った。本書のなかに「英語を話す人」という表現が何度が出てくるが、これは字義通りの意味ではなく（南アフリカ人は誰でも英語を話す）、イギリス植民地時代の白人移民の子孫という意味である（English-speaking Whitesといえば、南アフリカではエスニック・グループである）。現在の南アフリカの白人のおよそ三分の二がアフリカーナー、三分の一が（少数のユダヤ系などを含む）イギリス系白人で構成される。なお、アフリカーナーたちは自分たちをブール（Boer 農民）と呼んでいたが、英語風にボーアと呼ぶとアフリカーナーに対する蔑称になる。アフリカーナーとイギリス系白人は同じ白人であり、見かけではほとんど区別できないが、総力戦を戦った二つの集団には現在でも心理的な距離があり、インテリを除けば両者の結婚もあまり見られない。

イギリスに対する反発をバネに、アフリカーナーが育てた民族主義政党が国民党であった。一九四八年の総選挙で政権を握った国民党は、アフリカーナーの経済的地位をイギリス系並みに引き上げるための格差是正措置を推し進めると同時

ここまで説明すると、本書の冒頭の章の性格がよくわかるだろう。そこに描かれているのは、アパルトヘイトを体現するアフリカーナー右翼の俗悪さであり、国民党支配を支えたアフリカーナー官僚の存在感であり、TRCにかかわろうとするアフリカーナー左翼の積極的だが自信なさげな姿勢である。イギリス帝国の女王陛下には皮肉に満ちた眼差しが向けられ、さらに、黒人の「盗み」から愛する家族を守ろうとするアフリカーナー農民（クロッホの家族たち）の心性が描かれる。本書がアパルトヘイトの犠牲者の痛みの叙述から始まるのではなく、様々な立場のアフリカーナーたちの描写から始まるのは、本書の性格を示すものとして象徴的である。

クロッホは自らがアフリカーナーであることをけっして隠そうとしない。むしろ彼女は、アフリカーナーの罪責、恥辱、戸惑いをくぐり抜けることで、新しい南アフリカ人の一部として自らのアイデンティティを再定義しようとしていく。本書は、ジャーナリストとしてのクロッホがTRCプロセスを客観的に伝えるドキュメンタリーであるだけでなく、このプロセスがアフリカーナー女性詩人としての彼女自身にもたらした内面の変化を綴った私小説的作品でもある。これほど自らの立ち位置を鮮明にしたTRC論は、他には書かれたことがない。

3　身体と心の痛みから

それにしても、わが兄弟たちは、いったい何をしでかしたのか。アパルトヘイト体制を築き上げていった。D・F・マラン、J・G・ストレイダム、H・F・フェルヴールト、B・J・フォルスター、P・W・ボータ、F・W・デクラークと、アパルトヘイト時代の南アフリカの歴代首相・大統領はすべてアフリカーナーであった。黒人たちを弾圧する警察機構の担い手はアフリカーナーであった。黒人労働者を殴打する工場の職長も、農場主も、多くはアフリカーナーであった。したがって、白人支配に対する黒人の怒りはアフリカーナーに向かった。一九七六年の有名な「ソウェト蜂起」は、奴隷化の言葉であるアフリカーンス語の強制に対する黒人の子どもたちの怒りが爆発した事件である。自らが「白い人種」であることを常に前面に出し、秩序と制服を好み、混交を嫌い、自らが奴隷と見なした者に人間性を認めず、威張り散らし、暴力を行使し、しかもそれを組織化していく。民族的な責任を考えるならば、アフリカーナーは明らかに加害集団である。

汚れ仕事を彼らアフリカーナーに押しつけつつ、白人としての特権は手放さず、「私はアパルトヘイトにはずっと反対だったんですよ」と語るイギリス系白人の態度は、きわめて偽善的である。だからこそ、黒人意識運動の主唱者スティーヴ・ビコの批判の矛先は、アフリカーナーではなく、リベラルなイギリス系白人に向けられていたのだった（『俺は書きたいことを書く』現代企画室刊）。とはいえ、そのことによって、アパルトヘイトの設計者であり実践者だったアフリカーナーの責任が軽くなるわけではない。

のか。アパルトヘイト体制とは、人口の一割を占めるにすぎない白人が、国土の九割近くを独占的に支配する体制であった。多数派の黒人たちには通常の市民権が与えられず、白人が支配する国土の大部分の土地では、参政権も、移動の自由も、土地所有権も、職業選択の自由も与えられなかった。教育機会は劣悪で、都市では人口過密の指定居住地で暮らすことを強制された。学校も郵便局も、レストランも公衆トイレも、公園も映画館も、バスも列車も、人種ごと徹底的に分離された。

こうした政策を南アフリカの白人たちはよく知っていたし、「分離発展」といった用語で正当化もしていた。しかし、多くの白人たちが「ぼんやり」としか自覚していなかったことがある。アパルトヘイト体制を維持するために警察や軍隊が何をしていたか、政治活動家はどうやって殺害されたのか、黒人間の対立を煽るためにどんな策略が巡らされていたのか、黒人居住区の内部ではいったい何が起きていたのか、といったことである。

TRCの公聴会では、こうしたことが赤裸々に証言されていく。一切報道されてこなかった事実が、公共の電波を独占する。TRC報道に対する白人市民たちの衝撃、戸惑い、不快感は相当なものだった。だが、ラジオ放送記者であるクロッホは、すべての証言に聞き入り、それらを分析し、要約し、視聴者に伝えなければならない。警察による無法行為の数々。家屋への侵入、路上での虐待。黒人活動家たちが受けた仕打ちが次々と証言されていく。拷問室で切り刻まれる犠牲者の叫び、焼かれる者の肉体の臭いまでが伝わってきそうな証言である。一部で行なわれていたのは、人体実験そのものであった。人びとの語りとそれに伴う情感を、クロッホは細部まで伝えようとする。

事態を複雑にしているのは、加害と被害の構図が単純ではないことだ。加害者が白人だとは限らない。警察に協力し、同胞に対して歯止めのない残虐行為を働く黒人がいた。犠牲者は活動家だけではない。「密告者」のレッテルを貼られ、活動家に焼き殺された無実の人びとがいた。解放運動の爆弾闘争によって命を失った白人市民がいた。白人警察官に殺される白人共産主義者もいた。拷問による自白情報によって、同志が居場所を知られ、無慈悲に虐殺されることもあった。すべてが明らかになるということは、自白した者の恥辱も明らかになるということだ。公聴会では、拷問者と被拷問者が対面することもある。加害者が白人であり、被害者が黒人であるというのが、基本的な構図である。しかし、TRCはその構図を認めると同時に、すべての人権侵害を扱おうとする。命の重さは同じだからだ。

事実が明らかになっていくにつれて、白人とりわけアフリカーナーたちの多くは、自らが不当に叩かれていると感じ、TRCに向かって毒づく。だがクロッホは、加害者の責任を曖昧にしようとはしない。彼女は「われわれ」の罪を引き受け、恥じ入る。といっても、彼女は抽象的・倫理的要請としての人権原理にもとづいて、迫害行為の悪を批判しているわけではない。取材する同伴者として犠牲者と対面することで、クロッホは一人ひとりの証言者たちの心の痛みを感じ取り、そこから出発して、アパルトヘイト時代の人間の暗部を再構成しようと試みるのである。そして、自らが加害者の陣営の一員であるという事実に常に立ち返るからこそ、クロッホと彼女の同僚たちは取り乱す。TRCプロセスに近くで接するジャーナリストたちは、やがて精神をすり減らし、心の平衡を保てなくなっていく。

本書の原題を訳すなら『私の頭蓋骨の国』となるだろう。殺され、埋められ、月日がたって、加害者の証言にもとづいて土のなかから掘り出される遺体。骨だけになった人間の体に黒人と白人の区別はない。かつては柔らかい脳を包んでいた骨。いまや空気に曝される骨。そのような死のメタファーのなかから、新しい南アフリカが再生していく。クロッホは徹底して、一人ひとりの被害者の側に寄り添おうとする。本書の表題は、そのような彼女の立場をよく伝えている。

4 アフリカ的コミュニティの創造の次元へ

被抑圧者と抑圧者は、錯綜する関係性をまるごと飲み込み、何度も反芻するなかで新しい集合的なアイデンティティを生み出していく。TRCはそのための産みの苦しみを提供するはずだった。ところが本書の後半では、TRCが思いがけない方向に漂流していく様子が叙述されていく。TRCの設置に合意していたはずの主要政党が、やがてTRCに敵対し、党利党略を持ち込み始めたのである。

国民党の政治家たちは、自分がアパルトヘイト下の残虐行為を指示した責任を認めようとしない。生まれ変わる機会を逃したデクラーク元大統領を哀れんで、ツツ大主教は涙を流す。ANC(アフリカ民族会議)は、被抑圧大衆こそが犠牲者なのであり、解放のための暴力と抑圧のための暴力は質的に区別されなければならないとする。この抽象的な正論によって、亡命地の軍事拠点で起きた無意味な同志殺しの責任が消失する。ANCは土壇場になって集団で免責を申請するという、TRCの趣旨を骨抜きにする行動に出た。TRCの政治化にはクロッホ自身が巻き込まれ、深く傷つくことになる。

ただし、本書の末尾の二〇、二一章には、クロッホ自身によるきわどい「救済」が準備されていることに注意しておきたい。一人ひとりの犠牲者の生身の苦痛に自己を重ね合わせることによって、アパルトヘイト犯罪を深く告発するクロッホは、国民党の高名な政治家たちが責任をとらず、現場の警察官の逸脱のせいにする態度に対して厳しい視線を向ける。むしろ彼女は、自己の罪に向き合って人格が破綻していく殺人者たちの方に、人間としての誠実さを感じ取る。その一方でクロッホは、解放運動の内部で起きた同志殺しをつぶさに記録し、とりわけ「ウィニー問題」の意味を掘り下げて考えていく。夫のネルソン・マンデラが獄中にいる間、ウィニー・

マンデラは取り巻きのサッカーチームの少年たちの元締めとなり、闇の世界と結びつき、「裏切り者」の拷問や殺害を指揮していたことが明らかになったのである。ウィニーの手下たちに拷問されて、無惨に殺害された少年ストンピー。母親の嘆きと怒り。だが、ANCの有力な派閥の領袖であるウィニーには、TRCも簡単には手を出すことができない。

ここでクロッホが提示する枠組みが、「罪と恥」（そして、その裏返しとしての「道徳と名誉」）の対比である。クロッホがルース・ベネディクトの『菊と刀』の日本文化論を下敷きにしていることは明らかだが、議論は南アフリカの文脈に置き換えられているし（マムード・マムダニによる「都市の市民社会」と「農村の慣習法の世界」の両極分解の視角とも重なり合う）、より一般的なフレームワークでは、公共圏と親密圏の世界に対応させることもできるだろう。

クロッホの議論を簡単に要約すると、次のようになる。人は族的な集団のなかで生きている。集団に求められたことを首尾よく成し遂げたときに人は名誉を感じ、集団の期待に反したときに恥や裏切りの感情を抱く。主流の体制から排除された集団にとって、名誉や恥は生き残りのための行動原理となり、人びとの関係性に規律をもたらす。他方、罪の領域は、人の社会的属性とは無関係に、一人ひとりが対等に扱われる個人の世界に属している。そこで問題になるのは善悪を区別する倫理と行為であって、観衆が人の行為をどう見なすかは関係ない。

では、TRCとは何だったのか。人種隔離と分断を超えて、「南アフリカ人」という巨大なコミュニティをつくりあげることが、同時代の課題である。しかし、その条件は過去と完全に決別することであり、そのためには人びとが内面の罪と個人の責任という煉獄をくぐり抜けることが絶対に欠かせない。TRCは、そのための「最後の機会」だとクロッホは考える。ウィニーはツツの前で「悪かった」と述べたが、クロッホはそれが「始まり」だという。名誉を失わずに罪を罪として認めることは可能か。別の言い方をするならば、罪に対する責任を認めることが、すなわち恥ずべき裏切りであるということになるのか。ウィニーがツツと踊れるのだとしたら、それはアフリカーナーにも可能ではないか。

私の読み方が間違っていなければ、加害集団の一員としてTRCのすべてのプロセスに寄り添ったクロッホの目に最後に届いた一条の光が、贖罪と名誉の高次元での融合という展望だったのではないだろうか。未来の人びとが振り返るとき、もしかすると本書は、「白いアフリカ人」の誕生を刻印する書物として位置づけられることになるのかもしれない。英語を話す白人とは違って、アフリカーナーにはアフリカ以外に帰るべき場所はない。黒人たちと土地を分かちあい、ここで暮らしていく以外の選択肢は残されていないのだ。

5　南アフリカにおいてTRCとは何だったのか

冒頭でも述べたように、南アフリカのTRCは、過去の組織的な人権侵害に対処する制度的実験として世界の注目を集め続けている。類似の委員会は、もともとはアルゼンチン、ウルグアイ、チリ、エルサルバドルといったラテンアメリカ諸国において、軍政下の人権侵害に対処する実践として活動を展開した。その後は現在に至るまで、明確な免責条項と公聴会の全国展開によって知られる南アフリカ型のTRCが、世界の真実委員会の「モデル」と見なされることが多い。

悪事を働いたものは法廷で裁かれ、刑事罰を受けるべきだというのが、人の道である。だが、悪事が国家犯罪である場合はどうしたらよいのか。警察官や兵士といった公務員が、市民を無実の罪で拉致し、拷問し、殺害する。政権交代によって、これらの過去の行為が全体として悪であったことは認められたけれども、組織的な人権侵害に手を染めた者たちの個々の責任は問われていないし、多くの者たちがいまだに体制内部に残っている。こうした状況のもとでも、当然のことながら、被害者は加害者の処罰を求める。しかし追及を強めると、つかの間の平和が崩壊し、国は内戦状況に戻りかねない。

こんな状況に対処する一つの方向は、国際刑事裁判所(ICC)をはじめとする権威ある国際司法の役割を強めることで、正義の実現を国際社会が保障するというものだろう。だが、このような普遍的な方向とは別に、それぞれの国においで正義と和解を両立させようとする内発的な動きがあるのなら、尊重されるべきではないか。プリシラ・B・ヘイナー『語りえぬ真実——真実委員会の挑戦』(阿部利洋訳、平凡社、二〇〇六年)の末尾の一覧表によると、一九七四年から二〇〇六年までに、世界で少なくとも二六の真実委員会が活動してきたという。なかでも、南アフリカのTRCをモデルとする真実委員会は一種の流行ともなり、和解の流儀としては制度的な規範と見なされるようになった。

実際、南アフリカの人びとは、人権侵害を徹底的には処罰しなかったことの代償として、「国民国家」の政治的な安定を確保することができた。TRCによって白人支配体制や黒人解放運動の「恥部」が公に曝され、差別や虐待を禁止する憲法や法律が制定されたことにより、過去を繰り返さないという制度的な歯止めは、現在の南アフリカにおいては十分に機能するようになったと考えてよい。アパルトヘイト体制の復活は、もはやありえない。TRC以降、過去の真相究明と権利回復にかかわる調査や訴訟はほとんど行なわれないため、議会やマスコミにおける議論の大部分は、南アフリカの「現在と未来」の問題にどう対処するかに集中している。移行期の政治の機能の仕方としては、ある意味ではきわめて「効率的」だったともいえよう。

だが、物事には裏面がある。そもそもTRCは、南アフリカの外の世界の人びとが注目するほどには、南アフリカでは議論されることが少なかった。それは、なぜだろうか。ひとつの理由として、黒人多数派にとってTRCで暴露された事実は新しいものではなかった、ということが挙げられる。黒人記者は涙を流さない、とクロッホは記している。白人市民は、うすうすは感づいていた事実が赤裸々に暴露されたことに衝撃を感じたかもしれない。しかし、多くの黒人たちにとって、これらは自分の家族や親戚や友人から見聞きしていた事実であり、自分の身に降りかかっても不思議ではなかった事態である。再確認される事実に本質的な新しさはなく、むしろ黒人たちの間では、TRCという国民的なセレモニーによって過去の「幕引き」が行われることに対する戸惑いと懐疑が強く感じられていた。

TRC最終報告書の提出から十年が経過した今、南アフリカでは、TRCを「過ぎ去ったもの」と見なす傾向が強まっているように思う。BEE（黒人経済力増進政策）のもとで社会的な地位を築いた黒人たちは、正直な心理として、過去の同志たちの傷と失われた命を直視したくないということもあるだろう。「お前はそんなもののために闘ったのか」という、今は亡き同志たちの視線は、現在の自分の浪費生活を死者の世界から告発するものだからだ。もちろん白人たちは、すべて終わったことにしたいと考えている。

TRCは、一九六〇年から九四年という長い期間の人権侵害を対象としつつも、その活動開始（九六年）から報告書提出（九八年）までの期間は二年半にすぎなかった（二〇〇〇年までにほぼすべての活動が修了した）。公聴会において自分の経験を曝した人びとに対する事後的なケアも、けっして十分ではない。TRCは、南アフリカの人びとから、時間をかけて過去と向き合う機会を奪ったともいえるのではないか。

TRCの弱点をもうひとつ指摘しておきたい。TRCが扱ったのは主として南アフリカ国内の人権侵害のケースであるが、南アフリカの白人政府は周辺の黒人独立諸国に越境攻撃を仕掛け、ANCやPAC（パンアフリカニスト会議）の拠点をたたきつぶし、反政府ゲリラを支援することで、体制の延命を図ってきた（不安定化工作）。この過程で百万人を超える「非南アフリカ人」の人命が失われ、独立国の主権が脅かされ、経済機会が失われてきたのだが、これらの次元についてはTRCではほとんど触れられていない。TRCが「免責の文化」すなわち「何をやっても処罰されない文化」を広げたことが、南アフリカの犯罪状況を悪化させ、周辺のアフリカ諸国の政治家の振る舞いにも悪影響を与えている、と主張する人たちもいる。

TRCに対して批判的な南アフリカ人は多いし、私自身、別のやり方もあったのではないかと思う。とはいえ、過去と対話し、過去の不正義を乗り越えるやり方にはいくつもの試みがありうるのであって、南アフリカのTRCが、そのひとつの範型を世界に提示したということは、まぎれもない事実である。多くの限界があったにしても、移行期にあたって、南アフリカ人は何と多くのことをやり遂げたことか。クロッホの叙述から見て取れる通り、TRCプロセスには幸福な大団円もカタルシスもなく、全員がくたくたに疲れ果てたようにも見える。しかし、言葉は残り、記録は残り、集団の記憶として伝えられていく。すべてを曖昧にしたまま忘却していくのではない道を、南アフリカの人びとは選んだ。指摘してきたようなTRCの限界をどう乗り越えるかは、南アフリカの人びとがこれから考えていくことになるだろう。

TRCの活動のなかで明らかになった事実を生き生きと伝える書物としては、クロッホが現場で書き上げた本書を超えるものは、おそらくもう生まれてこないだろうと思う。本書に満載された証言は、すべてが私たちの胸に迫ってくる。黒人自身がアパルトヘイトをどのように経験し、どのように理解し、どのような未来を構想しようとしたかを理解するためには、本書と同じく現代企画室から出版されているスティーヴ・ビコ、シンディウェ・マゴナの作品などを読んでいただくのがよい。しかし、このクロッホの書物には、白人たちが書いた他の本にはない大きな特質がある。本書は、「抑圧者にはどのような責任の取り方があるのか」という主体的な問いに導かれて書き上げられた書物であるという一点において、他の多くの作品から区別され、屹立しているのである。

あくまで個の痛みに立脚し、そこから出発すること。「政治」の論理に従属しないこと。謝罪という課題に向き合い、そこから新たな価値を創造すること。私たちが本書を日本語で読めることの意義は、きわめて大きいと言わねばならない。

訳者あとがき

本書をひとことで何と形容したらよいのか?――南アフリカのノーベル賞作家ナディン・ゴーディマは「驚くべき途方もないルポルタージュ」であり、著者アンキー・クロッホは「冷静に物語るべきルールをすべて破っている」という。

南アフリカの国家再生を賭けた「世紀の一大プロジェクト」である真実和解委員会の活動(被害者と加害者が同じ公開の場に顔をそろえ、それぞれの被害・加害の実体を語り、その様子を逐一テレビやラジオで全国に報道した)を、南アフリカ放送協会の報道記者である著者が四年の歳月をかけて追い、その活動が南アフリカの多種多様な人種や民族、さらには国民各層や自分自身にまで及んでくる影響をひとつひとつ赤裸々に暴き出し、書き記していく。

書き記す?――いや、どうも少し違っている。本書には単なる経過・結果報告の類いはほとんど見当たらない。「客観的な報道」を旨とすべき公共放送の報道記者である筆者にしてなぜ?

どうやらそれは、真実和解委員会が南アフリカのすべての国民の心に深く食い込んでいく〈歴史の棘〉であるからだ。委員会を前にして語られる被害者や加害者の無数の話。声をふるわせ、言葉につっかえつっかえしながら、ときに嗚咽とともに語られる残虐非道な体験談や目撃談。さらには数多くの暗殺集団が国の内外に埋めたまま放置していた無数の人骨。こうしたアパルトヘイト下でなされた、血なまぐさい悲惨極まりない事件・出来事の生々しい証言を連日のように身に浴びせられると、委員会にかかわるあらゆる人たちが心身に変調をきたし、ついにはみずからも被害者と同じようなトラウマ症状を呈するに至る。

委員会で働く若いツワナ人の通訳者はそのさまをこう述べている。「犠牲者の公聴会を通訳するのはむずかしい」「なぜなら、証言する人はその間ずっと一人称で話しますから。私が〈私〉と言うときはいつも、距離感が取れません。……〈私〉という言葉が〈私〉といっしょにこの私まで串刺しにする。」「それじゃ、どうやってそれに耐えるの?」「耐えられません。公聴会が始まって三カ月後に、私の暴力的な発作のせいで、妻と赤ちゃんが私のもとを去っていきました。委員会がカウンセリングを受けられるようにしてくれて、私は通訳をやめるよう助言されました。でも、やめたくありません。これが私の歴史であり、私はその一部でありたいんです――終わるまで。」

著者アンキー・クロッホとて同様だった。委員会担当のラジオチームを率いるよう言われた著者は、引き受けてから一度その任に耐えられそうにないと思って泣きくずれたことがあり、公聴会が始まるとすぐに体調をくずし、委員会所属のカウンセラーから助言をもらったり、精神科医を招いてジャーナリスト仲間に助言してもらうための研修会を持ったりした。それに、著者は白人であり、アパルトヘイト政策を遂行したアフリカーナー(ボーア人)であり、しかも思春期以降、意識的に自らの出自に距離感をもつように努めてきただけに、通訳者が言うように委員会を「自分の歴史」にしたかったし、そのプロセスの一部始終を自分自身の血肉にすることによって南アフリカを、南アフリカの国民すべてを理解したいと強く願うようになった。だが、そのためにはいったいどうすればよいのか?

他者が語る「真実」を真実としてただ記述するだけで本当によいのか? 語られる「真実」と「真実」をただ比較検討するだけでことはすむのか? 嘘の中にこそ大いなる真実が隠されているように、どんな「真実」をも一度自分自身の目や耳や口、皮膚を通して呑み込み、自らもがき苦しむ中から自身の内部で鳴り響くものだけに耳を傾け、見つけ、それを吐き出さなければならない。なぜなら、そのようなものだけが「私自身の真実」となりうるだろうから。こうして自分自身の内奥の反応に問いかけることで編み出されたのが本書のスタイルであり、「驚くべき途方もないルポルタージュ」を生み出したスタイルなのではないだろうか。そこには事実の一部編み直しにとどまらず、フィクションめいた会話や哲学的な問答、さらには詩や詩的な叙情・叙景的な文章までが数多く顔を出す。これはおそらく、詩や小説、戯曲の作品を数多くものしてきた著者にして初めて可能なスタイルだったのであり、読者も読みながら深く考えさせられてしまう、まったく新たなルポルタージュ文学でもあるだろう。

さらに驚くべきことがある。お読みいただくとすぐわかるが、本書ほど疑問文の多く書かれた著作を私はこれまでに読んだ記憶がない。

「それは何か? 何を意味しているのか?」「それは本当だろうか?」「本当にそんなことがあっていいのだろうか?」「もしそれが事実であるとすれば、この状況をなんと考えればいいのだろうか?」「そんな状態がもし今後とも続くのであれば、われわれはいったいどうなってしまうのだろうか?」――問いとは人間が人間であり始めるための根源であり、世界が世界であるための、その世界の中で各自がおのれの世界を保持して生きていくための基盤をつくりあげてくれるものでもある。また、問いは、一様でないこの世のあらゆる出来事や事件、さまざまな現象に対して驚くことができる能力の証しであり、さらには自分と異なっているものを受け入れることができる余地の証しでもある。お互いに異なった者同士が出会うとき、双方の問いかけが相互理解や交渉の糸口になってくれるのも、われわれが日々経験していることであり、著者もまた人間の「和解」をそうした行為の延長線上に見い出している。おそらく読者は、読み進めていくにつれて、著者が発する多くの問いがいつのまにか幾つかの問いの束に収斂し、ひいては真実和解委員会の存在意義や本質、さらには南アフリカという国の本質が、本書に採録されている証言のひとつひとつの中や後半部分の各章の中にまるごと含まれているような印象を受けられることだろう。

また、著者が女性であることによって、本書はよりいっそうの幅と深みを手にすることができている。暴力を前にしての〈性差〉による男性／女性の反応の違いは、その章タイトルでもある「真実は女性である」のひとことの中に余すところなく指し示されている。

ところで、本文中に出てくる"a just war"の訳語について、私は日本語訳の慣例になっている「正戦」に代えて、「義にかなった闘争」の訳語を当てることにした。著者も本書の中で、正義も悪もその純粋な形で存在することなどありえないし、いずれもその中に反対の要素を含みもつものであるから、常に問い続けなければならないと述べている。日本語の「正戦」という言葉が含みもつイメージには、至上の権威から与えられた「錦の御旗」を押し立てているような感がある。しかも、その闘い（戦い）そのものが全体として正義を体現しているかのような錯覚さえ与えかねない。よって、いかにその闘いが正義のためであったとしても、それはすべての局面において常に「義にかなっているかいないか」が問われうるし、問われなければならないだろう。特に本書の場合は、反アパルトヘイト闘争を闘った現政権党のアフリカ民族会議によってなされた種々の人権侵害行為まで明らかにしようとする真実和解委員会の活動を追ったものであるがゆえに、それ自体で問いかけの余地を残すことが可能な訳語が適切と考えて、右の訳語を当てることにした。

＊

著者アンキー・クロッホのプロフィールを簡単ながら紹介しておく。

一九五二年、南アフリカの旧オレンジ自由州のクローンスタットに生まれ、同地の農場で育つ。一七歳で最初の詩集を出版して以降、アフリカーンス語による詩集を八冊、英語による詩集を一冊、子ども向けの詩集を二冊刊行する。散文作品としては、本書の他に短編・中編作品がそれぞれ一編ずつと戯曲一編がある。これらの作品は南アフリカと海外で多くの賞を受賞している。本書の関連では、アンキー・サミュエルの名前で『メール＆ガーディアン』紙に連載した、真実和解委員会に関する報道記事に対して外国特派員協会賞が与えられた他に、彼女が率いた南アフリカ放送協会のラジオチームは、優れたジャーナリズムに与えられるプリングル賞を受賞した。現在、南アフリカ放送協会のラジオ報道番組で国会担当部長を務める。

＊

本書はAntjie Krog, *Country of My Skull*, London, VINTAGE U.K. Random House, 1999. の日本語訳である。お断りしておくが、当時の南アフリカの世相にかなり詳しくないかぎり日本語読者には理解不可能と思われ、かつ本書の理解に支障をきたさないと思われる若干の部分は省略した。

私事になるが、本書との出会いは、ジャック・デリダ『言葉にのって』(ちくま学芸文庫、二〇〇一年)の「正義と癒し」の章で、デリダ自身が「偉大な作品」として絶賛・推奨しているのがきっかけだった。さっそく取り寄せて読んでみると、何か背筋が凍る思いとともに胸が熱くなるのを覚えた。そして、僭越ながら、なぜかこの本は私のためにあるのではないだろうか、と思えてきて、「ならば、ぜひこれはお前が訳せ！」という声まで私の中から……。というわけで、翻訳など専門外の私が、そしておそらく翻訳など二度としないだろう私が、本書の翻訳に取りかかってしまった。ために、現代企画室の小倉裕介氏には、多大な御迷惑と御尽力をおかけしてしまうはめになった。ここに慎んで感謝の気持ちを述べさせていただきます。また、本書に対する解説を書いていただき、固有名詞の日本語表記や南アフリカの史実についての訳者の不備・誤りを正していただいた峯陽一氏に感謝いたします。

最後に、本書のタイトルについて峯氏も解説中で触れられているが、そのまま訳しても日本語タイトルとしてふさわしくないので、あえて原題のままとした。それにしても、イエスが磔刑に処せられた「ゴルゴダ」は、古代ヘブライ語では頭蓋骨、つまりSkullを意味している。南アフリカの内外に無数に埋められた人骨は、南アフリカの再生・復活の象徴として生まれ変わってほしいと願わずにはいられない。

二〇一〇年三月三〇日

山下渉登

【著者】アンキー・クロッホ　Antjie Krog

1952年、南アフリカ共和国旧オレンジ自由州のクローンスタットに生まれる。これまで、主にアフリカーンス語で数多くの詩集、戯曲、小説などを発表。そのうちいくつかの作品は、ヨーロッパの諸言語に翻訳されて国際的な文学賞を受賞している。
報道記者としては、アンキー・サミュエルの名前で活動。真実和解委員会に関する報道に対して、著者と著者が率いた南アフリカ放送協会のラジオチームは、優れたジャーナリズムに与えられるプリングル賞を受賞。また著者個人として、海外紙に連載した同委員会に関する記事に対して、外国特派員協会賞を受賞した。現在、南アフリカ放送協会ラジオ報道部門の国会担当部長を務める。
既婚、四児の母である。

【翻訳者】山下渉登（やましたしょうと）

1951年生。金沢大卒。フリー編集者をへて、小説の執筆、捕鯨史研究にたずさわる。著書：『青の暦　1970』（北冬舎、2000年、泉鏡花記念金沢市民文学賞受賞）、『捕鯨Ⅰ・Ⅱ』（法政大学出版局、2004年）など。

【解説者】峯　陽一（みねよういち）

1961年生。アフリカ地域研究、開発経済学を専攻する。現在、同志社大学大学院グローバルスタディーズ研究科教授。著書：『南アフリカを知るための60章』（編著、明石書店、2010年）、『アフリカから学ぶ』（共編著、有斐閣、近刊）、『南アフリカ——「虹の国」への歩み』（岩波新書、1996年）など。訳書：スティーヴ・ビコ『俺は書きたいことを書く——黒人意識運動の思想』（共訳、現代企画室、1988年）など。

カントリー・オブ・マイ・スカル
——南アフリカ真実和解委員会〈虹の国〉の苦悩

発　行　2010年5月3日初版第1刷1500部
定　価　2800円＋税
著　者　アンキークロッホ
訳　者　山下渉登
装　丁　加藤賢策（東京ピストル）
発行者　北川フラム
発行所　現代企画室
東京都渋谷区桜丘町15-8-204
Tel. 03-3461-5082 Fax. 03-3461-5083
e-mail: gendai@jca.apc.org
http://www.jca.apc.org/gendai/
印刷所　中央精版印刷株式会社

ISBN978-4-7738-1006-6 C0036 Y2800E